中共绍兴市柯桥区委　柯桥区人民政府　主办

柯桥区年鉴

绍兴市柯桥区地方志编纂委员会　编

方志出版社

图书在版编目（CIP）数据

柯桥区年鉴．2016/ 绍兴市柯桥区地方志编纂委员会编．-- 北京：方志出版社，2017.12
ISBN 978-7-5144-2872-8

Ⅰ．①柯… Ⅱ．①绍… Ⅲ．①区（城市）—绍兴—2016—年鉴 Ⅳ．① Z525.54

中国版本图书馆 CIP 数据核字（2017）第 321384 号

柯桥区年鉴（2016）

编　　者：绍兴市柯桥区地方志编纂委员会
地址　浙江省绍兴市柯桥区华齐路 1108 号
邮编　312030
电话　（0575）85561339　85561398
网址　http：//szb.kq.gov.cn/szb
责任编辑：王　俊

出 版 人：冀祥德
出 版 者：方志出版社
地址　北京市朝阳区潘家园东里 9 号（国家方志馆 4 层）
邮编　100021
网址　http：//www.fzph.org
发　　行：方志出版社图书经销中心
电话（010）67110500
经　　销：各地新华书店
印　　刷：浙江新华印刷技术有限公司

开　　本：889×1194　1/16
印　　张：26.5
字　　数：779 千字
版　　次：2017 年 12 月第 1 版　2017 年 12 月第 1 次印刷
印　　数：0001 ～ 1200 册

ISBN　978-7-5144-2872-8　定价：280.00 元

2016年
柯桥区快览

行政区划面积1066.02平方千米

户籍人口661247人

地区生产总值12597493万元，人均生产总值191615元

工业总产值39151669万元

财政总收入1652098万元

固定资产投资总额7466694万元

社会消费品零售总额2609122万元

进出口总额992287万美元，其中出口951680万美元、进口40607万美元

合同利用外资23715万美元，实际到位外资18299万美元

金融机构各项存款余额17436358万元，贷款余额12233316万元

城镇居民人均可支配收入54410元

农村居民人均可支配收入31490元

2016 年 4 月 15 日，浙江省委书记、省人大常委会主任夏宝龙（前排中）到钱清淤泥固化处理中心调研　　（胡飞珍　摄）

2016 年 5 月 31 日，浙江省委副书记、省长李强（前排右二）到柯桥区行政审批中心调研审批制度改革工作　　（区行政审批局　供稿）

2016 年 6 月，浙江省委政法委书记王辉忠（前排中）到柯桥检查站检查指导工作

（区公安分局　供稿）

2016 年 8 月 3 日，浙江省委常委、统战部部长王永康（前排左）调研柯桥区统一战线工作

（钟兴友　摄）

2016 年 3 月 25 日，浙江省人大常委会副主任、关工委主任徐宏俊（前排右三）到柯桥区调研

（石国良　摄）

2016年5月11日，全国妇联副主席宋秀岩（前排左二）率国务院妇儿工委督导组到柯桥区督导

（区妇联 供稿）

2016年3月12日，浙江省副省长熊建平（前排中）到柯桥区杨汛桥镇调研住宅产业化项目

（杨汛桥镇　供稿）

2016年8月23日，浙江省人民检察院党组书记、检察长汪瀚（右三）到柯桥区调研

（区检察院　供稿）

2016年6月，绍兴市柯桥区综合交通信息指挥中心正式运行　（陈立明　摄）

2016年3月8日，绍兴市柯桥区口腔医院成立　（何　明　摄）

2016 年 2 月 27 — 29 日，绍兴市第三十三届兰花展销会暨绍兴市柯桥区第十四届兰文化节在漓渚镇举行　（漓渚镇　供稿）

2016 年 12 月 4 日，“美丽交通走廊 • 环浙骑行（柯桥站）”比赛男子组参赛队员出发　（陈立明　摄）

2016 年 10 月，柯桥公交建成电子站牌以方便市民出行

（区交投集团　供稿）

2016 年，柯桥公交文明礼让斑马线

（黄汉良　摄）

2016 年度柯桥区经济社会荣誉榜

2016 年度柯桥区区长奖（个人按姓氏笔画排序）

柯桥区公安分局
柯桥区交投集团
柯桥街道
绍兴小百花越剧艺术传习中心
农业银行柯桥支行
王华明（浙江乐高实业股份有限公司董事长）
张　靖（浙江迅实科技有限公司董事长）
钱雪林（浙江梅轮电梯股份有限公司董事长）
楼东平（浙江越光律师事务所主任）
蔡家苗（王坛镇东村村党支部书记）

2016 年度柯桥区经济发展突出贡献奖

金良顺（精功集团有限公司）
沈幼生（索密克汽车配件有限公司）
蒋张水（浙江天马实业股份有限公司）
庞宝根（宝业集团股份有限公司）
徐茂根（浙江远东化纤集团有限公司）
吴培生（三力士股份有限公司）
万爱法（浙江永通染织集团有限公司）
傅小森（浙能绍兴滨海热电有限责任公司）
孙永根（浙江天圣控股集团有限公司）

2016 年度柯桥区经济发展功臣

陈宇鸣（浙江红绿蓝纺织印染有限公司）
孙剑华（浙江越剑机械制造有限公司）
傅双利（浙江迎丰科技股份有限公司）
沈国光（浙江古纤道股份有限公司）
赵旱雨（天龙控股集团有限公司）

何国俊（浙江富强实业集团有限公司）
田建华（浙江屹男集团有限公司）
柳庆华（浙江西大门新材料股份有限公司）
骆越峰（浙江力博控股集团有限公司）
周松祥（浙江绍肖印染有限公司）
郑华东（绍兴华夏印染有限公司）
孙秋根（浙江捷众科技股份有限公司）
冯　驹（浙江兴美达印染有限公司）
胡柏成（浙江天工建设集团有限公司）
潘吉荣（浙江荣盛建设发展有限公司）
余海军（绍兴宝利德汽车有限公司）
沈冬云（浙江蓝天实业集团有限公司）
王　旗（浙江雅琪诺装饰材料有限公司）
徐国明（绍兴市舒康太阳能器材有限公司）
茅新波（浙江雅德居节能环保门窗有限公司）
陈建文（绍兴骏马机械制造有限公司）
王伟罡（浙江东方绍兴酒有限公司）
吴福根（绍兴环思智慧科技股份有限公司）
易建刚（绍兴华晶科技有限公司）
王洪潮（浙江恒道科技有限公司）
邵红卫（绍兴舒洁雅无纺材料有限公司）
胡克飞（浙江杭一电器有限公司）
马水良〔金马轴承（浙江）有限公司〕
余北青（浙江海大饲料有限公司）
叶时平（浙江万姿布业有限公司）

2016 年度柯桥区建筑业领军企业

浙江宝业建设集团有限公司
中设建工集团有限公司
中厦建设集团有限公司
浙江勤业建工集团有限公司
浙江精工钢结构集团有限公司

2016 年度柯桥区建筑业十强企业

浙江天工建设集团有限公司
浙江荣盛建设发展有限公司
浙江裕众建设集团有限公司
浙江林盛建设发展有限公司
浙江贤升建设有限公司
鲁易建设集团有限公司
浙江荣达建设有限公司
浙江鼎元建设有限公司
浙江东厦建设工程有限公司
浙江中安建设有限公司

2016 年度柯桥区自营出口企业优胜单位

浙江凡特思纺织品有限公司
绍兴柯桥木林盛贸易有限公司
浙江人生纺织服饰有限公司
绍兴非凡蓝纺织品有限公司
绍兴铭园纺织有限公司
绍兴三益进出口有限公司
绍兴金祥惠纺织印染有限公司
绍兴蚕香纺织有限公司
绍兴爱秀进出口有限公司
绍兴恩杰纺织品贸易有限公司
绍兴柯桥鑫林进出口有限公司
绍兴市西大门纺织装饰品有限公司
浙江伊夫服饰有限公司
绍兴柯桥露特斯进出口有限公司
绍兴宣德进出口有限公司
浙江昌祥茶叶有限公司
浙江绿萌健康科技有限公司
康迈尔机电（绍兴）有限公司
绍兴远顶新材料有限公司
浙江海滨薄膜科技有限公司

2016 年度柯桥区现代服务业十强企业

浙江绍兴瑞丰农村商业银行股份有限公司

浙江中国轻纺城集团股份有限公司

中国人民财产保险股份有限公司绍兴市柯桥支公司

浙江蓝天实业集团有限公司

浙江华通医药股份有限公司

荷马有限公司

浙江绍兴华通商贸集团股份有限公司

绍兴鉴湖大酒店有限公司

绍兴乔波冰雪世界体育发展有限公司

绍兴金沙旅游发展股份有限公司

2016 年度柯桥区政府质量奖

绍兴吉玛良斯服饰设计有限公司

浙江昌丽家居有限公司

浙江梅轮电梯股份有限公司

浙江朗莎尔维迪制衣有限公司

浙江塔牌绍兴酒有限公司

浙江天工建设集团有限公司

浙江红绿蓝纺织印染有限公司

2016 年度柯桥区美丽乡村建设优胜镇（街道、开发区）

滨海工业区（马鞍镇）

柯岩街道

王坛镇

2016 年度柯桥区科技强镇（街道、开发区）

柯桥开发委（齐贤镇）

滨海工业区（马鞍镇）

柯桥街道

编 辑 说 明

一、《柯桥区年鉴》具有区委、区政府年度公报的性质，是集地方性、时效性、综合性于一体的资料性工具书。

二、《柯桥区年鉴》从2001年起，一年编纂一册，全面地、系统地、客观地记述柯桥区上一年度经济、政治、文化和社会生活的基本面貌及发展状况，可为领导决策提供依据，为社会各界了解区情、建设家乡提供资料，为精神文明建设、开展乡土教育提供教材，为研究柯桥区和编修《柯桥区志》积累史料。

三、《柯桥区年鉴》以马克思列宁主义、毛泽东思想、邓小平理论、“三个代表”重要思想、科学发展观、习近平新时代中国特色社会主义思想为指导，用辩证唯物主义和历史唯物主义的观点和方法，实事求是地记述一年中的人、事、物，力求思想性、科学性和信息性的统一。

四、《柯桥区年鉴（2016）》记述的区域范围为2016年的柯桥区境。记述时限为2016年1月1日至12月31日。一些跨年度公布的事物，则于截稿时为止。记述内容包括建置、环境、政治、经济、文化、社会、人物等各个方面，重点记述年度内的大事、要事、特事，反映其内在的新变化、新经验、新问题。以记述正面为主，也不回避负面，务求真实性、实用性。

五、《柯桥区年鉴》按事物属性和主次，分总情、经济、政治、文卫、建制镇（街道）、国民经济统计资料选刊和索引7块，类目、分目、条目3个层次编辑；类目下一般设综述，分目下设概况，以便记述事物的变化和基本数据；条目为基本单位，一事一条，动态记述。

六、《柯桥区年鉴》除专文外，采用记述体。文风力求严谨、朴实、简洁、通畅。文字、称谓、数字、纪年、标点符号等，一般均按国家有关规定书写、应用，有些计量单位如亩等顺从习惯。作者名署在条目文尾，一个分目下连续多条条目均为同一作者，署名于最后条目文尾。

七、《柯桥区年鉴（2016）》所载文字内容及数据，均由区有关职能部门提供，并经各级领导和相关专业部门审核。其中有些数据，由于来源、统计口径等方面的原因，不同部门提供的同项目数字，也可能不尽一致，故正式引用应以该书“2016年柯桥区国民经济统计资料选刊”为准。部分数据、表格，在文尾注明引述来源。

八、《柯桥区年鉴》所载相关单位、机构名称中涉及的符号、文字，尊重该单位、机构的原设计用法。

九、《柯桥区年鉴》目录中的类目标题用英文标出。《柯桥区年鉴》附正文索引、表索引和正文照片索引。索引采用主题分析索引法，按主题词首字汉语拼音字母顺序排列。

目　　录

特　载

专　辑

2016 年大事记

区情概貌

农业经济

工业经济

建筑业

房地产业

商贸业

商务服务

对外经济贸易

市 场

旅游业

财政·税务

金融业

国土资源管理

环境保护

水 利

经济管理

城镇建设与管理

交通运输·邮政

中共绍兴市柯桥区委员会

绍兴市柯桥区人民代表大会常务委员会

绍兴市柯桥区人民政府

政协绍兴市柯桥区委员会

民主党派和工商联

社会团体

外事 · 侨务 · 涉台事务

法　治

军　事

社会事务

科技·信息化

教　育

文化·传媒

卫　生

体 育

天南地北柯桥人

新柯桥人

外地媒体话柯桥

区人著述

鉴湖新风

经济开发区

建制镇与街道

人 物

资料选刊

索　引

Contents

特 载

在中共绍兴市柯桥区委十三届九次全体(扩大)会议上的报告(摘要)

中共绍兴市柯桥区委书记 徐国龙

(2016 年 1 月 5 日)

一、2015 年工作回顾

2015 年是“十二五”规划的全面收官之年，也是“十三五”规划的科学谋划之年。一年中，柯桥区主动适应和引领新常态，合心合力推进各项工作，“三个柯桥”建设实现良好开局，较好地完成“十二五”规划确定的目标任务。全年预计实现地区生产总值 1206 亿元，“十二五”年均增长 9.2%；实现财政总收入 160.54 亿元，其中一般公共预算收入 97.85 亿元，“十二五”年均分别增长 10.6% 和 12.2%；完成固定资产投资 652 亿元，“十二五”年均增长 15.5%；社会消费品零售总额 228 亿元，“十二五”年均增长 13.8%；自营出口 104 亿美元，“十二五”年均增长 5.6%；城镇和农村常住居民人均可支配收入分别达到 50800 元和 29300 元，“十二五”年均分别增长 10.5% 和 11.8%。城乡收入比达到 1.73。

1．坚定不移调结构，经济运行回稳向好。产业结构深度优化，服务业增加值、规模以上工业增加值增幅分别达到11%和6%，服务业比重达到43.7%，比上年提高2个百分点，成为省级生产性服务业集聚平台建设试点。建筑业产值首破2000亿元大关，建筑产业现代化发展迅速，相关做法得到省政府的高度肯定。启动轻纺城“三次创业”，轻纺城市场群、“网上轻纺城”交易额分别为1381.8亿元和174.7亿元，比上年增长11.6%和55%。科技园建成启用，科技型成长型企业培育、企业研究院建设等工作有序推进，新增27家国家级高新技术企业，“两化融合”、信息化发展指数均居全省前列。深化“三重三爱”主题活动和“信用柯桥”建设，依法推进风险企业处置，严厉打击恶意逃废债等行为，处置银行不良贷款92.42亿元，企业经营风险基本释放，区域经济金融秩序稳定。

2. 坚定不移抓投入，发展后劲持续增强。狠抓招商引资“一号工程”，引进重大产业及科技平台项目18个，其中5亿元以上项目14个，落实浙商回归项目55个、到位省外资金63亿元。印染集聚工程累计39个项目建成投产，兜率天景区建成开放，金沙•东方山水欢乐岛部分将试运行，“双百亿”项目进展顺利。9个市级以上特色小镇培育扎实推进。全面启动企业上市三年行动计划，华通医药成功上市，优创科技顺利过会，新三板挂牌2家，启动股改38家，完成股改6家。由区财政出资28亿元、省政府产业基金配套12亿元，设立总规模近300亿元的政府产业基金，在谈项目22个，落地项目2个。土地利用总体规划调整完善后获批，盘活存量土地1550亩。深化企业投资项目高效审批、不再审批、农村“三地一制度”等改革和民间融资管理创新，积极推进政府职能转变和机构改革，深入实施“企业投资项目高效审批50天”、非独立选址项目不再审批、资源要素市场化配置综合配套等省级改革试点，探索开展相对集中行政许可权改革试点，有效激发区域发展活力。

3. 坚定不移优生态，环境面貌显著改善。持续推进“五水共治”，57个治水项目完成投资71.3亿元，完成83个村（居委会）生活污水治理，强势整治工业小区和“低小散”块状行业，关停小微排污企业1191家，全面完成11家重点规模养猪场的整治提升工作，对全区854条河道、1380个断面实行每月监测，制订“一河一策”治理方案，全面实行“河长制”管理。联动推进“五气合治”，全面完成印染行业整治提升、脱硫脱硝改造、“煤改气”和燃煤锅炉淘汰等工作，空气质量趋向好转。全面推行“持证排污、纳管排放”，健全刷卡排污总量控制系统，建成3个淤泥固化处理中心，深入开展环保“利剑”行动，严厉查处各类环境违法行为。超额完成“三改一拆”“两路两侧”“四边三化”任务。

4. 坚定不移重统筹，城乡建设协调推进。中纺CBD、柯桥历史文化街区保护开发、“两湖”景观改造等项目进展顺利。推动城市管理南拓，启动“智慧城管”建设，实施户外广告牌、背街小巷等专项整治，在全省县（市、区）中率先实现独立收运处置餐厨垃圾。钱清镇等省市级小城市培育深入推进。统筹开展城乡环境整治提升九大专项行动，基本完成农村住房解困任务，完成32条县乡公路改造，建成4条美丽乡村公路，成功承办全省美丽乡村和农村精神文明建设现场会。城际轨道交通项目实质性启动，杭金衢高速连接线综合改造、杭绍台高速和“十大百亿”交通项目进展顺利，新客运中心建成投运。置换新能源公交车200辆，积极打造全国区（县）级一流公交。

5. 坚定不移惠民生，社会保持和谐稳定。全年财政经常性民生保障支出67.3亿元，增长9.7%。新增城镇就业人员18322人，新增“五大保险”参保人员44155人，区福利中心二期、居家养老服务照料中心和镇街福利中心提档改造等项目加快推进。教育集团化办学扎实推进，高考纯文纯理重点上线人数和北大、清华录取人数等核心指标创历史新高，浙江工业大学之江学院迁建项目完工，浙江树人大学杨汛桥校区建设进展顺利，成功举办国际泳联花样游泳大奖赛和市八运会。妇女儿童医院、中医院扩建等项目有序推进，引进杭州树兰医疗机构，全面实行分级诊疗；深化农村文化礼堂建设，文化产业位居全省“十强”，顺利通过全国文明城市、国家卫生城市、省文明区和省体育强区复评。全面推进依法治区，积极创新社会治理，平安系列创建扎实推进，圆满完成抗战胜利70周年纪念活动、世界互联网大会外围安保等工作，顺利通过省级重点区域火灾等安全事故防控综合治理体系建设验收，有望连续十一年成功创建省级“平安区”。

6. 坚定不移强基础，党的建设全面加强。从严贯彻《干部任用条例》，完善干部能上能下、区镇村三级干部工作实绩双向测评等机制，着力打造“三合适”村干部队伍，引导党员干部践行“聚神聚力、提标提速，勇争一流、走在前列”行动准则。深化国家农村改革试验区基层党建试点、重点帮扶村整转、“两地报到、双岗服务”、乡贤组织培育发展等工作，大力推进镇（街道）党建示范点建设，被列为全国农村基层党建工作座谈会考察点，得到与会领导好评。党风廉政建设科技监督平台得到省委主要领导充分肯定。严格落实“两个责任”，配合做好省委巡视工作，扎实开展“6+2”作风建设专项行动，加大违法违纪案件查处力度，营造出正风肃纪的良好环境。

过去一年取得的成绩，主要得益于省委、市委的坚强领导，得益于历届区委打下的良好基础，是全区上下齐心协力、共同奋斗的结果。

一年中，区委常委会切实加强自身建设，始终与党中央保持高度一致，充分发挥总揽全局、协调各方的领导核心作用。一年来，我们把握大势，明向定策。认真贯彻落实中央和省市决策部署，准确把握新常态下柯桥区发展实际，提出并完善“三个柯桥”建设蓝图，谋划并明确了纺织产业、印染产业、轻纺市场的发展思路，对“十三五”及新一年的工作思路和重点进行了研究部署；一年来，我们直面挑战，攻坚克难。团结带领广大干部群众，高标准、大力度推进“五水共治”、印染集聚、招商引资、股改上市、企业帮扶、轻纺城“三次创业”、“美丽乡村”建设等重点难点工作，取得了实质性进展。一年来，我们凝心聚力，务实担当。扎实开展“三严三实”专题教育，自觉履行党风廉政建设“两个责任”，强化严实作风，坚持团结协作，全力支持人大、政府、政协开展工作，充分发挥人民团体和其他各类组织作用，特别是带头领衔重点工作，率先垂范、靠前指挥，形成团结干事、务实进取的良好工作氛围。

二、2016 年工作的主要任务

党的十八届五中全会提出创新、协调、绿色、开放、共享五大发展理念，科学回答在全面建成小康社会的决胜阶段，柯桥区要实现什么样的发展、如何实现发展的重大问题；中央经济工作会议把五大发展理念融为促改革稳增长的务实举措，提出要在适度扩大总需求的同时，着力加强供给侧结构性改革，加快去产能、去库存、去杠杆、降成本、补短板；省委十三届八次全会提出要围绕“四个全面”战略布局，坚持五大发展理念，坚定不移打好转型升级“组合拳”，高水平全面建成小康社会；市委七届十次全会提出要把生态文明建设贯穿到各项工作的全过程，实现经济与环境的良性互动，大力促进全市域协同发展、大市区融合发展。深入贯彻和认真落实上级的一系列精神，是当前和此后一个时期全区上下的重大政治任务，更是柯桥区做好 2016 年各项工作的重要思路遵循。展望 2016 年宏观环境，柯桥区必须看到：新常态带来了新挑战。以速度变化、结构优化、动力转换为主要特点的发展新常态，带来新一轮的挑战，企业分化加快、市场洗牌加速、环保压力加大、区域竞争加剧。从柯桥区实际看，经济下行压力依然较大，转型升级任务十分艰巨，区域发展后劲仍显不足，生态环境、科技创新、城乡均衡发展还是柯桥区最大的三块短板，公共服务、干部素质与群众需求和发展要求相比尚有差距。面对这些挑战和问题，柯桥区应对得当，就能抢占先机、赢得主动；应对不当，就将掉队落伍、陷入被动。新挑战孕育着新机遇。全球经济处于缓慢复苏的增长阶段，新一轮科技革命和产业变革蓄势待发，中国经济长期向好的基本面没有改变，面对新常态下的诸多挑战，柯桥区要善于危中求机，精于化危为机。市场加速洗牌的挑战就是企业兼并重组的机遇，出口增长低迷的挑战就是消费深度挖潜的机遇，要素驱动弱化的挑战就是创新驱动强化的机遇，资源环境约束的挑战就是绿色可持续发展的机遇。新机遇需要有新思维。柯桥区必须主攻创新发展、开放开发，真正让创新成为主引擎，让开放成为主路径，朝着率先完成经济转型升级的目标更进一步；柯桥区必须主抓绿色发展、协调协同，真正让绿色成为主色调，让协调成为主状态，朝着率先建成美丽乡村的目标更进一步；柯桥区必须主张共享发展、乐居乐活，真正让共享成为主题词，让幸福成为主旋律，朝着率先高水平全面建成小康社会的目标更进一步。新思维呼唤着新作为。当前柯桥区发展的思路和目标都十分明确，柯桥区既要冷静理性、不急不躁，又要顺势而为、精准发力，着力在创新发展载体、增强发展动力、提升发展平台、强化发展保障、优化发展环境上狠下功夫、积极作为。以一张蓝图绘到底的意志和定力打造

"时尚柯桥"，促进经济结构持续优化；以咬定青山不放松的决心和魄力打造"印象柯桥"，促进生态环境持续改善；以为民谋利无止境的责任和担当打造"幸福柯桥"，促进民生福祉持续提升。

2016年工作的指导思想是：认真贯彻落实中央和省市决策部署，牢牢把握创新、协调、绿色、开放、共享五大发展理念，紧紧围绕"十三五"时期"率先完成经济转型升级、率先建成美丽乡村和率先高水平全面建成小康社会"三大目标，深入实施"服务业兴区"和"工业强区"两大战略，加快建设"时尚柯桥、印象柯桥、幸福柯桥"，进一步推动"聚神聚力、提标提速，勇争一流、走在前列"，确保柯桥区在高起点上实现新跨越，为"十三五"发展开好局、起好步。

2016年全区经济社会发展的主要预期目标是：地区生产总值比上年增长7.5%以上；一般公共预算收入增长8%以上；研究与试验发展经费支出占生产总值比例为2.25%；固定资产投资比上年增长12%以上；社会消费品零售总额比上年增长10%以上；自营出口比上年增长3%以上；城镇常住居民人均可支配收入比上年增长8%以上，农村常住居民人均可支配收入比上年增长8.5%以上；城镇登记失业率控制在3%以内；人口自然增长率控制在4.91‰以内；完成上级下达的节能减排目标任务。

按照上述指导思想和预期目标，2016年要全力抓好以下4个方面的工作：

1. 围绕提质增效，抓好经济报表，推动产业升级再上新台阶。更加紧密地融入绍兴大城市发展格局，深入实施"服务业兴区"和"工业强区"战略，着力提升经济质量和效益。

突出重点优化产业结构。以五大产业为主导，积极培育优势产业。立足现有基础，集中力量资源，启动培育高端纺织、时尚创意、先进装备制造、建筑产业现代化、旅游等五大千亿级产业集群。通过优化规划引导，创新扶持政策，强化要素保障，推动纺织产业向智造化、高端化、生态化发展，时尚产业向创意化、国际化、人文化发展，装备制造产业向智能化、融合化、服务化发展，建筑产业向集成化、绿色化、产业化发展，旅游产业向全域化、精品化、品牌化发展。以轻纺市场为龙头，持续繁荣现代服务业。围绕轻纺城"三次创业"，高效实施"新611"工程，加快西市场等升级改造和配套建设，精心办好纺博会、"柯桥时尚周"等高端活动和赛事，完善"网上轻纺城"运行机制，着力推进轻纺城实体市场与网上市场融合发展，为"十三五"末形成轻纺城实体市场、网上轻纺城与电子商务两大2000亿级市场打下坚实基础。提升发展金融、物流等生产性服务业，重点加快现代物流"一城三园"基地建设；大力发展商贸、文体等生活性服务业，重点深化"美丽鉴湖"建设，全力争创国家级旅游度假区和国家AAAAA级景区；大力引进和发展文化、体育产业。确保服务业增加值比重提高1个百分点以上。以印染集聚为抓手，致力推动工业转型升级。全力实施印染产业集聚升级，着力抓好集聚项目和配套设施建设，加快培育印染行业标杆企业，鼓励印染企业上市和兼并重组，积极打造滨海蓝印时尚小镇。继续大力引进和培育战略性新兴产业。深化农业"两区"建设，加快建设一批现代农业示范基地，着力确保粮食安全。

坚定信心扩大有效投资。狠抓招商引资"一号工程"，充分利用印染集聚企业腾退土地、存量闲置土地，紧盯世界500强、央企和浙商、越商、轻纺城布商，继续引进、储备一批符合区域产业导向的大项目好项目，确保引进5亿元以上项目15个以上，实到外资2亿美元以上，浙商回归到位资金66亿元以上。狠抓落地项目建设，完善重大项目"三位一体"和区领导联系等机制，加快金沙·东方山水欢乐岛、兰若寺、青旅生态休闲城、精工绿色集成建筑科技产业园等重大产业项目建设，力争完成服务业投资369亿元、工业投资360亿元以上。狠抓投资发展平台，全面提升柯桥经济开发区、滨海工业区、鉴湖—柯岩旅游度假区等产业大平台的作用和地位，扎实推进湖塘黄酒、柯岩酷玩、兰亭书法、金柯桥基金小镇、滨海蓝印时尚小镇等特色小镇建设，积极培育新的增长点。

增强定力推动创新发展。加快启动"金柯桥科技城"规划与建设，全力推进创意设计、企业孵化、检验检测、科技金融、科技大市场等平台建设。坚持市场化专业化运作模式，着力把科技三大园打造成为创新驱动的主平台。积极鼓励有条件的镇街发展科技园区。重点扶持112家科技型成长型企业，加快企业研究院、博士后工作站、院士工作站等建设，加强与香港理工大学、中国科学院上海高等研究院等高校大院的精准对接，推动各类创新要素向企业集聚，确保全年新增高新技术企业15家以上。继续大力推进“两化融合”。深入实施“鉴湖英才计划”，力争在引进海内外高层次人才上取得更大突破，大力推进人才创客工程。创新推进“一带一路”等重要市场布局，不断拓展国际国内市场空间，争取更大市场份额。

持之以恒优化发展环境。深化“亩产论英雄”理念，继续坚持向改革要红利，深入推进资源要素市场化配置综合配套、企业投资项目高效审批50天、非独立选址项目不再审批、相对集中行政审批权等改革工作，积极向上争取更多改革试点。完善政府权责清单，推进镇（街道）行政体制改革。强化要素保障，深化民间融资管理创新，发挥政府产业基金作用，加快推进企业股改上市和兼并重组，确保上市5家，直接融资100亿元以上。继续推进土地“二次开发”，确保盘活存量土地1200亩。大力发展产业基金，积极打造“金柯桥基金小镇”，力争引进培育私募金融机构30家以上。继续推进企业帮扶，深化“重投入、重创新、重信用，爱主业、爱资源、爱家乡”主题活动和“信用柯桥”建设，坚决打击恶意逃废债等行为，努力降低银行不良贷款率，维护区域良好经济金融生态环境。

2．突出绿色美丽，抓好生态报表，推动城乡面貌再上新台阶。加大城乡一体化建设和环境治理的统筹力度，努力实现环境绿、生活富、城乡美的有机统一，确立经济发达地区绿色发展的先行示范地位。

环境治理坚持高标准常态化。深入推进“五水共治”“五气合治”，进一步落实“河长制”，建立健全农村生活污水治理运维机制，加快防洪排涝通道建设，深度治理养鸭场、定型机等污染源。扎实推进工业小区和“低小散”块状行业整治提升，开展滨海化工企业整治，坚决整治关停低效高污产能，依法严厉打击环境违法犯罪行为。统筹抓好“三改一拆”“两路两侧”“四边三化”等专项行动，深化城乡环境整治提升九大专项行动，完善环境卫生月度抽考机制，落实高标准上的常态化管理。

城市建设坚持高能级品质化。优化城市规划，加快地下空间开发利用和柯桥历史文化街区保护开发，推进中纺CBD、坂湖公园、老小区整治改造等项目建设。积极打造“智慧柯桥”，完善城市精细化、智能化管理，开展城区主要道路店招店牌整治等专项行动，全面实行城区生活垃圾分类处置。深化交通治堵，优化商业区、市场、旅游景点等周边交通组织，提升公共交通服务水平。加快完善交通基础设施，启动城际轨道交通建设并开展沿线开发利用规划研究，推进杭绍台高速、104国道柯桥区段高架、钱滨线等重大交通项目建设。继续加大对省市级小城市培育试点的扶持力度，进一步完善功能、提升品位。

美丽乡村坚持高起点特色化。围绕“四片一环”布局，进一步加强村庄规划和农房设计，深化农村住房改造，继续建设美丽公路和美丽河道，大力发展乡村旅游和美丽经济。在巩固提升“水乡兰桂休闲景观带”的基础上，继续完成南部、西部两个美丽乡村示范片区建设。深化农村产权制度改革和“三资”管理，确保完成土地承包经营权确权登记颁证工作，切实增强农村发展活力。保护和传承历史文化村落和地域传统文化，继续深化“五进礼堂”活动，统筹推进赛村歌、育乡贤组织等工作，深入推进农村精神文明建设，着力提升美丽乡村建设内涵和水平，全力争创省级美丽乡村示范区。

3．注重优质均衡，抓好民生报表，推动民生改善再上新台阶。坚持社会化、多元化导向，进一步促进公共服务提档扩面，让群众更好享受改革发展成果，不断提高满意度和获得感。

积极提升社会事业。加快推进浙江树人大学杨汛桥校区和妇女儿童医院、中医院扩建等项目建设，大力引进优质教育、医疗资源，切实抓好疫病防控工作。加快阳明园建设，传承好“小百花”和“莲花落”两张“金名片”，深入开展“幸福水乡才艺秀”“文化走亲”等活动，认真承办好省第五届运动休闲旅游节，进一步打响柯桥教育、医疗、文化、体育等区域品牌。大力弘扬“时尚、创新、包容、诚信”的“柯桥精神”。

持续强化保障救助。积极推进“智慧社保”建设，认真做好职工基本养老保险基础养老金全国统筹工作，稳步扩大社会保险的覆盖面和受益面。切实履行社会救助职责，加强“政府兜底”保障力度，推动社会救助从“政策全覆盖”向“受益人群全覆盖”转变，在消除贫困的基础上，继续加大困难群体精准帮扶力度。加快区镇社会福利中心提档升级，大力发展民办养老产业，积极探索“智慧养老”新模式，着力提高公共服务的智能化、便捷化水平。积极推进慈善事业健康发展。

充分保障劳动就业。加强创业就业的帮扶指导，重点抓好柯桥籍高校毕业生、被征地农民、困难家庭等群体的就业工作，确保每一个有劳动意愿和劳动能力的柯桥人都能找到合适的工作，促进劳动关系和谐稳定。加大以创业带动就业力度，结合实际制订出台以创业促进就业的扶持政策。深入开展“柯桥创客”系列活动，扶持发展农村电商集聚平台，努力实现更充分和更高质量的就业。

4．誓夺平安金鼎，抓好平安报表，推动社会治理再上新台阶。健全完善源头治理、动态管理、应急处置相结合的社会治理机制，持续深化平安创建，确保捧得“平安金鼎”。

加强源头治理。加强基层社会管理力量整合，促进“两网”融合，优化网格化管理和服务机制，切实提升治理实效。加强信访维稳，高度重视初信初访和信访积案化解，搭建网上信访投诉平台。加强舆情管理，健全矛盾纠纷排查化解机制，提高源头预防水平。深化流动人口居住证管理制度，创新流动人口管理模式，优化人口结构，做好“请娘家人管婆家事”文章。深入推进依法治区，推进阳光执法改革，做好“七五”普法规划，深化完善农村法律顾问工作，提高基层法治、德治、自治水平。

维护公共安全。加强反恐防暴及特殊群体维稳工作，坚持“科技强警”，提高应急处突能力，健全完善立体化社会治安防控体系，加大治安突出问题和轻微违法犯罪行为的整治力度，坚决打赢杭州 G20 峰会外围安保攻坚战。加强安全生产排查整治和食品药品安全监管，进一步落实企业主体责任，加大监管执法力度，切实维护公共安全。

深化平安创建。全面落实平安创建工作职责，强化部门牵头责任、镇街属地责任，广泛开展系统平安创建和“枫桥式”镇（街道）、“五无社区（村）”创建，引导动员社会各界积极参与。深化平安系列宣传活动，不断提高人民群众的安全感和满意度。

三、坚持全面从严治党，抓好党建报表和作风报表，大力推动各项决策部署落到实处

充分发挥各级党委（党组）的领导核心作用，严肃政治纪律，严守政治规矩，进一步形成党委领导下的人大、政府、政协各司其职、团结奋进的工作格局，继续加强同各民主党派、工商联、无党派人士合作共事，切实发挥工会、共青团、妇联、科协等群团组织联系群众的桥梁纽带作用，扎实做好民族、宗教、外事、侨务、港澳台等工作，继续巩固发展新型军政军民关系。深入开展“三严三实”专题教育，进一步落实“聚神聚力、提标提速、勇争一流、走在前列”的行动准则，严格抓执行、高效抓落实，为柯桥区发展继续走在前列提供坚强的组织和作风保障。

加强队伍建设。完善干部梯队建设规划，优化干部结构，统筹加强领导干部、年轻干部、党外干部、村干部等队伍建设，加强干部的教育培养和实践历练，切实提高科学决策、驾驭复杂局面、依法办事和工作执行等能力。有序推进镇、村组织换届，健全和执行领导干部能上能下机制，配强配优两级领导班子，推动一批优秀后备干部走上领导岗位。加大引进人才力度，优化人才工作环境，畅通人才进出渠道。高度重视激发企业家精神，注重激发创新人才的热情和创造力。

夯实基层基础。牢固树立“抓好党建是最大政绩”的理念，把党建工作摆在全局工作的重要位置，全面加强基层党组织和基层政权建设，细化落实党建工作责任清单，层层压实责任。着力深化农民合作社、家庭农场、村转社区党建全国试点，进一步完善基层党组织“堡垒指数”考评体系，持续推进基层党组织评星晋级、重点帮扶村整转等工作。推进“互联网 + 党建”，建好建强网上、掌上党建阵地。继续抓好镇街基层党建示范点、两新组织党建工作示范点等选树培育，以点带面，整区提升基层党建水平。

守住纪律底线。深入学习贯彻《中国共产党廉洁自律准则》《中国共产党纪律处分条例》，真正把纪律和规矩挺在前面。要严格落实党风廉政建设“两个责任”，细化履责清单，层层传导压力，大力支持纪委“三转”，进一步聚焦主业、围绕中心，准确把握和运用监督执纪的“四种形态”，切实履行好监督责任。要扎实整改省委巡视组反馈的问题，建章立制落实长效，坚决防止“四风”反弹。要严格落实干部日常监管、警示教育、廉政谈话提醒等工作机制，深化科技监察平台建设，加强重点领域源头防控，强化权力运行监督，不断完善“不能腐、不敢腐、不想腐”的长效机制，努力营造风清气正的发展环境。

勇于担责担当。广大党员干部要认真贯彻落

实区委、区政府的决策部署，对看准的事情、定下的工作，要科学严谨地制定时间表、路线图、任务书和责任状，确保不折不扣地落到实处。尤其是面对印染集聚、招商引资、“五水共治”“五气合治”等大事、难事，要强化舍我其谁的担当，鼓起不惧艰难的勇气，下定敢于破难的决心，发扬连续作战的精神，率先垂范地干、统筹兼顾地干、与时俱进地干、清正廉洁地干，确保抓一件成一件，实现冲锋冲刺、决战决胜。

严格督促督查。督促督查是推动各项决策落实的有效途径。要坚持领导带头，完善领导干部牵头重点调研课题、牵头重点工作落实、牵头联系重大项目等机制，在严格督查上当好表率。要坚持常态督查，通过专项督查、联合督查、跟踪督查、现场督查等形式，加大对区委、区政府重大决策部署、“慵懒散奢”等不良作风的督查，对作风不实、工作不力的加大问责力度。要坚持广泛监督，充分发挥人大法律监督、政协民主监督和新闻媒体监督的作用，合力推动各项工作落到实处。

名词解释

“两化融合”：信息化和工业化的高层次深度结合。

“双百亿”项目：总投资各超100亿元的现代服务业和工业重点项目。

农村“三地一制度”：承包地、宅基地、农村集体建设用地和农村土地资产管理制度。

“五水共治”：治污水、防洪水、排涝水、保供水、抓节水。

“五气合治”：控烟气、降废气、减尾气、消浊气、除臭气。

“三改一拆”：拆除违法违章建筑，促进旧住宅区、旧厂区和城中村改造。

“两路两侧”“四边三化”：“两路两侧”即公路、铁路两侧，“四边三化”即在公路边、铁路边、河边、山边等区域开展洁化、绿化、美化行动。

“十大百亿”交通项目：总投资超百亿元的十项与交通相关的工程，包括钱滨线，104国道柯桥城区段高架改造，104国道南复线改造，平水和滨海公交枢纽工程，钱江三通道安置房项目，绍大线综合改造工程，杭金衢高速连接线综合改造工程，杭甬高速、绍诸高速公路等四条通道绿化工程，国际物流二期项目。

“五大保险”：基本养老保险、基本医疗保险、工伤保险、失业保险、生育保险。

“三合适”：说合适的话、用合适的方式、做合适的事。

“两地报到、双岗服务”：在职党员干部到居住地和出生地（成长地）报到并服务。

“两个责任”：党风廉政建设责任制党委主体责任和纪委监督责任。

“6+2”作风建设专项行动：“6”即绍兴市委部署推进的“六大”专项行动，即开展“三严三实”专题教育，“为官不为”问题专项整治，重点建设项目落实情况“四查倒逼”行动，审批“互为前置、政策掐架、擅设门槛”专项整治，“破两难、刹两局、盯两所”正风肃纪行动，治理小微浪费专项行动；“2”为柯桥区的“两项”特色工作，即以编外用工规范管理、机关不动产清理、“小金库”治理为主要内容的专项行动和2014年度行风评议十大重点问题和二十件重点个案督办专项行动。

“三严三实”：严以修身、严以用权、严以律己，谋事要实、创业要实、做人要实。

“新611”工程：用6年时间（到2020年），推进建设100个以上项目，再“造”一个轻纺城。

现代物流“一城三园”：柯北现代物流城、中国轻纺城现代物流园、滨海现代物流园、钱清现代物流园。

农业“两区”：粮食生产功能区、现代农（林）业园区。

“三位一体”：工作任务书、时间表和责任状。

“一带一路”：丝绸之路经济带和21世纪海上丝绸之路。

城乡环境整治提升九大专项行动：拆违章、种树木、改立面、装路灯、砌围墙、做小品、治污水、理管线、保整洁。

“四片一环”：即“中片”以柯岩、湖塘、福全、漓渚、兰亭中部5镇街为重点建成示范片区，“西片”以钱清、杨汛桥、夏履西部3镇为重点建成示范片区，“南片”以平水、王坛、稽东南部3镇为重点建成示范片区，“北片”以安昌、柯开委（齐贤镇）、滨海开发区（马鞍镇）北部3镇为重点建成示范片区；“一环”即四片连线成环，以四个示范片区构画成全区美丽乡村大"C"环，实现"优美环境、美丽经济、美好生活""三美"有机融合。

"五进礼堂"：宣讲培训、文艺演出、法律法规、健康生活、非遗项目等文化活动进农村文化礼堂。

"平安金鼎"：连续 12 年成功创建省级"平安区"。

"两网"融合："网格化管理、组团式服务"与浙江省平安建设信息系统相互融合。

"五无社区（村）"：无上访非访；无重大事故；无重大刑案；无重大事件；无涉恐、涉毒、涉邪人员。

"三转"：转职能、转方式、转作风。

监督执纪"四种形态"：党内关系要正常化，批评和自我批评要经常开展，让咬耳扯袖、红脸出汗成为常态；党纪轻处分和组织处理要成为大多数；对严重违纪的重处分、作出重大职务调整应当是少数；而严重违纪涉嫌违法立案审查的只能是极极少数。

"四风"：形式主义、官僚主义、享乐主义和奢靡之风。

绍兴市柯桥区人民代表大会常务委员会工作报告（摘要）

——在绍兴市柯桥区第十四届人民代表大会第五次会议上

绍兴市柯桥区人民代表大会常务委员会主任　吴　晓

（2016 年 1 月 20 日）

一、过去一年的主要工作

2015 年，是柯桥区全面深化改革的关键之年，也是全面完成“十二五”规划的收官之年。一年来，区人大常委会在区委的正确领导下，围绕全区经济社会发展大局，认真履行法定职责，务实开展工作。全年召开常委会会议 7 次、主任会议 14 次，听取和审议“一府两院”专项工作报告 26 个，作出决议、决定和审议意见 15 个，对 4 部法律法规执行情况进行检查，组织专题视察活动 8 次，依法任免国家机关工作人员 81 人次，任命人民陪审员 21 人，圆满完成区十四届人大四次会议确定的各项目标任务，为促进全区经济社会发展和民主法治建设，发挥应有的作用。

（一）坚持区委正确领导，积极围绕中心服务大局

常委会认真贯彻区委人大工作会议和区委全会精神，围绕全区中心大局，积极发挥监督职能作用，促进区委、区政府重大决策部署的落实。

积极助推“服务业兴区”战略。专题听取和审议柯桥区现代服务业发展情况报告，积极参与中国轻纺城“三次创业”决策调研，督查中纺 CBD 建设、电子商务、森林休闲旅游业发展等工作，督促区政府进一步完善工作体制机制，科学规划布局，加大政策扶持，狠抓项目招商建设，积极推动电商换市，加快城市人气集聚和山区旅游业发展，推动柯桥区现代服务业再上新台阶。

持续推进“五水共治”。跟踪督查《关于全面提升城镇水患防御能力议案决议》的实施，组织代表专题视察鉴湖水域保护治理工作，提出意见建议。区政府认真贯彻执行决议和视察意见，进一步落实治水责任，巩固治理成果，加强长效监管。同时，常委会领导“用脚步丈量河情”，以“河长”身份定期巡查联系河道，大力营造“五水共治”良好氛围。

全力督查“三改一拆”工作。2015 年是“三改一拆”三年行动计划最后一年，常委会专题听取工作完成情况报告，要求区政府继续加大力度攻坚克难，建立健全长效机制，坚持堵疏结合，全面推进无违创建，切实解决农村住房困难等问题，更好赢得群众支持，确保全面完成各项任务。

高度重视“美丽乡村”建设。以全省美丽乡村建设现场会在柯桥区召开为契机，专题听取区政府相关工作报告，提出要坚持以人为本因地制宜，突出重点打造特色，建立健全长效投入和管理机制，激发农民群众主体意识，努力打造柯桥区“美丽乡村”建设“升级版”。

强化计划预算执行监督。专题听取和审议国民经济和社会发展计划、财政预算执行，以及审计工作报告，批准上年度财政决算和本年度预算调整报告，以及 2015 年区政府债务限额。要求坚定信心、坚守主业、坚持创新，抓紧抓实招商引资“一号工程”，量力而行保障重点投资，切实加强全口径预算管理，有效防范政府债务风险，保障全区经济社会平稳协调发展和财政依法安全运行。同时，专题听取柯桥区“十三五”规划纲要编制情况报告，提出意见建议，促使规划更加符合上级政策和柯桥区实际。

（二）贯彻依法治国方略，加快推进法治柯桥建设

常委会始终以推进民主法治建设、强化社会公平正义为己任，加大法律监督力度，不断优化法治环境，促进“一府两院”依法行政和公正司法。

大力弘扬宪法精神。举办宪法专题讲座，向常委会全体组成人员、政府全体（扩大）会议与会人员、“两院”领导、全区人大干部普及宪法知识。根据全国人大常委会的决定，制定出台柯桥区宪法宣誓制度办法，进一步增强国家机关工作人员宪法意识，积极营造依宪治区和依宪行政良好氛围。

切实加强“六五”普法督查。针对“六五”普法收官之年，专题听取柯桥区“六五”普法工作完成情况报告，要求区政府突出重点落实责任，查漏补缺注重长效，确保圆满完成各项目标任务，努力为依法治区提供强有力的法治基础和保障。

认真开展执法检查。对统计法、非物质文化遗产法、科技进步法、浙江省流动人口居住登记条例等法律法规贯彻执行情况进行检查，提出改进意见并跟踪督促整改，促进法律法规在柯桥区的有效贯彻执行。同时，积极配合省、市人大常委会开展执法检查和立法调研。

深化司法监督工作。省、市、区人大常委会上下联动，对“公检法司”机关依法履职、公正司法情况开展监督，深入派出所、司法所、法庭、信访部门调研，走访人大代表、律师、案件当事人等，广泛听取社会各界意见建议，梳理并列出问题清单，提出整改建议。同时，还就区法院金融审判和区检察院监所检察工作进行专项监督，促进“两院”依法公正履职，更好服务经济发展和社会稳定。

同时，常委会认真开展规范性文件备案审查工作，促进政府法制统一。积极做好人大信访工作，协调督促有关部门依法妥善处理，维护群众的合法诉求。

（三）切实维护群众利益，持续促进民生福祉改善

常委会坚持以人为本，积极回应社会关切，督促推动解决社会普遍关注的热点难点问题，维护人民群众根本利益，共享改革发展成果。

推进政府实事工作和重点工程。组织代表分别对区政府在区十四届人大四次会议上提出的实事工作和重点工程开展专题视察，就进展情况、存在问题、社会效果等提出意见建议。区政府认真落实视察意见，抓质量、赶进度、保安全、重绩效，进展有序，履行对代表的庄严承诺。

跟踪督查大气污染防治工作。听取和审议柯桥区大气污染防治工作情况报告，并开展专题询问，督促区政府全力推进印染产业集聚升级，加快淘汰落后产能，加大对重点废气污染源治理，健全联动机制，强化考核督查，坚决打好大气污染防治攻坚战，努力改善空气质量。

专项评议政府部门工作。工作评议是法律赋予人大常委会的一项重要监督方式，常委会围绕社会关注度高的教体和市场监管两项重要民生工作，通过走访座谈、实地视察、问卷调查、听取和审议报告、满意度测评等形式，开展工作评议，提出评议意见，并对意见整改落实情况进行跟踪监督，较好实现评议监督与推动工作的有机结合。

关注基层卫生事业。专题督查分级诊疗和村级卫生服务站建设工作，提出要进一步整合优化医疗资源配置，加快优质医疗资源下沉，加强基层医疗卫生机构和村级医务人员建设，不断提高基层诊疗水平，方便群众看病就医。

重视交通投资建设工作。专题听取区交通投资建设集团公司设立运行一年后的工作情况报告，提出要积极有为、量力而行、有序建设，强化要素保障，重视专业技术人才建设，坚持公交优先发展理念，努力为促进经济发展、改善城乡交通、方便群众出行提供保障。

（四）强化基础优化服务，充分发挥代表主体作用

常委会坚持把代表工作作为一项基础性工作来抓，积极搭建平台，拓宽工作渠道，优化服务保障，支持代表依法履职，努力增强工作实效。

开展领导干部代表带头进选区活动。通过领导干部代表的示范带动，激励和推动其他代表自觉进选区、听民声，更加有力地呼吁和协调解决选民的实际困难和问题，促进代表依法履职，充分发挥密切联系选民作用，让代表更好地植根于选区和选民。活动开展后，共有126人次的领导干部代表进选区，帮助协调解决问题160个，获得广大选民的支持与好评。《浙江人大信息》对此专刊介绍柯桥区的这一做法和经验，得到省人大常委会党组书记、副主任茅临生的批示肯定，并要求在全省推广。

深化代表联络站建设。实现全区各镇街代表联络站全覆盖，共建成代表联络站（室）48个，各级人大代表有序进站接待选民640人次，协调解决问题270个。在柯桥街道试点建成网上代表联络站，结合全省网上代表履职平台，实现代表与选民网上网下全天候、便捷化联系。

配合开展代表主题活动。根据省人大常委会要求，组织柯桥区各级人大代表开展监督“已治理的河”“转型升级十大组合拳落实”“寻找基层群众办事难”，以及核查“贫困人口脱贫工作”等主题活动，代表参与达1216人次，帮助呼吁和协调解决问题338个，其中代表监督“已治理的河”活动的经验和成效，得到省人大常委会领导批示肯定。主题活动的开展，既增强代表的履职意识，又充分发挥代表的主体作用。

认真督办代表建议。指导做好建议分办工作，进一步落实办理责任，继续实施常委会领导牵头督办10件重点建议，通过组织代表视察、现场督办、开展绩效评估和满意度测评、听取审议办理工作情况报告等形式，督促政府及部门履行义务，答复落实好建议，不断提升办理成效，保障了代表的权益，增强代表的履职自信。区十四届人大四次会议上代表提出的225件建议，都得到及时答复、办理和研究处理，代表对答复情况均表示满意或基本满意。

加强镇（街道）人大工作指导。上下联动组织开展调查研究、代表视察、执法检查，指导开展代表接待选民、补选代表、代表向选民述职以及评议基层站所等工作。坚持常委会领导和机关委室联系镇街人大制度，积极鼓励开拓创新，推动镇街人大工作再上新台阶。

（五）努力加强自身建设，不断提升履职能力水平

常委会坚持强学习、转作风、求实效，始终不渝加强自身建设，牢固树立常委会机关和人大干部良好形象。

狠抓干部学习提高。认真学习贯彻党的十八大和十八届三中、四中、五中全会精神，以及中央18号和省委21号关于加强县乡人大工作和建设的文件精神，组织人大干部到全国人大培训中心学习培训，充分发挥“人大讲坛”学习主平台作用，组织开展预算法、档案法、物权法及依法行政等专题讲座，加强人大制度和理论研究，不断提升干部综合履职能力和水平。

深化作风纪律建设。组织开展“三严三实”专题教育，深入基层调查研究，广泛收集社情民意，帮助反映和协调解决问题。及时组织干部学习新修订的《中国共产党廉洁自律准则》《中国共产党纪律处分条例》，不断增强干部廉洁意识。

加强工作宣传公开。认真总结、积极宣传全区人大工作，进一步扩大柯桥区人大工作的影响力。及时将常委会工作通过会刊、杂志、报纸、网站等，向代表通报和社会公告，推进常委会工作公开，自觉接受社会各界监督。

过去一年常委会取得的工作成绩，是区委正确领导，“一府两院”大力支持，人大代表监督参与，部门、镇街密切配合，常委会全体组成人员共同努力的结果。当然，工作中还存在不少问题和不足，主要表现在：监督工作的刚性和实效性有待进一步增强，推动决议、决定和审议意见落实的力度有待进一步加大，代表作用发挥的途径和方式有待进一步拓展，干部的综合素质能力有待进一步优化提高等，都需要在此后的工作中认真研究、努力改进。

二、2016年的主要任务

2016年是“十三五”规划的开局之年，也是区、镇两级人大换届选举之年，区人大常委会工作的总体要求是：深入贯彻落实党的十八大和十八届三中、四中、五中全会精神，围绕区委十三届九次全会决策部署，坚持党的领导，服务发展大局，弘扬民主法治，关注社会民生，发挥代表作用，充分行使宪法和法律赋予的各项职权，努力提高常委会履职水平，为加快打造“时尚柯桥、印象柯桥、幸福柯桥”、率先高水平全面建成小康社会作出新的贡献。根据上述总体要求，重点做好以下五方面工作：

（一）围绕中心大局，在服务改革发展上有更大作为

把推动区委重大决策落实贯穿于人大工作全过程，更好围绕中心服务大局，促进柯桥区改革发展向纵深推进。跟踪督查印染产业集聚升级工程，力促攻坚克难全面推进。积极助推中国轻纺城“三次创业”，更好发挥轻纺城在时尚创意经济中的重要作用。高度重视国有资产管理，依法促进国有资产保值增值。持续关注旅游工作，促进好项目、大项目引进和建设，不断提升柯桥区旅游业发展水平。组织代表视察供销“智慧乡村”建设，促进农村经济开放式、电商化发展，助力美丽乡村建设。听取和审议计划、财政和审计工作报告，督促推动“十三五”规划顺利启动和良好开局。

（二）推进民主法治，在深化法律监督上有更新举措

深入贯彻依法治国方略，充分发挥人大在民主法治建设中的一线作用，为经济社会发展提供良好法治保障。坚持在区委领导下，依法开展区、镇两级人大换届选举，保障选民的选举权和被选举权，严把代表“入口关”，强化选举全过程监督，确保选举工作依法顺利完成。组织落实好宪法宣誓制度，增强国家机关依法选举和任免干部的宪法意识和人大制度意识。督查“七五”普法规划工作，推动“七五”普法及时启动和有效实施。对妇女儿童权益保护法、特种设备安全法等贯彻执行情况进行检查，确保法律法规在柯桥区正确有效实施。专题听取和审议区法院执行工作、区检察院民事行政检察工作报告，跟踪监督“公检法司”机关强化司法监督问题清单整改落实情况，开展工作评议和满意度测评，督促公正司法，维护社会公平正义。加强规范性文件备案审查。认真做好人大信访工作。

（三）重视社会民生，在践行履职为民上有更好成效

扎实践行以人为本、履职为民宗旨，围绕社会热点难点问题，积极发挥监督职能，助推民生持续改善。组织常委会视察“五水共治”“五气合治”工作，推进柯桥区水、气质量持续改善。跟踪督查环境整治提升“九大专项行动”，促进城乡环境在高标准上实现常态化、精细化、长效化管理。督促政府抓好经济薄弱村和低收入农户奔小康工作，加快实现共同富裕。督查住房公积金管理工作，保障和维护干部职工合法权益。重视农产品质量安全，督促加强源头监管，确保人民群众“舌尖上”的安全。关注公共卫生事业发展，不断提高柯桥区公共卫生服务均等化水平。专题听取城市投资建设工作情况报告，进一步推进城市化建设，为百姓营造品质宜居环境。组织代表视察政府实事工作和重点工程，促使优质高效推进，更好惠及人民群众。

（四）突出主体地位，在激发代表履职上有更多活力

适应新常态，不断创新工作方法载体，持续加强和改进代表工作。深化领导干部人大代表带

头进选区活动，进一步健全完善活动长效机制，坚持问题导向和效果导向，重点在反映解决问题和推进活动常态化上下功夫，促进代表更加紧密联系和服务群众。巩固完善代表联络站建设，在推进实体联络站规范有序运行的基础上，总结网上代表联络站试点经验，逐步在其他镇（街道）推广，构建更加便捷有效的代表联系选民新渠道。加强代表建议督办，跟踪督查本届以来的重点难点建议办理落实情况，探索实施“代表约见”制度，让代表与政府及部门负责人面对面交流，依法保障代表权利，不断提高建议办理成效。组织开展代表届期履职情况总结，把代表履职情况作为连选连任的重要依据。进一步加强镇（街道）人大工作指导，夯实基础，发挥作用，不断增强全区人大工作合力。

（五）提升能力水平，在加强自身建设上有更高标准

围绕新时期赋予人大工作的新任务和新要求，坚持不懈地加强自身建设。深入贯彻中央和省委文件精神，进一步加强区、镇两级人大工作和建设。继续组织干部学习培训，坚持开展好“人大讲坛”，不断提升干部综合能力水平。深化“三严三实”专题教育活动成果，深入基层走访调研，密切联系代表和群众，让常委会工作更加承接地气。深入学习《中国共产党廉洁自律准则》《中国共产党纪律处分条例》，更好促进干部廉洁自律。坚持推进人大工作公开，自觉接受各界监督，取得社会更大关心支持。加强人大宣传信息工作，不断提升柯桥区人大工作的影响力。

政府工作报告（摘要）

——在绍兴市柯桥区第十四届人民代表大会第五次会议上

绍兴市柯桥区人民政府区长　阮建尧

（2016 年 1 月 19 日）

一、2015 年主要工作和“十二五”规划执行情况

2015 年是“十二五”规划的收官之年。面对错综复杂的宏观环境和艰巨繁重的改革发展稳定任务，区政府在区委的坚强领导下，全面贯彻落实中央和省市的各项决策部署，认真执行区人大及其常委会的各项决议，切实抓好各项工作落实，全区经济社会保持平稳较快发展。全年实现生产总值 1200.1 亿元，比上年增长 7.6%；财政总收入 160.5 亿元，其中一般公共预算收入 97.9 亿元，同口径增长 12%；固定资产投资 663 亿元，比上年增长 14.9%；研究与试验发展经费支出占生产总值比重达到 2.15%；城镇和农村常住居民人均可支配收入分别达到 50800 元和 29300 元，分别比上年增长 8.5% 和 9.6%；城镇登记失业率 2.55%；人口自然增长率 0.86‰。受市场交易方式变化和需求低迷、价格下降等因素影响，预计社会消费品零售总额 228 亿元，比上年增长 8.5%；自营出口 104 亿美元，比上年下降 5.6%，未能完成预期目标。

一年中，柯桥区围绕 2015 年政府工作报告提出的十方面工作重点，重抓经济转型、生态治理、城乡统筹、社会民生，基本完成各项目标任务。

现代服务业发展大力度推进。积极实施“服务业兴区”战略，实现服务业增加值 525 亿元，比上年增长 11%，占生产总值比重提高 2 个百分点。完成服务业投资 336 亿元，比上年增长 18.3%。金沙·东方山水欢乐岛等一批项目加快推进，大香林兜率天景区全面开放。鉴湖—柯岩旅游度假区申报国家级旅游度假区，区旅游集散中心建成，实现旅游总收入 153.1 亿元，比上年增长 8%。新增区内银行 3 家、金融服务公司 3 家。金柯桥基金小镇启动建设，33 家私募金融机构签约落户。

工业经济转型升级有效推进。深入开展“三重三爱”主题教育活动，实现规模以上工业产值

3478.3亿元，其中战略性新兴产业产值940亿元，占比提高1.5个百分点。完成工业投资326.5亿元，比上年增长11.9%，精工建筑产业化、润昇新能源等“双百亿”重大产业项目开工建设。印染产业集聚升级工程扎实推进，新建成投产项目26个、累计39个。完成“机器换人”项目812个，“两化融合”发展指数居全省前列。引进5亿元以上重大项目14个，总投资181.5亿元，引进浙商回归项目61个，到位回归资金67.3亿元，实到外资2.3亿美元。狠下决心开展工业小区暨“低小散”块状行业整治，关停“低小散”企业732家。完成“个转企”378家、“下升上”220家。实现建筑业总产值2026亿元，比上年增长8.6%。依法推进风险企业处置，组织开展打击恶意逃废债专项行动，区域经济金融秩序稳定。

轻纺城“三次创业”全面启动。积极实施“新611工程”，轻纺城西市场拆迁改造等项目启动实施，轻纺城南区市场顺利招商。首届“柯桥时尚周”活动成功举办，时尚创意产业加快发展，实现创意营业收入8.5亿元，比上年增长11.8%。大力发展电子商务产业，新增电商园区3个，引进“淘实惠”等一批电子商务产业项目，实现电商销售 54.5亿元，被评为全省“电商换市”升级样本城市。现代物流“一城三园”建设顺利推进。轻纺城市场群实现交易额1381.8亿元，比上年增长11.6%。“网上轻纺城”交易额174.7亿元，比上年增长55%。会展产业更加活跃，举办纺博会等各类展会20个。

改革创新在一些领域取得新突破。率先在印染行业开展资源要素市场化配置综合配套改革。试点开展企业投资项目高效审批50天改革。推进金融创新，实现直接融资146亿元。设立总规模近300亿元的政府产业基金，在谈项目22个，落地项目2个。全面启动企业上市三年行动计划，实施股改39家，完成上市1家、过会1家、新三板挂牌2家。加强土地要素保障，在全省率先获批土地利用总体规划调整，盘活存量土地1550亩、低效建设用地570亩。实施百家科技型成长型企业培育计划，新增国家重点扶持的高新技术企业27家、省级企业研究院2家、省级高新技术企业研发中心6家。“科技园”建成启用，与西安工程学院、中科院上海高等研究院等建立合作平台。引进省级以上“千人计划”人才4人。新增中国驰名商标5件，授权专利5410项，其中发明专利126项，制订和参与修订国家标准、行业标准22项。全面完成村经济合作社股份合作制改革。新增土地流转2500亩。农房登记发证基本完成。

改善生态环境成效明显。强势推进“五水共治”，57个治水项目完成投资71.3亿元，基本消灭“垃圾河”“黑臭河”，对全区1380个断面实施监测，消除31.6%的V类、劣V类断面。14个老小区污水收集系统改造、83个村居农村生活污水治理按期完成，城区、集镇生活污水收集处理率分别提高到88%和50%，餐厨垃圾实现独立收运和处置。统筹开展“五气合治”，1762台定型机的废气处理设施实现24小时在线监控，完成定型机“煤改气”1800台、热电机组脱硫脱硝改造13台，淘汰燃煤锅炉460台、黄标车5970辆。总长100公里的18条森林健身游步道建设进展顺利。完成平原绿化2756亩，新增省级森林城镇2个，全省率先实现省级森林城镇全覆盖。

新型城镇化建设在更高水平上积极推进。高铁站后区域城市设计方案、高铁沿线绿化建设规划、金柯桥大道户外广告整治规划等一批规划编制完成。柯桥新客运中心建成投用，中纺CBD、柯桥历史文化街区保护开发、坂湖公园等项目加快实施，杭绍城际轨道交通项期工作顺利推进，104国道柯桥城区段高架改造、钱滨线、解放南路南延、稽山路南北连通、柯华北路拓宽改造等工程按计划实施。杭甬、杭金衢高速出入口完成景区化改造。完成县乡公路改造32条。启动“智慧城管”建设，城管扩面到柯南区域。完成拆迁128.5万平方米。切实抓好交通治堵，新增公共自行车500辆、公共停车位1000个，改造卡点路口8个，公交分担率提高1个百分点。钱清镇小城市培育试点获省级考核优秀。

农业现代化和美丽乡村建设富有成效。新建粮食生产功能区1.68万亩，新创省级现代农业园区2个，新建农民专业合作社25家，实现农业总产值49.6亿元，比上年增长2.4%。精心打造“水乡新味”“富桂香林”“花满棠棣”等美丽乡村精品点，新建美丽乡村示范村和精品村11个，建成4条美丽乡村公路，成功承办全省美丽乡村和农村精神文明建设现场会。全面开展以“九大专项行动”为重点的城乡环境整治，完成“三改”313.7万平方米、拆违379万平方米，整治“两路两侧”“四边三化”问题1618个，拆除各类户外广告牌3.1

万块，“无违建区”创建通过市级验收。

社会事业得到全面协调发展。积极探索多元化、社会化办学和办医模式，浙工大之江学院、浙江树人大学杨汛桥校区建设顺利，与上海华山医院、杭州树兰医疗管理机构开展合作。教育改革、教学信息化建设和“学在柯桥”教育品牌培育取得积极成效。妇女儿童医院新建和中医院扩建工程按计划实施。圆满承办市第八届运动会、国际花样游泳大奖赛，成功创建省“体育强区”。阳明园项目启动建设。组织开展历史建筑信息普查和名录编制，新建农村文化礼堂27家，“幸福水乡才艺秀”“百花大舞台”“鉴湖之春文化广场月”等群众文化活动广受欢迎。顺利通过国家文明城市创建、国家卫生城市复检。社会保障扩面提标，全年新增就业岗位18322个，帮助6818名失业人员实现再就业。社保服务平台实现村村全覆盖，完成全民参保登记工作，“五大保险”新参保44155人。启用市民卡，实现社保、公交、旅游等“一卡通”。启动镇街敬老院提档改造。柯桥街道颐养园建成开放。向困难群众发放社会救助金2亿元，比上年增长10%。登革热、人感染H7N9禽流感等疫情得到有效防控。

社会治理创新取得积极进展。健全大调解体系，加大信访化解力度，33件省、市、区三级积案成功化解。严厉打击违法犯罪，深化“智慧天网”和社会治理基层信息化建设，社会保持稳定，第十年成功创建省级“平安区”。推进综合行政执法改革，组建综合行政执法局，对504项行政处罚职权事项进行统一归结与划转。强化安全生产标准化建设与安全隐患整治，全年安全生产事故数、死亡人数分别比上年下降24.6%和7.5%。“六五”普法圆满完成，被评为第三批“全国法治县（市、区）创建活动先进单位”，新增全国“民主法治示范社区”1个。加强社会组织培育，新增社会组织628家。

十件民生实事全面完成。全年公共财政用于民生支出67.3亿元，比上年增长9.7%。新增新能源公交车200辆。分后线、平王线王坛段等县乡道路实施改造升级。开工建设安置房102万平方米、竣工82万平方米、交付101万平方米。完成农村住房解困1738户。为1072个中小学教室安装电子白板等信息化设施。小舜江供水普及率98%，完成王坛、稽东两镇26个村的优质自来水供水扩面工作。新建标准化村卫生服务站40家。社会福利中心二期项目动工建设，新增养老服务床位510张，新建居家养老服务中心76家。对22个星级农贸市场实施规范管理，创建省级放心农贸市场4家。

一年中，柯桥区始终坚持依法行政、简政放权、勤政廉洁，不断增强政府工作的执行力、担当力、服务力。完成新一轮政府机构改革与精简工作，全面落实“四张清单一张网”制度，探索开展相对集中行政许可权改革，行政效能进一步提升。建立集体学法制度，认真负责办理答复人大代表建议和政协委员提案。严格厉行节约、反对浪费，“三公”经费支出下降6%。积极支持工青妇、科协、文联、红十字会、商会等组织开展工作，老龄、关心下一代、残疾人、慈善等事业健康发展。国防动员、民兵预备役、双拥、人防、国家安全和统计、档案、史志、民族宗教、外事侨务、对台事务等工作取得新成绩。

过去一年取得的成绩，为“十二五”发展划上圆满的句号。“十二五”时期，是柯桥区发展进程中极不平凡的五年。这五年，柯桥区经历复杂多变的宏观环境，经历撤县设区的区划调整，经历“先登顶者先缺氧”的严峻考验。五年中，全区人民心往一处想、劲往一处使，较好完成“十二五”规划主要目标任务。

五年来，我们始终以经济建设为中心，坚定不移抢机遇、促发展，综合实力在爬坡越坎中跃上新台阶。全区地区生产总值、财政总收入、一般公共预算收入、自营出口分别比2010年增长55.5%、65.3%、77.5%和31.3%，经济总量继续位居全市第一、全省前列，位居全国综合实力百强区第十五位。累计完成固定资产投资2519亿元，年均增长16.3%，是“十一五”的两倍。社会消费品零售总额年均增长13.8%，比2010年翻一番。中国轻纺城经营户、贸易公司分别增加1万家、4000家，轻纺城市场群年交易额比2010年增长一倍。“网上轻纺城”累计交易额360亿元，年均增长131%。

五年来，我们始终以“两大战略”为抓手，坚定不移重创新、调结构，经济质量在转型升级中再上新水平。积极实施“服务业兴区”和“工业强区”战略，三次产业结构由2010年的3.7∶61.3∶35调整到2.8∶53.5∶43.7。规模以上工业总产值比2010年增长44%，战略性新兴产业占比提高到27%，全社会研究与试验发展经费支出比2010年增长64.9%，累计引进高校技术转移中心8家、高层次人才36人，实施省级以上科技项目464个。服务业增加值占生产总值比重提高8.7个百分点，商贸、文化、旅游等生活性服务业得到快速发展，电子商务、创意设计、现代金融等生产性服务业呈现新亮点。累计新增省级粮食生产功能区5个，市级以上现代农业园区52个。万元GDP能耗累计下降21.7%。累计完成建筑业总产值8014亿元，是“十一五”的2.5倍。

五年来，我们始终以建设宜居城市为目标，坚定不移优生态、提品位，城乡环境在统筹协调中呈现新面貌。柯桥城市化率从2010年的65%提高到70%。中国轻纺城体育中心、萧甬铁路柯桥城区段高架等重大工程建成投用。县乡公路升级三年计划全面完成。累计完成城中村拆迁改造1090万平方米。累计完成“空心村”改造45个，建成美丽乡村示范村57个、精品村12个。实施“五水共治”三年行动计划，累计投入183亿元，建设项目74个。城乡生活垃圾、城镇生活污水集中收集实现全覆盖。农村生活污水集中无害化处理覆盖全区94%的行政村。建立污水、废气、污泥刷卡排污系统，全区化学需氧量、氨氮、二氧化硫和氮氧化物四项指标排放总量，分别累计削减17.8%、21.2%、24.2%和26.7%，顺利完成“十二五”减排任务。完成平原绿化3.75万亩，森林覆盖率55%，成功创建省级森林城市。

五年来，我们始终以改善民生为根本，坚定不移办实事、解难事，人民群众在安居乐业中更具幸福感。公共财政用于民生累计支出266.3亿元。城镇和农村常住居民人均可支配收入分别比2010年增长57.7%和75.6%，连年列“中国全面小康十大示范区”。城乡居民低保金标准分别提高到630元和570元，比2010年分别提高57.5%和90%。教育、卫生事业发展走在全国前列，创建为全国义务教育基本均衡区，列为全国基层医疗卫生体系综合改革试点区。建成居家养老服务照料中心206家。被征地农民养老保险、职工基本养老保险和城乡居民养老保险实现并轨。成功协办金鸡百花电影节、省第十五届运动会等重大节会活动。古纤道入选世界文化遗产点，图书馆、文化馆（站）、博物馆实行免费开放，成功创建全省首批公共文化服务体系示范区。建成投用农村文化礼堂70个。改造提升城乡农贸市场27个。基本完成农村住房解困三年行动计划各项任务。

五年来，我们始终以务实高效为追求，坚定不移优服务、增效能，发展环境在深化改革中得到新改善。开展企业投资项目100天高效审批、50天高效审批、不再审批等省级试点，行政审批改革走在全国、全省前列。柯桥经济技术开发区升格为国家级开发区，滨海工业区列入国家级循环化改造示范试点，被评为全国首批国土资源节约集约示范县（区）。农村综合改革省级试点、民间融资管理创新省级试点等取得积极进展。深入开展政府系统党的群众路线教育实践活动和“三严三实”专题教育，“四风”问题得到有效整改，政府工作人员政风作风切实转变。

过去五年取得的成绩，离不开上级党委、政府和区委的正确领导，离不开区人大、区政协的监督支持，也离不开历届领导班子打下的坚实基础，更包含着全区广大干部群众的辛勤工作、奉献付出。回顾过去，全区经济社会发展还存在许多矛盾和问题，政府工作还有很多不足。受宏观环境影响，企业风险依然不少，创新能力偏弱等问题比较突出，消费、出口相对低迷，经济下行压力较大。招商引资中好项目、大项目不多，重大项目储备偏少，产业结构调整和转型升级任务还很艰巨。土地、能源和环境约束日益突出，节能减排任重道远，群众对水质污染、空气雾霾等问题反响强烈，水环境、空气质量等方面的治理任务很重。美丽城镇、美丽乡村建设由点到面拓展还有很多工作要做，城乡统筹、公共服务和民生保障等与群众的期盼还有一定距离。安全生产、社会治安、信访维稳等社会管理压力较大。少数公务人员大局意识、责任意识、服务意识、担当意识不强，政府服务效能、依法行政水平有待进一步提高，作风建设仍需常抓不懈。对此，将在此后工作中采取有效措施，认真加以解决。

二、“十三五”发展的主要目标和重点任务

根据中共柯桥区委《关于制定绍兴市柯桥区国民经济和社会发展第十三个五年规划的建议》，区政府制定《绍兴市柯桥区国民经济和社会发展第十三个五年规划纲要（草案）》，请予审议。

“十三五”期间，是柯桥适应经济新常态、构筑竞争新优势、实现发展新跨越的关键期，是高水平全面建成小康社会的决胜期。“十三五”发展的

指导思想是，认真贯彻落实十八大、十八届五中全会精神和省市系列战略部署，牢牢把握创新、协调、绿色、开放、共享发展理念，积极适应和引领发展新常态，紧紧围绕“率先完成经济转型升级、率先建成美丽乡村、率先高水平全面建成小康社会”三大目标，以生态文明建设为统领，深入实施“服务业兴区”和“工业强区”两大战略，加快建设“时尚柯桥、印象柯桥、幸福柯桥”，更好地推动“聚神聚力、提标提速，勇争一流、走在前列”行动准则落到实处，为实现中国梦柯桥版打下坚实基础。

“十三五”发展的主要目标是努力实现“三个率先”：

——**率先完成经济转型升级**。现代服务业、工业现代化和新型城市化加速融合，三次产业结构实现由“二三一”向“三二一”转变。轻纺城“三次创业”深入推进，“新 611 工程”全面完成，印染产业实现集聚升级，高端纺织、时尚创意、先进装备制造、建筑产业现代化、旅游等五大“千亿级”产业集群培育形成，轻纺城实体市场、网上轻纺城与电子商务两大 2000 亿级市场主体基本建立，创新驱动成为核心动力，对外开放提质增效，“时尚柯桥”建设取得突破性进展。到 2020 年，全区服务业增加值占生产总值比重超过 51%，规模以上战略性新兴产业增加值占规上工业比重达到 34%，研究与试验发展经费支出占生产总值比重达到 2.8%，基本形成服务业为主导的经济格局，经济转型走在全省前列。

——**率先建成美丽乡村**。生态文明建设不断深化，城乡环境面貌显著改善，城市、城镇、乡村实现协调发展，“印象柯桥”建设取得突破性进展。到 2017 年基本完成“四片一环”美丽乡村示范片区建设。到 2020 年，全区能源资源利用效率大幅提高，能源和水资源消耗、建设用地、碳排放总量得到有效控制，主要污染物排放总量大幅减少，全面消除地表水 V 类水质，主要河流、重要水体水质达到或优于 III 类水，其他河流水体水质 I—III 类占比高于 60%， PM2.5 浓度明显下降，城市平均空气质量优良天数提高到 85% 以上，全面建成全域“四片一环”美丽乡村示范区，率先打造美丽乡村升级版。

——**率先高水平全面建成小康社会**。社会事业全面优化，社会保障全面强化，城乡差距全面缩小，平安创建全面深化，文明风尚全面形成，低保水平逐年提高，低收入群体持续增收，人民生活水平和质量普遍提高，迈入全国幸福指数最高的地区之一，“幸福柯桥”建设取得突破性进展。到 2018 年，实现地区生产总值、人均生产总值、城镇常住居民人均可支配收入、农村常住居民人均可支配收入四个指标比 2010 年“翻一番”的目标，率先高水平全面建成小康社会。到 2020 年，全区生产总值年均增长 7%，城镇和农村常住居民人均可支配收入年均分别增长 7% 和 7.5%，向更高水平的小康社会迈进。

实现上述目标，“十三五”时期要切实抓好五方面的重点任务：

一是以发展轻纺城为抓手，巩固和提升柯桥作为“国际纺织之都、现代商贸之城”的优势和地位。把轻纺城建设与产业、城市、市场发展结合起来，深入推进轻纺城“三次创业”，大力实施“新 611 工程”，改造提升轻纺城实体市场，积极发展时尚创意、电子商务、现代物流、现代金融、体育会展等产业，努力把轻纺城打造成国际化、时尚化、智慧型、复合型市场，并以此引领传统纺织产业向高端纺织、时尚创意转型，柯桥城市向现代化、国际化方向发展，推动市场与产业、城市发展深度融合。

二是以打造科技城为抓手，增强经济发展新动力。把科技城建设与推动创新驱动发展结合起来，以柯桥经济开发区为主体规划建设科技城，主动对接沪杭甬和绍兴高新技术产业集聚区，加快创新主体培育、创新平台建设和创新体系构建，重点抓好“两化融合”、企业产研园、科技服务平台、时尚创意园、金柯桥基金小镇、“众创空间”等项目建设，以科技创新的强大动力推动高端纺织、时尚创意、先进装备制造、建筑产业现代化、旅游等五大千亿产业集群的培育形成，推动一批龙头企业和科技型成长型企业的培育壮大，推动各类创新人才的快速集聚，推动大众创业、万众创新生动局面的激活形成。

三是以打造智慧城为抓手，提升社会建设和管理水平。把智慧城建设与提高社会建设和管理的智能化、精细化、人性化结合起来，把互联网融入经济社会发展的各个方面，推进物联网、大数据等新一代信息技术融入社会建设和管理，着力推进智慧企业、智慧市场、智慧交通、智慧城管、智慧旅游、智慧环保、智慧天网、智慧社区、智慧医疗、智慧养老、智慧政务等智慧应用体系建设，重点实施“宽带柯桥”、公共区域免费无线网、数据产业园等项目建设，让“智慧”成为方便人们生产生活的重要手段。

四是以打造生态城为抓手，着力改善生态环境质量。把生态城建设与打造美丽乡村升级版结合起来，着力优化城市空间结构和主体功能布局，加强环境治理、生态修复、长效管护，加大建筑节能发展及新型建材使用，倡导低碳绿色的生产生活方式，通过示范创建、内涵提升，促进海绵城市建设，推动美丽乡村“处处美”“内在美”“持久美”，重点抓好“五水共治”“五气合治”“九大专项行动”、城中村改造等工作，让柯桥成为“空气清新、水体清澈、环境清洁”富有诗情画意的江南水乡典范。

五是以打造健康城为抓手，不断提升人民群众幸福感。把健康城建设与增进人民福祉、促进身心健康结合起来，全面挖掘历史文化、休闲旅游等资源，大力发展医疗医药、养老养生、健体康体、智慧健康、文化旅游等“大健康”产业，提高教育、医疗、文化、住房、养老、体育等公共服务水平，推动文化全面繁荣，大力弘扬文明新风，重点抓好酷玩小镇、养生小镇、书法小镇等项目以及精神文明建设各项工作，让柯桥成为物质富裕、精神富有的美好家园。

打造轻纺城、科技城、智慧城、生态城、健康城，建设时尚柯桥、印象柯桥、幸福柯桥，实现“三个率先”目标，最终要以项目为支撑。“十三五”期间，柯桥区要重点实施100个以上的重大项目，计划总投资3800亿元以上，“十三五”期间确保完成投资3400亿元以上。在中共柯桥区委的坚强领导下，在全区上下的共同努力下，“十三五”规划的宏伟蓝图一定能圆满实现！

三、2016年主要工作安排

2016年是“十三五”发展的开局之年。根据区委十三届九次全会的部署与要求，综合分析发展环境和自身条件，建议2016年全区经济社会发展主要预期目标为：地区生产总值比上年增长7.5%；一般公共预算收入比上年增长8%；固定资产投资比上年增长12%；社会消费品零售总额比上年增长10%；自营出口比上年增长3%；城镇和农村常住居民人均可支配收入分别比上年增长8%和8.5%；城镇登记失业率控制在3%以内；人口自然增长率控制在4.91‰以内；节能减排完成上级下达任务。

围绕上述目标任务，今年区政府重点抓好五方面工作：

第一，持续加大有效投资力度，着力强化创新驱动发展，不断增强新的发展动能

强化有效投资。重点实施121个“三个一批”项目，确保完成投资730亿元以上。围绕培育“五大千亿产业”抓投资，重点加快印染产业集聚升级工程、精工绿色集成建筑科技产业园、金沙·东方山水欢乐岛等重大产业项目建设。围绕服务业优先发展抓投资，全面推进轻纺城“三次创业”，实施好轻纺城西市场改造、电商产业园、国际时尚中心等“新611工程”，做精做优纺博会、“柯桥时尚周”等高端活动和赛事，加快现代物流“一城三园”基地建设，积极培育发展文化、体育产业，推动鉴湖—柯岩旅游度假区争创国家级旅游度假区和国家5A级景区，促进房地产市场平稳健康发展，确保服务业增加值比重提高1个百分点以上。围绕特色小镇建设抓投资，重点加快湖塘黄酒、柯岩酷玩、兰亭书法等9个省、市级特色小镇创建。以建筑产业现代化为引领，加快建筑业转型发展。狠抓投资发展平台，推动柯桥经济开发区、滨海工业区提升发展。继续抓好“柯桥—江山山海协作产业园”建设。加强农业“两区”建设，启动建设柯桥区中心粮库，确保粮食安全。大力建设一批现代农业示范基地，提升香榧、红豆杉、日铸茶等特色品牌，加快农业规模化、精品化发展。强化农业科技支撑，完善农业服务体系，壮大农业经营主体，促进农业增效、农民增收。

强化招商引资。切实把招商引资作为“一号工程”来抓，充分利用印染集聚企业腾退土地、存量闲置土地，紧盯世界500强、央企和浙商、越商、轻纺城布商，积极引进、储备符合产业导向、有利结构调整的大项目、好项目，确保新引进投资5亿元以上项目15个以上，实到外资2亿美元以上、浙商回归资金66亿元以上。积极构建开放发展新格局，推进“一带一路”等重要出口市场布局，大力实施出口品牌战略，切实稳定外贸出口。

强化科技支撑。加快启动以金柯桥科技创新轴和科技园、院所产研园、时尚创意园为主体的“金柯桥科技城”建设，积极打造“众创空间”，推进创意设计、企业孵化、检验检测、科技金融、科技大市场等平台建设。加快实施“互联网 +”行动计划，支持基于互联网的各类创新，推进“两化融合”和“四换三名”，积极开展省级印染行业机器换人试点。培育扶持百家科技型成长型企业，确保新增国家重点扶持的高新技术企业 15 家以上。支持企业研究院、院士工作站建设，加强与香港理工大学、中科院上海高等研究院、智能装备研究所等精准对接。发挥浙工大之江学院优势，支持大学生创业创新。注重知识产权保护应用，积极参与“浙江制造”品牌与标准创建。积极引进科技领军人才、培育优秀创新人才，力争新引进海外高层次人才 5 人，其中省级以上“千人计划”人才 2 人。

强化改革创新。加强供给侧结构性改革，着力去产能、去库存、去杠杆、降成本、补短板，增强持续增长动力。深入实施百家股改上市企业培育计划，启动股改 35 家，新增企业上市及新三板挂牌 5 家，支持上市企业实施并购重组，确保直接融资 100 亿元以上。大力发展产业基金，积极打造“金柯桥基金小镇”，培育引进私募金融机构 30 家以上。深化“信用柯桥”建设，坚决打击恶意逃废债行为，努力降低银行不良贷款率，切实维护区域经济金融生态环境。强化“亩产论英雄”理念，深入推进资源要素市场化配置综合配套改革。综合开展企业投资项目高效审批 50 天、非独立选址项目不再审批、相对集中行政审批权等改革试点。推进镇街行政体制改革。实施不动产统一登记。

第二，以壮士断腕的勇气和措施推进印染产业集聚升级，大力整治工业小区和“低小散”企业，坚决淘汰落后产能更高标准推进印染产业集聚升级。围绕到 2017 年基本完成集聚升级，打造“绿色高端、世界领先”的现代产业集群目标，进一步完善产业政策、明确技术路线、严格环保标准，加快一批项目开工建设，抓好浙能热电二期、滨海第二水厂、天然气滨海门站及连接线等配套工程建设，推动印染企业兼并重组、股改上市，积极培育一批标杆企业，全力打造滨海蓝印小镇。加大联合执法力度，集中整顿一批环境污染严重、产业档次低下、亩产效益靠后、非法产能较多的印染企业，倒逼淘汰一批落后企业，确保全年削减排污指标 15%。

更大力度开展工业小区和“低小散”企业整治。柯桥区工业小区和“低小散”企业点多面广，环境污染重、安全隐患多、亩产效益低，必须综合运用法律、行政、市场等手段，加快完成 293 个工业小区和 6500 家左右“低小散”企业整治任务，坚决关停淘汰落后的工业小区和企业，并建立一支“永不解散”的联合执法队伍，实行常态、长效监管，切实改变脏乱差现象和不公平竞争。

更加严格淘汰落后产能。加快节能低碳推广、能源清洁化改造、热电行业布局调整，力争清洁能源和可再生能源使用比重提高到 30% 以上，确保按期完成落后产能淘汰任务。推进滨海化工行业整治。继续强化企业风险预警，按照市场经济规律依法处置“僵尸企业”。更大力度实施“腾笼换鸟”，重点抓好印染、热电关停搬迁企业土地厂房的再开发利用，力争盘活存量土地 1200 亩、低效建设用地 320 亩。

第三，更大力度推进城乡基础设施建设，深化城乡一体发展和精细管理，全力打造美丽乡村升级版

大力度推进基础设施建设。优化城市规划，重点开展城际轨道交通沿线开发利用规划研究，编制城区低效空间、地下空间利用等专项规划。开工建设杭绍城际轨道交通项目，全面推进杭绍台高速、104 国道柯桥城区段高架、钱滨线等重大交通项目以及柯华北路拓宽、镜水路南延、解放南路南延等工程建设。不断完善城市路网，重点抓好对接绍兴中心城区的“168”快速路网建设，积极推进城市内环快速路网建设。注重城市功能配套，加快推进中纺 CBD、柯桥历史文化街区保护、坂湖公园等工程建设。加快城中村改造，完成拆迁 120 万平方米以上。推进智慧城市建设，抓好“宽带柯桥”等大数据项目，建成柯桥城区免费无线局域网，并逐步把智慧服务向有条件的集镇、村庄延伸。推进户籍制度改革，促进农业转移人口市民化。

高水平推进城市精细化管理。加快推进智慧城管建设，加强街容街貌、店招店牌、洗车店等专项整治，实施柯南区域城市管理提质提标。深化社区管理，开展柯桥城区老小区整治，提升物业管理水平。积极抓好生活垃圾分类工作，力争城区全覆盖。优化交通组织管理，扩大城区货车禁行范围，加强“四小车”整治，全面规范城区停车秩序。结合“三改一拆”、“四边三化”，持续开展“九大专项行动”，深化“无违建区”创建，力争全年拆违100万平方米以上。

高品质推进美丽乡村建设。围绕“四片一环”布局，完成南部（平水、王坛、稽东）、西部（钱清、杨汛桥、夏履）2个美丽乡村示范片建设，力争创建成为全省“美丽乡村示范区”。加强村庄规划和农房设计，推进村庄整理，深化农村住房改造，引导农村居住点及配套设施合理布局，新创建6个美丽乡村示范村和精品村。加大美丽公路和美丽河道建设，大力发展乡村旅游和美丽经济。推进城乡环境卫生一体化管理，推行“一把扫帚扫到底”。深化农村产权制度改革和“三资”管理，完成土地承包经营权确权登记颁证工作。保护和传承历史文化和地域传统文化，启动2个古村落的修缮保护工作。深入推进农村精神文明建设，积极开展“村村晒村歌、全区赛村歌”活动，提升美丽乡村建设内涵与水平。

第四，更加突出生态文明建设，持续深化“五水共治”和“五气合治”，切实提高生态环境质量持续推进“五水共治”。按照“五水共治”三年计划，坚持不懈抓好治水项目建设，力争完成投资43亿元以上。进一步落实“河长制”，加强断面水质监测分析，切实防范垃圾河、黑臭河反弹，实施河道清淤170万立方米，基本完成防洪排涝通道、城区外围南北活水工程、平水若耶溪二期整治等项目，力争再消除Ⅴ类、劣Ⅴ类水质断面30%以上。巩固重污染行业、小微排污企业整治成果，积极推进工业企业废水纳管整治。加快推进城镇和农村生活污水收集系统建设，加强管网有效运营管理，不断提高生活污水收集量。

深入推进“五气合治”。全面落实印染企业污水预处理设施“加盖”措施，安装臭气处理设备。深度开展有机废气治理，坚持不懈抓好定型机“静电”二级废气处理装置的有效运行。严格淘汰燃煤锅炉，加强对生物质锅炉使用的监管，未达标的坚决关停拆除。加强黄标车整治与淘汰。综合开展建筑工地扬尘治理。推进农林废弃物、建筑垃圾、生活垃圾、餐厨废弃物减量化、无害化、资源化处置利用，努力杜绝露天焚烧。进一步落实大气污染监测预警和应急响应机制，促进空气质量有明显改善。

不断加大环保执法力度。健全联合执法机制，严厉打击环境违法行为，让环境违法者得到应有惩罚。全面实行排水、排气、排泥在线监测、刷卡排污，建立健全网格化、分类化、移动化的执法监管机制。积极培育和弘扬生态文化，引导第三方参与环境监测与监管，支持民间环保组织、环保志愿者、企业环境监督员参与环境保护工作，提升全社会的环境意识和生态意识。

第五，全力保障和改善民生，推动社会事业协调发展，营造安定有序的社会环境

积极提升社会事业。整合优质教育资源，加快发展现代职业教育，深化教育集团化办学，加强名师、名校建设。支持浙工大之江学院发展，确保树人大学杨汛桥校区一期按期开学。深化公立医院改革和医疗卫生“双下沉、两提升”工作，加快妇女儿童医院、中医院扩建等项目建设，加强与树兰医疗等高端医疗机构合作，新建标准化村卫生服务站30家以上。落实“全面两孩”生育政策。精心承办好省第五届运动休闲旅游节。创造条件把农村篮球场改造成灯光球场，安全有序开放学校体育设施。加快阳明园项目开发建设，传承好“小百花”和“莲花落”两张文化金名片，继续抓好“幸福水乡才艺秀”等品牌活动，健全农村公共文化体系，新建农村文化礼堂16个。积极引进社会力量办学、办医、办文化。

推进社会保障体系建设。更加重视创业就业工作，力争新增城镇就业1.2万人。加大“政府兜底”的社会保障力度，推进医疗、养老等社会保险提标扩面，实施“智慧社保”工程。推进社会福利中心二期建设，扶持民办养老机构发展，推动医养结合养老模式，探索公办、民营结合的养老服务运营机制，加快形成“柯桥养老”品牌。抓好优抚、慈善、社会福利等事业，加大对困难群众、特殊群体救助帮扶力度。

加强社会治理和平安建设。强化矛盾化解、信访维稳等工作，深化“网格化管理、组团式服务”，扎实推进立体化社会治安防控体系建设，全力做好杭州“G 20”峰会等重大会议活动期间社会稳定工作，依法打击违法犯罪，力争获得“平安金鼎”。启动“七五”普法，抓好法律援助和社区矫正工作。深化法律顾问进农村工作，推进公共法律服务体系建设。妥善处置各类群体性事件，加强公共安全隐患排查整治和食品药品安全监管。加快社会组织建设。提升基层治理水平，组织好村级换届工作。继续做好统计、档案、科普、对台、应急管理、民族宗教、外事侨务以及国防动员、民兵预备役、国家安全、人民防空等工作，支持工会、共青团、妇联、红十字会、商会等开展工作。

2016年区政府将安排68.4亿元的公共财政资金用于民生支出，并继续实施十方面民生实事。一是新增新能源公交车150辆，调整（延伸）公交线路10条，建设兰亭、柯东、柯北等公交站场。二是完成10个山区农民饮用水提升工程以及王坛、稽东两镇35个自然村的优质自来水扩面工程；启动43个高层老住宅小区的二次供水设施改造，2016年完成改造12个。三是新实施30个村的农村生活污水治理，受益农户4800户。四是改造完成教育信息化课堂1000个以上。五是完成区社会福利中心一期改造、7家镇街敬老院改造提升，启动改建6家镇街敬老院，为4000名以上的老年人免费安装智慧养老“一键通”。六是启动柯桥城区53个老旧住宅小区的整体改造，2016年完成改造8个。七是为17000名左右的残疾人免费建立“爱心家园”呼叫系统。八是新开工建设拆迁安置房35万平方米，竣工75万平方米，交付75万平方米，落实公租房350套。九是新增公共停车场3个以上，新开放地下公共停车位500个以上；新增公共自行车站点30处、车辆1000辆，并与越城区实现统借统还；打通兴越东路、稽山路、笛扬路、双渎路等7条“断头路”。十是实施全科医生签约服务工程，全科医生签约服务人数占户籍人口的20%以上，重点人群签约服务60%以上。

抓好2016年政府各项工作，需要政府各个部门以及广大公务人员认真履职、狠抓落实。柯桥区将始终把人民满意作为政府工作的唯一追求，全面落实简政放权和“四张清单一张网”制度，大力发扬勇于担当、善作善成、争创一流的优良作风，提高工作标准，加强督促检查，加大问责力度，一步一个脚印把各项工作任务完成好。柯桥区将始终把依法行政作为政府工作的首要标准，坚持政府集体学法制度，贯彻执行《法治政府建设实施纲要》，深入推进政务公开，自觉接受人大及其常委会的法律监督和工作监督，接受人民政协的民主监督，认真听取民主党派、工商联、无党派人士和各人民团体的意见，接受人民的监督。柯桥区将始终把清正廉洁作为政府工作的坚守底线，深入推进党风廉政建设和反腐败工作，认真落实中央“八项规定”精神，坚决防止“四风”反弹，全力践行“三严三实”，加强对公共资金、公共资源、国有资产审计监管，营造风清气正的政务环境。

名词解释

“三重三爱”：重投入、重创新、重信用，爱主业、爱资源、爱家乡。

“个转企”：个体工商户利用现有的生产经营条件，依法重新登记为有限公司、个人独资企业、合伙企业等各类企业。

“下升上”：规模以下（限额以下）企业升级为规模以上（限额以上）企业。

“千人计划”：海外高层次人才引进计划。

定型机“煤改气”：对印染企业燃煤锅炉实施天然气等清洁能源替代改造。

“三改”：旧住宅区、旧厂区、城中村改造。

“五大保险”：基本养老保险、基本医疗保险、工伤保险、失业保险、生育保险。

“智慧天网”：通过建设治安动态（社会化）视频监控网络、智能型交通管理体系和智能化业务系统，在全区范围内建成全覆盖、立体化、数字化、共享型的社会管理服务网。

“海绵城市”：城市能够像海绵一样，在适应环境变化和应对自然灾害等方面具有良好的“弹性”，通过自然途径与人工措施相结合，在确保城市排水防涝安全的前提下，最大限度地实现雨水在城市区域的积存、渗透和净化，促进雨水资源的利用和生态环境保护。

“四换三名”：“四换”即通过腾笼换鸟、机器换人、空间换地、电商换市，促进经济转型升级；“三名”即着力培养名企、名品、名家，打造行业龙头。

“168”快速路网：构建以“一环六横八纵”为骨架的中心城市快速路网，促进越城区、柯桥区、上虞区三区加快融合。

医疗卫生“双下沉、两提升”：以“人才下沉、资源下沉”为手段，引导优质医疗卫生资源流向基层，支持基层医疗卫生机构“服务能力提升、服务效率提升”。

中国人民政治协商会议
第十一届绍兴市柯桥区委员会常务委员会工作报告
（摘要）

——在政协第十一届绍兴市柯桥区委员会第五次会议上

政协第十一届绍兴市柯桥区委员会主席　孟柏干

（2016 年 1 月 18 日）

2015 年工作回顾

一年中，柯桥区政协在中共柯桥区委的领导下，围绕全区经济社会发展大局，紧扣“服务发展、关注民生、促进和谐”的政协工作主线，充分发挥委员主体作用，认真履行政协职能，切实推进协商民主，各项工作取得新进展。

一、紧扣中心协商议政，倾力服务发展大局

围绕发展大局协商建言。认真开好政协全体会议，组织全体委员以大会发言、分组讨论、提交提案等形式，集中开展政治协商。精心组织 40 篇发言材料，区委、区政府主要领导对其中 9 篇作出批示；形成协商建议 35 条，区政府主要领导主持召开区政府常务会议进行分解落实。按照“协商于决策之前”的要求，先后就即将提交区委十三届七次、九次全会决策的重大事项进行专题政治协商，区委、区政府主要领导出席会议听取协商发言。会后，梳理形成建议案，为区委重大决策提供更为广泛的民意基础和智力支持。

围绕建设“时尚柯桥”调研协商。围绕科学编制我区经济社会发展“十三五”规划，组建12个课题组进行深入调研，在此基础上召开常委会议进行集中协商，就“十三五”时期柯桥区交通事业发展、特色小镇建设、基层民主法治建设、医药卫生事业改革、文化创意产业发展等提出意见建议，得到区委主要领导的充分肯定，不少意见建议被吸纳。持续关注中国轻纺城市场建设发展，对《关于更好发挥中国轻纺城龙头带动作用的建议》等重点提案办理落实情况进行“回头看”，开展评议协商，力促中国轻纺城“三次创业”。实地视察文化创意基地，了解工程进展，认真协商建言，助推柯桥区文化产业加快发展。专题协商科技创新工作，建议发挥政府主导作用，突出企业主体地位，强化科技人才支撑，努力提高经济质量效益，推动产业转型升级。

围绕建设“印象柯桥”造势鼓劲。持续关注印染产业集聚升级，针对工程推进过程中存在的问题，市、区政协联动，开展专题调研，提出协商意见，进行实地督查，全力助推集聚升级工程加快推进。高度重视“美丽乡村”建设工作，以主席会议专题视察、界别对口协商等形式，多次进行现场调研、视察监督，建言多些自然风光、少些“水泥森林”，让广大城乡居民望得见山、看得见水、记得住乡愁，努力打造“空气清新、水体清澈、环境清洁”的江南水乡美景。

围绕建设“幸福柯桥”献计出力。紧扣区委关于推进依法治区的重大决策，开展历时近两个月的专题调研，在此基础上召开常委会议，提出了创新社会治理、推进司法公正、加强普法教育等方面18条协商建议，不少意见被区委决策采纳。围绕加强基层医疗卫生服务工作，实地视察了解医联体和基层社区卫生服务站建设情况，建议优化配置医疗资源、推进基层医疗机构标准化建设，推动柯桥区加快构建“小病在社区，大病进医院，康复回社区”的医疗新格局。

二、积极开展民主监督，着力推动民生改善

倾力助推“五水共治”。按照省、市政协的统一部署，围绕区委、区政府工作安排，制订并实施《“五水共治”长效机制建设专项集体民主监督实施方案》。坚持问题导向，深入一线调研，提出许多重源头、治根本、管长远的对策建议。关注热点难点，以主席会议的形式，实地视察城区生活污水截污外排全覆盖工程进展，提出针对性协商意见。积极探索“互联网+”监督模式，建立“五水共治”微信群，随手拍、随时传，开展明查暗访。会同市政协、区治水办，对“清三河”达标镇街创建工作开展联合督查，提出监督意见，有力地推动“五水共治”长效机制建设。此举得到省政协领导的批示肯定，在全省政协会议上作专题交流。

切实加强提案工作。把提案作为政协履行民主监督职能的重要抓手。通过向社会公开征集提案线索，拓宽提案收集渠道，严把提案审查立案关，进一步提高提案质量。十一届四次会议后，共收到提案306件，立案224件，其中民生类提案127件，占提案总数的56.7%；经主席会议确定的10件重点提案，其中6件为民生类提案。通过政协领导领衔督办重点提案、组织提案办理二次答复、提案办理结果媒体公示等形式，更好发挥提案的综合功效。提案反映的小微排污企业整治、道路渠化改造、少年宫建设、社保政策完善等意见建议得到吸纳落实，有的还成为政府民生实事工程的决策参考。

组织开展专项监督。认真贯彻全区政协工作会议精神，切实加强政协民主监督工作。省、市、区三级政协联动，开展“两路两侧”“四边三化”专项整治民主监督，促进柯桥区环境面貌的不断改善。组织六个政协民主监督小组，集中委派到区相关部门，按照寓监督于支持之中的要求，突出监督重点，创新监督形式，提出监督建议，既提升政协履职的影响力，又助推部门工作的更好开展。以主席会议的形式，实地视察区看守所，对加强金融审判和监所检察工作进行协商监督，建议在营造良好金融环境、加大判决执行力度、加强职业风险防范、强化部门配合协作等方面下功夫，共同为柯桥区经济社会健康发展提供有力的司法保障。专题听取柯桥区审计工作情况通报，就更好发挥审计作用进行专题协商，提出要把握好审计项目计划制定、协助政府理好财、监督领导干部用好权等重点，注重审计方法创新，切实提高审计实效等监督建议。

三、发挥优势团结各方，努力促进社会和谐

广泛团结各界人士。积极支持和保障各党派团体通过政协全体会议、常委会议、专题协商、提案督办、联合调研视察等平台，履行职责，发挥作用，不断增进共同政治基础上的团结合作。以乡情、亲情、友情为纽带，密切与港澳台同胞、海外侨胞、外来引进人才以及新的社会阶层人士的联络联系，做好宣传推介工作，为他们在柯桥投资发展牵线搭桥，鼓励和引导他们为柯桥现代化建设作贡献。重视民族宗教工作，充分发挥宗教界人士和信教群众在促进社会和谐中的积极作用。以“纪念阳明先生、弘扬心学文化”为主题，启动相关文史资料编纂工作，发挥存史资政、团结育人的作用。支持政协之友社、山阴书画院开展各项活动，为老同志发挥余热、委员展示特长提供了更好条件。以各专委会为依托，密切与界别委员的联系，灵活多样地开展学习、视察、调研等活动，在服务大局、关注民生、促进和谐等方面发挥独特作用，进一步提高政协组织的影响力。坚持政协领导走访约谈委员制度，广泛听取社情民意，不断深化联络联谊，进一步增强政协组织的凝聚力。

着力畅通民意诉求。健全信息工作机制，充实信息员队伍，充分发挥政协信息直通车作用，及时反映各界人士的意见建议和利益诉求。全年共报送社情民意信息37件，其中被省、市政协采用16件，为党委、政府科学民主决策提供重要参考。结合“新常态新举措新发展”大讨论，及时报送政协委员、各界人士对柯桥区经济社会发展工作的意见建议，区委、区政府主要领导作出批示，相关责任部门逐一就落实情况向区政协进行书面反馈。

积极助力民计民生。发动广大委员积极参与扶贫济困等公益事业，定期组织科技、文化、医疗、法律下乡活动，千方百计帮助他们排忧解难。突出重点，开展“系列慈善·助孤”行动，发动各专委会、镇（街道）工委和广大委员以捐款捐物、结对帮扶等形式为孤儿提供帮助支持。全年组织各类慰问活动73次，看望慰问孤儿学生420人次，捐赠款物100余万元，发出政协履职为民的好声音。

四、切实加强自身建设，致力夯实政协根基

加强思想作风建设。认真组织学习中共十八届四中、五中全会和习近平总书记系列重要讲话精神，牢牢把握正确的政治方向，不断巩固政协履职的思想政治基础。认真贯彻落实区委全会、全区经济工作会议等会议精神，使区委、区政府的工作要求在政协履职中全面贯彻、充分体现。扎实开展“三严三实”专题教育活动，进一步坚定理想信念，进一步强化党性原则，进一步明确干事创业的行为准则。区政协领导按照“一线”要求，主动参与区委、区政府中心工作，牵头开展柯桥历史文化街区保护利用工作，认真做好重点帮扶村整转、“三长制”管理、联系镇下访接访等工作，以服务大局的实际行动巩固和深化党的群众路线教育实践活动成果，扩大政协的影响力。

加强委员队伍建设。着眼提升委员的履职能力和综合素质，邀请区政府主要领导通报经济形势，在浙江大学、区委党校举办专题研修班，邀请专家学者作专题讲座，定期不定期召开政情通报会，拓宽委员知情明政、沟通交流渠道。着眼加强委员的教育管理，健全履职档案，完善考核评价办法，实行委员年度述职和动态管理。着眼拓展互联网时代委员履职新途径，开通委员网上工作室，加强政协组织与政协委员、社会公众的联络沟通，开辟政协发出好声音、传递正能量的新渠道。依托区政协门户网站、《联谊报》《柯桥日报》等平台，及时宣传推介政协履职成果和委员履职风采。广大委员充分发挥主体作用，在学习研究、建言献策、服务群众、遵章守纪上争当表率，树立良好的社会形象。

加强履职机制建设。认真贯彻《中共中央关于加强社会主义协商民主建设的意见》精神，区委、区政府、区政协联合下发年度协商计划，政协工作纳入党政工作全局。区委常委会多次专题研究政协工作，大力支持政协履职尽责。区政府常务会议专题研究政协协商意见落实情况，力抓政协议政成果转化。区政协完善了政协工作激励考评机制，坚持实行专委会向政协常委会、镇（街道）工委向政协主席会议集体述职评议以及政协参加单位工作交流评议制度，较好地促进政协履职的制度化、规范化、程序化建设。各专委会和镇（街道）工委组织开展各具特色的视察调研、对口联系、议政建言等活动，进一步夯实政协工作根基。加强政协机关党组织建设、工会建设、干部队伍建设和老干部工作，完善政协机关运行机制，优化服务，提升效能，为政协履职活动的开展提供有力保障。

区政协一年来取得的成绩，是中共柯桥区委正确领导的结果，是区人大常委会、区政府以及各部门大力支持和社会各界积极配合的结果，是政协各参加单位、广大委员和政协干部共同努力的结果。工作中还存在一些问题，特别是在紧扣区域改革发展稳定重大问题、提升协商建言的质量水平方面，在充分履行政协民主监督职能、促进议政成果转化方面，在体现界别优势、发挥委员主体作用方面，在提升干部综合素质、推进政协“三化”建设方面，还需要在此后的工作中认真对待，深入研究，着力改进。

2016年工作任务

2016年，是“十三五”规划的开局之年。新的一年，区政协工作的总体要求是：深入学习中共十八届五中全会和习近平总书记系列重要讲话精神，全面贯彻区委十三届九次全会精神，围绕中心、服务发展，关注民生、务实有为，凝聚人心、促进和谐，努力推动区政协各项工作再上新台阶。

一是践行协商民主，在服务发展上有新作为。把推动区委重大决策落实贯穿于政协履职全过程，积极探索协商民主的新途径新形式，不断提高议政建言的质量水平。围绕区委、区政府工作大局和柯桥区经济社会发展的重大问题，认真制定并组织实施全年协商计划。精心组织专题政治协商，努力为区委科学民主决策提供重要支撑。以全体会议的形式，就“十三五”时期柯桥区发展进行集中协商；以常委会议、主席会议的形式，就平安创建、特色小镇建设、旅游发展、轻纺城“三次创业”等进行专题协商。拓展协商民主形式，深化对口协商、界别协商、提案办理协商。积极发展基层协商民主，向群众征集协商议题和提案选题，邀请基层群众参与各类协商活动，增加协商密度，增强协商实效。加强政协建议案落实情况的跟踪了解，推动政协议政成果加快转化。

二是加强民主监督，在关注民生上有新举措。把推动民生改善作为政协履职的重要责任。更好发挥政协民主监督小组的作用，在持续深化开展“助推完善和落实‘五水共治’长效机制”专项集体民主监督的同时，就“五气合治”、交通建设、社会保障、司法工作等热点问题开展视察督查，提出监督建议，力促民生实事得到推进和落实。注重发挥提案的综合功效，在严把提案立案关的同时，加大提案办理工作督查力度，探索提案现场督办、联合督办以及网上公示办理结果等做法，推动相关问题及时得到解决。广泛收集社情民意信息，积极向党委、政府及相关部门反映经济社会生活中的重要情况和群众关注的热点难点问题，更好服务党政决策。

三是发挥独特优势，在促进和谐上有新成效。把加强联谊、广泛交流，促进团结、扩大联合作为政协履职的重要内容。不断完善各党派团体、各界人士参加政协履职活动机制，加强联系交流、合作共事，充分发挥政协作为多党合作重要平台的作用。依托各专委会，鼓励界别结合自身特点组织界别活动。加强与新经济组织、新社会阶层的联系联络，积极开展海内外团结联谊活动，宣传推介柯桥，汇聚发展合力。完成王阳明相关文史资料的编纂工作。在认真总结“助残”“助老”“助学”“助孤”活动经验的基础上，组织开展“助医”行动，鼓励支持广大委员积极参与，切实打响本届政协“系列慈善、履职为民”的品牌。

四是加强自身建设，在彰显形象上有新提升。把加强自身建设作为提高政协履职效能的根本保证。继续加强委员学习培训，增强政治定力，坚持正确方向；完善委员履职档案，开展述职评议，及时提出委员连任建议。进一步加强专委会、镇（街道）工委建设，积极开展各具特色的履职活动，进一步夯实政协工作根基。巩固和深化党的群众路线教育实践和“三严三实”专题教育实践活动成果，深入学习中国共产党廉洁自律准则和纪律处分条例，健全完善各项制度，严格执行作风建设各项规定，严守政治纪律和政治规矩，狠抓工作落实，干净干事、清正务实，更好发挥政协机关的服务保障作用。

执行编辑　宋如玲

专 辑

重点工作和实事工程完成情况

表 1 2016 年柯桥区政府重点工作完成情况

序号	工作名称	工作内容	完成情况
1	优化环境“八大行动”	违法建筑大整治行动，6 月底前完成拆违 200 万平方米，确保成功创建“无违建区”	全年拆违面积 723 万平方米，总量居全市第一。全区农村房屋调查审核 103999 户，面积 13432056.76 平方米，认定“一户多宅”2023 户，面积 254734.18 平方米，其中党员干部 128 户。整治（拆除）1371 户，面积 199663.42 平方米
		污泥浊水废气大整治行动，确保全年完成清淤 300 万平方米，6 月底前 29 个市控以上断面周围、工业园区及企业周边等重点河道完成清淤	截至 11 月底，全区河道清淤完成 384.2 万立方米，其中面上河道清淤 283.4 万立方米，重要河道清淤 100.84 万立方米
		安全隐患大整治行动，6 月底前全部关停除滨海工业区外的危化企业。（关停对象包括生产企业 11 家、仓储企业 3 家）	关停滨海外 12 家、园区内 14 家，并开展巡查
		经济秩序大整治行动，全面加大对欠薪欠税欠息、恶意转移资产、非法集资等问题的打击力度，打造“信用柯桥”	整治落实问题 220 条，完成率 100%。其中解决欠税企业 156 家，清欠金额 3920.1 万元；解决欠薪企业 9 家，解决拖欠工资款 668.23 万元；解决欠息企业 30 家，清欠银行欠息金额 4085 万元
		社会治安大整治行动，打赢杭州 G20 峰会安保攻坚战	完成 G20 峰会安保维稳工作，受到省、市领导和社会各届的肯定和表扬

续表 1

序号	工作名称	工作内容	完成情况
2	优化环境“八大行动	法治环境大提升行动，全面抓好“法治柯桥”建设和“平安柯桥”创建，确保夺得“平安金鼎”	开展4个平台试点、平安暗访回访、平安创建扣分自查整改工作。开展平安创建、普法、平安家庭等宣传工作。加强对基层站所执法督察，做好职务犯罪预防工作。累计销号116个，问题销号率99.1%。对剩余1件龙禧中心矛盾纠纷问题，加强工作力度，切实做好相关稳控措施
		基层治理大提升行动，全面加强基层治理现代化建设，增强基层凝聚力、战斗力	累计销号问题634个，完成率100%，无新增问题。部署开展区、镇、村三级干部年度工作实绩双向评价。完成区党代会代表选举；确定市党代会代表候选人初步人选，并开展考察、公示和联审；确定区人大代表候选人推荐人选。部署开展村级组织和村干部年度工作实绩双向评价。完成基层党组织“评星晋级”、重点帮扶村整转和达标镇、示范镇村现场考核工作；加快基层党建示范点建设，完善镇、村两级“双整”工作台账。1447个基层党组织、28311名党员参加第三专题大讨论；398个单位党组织、10971名党员学习十八届六中全会精神，通读《中国共产党党内监督条例》《关于新形势下党内政治生活的若干准则》。全国党员信息系统管理试点工作进度超85%；发展党员和不合格党员处置工作分别完成全年目标任务的87.8%和91.5%；补办党员档案1208人；基本完成党费收缴补缴。召开提升公众满意度工作会议，组织发动民情通干部和基层党员开展“进村入户大走访”活动。完成10次专题督查并进行通报；开展《2014—2018年全国党员教育培训工作规划》实施情况中期检查评估的自查工作

续表 1

序号	工作名称	工作内容	完成情况
		城乡面貌大整治行动，重点抓好“两路两侧”“四边三化”、城乡环境整治“九大专项行动”等工作	部署落实“四边三化”省级重点问题整治回头看；组织做好绍兴市考核组考核柯桥区“四边三化”工作；钱茅线创建为全省第一批省级精品示范道路，双棠公路、福漓线创建为市级精品示范道路；上报市局城乡面貌大整治行动累计问题数30133个，累计完成问题整治数30133个
	特色小镇培育建设	积极推进黄酒小镇、酷玩小镇、书法小镇等列入省、市培育计划的特色小镇建设	完善特色小镇考核意见，并按考核意见开展岗位职责制考核工作。完成省级第三批特色小镇申报
3	印染产业整合集聚工作	围绕“绿色高端、世界领先”目标，强力推进印染产业整治提升“亮剑”行动，倒逼企业重组兼并、整合集聚、淘汰转型，积极培育印染行业绿色示范标杆企业，新开工建设印染集聚项目15个	退出区108家印染企业中，有81家被整合集聚或兼并重组（其中61家企业按日排污指标不少于1万吨的标准被整合成16个集聚项目，20家企业被提升区或集聚区内的16家企业兼并重组），16个集聚项目土地全部摘牌，共计出让土地1592.74亩，有13个项目设计方案通过区集中会审，其中10个项目进场施工、2个项目桩机进场
4	招商引资	围绕“五大千亿产业”培育，全年引进投资5亿元以上项目30个，其中20亿元以上项目3个，实到外资2.5亿美元	1—12月共签约引进重大项目12个总投资517.7亿元，其中5亿元以上11个，总投资516.2亿元，100亿元以上3个。在谈项目16个总投资额144亿元。1—11月新批135家，增资8家，减资13家。合同外资7176万美元，实到外资13168万美元
		到位浙商、越商回归资金66亿元	截至11月底，引进浙商回归项目47个，省外到位资金68.40亿元，完成市下达目标任务的110.32%，其中项目回归到位资金62.55亿元，完成市下达目标任务的115.83%

续表 1

序号	工作名称	工作内容	完成情况
5	轻纺城“三次创业”	加快“新611工程”第一批项目建设，摸排启动第二批项目，推动轻纺城“三次创业”各项工作有序实施	拟定出台《中国轻纺城“三次创业”及“新611工程”工作推进机制》，轻纺城“三次创业”领导小组办公室按照工作机制全面协调、督查、通报“新611”工程第一批项目的进展情况，完成第二批项目的摸排、上报工作
6	股改上市	深化百家股改上市企业培育计划，全年启动股改35家，完成上市及新三板挂牌8家，支持上市企业实施并购重组，实现直接融资100亿元以上	启动股改上市企业53家，其中优创科技创业板过会，梅轮电梯、瑞丰银行IPO报会；康瑞器械、子华停车、晶茂科技等3家企业完成新三板挂牌，环思智慧、乐高实业、百思寒、鼎峰科技、沐家家居等5家企业申报新三板；墙煌新材料、鼎峰科技、乐高实业、西大门、名扬文化、沐家家居等6家企业完成股改。截至11月末，直接融资额234.69亿元
7	拆迁及城中村改造	全年完成拆迁150万平方米，大力推进柯岩、华舍等区域城中村整体改造，加快拆迁扫尾工作和安置房建设	完成拆迁172万平方米，完成年度任务的114.7%。柯岩红旗、永进“城中村”拆迁扫尾；阮三等6个村完成丈量；华舍华墟“城中村”完成签约腾空；柯西印染企业拆迁项目部分签约；滨海新二“园中村”基本完成；湖塘畈里边完成丈量评估；杭绍台高速（柯桥段）拆迁基本完成；轨道交通拆迁项目（钱清段）完成签约腾空
8	加强交通治堵工作	切实抓好与治堵相关的建设、管理、宣传教育等各项工作，确保柯桥城区交通拥堵问题得到进一步改善	完成客流增量1.5%目标，累计发班155.19万趟次，比上年增加25%；开展“公交两创”活动，实现公交卡联通使用；基本完成公交提速5%目标；增加城市公交运营线路里程59.8公里、柯桥至绍兴上下班专线里程297公里；投入新增公交车辆82辆；提升公交服务满意度3个百分点。104国道高架工程完成总投资19亿元，形象进

续表 1

序号	工作名称	工作内容	完成情况
			新建改建道路 17.68 公里，城区改建道路 11 万平方米；新建停车场三个，新增车位 2879 个；全面超额完成老旧小区交通停车位改造任务；新建改造候车亭 39 个，对全区道路交通标志标线进行绿化修剪；公共立体停车楼项目完成选址和规划。强化路面管控，查处各类违法 10 万余起，其中违法停车 4 万余起，非机动车和行人违法 21360 起；扩大城区禁货范围，开展行人和非机动车交通违法专项整治行动，开展禁酒驾等重点交通违法专项整治，加大科技投入，实现城区道路停车差别化收费

表 2　2016 年柯桥区政府十方面民生实事完成情况

序号	工作内容	完成情况
1	新增新能源公交车 150 辆，调整（延伸）公交线路 10 条，建设兰亭、柯东、柯北等公交站场	新增 150 辆新能源公交车。优化延伸公交线路 15 条，包括 863 路、809 路、833 路等。兰亭公交站场建成启用，柯东公交站、柯北公交站均完成总工程量的 60%
2	完成 10 个山区农民饮用水提升工程	完成稽东石岙村等 10 个村的饮用水提升工程
	完成王坛、稽东两镇 35 个自然村的优质自来水扩面工程；启动 43 个高层老住宅小区的二次供水设施改造，完成改造 12 个	完成王坛上王村、稽东金丰村等 35 个自然村的优质自来水扩面工程；启动瓜渚绿洲等 43 个高层老住宅小区的二次供水设施改造，完成华宇天庭等 12 个小区的改造
3	新实施 30 个村的农村生活污水治理，受益农户 4800 户	完成 30 个村的治理工程，铺设管网 20.08 万米，共接入 7510 户
4	改造完成教育信息化课堂 1000 个以上	对 1200 个中小学教室完成教育信息化课堂改造
5	完成区社会福利中心一期改造、7 家镇（街道）敬老院改造提升，启动改建 6 家镇街敬老院，为 4000 名以上的老年人免费安装智慧养老“一键通”	完成区社会福利中心一期改造工程。马鞍、钱清、杨汛桥、夏履等镇的敬老院完成改造提升。稽东、王坛、平水、兰亭、漓渚等镇的敬老院启动建设。为 4250 名老年人免费安装智慧养老“一键通”
6	启动柯桥城区 53 个老旧住宅小区的整体改造，2016 年完成改造 8 个	对 8 个老小区 74 幢房屋实施改造，基本完工
7	为 17000 名左右的残疾人免费建立“爱心家园”呼叫系统	为 17311 名残疾人建立“爱心家园”呼叫系统
8	新开工建设拆迁安置房 35 万平方米，竣工 75 万平方米，交付 75 万平方米，落实公租房 350 套。新增公共停车场 3 个以上，新开放地下公共停车位 500 个以上；新增公共自行车站点 30 处、车辆 1000 辆，与越城区实现统借统还	新开工建设拆迁安置房 37.05 万平方米，竣工 81.4 万平方米、交付 81.4 万平方米。350 套公租房交付使用。新增果蔬批发市场停车场、柯南停车场和东方山水停车场，启动中心医院公共立体停车库建设。新开放 520 个地下公共停车位。新增公共自行车站点 39 个、车辆 1450 辆，与越城区实现统借统还
9	打通兴越东路、稽山路、笛扬路、双渎路等 7 条“断头路”	兴越东路完成总工程量的 90%，稽山路、笛扬路、双渎路等 6 条“断头路”完成桥梁板铺设
10	实施全科医生签约服务工程，全科医生签约服务人数为户籍人口的 20% 以上，重点人群签约服务为 60% 以上	科医生规范签约 152634 人，签约服务人数达户籍人口的 23.4%，重点人群签约覆盖率 65.6%

印染产业集聚升级

2016年，柯桥区实施印染产业整治提升“亮剑”行动，59家企业按日排污指标不少于1万吨的标准整合成16个项目集聚滨海，25家企业被兼并重组。永久关停64家印染企业。按照提升区、集聚区、退出区的空间布局，有46家企业位于退出区，其中马鞍镇4家、柯开委9家、钱清镇10家、福全镇5家、安昌镇7家、漓渚镇7家、华舍街道2家、兰亭镇2家。

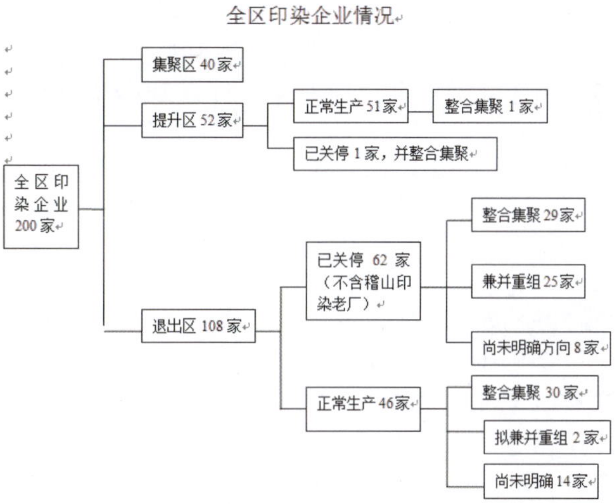

2016年柯桥区印染企业情况

（区经信局 供稿）

成立区集聚项目综合评估审核委员会，由区长担任审核委员会主任，分管区长担任审核委员会副主任，业内专家、政府部门业务骨干、企业代表等组成委员会成员，对项目落户前的厂房设计、“三废”（废气、废水、固体废弃物）治理、工艺流程等实施审核，达不到集聚标准和要求的不予通过。至2016年年底，16个项目中有13个项目相关设计方案通过审核，14个完成备案（立项），15个完成能评。

印染集聚区内水、电、气和污水污泥废气处理等基础设施同步推进建设，三期配套工程累计完成投资27.07亿元。滨海第二水厂一期10万吨/日工程进场施工。110千伏环塘变开工建设。浙能热电二期项目（共4炉4机，供热1300吨/日）和龙德环保二期项目（共2炉1机，供热300吨/日）施工，昆仑燃气具备3.5亿立方米/年的供气能力，柯海大道北四路次高压管线延伸工程铺设完成，实施滨海门站及高压连接线工程，建成后天然气供应能力可达10亿立方米/年。20万吨/日污水集中预 处理二期工程完成立项、水保、能评、环评和 初步设计评审工作。基本形成较为完备的路网框架。

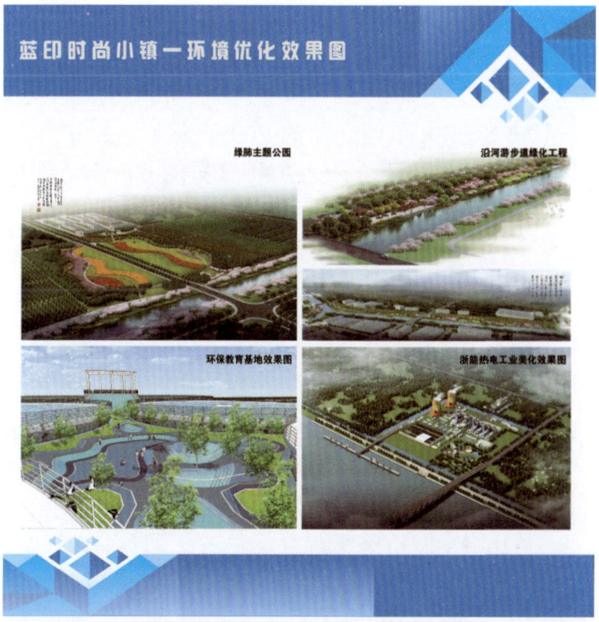

蓝印时尚小镇环境优化效果图（区经信局 供稿）

实施集聚区“三废”综合治理，制订印染企业“三废”治理方案与措施，在集聚区和提升区有5家企业开展试点；滨海工业区内 印染企业全面完成污水池封闭式改造，92%的定型机完成废气装置升级改造，江滨水处理公司除臭项目完成加盖并运行。培育标杆企业，乐高印染、迎丰印染、南燕印染等企业启动股改上市。以浙江现代纺织工业研究院为主体，整合中国纺织科学院江南分院、绍兴文理学院资源，依托香港理工大学、韩国纤维研究院等外部技术支持，构建集政、产、学、研为一体的印染技术研究院，挂牌运行。以印染集区建设为主要载体，申报省级特色小镇，创建蓝印时尚小镇。聘请新加坡盛裕控股集团对小镇整体规划设计进行深度修编完善，实施编制完成的12.3平方千米概念规划与核心区0.8平方千米规划。加快公建配套建设，9条主要配套道路中，4条道路完工通车、5条道路开工建设。实施新建小学一期（共18班）、江滨污水处理厂环保教育基地、小镇客厅等工程。兴滨路及其他5条道路两侧的绿化工程与园区入口景观改造工程均完成，绿肺主题公园、沿河休闲游步道及绿化工程等完成工程量的10%～20%。有序开展生态治理，浙能电厂去工业化改造项目主体构施工完成。

11月21日，制订柯桥区印染产业转型升级试点实施方案。至年底，全区有印染企业200家（集聚区40家、提升区52家、退出区108家），实际生产136家（集聚区39家、提升区51家、退出区46家）；印染产能约200亿米/年，实际产量约160亿米/年，约占全省总量的50%、全国总量的30%。全区规模以上印染企业实现印染布产量165.27亿米，实现销售624.13亿元、利润39.34亿元、税金24.85亿元，分别占到全区工业总量19.4%、21.8%和26.1%。

（任　雁）

“五水共治”纪事

2016年，柯桥区坚持目标任务化，任务清单化，倒排时间，“五水共治”工作取得阶段性成效。

2月24日，柯桥区召开“五水共治”工作动员大会，研究部署2016年“五水共治”22项主要工作任务，明确相关牵头单位和责任单位，并与16个镇（街道）签订责任书。区政府常务会议专题研究建设项目任务，明确2016年“五水共治”建设项目52个，总投资44.3亿元，1-11月完成投资46.5亿元。从2月份起，按照市里统一部署，以优化环境“八大行动”为总抓手，全力推进污泥浊水大整治行动，完成78项具体问题整治任务。6月3日、9月22日，先后召开全区五水共治“达标夺鼎”工作推进会、“达标夺鼎”冲刺百日行动动员部署会，进一步提升工作标准，确保工作成效。

实施印染产业整治提升“亮剑”行动，集中整治一批安全隐患突出、环境污染严重、现场管理混乱、非法产能较多的印染企业。2月7日前对64家印染企业实施停产整治。5月26－29日，对边生产边整治和提升区停产整治的101家印染企业进行全面验收，对未通过验收的5家实施关停。对全区292个工业小区5336家“低小散”企业进行综合整治，共停产整治工业小区103个，边生产边整治189个，停产整治“低小散”企业2378家。深化27个工业园区的污染专项整治，完成园区内部管网建设，做到雨污分流、纳管排放。强化污染源自动监测监控系统，加强废水排放企业的流量监管，规范污泥固废无害化处置。

继续深入实施城镇生活污水截污纳管专项整治三年行动计划。启动实施39个城镇村居生活污水治理工程，至11月底，有30个村（居委会）基本完工。实施农村生活污水治理和提标改造工程，至10月底，省市10个治理村和16个提标村任务全部完成。继续推进保留的10家养猪场深度治理；重抓72家养鸭场污染整治提升工作，其中关停55家，保留的17家养鸭场全部实施离地离河生态养殖；全区生猪、麻鸭规模化养殖率和排泄物综合利用率达100%；继续实施农药减量控污，推广高效低毒低残留农药。

防洪排涝河道整治一期工程完成投资1.7亿元，全国中小河流治理重点县建设所涉及的9个项目区全部完成建设，完成投资1.29亿元。城区外围南北活水工程完成投资5100万元，钱塘江海塘堤脚加固工程和迎阳闸除险加固工程基本完成。建成雨水管网40.5千米，完成提标改造管网35.2千米、城区老小区雨污分流改造30千米、清淤排水管网450千米。增加移动泵车1辆，发电机组2台、大功率抽水泵5台等应急设备。实施河道连通疏浚工程，确保104国道柯桥城区段改建所涉及的7条南北水系保持畅通。

抓好节水供水工作，至11月底，建成供水管网长度12.3千米，改造供水管网长度34.5千米。完成屋顶集雨等雨水收集系统建设122处，完成改造节水器4900套，改造“一户一表”3779户。开展城市节水和国家节水型城市建设工作，设立城市节水管理机构，实现计划用水管理和超计划加价水费征收制度。对煤改蒸汽定型全部采用冷凝水回用，切实做到能源梯级利用、水资源循环利用。20家印染集聚企业共投入节水型设备378台。投入资金1.21亿元，对年用水量5万吨以上的公共机构实施安装分级计量仪表。组织14家单位创建节水型公共机构，并通过初步验收。

全区相继开展七轮大规模的河道督查活动。2月底，分四组对全区272条河道进行重点抽查，共发现问题145处。3月底至4月底，通过“水陆空”等多种方式，对全区854条河道开展全方位、立体式督查，共发现问题308处。5月27日至6月1日，区16个“清三河”督导组，对“三河”整治工作开展“回头看”，区治水办还借用无人机，对高铁沿线等重点区域、重点镇街进行巡查，共发现问题198处，并及时督办整改。6—7月，全区开展两轮大规模的“清三河”反弹隐患排查拉网行动，各镇（街道）深入开展“三河”问题自查互查，各级河长地毯式“寻找污染源”，并实时整改到位。8月组织开展护航G20河道专项整治行动，9—10月开展“清三河”隐患排查“回头看”行动，发现问题87处。

按照“横向到边、纵向到底”的要求，由34位区级领导、824名镇干部和829名村干部担任区、镇、村三级“河长”，实现“河长制”管理全覆盖。推行“河道警长制”，对涉水违法犯罪案件第一时间发现并予以严厉打击。全区组建16个由副局级领导担任组长的“清三河”督导组，派驻16个镇（街道、开发区），全程督导、推动各地“清三河”整治、“河长制”管理工作。制订出台《柯桥区影响“五水共治”和“河长制”工作推进责任追究暂行办法》，对履职不到位、推进不力的人员进行问责。至年底累计对8人进行问责。滨海工业区开全市先河，探索创新曹娥江流域（柯桥段）“企业河长轮值制”并推广。组织开展“找回孩提时代的河道”主题活动，全区700余名区管领导干部以“乡贤河长”身份，积极参与所认领河道的日常监督和管理。完善“河长”日常巡查制，启动河长APP信息管理系统。加强河长公示牌管理，全区共更新设置区级河长公示牌60块，镇级河长公示牌1253块。在此基础上，柯桥区在全区18条重点河道（湖）的191处点位安装视频监控探头，形成一张绍兴市最大的“水上天网”。

结合河道清淤工作，组织实施重点工业企业排污口整治。全面推进“河道警长制”，成立区水政渔业执法局。完善多部门联合执法，开展“亮剑1号”专项行动、护航G20“百日环保”执法专项行动，加大对非法违法排污行为、河湖及沿岸违法建（构）筑物、废弃物及各类水产养殖违法违规设施等打击力度和惩处力度，全面整治水环境违法“钉子户”“老大难”问题。1－11月，共立案查处企业388家次，责令整改企业511家次，停产整顿15家，关停企业10家，行政处罚企业334家次，处罚金额1900.2万元。移送公安38件，比上年同期增长200%以上，其中刑事案件5起，11名责任人被刑事追责。查处各类渔业违法案件153起，其中涉案191人依法移交司法机关追究刑事责任。

1－11月，在全市“五水共治”重点任务及项目进展情况排名中，柯桥区“五水共治”项目完成总投资39.73亿元，完成率达196.5%，其中治污水完成投资29.43亿元，完成率达239.5%，抓节水完成投资0.64亿元，完成率达325.1%，均位列全市第一，其他重点项目进展顺利，均提前超额完成年度目标任务。

至2016年年底，已建柯桥开发委（齐贤镇）、钱清镇、福全镇及滨海工业区（马鞍镇）4处淤泥固化处理中心，年固化处理淤泥能力达300万立方米。在全省率先实现平原河道清淤淤泥固化处置全覆盖，成功解决全区854条河道、49平方千米水域的淤泥出路问题。2016年全市清淤1500万立方米启动仪式在钱清淤泥固化中心举行。全区完成清淤387万立方米，完成全年清淤任务的129%。浙江省委书记夏宝龙实地视察后对柯桥区淤泥固化工程一体化、运行市场化、处置生态化的做法给予肯定，并批示推广各县。

在兰亭镇试点基础上，在全区面上推广入河排污（水）口标识工作。全区共摸排排污（水）口15200个，其中挂牌标识12777个、集中整治706个。9月27日，全省入河排污（水）口标识工作现场推进会在柯桥区召开，在全省推广柯桥区做法。全国水污染防治部际协调小组办公室以简报形式刊发柯桥区做法，并抄报国务院办公厅，分送各省（自治区、直辖市）政府办、环保厅（局）及国家有关部门。

按照“三定四化”（定人、定责、定标准，制度化、智能化、精细化、实效化）的要求，实现城乡生活污水治理设施运维一体化管理。2016年先期覆盖100个村（居委会）。11月18日，中国水协、中国城镇水体污染治理中心的专家和新华社、中国网等10余家媒体记者集聚柯桥，了解报道农村生活污水治理“柯桥模式”。

至年底，全区29个市考核断面水质监测点，有22个断面水质满足功能要求，功能区达标率75.9%，全面消灭Ⅴ类、劣Ⅴ类断面。鉴湖主体水质，9个监测断面中，6个断面为Ⅱ类水质，功能区达标率66.7%。全区1382个地表水监测点，Ⅰ类、Ⅱ类、Ⅲ类水质断面分别为55个、378个、334个，Ⅰ到Ⅲ类水断面较2015年度增加167个，增长27.8%。（陈天虹）

行政审批制度改革

2016年，柯桥区启动实施相对集中行政许可权试点。6月16日，柯桥区总体框架性试点方案经省委、省政府同意，获省政府办公厅批复。8月8日，柯桥区行政审批局挂牌。11月21日，柯桥区行政审批局正式运行。按照“试点方案一次性批复，试点工作分步实施到位”的原则，对第一批涉及投资项目审批线的9个部门78项事项27名审批人员率先划转到位，并将14项划转事项重新对镇、开发区进行委托授权；重新编制梳理从项目立项到施工许可证阶段的企业投资项目核准、备案两条审批流程，将投资项目审批线划分为投资审批、综合评估和建设审批三大块，并制定投资审批科、综合评估科和建设审批一科3个审批科室的审批工作流程和分级审批权限；建立相对集中行政许可权试点联席会议制度和涉及环保、水行政许可建设项目联合会审及建设项目建筑垃圾联合踏勘机制，确保审批结果的合法合规。

推进企业投资项目高效审批进程。继续抓好高效审批100天全流程和不再审批试点。顺利推进两个试点项目增量。1月，启动从土地征转用审批起至施工许可证办结的高效审批50天全流程试点工作。通过相关审批化零为整、建规缴费松绑后移等七大创新措施，提升审批效能，减缓项目建设业主的资金压力。4月，柯桥区企业投资项目高效审批50天做法得到市长俞志宏的批示肯定，并在全市推广。至2016年年底，累计有348个企业投资项目进入高效审批100天流程，其中完成全部流程的有296个；累计有106个项目进入不再审批试点流程，其中开工建设的项目22个、完成全部竣工验收的项目32个；有10个项目进入高效审批50天全流程，其中完成8个。柯桥区企业投资项目高效审批100天全流程试点改革工作受到国务院常务会议督查表扬，柯桥区是全省唯一获此荣誉的县（区）。

印发柯桥区浙江政务服务网镇（街道、开发区）、村（社区）延伸工作实施方案，明确镇村延伸工作的工作目标、工作任务、各相关部门的工作职责和各阶段工作完成的时间节点。选取镇（街道）中行政审批工作基础较好的平水镇及祝家村、东桃村两个村为试点，对照权力清单，进一步完善、核对、调整，共计相关法定事项、委托下放事项、审核转报事项、驻场办理事项和镇级公共服务事项等五大类权力事项341项。对每个事项标准化梳理，搭建系统平台，配备电脑、高拍仪等硬件。7月，平水镇及两个村试点建成政务服务网实体自助服务站并投入运行，有14项事项实现村级代办点直接网上代办。政务服务网实体自助服务站在全区面上铺开。

承接市级下放审批事项。做好市级部门新下放100项行政许可事项和9项其他行政权力事项的承接工作，督促区各相关部门及时对接市级部门，并将下放事项进驻区行政审批中心，实行集中办理。到年底，新下放的109项行政审批和管理事项中有15个部门的79项事项进驻区行政审批中心，可在区行政审批中心窗口办理。

各部门在开展行政审批过程中，要求将申请人委托企业、事业单位、社会组织等机构开展的作为行政审批受理条件的有偿服务列入清查范围，梳理出涉及行政审批中介机构共34家，涉及行政审批中介服务事项113项，制订柯桥区涉审的中介机构和中介服务事项两张清单。

构建投资项目“三测合一”联合测绘体制。制定规划测绘、房屋面积测绘、土地测绘“三测合一”实施办法并以区府办文件印发。柯桥区3家测绘机构培育成为可同时开展房产测绘、规划测绘和土地测绘并具备相应资质的测绘机构，每家都可完成三项测绘工作，提高效能。（徐一鸣）

美丽乡村建设

2016年，柯桥区按照“修一条乡道、串一带风景、富一地百姓、正一方风尚”的工作目标，做好全省现场会承办经验的总结与推广，以美丽乡村公路为基础，以示范样板村为支点，以景观带为轴线，全力打造“村点出彩、沿线美丽、面上洁净”的示范区。高起点谋划示范区建设。按照全域规划的原则，以建成的美丽乡村示范（精品）村、历史文化村落、党建示范村、美丽乡村公路为基础，发展具有旅游功能的美丽经济，将全区构画成“四片一环”的美丽乡村建设示范片区。按照分步推进的原则，重点组织实施“二片三线”建设，即南部、西部示范片区及相关连接线建设。将“二片三线”示范区建设纳入2016年度区领导领衔的重点工作之列，并配套12.18亿元财政专项资金予以保障，其中8.68亿元用于“两圈一环”（南部山区、西部片区圈和串联四圈环线）道路建设；3.5亿元用于示范样板村建设及沿线的“九大”（拆违章、种树木、改立面、装路灯、砌围墙、做小品、治污水、理管线、保整洁）专项行动，并明确山区镇按实际投入额90%进行奖补，其他镇按60%进行奖补，解决财政薄弱地区的后顾之忧。全区美丽乡村建设现场会暨小城镇环境综合整治推进动员会于12月22日成功召开。

以“点”为中心抓示范区建设。深入开展主题挖掘，示范区创建工作领导小组指导“二片六镇”（美丽乡村“西片”“南片”示范片区及片区内的钱清镇、杨汛桥镇、夏履镇、平水镇、王坛镇、稽东镇）精准提炼“萍水相逢、相逢平水”“醉梅王坛、流连忘返”“四季云隐、乡思稽东”“小城新星、梦享钱清”“品薇杨汛、智汇小镇”“古越寻踪、夏履神韵”等个性鲜明的建设主题，确定沿线重点打造的12个样板村及10个示范村，谋划茶香王化、醉梅东村、禹裔冢斜、和美三西、江南桃源、莲增福缘等村居独特品牌。优化完善规划设计，“二片六镇”充分挖掘地域文化内涵亮点，结合村庄布局规划，完善项目节点主题设计。平水的“一区三道、三线四点”、王坛的“一区三点三线”、稽东的“一核两线三点”、钱清的“一轴两圈”、杨汛桥的“一线二村三路四广场”、夏履的“一路一溪一村”，均体现镇级层面的整体风貌，又考虑节点层面的细节布置。截至2016年年底，“二片六镇”完成招投标项目169个，中标金额22010.29万元，实际进场施工项目165个。所有项目从节点建设到沿线整治，从基层党建到文化礼堂，从垃圾分类到生活污水治理，基本展现建设成效。

以“线”为依托抓示范区整治。按照“突出重点、城乡统筹、点线结合”的工作原则，持续

2016年，王坛镇新华村俯瞰图（高　洁　摄）

推进环境整治提升“九大”专项行动。截至2016年年底，“二片三线”沿线累计拆违章105.58万平方米、种树木4.74万株、改立面73.53万平方米、装路灯1675盏、砌围墙4.81万平方米、启动小品建设68个、整理管线11.82万米、清运垃圾5.85万吨。2016年“两圈一环”美丽乡村公路，涉及73个行政村、17条道路，总长127.3公里，总投资8.68亿元，截至年底，“两圈一环”美丽乡村公路基本完工。按照“以理为主、强弱分杆、多线（多杆）合并、空杆（空线）清除”的标准，以区建设局为总牵头单位，有序推进美丽乡村管线整治工作。截至2016年年底，由电信、中广有线牵头整治的管线工程，完成招投标项目64个，中标金额9941.72万元。

以“面”为突破抓示范区提升。城乡环境美化工程持续提升，结合全市优化发展环境“八大”行动要求，持续开展“九大”专项行动；铁腕推进月度抽考督查，按照“一个小组考核、一个标准评价、一个类别排名”的考核要求，每月对全区16镇（街道、开发区）的集镇、村（居委会）环境进行一次以上的实地检查考核；按照“分层监管、严格奖惩”的工作思路，在镇、村、户三个层面，持续开展“洁净镇街”竞赛活动。同步实施示范创建项目，截至2016年年底，全区累计建成示范村76个，其中新建10个；累计建成精品村13个，其中新建1个。2016年度，湖塘街道、柯岩街道、漓渚镇获评第一批浙江省美丽乡村示范乡镇，漓渚棠棣村、湖塘香林村、杨汛桥江桃村、福全尹家坂村、王坛东村村、平水王化村等6个村获评浙江省美丽乡村特色村；湖塘街道、柯岩街道、漓渚镇、王坛镇、夏履镇等5个镇（街道）获评绍兴市美丽乡村示范乡镇，夏履莲增村、齐贤齐贤村、漓渚九板桥村、钱清三西村、钱清梅东村、王坛新华村等6个村获评绍兴市美丽乡村特色精品村。推进美丽乡村景观带建设，创建“稽山舜源”“鉴水流韵”“兰桂芬芳”3条市级示范景观带，改造道路79.1公里，培育沿途精品村、特色村、民宿村等项目12个，建设小品节点30个。截至2016年12月底，全面完成项目整体形象。

·小资料·　“四片一环”

以建成的美丽乡村示范（精品）村、历史文化村落、党建示范村、美丽乡村公路为基础，发展具有旅游功能的美丽经济，将全区构画成“四片一环”的美丽乡村建设示范片区。即“中片”以柯岩、湖塘、福全、漓渚、兰亭等中部5个镇（街道）为重点建成示范片区，“西片”以钱清、杨汛桥、夏履等西部3个镇为重点建成示范片区，“南片”以平水、王坛、稽东等南部3个镇为重点建成示范片区，“北片”以安昌、柯桥开发委（齐贤镇）、滨海工业区（马鞍镇）等北部3个镇为重点建成示范片区；“一环”即将4个示范片区连线构画成全区美丽乡村大“C”环，实现美丽环境、美丽经济、美好生活“三美”有机融合，全面提升柯桥区美丽乡村示范区建设水平。

·小资料·　“二片三线”

西片“现代城乡风貌示范片区”、 南片“舜江源头生态示范片区”和相应的群贤西路和杭金衢连接线、中片和西片连接线（杨绍线，福全—湖塘）、南片和中片连接线（平水—兰亭—漓渚）

·小资料·　“一区三道、三线四点”

一区为平水集镇及若耶溪景区改造，三道为日铸古道、陶宴古道、同妃古道，三线为东线（平王线）、中线（绍甘线）、西线（平兰线）提档升级，四点为“乡韵西湖桥”“茶香王化”“野趣宋家店”“竹海同康”示范（样板）村创建。

·小资料·　“一区三点三线”

一区为王坛集镇景区化改造，三点为“梅海东村”“两美新华”“人文王城” 示范（样板）村创建，三线为绍甘线、平王线、寨南线精品线路提档。

·小资料·　“一核两线三点”

一核为稽东集镇核心区块改造，两线为金丰村至冢斜村至稽江村北线及俞谢骆村至营口村南线沿线打造，三点为冢斜、俞谢骆、稽江3个精品（示范）村提升。

·小资料·　“一轴两圈”

一轴为杨绍线，重点对江南、九岩、三西、前梅、梅东、岭湖等6个村沿线视线范围内进行建设；两圈为三西美丽乡村、钱清集镇商贸圈，重点对三西村、梅东村及乡村微记忆进行建设。

·小资料·　“一线二村三路四广场”

对紫薇路、杨江路和调山路、杭金衢连接线等杨汛桥主要道路及两侧建筑立面实施提档升级，串联成一条美丽乡村精品路线，重点打造江桃村、麒麟村两个样板村，对紫薇路、杨江路和调山路等3条主要道路进行提档改造，打造品薇广场、建吴广场、调山广场、树人广场4个广场。

·小资料· “一路一溪一村”

以夏履镇境内11千米钱茅线为主轴，在夏履东江畔新建1条集健身、休闲、观光于一体的莲心游步道，全力打造莲增村。

·小资料· 优化发展环境“八大”行动

违法建筑大整治行动、污泥浊水大整治行动、安全隐患大整治行动、经济秩序大整治行动、社会治安大整治行动、法治环境大提升行动、基层治理大提升行动、城乡面貌大整治行动。

（陈华彪）

特色小镇创建

2016年，柯桥区组织申报创建省市级特色小镇，出台《柯桥区加快推进特色小镇培育建设2016年工作方案》，湖塘黄酒小镇等9个小镇分别制定工作计划，成立规划招商、产业发展、环境整治、宣传推介等工作小组，排定年度工作任务清单，将项目建设、重点工作分解到月、落实到人，形成区镇联动、全面推进的工作合力。建立工作例会制度，定期召开领导小组联席会议和工作推进会，交流亮点特色，协调困难问题；建立信息通报机制，按季度对小镇整体推进、项目建设等情况进行通报，动态跟踪项目进展；建立考核评价机制，将小镇培育创建工作纳入岗位目标责任制考核体系。

柯桥区特色小镇规划按“必须高起点、准定位、领未来、成精品”的工作要求和“小而美、特而强、聚而合”“产业、文化、旅游、生态、社区多功能叠加”的创建目标，聘请杭州南方设计、上海东方设计、新加坡盛邦设计等国内外知名设计机构对全区特色小镇进行概念性规划编制和设计。多次召开专题会议，进行规划论证。各个小镇根据创建工作实际进展和项目引入情况，适时优化完善规划内容，增强规划的指导性、操作性。2015－2017年，全区9个特色小镇计划安排项目160余个，计划总投资520亿元。

按小镇定位、产业特色和比较优势，开展资源对接、产业招商和人才引育，一批优质项目签约落户。湖塘黄酒小镇与精工集团等签订投资25亿元的绍兴黄酒产业基地及文化旅游项目，与会稽山酒业签订投资9.2亿元的会稽山集聚搬迁项目；杨汛桥智汇小镇与盘古数据签订投资150亿元的绿色大数据产业园项目；柯岩酷玩小镇与上海华昌集团签订投资100亿元的东方山水二期项目；齐贤金柯桥基金小镇与亿咖通科技签订投资10亿元的亿咖通汽车智能系统项目；兰亭文创工艺园等一批特色产业项目洽谈中。湖塘黄酒小镇、马鞍蓝印时尚小镇分别与高校、科研院所合作，成立浙江树人大学绍兴黄酒学院、高端纺织印染研究院。

利用报纸、电视等传统媒体以及微信、微博等新型媒体对特色小镇建设进行宣传和推介。通过向社会公开征集小镇LOGO，举办中国·绍兴黄酒小镇“黄酒文化论坛”、绍兴黄酒节黄酒新品发布会、兰亭书法节、漓渚兰花节等节庆活动，吸引社会公众参与小镇建设，扩大小镇的知名度、美誉度和影响力。2016年以湖塘黄酒小镇、柯岩酷玩小镇、兰亭书法小镇为主共接待各地各部门考察团350余批次，游客约110万人次。中央、省市区媒体多次对柯桥区小镇进行采访报道，小镇建设得到中共中央财经工作领导小组办公室、省委、省政府相关领导的高度评价和肯定。

至年底，9个小镇的概念性规划基本定稿，规划面积共计约40平方千米，其中马鞍蓝印时尚小镇、漓渚花木小镇详规编制完成。各小镇共完成固定资产投资92.4亿元，其中国有投资36.6亿元、非国有投资55.8亿元。柯岩酷玩小镇东方山水一期，杨汛桥智汇小镇树人大学杨汛桥校区一期，湖塘黄酒小镇、兰亭书法小镇、齐贤金柯桥基金小镇的小镇客厅等项目建成投用；柯岩酷玩小镇东方山水二期、杨汛桥智汇小镇绿色大数据产业园、马鞍蓝印时尚小镇印染产业集聚三期等项目在建。9个小镇全部列入市级培育建设名单，产业涉及历史经典类、时尚类、旅游类、信息经济类、金融类等，其中湖塘黄酒小镇、柯岩酷玩小镇两个小镇列入省级创建名单，兰亭书法小镇列入省级培育名单。

·小资料· 9个特色小镇

湖塘黄酒小镇以黄酒历史经典产业为特色定位，以黄酒生产作为支撑，结合山、水、镇空间格局，以生态鉴湖为底，黄酒文化为魂，融生产观光、展示体验、文化创意、休闲旅游于一体，延伸黄酒特色旅游＋黄酒文化创意产业。小镇选址鉴湖西首第一古桥——西跨湖桥两侧，规划总面积3.43平方千米，以鉴湖景观为轴，规划“一湖两岸三大片区”，“一湖”即以鉴湖为中心发展鉴湖水上游乐片，“两岸”即南岸黄酒特色小镇产业片、北岸十里湖塘休闲旅游片，建设十里湖塘休闲片、黄酒特色商业区、塔牌厂区 、黄酒养生基地、生态田园观赏区、会稽山厂区、黄酒文化旅游区7个功能片区。

柯岩酷玩小镇以旅游产业为特色定位，以体育运动、山水休闲为主题，以酷我生活，玩乐无穷为创建理念，结合山水以及产业资源，建设以“旅游休闲、运动休闲、衍生产业”为三大定位的酷玩小镇，同时通过酷玩小镇的品牌效应、产业链的延伸作用，带动周边地块产业转型升级。小镇地处鉴湖核心地带，周边有运动旅游休闲产业基础，享鉴湖风光，孕古越文化，规划总面积3.8平方千米，遵循“以水为轴，划分片区，分期开发、串联发展”的原则，形成“一轴四区”的规划结构，“一轴”即鉴湖景观水轴，“四区”即水文化区、时尚极限运动区、山水游乐区、高端休闲区，规划游艇、自行车、赛车、马拉松、直升机等水陆空游线串联各个片区。

兰亭书法小镇以旅游文化产业为特色定位，以书法文化交流与学术研修为基础产业，以文化创意产业作为主导产业，以主题休闲度假产业作为朝阳产业，通过统一规划，分步开发，把小镇打造成以书法朝圣、汉字修学、创意设计、艺术加工、主题休闲于一体的世界级文化休闲基地和国际文化旅游经典小镇。小镇文化底蕴深厚，连续举办30届中国兰亭书法节，成为中国书法“兰亭奖”永久颁奖地，小镇规划面积3.33平方千米，按照“大分散、小集中”“入则清幽，出则便捷”的布局特点，形成“一带两核三点”的总体结构，“一带”即以沿绍大线、兰亭江所形成的山水风光廊道，“两核”为兰亭书法、阳明心学文化核，“三点”即服务综合体、文化休闲综合体、越地产业园，规划形成“三区三园” 六大功能片区，即书法朝圣区、生态农业区、综合配套区、阳明文化园、民间工艺园、养心度假区。

马鞍蓝印时尚小镇以时尚产业为特色定位，依托滨江自然景观，以绿色印染产业集聚区为基础，以绿色印染、智能印染为助力，挖掘文化内涵，揉入时尚元素，并结合当地海涂文化和钱潮文化，通过印染企业集聚、设备升级、技术革新、产品研发以及互联网+等信息化手段，引领传统印染向绿色印染、智能印染转型升级，使小镇成为全球最大的时尚布艺研发生产基地，打造集工业旅游、休闲观光、文化体验、生活娱乐于一体的产城融合型工业特色小镇，寓意现代文明与传统文化的共融、江南文化和工业文明的共生，同时也寓意融合传统文化的新型时尚理念与生活方式。小镇规划总面积3.5平方千米，规划“一带、一轴、六区”，“一带”即曹娥江海涂文化景观带，“一轴”即沿河产业主题景观轴，“六区”即印染孵化区、智能印染区、绿色印染区、特色工业区、综合服务区、公园绿肺区。

齐贤金柯桥基金小镇以金融产业为特色定位，结合区域内30亿元政府性产业基金总部、轻纺城创意园和中青旅综合体等产业园区项目和山水田园等资源，将水系改造延伸至用地纵深，强化用地背山面水、山水环抱的态势，形成交错的水网格局，再现水乡风貌，打造亲近自然的绿色生态环境，实现水岸办公、山景办公、花园办公的理念，打造基金聚集的金融孵化平台和文化旅游、创意产业集群。小镇处于国家级柯桥经济技术开发区，规划面积4.64平方千米，结合当地丰富的自然景观和场地现状，规划形成“8个功能区块”，即情景办公居住区、现代办公区、齐贤镇兴浦居住区、中青旅综合体、后续发展区、上方山公园区、生态田园休闲区、滨水景观区。

平水养生小镇以健康产业为特色定位，立足区域内独特的山水风貌、丰富的自然资源、可供挖掘的越文化特色、原生态休闲环境，以独具特色的“原生态山水风貌”为本色，以休闲度假、养生养心、游乐体验为主要功能，打造集居住、商业、休闲、娱乐体验于一体的山水小镇，使其成为长三角知名休闲度假目的地、杭绍养生养心乐园、兼具古越文脉和现代诉求的山水小镇。小镇历史人文悠久，生态环境优美，是古越国先民生息发祥之地，有着近300座水库和78%的森林覆盖率，有全市第一、第二的水库各1个。在“原味”的会稽生态和悠远的会稽千年文化中，体验养身养心。小镇规划面积4.38平方千米。结合基地的地形地势安排用地布局及设置项目，自西（平坦地带）向东（山谷地带）依次布置文化休闲、游乐体验、养生度假等功能，并根据4个谷地地形，形成“一心两片四谷”的空间布局。“一心”即小镇综合服务中心；“两片”即田园风光体验片、小镇休闲游乐片；“四谷”即4个主题山谷，分别是以养老养生为主题的仙人谷、以休闲体验为主题的畅怀谷、以茶道养心为主题的静修谷和以休闲度假为主题的裸心谷。

杨汛桥智汇小镇以信息经济产业为特色定位，以实施第三次创业、推进就地城镇化为理念导向，围绕浙江树人大学杨汛桥校区核心区块开发，把信息交易和人智资源作为发展的两大经济增长点，通过普天数据资源系统，整合现有资源，构建一个集法人信息、地理信息、个人信息、统计信息为一体的“智慧政务系统”，打造E时代绿色创新智汇平台，推进产城融合、村城融合、水城融合、人城融合，实现产、业、人的融汇交互。小镇规划面积2.5平方千米，以树人大学为核心，串联“智慧商务”（窗帘窗纱电商产业）、“智慧物流”（世纪联华物流配送中心）、“智慧文创”（盛夏影视文化产业园）、“智慧社区”（绿城·学府新天地）、“智慧金融”（永利金融类投融资平台）、“绿色数据”（数据交易平台）等片区联动发展，形成“一轴、五区”的空间布局结构。“一轴”即西小江人文景观轴，“五区”即科教文创区、综合服务区、电商创意区、数据产业区、物流产业区。

稽东时光小镇以健康产业为特色定位，以培育“时光小镇，修养山都”为度假理念，围绕“时光”主题，依托冢斜、尧郭等千年古村，香榧、红豆杉等千年农业文化遗产、雪窦岭等自然山水景观以及有机蔬菜等生态田园所沉淀的文化底蕴，致力于打造以养生养老、度假旅游、文化休闲、特色农业为主要产业的度假型休闲特色小镇，培育“慢旅游”的市场理念。小镇规划面积6平方千米，核心建设区以“一带（时光长流：北溪＋官培溪）一路（时光大道：车竹线＋滨溪路）”为基本格局贯穿健康服务产业区、运动休闲体验区、度假养生休闲区3个主体建设区。

漓渚花木小镇以花木历史经典产业为特色定位，结合现有花木产业以及生态资源，以花木（兰花）生产销售、园林（艺）产业为支撑，延伸花木（兰花）特色旅游＋兰花文化创意产业，建设以生产观光＋展示体验＋文化创意＋休闲旅游于一体的花木（兰花）特色小镇。小镇位于鉴湖水系源头，是中国花木之乡，兰文化发祥之地，产业基础坚实，生态环境优越。小镇规划面积4.8平方千米，划分为“一心三片两环多点”多个功能片区。“一心”即旅游综合服务中心，“三片”即兰苑棠二风情片、棠棣花木一东方百合风情片、山水六峰风情片三大主题片区，“两环”即两条休闲观光环，“多点”即多个产业项目。（诸旷怡）

金柯桥科技城建设

2016年8月18日，绍兴金柯桥科技城（绍兴市千人计划产业园）建设管理委员会揭牌运行。绍兴金柯桥科技城（绍兴市千人计划产业园）坚持人才引领、创新驱动、产城融合，统筹空间、规模、产业三大结构，统筹规划、建设、管理三大环节，统筹改革、科技、文化三大动力，统筹生态、生活、生产三大布局，计划通过5—10年努力，建设成为“人才生态最优区，创新发展先行区，产城融合示范区”。出台《关于加快建设绍兴金柯桥科技城（绍兴市千人计划产业园）的实施意见》，明确科技城（产业园）规划建设的大纲和总则；出台《关于精准扶持高层次人才集聚“千人计划”产业园创业创新的若干意见（试行）》，引进集聚高层次人才。

绍兴金柯桥科技城与绍兴市“千人计划”产业园实行“两块牌子、一套班子”，组建绍兴金柯桥科技城开发建设投资有限公司，承担资产项目运行、投融资等任务。在不打破现有行政管理体制前提下，按照“统分结合、合力共建”的原则，创新实施“六统六分”运行机制，即统一领导，分区负责；统筹规划，分步实施；统筹配套，分口实施；统筹资源，分头招商；统一政策，分类兑现；统一品牌，分享成果。

按照区委区政府“国际一流、国内领先”和“产城（产业与城市）融合、三生（生态、生活、生产）融合、三区融合”的要求，编制80平方千米的发展战略研究和概念性总体规划，同步推进科技城17平方千米的城市空间设计。按照“急需必需、加强融合、提升环境、保障发展”原则，摸排、梳理、草拟2017年拆迁计划、土地储备计划、工程建设计划和政策制定计划，供区委区政府参考。

组织举办绍兴金柯桥·首届海外高层次人才创新创业大赛。大赛于9月20日正式启动开幕，历时6个月，到2017年3月结束。通过网络征集、海选初审、远程路演等环节，计划于2017年1月、3月分别举行美国硅谷半决赛和柯桥总决赛，遴选出一批科技含量高、商业发展潜力大、落户意向浓的项目在柯桥落地转化。大赛共收到来自全球的173个参赛项目，获奖选手将获得最高30万元奖金，项目落地柯桥后可获得最高500万元的启动资金资助。举行“智汇‘科’桥”·“千人计划”专家走进绍兴市“千人计划”产业园暨海内外博士柯桥行活动，加大推介力度。

按照区委区政府“人才引领、项目为王”的总体要求，集聚高层次人才，至2016年12月31日，绍兴市“千人计划”产业园新签约落户“千人计划”人才19人，累计落户“千人计划”人才总数33人，其中国家“千人计划”19人、省“千人计划”14人。

（王雯娜）

轨道建设

2016年，杭绍城际轨道交通开工。杭绍城际轨道交通是国内首条由区级层面自主报批建设的跨区域轨道交通项目，西接杭州地铁5号线，在香樟路站叠岛换乘，东连绍兴地铁1号线，在笛扬路站贯通运营，横跨杭州市和绍兴市两个地区，全长20.3千米，其中地下线9.87千米，设站10座，项目总投资约128亿元，预计2020年建成试运营。

2012年3月，浙江省发改委牵头开展浙江省都市圈城际铁路规划，其中杭绍线为杭州都市圈4条城际线中的1条。2014年12月16日，国家发改委同意杭绍线作为杭州都市城际铁路之一进行规划建设。2015年9月，成立绍兴市柯桥区轨道交通建设指挥部，并设立区轨道交通办。10月29日，公开招标确定杭州至绍兴城际铁路工程可行性研究报告编制单位。2016年1月14日，柯桥区轨道交通集团有限公司登记注册成立。杭绍城际轨道交通前期报批涉及多地区多部门。“工可”（工程可行性研究评估）报批前置的13个专项审批涉及省、市、区各级20多个部门。1月20－22日，杭州至绍兴城际铁路工程可行性研究报告通过省发改委组织评审。9月20日，整线“工可”获省发改委批复，10月11日，初步设计获获省发改委批复。前期报批时间较全省同期11条城际线提前半年以上，与较早启动前期工作的杭富线、杭临线和宁奉线进入同一建设阶段。率先采用全省首个设计总承包管理模式，通过公开招标成功引进地铁设计经验丰富的国内一流设计单位铁三院和中铁二院作为杭绍城际轨道交通的勘察设计总承

杭绍城际轨道交通跨越西小江效果图　（区轨道交通办　供稿）

2016 年 11 月，牛头山 2 号隧道左洞爆破掘进现场

（区轨道交通办　供稿）

包单位和咨询单位。在 20.3 千米线路中，地下线部分需穿越杭甬客专、萧甬铁路、杭金衢高速公路、杭州地铁 5 号线车辆段地块，以及大坂湖、西小江和大量既有建筑，2 千米隧道在山体断裂带附近。通过组织专家论证，开展技术研讨，线站位在短时间内得到稳定，方案进一步得到优化，将柯桥区全部高架线优化成仅钱清段高架，同时增设 1 个地下站和 1 个高架站，增加站点密度。3 月 24 日，通过招标确定设计单位，在初步设计阶段同步开展试验段工程施工图设计，至 5 月底，试验段工程具备施工招标条件。6 月 6 — 7 日，试验段工程初步设计通过省发改委组织评审。7 月 22 日，试验段工程作为全省有效投资集中开工绍兴市分会场项目，举行开工仪式，较年初计划提前 4 个多月。第二、三标段于 12 月初招标确定施工管理单位，年底进场施工。至 2016 年 12 月 28 日，总长 180 米的杭绍城际铁路牛头山试验段 2 号隧道右洞正式贯通。

人才选用前期通过设计院、周边地铁公司引荐和把关，住建部轨道交通专家委员会委员、中铁隧道局副总工何峰于 9 月开始担任区轨道集团总工程师，全面把关杭绍线施工阶段相关事项；杭港地铁公司项目经理陈昕于 12 月进驻柯桥轨道交通担任副总工程师；第一批共 10 名管理型技术人才引进并承担起各自岗位工作。第二批 14 人管理型技术人才招聘启动。

（陈　菲）

执行编辑　宋如玲

2016 年大事记

1月

1 日，柯桥城区交通拥堵指数正式上线，市民可以通过“柯桥交警”微信平台或直接进入 http://kqydzs.com 进行及时查询，数据 5 分钟更新 1 次。柯桥区成为全省首个发布交通拥堵指数的县级城市。

4 日，浙江省以视频方式召开扩大有效投资重大项目集中开工仪式，柯桥区滨海工业区浙能绍兴滨海热电二期工程项目现场设分会场。市、区领导彭佳学、俞志宏、谭志桂、陈长兴、尹永杰、徐国龙、阮建尧、吴晓、孟柏干等参加。

5 日，浙江省委副书记、省长李强到柯桥区浙江塔牌绍兴酒有限公司和会稽山绍兴酒股份有限公司，了解企业发展现状，调研特色小镇建设情况。

同日，柯桥区委召开十三届九次全体（扩大）会议。区委常委会主持会议。区委书记徐国龙代表区委常委会作工作报告，会议总结 2015 年工作，部署 2016 年任务，审议通过《中共绍兴市柯桥区委关于制定柯桥区国民经济和社会发展第十三个五年规划的建议》。区人大常委会主任吴晓、区政协主席孟柏干、区委副书记马芳妹等出席会议。

同日，柯桥区农村土地承包经营权确权登记颁证工作推进会召开。

6 日，浙江省副省长黄旭明到柯桥区调研农业农村工作。

同日，浙江省副省长熊建平到柯桥区调研新型建筑工业化工作。

10 日，首届中国绍兴云门文化节开幕，大型系列电视纪录片《云门千年》在开幕式上首播。云门文化节期间，举行兰亭书会会员暨老将军云门文化书法展和“艺术瑰宝国之重器”——历代珍宝及精美佛像展。

16 日，“江山一柯桥山海协作产业园”第七次联席会议在柯桥区举行。

18 日，柯桥区政协十一届五次会议开幕，孟柏干作工作报告。1 月 20 日，会议闭幕。

19 日，柯桥区第十四届人民代表大会第五次会议在蓝天大剧院开幕，区长阮建尧代表区政府作《政府工作报告》。1 月 21 日，会议闭幕。

25 日，柯桥区召开印染产业整治提升“亮剑”行动部署大会，区委书记徐国龙讲话。区委副书记、区长阮建尧主持。区委常委、副区长金晓明作工作部署。

27 日，绍兴市推广柯桥区审改工作经验暨推进市县行政审批层级一体化改造现场会在柯桥区举行。区委常委、副区长金晓明在会上介绍柯桥区深化审批制度改造工作经验。

2月

2 日，柯桥区召开优化发展环境“八大行动”动员大会。

3 日，共青团柯桥区委十八届七次全体（扩大）会议召开。

16 日，柯桥区政府召开十四届六次全体（扩大）会议。区长阮建尧主持会议并讲话。

24 日，浙江省委副书记、省长李强到柯桥区调研“五水共治”工作。

同日，柯桥区召开全区农村工作会议暨“五水共治”“五气合治”工作动员大会。区委书记徐国龙讲话，区委副书记、区长阮建尧作动员报告，并与各镇（街道、开发区）签订“五水共治”、“五气合治”工作责任状。区委副书记马芳妹主持会议。副区长胡国炜宣读有关表彰决定。

27 日，中国轻纺城南区市场开业。交易面积 6 万平方米，设 1100 余间商铺，并配置 2000 余个停车位。

3月

8 日，柯桥区政府与中国电信绍兴分公司《加快“十三五”信息化建设战略合作协议》签约。

15 日，浙江省副省长梁黎明到柯桥区调研进出口和旅游工作。

13 — 15 日，意大利欧洲设计学院罗马分院院长安东尼·维尼斯率队到柯桥区实地考察、洽谈时尚创意方面合作有关事宜。

22 日，浙江省“无违建”创建和“两路两侧”整治考核验收组绍兴进点会在柯桥区举行。

23 日，浙江省政协副主席吴晶到柯桥区督查“五水共治”工作。

25 日，浙江省咨询委主任章猛进到柯桥区调研特色小镇建设情况。

26 日，总投资 217.7 亿元首批 8 个重大项目集中签约落户。

31 日，浙江省委、省政府以视频会议的形式，召开全省建设平安浙江工作会议暨 G20 杭州峰会维稳安保工作动员大会，区委副书记、区长阮建尧代表柯桥区在杭州主会场领奖。

4月

7 日，全国政协委员、浙江省政协副主席张泽熙带领“发展我省历史经典产业”重点课题第三调研组一行，到柯桥区调研黄酒特色小镇。

同日，全国市场规范管理工作座谈会暨商品交易市场监管工作现场会与会人员，到柯桥区参观考察市场规范管理工作。

8 日，浙江省人大常委会副主任冯明带领调研组一行，到柯桥区开展《浙江省安全生产条例（修订草案）》立法初审考察活动。

13 日，浙江省人大常委会党组书记、副主任茅临生到柯桥区调研“五水共治”专项工作。

15 日，浙江省委书记、省人大常委会主任夏宝龙赴柯桥区调研。省领导陈金彪、黄旭明等参加调研。

16 日，柯桥区委、区政府专题召开全区平安建设会议暨护航 G20 杭州峰会誓师大会。区委书记徐国龙讲话。区委副书记、区长阮建尧主持会议。区委副书记、政法委书记马芳妹通报平安柯桥工作情况并部署护航 G20 杭州峰会有关工作。

18 日，浙江省副省长黄旭明到柯桥区调研农业文化建设方面工作。

28 日，浙江省副省长熊建平到柯桥区调研新农村百年低碳住宅示范项目推进情况。

29 日，柯桥区召开“两学一做”专题党课暨学习教育部署会。区委书记徐国龙讲专题党课。区委常委、组织部部长姚国海主持并作工作部署。

同日，柯桥区与国家开发银行股份有限公司浙江省分行合作对接活动举行，杭绍城际轨道交通项目银团贷款合作框架协议签约。

5月

3 日，全国政协副主席韩启德到柯桥区考察旅游产业。

5 日，2016 中国纺织创新年会·柯桥峰会举行。中国纺织工业联合会副会长孙瑞哲作主题发言，中国工程院院士周翔作大会演讲。区委书记徐国龙等致辞。工业和信息化部、中国纺织信息中心、国家纺织产品开发中心、世界 500 强企业的领导和专家，以及众多国外知名纺织产业链供应商，纺织产业集群（专业市场）和纺织产业链知名企业高管，国内外主要财经类、行业类媒体代表等出席峰会。

同日，柯桥区委副书记、区长阮建尧会见参加 2016 中国柯桥国际纺织品面辅料博览会（春季）的埃塞俄比亚驻中国特命全权大使塞尤姆·梅斯芬、驻上海总领事由哈纳·方达。

6 日，以“时尚、品质、绿色”为主题的 2016 中国柯桥国际纺织品面辅料博览会（春季）在轻纺城国际会展中心开幕。

11 日，国务院妇儿工委副主任、全国妇联党组书记、副主席、书记处第一书记宋秀岩率全国两纲中期评估浙江督导组一行到柯桥区，就《中国妇女发展纲要（2011—2020 年）》《中国儿童发展纲要（2011—2020 年）》（以下简称“两纲”）

的实施情况开展中期评估督导工作。浙江省委常委、常务副省长、省政府妇儿工委主任袁家军陪同。

11 日，浙江省委常委、常务副省长袁家军调研柯桥区印染产业集聚提升工作。

12 日，柯桥区科技园开园仪式暨“科技与水”柯桥高峰论坛在柯桥举行，IBM 水资源管理创新中心等一批科技项目落户园区。副市长杨文孝、区委书记徐国龙为科技园开园揭牌。

15 日，柯桥区稽东镇冢斜村入选全国百个“最美古村落”榜单，为绍兴市唯一入榜的古村落。

25 日，柯桥区成为第二批“浙江制造”品牌培育试点县（区）。

26 日，柯桥区委副书记、区长阮建尧会见俄罗斯德米特罗夫区第一副区长奥加·多尔格娃。

同日，2016 年柯桥区扩大有效投资重大项目（二季度）集中开工仪式在滨海产业集聚区钱清至滨海工业区公路工程第四标段施工现场举行，10 个总投资 101.13 亿元的重大项目开工建设。

31 日，浙江省委副书记、省长李强到柯桥区检查防汛工作。

同日，浙江省委副书记、省长李强，副省长郑继伟等在浙全国人大代表一行到柯桥区视察特色小镇建设和“五水共治”等工作。

同日，浙江省高级人民法院党组书记、院长陈国猛率省高院相关部门负责人等一行到柯桥法院调研慰问，详细了解基层法院的工作作风及创新探索举措。

6月

1 日，绍兴东方山水乐园正式全面对外营业。整个乐园建筑面积 54 万平方米，由 6 个大型钢结构建筑的室内游乐场、1 家超五星级东方山水·金沙酒店、2 座 SOHO 办公楼组成，配有会议中心、各国美食、主题购物、运动休闲等设施。

2 日，柯桥区委书记徐国龙率党政考察团赴越城区、上虞区，学习考察两区在城市建设、企业上市、特色小镇培育、文化产业和服务业发展等方面的新理念、新举措和新成效。

3 日，智汇“科”桥·“千人计划”专家绍兴柯桥行活动在柯桥区举行，40 名专家与柯桥区企业（机构）开展交流对接洽谈，新兴高端产业高峰论坛同日举行。

13 日，柯桥区列入浙江省首批服务业强县（市、区）试点地区名单，为绍兴市唯一入选的县（市、区）。

14 日，区委召开十三届十次全体（扩大）会议，研究部署补短板工作，审议通过《中共绍兴市柯桥区委关于拉高标杆补齐短板的实施意见》。

28 日，柯桥区委召开庆祝中国共产党成立 95 周年大会，回顾党的光辉历程，表彰全区各条战线、各行各业涌现出来的先进基层党组织、优秀党员和党务工作者。

7月

12 日，由柯桥区小百花越剧艺术传习中心出品的新编越剧《屈原》在北京国家大剧院正式上演。

19 日，浙江省委常委、省委秘书长陈金彪到柯桥区调研文化创新产业发展等工作。

22 日，浙江省以视频方式召开扩大有效投资重大项目集中开工活动，绍兴市在位于柯桥区钱清镇的杭州至绍兴城际铁路工程牛头山隧道施工现场设分会场。

25 日，国家粮食局局长任正晓到柯桥区调研湖塘黄酒特色小镇建设工作。浙江省副省长黄旭明等陪同。

30 日，柯桥区政府召开十四届七次全体（扩大）会议，总结上半年工作，部署落实下半年任务。区长阮建尧作报告，常务副区长诸剑明主持会议。

8月

1 日，柯桥区第一本不动产权证发放仪式在区公共服务中心举行，区委副书记、区长阮建尧向市民颁发柯桥区首本不动产权证书，副区长钱勇军主持仪式。

3 日，浙江省委常委、统战部部长王永康到柯桥区调研工作。

8 日，柯桥区行政审批局挂牌成立。

18 日，绍兴金柯桥科技城（市“千人计划”产业园）建设管理委员会揭牌成立。绍兴市委常委、组织部部长徐晓光，柯桥区委副书记、区长阮建尧为绍兴金柯桥科技城（市“千人计划”产业园）建设管理委员会揭牌。

9月

8月26－28日，杭州至绍兴城际铁路工程初步设计评审会在柯桥举行，设计方案通过专家评审。

9日，柯桥区区镇两级人大换届选举准备工作部署会议召开。会上，区人大常委会副主任邢柏生、区委组织部副部长吴国建分别就区镇两级人大换届选举相关准备工作进行部署。

13日，浙江省委常委、省纪委书记任泽民到柯桥区调研，慰问G 20峰会服务保障人员。

19日，荷马有限公司成立暨柯桥总部落成开业仪式举行。

22日，由浙江省体育局、省旅游局主办，柯桥区政府承办的2016浙江（柯桥）运动休闲旅游博览会在中国轻纺城国际会展中心开幕。

23日，由浙江省体育局、省旅游局主办，柯桥区政府承办的浙江省第五届运动休闲旅游节启幕。

27日，浙江省入河排污（水）口标识工作现场推进会在柯桥区召开。副区长胡国炜介绍柯桥区入河排污（水）口标识工作主要做法。

28日，浙江树人大学杨汛桥校区开园。

10月

6－7日，2016中国杰出工程师科技创新论坛第五次峰会在柯桥举行。10月6日，来自全国各地知名学者、杰出工程师和绍兴本地科技型企业代表共300余人齐聚柯桥，开展学术交流，共谋科技创新。国防科技大学校长、中国科学院院士杨学军作主题讲座，区委书记徐国龙，区委副书记、区长阮建尧，副区长周树森等参加峰会。

15－18日，2016柯桥时尚周活动举行，包括中国·柯桥时尚指数全球发布、中国纺织面料（图案）流行趋势发布秀、“双百双赛”国家级赛事及联合时尚创意秀、新丝路模特大赛江浙沪赛区决赛等20场时装高端秀演、精彩赛事和专业论坛。

14日，2016中国柯桥国际纺织品博览会（秋季）在中国轻纺城国际会展中心开幕，为期4天。

15日，中国·柯桥时尚指数向全球发布。此为国内首个纺织品时尚指数，由时尚创意指数、时尚活跃度指数、时尚推广度指数以及时尚评价指数4部分组成。

19日，柯桥区委召开十三届十一次全体会议，审议通过《关于召开中国共产党绍兴市柯桥区第十四次代表大会的决议》。区委常委会主持会议。区委书记徐国龙就做好区党代会筹备工作提出要求。区委副书记马芳妹代表区委常委会作《关于召开中国共产党绍兴市柯桥区第十四次代表大会决议（草案）》的说明。

21日，柯桥区举行G20杭州峰会总结表彰暨“七五”普法启动、夺取“平安金鼎”誓师大会。区委书记徐国龙讲话。区委副书记、区长阮建尧主持，区委副书记马芳妹宣读表彰决定并作动员部署。

25日， 2016柯桥区首届“幸福柯桥”村歌大赛精品节目展演暨颁奖晚会举行。128首村歌参赛，20首村歌获奖。

26日，柯桥区委书记徐国龙在区行政中心会见瑞士贝宁格公司首席执行官梅恩伯格。

29日，中国传统文化原创产业园项目在杨汛桥镇奠基。

同日，柯桥区委副书记、区长阮建尧在区行政中心会见加拿大万锦市区域议员、约克区经贸委员会主任李国贤率领的友好访问团一行，双方表达建立友好城市的意愿，签订有关项目投资合作框架协议。

11月

2日，柯桥区社会组织服务中心正式开园。该服务中心承担孵化功能，通过资金资助、场地提供、项目运作和政策支持等方式，为社会组织提供信息服务、培训交流、宣传推介等服务。

8日，浙江省人大常委会副主任王辉忠到柯桥区调研人大工作。

13日，智汇“科”桥·“千人计划”专家走进绍兴市千人计划产业园暨海内外博士柯桥行活动启动。市委常委、组织部部长徐晓光和区委书

2016 年 10 月 29 日，柯桥区委副书记、区长阮建尧会见加拿大万锦市代表团

（区政府办　供稿）

记徐国龙分别致辞。区委常委、组织部部长姚国海介绍柯桥区创新创业环境和人才政策。副区长周树森主持开幕式。

22 日，浙江省委副书记袁家军到柯桥区调研水利、治水工作。

25 日，柯桥区人民调解协会暨区人民调解委员会成立。区人民调解协会是由区人民调解组织、人民调解员、人民调解工作指导管理部门相关人员以及关心、支持人民调解工作的社会各界人士自愿结成的地方性、专业性、非营利性社会组织。区人民调解委员会是由区人民调解协会为化解跨部门、跨行业、跨区域的重大疑难复杂民间纠纷，维护社会和谐稳定而设 立的。

12月

6 日，柯桥区委理论学习中心组举行“两学一做”暨党的十八届六中全会精神专题报告会，邀请浙江省委党的十八届六中全会精神宣讲团成员、省委宣传部原常务副部长胡坚作辅导报告。区委书记徐国龙主持报告会并讲话。

17 日，柯桥区入选 2016 中国全面小康十大示范县市名单。

28 － 31 日，中国共产党绍兴市柯桥区第一次代表大会召开。（陈天虹　戴晶莹）

执行编辑　宋如玲

区情概貌

历史沿革

【越族繁衍】 柯桥，历史悠久。新石器时代，境内就有人类繁衍生息。在距绍兴偏西约100千米的建德山地，于1963年、1974年先后发现人类牙齿化石，距今约5万年，命名为“建德人”，人们推测为于越先祖蛰居山地、开辟草莱的端倪。偏东69千米的余姚江南、四明山北，于1973年、1977年先后发掘的河姆渡文化遗址，测定距今7000年至6000年，被视为越族创造文明的嚆矢。在北部平原古丘上，1984年发掘出马鞍山寺桥村凤凰墩文化遗址，距今约4500年。1985年又在附近发现仙人山文化遗址，距今约5000年，确认为新石器时代晚期越族祖先的聚落遗存。传说时代，在离今上虞区15千米的地方，名姚丘，是舜的出生地。后来舜继承尧的事业，做了华夏民族的首领。他推举鲧的儿子禹治理洪水，才有大禹治水的神话。传说大禹吸取父亲鲧用“堙”（堵）的办法治洪水失败被杀的教训，改用“疏”“导”，劳身焦思，居外13年，“三过家门而不入”，终于把洪水治平。因为这个功劳，舜把位子禅让给禹。相传禹是越族的祖先，生于今之绍兴，在治水时曾“上茅山，大会计，爵有德，封有功”，遂更名茅山为会稽山，“会稽”一名始此。大禹娶妻于涂山，妻名女娇，生子启。公元前21世纪前后，禹死，葬于会稽，故有禹陵。启接禹位，打破禅让制，推行世袭制。启之后过了6世，约公元前19世纪，少康即位，怕禹祭断绝，封其庶子无余于越，以续香火。历史上遂有“于越”的名称。1991年，陶里壶瓶山文化遗址被发掘。该文化成于公元前17世纪至前16世纪的商周时期，出土有石器、玉器和夹砂红陶器等文物。约公元前11世纪（周成王二十四年），《竹书纪年》记有“于越来宾”，是为于越部族有文献记载之始。约公元前10世纪（周穆王三十七年），周“伐越至于纡”，1981年、1986年两次发掘的袍谷文化遗址证明是这个时期的文化。周定王六年（前601），越开始与楚结盟。周景王元年（前544），吴始伐越。此后吴越两国多有强事小争。周敬王十年（前510），吴王阖闾伐越，败越于槜李（浙江嘉兴）；十五年（前505），越王允常乘吴伐楚而入吴，以报槜李之败。自此，吴越之间的战争连绵不断，越打越大。

【越国兴衰】 史载，自无余封越，千有余岁，至句践，越国兴起。周敬王二十三年（前497），允常病卒，句践即位，迁都平水平阳。次年建元，打败吴国进攻，吴王阖闾被射伤而死。句践三年（前494），吴王夫差为报父仇，大败越军。越向吴求和，越王句践携夫人、范蠡等人入质因吴，几乎灭国。行三年韬晦之计，于句践五年得释返越，在范蠡、文种、计然等谋士辅助下，于句践七年立郭树都，构筑小城、大城，作为政治、经济、文化中心，致力发展生产、增长人口、强化军事、安定国家。经过卧薪尝胆，“十年生聚而十年教训”，越国炽富。

句践十五年，句践乘夫差北会诸侯于黄池（今河南封丘）之机，率兵入吴，败吴师，杀吴太子。句践十九年，再战笠泽，大败吴师。句践二十二年，越大举攻吴，败吴军于没（吴地），又败之于郊，再败之于津，围吴城三年，以候时机。句践二十四年，越国灭吴，吴王夫差自杀。越国报仇雪耻之战告终。

句践平吴之后，乃以兵北渡淮，与齐、晋诸侯会于徐州，并派使臣向周王朝进贡，周元王遣使赐句践胙，命为伯。时，越兵横行于江淮以东。句践二十五年，迁都琅琊，与齐、楚、秦、晋会盟，“诸侯毕贺，号称霸王”。

句践三十二年，句践卒，子鹿郢立。越国在

不寿、朱句、翳、诸咎、孚错枝、无余、无颛、无彊等代，均称强。但因后代国内频起杀伐，无彊伐楚失败，于周显王三十六年（前333）被楚威王杀死，楚国尽取故吴地至浙江，越国从此四散。诸族子争相自立，或为王、为君，滨于江南海上，服朝于楚。秦王政二十五年（前222），秦将王翦平定江南，越君降，越遂亡。

【秦汉会稽郡山阴县】 秦始皇二十六年（前221）平定天下，分海内为36郡。原越地称大越，隶会稽郡，治吴（吴县）；三十七年（前210）秦始皇南巡，上会稽，祭大禹，刻石颂秦德，更名大越为山阴，山阴县始此。西汉高祖五年（前202），刘邦徙韩信为楚王，山阴属楚国。六年并丹阳、会稽两郡为荆国，封刘贾为荆王，山阴隶荆国。十二年荆国除，建吴国，刘濞为王，山阴属吴国。景帝前元三年（前154），刘濞叛，国除，恢复会稽郡，山阴属之。汉永建四年（129），析浙江以西为吴郡，浙江以东仍会稽郡，山阴县为郡治。熹平三年（174），孙坚父子开始在会稽图建国，建置不变。

在这近400年中，山阴人郑吉于甘露年间（前53－前50）数出西域。建武年间，上虞王充著《论衡》，反对谶纬迷信。永元年间，太守马棱建回涌湖，治绩有声。永和五年（140），太守马臻疏筑鉴湖，溉田9000余顷，造福百姓。

【魏晋南北朝会稽郡山阴县】 东汉建安元年（196）孙策击败严白虎，自领会稽太守。五年，孙策死，孙权领会稽，谋建国。三国吴黄龙元年（229），孙权称帝，建都建业，仍设会稽郡，山阴县为郡治所在地。天纪四年（280），孙皓降晋，山阴仍为会稽郡治。晋太康二年（281），改会稽郡为会稽国，孙秀当国，治山阴县。永宁元年（301），孙秀因参与赵王伦篡位，国除，复郡，治山阴。建武元年（317），司马睿在建康即晋王位，改元，翌年称帝，史称东晋，山阴隶属不变。咸和四年（329），王舒任会稽内史，为避父讳，钦改会稽为郐稽。永初元年（420），晋恭帝禅位，刘裕称帝，建国号宋，翌年复为会稽郡。元嘉三十年（453）析扬州浙东5郡为会州，治山阴，旋罢。孝建元年（454）又析扬州浙东5郡为东扬州，治山阴。后屡有变易，但山阴为会稽郡治不变。建元元年（479），萧道成逼宋帝禅位，立南朝齐，会稽郡仍属扬州，治山阴县。天监元年（502），萧衍逼齐和帝禅位，建南朝梁。普通五年（524），置东扬州，治山阴县。太平元年（556）罢东扬州，还复会稽郡，属扬州，郡治山阴县。永定元年（557）陈霸先废梁自立，是为南朝陈，隶属依旧。陈后主时（583—589）析山阴县东部置会稽县（一说在永定年间），两县同城而治。会稽设县自此始。

在三国吴、西晋、东晋和南朝360年间，除西晋37年外，其他各朝均建都建康（今南京），故史称六朝。六朝期间，贺循疏凿浙东运河，造福百姓；司马睿称“今之会稽，昔之关中”，会稽地位重要；王羲之修禊兰亭，会稽成书法圣地。

【隋唐五代越州山阴、会稽】 隋开皇九年（589）废郡置吴州，并山阴、上虞、始宁、永兴为会稽县，隶吴州。大业元年（605）改吴州为越州，治会稽。越二年仍复会稽郡。唐武德四年（621），李子通克杭州，置越州，治会稽，旋改越州总管府。武德七年改总管府为都督府，恢复山阴县。此后，山、会两县时有废复。元和十年（815），山、会两县同城而治遂成定制。开平元年（907），朱温篡位，史称后梁，封钱镠为吴越王，后称吴越国，越州为东府，山、会属之。后虽有后唐、后晋、后汉、后周更迭，山、会隶属不变，直至北宋太平兴国三年（978）。

在隋、唐、五代的388年间，越州为浙江东道之道治所在地，山、会县城为七州之首、钱镠行都。期间，观察使皇甫温、会稽县令李俊之和李左次先后增修百余里东江塘。山阴王叔文主持永贞革新。诗人贺知章告老归故里。李白、杜甫等著名诗人踏歌山阴道上，史称“唐诗之路”。越绫、青瓷名闻遐迩。

【宋元建置变迁和山、会两县】 后周显德七年（960），赵匡胤陈桥兵变，夺取后周政权，建立宋朝。太平兴国三年（978），钱俶降宋，改东府为越州，山、会属之。期间曾设两浙路，统州、县。建炎元年（1127），赵构在南京称帝，史称南宋。绍兴元年（1131），定都临安，改州称府，升越州为绍兴府，山、会隶属不变。至元十三年（1276），元军攻占绍兴，改府为路，山、会属绍兴路，直至元亡。

宋、元400余年间，两宋经济有所发展。开宝四年（971）开广州、杭州、明州市舶司后，越州丝绸、青瓷远销日本、印度、大食等国。纸币“会子”允许与铜钱并行。鉴湖围湖造田兴起，史有争论。州学书院代有所建。大中祥符五年（1012），陆轸建陆太傅书院于牛峰寺；天圣九年（1031），成悦等4任知州建州学于望花桥（今稽山中学）；崇宁二年（1103）间，山、会两县学宫分建于阳堂山和竹园坊。其间，会稽县令杨宪重筑箐江石塘，知府赵彦倓修筑山阴海塘，知府汪纲疏浚西兴运河，拓建贡院、教场，缮治罗城诸城门，为世人称道。元朝是个大逆转大倒退时期，西僧杨琏真伽盗掘宋六陵，民族矛盾加剧，很快激起民变。

【明朝绍兴府山、会两县】 明洪武元年（1368），朱元璋称帝，山、会两县属绍兴府。崇祯十七年（1644）明亡，绍兴处在南明小朝廷控制之下。清顺治三年（1646），多铎部将博洛取绍兴，明鲁王逃亡舟山，绍兴归属清。

明朝统治绍兴近280年，由于前期执行与民休养生息的政策，生产发展，经济繁荣，资本主义因素萌生，绍兴第一家酱园“俞合兴”在城内开张营业。“一条鞭法”的推行，由实物税转入货币税。知府戴琥建麻溪坝，制“山会水则”；汤绍恩建三江闸，最后一次开通碛堰，造福山、会、萧三县。王守仁创阳明心学，刘宗周创蕺山学派，皆为一代宗师；稽山、阳明、五云、和靖等书院兴旺；古小学重建。张景岳被誉为绍派伤寒之祖。其间，倭寇为患，汤和筑三江、沥海、白洋等所城防倭，姚长子抗倭殉难，均名垂史册。

【清朝绍兴府山、会两县】 清顺治三年（1646），多铎部将博洛定绍兴，绍兴仍为府，山、会两县属之。前期，绍兴经济有所发展，但是由于大兴文字狱、禁用绍兴师爷、停止山会乡试、会试等民族歧视政策，曾多次发生民变。康乾期间，玄烨、弘历采取到绍祭禹、削除绍兴堕民籍等举措，阶级矛盾有所缓和。知府俞卿修筑城垣和改建玉山斗门。李亨特立“十禁牌”以淳风俗，为世人称道。鸦片战争期间，葛云飞英勇抗击英军，壮烈牺牲。1861年太平天国将领陆顺德占据绍兴，设200多乡官局施政，多次击杀英、法官兵。1863年左宗棠收复绍兴，山、会仍属绍兴府。

19世纪60年代到90年代的洋务运动中，绍兴有识之士奋起救亡，徐树兰、徐友兰兄弟兴办实业，创立绍兴中西学堂。齐贤“益昌佩”绸厂、山阴“公豫源”丝厂相继开业。汤寿潜著《危言》，主张变法。蔡元培、陶成章建立“光复会”。徐锡麟、秋瑾、陶成章为建立中华民国先后牺牲，成为辛亥革命时期“绍兴三烈士”。1911年11月6日，浙江革命军攻克绍兴，废府存县，知府陈赞清为绍兴军政分府都督。越4日，王金发率部抵绍，成立绍兴军政分府，自任都督。翌年1月，归属浙江省。

【民国时期绍兴县】 1912年，民国肇元。1月，奉浙江省军政府关于“调整县区，更改县名”令，山、会两县合并，成立绍兴县，直属省，治原会稽县衙。民国3年6月，省县间设道，绍兴县属会稽道，治绍兴县。民国16年4月道废，直隶省。民国24年6月，设绍兴行政督察区，绍兴县属之，为区治所在地。民国25年4月，绍兴县改属第三行政督察区，仍为区治。民国37年4月改名第二行政督察区，绍兴县属之，区治迁至余姚县。1949年3月，中共绍兴县临时工作委员会（临工委）办事处（实为县人民政府）成立。4月6日，中共浙东临工委决定由会稽二支队、四明五支队一部和新越中队、绍兴办事处共500余人联合发起“车头战役”，获胜。10日，宣布成立南池、越南、漓渚、汤浦4个区人民政府。5月7日，浙东人民解放军第二游击纵队进驻绍兴城，绍兴解放。11日，中国人民解放军第三野战军21军61师先遣部队抵绍。12日，中共浙东临工委建立绍兴军管会。25日，成立绍兴市军管会。6月3日，中共绍兴县委成立，同时建立城郊、柯桥、齐贤、漓渚、进化、马山、东皋、汤浦、越南9个区分委。6日，绍兴县人民政府成立，同时建立9个区人民政府。

【中华人民共和国成立后】 1949年10月1日，中华人民共和国成立。是月，析绍兴县城区为绍兴市，市政府驻城区；绍兴县东部为会稽县，县治驻皋埠；西部仍为绍兴县，县治移驻柯桥。两县一市均属绍兴专区。1950年5月9日，两县一市合并为绍兴县，治城区，隶属仍旧。9月15日又析城区复置绍兴市（县级），县、市同城而治，隶属不变。1952年1月撤绍兴专区，绍兴县直属省，1953年2月改属宁波专区。1958年2月21日又次撤销绍兴市（县级），并入绍兴县，隶属仍旧。1962年1月11日，再析城区置绍兴市（县属）。1963年1月3日，再撤县属市建制，称绍兴县城关镇。1964年9月恢复绍兴专区，绍兴县属之。1968年5月改绍兴专区为绍兴地区，绍兴县属之。1978年9月又改名为绍兴地区行政公署，绍兴县属之。1981年3月31日，撤绍兴县，建绍兴市，仍县级，隶属不变。1982 年 2 月 8 日国务院公布绍兴市（县级）为全国第一批 24 个历史文化名城之一。1983 年 7 月 23 日，国务院批准实行市管县体制，撤绍兴地区行政公署，设绍兴市（地级），撤县级市，恢复为绍兴县，驻市。是年 9 月 20 日，省人民政府办公厅通知，析绍兴县城区和周边亭山、禹陵、灵芝、城东、梅山 5 乡和东湖 1 镇建越城区（县级），隶绍兴市，市、县、区同城而治。2000 年 7 月，再析绍兴县之东浦、鉴湖、皋埠、马山、斗门 5 镇归属越城区，以扩大其地域。是年 10 月，绍兴县行政中心搬迁柯桥试运行。2001 年 1 月 13 日，经国务院正式批准，绍兴县治迁至柯桥。是年 3 月 23 日举行绍兴县人民政府驻地迁至柯桥揭牌仪式。2013 年 10 月，国务院批复同意浙江省调整绍兴市部分行政区划，撤销绍兴县，设立绍兴市柯桥区，原绍兴县的孙端镇、陶堰镇、富盛镇划归绍兴市越城区管辖。

绍兴县自 1988 年起，多次名列全国财政收入“十大财神县”；1991 年起多次被评为中国农村综合实力百强县（市），名列十位前后。2000 年，绍兴县在划出 5 个建制镇后，在中国县（市）社会经济综合发展指数排名中，名列综合位次第 15 位；2002 年，重返前 10 位。2007 — 2013 年，在全省城乡统筹水平综合评价中连续七年居各县（市）首位。2016 年，柯桥区实现地区生产总值 1259.7 亿元，比上年增长 3.4%；财政总收入 165.2 亿元，比上年增长 2.8%；2009 — 2016 年连续八年被评为中国全面小康十大示范县，2006 — 2016 年连续 11 年被评为浙江省平安县（市、区）。

（史　志）

名胜古迹

【概况】 柯桥区历史悠久，文化遗存丰富，名胜古迹众多。至 2016 年年底，辖区内有各级各类文物保护单位（文物保护点）160 处，其中全国重点文物保护单位 9 处、省级文物保护单位 5 处、区级文物保护单位 57 处、区级文物保护点 89 处；有国家级旅游景区 20 个，其中 AAAA 级景区 3 个，AAA 级景区 6 个，AA 级景区 11 个。

表 3　2016 年柯桥区全国重点文物保护单位情况

序号	名称	时代	地址	公布日期
1	古纤道	明代	柯桥街道、湖塘街道、钱清镇	1988 年 1 月
2	印山越国王陵	春秋战国	兰亭镇里木栅村	2001 年 6 月
3	王守仁墓	明代	兰亭镇花街洪溪鲜虾山	2006 年 5 月
4	徐渭墓	明代	兰亭镇里木栅村	2006 年 5 月
5	柯岩造像与摩崖题刻	隋、唐	柯岩街道柯岩风景区内	2013 年 3 月
6	舜王庙	清代	王坛镇双江溪舜王山	2013 年 3 月
7	绍兴越国贵族墓群	春秋战国	平水镇、漓渚镇	2013 年 3 月
8	绍兴古桥群（太平桥、融光桥、接渡桥）	元朝至民国	柯岩街道、柯桥街道	2013 年 3 月
9	大运河（柯桥区段）	春秋战国至清	柯桥街道、华舍街道、湖塘街道、钱清镇	2013 年 3 月

表4 2016年柯桥区省级文物保护单位情况

序号	名　称	时 代	地　址	公布日期
1	马鞍遗址	新石器时代	马鞍镇寺桥村	1997年8月
2	鉴湖遗址·大王庙	东汉至清	钱清镇江南村虎象自然村	2011年1月
3	善庆学校旧址	民国	柯岩街道州山村	2011年1月
4	绍兴古桥群（西跨湖桥）	元朝至民国	湖塘街道湖塘村	2011年1月
5	绍兴会稽山古香榧种植园——稽东古香榧林	宋至清	稽东镇占岙村、陈村、石岙村	2013年4月

（祝妍春）

表 5 2016年柯桥区国家级旅游景区情况

序号	名称	级别	地址	公布日期
1	柯岩风景区	AAAA	柯岩街道柯岩大道558号	2001年12月
2	大香林风景区	AAAA	湖塘街道岭下村	2007年12月
3	乔波冰雪世界	AAAA	柯南大道2168号	2013年5月
4	安昌古镇旅游区	AAA	安昌镇老街	2009年12月
5	香雪梅海旅游区	AAA	王坛镇东村	2011年12月
6	轻纺城市场景区	AAA	柯桥街道金柯桥大道1639号	2011年12月
7	舜王庙景区	AAA	王坛镇长林村	2012年12月
8	会稽山千年榧林	AAA	稽东镇占岙村	2012年12月
9	平水同康绿林竹海景区	AAA	平水镇同康村	2013年12月
10	印山越国王陵	AA	兰亭镇里木栅村	2001年12月
11	羊山石佛景区	AA	齐贤镇石佛村	2013年12月
12	陶元岭一金鱼湾景区	AA	平水镇金鱼村	2013年12月
13	王坛镇南岸旅游景区	AA	王坛镇南岸村	2013年12月
14	稽东镇红豆仙霞景区	AA	稽东镇龙东村	2013年12月
15	夏履镇越王峥景区	AA	夏履镇越王峥村	2013年12月
16	香湖山庄景区	AA	湖塘街道夏泽村	2013年12月
17	平水平阳寺景区	AA	平水镇平阳村	2014年12月
18	平水王化一日铸岭景区	AA	平水镇王化村	2014年12月
19	王坛玫瑰山庄景区	AA	王坛镇南岸村	2014年12月
20	陶宴岭一新联溪景区	AA	王坛镇新联村	2014年12月

名士之乡

【概况】 绍兴自越王句践至当代伟人周恩来，可谓人才辈出，灿若星河。名闻全国以至世界者，有著名哲学家、思想家王叔文、王阳明、刘宗周，历史学家谢承、赵晔、范文澜，方志学家袁康、吴平、章学诚，文学家贺知章、陆游、张岱、鲁迅，画家徐渭、赵之谦、任颐，书法家王羲之、王献之，教育家蔡元培，日记大家李慈铭，自然科学家钱三强、陈建功、竺可桢，民族英雄葛云飞，革命志士秋瑾、徐锡麟、陶成章。自隋、唐兴科举至清光绪三十一年（1905）废科举，会试中试钦赐进士者1400余人，明、清两朝还出现过“绍兴师爷”这一人才群体。近代以后，有为新中国英勇牺牲之在册烈士183人。至2016年年底共有高级职称人员7678人。 （史 志）

区域和行政区划

【区域地理位置和面积】 柯桥区位于浙江省中北部，地处杭州湾南岸、会稽山北麓，东与上虞区、越城区交界，东南与西南分别与嵊州市、诸暨市为邻，西与西北部与杭州市萧山区接壤，北濒海。全区介于北纬29° 42′ 01″ ～30° 13′ 01″，东经120° 16′ 52″ ～120° 44′ 58″，东西宽45.28千米，南北长57.5千米，周边长407.45千米。至2016年年底，柯桥区域土地面积1066.02平方千米。

【行政区划和各镇街面积】 至2016年年底，柯桥区下辖4个街道12个建制镇。区政府驻柯桥街道。

表6　2016年柯桥区各镇（街道）地域面积　　单位：平方千米

地　域	面　积	地　域	面　积
柯桥街道	15.95	齐贤镇	32.47
柯岩街道	45.32	安昌镇	24.05
华舍街道	23.06	夏履镇	51.01
湖塘街道	66.28	漓渚镇	36.64
钱 清 镇	54.18	兰亭镇	82.85
杨汛桥镇	36.66	平水镇	173.39
马 鞍 镇	59.70	王坛镇	137.69
福 全 镇	39.87	稽东镇	111.51

地形地貌

【概况】 柯桥区南靠会稽山，北濒海，故呈西南高、东北低的阶梯形地势，山脉、平原、海岸兼有，受江山—绍兴大断裂影响，山丘与平原间界限比较明显。西南部为低山丘陵河谷区，占全区总面积约52%，中北部为水网平原区，占全区总面积约31%，平均海拔6～7米，偶有孤山、残丘分布其间，其高度一般不超过200米，史称山会平原。东北部为滨海平原区，占全区总面积11%，海拔5米左右，系淤涨型滩涂，地势平坦。

柯桥区内山地和丘陵在形态和成因方面有许多共同之处，其分布也紧密相连，犬牙交错，难以截然区分。区内群山连绵，山体抬升强烈，地形破碎，溪流短小湍急，一般在海拔300～400米，向东北急剧倾斜，降至海拔20米左右时，与无数山麓冲积扇和中北部冲积平原相连，坡度以15°～25°和大于25°为主。境内水系发育受地质构造及地貌形态制约，南部丘陵山地地面切割强度大，地形破碎，树枝状水系发育；北部水网平原地势低平，河湖密布，交织成网。

柯桥区境处于浙西山地丘陵、浙东丘陵山地和浙北平原三大地貌单元的交接地带，地貌类型复杂，以山地丘陵、丘陵盆地和河谷平原为主，有夏履、型塘、漓渚、兰亭、平水及小舜江河谷，王坛、平水盆地，其面积较小，山城较狭，水流湍急，含沙量较高，土壤冲积明显。丘陵盆地与水网平原交界处均有大片坡地、阶地，漓渚、兰亭一带面积较大，坡度皆在10°以下，土层深厚，适宜农耕。

【西南部低山丘陵河谷】 会稽山脉尾闾进入柯桥区境内南部，构成崎岖低山、丘陵、河谷地，约形成于1.3亿年前，长期基本稳定。新石器时代有频繁农垦活动，现辟为茶、桑、果等经济作物和旱粮种植地，在绍兴农业史中占有重要地位。

【中北部水网平原】 历史上，山会平原本是一片战海沼泽，潮汐无常，今之漓渚、平水均为海水直拍的山地和海岸交界处，海退之后，海岸北移，

海岸线轮廓已与今相似，浅海开始赤裸，加之山丘泥沙来源丰富，溺谷於浅不畅，浅海逐渐垫高而变成咸潮出没的沮洳沼泽之地。约在公元前21 世纪，经大禹治水，无余封越，越族居民才开始垦殖。距今约3000年，越族酋长开始把聚落居民从会稽山地向北迁徙，山麓冲击扇和平原中一些较大孤丘及附近坡地被开发，中部冲积扇平原形成。公元前5 世纪初，越王句践把驻地迁至今之越城，经过筑城、立郭、围堤、筑塘、拒潮、蓄谈，造就会稽山北麓冲积扇以下的大片耕地。秦汉时，越人迫迁，北人南徙，潮沼地加快开发。东汉马臻浚筑鉴湖，开辟良田9000公顷。唐垂拱二年（686）山阴与萧山间25千米界塘筑成，开元十年（722）会稽县令李俊之主持修筑山会海塘，后经大历十年（775）、大和六年（832）两次增修，才形成东起上虞、西至山阴、全长50 多千米之防海塘，山会平原遂全面形成。

境内除偶有高不过200米的零星火成岩残丘外，皆为冲积、淤积、海积而成。地势平坦，平均海拔6米至7米。靠近古海塘北部狭长地带，地势低平，平均海拔4.5米，河流较少，水面狭窄，为向滨海滩涂过渡地带。平原地区，则河流纵横，湖泊星散，有大量以溇、湖、埭、桥、江、墅、葑、塘、渎、堰、岸、港、浦等命名的村落。

【东北部滨海平原】 滨海平原是柯桥区棉、麻、甘蔗、西瓜等主产区，部分近海涂地系近代人工围垦而成。由于近钱塘江河口岸线受潮汐及曹娥江涌潮影响，极不稳定，需人工筑堤防护。明永乐至万历年间（1403－1620），钱塘江主槽北移，山、会两县海涂外涨，有人自发垦殖，植棉、麻，种水稻、瓜果、蔬菜。清咸丰年间（1851－1861），三江口乾、坤两号沙地，面积超过4万亩。清末民初，滩涂曾向杭州湾伸展10千米，有磨盘丘、豆腐畈等垦区。此后，由于钱塘江南股槽游移，滩涂大片坍方，至建国前夕，几乎丧失殆尽。从1969年开始组织大规模人工围涂造地，至2001年围垦76平方千米，约占滩涂总面积47%。2002年10月，启动“九七”丘二期工程，总投资1.58亿元，抢围低滩面积450公顷。2006 年10月28日，最后一期口门治江围涂（西片）工程动工建设。此次围涂计划分三阶段实施，共抛筑堤坝两支，其中西堤全长1997米，北堤全长2186米，实际围垦面积为316.67公顷，抛筑石坝4183米，筑堤4130米。至2007年7月10日，口门丘治江围涂（西片）工程竣工。这块淤涨型滩涂，约占全区总面积的10% ，区内地势平展，人工水系纵横交错，海拔5米左右，为滨海平原。

【主要山脉及主峰】 会稽山是曹娥江与浦阳江分水岭，主峰太白山在诸暨、嵊州交界处，海拔1000 多米。其北脉自西南方由诸暨、嵊州边境进入柯桥区，主峰有两个。

真如山，在嵊州境内，海拔近800米，延伸到王坛镇孙岙，称五百岗，海拔近700米，余脉向东北伸展，达曹娥江畔。主要山峰有雄鹅峰、西峰山、衙堂山、龙塘山，皆在小舜江东岸。

骆家尖，在稽东镇龙西村焦坞西南，海拔700多米，为境内最高峰。沿主峰分出3支：

第一支向东过龙头岗、东桃林、木窝尖、铜盘山抵王城之仰山岭，称木窝尖山脉。

第二支向东北延伸，过独树尖大、小西岭至王坛，称独子山脉。

第三支逶迤经越大山、九曲岭、龙头岗、古博岭、铜井山、叶家山、越王峥至马社，称西干山脉，系柯桥区与诸暨市、萧山区的天然分界岭。

西干山脉又分出3 条分支：

由五岩山向东过分水岭、化山、龙池山、皇姑山、陶晏岭、日铸岭，东折过捣臼坞、石泄岭入上虞市者称化山山脉。其中的诸葛尖、将军山、银山、稷山颇具史迹。

由捣臼坞北折过寺后山、九岗山、杨梅山到东湖绕门山，称东干山脉，其中的绕门山、吼山等紧依城区，独具自然景观。

由西干山脉乍丹岗向北伸展，过法华岭，折向东北，经峨嵋山、秦望山、横浜岭到香炉峰（宛委山之峰），称秦望山脉。秦望山如钳状环展于越城区南部和西南部，其中的石匮、侯山、塔山、种山、蕺山、亭山等各具典故，名著于世。

这3条支脉余脉散落在平原上的孤丘，自南而北主要有梅里尖、柯山、牛头山、梅山、金鸡山、西扆山、上方山、羊山、壶瓶山、白洋山、马鞍山、驼峰山、大和山等，为古越文明之摇篮，文化积淀深厚。

【火山地貌】 发生在中生代的燕山运动，给境内带来剧烈的火山喷发活动，后经长期外力作用，火山多荡然无存，残留下来的死火山地貌在柯桥区境内仅五百岗火山群。这些死火山山顶都较平坦，火山锥形保存完整。五百岗位于柯桥、嵊州两地交界处，属江南少见的火山群地貌。山体由安山岩构成，有多座火山锥分布于喷出岩构成的高台地上，其中以主峰雌鹅凸、雄鹅凸最为典型。

（熊　岚）

河流和湖泊

【概况】 柯桥区境内河流源于南部会稽山，除小舜江、浦阳江外，均流经中部平原，北注曹娥江、入钱塘江。经历自然水系、鉴湖水系、运河水系的发展演变过程。现分属小舜江、运河、浦阳江三大水系，又以运河水系为主。

【小舜江水系】 小舜江是曹娥江中游的最大支流。流域面积534平方千米，主流长72千米。辖区范围的流域面积294平方千米。主要支流有南溪、北溪、双江溪、王化溪。

南溪，小舜江正源，发源于嵊州市竹溪赤藤岗，东北流经谷来镇，在五间头流入柯桥区境内，过王城、王坛，到肇湖与北溪合流。在区境内起于童家泛、王城，经南子口，折东北到肇湖与北溪合流。主流长9.65千米，支流总长34.4千米，境内集雨面积67.47平方千米。

北溪，上游呈扇形，分别源于龙峰上王谷雨尖、越峰胡宅、越大山、九曲岭、相岙等，汇合于袁村，过上冯、车头、青坛、王坛至肇湖与南溪合流。主流全长23.15千米，支流总长69.45千米，集雨面积124.51平方千米，是小舜江上游的两大支流之一。双江溪，由南溪和北溪在肇湖汇合而成，流经罗镇汇入汤浦水库，主流全长7.8千米，支流总长25.5千米，集雨面积43.91平方千米。

王化溪，源于王化上祝杨梅山，向东南流经宋家店、王化、青店，在登岸注入小舜江，主流全长14.4千米，支流总长11.15千米，集雨面积42.63平方千米。

【运河水系】 西干山脉与化山山脉之间丘陵、平原地区的溪、河、湖泊，总称运河水系，由山区河流、平原河网和平原湖泊三部分组成，流域面积为731平方千米。

【浦阳江水系】 在柯桥区境内流域面积15.3平方千米，主要涉及漓渚境内的弦腔溪、朱家坞溪和黄山畈溪等，属山区性河流，河道总长11.05千米。

【山区河流】 古称“三十六源”之水，源出于西干山脉和化山山脉，源短流急，由南向北，下注平原与萧绍运河通连，为平原河湖网的主要水源。境内自西依次往东的主要河流8条。

夏履江，发源于湖塘黄山岭下凉帽尖，流经华丰、夏履桥、汪家埭后，河道弯曲盘迴，称九曲河，至前童、南钱清通连西小江。主流全长32.6千米，支流总长94.6千米，集雨面积148.47平方千米。

陌坞江，发源于湖塘陌坞一字岗，流经古城，在西跨湖注入鉴湖大江，主流全长6.75千米，支流总长10.35千米，集雨面积14.03平方千米。

型塘江，发源于湖塘街道俞家山村九岭下，经潜家桥、型塘，出寿胜埠头注入鉴湖大江，主流全长18.65千米，支流总长16.6千米，集雨面积28.61平方千米。

项里江，发源于柯桥州山大洋水库冷水弯岗，经项里，在彤山西侧注入鉴湖大江。主流全长4.7千米，支流总长13.85千米，集雨面积13.78平方千米。

秋湖江，发源于福全镇樊迪豆腐尖，流经王七墩、秋湖，在彤山东侧注入鉴湖大江。主流全长6.6千米，支流总长16.5千米，集雨面积12.09平方千米。

漓渚江，发源于漓渚镇棠棣刘家村太山岭，流经九板桥、义桥、下溇、徐山，于钟堰汇入鉴湖大江。主流全长20.4千米，支流总长44.15千米，集雨面积57.23平方千米。

娄宫江，又名兰亭江，发源于兰亭镇大庆山，流经谢家桥、花街、分水桥、娄宫、凌江岸，在偏门汇入鉴湖大江。主流全长21.55千米，支流总长98.05千米，集雨面积111.31平方千米。

平水江，又名若耶溪，发源于平水镇上嵋岙茅园岭，流经岔路口、平水江水库、平水、铸铺岙、望仙桥后有上灶溪注入，出龙舌嘴，在稽山门汇入环城河。主流全长23.55千米，支流总长103.95千米，集雨面积152.42平方千米，（含上灶溪）是运河水系中最长的山区河流。

【平原河网】 会稽山区河流，自南而北，涌入平原，或溢而为江，或潴而为湖，或为沼为池，或为溇为荡，形成纵横密布、四通八达的平原水网。水流总趋西南向东北，水位升降幅度受水闸节制。萧绍曹运河贯穿东西，其径流主要由西小江、直落江经新三江闸、马山闸等注入曹娥江。

萧绍曹运河，古名漕渠，又名西兴运河，疏凿于晋代，历加浚治而成。西起萧山西兴，东至上虞曹娥，全长78.5千米，与萧甬铁路线基本平行。运河在区境内，西起钱清镇，经柯桥入绍兴城西郭门，出五云门迤东，经皋埠、陶堰，于泾口进入上虞，共长41千米，为运河水系的主干河道和连接萧山、上虞的主要航道。运河南面有夏履江、陌坞江、型塘江、项里江、秋湖江、漓渚江、娄宫江等汇入鉴湖与萧绍运河贯通，又有平水江、攒宫江等直接汇入绍曹运河。运河北面，与各南北、东西向河道连接，主要经西小江、直落江及马山闸配套河道，由新三江闸、马山闸等注入曹娥江。

西小江，又名钱清江。宋、明期间，多次成为浦阳江下游干道；明嘉靖十六年（1537）建成三江闸前，为直通杭州湾之潮汐河流。明宣德年间（1426－1435），始筑临浦坝，复开碛堰山口，导浦阳江归复故道入钱塘江；明成化年间（1465－1487），又筑麻溪坝、新河闸，浦阳江与西小江分流，自此，西小江自成系统。上游为进化溪（古称麻溪，今萧山境内），源出今萧山进化螽斯岭。经晏公桥入西小江，在境内杨汛桥镇上坂入境，流经江桥、杨汛桥，在钱清镇附近贯穿萧绍运河，又折而东北经南钱清、新甸、管墅、华舍、嘉会、下方桥、狭�湖，流经袍江新区斗门，于荷湖与直落江汇合，由西入新三江闸江总干河，注入曹娥江。其中上坂至钱清河段，为柯桥区与萧山之界河；华舍至嘉会主干河道，因垦殖消失。西小江全长91.6千米，区境内长58.6千米（上坂至三江闸），为境内西部主要的灌溉、排涝和航运河流。现为新三江闸西干河。

【平原湖泊】 公元前2000年左右海岸线自会稽山麓逐渐北移，至春秋时代出现山麓地带湖泊群，汉代出现中部地带湖泊群，期间产生大型人工湖泊古鉴湖，唐代形成沿海地带湖泊群。境内曾存在大量湖泊群，较大湖泊达54个。唐代以后，开始围垦湖泊，宋代加剧，湖泊锐减。明清两代，湖泊继续垦废。至中华人民共和国成立前，主要湖泊存18个。中华人民共和国成立后，湖泊仍遭局部围垦。20世纪90年代，围湖现象明显抑制。

经历次行政区划调整，现属柯桥区6个主要湖泊。以萧甬铁路线为界，分成两大系统。路南以古鉴湖残留湖泊为主，路北属于滨海潟湖。

鉴湖，古鉴湖残留湖泊，属河道式湖泊。西起湖塘街道西跨湖桥，东至越城区亭山东跨湖桥，全长19.2千米，南北均宽108.4米，最宽处300余米，最窄处10余米，平均深度2.77米，湖面积294.8万平方米，容积875.9万立方米。鉴湖西通西小江，东连环城河，南有会稽山区河流夏履江、陌坞江、型塘江、项里江、秋湖江、漓渚江、娄宫江汇入，北岸古称南塘即古鉴湖西湖堤，有众多南北向小河与萧绍运河沟通，流域面积 357 平方千米。

瓜渚湖，位于区域中心柯桥街道，南濒萧绍运河，滨海潟湖。清初，有前后两湖，广数千余亩，现存 1 湖，面积为 149.2 万平方米，容积 417.41 万立方米。

大小坂湖，位于区西北 13 千米华舍街道，滨海潟湖。湖面积 91.88 万平方米，容积 248.63 万立方米。

芝塘湖，又称茭塘湖、菱塘湖、芝湖，位于区西北 24 千米杨汛桥镇。原为自然湖泊，明洪武二十七年（1394）始筑塘建闸，逐成为滞洪蓄水工程。历有围垦。现湖面积为 40.3 万平方米，容积 109.05 万立方米。

施家荡，位于区西北 20 千米钱清镇，滨海潟湖，南接萧绍运河，北通西小江，湖面积 23.13 万平方米，容积 62.59 万立方米。

狮石湖，位于城西南 9 千米福全镇，古鉴湖残留湖泊。湖面积 17.9 万平方米，容积 50.48 万立方米。（祁　欢）

自然资源

【土地资源】 柯桥区（绍兴县）域，历来变动较多，土地面积又疏于记载。从明朝万历开始，才有若干年份土地面积记录。

明万历《绍兴府志》载：洪武二十四年（1391），山、会两县合计土地面积 2184279 亩。万历十三年（1585），山、会两县合计 2215007 亩。

清乾隆《绍兴府志》载：康熙十年（1671）年，山、会两县合计 2246859 亩。乾隆四十九年（1784），山、会两县合计 2263086 亩。

民国时期，据《重修浙江通志稿》载：民国 18 年（1929），绍兴县陈报公私土地面积为 2672558 亩。民国 24 年（1935），《浙江省各县面积分析表》列绍兴县总面积为 3124832.26 亩。据宁波专署按浙江省统计局刊发《浙江省银行经济年鉴》反馈给县的资料：民国 35 年、民国 36 年、民国 38 年，绍兴县土地面积（不含海湾）均为 287.35 万亩。

中华人民共和国成立后，绍兴县域仅 20 世纪 50 年代就变动 11 次，与 1949 年比，净减土地面积 474.6 平方千米。1959 年土地总面积为 1441 平方千米（不含海湾面积）。1983 年撤地建市，恢复绍兴县，土地面积减至 1392 平方千米。据 1991 年土地资源详查资料，全县总面积为 1492.51 平方千米（含海湾面积）。2000 年 7 月，行政区域又作调整，除去划给越城区的东浦、马山、斗门、皋埠、鉴湖 5 镇，计土地面积 239.70 平方千米，全县土地面积减到 1252.81 平方千米。2003 年，齐贤镇划出 15 个村，计 19.21 平方千米，全县土地面积减到 1233.6 平方千米。

2013 年 10 月，国务院批复同意撤销绍兴县设立绍兴市柯桥区，行政区划再作调整，除去划给越城区的孙端、陶堰、富盛 3 镇，计土地面积 136.42 平方千米，据 2013 年 12 月 31 日土地利用调查数据，柯桥区域土地面积 106601.76 公顷，计 1066.02 平方千米。区境土地后备资源潜力不大，人均耕地由中华人民共和国成立初的人均 0.07 公顷减至 0.03 公顷。（陈越坤）

【水资源】 柯桥区境内水资源的主要来源是雨水。常年雨量充沛，其年内时间分配随季节交替变化，差异明显。2016 年全区按平均降雨量计算地表径流量为 9.6136 亿立方米，地下水资源 2.3298 亿立方米，两者重复计算水量 1.4430 亿立方米，全区水资源量 10.5004 立方米，按年末户籍人口 66.12 万计算，人均水资源占有量 1588.08 立方米。（胡飞珍）

【生物资源】 据 1998 年新编《绍兴县志》载，全县载有主要野生动植物 1521 种。其中植物 8 门 187 科 931 种，动物 9 门 2 类 12 纲 16 目 213 科 59 种。在众多生物中，属国家级保护的共 24 种，其中属国家二级保护植物有鹅掌楸、杜仲、银杏、金钱松、天竺桂 5 种，国家三级保护植物有凹叶厚朴 1 种；属国家一级保护动物有虎 1 种，二级保护动物有穿山甲、水獭、豺、白鹇、小杓鹬、鸺鹠、东方蝾螈、虎纹蛙和 5 种鹰类、2 种隼类共 15 种。属省级保护动物有眉锦蛇、眼镜蛇、蕲蛇、寿带、戴胜、大杜鹃、毛冠鹿 7 种。

【矿产资源】 柯桥区境内矿藏资源丰富。自 1958 年陆续开展地质勘探以来，探明 32 个矿种，85 个矿点。内生矿为铁、铜、金、多金属、萤石等，是浙江省钢铁、冶金、化工、有色金属原材料及黄金的重要产地之一。外生矿有石煤、泥碳、钾、石英、石灰石、白云石等。境北部第四系地层中有天然气。

金、铜、铁、铅、锌等多金属矿大都分布于元古界双溪坞变质火山岩中，石煤、磷、钾、石灰石、白云石等大多分布于西南部古生代地层中，莹石、墨曜石、珍珠岩则分布于上侏罗火山岩中。

（陈越坤）

气象特征

【概况】 2016年，柯桥区全年偏暖，年平均气温18.6℃，比常年偏高1.7℃，降水量1658.1毫米，比常年偏多1成多，时间分布不均匀。年内主要天气气候事件有阴雨寡照、暴雪、强寒潮、梅汛期强降水、台风暴雨、冰雹、强对流多发、持续晴热高温。

冬季（1—2月）总体上气温较常年同期偏高，降水偏少，日照偏多，季内出现低温雨雪冰冻、雾霾等灾害性天气。春季（3—5月）平均气温较常年偏高，雨量较常年偏多，雨日较常年偏少，日照时数较常年略偏少，季内出现强冷空气、强对流、霾等灾害性天气。夏季（6—8月）平均气温较常年偏高，雨量较常年明显偏少，雨日较常年偏少，日照接近常年略偏少。6月11日入梅，7月1日出梅，入梅、出梅时间较常年偏早。7月20日—8月2日、8月13—20日出现两次大范围高温少雨天气过程，南部山区出现干旱。秋季（9—11月）平均气温较常年明显偏高，雨量较常年明显偏多，雨日较常年偏多，日照时数较常年明显偏少。季内台风活动较频繁，出现阴雨寡照、大雾和寒潮等灾害性天气，12月平均气温较常年异常偏高，雨量接近常年略偏少，雨日较常年略偏少，日照时数较常年偏少。

年平均气温18.6℃，为历史第二高，比常年偏高1.7℃。年极端最高气温40.0℃，出现在7月23日；年极端最低气温-7.9℃，出现在1月25日。年高温日数（日最高气温≥35.0℃）34天，比常年偏多9天。年低温日数（日最低气温<0℃）8天，比常年偏少15.5天。

全年大于10℃的积温6405.1℃。稳定通过10℃的初日出现在3月13日，回暖比常年偏早12天，稳定通过10℃的终日出现在11月22，降温比常年偏迟2天。连续3天日平均气温≤20.0℃的秋季低温出现在10月27日，比常年偏迟26天。

年降水量为1658.1毫米，比常年增长13%，降水空间上呈现南北多中部少的分布态势，时间上不同月份差别极大，其中2月为全年降水最少月份，降水量不足常年同期4成；3月和7月降雨量较常年同期显著偏少，均不足常年同期5成；1月、5月、9月和10月降雨量较常年同期显著偏多，分别为常年同期的1.6倍、1.6倍、1.7倍和2倍。全年共出现暴雨4次，日最大降水量为75.1毫米，出现在9月15日。全年雨日为164天，比常年偏多5天，其中10月雨日是常年同期的2倍，5月、6月和11月雨日较常年明显偏多，2月、3月和8月雨日较常年明显偏少。

年日照时数为1555.7小时，较常年偏少，为建站以来历史第四少。年内除2月、3月、8月日照时数较常年同期偏多外，其余月份日照时数较常年同期不同程度偏少，2月日照时数为建站以来同期第二高，仅次于1963年，10月和11月日照时数分别为建站以来同期最低和第三低。

年平均风速为1.6米/秒，小风日数（日平均风速小于2米/秒的天数）278天；出现大风（瞬时风速≥17米/秒）1次，其中极大风速出现在4月16日，达17.9米/秒，全年盛行风向为东北偏东风。

年霜日22天，比常年偏少16天，为建站以来第二少，终霜日出现在3月11日，比常年提前14天；初霜日出现在11月27日，比常年晚9天。酸雨率为70.8%，降水pH值年平均为4.89。

大雾出现31天，比常年偏多7.4天，主要出现月份为1月和11月。霾日出现86天，主要出现月份为3月和12月，所有霾日主要以轻微为主，轻度其次，分别出现50天和28天，占总霾日58%和33%；中度较少，共出现7天，重度霾日仅为1天，出现在3月，全年未出现严重等级霾日。

【重要天气事件】 *阴雨寡照* 2016年10月，柯桥区出现阴雨寡照天气，日照时数31.8小时，比常年同期偏少近8成，其中中下旬日照总数仅9.2小时，月日照时数和中下旬日照时数分别为1961年有气象记录以来历史同期第一少。同期降水量为153.8毫米，较常年同期偏多9成，月雨日19天，比常年同期偏多9天。

暴雪 受强冷空气前锋影响，1月21－23日上午，柯桥区出现较明显雨雪天气过程，普遍出

现中到大雪，山区局部暴雪，最大积雪深度平原地区 1 ～ 2 厘米，山区 10 ～ 20 厘米，部分高海拔山区积雪 30 厘米以上。

强寒潮　1 月 23—26 日，柯桥区发生近 25 年来罕见强寒潮，其中 25 日早晨最低气温平原地区 -8℃～ -10℃、山区 -11℃～ -13℃，柯桥区观测站最低气温降至 -7.9℃，创 1992 年来最低。全区出现大范围道路结冰和水管冻裂现象。

梅汛期强降水　6 月 11 日入梅，较常年偏早 3 天，出梅 7 月 1 日，较常年偏早，梅雨量 204.3 毫米，较常年略偏少。梅雨形势不典型，系统性大范围强降水过程偏少，较明显的强降水过程主要有 4 轮，分别出现在 6 月 12 日、6 月 15 日下午到 6 月 16 日白天、6 月 25 日到 26 日、6 月 28 日夜里到 6 月 29 日。整个梅汛期累计面雨量 204.6 毫米，降水分布总体均匀，累计降水量在 220 ～ 330 毫米。

台风暴雨　年内受到“尼伯特”“莫兰蒂”“鲇鱼”“艾利”“莎莉嘉”“海马”等 6 个台风影响，其中“莫兰蒂”与“鲇鱼”影响最大。9 月 14 日 20 时至 9 月 16 日 8 时受 14 号台风“莫兰蒂”外围云系影响，全区普降暴雨，平均雨量 87 毫米，最大出现在湖塘永联监测站（115 毫米）。受“鲇鱼”外围环流影响，9 月 27 日 8 时至 9 月 29 日 10 时全区面雨量 72 毫米，最大出现在湖塘永联监测站（127 毫米）。

冰雹　6 月 8 日傍晚，受强对流云团影响，柯桥街道局部出现冰雹天气，冰雹直径 1 ～ 2 厘米。7 月 2 日下午到前半夜，受副热带高压边缘强对流系统影响，杨汛桥至滨海工业区出现短时暴雨、雷雨大风和冰雹等强对流天气，其中柯岩街道、柯桥街道、齐贤镇等地出现冰雹天气，冰雹直径 2 ～ 3 厘米。

强对流多发　4 月至 8 月初，强对流天气出现较为频繁，4 月 2 日夜里至 3 日白天、4 月 26 日早晨至上午、5 月 2 日夜里至 3 日早晨、5 月 5 日下午至傍晚、5 月 6 日后半夜至 7 日早晨、6 月 1 日、6 月 8 日傍晚、7 月 2 日下午至前半夜、7 月 4 日下午至前半夜、8 月 2 日夜里、9 月 30 日傍晚至夜里均出现短时强降水，并伴有雷电、大风等强对流活动。

持续晴热高温　7 月 20—29 日出现持续晴热高温天气，其中柯桥站持续 10 天最高气温在 38℃以上，超过 6 天最高气温在 39℃以上，23 日最高气温 40.0℃。　（顾鹏程）

表 7　2016 年度柯桥气象站气象要素

气温（℃）			雨量（毫米）			雨日（天）			日照（小时）		
2015 年	2016 年	常年	2015 年	2016 年	常年	2015 年	2016 年	常年	2015 年	2016 年	常年
17.9	18.6	16.9	1853.9	1658.1	1469.8	169	164	159	1394.0	1555.7	1803.9

说明：表格中的常年值为 1981—2010 年平均值

民族　人口

【概况】　2016 年末，柯桥区域总户数 222833 户，户籍人口 661247 人。其中男性 324952 人、女性 336295 人，分别占总人口的 49% 和 51%；城镇人口 386355 人、农村人口 274892 人，分别占总人口的 58.4% 和 41.6%。全年出生人口 771 人，出生率为 1.16‰；死亡人口 1503 人，死亡率为 2.27‰。人口比上年减少 732 人，自然增长率 -1.11‰，比上年下降 2.17 个千分点。全区境内人口以汉族为主，人数为 655143 人，占总人口比率的 99.08%；少数民族人口 6104 人，占总人口比率的 0.92%，与上年基本持平。全区境内有壮族等 36 个少数民族人口居住。少数民族人口比上年增加 332 人，以女性为主，计 4902 人，占总数的 80.3 %；男性 1206 人，占总数的 19.7%。男性人口比上年上升 13%。

表 8　2016 年柯桥区少数民族人口情况

序号	民族	男	女	序号	民族	男	女
1	蒙古族	28	45	20	畲族	40	62
2	回族	38	68	21	拉祜族	0	2
3	藏族	1	0	22	水族	3	9
4	维吾尔族	45	28	23	纳西族	40	320
5	苗族	92	428	24	景颇族	0	3
6	彝族	45	192	25	柯尔克孜族	0	1
7	壮族	282	2221	26	土族	1	0
8	布依族	43	251	27	达斡尔族	1	1
9	朝鲜族	242	253	28	仫佬族	4	33
10	满族	76	92	29	羌族	2	5
11	侗族	18	65	30	布朗族	0	2
12	瑶族	12	37	31	毛南族	3	24
13	白族	35	227	32	仡佬族	2	21
14	土家族	116	326	33	锡伯族	1	1
15	哈尼族	4	36	34	怒族	0	1
16	傣族	2	14	35	乌孜别克族	14	6
17	黎族	11	82	36	京族	1	1
18	傈僳族	2	34	37	入籍	1	1
19	佤族	0	2		其他	1	4

（徐金）

经济和社会发展

【概况】 2016 年，柯桥区实现地区生产总值（GDP）1239.25 亿元，按可比价计算比上年增长 3.5%。人均生产总值 188497 元，按年平均汇率折算为 28378 美元，比上年增长 2.6%。

第一产业增加值 35.95 亿元，比上年增长 2.0%；第二产业增加值 638.94 亿元，比上年增长 0.9%，其中工业增加值 558.55 亿元，比上年增长 0.5%；第三产业增加值 564.36 亿元，比上年增长 6.7%。三次产业结构调整为 2.9 ∶ 51.6 ∶ 45.5。第三产业占比比上年提高 2.0 个百分点。

（徐　金）

【农业】 2016 年，柯桥区实现现价农林牧渔业总产值 52.76 亿元，比上年增长 5.7%。其中农、林、牧、渔业分别实现产值 34.15 亿元、4.65 亿元、8.25 亿元、5.35 亿元，分别比上年增长 6.9%、7.7%、0.2%、5.0%。全年实现粮食总产量 11.41 万吨，比上年增长 0.3%，其中晚稻产量 7.3 万吨，比上年下降 0.7%。家禽出栏量 179.0 万只，比上年下降 15.2%；生猪出栏量 27.1 万头，比上年下降 9.7%；淡水产品产量 2.1 万吨，比上年增长 7.3%。

【农村建设】 2016 年，柯桥区投资 5.5 亿元创建“稽山舜源”“鉴水流韵”等 3 条市级示范景观带，完成道路改造 79.1 千米，立面改造 514 万平方米，拆除违章及不协调建筑等 4.7 万平方米，新增、改造提升绿化面积 7.36 万平方米，沿途精品村、特色村、民宿村等村庄培育 12 个，小品节点建设 38 个。湖塘街道、柯岩街道、漓渚镇被评为第一批浙江省美丽乡村示范乡镇，杨汛桥镇江桃村等

6个村获评2016年度浙江省美丽乡村特色村；王坛镇等5个镇（街道）被评为2016年度绍兴市美丽乡村示范乡镇，夏履镇莲增村等6个村被评为2016年度绍兴市美丽乡村特色精品村。

【工业】 2016年，柯桥区全部工业实现总产值3845.05亿元，其中规模以上工业总产值3368.64亿元，比上年下降2.9%。全部工业实现主营业务收入3691.00亿元，其中规模以上工业实现主营业务收入3219.31亿元，比上年下降4.7%。实现规模以上战略性新兴产业产值824.95亿元，占全部工业的24.5%。大纺织业实现产值2184.58亿元，比上年下降2.5%；实现利润114.48亿元，比上年下降2.8%。非纺业实现产值1184.06亿元，比上年下降3.7%；实现利润66.39亿元，比上年下降9.7%。新产品产值1167.61亿元，比上年增长2.8 %，新产品产值率34.7%；规模以上高新技术产业产值275.27亿元，比上年下降0.6%，占规模以上工业产值8.2%。对全区200家印染企业进行地毯式检查、分类别处置和网格化验收。全区印染企业用于环保、设备更新等方面的技改投入15.55亿元，拆除违法建筑面积111.07万平方米，淘汰落后设备2023台（套）。退出区108家印染企业中，有61家企业整合成16个项目拟集聚滨海，20家企业被兼并重组。柯桥区成为浙江省印染产业转型升级试点区。纺织工业创意设计基地成为全国首批纺织服装创意设计试点园区。围绕“消防安全、环保治理、现场管理、证照规范、小区环境”等5个方面，共整治工业小区292个，涉及企业10242家，累计拆除违章搭建7115万平方米，清理“三合一”隐患2790处，关停涉污、涉危、涉违“低小散”企业4000多家，整治工作得到省政府领导的批示肯定。

【建筑业】 2016年，柯桥区建筑业完成总产值2167.31亿元，比上年增长6.9%，居全市第一，全省第二；新签合同2149亿元，比上年增长8.7%。全区建筑业创利税98.9亿元，实缴区内税收12.1亿元，其中在区内纳税超过1000万元的建筑业企业23家。全区135家建筑业企业全部通过资质审定，涉及资质391项，新批企业资质34项。入选中国500强企业1家、中国民营企业500强企业3家、中国建筑业竞争力百强企业2家、中国建筑业成长型百强企业1家、浙江省工程总承包第二批试点企业3家。全年共创省级以上优质工程73项，其中国家级优质工程28项；获发明专利17项、国家级工法1项、国家级QC成果11项，编制国家级行业标准3项。中纺CBD商业中心、宝业集团建筑产业现代化项目和精工绿筑集成建筑科技产业园（一期）入选住建部2016年度装配式建筑科技示范项目。雅诗澜无缝墙布被中国室内装饰协会授予中国墙布十大品牌称号。

【固定资产投资】 2016年，柯桥区完成固定资产投资746.67亿元，比上年增长12.1%。其中工业投资340.13亿元，比上年增长4.2%；服务业投资405.12亿元，比上年增长19.5%。完成基础设施投资223.05亿元，比上年增长42.7%。新增投资项目1089个，比上年增长34.8%。

【房地产业】 2016年，柯桥区完成房地产投资156.83亿元，比上年增长6.9%。施工面积728.29万平方米，比上年下降11.0%。竣工面积195.53万平方米，比上年增长74.8%。商品房销售面积185.73万平方米，比上年增长21.6%。商品房销售额150.86亿元，比上年增长20.4%。

【国内贸易】 2016年，柯桥区实现社会消费品零售总额260.91亿元，比上年增长11.8%。其中批发零售业零售额238.41亿元，比上年增长11.5%；住宿餐饮业零售额22.51亿元，比上年增长14.6%。全年实现批发业商品销售额3829.32亿元，比上年增长13.8%；零售业商品销售额442.79亿元，比上年增长15.0%。年末有商品交易市场88个，全年实现商品市场成交额1552.57亿元，比上年增长8.6%。其中中国轻纺城成交额和钱清轻纺原料市场成交额分别为970.01亿元和534.13亿元，比上年增长12.0%和3.5%。网上轻纺城交易额220.76亿元，比上年增长26.3%。成功申报全省跨境电商产业集群试点单位。春秋两季纺博会的成交额、采购商数量均创历史新高，发布“中国·柯桥时尚指数”。

【对外经济】 2016年，柯桥区货物进出口总额654.09亿元，比上年下降6.2%。其中出口总额627.30亿元，比上年下降2.9%。进口总额26.79亿元，比上年下降47.1%。传统纺织品出口总额88.64亿美元，比上年下降6.9%。出口国家和地区中，阿联酋、美国、越南、印度尼西亚、巴基斯坦、印度分别居出口额前六位。有出口实绩企业4034家，其中超1000万美元企业206家。全年完成合同外资2.37亿美元，比上年增长9.9%。

实际利用外资1.83亿美元，比上年下降20.9%。新批外商投资企业184家，总投资4.71亿美元，比上年增长122.4%；注册资本3.10亿美元，比上年增长75.9%。

【交通】 2016年，柯桥区公路通车总里程1424千米，其中国道28千米、省道56千米、县道384千米、乡道287千米、村道658千米、专用公路11千米。全区实现旅客周转量250156万人·千米，比上年增长5.1%，货物周转量832882万吨·千米，比上年增长5.1%。杭绍城际轨道交通开工建设，杭绍台高速柯桥段、三区互联快速路网和柯桥城区快速路内环等重大交通项目进展顺利，104国道柯桥段高架改造、钱滨线、解放路南延、绍三线北延、展望大道柯海线以东段按计划实施。完成绍甘线、车谷线、平王线、寨南线等17条127千米美丽乡村公路建设，总投资8.68亿元。

【旅游业】 2016年，柯桥区接待国内外游客1818.24万人次，比上年增长20.3%。实现旅游总收入187.21亿元，比上年增长22.2%，其中接待国内游客 1792.11万人次，实现国内旅游收入180.33亿元，分别比上年增长20.3%和 21.9%。接待境外游客26.13万人次，比上年增长21.4%。东方山水乐园、大香林、兜率天景区重大旅游项目建成开业。

【财政】 2016年，柯桥区实现财政总收入165.21亿元，比上年增长2.8%，其中完成地方一般公共预算收入106.02亿元，比上年增长8.1%。一般公共预算支出98.95亿元，比上年增长0.4%。民生支出得到重点保障，用于科学技术、教育、文化体育与传媒、社会保障和就业、节能环保分别为5.43亿元、19.34亿元、2.32亿元、10.10亿元、2.55亿元，比上年分别增长4.4%、4.6%、4.5%、14.8%、4.3%。

【金融】 2016年末，柯桥区金融机构本外币存款余额1743.64亿元，比上年增长7.3%。城乡居民储蓄存款余额816.89亿元，比上年增长6.8%。金融机构本外币贷款余额1223.33亿元，比上年增长1.5%。全年实现保费收入15.80亿元，比上年增长19.7%。保费赔付支出金额6.18亿元，比上年下降32.6%。证券交易额5377.76亿元，比上年下降44.9%。年末开户数13.65万户，比上年增长16.9%。累计启动股改上市企业68家，5家企业完成"新三板"挂牌，10家企业完成股改。年末，全区有上市公司14家，"新三板"企业7家。

【教育】 至2016年末，柯桥区有高等学校2所，在校学生1.16万人，专任教师561人；有中等职业学校4所，在校学生1.01万人，专任教师608人；普通中学27所，在校学生3.73万人，专任教师3399人；小学61所，在校学生4.70万人，专任教师2750人。高考北大清华录取19人，一批上线总人数1178人，高职升学人数第5年突破千人。成功创建浙江省现代学徒制试点区、国家级社区教育实验区，成功承办全省现代学徒制现场交流会，完成各类成人培训累计10万人次。浙江树人大学杨汛桥校区建成开学。

【科学技术】 2016年，柯桥区全面启动绍兴金柯桥科技城建设，全区新增国家重点扶持的高新技术企业26家。新认定省级科技型中小企业223家，比上年增长175%，占全市新增总数的三分之一。实施科技型成长型企业培育三年计划，在培育的120家企业中，有国家高新技术企业53家、省科技型企业94家、省专利示范企业6家，有市级以上有关科技称号的企业比重从培育启动时的69%提高到98%。累计有国家级企业技术中心1家、省级（重点）企业研究院10家、省级高新技术研发中心57家、省级农业企业科技研发中心17家等，规模以上工业企业研发机构覆盖率71%。新增中国驰名商标1件，年末累计20件；新增省著名商标8件，年末累计113件；新增市著名商标13件，年末累计210件。全年申请商标2722件，其中国内2480件、国外242件。全年核准注册商标2173件，其中国内1970件、国外203件。全年授权专利4542 件，其中授权发明专利170件、实用新型专利1832件。新增浙江名牌产品7个、绍兴市名牌产品4个，累计有中国名牌产品14个、浙江名牌产品81个、绍兴名牌产品90个。全年参与各类标准制订并发布32个，其中国家标准14个、行业标准18个。累计参与制订国际标准28个、国家标准158个、行业标准163个。

【文卫】 2016年，柯桥区有区级艺术中心1个、文化馆1个、图书馆1个、博物馆1个、区级以上文物保护单位（点）162个。公共图书馆藏书量43.8万册，全年书刊发行量751万册。全区有省级文化示范村13个、村级文化活动中心（室）315个、文化礼堂97个、图书分馆 6个、省四星级以上农家书屋7家。全区有医疗卫生机构34个，其中医院、卫生院24个；实有床位4105张，其中医院床位3135张、基层床位970张。卫生技术人员5918人，其中医生2636人。5岁以下儿童死亡率5.3‰，婴儿死亡率4.2‰。

【体育】 2016年，柯桥区新增体育健身活动场所17个，其中体育场馆6个，新增社会健身场所面积68871平方米。全年获国家级金牌14枚、省级金牌36枚、市级金牌177枚。体育彩票发行额18900万元，比上年增长46.8%。举办浙江省第五届运动休闲旅游节，瓜渚湖、鉴湖江公开水域游泳邀请赛，国际帆板邀请赛，水上“空中飞人”等活动。

【环境保护】 2016年，柯桥区规模以上工业综合能源消费量598.37万吨标煤，比上年下降3.1%；规模以上单位工业增加值综合能耗比上年下降3.9%；规模以上工业原煤消费总量554.86万吨（包括浙能滨海热电），比上年下降9.0%。全力推进清洁生产、高能耗企业的关停，推广新能源汽车和太阳能分布式光伏发电站建设。16家企业通过强制性清洁生产，20余家企业通过自愿清洁生产审核。对2家企业实施整体关停。5个光伏发电项目实施建设，23兆瓦的分布式太阳能光伏电站并网发电。5家热电企业22台锅炉完成超低排放改造或关停，新增新能源公交车150辆，新能源公交车占全区总客车的62.3%。全区有国家级生态乡镇8个、省级生态镇（街道）7个、市级生态村113个。环境空气质量优良天数达273天，优良率为75%。

【城乡建设】 至2016年年末，柯桥区城区建成区面积64平方千米，实有城市道路面积661万平方米，比上年增长3.7%。建城区绿化覆盖面积2313公顷，比上年增长3.0%。绿地面积1983公顷，比上年增长3.0%，其中公园绿地面积475公顷，比上年增长6.2%。污水日处理能力110万吨，城区生活污水年处理量12186万吨。垃圾、粪便清运量为64.78万吨，比上年增长17.0%，垃圾无害化年处理量63.95万吨，比上年增长18.0%。全区完成“三改”建筑面积776.07万平方米，其中旧住宅改造481.65万平方米、城中村改造112.64万平方米、旧厂区改造 181.78万平方米。“三改”完成总量全市排名第一。全年实施拆迁项目78个，建筑面积473万平方米。其中新增拆迁项目43个，建筑面积358万平方米；结转拆迁项目23个，建筑面积108万平方米；遗留拆迁项目12个，建筑面积7万平方米。完成农村生活供水管网改造和柯桥区老旧高层小区二次供水改造工程，总投资额8800万元，改造供水管网长度35千米，形象进度比为175%。湖塘黄酒小镇等9个特色小镇列入省、市创建名单。

【人民生活】 2016年，柯桥区全体居民人均可支配收入47763元，比上年增长7.7%。其中城镇常住居民人均可支配收入54410元，比上年增长7.2%；农村常住居民人均可支配收入31490元，比上年增长7.9%。城乡居民收入比为1.73。全体居民、城镇居民、农村居民人均生活消费支出分别为25789元、28794元、18433元。全体居民、城镇居民、农村居民家庭恩格尔系数分别为28.2%、27.5%和30.6%。

【社会保障】 2016年，柯桥区城镇登记失业率2.36%，城镇失业人员实现再就业7954人，就业困难人员再就业1602人。2246名失业职工申领失业金，17578人实现转岗就业，536人实现跨行业就业。年末全区基本养老保险参保人数53.78万人，其中职工基本养老保险参保人数44.94万人、城乡居民基本养老保险参保人数8.84万人；基本医疗保险参保人数73.46万人，其中职工基本医疗保险参保人数32.74万人、城乡居民基本医疗保险参保人数40.72万人；工伤保险参保人数32.22万人；生育保险参保人数26.52万人；失业保险参保人数 26.52万人；机关事业单位养老保险参保人数2.41万人。各项社会保险基金总收入62.09亿元，总支出52.53亿元。年末列入最低生活保障人数9682人，共发放最低生活保障资金3989.49万元。全年国家抚恤、补助各类优抚对象数为5251人，接受捐赠1390.65万元，救助支出4401.86万元，受益340629人次。各类养老院有17个，收养467人。

说明：①所列各项数据为年度初步统计数据

②生产总值和各产业增加值绝对数是按现价计算的初步核算数，增长速度按可比价格计算，人均生产总值按户籍人口计算

③由于计量单位取舍而产生的计算误差均未作机械调整

（刘　弘）

主要机构及负责人名单

【柯桥区党政机构及有关部门负责人名单】

中共绍兴市柯桥区第十三届委员会

书　记：徐国龙
副书记：沈志江（2016.11任）
　　　　阮建尧（2016.11免）
　　　　马芳妹
　　　　姚国海（2016.11任）
常　委：姚国海
　　　　诸剑明
　　　　朱　嘉（2016.11任）
　　　　金水法
　　　　杨伟卿
　　　　王静静（2016.3任）
　　　　王　振（2016.7任，挂职）
　　　　李红军（2016.8任）
　　　　汪黎云（2016.10任，挂职）
　　　　孙　彦（2016.11任）
　　　　潘益民（2016.11免）
　　　　金晓明（2016.5免）
　　　　傅青春（2016.11免）
　　　　何小华（2016.6免，挂职）
　　　　彭振业（2016.8免）

中共绍兴市柯桥区第一届委员会

书　记：徐国龙
副书记：沈志江　姚国海
常　委：诸剑明　朱　嘉
　　　　金水法　杨伟卿
　　　　王静静　王　振（挂职）
　　　　汪黎云（挂职）
　　　　周树森　孙　彦

说明：2016年12月召开区党代会，次数由中共绍兴市柯桥区第十四次代表大会调整为中共绍兴市柯桥区第一次代表大会

绍兴市柯桥区第十四届人民代表大会常务委员会

主　任：吴　晓
副主任：邢柏生　于庆国
　　　　魏阳林　葛美芳
　　　　濮如松　沈祖卫

绍兴市柯桥区人民政府

区　长：阮建尧（2016.11免）
代区长：沈志江（2016.11任）
副区长：诸剑明（2016.5任）
　　　　王　振（2016.7任，挂职）
　　　　汪黎云（2016.11任，挂职）
　　　　周树森
　　　　齐方良（2016.7任）
　　　　胡国炜
　　　　祝静芝
　　　　吴晓炯（2016.11任）
　　　　王张泉
　　　　钱勇军
　　　　王志强（挂职）
　　　　周怀治（2016.3任，挂职）
　　　　高青松（2016.5任，挂职）
　　　　马亦忠（2016.11任）
　　　　金晓明（2016.5免）
　　　　张　剑（2016.2免，挂职）
　　　　何小华（2016.7免，挂职）
　　　　毛吉泽（2016.11免，挂职）

政协第十一届绍兴市柯桥区委员会

主　席：孟柏千
副主席：陈忠尧　蔡金标
　　　　骆学新　钱月美
　　　　吴汉华　裘江新
秘书长：高利泉

区委办公室（区委区政府政策研究室）

区委办公室主任：吴国建（2016.12任）
　　　　　　　　刘　斌（2016.12免）
区委区政府政策研究室主任：
　　　　张晓峰（2016.11任）
　　　　高来兴（2016.11免）

区人大常委会办公室

主　任：李亚根
区人大常委会机关党组
书　记：李亚根（2016.11任）

说明：2016年11月，建立区人大常委会机关党组

区人大常委会研究室

主　任：杨高相

区人大常委会法制工作委员会

主　任：钱兔根

区人大常委会代表工作委员会

主　任：王　勤

区人大常委会财经工作委员会

主　任：宋金木

区人大常委会教科文卫工作委员会

主　任：徐国娣（2016.11 任）
　　　　叶加林（2016.11 免）

区人大常委会城建环保工作委员会

主　任：徐智煊

区人大常委会农村经济工作委员会

主　任：高青泉（2016.11 任）
　　　　蒋倬臣（2016.11 免）

区人民政府办公室（区人民政府法制办公室、区人民政府外事办公室）

党组书记：章金尧（2016.7 任）
　　　　　孙爱保（2016.7 免）
区人民政府办公室、区人民政府外事办公室
主　任：章金尧（2016.7 任）
　　　　孙爱保（2016.7 免）
区人民政府法制办公室
主　任：张晓峰（2016.11 免）

区政协办公室

主　任：孙尧富（2016.7 任）
　　　　陈　方（2016.7 免）
区政协机关党组
书　记：孙尧富（2016.11 任）
　说明：2016 年 11 月，建立区政协机关党组

区政协提案委员会

主　任：王秋珍（2016.12 任）
　　　　赵时栋（2016.12 免）

区政协经济科技委员会

主　任：汪建中（2016.7 任）
　　　　张咸良（2016.5 免）

区政协文史和教文卫体委员会

主　任：钱清华（2016.7 任）
　　　　汪建中（2016.7 免）

区政协城建和人口资源环境委员会

主　任：杨金法（2016.12 任）
　　　　朱潮美（2016.12 免）

区政协社会法制和港澳台侨委员会

主　任：冯鹏英（2016.12 任）
　　　　杨国良（2016.12 免）

区政协委员工作委员会

主　任：陈永建（2016.7 任）

区政协研究室

主　任：吴岳炎（2016.12 任）
　　　　杨金法（2016.12 免）

区纪律检查委员会

书　记：金水法
副书记：郎煜江
　　　　黄宇峰

区委组织部

部　长：孙　彦（2016.12 任）
　　　　姚国海（2016.12 免）

区委宣传部

部　长：杨伟卿

区委统战部

部　长：王静静（2016.4 任）

裘江新（2016.4 免）

区委政法委（区维稳办、区综治办、防范和处理邪教问题领导小组办公室）

区委政法委书记：马芳妹
区委政法委副书记：濮建明（主持工作）
丁国灿
沈　洋
潘益民（2016.11 免）
区委维护稳定工作领导小组办公室主任：丁国灿
区委防范和处理邪教问题领导小组办公室主任：王红坤

区机构编制委员会办公室

主　任：高来兴（2016.11 任）
徐国娣（2016.11 免）

区委区政府农业和农村工作办公室

主　任：高青泉

区直机关党工委

书　记：吴岳炎

区委区政府信访局

局　长：鲁建潮（2016.6 任）
任宏亮（2016.6 免）

区委老干部局

局　长：徐民江

区史志办公室

主　任：何鸣雷

区委党校

校　　长：孙　彦（2016.12 任）
姚国海（2016.12 免）
党委书记：鲁立新

区发展和改革局

党组书记：缪智勇（2016.11 任）
蒋国洪（2016.11 免）
局　　长：缪智勇（2016.12 任）
蒋国洪（2016.12 免）

区经济和信息化局

党组书记、局长：倪仁龙

区教育体育局

党工委书记、局长：何其洪

区科学技术局

党组书记、局长：王炳豪

区民族宗教事务局

局　长：沈关祥

区人民政府侨务办公室

主　任：盛顺利（2016.11 任）
王良红（2016.11 免）

市公安局柯桥区分局

党委书记、局长：朱　嘉（2016.11 任）
潘益民（2016.11 任）
政　　委：傅　超

说明：2016 年 6 月，根据绍兴市机构编制委员会文件精神，绍兴市柯桥区公安局更名为绍兴市公安局柯桥区分局

区监察局

局　长：郎煜江

区民政局

党组书记：陈　方（2016.6 任）
孙尧富（2016.6 免）
局　　长：陈　方（2016.7 任）
孙尧富（2016.7 免）

区司法局

党组书记、局长：胡斌钦

区财政局（地税局）

党工委书记、局长：余建林

区人力资源和社会保障局
党组书记、局长：王秋珍

市国土资源局柯桥区分局
党委书记、局长：钱建明

区环境保护局
党工委书记、局长：张国生（2016.7任）
章金尧（2016.7免）

区住房和城乡建设局（绍兴市规划局柯桥区分局、区测绘和地理信息局、区人民防空办公室）
党工委书记、局长：李卫龙

区建筑业管理局
党工委书记、局长：黄化强

区交通运输局
党工委书记、局长：缪智勇

区水利水电局
党工委书记：邱松定（2016.6任）
徐阿幼（2016.6免）
局　　长：邱松定（2016.7任）
徐阿幼（2016.7免）

区农林局
党工委书记：陈广见（2016.6任）
陈永建（2016.6免）
局　　长：陈广见（2016.7任）
陈永建（2016.7免）

区商务局
党组书记、局长：方优美

区文化广电新闻出版局
党工委书记、局长：吴坚祥

区卫生和计划生育局
党工委书记、局长：李　敏

区审计局
党组书记、局长：王玲玲

区统计局
党组书记：张志华（2016.6任）
朱志康（2016.6免）
局　　长：张志华（2016.7任）
朱志康（2016.7免）

国家统计局柯桥调查队
党组书记、队长：徐建江

区安全生产监督管理局
党组书记、局长：张咸良（2016.3任）
金阿根（2016.3免）

区市场监督管理局
党委书记、局长：寿志平

区质量技术监督局
党委书记、局长：沈秀娣

区政府台湾事务办公室（区委台湾工作办公室）
主　任：冯鹏英

区粮食局
党工委书记、局长：王　坚（2016.11任）
方慧琴（2016.11免）

区综合行政执法局
党组书记、主任：李兴成

区国家税务局
党组书记、局长：胡连华

绍兴金柯桥科技城（绍兴市千人计划产业园）建设管理委员会
党工委书记、主任：周树森（2016.11任）

说明：2016年7月，组建绍兴金柯桥科技城（绍兴市千人计划产业园）建设管理委员会，2016年11月，建立绍兴金柯桥科技城（绍兴市千人计划

产业园）建设管理委员会党工委

区中国轻纺城建设管理委员会

党工委书记、主任：王　彪（2016.6 任）
冯华林（2016.6 免）

区中国轻纺城运输市场管理委员会办公室

主　任：王　彪（2016.6 任）
冯华林（2016.6 免）

区滨海工业区管理委员会

党工委书记：陈　钧（2016.11 任）
闻仁水（2016.11 免）
管委会主任：陈　钧（2016.6 任）
闻仁水（2016.6 免）

绍兴柯桥经济开发区管理委员会

党工委书记：王叶刚（2016.11 任）
周建鑫（2016.11 免）
管委会主任：王叶刚（2016.6 任）
周建鑫（2016.6 免）

区鉴湖—柯岩旅游度假区管理委员会

党工委书记：郁　伟（2016.6 任）
诸剑明（2016.6 免）
主　　任：郁　伟

区平水新城建设指挥部办公室

党工委书记：金伟梁（2016.7 任）
张国生（2016.7 免）
主　　任：金伟梁（2016.6 任）
张国生（2016.6 免）

区行政审批局（区公共资源交易管理委员会办公室）

党工委书记：王　群（2016.11 任）
区行政审批局局长：王　群（2016.11 任）
区公共资源交易管理委员会办公室主任：王　群
区行政服务中心（区公共资源交易管理委员会办公室）
区行政服务中心常务副主任：王　群（2016.11 免）

说明：2016 年 8 月，组建区行政审批局，2016 年 11 月，建立区行政审批局（区公共资源交易管理委员会办公室）党工委，撤销区行政服务中心（区公共资源交易管理委员会办公室）党工委

区流动人口管理局

党组书记、局长：祝安钧

区旅游局

党组书记、局长：金秀芳

区金融工作办公室

党组书记、主任：陈文荣

区国有资产管理委员会办公室

主　任：蒋伟星

区档案局

党组书记、局长：尹伟梁

区机关事务管理局

党组书记、局长：毛海美

区浙江树人大学杨汛桥校区建设指挥部办公室

党组书记、主任：王新华（2016.7 任）
朱国庆（2016.7 免）

区中国轻纺城中央商务区开发建设指挥部办公室

党组书记、主任：滕建平

区柯桥古镇开发建设办公室

党组书记、主任：韩烨飞

区会展业发展办公室

主　任：徐　迅

区印染产业集聚升级工程建设办公室

主　　任：娄东寅（2016.7 任）

区轨道交通建设指挥部办公室

党组书记、主任：孙成荣

市住房公积金管理中心柯桥分中心
党组书记、主任：王宝焕
区供销合作社联合社
党委书记：李国兴
主　　任：金　强

区水务集团有限公司
党委书记：倪阿泉
董 事 长：周　俭（2016.7 任）
　　　　　倪阿泉（2016.7 免）
总 经 理：单宝子

区直属国有集体资产经营有限公司
党委书记、董事长：尉睦金

区中国轻纺城集团股份有限公司
党委书记、董事长：翁桂珍
总 经 理：虞伟强（2016.7 任）
　　　　　周　俭（2016.7 免）

区中国轻纺城市场开发经营有限公司
董事长、总经理：毛东敏
党委书记：王征宇

区交通投资建设集团有限公司
党委书记、董事长：葛梅荣
总经理：王海明（2016.6 任）
　　　　葛梅荣（2016.6 免）

区城建投资开发集团有限公司
党委书记、董事长：单崇军
总经理：朱志康（2016.7 任）
　　　　单崇军（2016.7 免）

区旅游发展有限公司
党委书记、董事长、总经理：徐忠良

区轨道交通集团有限公司
党委书记：徐永祥（2016.11 任）
董事长、总经理：徐永祥

说明：2016 年 11 月，建立区轨道交通集团有限公司党委

绍兴中石油昆仑燃气有限公司
董事长：孙苗林

绍兴天然气投资有限公司
总经理：胡建飚

区人民武装部
部　长：李红军
政　委：彭振业（2016.8 免）

区人民法院
党委书记：陈建民（2016.11 任）
　　　　　孙　浩（2016.11 免）
代理院长：陈建民（2016.11 任）
院　　长：孙　浩（2016.11 免）

区人民检察院
党委书记、检察长：周　江

区工商业联合会（总商会）
党 组 书 记：钱　鸿（2016.6 任）
　　　　　　蒋建国（2016.6 免）
主席（会长）：陈　瑾（2016.7 任）
　　　　　　谢　妍（2016.6 免）

区总工会
党组书记、主席：喻光耀

共青团绍兴市柯桥区委
党组书记、书记：孙　洁

区妇女联合会
党组书记、主席：朱伟芳

区科学技术协会
党组书记：孙建华
主　　席：王茂荣

区文学艺术界联合会
党组书记、主席：黄锡云

区残疾人联合会

党组书记：王国彪（2016.11 任）
　　　　　卢宝良（2016.11 免）
执行理事长：谢　妍（2016.11 任）
　　　　　　卢宝良（2016.11 免）

区归国华侨联合会

主　席：盛顺利（2016.11 任）
　　　　王良红（2016.11 免）

区红十字会

党组书记：尹王炳（2016.11 任）
常务（专职）副会长（执行委员会主任）：尹王炳
　　说明：2016 年 11 月，建立区红十字会党组

柯桥日报社

党组书记、总编辑：邹文伟

区广播电视总台

党组书记、台长：丁兵康

瑞丰银行

党委书记、董事长：俞俊海
行　　长：章卫东

民革绍兴市柯桥区基层委员会

主　委：陈　军（2016.6 任）
　　　　于庆国（2016.6 免）

民盟绍兴市柯桥区基层委员会

主　委：祝静芝

民建绍兴市柯桥区基层委员会

主　委：祁金凤

民进绍兴市柯桥区基层委员会

主　委：俞小炜（2016.6 任）
　　　　葛伯军（2016.6 免）

农工绍兴市柯桥区基层委员会

主　委：骆学新

九三学社绍兴市柯桥区基层委员会

主　委：蔡金标

【柯桥区各街道和建制镇党政正职名单】

柯桥街道

党工委书记：张伟江
办事处主任：高　波（2016.6 任）
　　　　　　韩春芳（2016.6 免）

柯岩街道

党工委书记：马建刚
办事处主任：陈　勤（2016.6 任）
　　　　　　钱　鸿（2016.6 免）

华舍街道

党工委书记：冯华林（2016.4 任）
　　　　　　娄刚强（2016.4 免）
办事处主任：孙其康（2016.11 任）
　　　　　　王国荣（2016.6 任，2016.10 免）
　　　　　　朱忠良（2016.6 免）

湖塘街道

党工委书记：王其龙（2016.6 任）
　　　　　　郁　伟（2016.6 免）
办事处主任：黄伟祥（2016.6 任）
　　　　　　钱　钧（2016.6 免）

钱清镇

党委书记：朱建刚
镇　　长：朱国庆（2016.7 任）
　　　　　邹　丰（2016.6 免）

夏履镇

党委书记：王峻峰（2016.6 任）
　　　　　陈广见（2016.6 免）
镇　　长：章　宇（2016.6 任）
　　　　　王峻峰（2016.6 免）

杨汛桥镇

党委书记：任宏亮（2016.6 任）
　　　　　王叶刚（2016.6 免）
镇　　长：陈晓峰

齐贤镇

党委书记：王叶刚（2016.6 任）
　　　　　周建鑫（2016.6 免）
镇　　长：祁力峰（2016.6 任）
　　　　　陈立根（2016.6 免）

安昌镇

党委书记：孙伟刚（2016.6 任）
　　　　　邱松定（2016.6 免）
镇　　长：徐　锐（2016.6 任）
　　　　　孙伟刚（2016.6 免）

马鞍镇

党委书记：陈　钧（2016.6 任）
　　　　　闻仁水（2016.6 免）
镇　　长：柯洪炜（2016.6 任）
　　　　　陈　钧（2016.6 免）

福全镇

党委书记：金阿根（2016.3 任）
　　　　　陈　刚（2016.3 免）
镇　　长：徐兴建（2016.6 任）
　　　　　王其龙（2016.6 免）

兰亭镇

党委书记：谭　科（2016.10 任）
　　　　　陈学军（2016.10 免）
镇　　长：邵世昉（2016.10 任）
　　　　　谭　科（2016.10 免）

漓渚镇

党委书记：裘剑平（2016.6 任）
　　　　　钱清华（2016.6 免）
镇　　长：何华均（2016.11 任）
　　　　　谢　妍（2016.6 任，2016.11 免）
　　　　　裘剑平（2016.6 免）

平水镇

党委书记：金伟梁（2016.6 任）
　　　　　张国生（2016.6 免）
镇　　长：沈　强

王坛镇

党委书记：钱　钧（2016.6 任）
　　　　　王　彪（2016.6 免）
镇　　长：钱苗娣（2016.6 任）
　　　　　郦满峰（2016.6 免）

稽东镇

党委书记：俞园娟
镇　　长：许立峰

（袁　祖）

执行编辑　宋如玲

农业经济

综 述

2016年，柯桥区农业工作以建设品质农业强区为目标，加快农业发展方式转变，全区农业保持良好发展态势，各项工作任务圆满完成。粮食生产实现“十三连增”，农业生产稳定发展，产品品质有效提升，产业发展更加融合，主要农产品生产安全稳定、保障丰富。

2016年，柯桥区粮食统计监测面积24.74万亩，总产量11.41万吨。新建粮食生产功能区2.3万亩，新增旱粮0.87万亩，评选高产示范方62个，引进早晚稻新品种21个。新增市级现代农业园区4个，9个“三个一批”农业项目完成投资1.55亿元。柯桥区南部茶叶产业集聚区成功入围全省首批10个农业产业集聚区创建名单，“平水日铸”茶在第十一届浙江绿茶博览会、第二十三届上海国际茶文化旅游节和义乌森博会等展会上均被评为金奖。

2016年，柯桥区香湖山庄等7个省级农家乐创建项目通过省级验收，平水金渔湾农庄被认定为全国休闲农业与乡村旅游四星级示范企业，夕阳红民宿等7家民宿被市农旅办授予首批“绍兴民宿”称号。平水镇王化村被认定为省级森林人家特色村。创建市级“森林村庄”11个，开展森林游步道建设项目25个，总长86千米森林健身游步道体系初步建成。

2016年，柯桥区开展美丽生态畜牧业建设，重点推进鸭场整治提升。全年完成规模鸭场整治72家，创建省级“美丽生态牧场”4家、市级2家，3家万猪场完成深度治理，在全市率先实现规模生猪养殖场线上智能化监控全覆盖。实现省、市、区三级对畜牧场生产环节和排污环节的全程实时监控，杜绝偷排漏排现象。面源污染得到控制，实施农业“两区”绿色发展三年行动计划，超额完成“五水共治”年度涉农整治各项目标任务。绿化造林提档升级，围绕美丽乡村示范区建设，开展绿化造林。打造稽山舜源景观带、鉴水流韵景观带和兰桂芬芳景观带3条集休闲、观光、旅游于一体的美丽乡村景观带。

2016年6月21日，省农技推广中心副主任舒伟军到柯桥区指导早稻生产
（区农林局　供稿）

2016年，柯桥区未发生重大森林火灾和人员伤亡事故，森林火灾受害率、森林火灾发生率均

控制在省、市下达考核指标以内。推进野生动植物资源保护，对区内70株500年以上急需救护的古树名木，按照“一树一策”进行科学有效的保护和管理。推进林业病虫防治检疫，重点抓好松材线虫病防治和枯死松树的清理，做好检疫执法、监督管理、疫情监测、预测预报、防治技术指导等工作。

2016年，柯桥区以农产品质量安全放心示范区创建和农产品基地可追溯体系建设为重点，强化农产品质量安全监管，全面完成各级检测任务。抓好生猪定点屠宰和禽类产品杀白上市工作，加强对畜禽私屠乱宰行为的监管和整治，全区未发生重大农产品质量安全事件和区域性重大动植物疫情。开展农机安全生产、农机安全执法月、“绿剑”集中执法行动等专项行动，农业生产安全保持稳定。（胡广洲）

农业产业化经营

【概况】 2016年，柯桥区农业产业化发展基本保持稳定。全区有区级以上重点农业龙头企业54家，其中国家级重点农业龙头企业1家、省级骨干农业龙头企业6家、市级重点农业龙头企业35家。国家级示范性农民专业合作社1家、省级示范性农民专业合作社4家、省级示范性家庭农场9家。至2016年底，全区有农业企业155家、农民专业合作社319家，农产品专业市场11个、家庭农场120家。农业企业实现产值118.79亿元、销售收入107.14亿元、利润5.41亿元，分别比上年增长2.66%、3.06%和减少4.35%。其中农产品加工企业84家，实现产值76.66亿元、销售66.20亿元、利润3.58亿元，分别比上年减少0.91%、0.01%和7.81%。年销售收入5000万元以上农业龙头企业34家，其中年销售额超亿元农业龙头企业18家，实现销售收入96.88亿元、利润4.51亿元，占全区农业企业的90.42%和83.36%。农产品自营出口9630万美元，比上年增长17.15%。农产品专业市场交易额27.59亿元，比上年增长13.24%。

【投入农业企业建设资金2.37亿元】 2016年，柯桥区投入农业企业建设资金2.37亿元。至2016年底，全区农业企业总资产为119.92亿元，其中固定资产32.88亿元。绍兴宇成生态农业开发有限公司2016年投资3500万元，累计投资7200万元的镜湖花园在柯岩街道建成运营。浙江卉丰园艺有限公司在平水镇投资1210万元，建成菊花种植基地635亩，进行大棚设施种植。

【6个农产品品牌获市级以上认定】 2016年，柯桥区6个农产品品牌获得市级以上认定。其中浙江名牌产品1个、浙江省著名商标2件、绍兴市著名商标3件。至2016年底，全区农产品品牌有中国驰名商标6件、浙江名牌25个、浙江名牌农产品1个、浙江省著名商标31件、绍兴名牌26个、绍兴市著名商标65件。绍兴市柯桥区玉龙茶叶有限公司越红工夫红茶、绍兴安昌百顺蛋场柏仁熟

表9　2016年柯桥区获市级以上认定农产品名牌和著名商标

单　　位	商标及产品名称	浙江名牌产品	绍兴名牌产品	浙江省著名商标	绍兴市著名商标
浙江中大饲料集团有限公司	中大禽料配合饲料	√			
浙江昌祥茶叶有限公司	顺舟（茶叶）			√	
绍兴柯桥东方茶业有限公司	斗丘御茶（茶叶）			√	
绍兴柯桥东方茶业有限公司	东方日铸红（茶叶）				√
绍兴市柯桥区五百岗农场	鹅峰（香榧、干菜、笋干）				√
绍兴陶里田藕专业合作社	泥娃娃（藕粉）				√
合　　计		1		2	3

咸鸭蛋、绍兴仁昌酱园有限公司仁昌记母子酱油3个产品获省农博会金奖。

【新注册农民专业合作社6家】 2016年，柯桥区注册农民专业合作社6家，分别为柯桥区神川苗木专业合作社、绍兴绿荫苗木专业合作社、柯桥区稽东镇上冯猕猴桃专业合作社、柯桥区滨海国钧粮食专业合作社、柯桥区孙家台门竹笋专业合作社、柯桥区董王苗木专业合作社。至年底，全区有各类农民专业合作社319家，注册资金30535万元，行业覆盖农业各个行业和农业服务业。

【新增家庭农场9家】 2016年，柯桥区新增家庭农场9家，分别为柯桥区天棋家庭农场、马鞍镇宏芳家庭农场、钱清镇赵子鉴家庭农场、平水镇欣新家庭农场、柯桥区滨海秋亮家庭农场、福全镇习习家庭农场、福全镇建华家庭农场、王坛镇舜嵘家庭农场、王坛镇百宝家庭农场。总注册资金175万元。至2016年底，全区累计有家庭农场120家，其中省级示范性家庭农场9家。

【农家乐营业收入3.34亿元】 2016年，柯桥区完善农家乐区域布局，进一步丰富休闲业态和休闲产品。全区48个农家乐村（点），累计投资3.95亿元。全年营业收入3.34亿元，比上年增长22.8%，带动游客购物7096万元，吸纳城乡劳动力2190人。全区创建认定省级农家乐特色点3个（湖塘香湖山庄、王坛玫瑰休闲山庄、兰亭森林山庄）、省五星级农家乐经营点1个（平水金渔湾农庄）、省四星级农家乐经营点3个（平水巷深竹缘农庄、夏履生态农庄、稽东月华坪山庄），市级乡村旅游特色乡镇1个（平水镇）、市级乡村旅游特色村2个(漓渚镇棠棣村、平水镇王化村)、市级乡村旅游特色点3个（稽东镇大酒壶农庄、平水镇云溪山庄、柯岩街道宇成生态农业开发有限公司）、市级三星级农家乐经营点2个（柯岩街道新华农庄、平水镇七贤居山庄）。平水镇金渔湾农庄被评定为2016年全国休闲农业与乡村旅游四星级示范企业，7个农家乐经营点被列入绍兴市第二批职工疗休养基地。至年底，全区有省级农家乐特色村4家、省级农家乐经营点8个，市级农家乐特色村3个、经营点12个。 （吴建良）

种植业

【概况】 2016年，柯桥区粮食作物监测面积24.74万亩，总产量11.41万吨，比上年分别增长0.2%和0.2%。全区春粮监测面积2.84万亩，比上年下降5.8%，其中小麦监测面积1.83万亩，比上年下降10.4%。夏粮作物监测面积5.96万亩，比上年下降3.7%，其中早稻监测面积3.58万亩，比上年下降3.3%。秋粮监测面积15.95万亩，比上年增长2.9%，其中单晚面积10.87万亩，比上年下降3.2%；连晚面积2.80万亩，比上年增长8.7%。新增旱粮面积0.87万亩。瓜菜播种面积14.38万亩，与上年基本持平；总产量25.85万吨，比上年增长0.94%。创建水稻千亩高产示范方3个，评选出高产攻关田7个。

【新建粮食生产功能区2.3万亩】 2016年，柯桥区兰亭镇、马鞍镇、湖塘街道、杨汛桥镇、平水镇、钱清镇、柯岩街道、漓渚镇、王坛镇、稽东镇等10个镇（街道）新建区级粮食生产功能区2.3万亩，累计创建认定区级粮食生产功能区12.2万亩。

【建设永久性排水沟2000多米】 2016年，柯桥区推广农业永久性排水沟技术，柯岩街道路南粮油专业合作社建设永久性排水沟2000多米。项目实施后，有效减少农药化肥使用量，减轻农业面源污染，提高作物产量。

【培育高产示范方62个】 2016年，柯桥区培育高产示范方62个，超额完成全年任务。其中小麦百亩示范方11个、早稻百亩示范方8个、晚稻示范方43个。

【新增旱粮面积0.87万亩】 2016年，柯桥区出台惠农政策，扶持培育旱粮规模生产经营主体。全年新增旱粮面积0.87万亩。兰亭镇印山农业开发有限公司间作套种旱粮120.8亩，获得补助13288元。

【成功申报2个省级粮食项目】 2016年，柯桥区成功申报2个省级粮食项目，总投资563.99万元。其中平水镇申报水稻产业提升项目，投资456万元，省级补助450万元，计划2017年6月完成；兰亭镇申报省级粮食生产功能区基础设施以奖代补项目，投资107.99万元，省级补助72.1452万元，计划2017年3月完成。

【完成6100亩标准农田评价工作】 2016年，柯桥区完成6100亩标准农田评价工作，适宜区

2016 年 11 月 18 日，柯桥区单季晚稻高产攻关田测产现场

（区农林局　供稿）

1246.4 亩（扣除苗木、水产养殖和建设项目占用等）有 332 亩提升至一等田，综合地力指数提升至 0.79。

【挽回农作物病虫害产量损失 6.03 万吨】 2016 年，柯桥区继续实施农作物病虫灾害监测预警与应急防控项目，在福全、马鞍、钱清、安昌等镇建立 8 个病虫观测点，在福全、平水、安昌等镇设立 5 个苗情观察点。开展会商和植保技术培训 21 次，培训农技人员、农资推广人员和农户 1286 人次，印发植保技术资料 2572 份；在区农业信息网宣传病虫发生与防治信息 20 余次；开展电视宣传，在柯桥区广播电视台和直播绍兴栏目播出宣传小麦和蔬菜病虫防治新闻各 1 次；向农户发送防治病虫害短信 14 次；发布《病虫情报》14 期、《苗情动态信息》21 期，重大病虫预测准确率近 100%；开展稻纵卷叶螟、斜纹夜蛾的性诱剂监测及自动计数系统试验，建立观察圃；开展多项病、虫、草害防治技术试验和农药新制剂试验。全区农作物病、虫、草害累计发生面积 231.28 万亩次，实施防治 237.29 万亩次，挽回病虫害产量损失 6.03 万吨。

【开展储备秧苗种子工程】 2016 年，柯桥区储备水稻秧苗 11150 盘，储备救灾种子 11.4 万千克，从浙江省种子总站调入早稻救灾种子 1.5 万千克，确保粮食生产安全。

【开展良种引试推广工作】

2016 年，柯桥区引进早晚稻新品种 21 个，建立水稻新品种示范展示点 3 个，其中早稻展示点 2 个、单晚展示点 1 个。在平水、柯岩、齐贤 3 个镇（街道）设立甬优 538、甬优 12、甬优 1540 等高产品种示范方。推广水稻主导品种，早稻有中早 39、金早 47、甬籼 15、中嘉早 17，杂交晚稻有甬优 538、甬优 1540、甬优 12、春优 84、甬优 15、中浙优 8 号，常规晚粳稻有宁 88、绍粳 18、秀水 134、嘉 58、绍糯 9714。全年水稻主导品种率 86.8%，良种覆盖率 98% 以上，推广水稻主导品种超 12 万亩。

【审核标准农田占补 161.79 公顷】 2016 年，柯桥区审核标准农田占补（置换）24 个批次 161.8 公顷，其中一等田 105.45 公顷、二等田 50.81 公顷、三等田 5.54 公顷。涉及千万亩标准农田区域 62.71 公顷，其中一等 39.95 公顷、二等田 22.76 公顷，补入田等级数量符合要求。

【测土配方施肥技术增收 2195.37 万元】 2016 年，柯桥区推广测土配方施肥技术 52.8 万亩，采集土样 301 个，开展测试 1804 次，开展肥料对比试验 2 个、测土配方施肥技术示范方 4 个。举办培训班 9 期，培训技术骨干 61 人次、农民 286 人次、营销人员 65 人次，发放施肥建议卡 30012 张、培训资料 5862 份。累计减少不合理施肥 348 吨（纯量），总增产节支增收 2195.37 万元。

【建立农田土壤污染监测点 19 个】 2016 年，柯桥区在平水、钱清、王坛、稽东、柯岩、湖塘、兰亭、福全、马鞍 9 个镇（街道）建立 19 个农田土壤污染监测点，其中常规监测点 9 个、综合监测点 10 个。

【6 个农技推广项目获省、市级奖励】 2016 年，柯桥区有 6 个农技推广项目获省、市级奖励，其中区农技推广中心主持承担的《设施蔬

菜连作障碍防控技术示范与推广》《低龄“三园”套种旱粮作物示范推广》分别获2015年度省农业丰收三等奖和2015年度绍兴市农业丰收奖二、三等奖；区农技推广中心参与的《常规晚粳稻“绍粳18”高产示范推广》《铁皮石斛高产栽培技术示范及应用》《万亩无公害杨梅优质稳产技术示范推广》《柯岩街道路南村农业车间建设与示范》分别获2015年度市农业丰收二等奖、三等奖。

（骆文婷）

【水稻生产机械化率76.98%】 2016年，柯桥区农业机械总动力26.19万千瓦，其中柴油机14.21万千瓦、汽油机2.86万千瓦、电动机9.12万千瓦。水稻生产耕、种、收综合机械化率76.98%。

【新添农业机械246台（套）】 2016年，柯桥区有182户农户新添农业机械246台（套），总投入资金301.59万元，其中享受中央补贴资金88.14万元、省级补贴资金9.54万元、区级配套14.31万元。

【实施千亩秸秆全量利用示范项目】 2016年，柯桥区开展千亩秸秆全量利用示范项目建设，项目具体由平水镇铸铺农机专业合作社实施。项目包括秸秆机械化粉碎深耕还田技术，秸秆机械化打捆离田秸秆能源化、工业化处理技术和秸秆堆放加工技术，实现农作物秸秆全量利用。（茅培新）

养殖业

【概况】 2016年，柯桥区养殖业保持基本稳定。全区有规模猪场10家、规模鸭场17家。生猪总饲养量27.20万头，能繁母猪存栏0.91万头，出栏16.16万头。家禽总饲养量120.20万羽，其中存栏43.01万羽、出栏77.19万羽，禽蛋产量2312.1吨。兔饲养量0.84万只，羊饲养量1.70万只。全区肉类总产量12786.24吨。

【创建美丽生态牧场6家】 2016年，柯桥区开展美丽生态牧场建设，全区有6家猪场列入美丽生态牧场创建名单，其中浙江科强生态养殖有限公司、浙江天天田园生态养殖有限公司、杨汛桥荣飞畜禽养殖场、绍兴绿理成农业有限公司4家省级美丽牧场创建单位通过市级验收，兰亭镇张土根养猪场、香逸养猪场两家市级美丽牧场创建单位通过区级验收。

【整治规模鸭场72家】 2016年，柯桥区开展鸭场养殖污染整治提升工作，整治规模鸭场72家，其中55家鸭场清养关停，17家鸭场按要求建成离地鸭舍、运动场、封闭游泳池、污水储存消纳池、污水输送管网等治理设施，污染物全部收集并资源化利用，实现“零外排”。

【开展农产品定量检测126个】 2016年，柯桥区开展农产品质量安全宣传“四进”活动和农产品质量安全进社区等活动，在元旦、春节等重大节日期间和G20峰会等重大活动期间开展定屠与检疫联合执法行动。屠宰环节完成“瘦肉精”抽检16453份、养殖环节90个、出区境1750个，开展定量检测126个，其中猪尿21份、猪肝猪肉105份，无阳性样品检出。加强饲料与兽药管理，对饲料生产企业进行质量检测与例行检查，全年完成饲料抽检42种、兽药12种，立案查处兽药违法案件5起。

【规模养殖场防疫密度100%】 2016年，柯桥区开展智慧畜牧业云平台培训，修订《绍兴市柯桥区突发动物疫情应急预案操作手册》。全区使用高致病性禽流感疫苗100.9万毫升、猪口蹄疫疫苗68.68万毫升、牛羊口蹄疫疫苗2.42万毫升、猪蓝耳病疫苗21.31万头份，应免犬只的免疫密度81%，对存栏羊全面进行小反刍兽免疫和佩戴耳标，上传二维码信息。全区大中型规模场的口蹄疫、猪瘟和高致病性禽流感的防疫密度均达100%，生猪、家禽散养户的免疫密度在97%以上。全年检测禽流感抗体1213份，检测O型口蹄疫抗体819份、Ⅰ型口蹄疫抗体100份，检测羊小反刍兽疫抗体105份，检测猪瘟抗体669份、猪蓝耳病抗体60份，检测鸡新城疫抗体227份，H7N9抗体检测1000份全部为阴性。5个千猪场的病死猪列入无害化处理范围。

【检疫生猪22.35万头】 2016年，柯桥区检疫生猪22.35万头，检疫不合格病死猪161头、病害内脏1.4万千克，对不合格动物及其产品全部进行无害化处理。从10月1日起全面进行电子检疫出证。关停生猪屠宰点1个，实现生猪全部集中屠宰，对剩余的1个生猪屠宰点派驻动物检疫人员，实现区动物卫生监督所对屠宰场所的全派驻。

【查处动物违法案件10起】 2016年，柯桥区开展外来生猪调运、屠宰严查严管严打和动物诊疗活动专项整治两大行动，对两家单位从省外调入生猪未经备案的行为进行立案查处，处罚金 0.16 万元。对城区动物诊疗机构的 6 起违法行为进行查处。全年查处动物违法案件 10 起，其中简易程序 8 起、一般程序 2 起。（杨鸣洲）

林 业

【概况】 2016 年，柯桥区茶、竹、花、果等林特生产保持稳定发展。茶叶总产量 6850 吨，产值 3.71 亿元，比上年分别增长 0.7%、20.0%。其中“平水日铸”系列名优茶产值 3.2 亿元，占茶叶总产值的 86%。毛竹和竹笋产值 6.24 亿元，比上年增长 52.9%。花卉面积 7.91 万亩，比上年增加 300 亩，产值 4.76 亿元。干鲜果产值 1.15 亿元。

【南部茶产业集聚区列入省级创建点】 2016 年，经省农业“两区办”评审，柯桥区南部茶叶产业集聚区入围全省第一批 10 个农业产业集聚区创建名单。集聚区位于平水、稽东、王坛、兰亭 4 镇，规划面积 59033 亩，其中核心区 25062 亩，计划投入资金 3.2 亿元，其中省财政补贴 5000 万元。计划通过 3 年建设，实施建设项目 27 个，其中投资 5000 万元以上项目 2 个，1000 万元以上项目 7 个，建成茶叶深加工中心、茶叶品牌管理服务中心、茶叶展示展销中心、茶文化研究中心，基本形成茶叶基地明显优化，龙头企业实力提升，品牌营销显著增强，茶叶二、三产业产值大幅增加的产业体系。

【举办柯桥区第十三届兰文化节】 2016 年 2 月 27—29 日，柯桥区第十三届兰文化节暨绍兴市第三十二届兰花展销会在漓渚镇开幕，展出名贵兰花 1500 余盆，3 万多人次参与观赏、交易。

【新增平原绿化 2458 亩】 2016 年，柯桥区新增平原绿化 2458 亩，新封无林地和疏林地 1900 亩，完成森林抚育 20000 亩。在“最美系列”评选中，绍大线柯桥段、X116 滨海大道被评为“浙江最美绿化通道”；上青古道、大雾尖古道、青板古道、孙家岭古道、紫洪岭古道被评为“绍兴最美森林古道”；王坛万亩青梅林、同康绿林竹海被评为“绍兴最美森林”。

【创建 5 个省级森林村庄】 2016 年，柯桥区创建 5 个省级森林村庄（杨汛桥镇麒麟村、钱清镇三西村、湖塘街道夏泽村、平水镇宋家店村和新横溪村）和 9 个市级森林村庄（福全镇协兴村、兰亭镇里木栅村、湖塘街道古城村、稽东镇冢斜村、华舍街道亭西村、平水镇祝家村、漓渚镇棠一村、钱清镇九岩村、王坛镇新华村）。漓渚镇棠棣村获浙江省生态文化基地称号。

【花卉苗木特色品种保险列入省级试点】 2016 年，柯桥区花卉苗木特色品种保险列入省级试点。由人保财险绍兴市柯桥支公司负责承保，实行自愿承保方式，保险标的为乔木和灌木两大类，且符合苗木培育技术规范、生长正常、种植面积在 20 亩（含）以上的花卉苗木。保险费率为 1%，保费由省财政补助 20%、地方财政承担 50%、苗农自负 30%。试点首年参保面积为 1500 亩左右，保费约 15 万元，受益花卉苗木种植大户 20 余户。

【办理林业行政案件 5 件】 2016 年，柯桥区救助野生动物 19 只，其中包括猕猴、猫头鹰、东方角鸮、凤头鹰等国家级野生保护动物。办理林业行政案件 5 件，其中申请强制执行恢复林地原状案件 2 件。（尉月琴）

农业服务

【概况】 2016 年，柯桥区组建粮油、蔬菜、畜牧 3 个区级产业技术创新与推广服务团队，负责创建 3 个农业科技示范基地，遴选 292 户种养业科技示范户，辐射带动周边农户推广先进种养模式，推广良种、良技、良机。启动现代农业科技示范基地建设，继续推广以公益性服务和经营性服务相结合的农业社会化服务体系，优化农业科技服务。（王华苹）

【4058 人接受现代农业技术培训】 2016 年，柯桥区开展现代农业技术（绿色证书）培训 89 期、参训 4058 人。其中区级现代农业技术（绿色证书）培训 25 期，培训 1422 人。镇（街道、开发区）级现代农业技术培训 64 期，培训 2636 人。培训对象为全区的家庭农场场主、种植养殖大户、农业科技示范户、农民专业合作社生产和经营管理人员等。培训内容为农产品质量安全、晚稻高产节本增效技术、晚稻生产管理技术、蔬菜标准化生产技术、水产标准化养殖技术、田藕标准化生

产技术、毛竹四季笋栽培技术、花木病虫害防治技术、农机安全操作技术、绿化养护与美丽乡村建设等专业。

【70 名职业农民参加农业中专学历教育】 2016 年，柯桥区开展现代职业农民农业专业中专学历教育，招收中专班学员 70 人。其中农机作业与维护专业 40 人、蔬菜生产专业 30 人。两个专业各设 16 门课程，学制两年，实行学分制。学历教育实行免费学习，学费由省、区两级财政负担，具体教学工作由浙江省农业广播电视学校绍兴市柯桥区分校负责，在绍兴柯桥诚信农机专业合作社和绍兴陶里田藕专业合作社设两个教学辅导点。至年底，全区有在校中专班学员 145 人，其中 2016 级 75 人、2016 级 70 人。

【77 名职业农民获农业中专毕业证书】 2016 年 6 月，柯桥区 77 名职业农民在浙江省农业广播电视学校绍兴市柯桥区分校按期毕业，获农业中专毕业证书，其中粮食作物生产专业 51 人、蔬菜生产专业 26 人。

【74 名职业农民获国家农业职业技能资格证书】 2016 年，柯桥区分两期组织职业农民参加农业职业技能培训，74 人获得国家农业职业技能资格证书，其中 50 人获中级花卉园艺工证，24 人获中级林木种苗工证。

【38 名农技指导员参加省级培训】 2016 年，柯桥区 38 名农技指导员分 4 批到金华职业技术学院、嘉兴职业技术学院、温州科技职业学院、宁波市农科院等培训基地进行省级集中培训，更新专业技术知识，提升农技服务能力。其中 8 人参加蔬菜生产与加工技术培训，4 人参加畜牧兽医先进适用技术培训，19 人参加粮油生产技术培训，7 人参加产业技术团队首席专家培训。

【769 人参加农业部知识更新远程教育】 2016 年，柯桥区组织农技人员参加农业部农业专业技术人员知识更新远程教育培训，全年 19 期，参加培训的农业专业技术人员 769 人。培训内容主要有 2016 年中央一号文件解读、农村信息化与通讯网络技术培训、农业大数据发展与应用、农药残留与控制技术、农药残留国际标准和技术贸易壁垒、全国种植业结构调整、全面建成小康社会与中国梦等。

【首批认定（登记）新型职业农民 395 人】 2016 年，柯桥区首批认定（登记）新型职业农民 395 人，其中 142 人认定为新型职业农民（初级），253 人登记为新型职业农民。

【两家合作社被认定为首批浙江省农民田间学校】 2016 年，柯桥区的绍兴柯桥诚信农机专业合作社、绍兴陶里田藕专业合作社被认定为首批浙江省农民田间学校。首批浙江省农民田间学校全省认定 110 家。

（鲁建国）

·小资料· 绍兴柯桥诚信农机专业合作社

绍兴柯桥诚信农机专业合作社成立于 2009 年 5 月，现有社员 10 人，社长金国海。地址在柯桥区马鞍镇西街路 45 号，注册资金 18.8 万元，是一家以农机培训、农机信息服务为主体，开展机耕、机割与农机维修等服务于一体的农机培训服务机构。合作社拥有 25 平方米办公用房一间，380 平方米的大型钢棚一个作为机械仓库与培训教室。教学设施有电脑 2 台、办公桌 2 套、传真复印机 2 台、电子屏幕 1 块、宣传窗 1 块、课桌椅 33 套、投影仪 1 套、电视机 1 台、空调 3 台、报刊杂志架 2 个。农业实习机械有大型耕田拖拉机 2 台、久保田联合收割机 3 台、农机电器维修设备 21 台（套）、拖拉机教练车 4 台、手扶拖拉机 1 台。在农机培训中，由区农机管理站、镇农技指导员等农技专家进行理论教学与实践指导。合作社为柯桥区首批新型职业农民培训（实训）基地，先后获“县级示范性农民专业合作社”“绍兴市平安农机示范合作社”“诚信农机综合服务中心示范点”等称号。

2016 年，合作社作为浙江省农业广播电视学校绍兴市柯桥区分校合作办班单位，承办“农机作业与维护”专业农业中专班，参加学员 40 人。

·小资料· 绍兴陶里田藕专业合作社

绍兴陶里田藕专业合作社成立于 2009 年 3 月，现有职工 25 人，社长王大苟。合作社位于绍兴市柯桥区齐贤镇增大居委会，注册资金 20 万元，是一家以田藕种植为基础，藕粉绿色农产品经营为主体，集生产、营销于一体的现代农业合作社。合作社有包装机 2 台，生产车间 2000 余平方米，田藕生产基地 100 余亩，并有定向联系的田藕生产客户基地 100 亩以上，具有开展试验示范的生产实践基地。教学设施有电脑 1 台、办公桌 1 套、复印机 1 台、宣传窗 1 块、课桌椅 40 套、电视机 1 台、空调 3 台。在田藕生产培训中，由区农技推广中心、镇农技指导员等农技专家进行理论教学与实践指导。合作社为柯桥区首批新型职业农民培训（实训）基地。合作社开发的藕粉产品，于2013年获藕粉食品卫生QS认证，2011-2015年连续四年被评为农产品质量信誉等级A级；“泥娃娃”纯藕粉被评为柯桥区名牌产品，2015年获全国第十六届绿色食品博览会金奖。

2016年，合作社作为浙江省农业广播电视学校绍兴市柯桥区分校合作办班单位，承办“蔬菜生产”专业农业中专班，参加学员30人。

（鲁建国）

农村经营管理

【概况】 2016年，柯桥区村级集体经济总资产91.21亿元，比上年增长9.27%，其中华舍街道张溇村最高为24190.83万元，兰亭镇任家畈村最低为339.57万元。全区村级集体经济净资产70.4亿元，比上年增长10.05%，其中钱清镇方家桥村最高为20277.60万元。全区村级集体经济总收入16.12亿元，比上年增长17.7%，其中华舍街道张溇村最高为7673.24万元，柯岩街道余家弄最低为49.86万元。全区村级经常性收入7.11亿元，其中钱清镇前梅村最高为1584.32万元，王坛镇长岭村最低为0.71万元。完成132个股份经济合作社审计，出审计通报9期。柯桥区获中国全面小康十大示范县市称号。

【8.95万户农户完成土地确权登记外业调查测绘】 2016年，柯桥区作为全省农村土地承包经营权确权登记颁证工作整区试点单位，全区应确权登记颁证的15个镇（街道）、196个行政村的确权登记工作全面展开。至2016年年底，完成外业调查测绘工作，调查农户8.95万户，调查地块18.78万块，实测面积13.95万亩；195个村完成一轮公示。

【动态管理土地承包经营权证6472本】 2016年，柯桥区出台《关于进一步做好有关被征地农民土地承包经营权变更办理工作的通知》，规范农村土地承包经营权证变更等办理手续，全年变更、收回、核发农村土地承包经营权证6472本，办理失土农民养老保险6337户，参保16234人。

【完成农村产权交易392宗】 2016年，柯桥区通过农村产权交易平台，完成交易392宗，成交额13845万元。

【金融机构发放股权抵押贷款3681万元】 2016年，柯桥区出台《绍兴市柯桥区金融支持“三农”风险补偿机制项目管理实施细则》，金融机构开展股权承诺抵押，全年授信2732户，授信金额8.47亿元；发放贷款175户，贷款金额3681万元。

【清理以据抵现380笔】 2016年，柯桥区开展农村集体经济“三资”管理暨经济合同专项检查，清理以据抵现380笔，收回违规出借资金1笔，取消银行多头开户1个，补签合同9份，规范合同2份，追收2015年度欠交租赁款246笔、以前年度欠交租赁款99笔，追收资金1312.72万元。

【对经济薄弱村刚性支出费用实行30万元兜底保障】 2016年，柯桥区将经济薄弱村认定标准从年经常性收入不足20万元提高到30万元，对75个经济薄弱村实行财政转移支付，补足到30万元，保障村级组织正常运作。全年有3个经济薄弱村脱贫。

【启动经济薄弱村基础设施改善项目16个】 2016年，柯桥区鼓励经济薄弱村开展路灯安装、道路硬化、停车场建设、自来水改造等基础设施配套建设，每个项目可获90%的财政补助，最高70万元。全年启动经济薄弱村基础设施改善项目16个，总投资757万元，财政补助资金586万元。

【柯桥区未发现人均年收入4600元以下贫困家庭】 2016年，柯桥区继续做好低收入农户奔小康工作，对人均年收入4600元以下贫困家庭实行季度排查制度，做好动态管理工作，全区未发现人均年收入4600元以下贫困家庭。

【15670名农民接受技能培训】 2016年，柯桥区实施农民素质提升工程，开展以农村实用人才为重点的农民培训工作，推进农民培训转型升级；开展乡村旅游从业人员职业技能培训，提升乡村旅游从业人员的文明道德素质、经营管理水平和旅游服务基本技能。全年培训农民15670人，其中农村实用人才培训2550人（农村电子商务900人、乡村旅游450人），转移就业技能培训119人，农业专业技能培训3283人，新增农村实用人才1020人。全市农民职业技能比武中，柯桥区获第二名。

（沈　琴）

农业行政执法

2016 年，柯桥区开展农业投入品监督抽检　（区农林局　供稿）

【概况】 2016 年，柯桥区以创建省级农产品质量安全放心县为契机，坚持抓好执法监管和标准化生产，保障地产农产品质量安全。全区地产农产品、畜禽和林产品在省市例行监测中合格率均为 100%。推进无公害农产品、绿色食品、有机食品、地理标志农产品的认证管理工作，申报无公害农产品 4 个、换证 4 个，绿色食品 2 个、续展 1 个。全区累计有无公害农产品 47 个、绿色食品 13 个、地理标志农产品 2 个（同康竹笋、绍兴兰花）。“三品”（无公害农产品、绿色食品、有机食品）整体认证基地 1 个，“三品”比率 56.16%。

【农产品抽检合格率 99.83%】 2016 年，柯桥区开展地产农产品监督抽检 600 批次，其中种植类农产品 335 批次、畜禽产品 115 批次、肉产品 45 批次、水产品 105 批次，检测合格率 99.83%。

【开展生产基地例行监测 70 批次】 2016 年，柯桥区配合省、市级部门开展生产基地例行监测 70 批次，其中省级抽检 42 批次、市级抽检 28 批次，合格率均为 100%。完成区级定性检测 28250 批次，其中完成生猪屠宰场生猪瘦肉精快检 20000 余批次，每个涉农镇（街道、开发区）全年定性检测蔬菜均超过 350 批次，生产基地自检 3000 余批次，检测品种覆盖当地主要农产品（含农产品、水产品、畜产品），全面完成各级检测任务。

【查处农业违法行为 16 起】 2016 年，柯桥出动执法人员 482 人次，抽检农业投入品 106 批次，检查农业投入品生产经营单位 314 家次，立案查处 16 起，其中涉及种子种苗 2 起、农药肥料 9 起、兽药饲料及饲料添加剂 5 起，涉案金额 36500 元，案件查处率 100%。

【开展农产品质量安全宣传教育】 2016 年，柯桥区通过开办培训班、示范基地实地考察学习等形式对农产品质量监督员、生产技术骨干和经营法人进行职业技能培训，推广农业生产标准化知识，强化农产品生产、经营者主体意识。开展农产品质量安全“四进”（进农村、进社区、进学校、进基地）“平安大篷车进村居”等宣传活动，普及农产品质量安全知识。

（钱　英）

【设立 9 个植物疫情监测点】 2016 年，柯桥区在柯岩、平水、王坛、稽东、漓渚、马鞍等镇（街道）种植基地设立 9 个植物疫情监测点，加强对检疫性有害生物的有效监测。开展加拿大一枝黄花防控现场检查。检疫检查相关调运经营单位（市场）3 家，签发调运检疫要求书 3 份，为 20400 千克水稻种子办理调运检疫手续。实施水稻种子（种苗）产地检疫 300 亩。

【1017 台变型拖拉机全部输入信息管理系统】 2016 年，柯桥区考核拖拉机驾驶证 76 人，核发运输拖拉机牌证 17 件，办理农用拖拉机牌证 4 件，办理拖拉机行驶证补证、过户等 143 件，检验拖拉机 1022 台，现场排查整治农机安全隐患 9 人次。全区在册的 1017 台变型拖拉机信息全部输入信息管理系统。

（刘秀红）

执行编辑　傅炳荣

工业经济

综　述

2016年，柯桥区深入实施工业强区战略，推进供给侧结构性改革。全区实现全部工业总产值3845.05亿元，比上年下降24%，其中规模以上工业总产值3368.64亿元，比上年下降2.9%。实现规模以上工业主营业务收入3219.31亿元，比上年下降4.7%；利润180.87亿元，比上年下降5.5%。实现工业增加值532.96亿元，比上年增长0.1%。全区有工业企业15087家，其中规模以上工业企业1210家。年主营业务收入超亿元企业（集团）501家，其中超10亿元企业（集团）60家、超50亿元的企业（集团）8家。全年超额完成淘汰落后印染、化纤目标任务、“低小散”整治任务和“小升规”目标任务。分别实现目标的286%，2310%、110%和118%。全区工业经济呈现“稳中提质、稳中向好”的发展态势。

印染产业转型升级列入省级试点。实施印染产业整治提升“亮剑”行动，对全区200家印染企业进行地毯式检查、分类别处置和网格化验收，关停64家印染企业。至年末，全区实际在产的印染企业136家，其中提升区51家、集聚区39家、退出区46家。全区印染企业用于环保、设备更新等方面的技改投入15.55亿元，拆除违法建筑面积111.07万平方米，淘汰落后设备2023台（套）。同时加快推动企业兼并重组集聚滨海。退出区108家印染企业中，有59家企业整合到16个项目拟集聚滨海，25家企业被兼并重组。充分利用印染集聚升级工程、印染“亮剑”行动等腾出的可再开发闲置土地和厂房，推进“二次开发”工作，共有110家企业完成土地腾置6742.33亩。

印染集聚项目新开工11个，完成目标数的110%。41个市重点项目全年完成投资89.6亿元，完成目标数的119.4%。实施“低产改造”技改专项，支持企业开展“零土地”招商和“零增地”技改，全区技改占工业投资90%以上，47个项目列入市技术改造重点项目计划，94个项目列入市“机器换人”技术改造项目计划。

围绕“消防安全、环保治理、现场管理、证照规范、小区环境”五个方面，全年共整治工业小区292个，对103个工业小区实施停产整治，涉及企业2378家，拆除违章搭建71万余平方米，工业小区外部环境明显改观，内部管理较大提升，各类安全隐患得到有效清除。

出台《关于进一步降低企业成本推进实体经济健康发展的若干意见》，切实降低企业成本。全年营改增企业少缴税收4亿元。完善项目履约管理。对新供地项目实行项目开竣工保证金制度，实行差别化管理，及时下调保证金额度，由原土地款的10%下调至5%缴纳。加强政策倾斜扶持。重点扶持“设备投资”，对列入市级及以上“机器换人”项目，在原区有效投入奖励1%基础上再增加0.5个百分点；对购置工业机器人的，按设备款的10%给予财政奖励。推进网上办事，优化办事流程。全年有134个工业“零土地”项目完成网上备案，总投资43.09亿元。

推进省两化深度融合国家综合示范区建设，积极推进46个示范区创建计划项目。在此基础上，第二批示范区确定项目8个。会稽山绍兴酒股份有限公司两化融合管理体系贯标通过工信部贯标认证，成为柯桥区第二家通过两化融合管理体系贯标企业。浙江明牌珠宝股份有限公司被认定为省制造业网络营销示范企业；绍兴兴明染整有限公司、浙江乐高印染有限公司被认定为省两化融合试点企业。在2016年全省10个第一批两化深度融合国家综合性示范区考评中位列第一。开展无线 Wi-Fi 建设和免费开放工作；累计建成 Wi-Fi 热点 41 个，接入 AP（即无线访问接入点）398 个。

推进节能降耗“135”行动计划，引导督促印染、热电、化纤等重点用能行业相关企业，落实能源“双控”目标。全区规模以上工业综合能源消费量 598.37 万吨标煤，比上年下降 3.1%；规模以上单位工业增加值综合能耗比上年下降 3.9%；规模以上工业原煤消费总量 554.86 万吨，比上年下降 9.0%。16 家企业通过强制性清洁生产，20 余家企业通过自愿清洁生产审核；对浙江水泥、胜利热电实施整体关停；5 家热电企业 22 台锅炉完成超低排放改造或关停。被省政府列入 2016 年浙江省重点突破改革项目，在全区范围内正式开始推行区域能评改革。28 个项目完成承诺备案，涉及能耗 5.3 吨标准煤，43 个项目通过节能审查，涉及能耗约 215 万吨标准煤。

（叶建林　任　雁）

2016 年 4 月 25 日，柯桥区第九期企业经营者转型升级研修班在中国人民大学举行　（区经信局 供稿）

化　纤

【概况】　2016 年，柯桥区有化纤规模以上企业 89 家，职工总人数 17504 人，品种主要是涤纶长丝为主及少量氨纶等产品。规模以上化纤行业实现销售 694.86 亿元，比上年增长 1.86%。化纤产业规模以上总产值 705.3 亿元，比上年增长 1.86%；实现利润 32.23 亿元，比上年下降 13%。税金 12.12 亿元，比上年增长 18.45%。　（任　雁）

织　造

【概况】　2016 年，柯桥区有规模以上织造企业 507 家，职工总人数 44805 人。规模以上企业总产值 794.81 亿元，比上年下降 3.4%；实现销售收入 763.93 亿元，比上年下降 5.45%；创造利润 40.75 亿元，比上年下降 2.3%。税金 22.87 亿元，比上年下降 4.87%。

【长丝织造协会到柯桥区调研】　2016 年 9 月 20 日，中国长丝制造协会一行 5 人到柯桥区调研织造企业，通过实地踏勘，与企业家倾心交流，了解企业发展过程中遇到的实际问题，提出解决方案，帮助企业家提振发展信心。

（任　雁）

印　染

【概况】　2016 年，柯桥区有规模以上印染企业 144 家，印染业职工总人数 82483 人，总产值 648.55 亿元，比上年下降 3.44%；实现销售收入 619.55 亿元，比上年下降 5.8%；创造利润 38.7 亿元，比上年下降 2%；税金 25.13 元，比上年下降 5.28%。

【6 家印染企业启动股改上市】 2016 年，“迎丰印染”“南燕印染”“永利印染”“吉玛良斯”“梅盛实业”等6家企业启动股改上市,其中“乐高实业”新三板挂牌上市。（任 雁）

服装家纺

【概况】 2016 年，柯桥区有服装规模以上企业 41 家，职工总人数 7306 人，总产值 63.12 亿元，比上年下降 17.93%，实现销售收入 59.02 亿元，比上年下降 18.67%，利润 2.57 亿元，比上年增长 4.15%。税金 1.83 亿元，比上年下降 22.58%。

【78 家企业位列高端纺织领域】 2016 年，柯桥区有高端纺织企业 78 家，高端纺织产值 609.6 亿元，占规模以上纺织业总产值 27.9%，比上年提高 0.2 个百分点。其中“吉麻良丝”的汉麻地毯，绍兴大师文化创意产业有限公司的拼布包均被列为中高端纺织品典范，成为杭州 G20 国际峰会指定用品。

【8 家企业涉足军民融合领域】 2016 年，柯桥区推动产业用纺织品在环境保护、医疗健康养老、建筑交通、航海航天、新材料等领域应用，全区有精工（绍兴）复合材料有限公司、三力士股份有限公司等 8 家军民融合企业，涉及航天、航海、航空等多项领域。（任 雁）

汽车汽配

【概况】 2016 年，柯桥区有规模以上汽车汽配企业 23 家，职工总人数 4723 人，主要分布在柯岩街道、柯桥经济技术开发区等地。规模以上企业实现产值 51.9 亿元，比上年下降 1.03%；销售 47.65 亿元，比上年下降 0.2%；利润 4.55 亿元，比上年增长 11.52%；税金 2.6 亿元，比上年增长 14.65%。汽配行业行情整体较好。重点企业有索密克汽车配件有限公司、厦门金龙联合汽车工业有限公司绍兴分公司、延锋伟世通怡东汽车仪表有限公司等。

【“索密克”连续 12 年被评为全国百家汽车零部件优秀供应商】 2016 年，索密克汽车配件有限公司率先投入以“机器换人”为主要内容的技术改造工程，获得工业机器人购置奖励。至 2016 年，连续 12 年被评为全国百家汽车零部件优秀供应商。（任 雁）

电子仪表

【概况】 2016 年，柯桥区有规模以上电子仪表企业 2 家，分别是延锋伟世通怡东汽车仪表有限公司、浙江绍鸿仪表有限公司。职工总人数 600 人。规模以上企业实现产值 3.48 亿元，比上年增长 4.51%；销售 3.33 亿元，比上年增长 2.91%；利润 0.04 亿元，扭亏为盈；税金 0.11 亿元，比上年下降 22.29%。（任 雁）

金属制品

【概况】 2016 年，柯桥区有规模以上金属制品企业 13 家，职工总人数 7777 人。以金、银饰品深加工，铜板、带、箔、管技生产，铝（镁）、合金材料生产为主。规模以上企业实现产值 126.97 亿元，比上年增长 5.64%；销售 117.61 亿元，比上年增长 5.89%；利润 8.31 亿元，比上年下降 1.65%；税金 3.79 亿元，比上年增长 0.07%。重点企业有浙江日月首饰集团有限公司、浙江力博控股集团有限公司、浙江鼎丰铝业有限公司等。

【“力博集团”研发项目增产能 2 万吨】 2016 年 8 月 20 日，浙江力博控股集团有限公司研发的“年产 2 万吨高导无氧铜银合金系列产品及产业化项目”正式建成投产，该项目从厂房翻新、设备选型、安装调试直至建成投产历时 10 个月，相比传统热轧工艺应用，缩短流程，提高品质，节省生产成本。企业年新增产能 2 万吨，年新增产值 10 亿元左右。（任 雁）

医药制造

【概况】 2016 年，柯桥区有规模以上生物医药企业 4 家，职工总人数 1297 人。规模以上企业实现产值 17.53 亿元，比上年增长 35.44%；销售

16.15亿元，比上年增长35.86%；利润2.09亿元，比上年下降0.54%；税金0.54亿元，比上年下降1.36%。重点企业有浙江亚太药业股份有限公司、浙江华通医药股份有限公司等。（任　雁）

食品工业

【概况】 2016年，柯桥区食品行业总产值23亿元，销售收入20亿元，比上年下降17%；全行业实现利润1.49亿元，比上年下降21.2%。其中21家黄酒企业总产值现价21.5亿元，销售收入16.4亿元，比上年下降19.2%。黄酒产量15.21万千升，比上年下降了27%；黄酒行业实现利润达13641万元，比上年下降21.6%。黄酒出口增达12983千升，比上年下降23.7%；出口交货值达1876万美元，基本持平去年。两家果酒产值60万元，产量79千升，销量49千升。4家酱醋业产量33916千升，与上年基本持平；销售收入12764万元，比上年增长3%；实缴税费626.5万元；利润1072.7万元，比上年增长6.8%。

【黄酒小镇现场会在柯桥召开】 2016年4月8日，浙江省产业传承与发展特色小镇建设推进工作现场会在柯桥区召开，省经信委、各地级市经信委有关领导，全省部分重点黄酒企业负责人和有关协会、科研院所的的有关专家参加。参会代表先后参观塔牌绍兴酒、鉴湖酒业和会稽山绍兴酒有限公司的展示厅、博物馆和生产现场，实地听取湖塘街道关于特色小镇建设的总体规划。（任　雁）

能源工业

【概况】 2016年，柯桥区有热电企业12家，装机容量107.8万千瓦。其中地方公共热电企业11家，装机容量47.8 万千瓦，全年供热量为54624649吉焦，供电量为218481.34万千瓦时；省统调热电企业1家（浙能滨海热电），装机容量60万千瓦，2016年度对外供热量15816527吉焦，发电量316259.40万千瓦时；资源利用热电企业1家（龙德环保热电），装机容量2.4万千瓦，年对外供热量为6143678吉焦，供电量15861.63万千瓦时。浙江胜利热电有限公司实行整体关停。

规模以上工业综合能源消费量598.37万吨标煤，比上年下降3.1%；规模以上单位工业增加值综合能耗比上年下降3.9%；规模以上工业原煤消费总量554.86万吨（包括浙能滨海热电），比上年下降9.0%；全社会用电量128.34亿千瓦时，比上年下降5.52%，其中工业用电量110.69亿千瓦时，比上年下降8.19%，占全社会用电量的86.25%；居民用电量7.84亿千瓦时，比上年增长18.86%，占全区全社会用电量的6.11%。

【4家热电企业实施节能技术改造】 2016年，柯桥区“天马热电”“远东热电”等4家企业实施机组升级和超低排放改造，以高参数替代低参数。有16家企业通过强制性清洁生产，21家企业列入省清洁生产审核计划，5个项目申报省、市节能降耗重点项目计划。

【推广应用新能源】 2016年，柯桥区推广新能源应用，根据实际发电量按每千瓦时0.2元进行补助，鼓励企业开发利用新能源。至年底，有5个光伏发电项目实施建设，23兆瓦的分布式太阳能光伏电站并网发电，增加150辆新能源公交车（以天然气为主），新能源公交车占总客车的70%。

（任　雁）

执行编辑　宋如玲

建筑业

综　述

2016 年，柯桥区完成建筑业总产值 2167.31 亿元，比上年增长 7.0%，居全市第一，全省第二。完成省外产值 1539.33 亿元，比上年增长 8.6%；建筑业增加值 480.25 亿元，比上年增长 6.3%；创利税 98.89 亿元，上缴区内税费 12.08 亿元，在区内纳税超 1000 万元的建筑企业 23 家。创建省级以上优质工程 73 个，其中国家级 28 个。获国家级科技方面奖项 32 个，其中国家级发明专利 17 个、国家级工法 1 个、国家级 QC 成果 11 个，编制国家级行业标准 3 个。柯桥区勤业建工承建的秦皇岛金梦海湾 2 号 3 号地块住宅项目一期工程和精工钢构参建的沈阳南站工程（站房部分）获“鲁班奖”。中纺 CBD 商业中心、宝业集团建筑产业现代化项目和精工绿筑集成建筑科技产业园（一期）入选住建部 2016 年度装配式建筑科技示范项目。

【熊建平到柯桥区调研装配式建筑试点工作】 2016 年 4 月 28 日，浙江省副省长熊建平到柯桥调研装配式建筑试点工作。熊建平实地踏看杨汛桥镇横山美丽乡村建设项目，听取装配式建筑试点工作情况汇报，肯定柯桥区在装配式建筑试点工作方面作出的成绩并提出要求。

（喻传军）

市场拓展

【概况】 2016 年，柯桥区建筑业完成省外产值 1539.33 亿元，比上年增长 8.6%，占总产值的 71 %；25 个省份产值超过 10 亿元，其中上海、江苏两个中心市场产值分别达 245 亿元和 235 亿元。河北、湖南两省拓展成为新的 50 亿元级区域市场，全区 50 亿元级以上的区域市场 10 个。全区建筑企业在西藏完成产值 11.03 亿元。精工钢构集团成功中标全球最大机场航站楼——北京新机场航站楼项目。

（喻传军）

2016 年 4 月 28 日，浙江省副省长熊建平到柯桥区调研装配式建筑试点工作

（区建管局　供稿）

质量管理

【概况】 2016年，柯桥区建筑业管理部门牵头做好工业投资项目建设工程联合竣工验收、不再审批综合监管、联合测绘等工作。建管审批窗口全年综合考评居行政审批中心34个部门窗口第一。根据企业需求举办教育培训和对接活动。建筑业诚信信息平台建成，并与省网联接。考核全区建筑市场从业行为，对372名考核对象进行扣分，其中施工单位83家、监理单位41家、项目经理135人、总监113人。调解日常欠薪，处理民工工资拖欠投诉126起，接待上访314人，涉及农民工956人，金额约1600万元。加强行政执法稽查，查处各类建筑施工违法违规行为8起，对4起案件进行处罚，收缴罚款75.67万元，结案4起，无行政复议案件；配合公安机关打击建筑领域违法犯罪行为，维护社会稳定。（喻传军）

行业管理

【概况】 2016年，柯桥区继续开展工程质量治理两年行动，重点开展工程质量、安全生产重大危险源、工地文明施工尤其是G20杭州峰会和世界互联网大会期间工地环境等专项检查，涉及工地300余个，出具整改意见450余条，提交行政处罚5项，停工整改16项，查处22项，实现建筑工地7年安全质量无重大事故。严把建筑工程质量验收关，推进预拌砂浆应用，强化市政基坑工程监管。

【创省级以上优质工程73个】 2016年，柯桥区创省级以上优质工程73个，其中国家级优质工程28个。柯桥区勤业建工承建的秦皇岛金梦海湾2号3号地块住宅项目一期工程和精工钢构参建的沈阳南站工程（站房部分）入选中国建筑业协会评选的2016年度中国建设工程鲁班奖（国家优质工程）。

【获省级以上科技成果39个】 2016年，柯桥区获省级以上科技成果39个。其中国家科技进步奖和发明专利 17个，编制国家标准3 个、省级工法3个，省建筑业新技术应用示范工程5个，国家级QC成果一等奖11个。

【开展工程质量治理两年行动】 2016年，柯桥区开展建筑工程质量治理两年（2015—2016年）行动。统计工程质量终身责任制、监督执法检查、人员培训、深基坑、施工许可和竣工工程等数据，对全区建筑工程施工质量、安全生产及建筑市场行为开展大检查。通过此项行动，规范建筑市场行为，遏制各类违法发包、分包以及挂靠现象，提升工程建设的质量安全水平，提高人民群众对建筑工程质量的满意度，保障人民群众生命财产安全，打响柯桥建筑品牌。

（喻传军）

安全生产

【概况】 2016年，柯桥区出台《2016年度平安创建工作责任分解》《2016年柯桥区建筑工地安全生产隐患整治实施方案》《柯桥区建筑工程质量安全事故应急预案操作手册》《关于进一步加

2016年6月27日，柯桥区召开建设工地文明施工现场会暨G20峰会保障工作推进会（区建管局 供稿）

强全区年前节后建筑安全生产工作的通知》《关于开展“奋战百日，确保建筑安全生产无事故”活动的通知》。全年先后召开柯桥区“八大行动”部署会议、全区建筑工程安全质量工作会议、全区建筑工地文明施工现场会暨G20峰会保障工作推进会、全区建筑（市政）工地彩钢房（棚）整治工作动员会议、“奋战百日，确保建筑安全生产无事故”平安创建宣传贯彻动员会、全区扬尘整治工作会议、全区建设工程环境质量保障推进会等各类会议20余次。开展节前专项检查、节后复工检查、起重机械检查、百日整治行动、奋战百日活动，控制危险源，查处违法违规行为。

2016年2月20日，柯桥区召开建筑业创新发展暨推动建筑产业现代化动员大会　　（区建管局　供稿）

【开展安全生产大检查】 2016年，柯桥区建管部门先后组织起重机械、百日整治等各类检查7次，组织施工安全夜间巡查40余次，联合消防、城监等部门开展专项执法检查12次，累计检查城乡工地300余个，建筑面积约1700万平方米，排查安全质量隐患350余条，隐患整改率100%。开出安全质量处罚单80余张，其中对22个工地进行通报扣分，对5个工地提交处罚，对2家机械安拆单位处以暂停承接业务资格。

【召开建设工地文明施工现场会暨G20峰会保障工作推进会】 2016年6月27日，柯桥区建设工地文明施工现场会暨G20峰会保障工作推进会在柯桥中纺CBD商业中心项目施工现场举行。会议围绕“质量两年整治”，提出抓转型、抓投入、抓品牌3个新要求，结合G20峰会环境保障要求，对建筑工地环境管理及安全保障进行部署，强化建筑企业对“五水共治”“五气合治”“平安综治”“消防安全”“百日整治”标准化管理。

（喻传军）

勘察设计

【概况】 2016年，柯桥区开展民用建筑节能评估审查工作，发放民用建筑节能审查意见书42项，建筑面积108万平方米。组织申报省级工法9个，通过3个。获浙江省建筑业新技术应用示范工程5个、浙江省建设科学技术二等奖1个。组织企业参加QC小组成果评选，11个课题获市级优秀QC成果一等奖。（喻传军）

执行编辑　傅炳荣

房地产业

综 述

2016年，柯桥区房地产市场成交量创历史新高，阶段性去库存任务基本完成。全区新建商品房成交14777套（间），比上年增长24.01%。成交面积212.61万平方米，比上年增长24.62%，其中城区成交面积148.59万平方米，比上年增长16.72%。成交金额172.18亿元，比上年增长24.75%，其中城区成交金额134.70万平方米，比上年增长18.20%。成交均价每平方米8098元，比上年增长0.99%，其中城区成交均价每平方米9065元，比上年增长2.8%。

【推进美丽宜居示范村创建】 2016年，柯桥区推进美丽宜居示范村创建，杨汛桥镇麒麟村成功创建省级美丽宜居示范村，钱清镇三西村、柯岩街道河塔村向浙江省建设厅提出创建省级美丽宜居示范村年终督查申请；漓渚镇棠棣村完成创建国家级美丽宜居示范村规划编制，漓渚镇棠一村创建省级美丽宜居示范村完成90%以上；漓渚镇六峰村完成创建省级美丽宜居示范村规划编制；王坛镇东村村、新联村、王城村、新华村4个村申报创建省级美丽宜居示范村。至年底，全区有1个村入选国家级美丽宜居示范村试点，13个村入选省级美丽宜居示范村试点。

【开展危旧住房排查】 2016年，柯桥区全面开展危旧住房排查。对存在安全隐患的危旧住房，开展定期巡查和动态监管，每月通报危旧住房改造进展情况，建立长效巡查机制和应急处置制度，实施D级危房一日二查、C级危房一周二查、隐患危房一周一查。全区未发生涉及危旧住房的安全事故。

【兰亭镇紫洪山村列入第四批中国传统村落名录】 2016年，住房城乡建设部、文化部、国家文物局、财政部、国土资源部、农业部、国家旅游局7部门公布第四批中国传统村落名录，柯桥区兰亭镇紫洪山村名列其中。至年底，柯桥区2个村落列入中国传统村落。 （杨学敬）

开发投资

【概况】 2016年，柯桥区完成房地产开发投资156.5亿元，比上年增长6.46%。商品房新开工面积107.45万平方米，比上年增长12.92%；商品房竣工面积195.53万平方米，比上年增长74.78%。房地产上缴税收20.87亿元，比上年下降5.38%，占全区地税总额的29.47%。

2016年，柯桥区商品房销售量价齐升，全区销售面积、套数、金额分别为212.61万平方米、14777套（间）、172.18亿元，比上年分别增长24.62%、24.01%、24.75%。其中10月份最高，成交面积30.65万平方米。

2016年，柯桥区商品房库存去化周期明显下降。全区可销售楼盘178个，可售面积从年初的343.58万平方米下降到年底的228.29万平方米，去化周期为13.01个月。至年底，柯桥城区住宅可售套数不足4000套，阶段性去库存任务基本完成。

【城区商业地产成交15.96万平方米】 2016年，柯桥区城区商业地产成交15.96万平方米，比上年增长18.31%；其中12月商业地产成交4.14万平方米，比上年增长354.95%。热销楼盘有中纺CBD写字楼、冠成国际商业市场等。

【商品住宅均价每平方米8933元】 2016年，柯桥区房产开发商采取“以价换量”销售策略，柯桥主城区商品住宅均价每平方米8933元，比上年增长1.3%，未出现大幅度上涨。 （祝美月）

住房保障

【概况】 2016年，柯桥区修订完善《绍兴市柯桥区公共租赁住房管理办法》，取消柯桥区范围以外房产审核，降低公租房准入条件，扩大保障对象范围。加快城镇中等偏下收入住房困难家庭和新就业大学生保障对象的审批速度，增加住房分配次数。全年完成5批252户保障对象分配择房工作。（杨学敬）

物业管理

【概况】 2016年，柯桥区规范业主大会和业主委员会的成立、换届和改选工作，提高镇（街道、开发区）、社区居委会物业管理工作能力。举办业主大会和业主委员会指导规则专题培训，邀请全国城建培训中心客座教授应勤荣担任主讲。全区各镇（街道、开发区）物业管理分管领导和相关工作人员、社区居委会相关负责人近90人参加培训。龙湖•原著东苑、柯桥区档案局、大坂风情、天工开墅、锦绣河山5个物业项目获绍兴市物业管理优秀住宅小区（大厦）称号。（杨学敬）

交易市场

【概况】 2016年，柯桥区二手商品房成交4037宗，比上年增长44.59%，其中商品住宅成交3555宗，比上年增长57.23%。12月份，二手商品住宅成交668宗，成交面积8.96万平方米。（杨学敬）

住房公积金管理与房改

【概况】 2016年，柯桥区归集住房公积金94113万元，为上年同期的115%，完成计划的145%。年末归集余额245551万元，累计归集额670377万元。全年支取住房公积金65890万元，为上年同期的115%，完成计划的165%，累计支取公积金424826万元。发放公积金贷款856户44269万元，为上年同期的65%，完成计划的170 %。年末贷款余额214435万元，存贷比87.3 %，累计发放贷款9793户342172万元。实现业务收入7766万元，为上年同期的93%，完成计划的144%。业务支出4550万元。全区新增缴存单位211个，新增缴存职工15052人，净增缴存职工141人。全年发放住房补贴1109万元。房改房上市41套，面积3091.32平方米。推出公转商贴息贷款，全年发放公转商贷款861户40235万元。柯桥区公积金中心通过档案省一级达标认定。

【住房公积金增值收益3216万元】 2016年，柯桥区实现住房公积金增值收益3216万元，收益率1.39%。其中提取风险准备金1930万元，占增值收益的60%；提取管理费560万元，占增值收益的17%；提取廉租房补充资金726万元，占增值收益的23%。

【实施贷款新政策】 2016年2月1日起，柯桥区实施《绍兴市住房公积金贷款业务实施细则》，职工个人账户余额成为贷款额度计算的重要参考。具体计算方式为户可贷基准额度为贷款申请人住房公积金账户近12个月月均余额，加上共同申请人住房公积金账户近12个月月均余额，再乘以15倍。

【完成公款竞争性存放公开招标】 2016年8月3日，柯桥区公积金中心首次完成21380万元公款竞争性存放公开招标，其中包括16200万元增值收益存款和5180万元其他资金存款，资金存放期限为1年。全区有11家银行参加投标。（李思萌）

执行编辑 傅炳荣

商贸业

综述

2016年，柯桥区实现社会消费品零售总额260.9亿元，比上年增长11.8%。其中限额以上社会消费品零售总额123.8亿元，比上年增长16.6%。全区33个商贸服务业建设项目完成投资91.31亿元，累计完成投资225.83亿元，其中25个“三个一批”项目（一批先进制造业项目、一批现代服务业项目、一批城郊型现代农业项目）完成投资75.64亿元，累计完成投资156.79亿元；其他商贸项目完成投资15.67亿元，累计完成投资69.04亿元。

2016年，柯桥区举办柯桥城市购物节系列活动3次，有149家次企业参加，累计实现销售5.5亿元。汽车流通行业实现销售63.13亿元，比上年增长11.26%。全区有典当企业7家，发放典当额5.16亿元，比上年下降23.5%，因经营变更转让股权两家；办理酒类流通备案登记企业22家。全区销售散装水泥119.77万吨，散装率84.84%，销售预拌混凝土440.87万立方米、预拌砂浆23.86万吨。销售成品油29.35万吨，比上年增长14.37%。其中销售汽油20.61万吨，比上年增长21.87%；销售柴油8.46万吨，比上年下降3.2%。巡查加油站701家次、商贸企业504家次，排查成品油储存罐体115个，累计出动585人次。

2016年，柯桥区推进轻纺市场电商公共服务体系建设，在轻纺市场内建设电商服务中心6个。推进众创小镇、福全聚势等园区提升发展，筹建发展钱清、兰亭等电商集聚区。5月，完成创建省级纺织产业集群跨境试点，中国轻纺城电商产业园（众创小镇）获评省级电商创业创新基地。培育发展跨境电商中小企业集群，全区实现跨境电商出口6990万美元，占全市跨境电商出口总额的26.8%。建设中纺CBD中国轻纺城跨境电商产业园项目，培育“布码头”跨境电商境外服务平台和盈科亚马逊服务联盟。实施“电子商务进万村”工程，累计铺设农村电商销售网点359个，基本实现行政村全覆盖，实现订单10万余份，销售额6000余万元。全区实现网络零售额58.06亿元，比上年增长17.2%；网上轻纺城平台交易额220.76亿元，比上年增长26.3%；新增220家规模以上企业和3家专业市场应用电商；累计培训各类专业型电商人才251人、基础型人才1.8万人次。

（沈　琴）

商场超市

【概况】 2016年，柯桥区居民生活消费平稳，全年实现社会零售总额260.9亿元，比上年增长11.8%。继续举办新春购物嘉年华、春季消费周、2016柯桥城市购物节三大节会活动，其中9月28日—10月7日举办2016柯桥城市购物节，有50家商贸企业参与，累计实现销售额24883万元，比上年同期增长21.4%。推进商贸行业安全隐患大整治，开展商务区环境整治提升、全国文明城市及国家卫生城市创建工作。继续推进重大商贸项目建设，世贸中心二期、绍兴金沙·东方山水国际商务休闲中心、冠成国际商业中心等重点项目竣工，中国轻纺城中央商务区、金柯桥基金小镇、黄酒小镇等重点建设项目主体施工。

【万达广场日均客流突破5万人次】 2016年，柯桥万达广场日均客流突破5万人次，全年营业收入超10亿元，综合实力在省内9个万达广场中排名第二，各项发展指标均达到B级广场标准。

【东方山水金沙酒店开业】 2016年6月1日，

东方山水金沙酒店正式开业，酒店有豪华客房500间，餐位2000余个，宴会厅可同时容纳1200余人。

（陈国建　陈怡梦）

粮油购销

【概况】 2016年，柯桥区收购订单早稻744吨，订单晚稻10300吨。轮换区级储备粮20663吨。柯桥区粮食局被省粮食局评为全省粮食收购工作先进单位。

2016年，柯桥区在实行国家最低粮食收购价政策的基础上，对粮农按订单交售小麦、早籼谷每50千克补贴30元，交售晚粳谷、籼粳杂交谷每50千克补贴20元，订单奖补全部到位。每50千克小麦、早籼谷、晚粳谷、籼粳杂交谷订单收购价分别为148元、163元、175元和169元。落实省政府下达的新增储备规模计划，完成10750吨扩储任务（其中小麦9000吨、晚粳谷1750吨），区级粮食储备76000吨。完善粮食安全应急体系建设，修订《粮食供应应急预案手册》。开展全区粮油市场监督检查，采取例行检查、联合执法、重点抽查等多种形式，保障百姓餐桌安全。抓安全生产，开展消防应急演练。

2016年10月13日，柯桥区开展“世界粮食日”爱粮节粮进社区活动

（区粮食局　供稿）

【柯桥区中心粮库建设完成投资约7000万元】 2016年，柯桥区继续推进5.66万吨级中心粮库建设，累计完成投资约7000万元，办公楼、生产辅助用房及9栋仓房等结顶。

【亚太粮食批发市场粮油销售22.88万吨】 2016年，柯桥区亚太粮食批发市场实现粮油销售22.88万吨，销售额9.71亿元，副食品销售额6.28亿元。绍兴粮网成交量8.08万吨，成交额2.09亿元。

【开展爱粮节粮进社区活动】 2016年10月13日，柯桥区在安昌镇开展“世界粮食日”爱粮节粮进社区活动，现场设摊向居民宣传各级惠农政策，提供粮油质量鉴别、节粮减损、粮油与健康等咨询服务；分发有关世界粮食日、粮油储存、合理膳食、爱粮节粮知识等内容的宣传手册500余份；组织粮油经营户开展放心粮油让利展销。

（王卫娥）

供销合作商业

【概况】 2016年，柯桥区供销社实现总经营收入93.68亿元，商品总销售62.99亿元，实现利润21429万元，缴纳税金17966万元，比上年增长10.77%。华通医药公司物流二期项目1号仓库开工建设。农丰农资公司组织入库春耕化肥6100吨、农药560吨、农地膜200吨。供销·淘实惠网络销售点签约总数511个，实现柯桥区行政村全覆盖。柯桥区供销社名列全国供销系统百强县级社第五位。柯桥区柯桥供销社获评全国供销系统基层标杆社。

【柯桥区农民合作经济组织联合会成立】 2016年12月28日，柯桥区召开全区农民合作经济组织联合会成立大会。会议审议通过区农合联《章程》及相关制度，选举区农合联第一届理事会理事、监事会监事，召开理事会、监事会第一次会议，选举产生第一届理事会和监事会领导班子，聘任农合联执委会。全区组建钱清、柯桥、齐贤、平水4个片区“农合联”，吸收会员184 个。

【供销·淘实惠电商平台实现销售额6000多万元】 2016年，柯桥区供销·淘实惠电商累计建立村级网点511个，实现销售额6000多万元。入驻平台的本地厂家50余家，其中香榧、茶叶、藕粉、黄酒等农特产品类14家，商品258种。全年订单数超过12万笔，服务农民25万余人次。开展5期培训，参加人数240余人次。供销·淘实惠工作在全国供销合作社电子商务大会作交流介绍，全国供销总社、省供销社、中国社科院专家及外地考察团先后50多批次到柯桥区考察。

2016年12月28日，柯桥区召开全区农民合作经济组织联合会成立大会 （区供销社 供稿）

【华通色纺公司壳聚糖纤维纺纱技术获国际金奖】 2016年4月15日，华通色纺公司与香港理工大学等共同研制的壳聚糖纤维纺纱技术，在第44届瑞士日内瓦国际发明展上获得金奖。壳聚糖纤维面料用于加工医用敷料，具有抑菌、止血，促进愈合、无粘连、减少疤痕生成等功效。

【华通医药公司中药项目建成】 2016年10月18日，华通医药公司新甸厂区年产400吨中药配方颗粒和3750吨中药饮片建设项目通过验收。项目建筑面积5万多平方米，按照中药配方颗粒的生产要求布局建造。 （蒋剑彪）

住宿餐饮业

【概况】 2016年，柯桥区住宿餐饮业营业额25.98亿元，比上年增长15.8%。其中星级住宿业营业额3.09亿元，比上年增长2.6%；限额以上餐饮业营业额2.39亿元，比上年增长19.3%。

（陈国建 陈怡梦）

汽车服务业

【概况】 2016年，柯桥区有加油站42家，加油点7家，全年销售成品油293514.24吨，比上年增长14.37%。其中汽油206108.97吨，比上年增长21.87%；柴油84649.11吨，比上年下降3.2%。建成加会加油站，改建柯桥顺风加油站。

【16家4S店实现销售额63.13亿元】 2016年，柯桥区16家汽车4S店销售汽车16672辆，比上年增长6.52%；实现销售额63.13亿元，比上年增长11.26%。宝马、奔驰等高档车销售量比上年增长16.7%，一汽丰田、福特等中档车销售量比上年增长14.0%。

（马金良 徐 洁）

电子商务

【概况】 2016年，柯桥区继续实施“电商换市”发展战略，依托纺织产业与轻纺市场发展优势，搭建电子商务发展平台，培育一批具有较强竞争力的电商主体。全年实现网络零售额58.06亿元，比上年增长17.2%，网上轻纺城平台交易额220.76亿元，比上年增长26.3%。全区新建并开园运营电商园区（集聚区）6个，累计11个。新增网上轻纺城注册经营户3927家，累计84105家。完成省级纺织产业集群跨境试点创建，入驻阿里巴巴国际站企业700余家、入驻亚马逊商家100余家。中国轻纺城电商产业园（众创小镇）获评省级电商创业创新基地。

【众创小镇电商园区入驻企业43家】 2016年，柯桥区加快发展电商产业园区，众创小镇电商园区入驻企业43家，招商入驻率90%以上，园内就业人数500余人。福全绍兴聚势电商园区入驻电商企业31家。钱清、湖塘、兰亭等地筹建电商园区（集聚区），恒世缘、圣隆路德、黄酒小镇等园区集聚企业35家。

国外采购商与参展商在2016中国柯桥国际纺织品博览会（秋季）上洽谈（施 斌 摄）

【培训电商人才300余人】 2016年，柯桥区设立6个轻纺城市场电商服务中心，服务商户7800余家。开展电子商务师等专业型人才培训300余人，举办各种论坛、讲座、分享会60余场，各类创业创新比赛3场次，培训基础型人才1万余人次。

（陈国建 赵胜君）

会展业

【概况】 2016年，中国轻纺城国际会展中心举办各类展览项目20个，总展览面积21万平方米，吸引参观客商27万人次。

【2016中国柯桥国际纺织品面辅料博览会（春季）】 2016年5月6—8日，由绍兴市柯桥区人民政府主办的2016中国柯桥国际纺织品面辅料博览会（春季）在中国轻纺城国际会展中心举行。此届春季纺博会设1380个国际标准展位，展览面积34000平方米。现场专业采购商36330人，比上届增长9.3%，其中境外采购商5357人，比上届增长9.7%。展会实现成交额57.42亿元，比上届增长9.2%。

【2016中国柯桥国际纺织品博览会（秋季）】 2016年10月14—17日，由浙江省人民政府、中国国际贸易促进委员会、中国纺织工业联合会、中国商业联合会主办的2016中国柯桥国际纺织品博览会（秋季）在中国轻纺城国际会展中心举行。此届秋季纺博会设1408个国际标准展位，展览面积34000平方米。现场专业采购商40470人，比上届增长9.2%，其中境外采购商9033人，比上届增长9%。展会实现成交额82.47亿元，比上届增长9.1%。

【2016浙江（柯桥）休闲旅游博览会】 2016年9月22—24日，由浙江省体育局、浙江省旅游局主办，柯桥区人民政府承办的2016浙江（柯桥）休闲旅游博览会在中国轻纺城国际会展中心举行。展览面积13000平方米，参展商150余家。柯桥区集中展示平水养生小镇、湖塘黄酒小镇、兰亭书法小镇、漓渚春兰小镇、柯岩酷玩小镇、安昌古镇六大运动休闲旅游镇（街道）；柯岩、大香林、兜率天、东方山水、乔波滑雪馆、天马赛车场六大景区及运动乐园；柯桥区旅游纪念品获奖展馆、柯桥非遗展馆、迪卡侬

展馆、毅腾足球展馆、日铸茶展馆、吉麻良丝展馆六大特色展馆。

【2016 年第九届柯桥区名特优新农产品展销会】

2016 年 12 月 23—27 日，由绍兴市柯桥区人民政府主办的 2016 年第九届柯桥区名特优新农产品展销会在中国轻纺城国际会展中心举行。此届农展会设标准展位 346 个，展览面积 5000 余平方米。展农产品分农副产品、土特产品、竹木制品、园林花卉、水产海鲜、食品加工六大类。设中心展区 90 平方米，展销平水日铸茶、安昌哈哈香肠、塔牌绍兴酒等。参展单位 200 余家，近 5 万人次参加农展会，农产品成交额 1000 余万元。

2016 年 12 月 23—27 日，第九届柯桥区名特优新农产品展销会在中国轻纺城国际会展中心举行　　（施　斌　摄）

表 10　2016 年中国轻纺城国际会展中心会展情况

序号	会展名称	时间	地点	主办单位	承办单位	展位数量（个）
1	东阳红木大型直销展	1 月 16—27 日	中国轻纺城国际会展中心	东阳市南马福满轩古典红木家具厂	东阳市南马福满轩古典红木家具厂	180
2	2016 绍兴第二十四届中国轻纺城（春季）汽车博览会	4 月 2—5 日	中国轻纺城国际会展中心	浙报集团	柯桥日报有限公司 柯桥经济开发区管委会	1435
3	2016 绍兴第十四届春季家居博览会	4 月 9—10 日	中国轻纺城国际会展中心	柯桥日报有限公司	柯桥日报有限公司	456
4	2016 绍兴中国轻纺城人居展	4 月 22—24 日	中国轻纺城国际会展中心	柯桥日报有限公司	柯桥日报有限公司	390
5	2016 中国柯桥国际纺织品面辅料博览会（春季）	5 月 6—8 日	中国轻纺城国际会展中心	绍兴市柯桥区人民政府	中国轻纺城展会有限公司 上海歌华展览服务有限公司	1380
6	2016 中国柯桥纺织机械展	5 月 6—8 日	中国轻纺城国际会展中心	上海歌华展览服务有限公司	上海歌华展览服务有限公司	
7	2016 中国柯桥窗帘窗纱展览会	5 月 6—8 日	中国轻纺城国际会展中心	杨汛桥镇人民政府	绍兴市柯桥区经编协会	
8	2016 年绍兴第三届家电博览会	6 月 18—19 日	中国轻纺城国际会展中心	浙江省家电零售协会	绍兴市柯桥区柯桥优良家电有限公司	360
9	合一红木家具展	6 月 21—26 日	中国轻纺城国际会展中心	大连合一商贸有限公司	大连合一商贸有限公司	170
10	2016 绍兴第十五届秋季家居博览会	9 月 9—10 日	中国轻纺城国际会展中心	柯桥日报有限公司	柯桥日报有限公司	450
11	2016 绍兴第二十五届中国轻纺城（秋季）汽车博览会	9 月 14—17 日	中国轻纺城国际会展中心	浙报集团	柯桥日报有限公司 柯桥经济开发区管委会	1460

续表 10

序号	会展名称	时间	地点	主办单位	承办单位	展位数量（个）
12	2016浙江（柯桥）休闲旅游博览会	9月22—24日	中国轻纺城国际会展中心	浙江省体育局 浙江省旅游局	绍兴市柯桥区人民政府	210
13	2016绍兴市家电博览会	9月29—30日	中国轻纺城国际会展中心	柯桥区商务局	柯桥优良家电	350
14	2016中国柯桥国际纺织品博览会（秋季）	10月14—17日	中国轻纺城国际会展中心	浙江省人民政府 中国国际贸易促进委员会 中国纺织工业联合会 中国商业联合会	浙江省商务厅 中国国际贸易促进委员会浙江省委员会 绍兴市人民政府 绍兴市柯桥区人民政府	1408
15	2016中国柯桥纺织印花工业展览会	10月14—17日	中国轻纺城国际会展中心	上海歌华展览服务有限公司	上海歌华展览服务有限公司	
16	2016柯桥兔狗博览会	10月22—23日	中国轻纺城国际会展中心	杭州兔狗科技有限公司	杭州兔狗科技有限公司	360
17	2016柯桥中式家具展	11月10—20日	中国轻纺城国际会展中心	东阳市君匠红木家具有限公司	东阳市君匠红木家具有限公司	320
18	2016绍兴第十六届冬季家居博览会	12月9—10日	中国轻纺城国际会展中心	柯桥日报有限公司	柯桥日报有限公司	460
19	2016绍兴第二十六届中国轻纺城（冬季）汽车博览会	12月15—18日	中国轻纺城国际会展中心	柯桥日报有限公司	柯桥日报有限公司	1400
20	2016年第九届柯桥区名特优新农产品展销会	12月23—27日	中国轻纺城国际会展中心	绍兴市柯桥区人民政府	绍兴市柯桥区农林局	590

（李　斌）

执行编辑　傅炳荣

商务服务

法律服务

【概况】 2016年，柯桥区有律师事务所12家，执业律师160人，实习律师23人。其中1人当选省人大代表，1人当选市人大代表，4人当选区政协委员。全年律师办理诉讼案件5870件，担任常年法律顾问799家。全区有法律服务所11家，基层法律工作者56人，全年代理办理案件1434件，担任常年法律顾问154家。公证处办结各类公证事项5145件。

【安排法律顾问补助170万元】 2016年，柯桥区出台《关于进一步深化农村法律顾问工作的实施意见》，召开专题推进会，安排法律顾问，补助170万元。出台《绍兴市柯桥区行政村(居委会、社区)法律顾问工作考核办法》，对法律顾问服务内容、工作制度和经费保障等作相关规定。

【开展法律百场巡回咨询】 2016年7月，柯桥区开展"法律百场巡回咨询，全力护航G20峰会"活动。活动以服务保障G20峰会为核心，以法律服务工作者"组团服务"的形式，将法律服务延伸至各社区、村(居委会)。

【近230人参加继续教育培训】 2016年，柯桥区举办继续教育培训班，就物权法最新司法解释作专题讲座，全区律师、实习律师和基层法律服务工作者近230人参加培训。开展女律师执业交流活动，邀请公检法系统嘉宾与全区女律师代表交流执业经验，就如何构建律师与公检法之间良性互动关系展开讨论。

2016年12月4日，柯桥区开展宪法好声音巡讲活动

(区司法局 供稿)

【举办首届律师辩论大赛】 2016年11月，柯桥区举办首届律师辩论大赛，全区12家律师事务所的24名律师组成8个队伍参赛。1个队获一等奖，两个队获二等奖，5个队获三等奖。 (谭承琪)

公证服务

【概况】 2016年，柯桥公证处接受各类咨询

9602次，受理各类公证事项5289件，办结5145件。其中国内经济类公证事项1229件、民事类公证事项2483件；涉外类及港、澳、台类公证事项1433件。全年外出核实公证事项683件，发现存在问题43件。

2016年，柯桥公证处办理继承公证595件（其中小额遗产继承公证163件），赠与合同公证81件，委托书签名、指印公证580件，财产约定类公证78件，监护公证37件，国内用途的无犯罪记录公证66件，资助出国留学协议公证4件，放弃继承权声明书公证51件，保全证据类公证66件（其中涉及知识产权13件），“三改一拆”类继承公证167件，招投标及备案涉及的授权委托书公证326件，上市公司股权转让公证5件，金融类公证事项14件。

2016年，柯桥公证处办理各类涉及公房的公证事项78件，基本包含柯桥历史文化街区（一期）征收范围内符合房改购房政策、需要重新确认承租人进行房改购房的家庭。受理农房继承公证607件，办结继承公证案件563件，发现问题78件，对低保户、贫困户等减免公证费54582元。为瑞丰银行办理股权竞价现场监督、股权转让合同公证、保全证据、股权继承、股权赠与、股权约定等公证事项114件。办理二手房交易公证22件，涉及金额2566.7万元，其中4件涉及购房款提存，提存标的357万元。在平水镇黄壤坞村开展农房代理发证试点。

【办理现场监督公证1857件】 2016年，柯桥公证处办理现场监督公证1857件。其中土地现场监督公证80件，土地使用权出让合同公证80件，出证160件，涉及金额27.05亿元；政府采购现场监督公证356场，涉及采购标的392个，出证339件，涉及金额约10亿元；建设工程招投标现场监督公证254场，出证273件，涉及金额37亿元；国有、集体资产产权拍卖现场监督公证51场，涉及标的641个，出证1022件，涉及金额13亿元；涉及“五水共治”方面现场监督公证46件，涉及金额1.3亿元；安置房分配抽签现场监督17件。

【办理涉外类公证事项1433件】 2016年，柯桥公证处办理各类涉外及涉港、澳、台类公证事项1433件，其中涉港19件、涉澳4件、涉台55件，主要用于旅游、商务、留学、移民等，使用地包括美国、澳大利亚、法国、加拿大、英国、匈牙利、阿根廷、坦桑尼亚、南非、越南、印度、巴基斯坦、俄罗斯、哈萨克斯坦等50多个国家。

（骆秀美）

会计服务

【概况】 2016年，柯桥区有会计师事务所4家（兴业会计师事务所、集财会计师事务所、宏泰会计师事务所、中审会计师事务所）。其中有限责任事务所两家，普通合伙事务所两家。全区会计师事务所从业人员92人，其中注册会计师34人。全年会计师事务所业务收入1987.61万元。其中审计收入1475.37万元、咨询服务收入276.99万元、其他收入235.25万元。至2016年年末，全区有会计从业人员24113人。其中硕士及以上学历65人、本科学历4001人、大专学历6553人；具有高级及以上职称90人、中级职称1029人、初级职称3588人。

2016年，柯桥区加强会计从业资格管理和继续教育。全区有2001人报名参加初、中级会计专业技术资格考试，其中报考中级职称585人、报考初级职称1416人。新增初、中级会计专业技术人员297人，其中初级259人、中级38人。7人取得高级会计师资格。新颁发会计从业资格证1087本，旧证换发新证346本，办理会计人员调转394人次。完成会计人员继续教育培训18315人。受理绍兴市德源财务咨询有限公司、绍兴瑞豪财务咨询有限公司、绍兴创诚会计服务有限公司、绍兴易达会计服务有限公司新办代理记账机构的代理记账申请并予以许可，受理绍兴筑天企业管理咨询有限公司绍兴柯桥分公司备案。

【发放《柯桥财税与会计》7000余份】 2016年，柯桥区出刊《柯桥财税与会计》5期，向社会发放刊物7000余份。《柯桥财税与会计》以“面向社会、注重创新、深化服务”为宗旨，围绕财税会计工作热点、重点进行宣传，准确传递最新政策和动态。

（寿彩琴）

广告服务

【概况】 2016年，柯桥区新增广告经营单位22家，累计143家。从业人员1028人，经营额5120万元，其中房地产广告经营额1201万元、酒类食

品广告经营额259万元、汽车广告经营额300万元，分别列广告经营额前三位。（陈士强）

商标服务

【概况】 2016年，柯桥区新增中国驰名商标1件、浙江省著名商标8件、绍兴市著名商标13件。至2016年年末，全区累计有注册商标14740件，实际有行政认定中国驰名商标20件、浙江省著名商标113件、绍兴市著名商标212件。12月，柯桥区被浙江省工商行政管理局认定为浙江省商标品牌战略示范县（区），马鞍镇被认定为浙江省商标品牌战略示范镇，宝业集团被认定为浙江省商标品牌战略示范企业。（陈士强）

执行编辑　傅炳荣

对外经济贸易

综　述

2016年，柯桥区对外经济贸易保持稳定发展。实现外贸进出口99.2亿美元。实施“廿展千企”（一年内组织境内外展会廿次、1000家企业参加）拓市场计划，组织622家企业参加境内外展会26场次，设展位813个，抱团参展香港时装周、春秋季广交会。强化自主品牌建设，有12个省级出口名牌、33个市级出口名牌通过复评。与182个国家和地区有贸易往来，出口超1000万美元的国家和地区80个。前三位分别是阿联酋、美国和越南，分别出口65190万美元、62409万美元、62029万美元，比上年分别下降21.66%、7.25%，增长4.86%。

2016年，柯桥区依托化纤长丝和高端纺织装备省级预警点及浙江省重点出口企业调查监测点，继续深化预警研判分析。鼓励企业参加出口信用保险，中信保累计承保14.1亿美元，为企业挽回损失7344万元。深化“1+X”（“1”为区商务局，“X”为商检、海关等涉外部门）部门协作机制，联合举办各类培训与论坛6场次。引导近千家外贸企业开展电子商务拓展市场。帮助企业申报各级各类资金补助5000余万元。

2016年，柯桥区贸促会获批设立柯桥区原产地证签证点，全年签发一般原产地证71757份，直接服务外贸出口约28亿美元，免费打印产地证46951份，办理申领员证342个。

2016年，柯桥区新批和备案境外投资企业7家。推动企业开展境外投资，组织147家企业参加对外投资合作推介活动16场次，服务贸易展会4场次。成功创建首批省级服务贸易发展基地（省离岸服务外包特色园区）。

2016年，柯桥区继续实施《关于加速推进招商引资工作的实施意见》，建立区领导重大项目联系服务制度，建立重大项目招商引资决策会商工作机制，开展两次重大招商项目集中签约仪式，签约项目12个，总投资517.7亿元，其中5亿元以上项目11个（含100亿元以上项目3个），8个落户。编印制作招商推介手册、地块推介手册和招商宣传片、幻灯片、招商网页，依托浙洽会、厦洽会等境内外经贸合作平台，组织参加各类招商推介活动7次。动态更新完善招商信息数据库，定期梳理土地等资源信息，摸排全区20亩以上可供招商用地7100多亩，闲置厂房近150万平方米、闲置楼宇50多万平方米。收集梳理汇总全区关于土地、人才奖励、科技扶持、产业基金等方面的相关政策，为投资客商提供精准服务。深化北京、上海、深圳、杭州4个城市驻点招商工作，累计拜访商会、企业、机构1279个，获取有效项目信息117条，对接洽谈项目56个。完善招商引资督查通报制度，加强项目落地率督查，全程跟踪项目建设进展，实现项目审批落地“一站式”服务。深化参展促贸和洽谈引资融合发展模式，新批外资项目135个，其中新批或增资1000万美元以上外资项目20个，实到外资18299万美元，合同外资24212万美元。

（沈　琴）

对外贸易

【概况】 2016年，柯桥区实现进出口总额992287万美元，比上年下降11.7%。其中出口额951680万美元，比上年下降8.65%，出口额列全省各县（市、区）第四位；进口额40607万美元，比上年下降50.42%。通过“浙江一达通”出口6990万美元。自营进出口6540909万元，比上年下降6.15%。其

2016 年 3 月 26 日，柯桥区举行第一批重大招商项目签约仪式

（区商务局　供稿）

中出口 6273023 万元，比上年下降 2.93%，进口 267886 万元，比上年下降 47.14%。加工贸易出口额 12665 万美元，比上年下降 43.15%。

【出口实绩企业 4034 家】 2016 年，柯桥区出口实绩企业 4034 家，比上年增加 11 家。其中贸易型企业 3148 家，比上年增加 88 家，出口额 692243 万美元，比上年下降 3.86%；生产型企业 886 家，比上年减少 77 家，出口额 259437 万美元，比上年下降 19.36%。轻纺市场实现出口额 363136 万美元，比上年下降 2.01%。

【45 个市级以上出口名牌通过复评】 2016 年，柯桥区有 45 个市级以上出口名牌通过复评，其中省级出口名牌 12 个、市级出口名牌 33 个。

【组织开展“廿展千企”全球行活动】 2016 年，柯桥区组织开展“廿展千企”全球行活动，共计组织展会 26 次，参展企业 622 家，设展位 813 个，引导近千家外贸企业开展电子商务拓展市场。在春秋两季广交会和香港时装展中进行统一特装（特装指在标准展位外特设的展区），突出柯桥纺织形象。

【获国家中小企业国际市场开拓资金 2500 余万元】 2016 年，柯桥区分 3 批次申报 2015 年度国家中小企业国际市场开拓资金项目 995 个，全区外贸出口企业获资助资金 2500 余万元。（许胜男）

利用外来资金

【概况】 2016 年，柯桥区新批外商投资企业 184 家，增资 9 家、减资 15 家，完成合同外来资金 23715 万美元，比上年增长 9.9%；实到外来资金 18299 万美元，比上年下降 20.9%。实到外来资金总额列全市各县（市、区）第二。

【新批外来资金项目 184 个】 2016 年，柯桥区新批外来资金项目 184 个，比上年增加 84 个，平均每个新批项目合同外资 163 万美元。其中外商投资商业企业 163 家，比上年增长 101.2%；科学研究、技术服务新批 14 家，涉及电子设备、农业技术、纺织技术、环保节能技术的研发及咨询。

【新增投资额超 1000 万美元项目 20 个】 2016 年，柯桥区新增投资额超 1000 万美元的项目 20 个，比上年增加 8 个。其中绍兴科盈化纤有限公司增加投资 3000 万美元，索密克汽车配件有限公司增加投资 532 万美元。6 月，由西班牙企业 JOMA SPORT，S.A. 和浙江罗梅投资有限公司合资设立总投资 7700 万美元的荷马有限公司落户柯桥，主要从事体育用品批发、零售及进出口等业务。8 月，由美国西屋控股有限公司和中国郑俊、何剑雄总投资 3157 万美元的浙江快特电梯有限公司落户湖塘街道。

【新增 3 家外债利用企业】 2016 年，柯桥区红绿蓝印染等 4 家企业利用外债 1115 万美元，占实到外来资金总额的 6.1%。其中 3 家企业首次利用外债。柯桥街道尚科电子以技术入股方式实际到资 450 万美元。（陈　东）

对外经济合作

【概况】 2016 年，柯桥区新批（备案）境外投资企业 7 家，增资 1 家，总投资 21379.5 万美元，其中中方投资额 14229.5 万美元，比上年增长 267.66%。完成境外承包工程实际营业额 1488 万美元，比上年下降 71.35%。全区累计境外投资企业 492 家，分布 65 个国家和地区。境外承包工程企业 8 家，上报省“一带一路”重点项目 1 个，1 家企业被评为浙江省“一带一路”建设示范企业。

【对外投资额创历史新高】 2016年，柯桥区对外投资额创历史新高。浙江精功控股投资4000万美元并购美国飞机项目，绍兴上邦纺织品投资951.4万美元在埃塞俄比亚设立生产性企业。投资领域新增飞机制造、医疗研发两大类别，填补全区境外投资行业空白。

【147家企业参加推介对接活动16次】 2016年，柯桥区有147家企业参加推介对接活动16次，多家企业融入"一带一路"投资合作。其中5月份举办的柯桥区埃塞俄比亚投资推介会，促成1家企业赴埃塞俄比亚投资建厂，多家企业随省对外经贸厅商务代表团赴埃塞俄比亚、摩洛哥开展投资贸易促进活动，开展考察调研。 （王小玲）

服务外包

【概况】 2016年，柯桥区完成服务贸易进出口额42.35亿元，其中服务贸易出口额35.39亿元，比上年增长62.73%。服务贸易进出口占货物和服务贸易进出口的比重为6.08%，比上年增长2.31%。完成服务外包离岸执行额2010万美元，比上年增长25.55%。全区累计有服务外包企业99家。是年，成功创建省级服务贸易发展基地（省离岸服务外包特色园区）。

【出台12大类服务贸易统计数据】 2016年，柯桥区出台服务贸易统计数据，包含服务贸易进口额、服务贸易出口额、服务贸易进出口占货物和服务贸易进出口比重等多项数据，细分为运输服务、旅游服务、教育服务等12大类，原始数据采集自商务、外管、旅游、教体、邮政等多个局办。

【21个服务外包项目获补助资金260.13万元】 2016年，柯桥区有21个服务外包项目获补助资金260.13万元。其中浙江点金照明有限公司等7家企业8个项目获中央外经贸发展专项资金92.12万元，浙江人生纺织服饰有限公司等13家企业13个项目获柯桥区服务外包补助资金168.01万元。

（杜　广）

外商服务

【概况】 2016年，柯桥区有常驻外商3851人，比上年增长20.7%；接待临时出入境外商76774人次，比上年增长26.4%；办理居留许可5076人次，比上年增长19%；办理外国人就业申请533人，比上年增长108%。全区设有外商代表机构1374家，新增80家。新成立商贸类外商投资企业163家，比上年增长101%，累计533家，商贸类外商投资企业实到外资4963万美元，占全区实到外资总额的27.1%；出口12240万美元，占全区出口总额的1%。组织或邀请外商参加活动10次，近300人次参加。

【开展"涉外服务月"活动】 2016年6月，柯桥区涉外管理服务中心开展"涉外服务月"活动，从工作就业、家庭生活、休闲娱乐等方面开展专项服务。集中受理外商报批企业成立手续两件，专题辅导外商代表机构年检30余家，代为提交年度报告5家，审核外籍子女入学33个。

【首次举办"国际瑜伽日"】 2016年6月24日，柯桥区首次举办由外商赞助参与的"国际瑜伽日"，600多名中外瑜伽爱好者参加。 （张　燕）

执行编辑　傅炳荣

市 场

综 述

2016年，柯桥区市场成交额1552.57亿元，比上年增长8.60%。其中消费品市场成交1008.94亿元，比上年增长11.60%；生产资料市场成交534.63亿元，比上年增长4.01%。中国轻纺城面料市场成交970.01亿元，比上年增长12.03%；钱清中国轻纺原料城成交534.13亿元，比上年增长3.51%。“网上轻纺城”实现在线交易额220.76亿元，比上年增长26.34%。至年底，全区有各类商品交易市场 88个，其中消费品市场79个、生产资料市场8个、服务市场1个。网上交易市场5个。注销市场名称两家，划归市局管辖两家。推进农贸市场改造，创建省放心农贸市场示范单位5家（柯桥区百舸农贸市场、柯桥区江桥农副产品综合市场、柯桥区滨海金旺角农副产品综合市场、柯桥区大坂旺角农副产品综合市场、柯桥区兴越综合市场）。24个农贸市场完成改造并实行长效管理，其中柯桥区裕民农副产品综合市场、柯桥区大坂旺角农副综合市场、杨汛桥综合市场被评为柯桥区2016年度最佳农贸市场。

【注销商品交易市场两个】 2016年，柯桥区注销商品交易市场两个，为绍兴县杨汛桥镇小商品市场、绍兴县钱清煤炭市场。

【参加全国商品市场现场会代表考察柯桥市场】 2016年4月7日，全国市场规范管理工作座谈会暨商品交易市场监管工作现场会与会人员考察柯桥裕民市场和东升路市场两个五星级市场。在裕民市场考察市场硬件设施、管理理念、内部制度、长效管理、政府扶持等情况，在东升路市场考察商品专业市场开展品牌战略、知识产权保护、信用建设等情况。 ， （陈士强）

2016年4月7日，参加全国市场规范管理工作座谈会暨商品交易市场监管工作现场会代表考察柯桥裕民市场 （区市场监管局 供稿）

中国轻纺城

【概况】 2016年，中国轻纺城市场群实现成交额

1504.14亿元，比上年增长8.85%。其中面料市场成交额970.01亿元，比上年增长12.03%。市场注册经营户28913家。联托运货运量457.81万吨，比上年增长4.85%。市场外贸出口实绩企业1698家，出口额36.3亿美元；外商投资商业企业533家，新增163家。“网上轻纺城”实现在线交易额220.76亿元，比上年增长26.34%。“纺城有家”成为全国首个市场党建服务国家级社会管理和公共服务综合标准化试点。

【中国轻纺城南区市场开业】 2016年2月27日，中国轻纺城南区市场开业。市场总建筑面积21万平方米，其中交易面积6万平方米，有纺织品经营商铺1100余间，主营进口面料、精品男装女装面料、特种面料（工纺布）、高档毛呢面料等产品。市场兼具现代仓储物流、餐饮、休闲等配套功能。

【中国轻纺城国际物流仓储中心投用】 2016年8月，中国轻纺城国际物流仓储中心完工。项目总建筑面积19.5万平方米，分为办公综合楼、仓储区和配套用房区3个功能区块。11月11日，仓储中心仓库楼6年期使用权第一次竞租会在柯桥英豪洲际公馆举行，236个标的，拍出196个，成交面积111909平方米。

2016年10月15日，中国·柯桥时尚指数向全球发布

（中国轻纺城建管委　供稿）

【中国·柯桥时尚指数向全球发布】 2016年10月15日，中国首个纺织品时尚指数——中国·柯桥时尚指数向全球发布。中国·柯桥时尚指数由柯桥区政府和中国纺织工业联合会共同发布，是综合反映柯桥纺织品时尚产业发展的指数体系，由时尚创意指数、时尚活跃度指数、时尚推广度指数和时尚评价指数4部分组成。其中时尚创意指数、时尚活跃度指数和时尚推广度指数每季度发布1次，时尚评价指数半年发布1次。

【轻纺城市场形象提升工程基本完工】 2016年，轻纺城建管委编制《中国轻纺城市场形象提升策划案》，实施轻纺市场形象提升工程。统一设置市场区主要道路两侧店招店牌、立面广告及市场标志标牌，建成市场导视系统，完成精品广场、六区市场、新亚、棉布市场立面改造。开展市场及周边环境卫生集中整治4次，查处无证摊点1570余个、违章设摊占道经营930余次。

【开展市场招商对接活动10场次】 2016年，轻纺城建管委做优做强“布满全球”对接平台，全年举办与北京、深圳、杭州等产业集群地对接活动10场次，有200余家纺城经营户与1万余家服装企业、专业采购商开展接触洽谈。在北京时装周期间，专场举办“中国轻纺城杯”2016中国国际时装创意设计大赛暨中国轻纺城、柯桥纺博会推介会。赴深圳国际家纺家居展、上海秋冬面辅料展等专业展会开展招商推介7次。

【春秋两季纺博会实现成交额139.9亿元】 2016年，柯桥区举办春秋两季纺博会，实现成交额139.9亿元。其中春季纺博会专业采购商3.6万余人，比上届增长9.3%，实现成交额57.4亿元，比上届增长9.2%；秋季纺博会专业采购商4万余人，比上届增长9.2%，实现成交额82.5亿元，比上届增长9.1%。展会期间，举办全球纺织品数码喷墨印花峰会、中意纺织服装产业合作发展论坛暨中意设计师发布秀等专业活动10余个。

【“网上轻纺城”实现在线交易额220.76亿元】 2016年，“网上轻纺城”

吸引 8.4 万家纺织企业入驻。全年实现在线交易额 220.76 亿元，比上年增长 26.34%。市场内部 Wi-Fi 实现全覆盖。（沈　瑜）

钱清中国轻纺原料城

【概况】 2016 年，钱清中国轻纺原料城实现成交额 534 亿元，比上年增长 3.51%。投入 300 余万元，完成市场排水雨污分流改造，新建泵房 1 座、管网近 2000 米，完成市场内河清淤。投入 400 余万元，完成原外贸园区立面改造，扩建和改造市场专职消防队营房。投入 100 余万元，完成市场周边环境卫生整治，补种和新种周边绿化。通过浙江省五星级市场复评，被浙江省商贸联合会评为商贸流通业诚信示范企业、浙江省“十二五”商贸百强企业。钱清镇被中国纺织工业协会评为中国轻纺原料市场名镇。

2016 年 2 月 17 日，柯桥区举办 2016 年新春公益性大型人力资源交流会
（区人社局　供稿）

【网上交易市场注册会员和交易额实现双增长】 2016 年，钱清中国轻纺原料城网上交易市场注册会员单位 73 家，比上年增长 15.9%；交易额 10.35 亿元，比上年增长 15%。（李一丹）

人力资源市场

【概况】 2016 年，柯桥区举办各类人才招聘活动 105 场，引进各类人才 10170 人，其中高校毕业生新增就业 5712 人。兑现创业创新人才专项资金 974 万元，完成 87 户公共住房租赁工作。

【举办 2016 年新春首场大型人力资源交流会】 2016 年 2 月 17 日，柯桥区举办 2016 年新春首场大型人力资源交流会。有近百家企业及 15 家民间职介机构参加，推出各类需求岗位近 3000 个，5000 余人进场求职，当场达成初步意向近 2000 人次。

【举办绍兴市柯桥区·华南理工大学人才智力对接洽谈会】 2016 年 4 月 26 日，绍兴市柯桥区·华南理工大学人才智力对接洽谈会在华南理工大学科技楼举行。该校科技处推介发布最新科研成果信息，柯桥区“精功科技”“智的装备”“杭一电器”“绍力机电”“润昇新能源”等多家企业与华南理工大学专家教授对接洽谈，在精密机械制造、机械装备自动化、工业机器人应用、无人机研发技术等领域达成技术攻关、项目合作、成果转化等合作意向，并与多位专家教授建立柔性引才及顾问聘请意向。同时举行“中国柯桥（广东）人才智力合作站”揭牌仪式。

【“创立方”服务平台投用】 2016 年，柯桥区在科技园建成全省首个人才、科技、党建服务中心——“创立方”服务平台。该平台具有创业咖啡、众创空间、一站式服务台等十大功能，提供项目申报、政策咨询、服务代理等 40 余项服务，定期举办才资对接、分享交流、项目路演等活动，为高层次人才提供全方位服务，解决创业创新中的困难和问题。

【举办 2016 年浙江工业大学之江学院冬季招聘会】 2016 年 12 月 24 日，柯桥区与浙江工业大学之江学院联合举办“2016年浙江工业大学之江学院冬季招聘会”。近400家用人单位参加，其中柯桥区有宝业集团、“墙煌新材料”“浙纺院”“精功新能源”“三力士”“梅轮电梯”等150余家企业参加，提供就业岗位5400余个，实习岗位2200余个。（徐雪引）

联托运市场

【概况】 2016年，柯桥区新增托运部25家，注销20家。全区有物流经营户194家，其中在国际物流中心注册的117家、柯东仓储注册的39家，其他地段经营的38家；AAAA级物流企业1家，AAA级物流企业两家。物流经营户中有有限公司68家、个人独资9家、个体经营户117家。全区有危险品货运车辆99辆，运力载重吨位2166吨。柯桥区物流运输遍及全国30个省（市、自治区）共87个城市，全年完成联托运运量457.81万吨，比上年增长4.85%；周转量652901万吨·公里，比上年增长4.81%。（高奇卉）

执行编辑　傅炳荣

旅游业

综 述

2016年，柯桥区以培育发展千亿旅游产业为目标，统筹推进南部山区乡村休闲旅游。加大招商选资力度，重抓项目建设，致力打造长三角休闲度假旅游胜地。全年接待国内外游客1849.02万人次，实现旅游业收入189.42亿元，比上年分别增长22.36%和23.68%。组织旅游企业参加旅游交易洽谈会7次，举办旅游推介活动5次，开展旅游营销活动6次。举办旅游安全管理人员业务培训3次，开展安全检查30余次，全年未发生旅游安全责任事故。（支张健）

景区建设

【概况】 2016年，柯桥区在建旅游项目36个，实际完成投资38亿元。着力推进东方山水乐园、若航直升机起降点、浙江国际赛车场、鉴湖游客中心等重大项目建设，其中省级重点项目东方山水乐园于2016年6月1日建成开放。

【东方山水乐园建成开放】 2016年6月1日，东方山水乐园建成开放。项目总投资80亿元，总建筑面积50万平方米。景区包括1个室内游乐园、1个独立会议中心、1家超五星级酒店、1个休闲会所、两座度假型公寓酒店。

【建成乡村民宿20余家】 2016年，柯桥区先后编制《柯桥南部山区乡村旅游规划》《柯桥区民宿建设指导手册》。平水、王坛、稽东等镇启动精品民宿建设，其中兰亭小猪U家、夏履镇稻舍建成运营。全区累计建成乡村民宿20余家，客房350余间，床位700余张。（支张健）

旅游营销

【概况】 2016年，柯桥区组织旅游企业参加旅游交易洽谈会7次，开展系列推介活动，提升柯桥旅游品牌在国内外的知名度。打造智慧旅游营销平台，区旅游局官方微博粉丝量129万，列全省旅游政务微博第四名。"享游柯桥"微信粉丝量6000余人次。在《柯桥日报》上推出《旅游周刊》栏目48期。2016年版《柯桥区民宿建设指导手册》首次印刷5000册。开展"旅游礼品评选推介微直播""植树节微植树""旅游商品网络评选"等线上线下粉丝互动活动。旅游商品网络评选收到投票9.5万张，访问量28.8万次。

2016年，在建中的浙江国际赛车场 （区旅游局 供稿）

【举办旅游推介活动5次】 2016年，柯桥区举办旅游推介活动5次。即绍兴（广东深圳）旅游推介会、上海销售洽谈会、上海旅游推介会、杭州旅游推介会、浙江省运动休闲旅游节，打响柯桥旅游品牌，推广柯桥旅游的整体形象。

【开展旅游营销活动6次】 2016年，柯桥区通过安昌腊月风情节、平水养生文化节、王坛香雪梅海梅花节、漓渚兰文化节、“鉴湖之春”柯桥文化休闲旅游节、乔波冰雪节等节会活动，开展旅游营销活动6次。启动旅游商品创意设计大赛，结合运动休闲博览会开展旅游商品展示展销，推动旅游商品的研发与销售。

【7家运动体验企业结成“酷玩联盟”】 2016年，柯桥区整合东方山水乐园、绍兴乔波冰雪世界、浙江天马赛车场有限公司、绍兴鉴湖高尔夫有限公司、浙江毅腾足球俱乐部、浙江杭一电器有限公司、智倍旅游浙江运行公司7家运动体验企业结成“酷玩联盟”。在抱团共赢、品牌共打、平台共享、客源共推的基础上，推出环鉴湖酷玩联盟互惠合作公约，约定环鉴湖酷玩联盟为古鉴湖周边运动休闲企业结成的营销联盟，致力于提升柯桥运动休闲业的区域影响力，推动相关产业的块状集聚，助力打造长三角地区运动休闲目的地。

（支张健）

旅游接待

【概况】 2016年，柯桥区重点发展观光、休闲、会展、商务、度假等综合性旅游业态。全年接待国内外游客1849.02万人次，实现旅游业收入189.42亿元，比上年分别增长22.36%和23.68%。继续实施绍兴人免费游绍兴惠民政策。

【旅游集散中心基本建成】 2016年，柯桥区旅游集散中心完成内部装修，各种硬件设施基本到位，人员架构体系初步建立。9月，在鉴湖大酒店举办柯桥旅游礼品推介暨集散中心招商发布会。

（支张健）

行业管理

【概况】 2016年，柯桥区有省级旅游度假区1个，国家AAA级以上旅游景区9个，三星级以上旅游饭店6家。举办3次旅游安全管理人员业务培训，召开8次旅游企业安全部署会议，开展安全检查30余次，发放各类安全生产宣传招贴画60套360幅、旅游安全宣传资料1500多份。全年未发生旅游安全责任事故。

2016年4月17日，“鉴湖之春”柯桥文化休闲旅游节携手“越之南慢道——茶马古道”推介活动在柯桥区平水镇金鱼湾农庄举行

（区旅游局 供稿）

【80余人参加旅游安全业务培训】 2016年6月27—29日，柯桥区结合第十五个全国安全生产月活动，在东方山水金沙酒店举办旅游安全业务培训班，80余位旅游企业安全负责人参加培训。培训内容有《中华人民共和国安全生产法》、消防安全管理及案例分析、旅游企业特种设备安全管理等。在东方山水乐园开展旅游系统特种设备（电梯）事故应急救援演练。

【11家旅行社完成安全生产标准化创建】 2016年，柯桥区制订《2016年柯桥区旅游企业安全生产标准化建设实施方案》《柯桥区旅行社安全生产考核评分表》，举办旅行社、门市部负责人安全生产标准化业务培训班，对杭州两家五星级旅行社及安全生产标准化规范进行学习考察，编制《旅行社安全管理规范》，全区11家旅行社完成安全生产标准化创建。

（支张健）

执行编辑　傅炳荣

财政·税务

财 政

【概况】 2016年，柯桥区财政总收入165.2亿元，比上年增长2.8%。其中一般公共预算收入106.0亿元，比上年增长8.1%。一般公共预算支出98.9亿元，为年度预算的100.3%。

调整完善区对镇（街道、开发区）财政体制，推进新老财政体制有效衔接；制定国库集中支付动态监控内部工作规程，推行国库集中支付动态监控系统，全方位监控财政支出行为；深化公务卡结算制度改革，全年累计刷卡消费4221万元，比上年增长27.2%。出台《柯桥区行政事业单位公款竞争性存放管理暂行办法》，对6.8亿元公款实行竞争性存放。制订《柯桥区行政事业资产管理办法》，对392个行政事业单位进行资产清查，涉及资产108.3亿元。制定《关于进一步加强行政事业单位会计队伍建设的若干意见》。修订完善《柯桥区预算绩效管理办法》，实现预算绩效目标、跟踪、监督全覆盖，对涉及预算资金69.6亿元的502个项目实行绩效跟踪管理，确定16个项目为重点绩效评价和监督检查项目，涉及财政资金19亿元。落实有关政策措施，柯桥区被国务院通报表扬奖励，获中央财政提前调度资金2亿元、奖励资金900万元。

【成立4个政府产业基金】 2016年，柯桥区成立普华天勤文化产业投资基金、锦聚科技人才创业投资基金、盈实新兴产业引导基金和东方山水文化旅游基金4个政府产业基金。至2016年年底，全区产业基金总额250亿元，参与投资高端制造产业、新兴智能产业、环保节能产业、文化体育健康产业等领域的重点项目16个，投资50.3亿元。

【金柯桥基金小镇累计入驻76家金融企业】 2016年，柯桥区完善金柯桥基金小镇基础设施建设，完成小镇内环境改造及客厅建设，满足峰会、沙龙、培训、宣传展示、项目推介等需求。至2016年年底，金柯桥基金小镇累计入驻76家金融投资企业，注册资金86.6亿元。

【民生支出78亿元】 2016年，柯桥区民生支出78亿元，比上年增长9.7%，占当年一般公共预算支出的78.9%。全年投入“五水共治”“五气合治”、美丽乡村工程等重点项目建设资金9.5亿元。累计拨付树人大学、妇女儿童医院、老年医院、保障性住房等建设资金13.5亿元。开展平水镇大外畈高标准农田建设，惠及农户4396户。

【盘活财政存量资金3.6亿元】 2016年，柯桥区财政部门加强结转结余资金跟踪管理，提高财政资金使用效率，全年清理盘活财政存量资金3.6亿元，用于经济转型及民生支出。

【落实社会保障补助资金10.1亿元】 2016年，柯桥区健全社会救助体系，落实各类社会保障补助资金10.1亿元，比上年增长14.8%。支持基层医疗卫生机构和公立医院改革，投入医疗卫生补助资金8.1亿元。

【实施政府存量债务置换54.4亿元】 2016年，柯桥区制定《预算编制风险防控管理办法》《预算执行风险防控管理办法》《法律风险内部控制办法》等8个专项预防风险办法，搭建起“1+8+X”（“1”是一项基本制度、“8”是八项管理办法、“X”是内部控制操作规程）三级内控制度体系，规范财政业务活动和权力运行。建立政府债务风险预警体系，开展存量债务置换，全年置换债券54.4亿元。

【完成政府非税收入46.4亿元】 2016年，柯桥区加大非税收入监控和征管力度，全年收缴各项非税收入38.4亿元。在全市率先推出“互联网+非税缴费”模式，将教育收费项目纳入浙江政务

服务网统一公共支付平台，完成教育收费45760笔，累计收缴资金3700万元。（陆海东）

国税

【概况】 2016年，柯桥区完成国税收入80.71亿元，比上年增长7.36%，按地方财政口径计算完成国税收入76.4亿元，比上年下降5.2%。办理各项减免退税2.95亿元，其中减免小微企业税收2.24亿元，办理软件企业、资源综合利用企业、福利企业退税1920万元，17家高新技术企业享受企业所得税优惠5181万元。落实固定资产增值税进项税额抵扣8.84亿元，办理出口退（免）税92.87亿元，占全市出口退（免）税总额的38.53%。

2016年，柯桥区成立深化国地税征管体制改革工作领导小组，建立健全国地税联席会议制度。深化国地税合作，基本完成43个国地税合作事项，被国家税务总局确定为全国百佳国地税合作县级示范区。在全市率先创建全国税收普法教育示范基地，被浙江省国税局推荐参评“全国税收普法教育示范基地”。

【营改增行业全年减轻税负4.75亿元】 2016年5月1日，柯桥区推开营改增试点，建筑安装业、房地产业、金融业和生活服务业纳入试点范围，全区近9000户纳税人实现税制转换。区国税部门成立营改增“党员先锋队”和“青年干部服务队”，负责攻关政策难点、技术堵点和业务培训等工作，开展试点企业开票、申报等环节政策咨询辅导。营改增行业全年减轻税负4.75亿元。

【金税三期系统上线】 2016年10月8日，柯桥区国税部门金税三期系统上线，新旧税收征管业务系统实现切换。设立3个项目组，组织干部职工393人次参加培训，采购100台办公计算机。系统整体运行良好，办税秩序井然，未发生不良舆情和突发事件。

【清缴企业所得税近3.6亿元】 2016年，柯桥区国税部门完成2015年度企业所得税汇算清缴与后续（重点）审核工作。入库企业所得税3.4亿元，比上年增长12.21%；后续（重点）审核入库企业所得税（含滞纳金）1592.23万元。

【分类管理8216家出口退（免）税企业】 2016年6月，柯桥区国税部门根据《出口退税企业分类管理办法》规定，对全区8216家出口退税资格认定企业开展评审，评定符合一类条件的企业278家、二类条件的企业1675家、三类条件的企业6118家、四类条件的企业145家。按照分类管理办法，对四大类企业进行差异化出口退税申报受理和退税管理，鼓励企业规范申报、诚信纳税。

（姚斌辉）

地税

【概况】 2016年，柯桥区地税收入持续平稳增长。地税各项收入123.8亿元，比上年增长4.2%，其中税收收入70.8亿元，比上年增长9.9%。拓展国地税合作深度与广度，明确细化44项具体合作内容，在全市率先实行“互派人员、互设窗口”联合办税模式，成立柯桥区纳税人维权服务中心，设立中国轻纺城市场国地税个体税收联合管理办公室，互派干部对口交流挂职。柯桥区成为全省首批国地税合作县级示范区和全国百佳国地税合作县级示范区。柯桥区地税部门创建为浙江省首批五个法治税务示范基地之一，立浙江省地税系统三等功。

【“营改增”平稳过渡】 2016年，柯桥区地税部门举办20余场“营改增”业务培训、10余次“营改增”纳税人专题会议，增配“营改增”专职导税员8名，增设“营改增”绿色通道18个、咨询热线7条。全年代开增值税发票13430份，代征增值税5120万元。

【金税三期平稳上线】 2016年，柯桥区地税部门金税三期平稳上线，推进数据清理和迁移工作，累计完成数据清理48万条；对2800项业务进行流程测试；开展人海压力测试，对71项工作实行双系统同步操作，累计重做业务11432户次；培训纳税人5000余户，发放宣传资料10000份。

【征收社保费45.6亿元】 2016年，柯桥区地税部门与人社局建立社保征缴信息共享机制、协作会议制度和日常工作联系机制，加强缴费登记和申报管理，全年累计征收社保费45.6亿元，比上年增长24.0%。全年代征残疾人就业保障金和工会经费8785万元。

【清理积案17件】 2016年，柯桥区地税部门开展欠税清缴专项整治，全年对 1189 户纳税人清理欠税 8529 万元。开展工业小区税收征管秩序专项整治，292 个工业小区全年入库出租税收 1.6 亿元，比上年增长 10.3%。开展印染企业税收专项检查，对 141 家印染企业进行综合指标测算分析，对平均值以下的 70 家企业组织税收自查，确定 22 家企业为稽查评估对象，查补税费 2145 万元。开展稽查“积案”百日清理活动，全年清理“积案”17 件，查补税费 8393 万元，入库税费 3606 万元。

【减免各类税收 8.7 亿元】 2016 年，柯桥区地税部门落实支持小微企业发展、鼓励创业创新等税收优惠政策，全年为企业减免各类税收 8.7 亿元；落实规费优惠及部分企业部分费种临时性下调政策，全年减免 1.5 亿元。

【为 70 户纳税人提供信用贷款 4665 万元】 2016 年，柯桥区地税部门开展“百名税干进千企、深入基层补短板”活动，对 1854 户纳税人进行走访；深化“银税互动”试点，解决小微企业融资难问题，与 5 家金融机构签订合作框架协议，为 70 户纳税人提供信用贷款 4665 万元。

【开展第 25 个税收宣传月活动】 2016 年，柯桥区地税部门以“聚焦营改增试点、助力供给侧改革”为宣传主题，开展第 25 个税收宣传月活动。通过开展“与人大代表、政协委员共商改革促发展”“一把手走进民情直播间”“财税助力柯桥发展”“我身边的财税美”“服务纳税人零距离”等八大宣传活动，提升财税工作影响力。（陆海东）

执行编辑　傅炳荣

金融业

综　述

2016年，柯桥区有银行机构22家（其中法人银行2家、地区总部级机构1家、分行级机构3家）、保险机构21家（产险13家、寿险8家）、证券机构9家、期货公司2家、小额贷款公司10家、交易市场2家、创业投资公司17家、股权投资公司72家、融资性担保机构5家、典当企业7家，形成以银行业为主，保险业和证券业为辅，其他金融业态有效补充的多元化组织体系。

2016年，柯桥区金融业实现增加值48.16亿元，占地区生产总值和服务业增加值的比重分别为3.89%和8.53%；金融业实缴税费7.44亿元，税收贡献占全区财政总收入和服务业税收的4.50%和10.35%。金融机构本外币存款余额1743.64亿元，比上年增长7.30%；金融机构本外币贷款余额1223.33亿元，比上年下降1.51%；实缴税费6.06亿元，比上年增长27.41%。全年处置不良贷款100.11亿元，比上年增长6.25%。其中司法核销11.30亿元，资产转让53.12亿元（其中核销30.12亿元），担保企业平移5.05亿元，现金清收9.87亿元，重组1.12亿元，化解11.34亿元，抵押物拍卖5837.59万元。

2016年，柯桥区保险行业实现各项保费收入15.81亿元，比上年增加2.60亿元。全年各项赔款支出6.18亿元，比上年增加1.52亿元。

2016年，柯桥区“绿萌健康”“康瑞股份”“子华停车”“晶茂科技”4家企业在“新三板”挂牌，29家企业在股交中心挂牌。至2016年年末，全区企业直接融资253.17亿元，比上年增加51.33亿元，增长72.86%。其中“会稽山”“亚太药业”两家上市公司完成非公开股票发行，募集资金26.52亿元；8家国有平台公司完成债券融资119亿元，4家民营企业完成债券融资82.9亿元，11家企业私募融资24.75亿元。

2016年，柯桥区开展投融资类公司“百日整治”和互联网金融专项整治，对489家投融资咨询类公司开展摸底排查，重点打击金融诈骗、非法集资等违法行为。全年立案查处投融资类公司6家，涉案金额约9000万元；对14家涉及互联网金融的企业和104家企业网站进行调查，查处2家P2P类公司和1家赌博类网站。

2016年，柯桥区制订《绍兴市柯桥区金融突发事件应急预案》《绍兴市柯桥区金融突发公共事件应急预案操作手册》，出台《重大活动金融领域维稳安保工作等级响应规范》，细化对银行的“重点目标守护安保计划”，参与重大活动金融领域维稳安保。

（竺鸣咚）

银　行

【概况】 2016年，柯桥区有瑞丰银行、浙商银行、上海银行、滨海银行、泰隆银行、工商银行、农业银行、中国银行、建设银行、交通银行、绍兴银行、中信银行、招商银行、华夏银行、浦发银行、民生银行、村镇银行、邮储银行、义乌农商行、杭州银行、民泰银行、宁波银行22家银行，另有北京银行、广发银行在筹建。金融机构本外币存款余额1743.64亿元，比上年增长7.30%，其中个人存款余额816.89亿元，比上年增长6.85%，当年新增52.36亿元；非银金融机构存款余额548.72亿元，比上年增长10.18%，当年新增50.68亿元。金融机构本外币贷款余额1223.33亿元，比上年下降1.51%。其中住户贷款361.49亿元，比上年增长10.34%；非金融企业及机关团体贷款861.84

亿元，比上年下降 5.75%。外汇存款比上年增长 80.40%，外汇贷款比上年下降 30.49%。

【证监会受理瑞丰银行上市申请】 2016 年 10 月 31 日，中国证监会受理瑞丰银行上市申请。瑞丰银行于 2016 年年初开展上市准备事宜。至 2016 年年末，全行总资产 1023 亿元，比上年增长 18.2%；净资产 77.8 亿元，比上年增长 13.6%；各项贷款 407 亿元，比上年增长 3.43%。

【瑞丰银行为企业授信 53 亿元】

2016 年，瑞丰银行为 300 家纳入信用库中的企业集体授信，额度为 53 亿元。

【浙商银行绍兴分行投放产业基金 8.5 亿元】 2016 年，浙商银行绍兴分行参与营销的各类产业基金、股权基金项目获批 9 个，基金规模 134 亿元，授信 78 亿元，投放 8.5 亿元。

【工商银行绍兴支行设立个贷中心】 2016 年 11 月，工商银行绍兴支行设立个贷中心，把原授权辖属部分网点办理的个贷业务统一集中到个贷中心办理。12 月，个贷中心发放个人住房贷款 7600 余万元。

【农行绍兴柯桥支行开展“普惠金融”工程】 2016 年，农行绍兴柯桥支行先后在稽东镇、漓渚镇推广惠农网贷，创建 20 个“三农”工作室，建档村民 22876 户。至 2016 年年末，农户贷款余额 4 亿元，比年初增加 2.4 亿元。

【建行绍兴支行实现国际结算量 5.3 亿美元】 2016 年，建行绍兴支行实现国际结算量 5.3 亿美元，完成结售汇量 3.9 亿美元，国际收支客户总数 249 户，票据贴现 13.15 亿元。

【华夏银行绍兴钱清支行发放小微保证贷 1550 万元】 2016 年 5 月 23 日，华夏银行绍兴柯桥支行所属钱清支行推出《华夏银行绍兴钱清支行小微保证贷业务实施办法》。至 2016 年年末，华夏银行绍兴钱清支行发放此类贷款 13 笔，金额 1550 万元。

【绍兴银行轻纺城支行新设 7 个网点】 2016 年，绍兴银行轻纺城支行完善辖内网点布局，新设杨汛桥、福全、马鞍 3 家二级支行和立新、浪琴湾、双梅、旺角 4 家社区银行。

【义乌农商银行绍兴柯桥支行实现国际结算量 7965.66 万美元】 2016 年，义乌农商银行绍兴柯桥支行新增外汇账户 20 户，实现国际结算量 7965.66 万美元，比上年增长 917.05%，实现结售

2016 年 9 月 18 日，绍兴银行福全支行开业 （绍兴银行 供稿）

2016 年 12 月 2 日，农行绍兴柯桥支行在漓渚镇召开漓渚镇政府＋农行“普惠金融”现场会 （农行柯桥支行 供稿）

汇 7826.47 万美元，比上年增长 886%。

（竺鸣咚）

保　险

【概况】2016 年，柯桥区有人保财险、太保产险、平安产险、天安产险、华泰财险、中华联合、太平财险、安邦财险、都邦保险、阳光财险、国寿财险、长安责任、安诚保险 13 家产险营业部，中国人寿、太保寿险、平安人寿、泰康人寿、新华人寿、太平人寿、生命人寿、人保人寿 8 家寿险营业部。全区保险行业各项保费收入 15.81 亿元，比上年增加 2.60 亿元。其中财险保费收入 8.07 亿元，比上年增加 0.64 亿元；寿险保费收入 7.74 亿元，比上年增加 1.96 亿元。全年各项赔款支出 6.18 亿元，比上年增加 1.52 亿元；产险赔付率 61.59%，寿险赔付率 15.50%。各保险机构实缴税费 7007 万元，比上年增加 1026.07 万元，增长 17.16%。在地方税收贡献上，人保财险、平安产险、太保产险 3 家保险机构居前三位。

【太保产险柯桥支公司推出首款民宿险】 2016 年，太保产险柯桥支公司推出首款民宿险。该险侧重于民宿基本财产、经营性财产、雇主责任险、公众责任险等保障，为民宿、农业休闲庄园、家庭农场等经营主体提供风险保障。

【中国人寿柯桥支公司实现保费 1.727 亿元】 2016 年，中国人寿柯桥支公司实现总保费 1.727 亿元，比上年增加 4937.98 万元。其中首年标准保费达成率 107.22%，比上年增长 30%；5-9 年首年期交保费达成率 121.2%，比上年增长 116.5%；10 年期及以上保费达成率 102.63%，比上年增长 52%；短险达成率 113.17%，比上年增长 6.4%；意外险达成率 116.46%，比上年增长 7.3%；团险渠道短险保费达成率 115.14%，比上年增长 17.04%；意外险保费比上年增长 2.93%，其中借贷险规模位列全市第一，短险赔付率为 18.15%，为全市最低。

【中国人寿柯桥支公司新单保费 5759.62 万元】 2016 年，中国人寿柯桥支公司新单保费 5759.62 万元，达成率 174%。其中趸交 3271.2 万，达成率 142.22%；期交 1455 万，达成率 156.45%。市场占有率 40.01，比上年增长 29.32%。

（竺鸣咚）

证　券

【概况】 2016 年，柯桥区有财通证券柯桥营业部、财通证券钱清营业部、中信证券兴越路营业部、国元证券金柯桥大道营业部、浙商证券金柯桥大道营业部、信达证券柯桥山阴路营业部、银河证券金柯桥大道营业部、山西阳光证券、华林证券 9 家证券营业部。至年末，累计开户数为 136470 户，比年初增加 19642 户，比上年增长 16.81%。当年证券机构交易额 5377.76 亿元，比上年减少 4374.02 亿元，下降 44.85%。全区证券机构实缴税费 5145.01 万元，比上年增长 6.83%。

（竺鸣咚）

企业上市

【概况】2016 年，柯桥区有境内外上市公司 14 家，其中境内 8 家（3 家主板、5 家中小板）、境外 6 家，累计融资 137.51 亿元。至年末，市值 581 亿元。全年启动股改上市企业 46 家，累计启动股改上市企业 70 家，完成上市及“新三板”10 家，完成股改 19 家。

【新增“新三板”挂牌企业 4 家】 2016 年，柯桥区新增“新三板”挂牌企业 4 家。1 月 12 日，绿萌健康（835518）挂牌“新三板”。7 月 26 日，康瑞股份（837943）挂牌“新三板”。8 月 11 日，子华停车（838299）挂牌“新三板”。8 月 18 日，晶茂科技（838874）挂牌“新三板”。

（竺鸣咚）

小额贷款

【概况】 2016 年，柯桥区有汇金小贷、富邦小贷、永利小贷、华联小贷、贤盛小贷、日月小贷、宏泰小贷、兴发小贷、屹男小贷、振东小贷 10 家小额贷款公司，累计注册资本 23 亿元。全年累计发放贷款 1564 笔，计 24.57 亿元，当年营业收入 1.13 亿元。全区有民间融资管理创新试点单位 9 家。金融服务公司中小企业转贷业务全年发放 1517 笔，金额 135.93 亿元。民间融资管理服务中心对接成功 99 笔，金额 1.39 亿元。荣生金融服务公司转贷 39 笔，金额 3.06 亿元。

（竺鸣咚）

执行编辑　傅炳荣

国土资源管理

综 述

2016年，柯桥区加强耕地保护，推进“611”土地保护工程，完成永久基本农田划定任务，调整完善镇级土地利用总体规划，强化农村住房用地保障，开展不动产统一登记管理。立案查处各类国土资源违法案件88起，查处面积12.52万平方米，责令拆除非法建（构）筑物4.39万平方米，没收非法占用7.6万平方米土地上的建筑物，处罚款299.3万元，依法申请人民法院强制执行31件。对土地征收中查出的10个方面问题全整改到位，24处矿山历史开采点设好警示牌、建好挡墙路障，认定农村“一户多宅”2023户，整治（拆除）1371户。严防地质灾害风险，落实地质灾害防治经费1116万元，全年未发生地质灾害事故。

·小资料·“611”耕地保护工程

（一）土地开发垦造耕地工程。通过滩涂围垦造地、低丘缓坡开发等途径，力争完成新增耕地60万亩，其中垦造和改造水田30万亩。

（二）千万亩耕地质量提升工程。加强以农田水利设施为基础的田间水渠配套工程建设，加大中低产田改造力度，提升耕地质量，再建成1000万亩旱涝保收、与现代农业生产和经营方式相适应的高标准农田。

（三）农村土地综合整治工程。继续实施和推进城乡建设用地增减挂钩和农村土地综合整治，通过矿山废弃地土地复垦、农村建设用地复垦新增耕地10万亩。（徐 华）

土地资源管理

【概况】 2016年，柯桥区进一步落实《关于建立健全耕地保护共同责任机制全面推进耕地保护工作的意见》，全年验收垦造耕地项目6个，新增耕地1302亩，“旱改水”土地面积1772亩，完成高标准基本农田建设20947亩，耕地质量提升21360亩。农村土地综合整治立项453亩，验收230亩。划定永久基本农田24.61万亩、永久基本农田示范区11.06万亩。外购耕地占补指标1208.4亩、标准农田指标4366.66亩。完成全区土地利用总体规划调整（2006—2020年）。全年向浙江省国土厅和绍兴市国土局争取建设用地计

2016年11月18日，浙江省高标准基本农田建设调研汇报会在柯桥举行
（区国土分局 供稿）

划指标3227亩，建立区级用地项目储备库，受理群众国土信访件144件，比上年下降29.4%。工业用地公开出让3085.47亩、经营性用地公开出让1095.83亩，划拨用地1735.39亩。工业用地协议出让12.35亩，集体使用8.19亩。

【34万亩耕地实行区别化补偿】 2016年，柯桥区将全区34万亩耕地根据具体情况进行区别化补偿，每年每亩分别补偿80元、60元和40元。

【13个镇调整土地利用总体规划】 2016年8月，柯桥区调整夏履、王坛、漓渚、兰亭、福全、齐贤、安昌、杨汛桥、钱清、平水、马鞍、陶堰、稽东13个镇的土地利用总体规划（2006～2020）。

【新增建设用地计划指标3227亩】 2016年，柯桥区获得浙江省年度用地计划指标3227亩。其中滨海印染产业集聚区配套项目用地指标435亩，民生项目用地指标180亩，存量盘活挂钩用地指标717亩，省建设用地奖励指标1000亩，省重大产业项目奖励用地指标219亩，省工业投资和“机器换人”技术改造考核用地指标110亩，农民建房用地指标141亩，农村土地综合整治增减挂钩用地指标425亩。

【区级用地储备7893亩】 2016年，柯桥区建立区级用地项目储备库，储备土地7893亩。其中急需项目91个，面积3292亩；备选项目110个，面积4601亩。

【盘活存量土地1693.4亩】 2016年，柯桥区盘活存量土地1693.4亩，其中实现存量土地再利用669.86亩，收回1023.54亩。完成城镇低效用地再开发54.56亩，追缴土地出让金1274.69万元。

【依法征收土地3150.6亩】 2016年，柯桥区完成土地征收3150.6亩，办理被征地农民“即征即保”审核5290人，对事实失土农民调查确认8866人。

【审批221户农村住房解困用地】 2016年，柯桥区按符合一户一宅、户型标准、镇村规划、不涉及永久基本农田4个条件，对农村住房解困用地急需先行、应保尽保，全年审批221户农村住房解困用地。

【办理各类不动产登记28118件】 2016年8月1日，柯桥区启动不动产统一登记工作。全年办结各类不动产登记28118件，制证32747本，其中不动产证书17634本、登记证明15113本，提前办结率85.5%，每宗业务平均办结天数为4.28天。

【开展土地执法巡查1600余次】 2016年，柯桥区开展土地执法巡查1600余次，发现违法用地18起，发放停工通知书26份，开展联合执法87次，拆除121亩土地上的违法建筑，复垦违法用地28亩。

【开展土地卫星图片执法查处违法用地75.43亩】 2016年，柯桥区开展土地卫星图片执法工作，立案查处违法用地60宗75.43亩，发出党纪政纪责任追究建议书9宗，非立案处理6宗8.61亩。

【规范国土行政八大类140个事项】 2016年，柯桥区国土部门规范国土行政八大类事项，梳理出行政许可事项10项、行政处罚事项91项、行政强制事项1项、行政征收事项6项、行政裁决事项3项、行政确认事项9项、行政奖励事项3项、其他行政权力17项，将八大类权力事项全部上网运行。

【国土信访件比上年下降29.4%】 2016年，柯桥区推进法定途径分类处理国土资源信访投诉工作，全年受理群众信访件144件，市长（区长）热线434件，分别比上年下降29.4%、22.8%。化解信访积案5件，全年参加行政复议案件1件、行政诉讼案件6件。（徐 华）

地质环境保护

【概况】 2016年，柯桥区编制2016年度地质灾害防治方案，修编突发地质灾害应急预案及操作手册。全年审核建设用地出具地质灾害不易发区证明658个，监管地质灾害危险性评估项目18个，发放地质灾害科普知识手册、图片等1500余份。全年未发生地质灾害事故。开展矿山生态环境综合治理，马鞍镇国庆村和齐贤镇金白山废弃矿山治理通过验收，马鞍镇驼峰山南侧乌猪山边坡治理完工，湖塘街道永联村毛婆溪建筑石材矿、小官山矿区通过治理验收。

【落实地质灾害防治经费1116万元】 2016年，柯桥区落实地质灾害防治经费1116万元。重点安排地质灾害隐患点工程治理项目18个，至年底，完工15个。安排地质灾害隐患点应急预算项目63个，至年底，完工47个。（徐 华）

矿产资源管理

【概况】 2016年，柯桥区开展矿产资源开采日常监管督察，制定《绍兴市柯桥区探矿权人信用信息监管制度》，加强矿业权人信用监管。完成杭州至绍兴城际铁路试验段、32 省道绍兴兰亭至平水段改建工程（柯桥区段）采矿权协议出让，注销柯岩天马、平水大道工程性采矿权两宗。全区有持证矿山 7 家，其中金属矿山两家、矿泉水矿山 1 家、普通建筑石材矿山两家、工程建筑石材矿山两家。

（徐　华）

执行编辑　傅炳荣

环境保护

综　述

2016年，柯桥区环境保护工作以改善环境质量、提升生态满意度为核心，以“五水共治”“五气合治”为载体，加大环境执法力度，强化污染防治，推进节能减排，加快生态建设，有效维护区域环境安全。空气质量优良率75%，比上年提升2%，全区空气质量明显改善。区域水质不断提升，17个市控及以上断面水质达标率比上年提高58.8%，生态满意度比上年提升8.3%。

2016年，柯桥区环境保护工作在全市各县（市、区）考核中被评为优秀，省级生态区创建提前通过验收。（赵晓丰）

2016年6月5日世界环境日，柯桥区环保部门开展绿色骑行宣传活动　（赵晓丰　摄）

环境监察与稽查

【概况】 2016年，柯桥区围绕“水、气、泥”，开展环境污染综合整治，率先在全市启动“双随机”（随机抽调执法人员、随机选定被检查企业）执法，打击各类环境违法行为，维护区域环境安全。全年共立案查处企业421次，比上年增长40%，责令整改511家次，停产整顿77家，关停10家，行政处罚421家次，处罚金额2316万元，比上年增长40%。查封扣押151件，停产限产108件。完善环保与公检法联动机制，移送公安机关案件45件，比上年增长170%，其中刑事案件5起，11名责任人被刑事追责。违法企业立案查处数和处罚金额总数均列全省各县（市、区）第一。

【开展环保“双百”专项行动】 2016年，柯桥区开展环保“双百”（百日污染源查找、百日环境执法）专项行动，查找新污染源453个，其中涉水110个、涉气208个、涉固（危）废68个，其他67个。立案查处企业188家次，行政处罚110家次，处罚金额605万元。

【检查小微排污企业800余家】 2016年，柯桥区环保部门对全区工业小区开展检查，出动执法人员200余人次，检查小微排污企业800余家，其中155家企业无环保审批手续被查封，13家企业被责令停产整顿。

【受理环境信访投诉1969件】 2016年，柯桥区出台《关于进一步规范环境信访值班管理制度的通知》等文件，落实24小时值班制，设置夜间应

2016年5月3日，柯桥区环保部门执法人员在相关企业执法采样
（赵晓丰　摄）

急值班小组，应对处置各类突发环境污染事件。全年受理信访投诉1969件，满意率98%以上。
（赵晓丰）

环境监测及管理

【概况】 2016年，柯桥区环境监测做好考核断面水质监测、AQI日报发布与预警、重点污染源监督监测和在线比对工作，开展区域环境质量监测及分析评价，强化突发性事件的快速响应能力和应急监测能力。新建14个空气自动监测站点和7个水质自动监测站。全年提交各类监测、检测报告988份，其中“三同时”（指建设项目中防治污染的设施必须与主体工程同时设计、同时施工、同时投产使用）验收监测报告24份、常规政府性指令性监测报告148份、重点污染源监督性监测报告77份、执法监测4批次，完成突发性污染应急监测任务两起，参加区级应急演练两次。

【下发环境质量预警函26份】 2016年，柯桥区在全省率先推行镇（街道、开发区）环境质量预警机制，对空气质量、河道断面水质状况超过预警值或者排名落后的镇（街道、开发区）及时发出信函督促整改。全年下发环境质量预警函26份，其中大气环境质量预警函6份、水环境质量预警函20份。

【区域大气质量明显好转】 2016年，柯桥区空气质量优良率75%，比上年提升2%；$PM_{2.5}$均值0.045毫克/立方米，比上年下降21.1%；二氧化硫均值0.011毫克/立方米，比上年下降54.2%；氮氧化物均值0.028毫克/立方米，比上年下降28.2%；PM_{10}均值0.067毫克/立方米，比上年下降14.1%；一氧化碳均值0.7毫克/立方米，比上年下降22.2%，区域大气环境质量明显好转。

【区域河道断面达标率上升20.6%】 2016年，柯桥区各镇（街道、开发区）34个考核断面高锰酸盐指数、氨氮、总磷3项指标分别比上年下降20.7%、25.7%、20.3%，Ⅰ—Ⅲ类水质的断面由18个增至21个，Ⅴ—劣Ⅴ类水质的断面由8个减至7个，断面达标率上升20.6%，水质有所提升。鉴湖主体及上游13个监测断面高锰酸盐指数、氨氮、总磷3项指标比上年分别下降20.9%、37.8%、20.0%；17个市控及以上断面水质达标率比上年提高58.8%，Ⅴ类以下水质断面减少1个；全省交接断面考核优秀。
（赵晓丰）

污染防治管理

【概况】 2016年，柯桥区落实《浙江省水污染防治行动计划》《浙江省大气污染防治行动计划》，通过“深化行业整治、依法科学治污、强化部门联动”等手段，推进区域环境质量提升和污染防治工作。开展工程减排、结构减排、监管减排三大类33个减排项目，完成两项国家减排责任书项目建设，严控全社会煤炭消耗总量和印染布总量，完成印染行业整治提升工作，加快老旧车淘汰工作，强化新机动车排气污染控制。推进天天田园、胖胖生猪、福景达3家万头以上规模化养殖场深度治理工作。完成市政府下达的化学需氧量3.0%、氨氮3.0%、二氧化硫6.0%、氮氧化物6.0%四项主要污染物减排任务。

【整治 179 家印染企业】 2016 年，柯桥区推进工业废气治理，开展印染行业 VOCs（挥发性有机物）整治，对 179 家印染整治企业实施“一厂一策”。印染企业污水处理系统臭气加盖完成率 100%。17 家企业完成工业锅炉废气清洁排放改造。印染企业“煤改气”改造完成率 100%。

【淘汰老旧车 1550 辆】 2016 年，柯桥区推进老旧车淘汰工作，累计淘汰老旧车 1550 辆，完成率 68.16%；加强机动车尾气监管，全年检测车辆 83919 辆，发放绿色标志 107896 辆。

【开展排污权有偿使用和交易】 2016 年，柯桥区健全排污权基本账户制度，开展排污权有偿使用和交易。全年有 18 家企业通过平台交易获得排污权，交易排污量 4524 吨，涉及金额 4347.8 万元；针对企业发展融资需要，全年办理排污许可证抵押 174 笔，抵押排污量 45.82 万吨 / 日，抵押金额 54.69 亿元。

【开展“一证式”记分管理试点】 2016 年，柯桥区在全省率先开展排污许可证“一证式”记分管理试点，将印染、化工等近 300 家重点污染企业纳入记分管理，为各类环境违法行为设定相应分值，每本排污许可证分值容量 10 分，对分值达到一定值的企业，配套执行扣减排污量等措施，直至停产整顿。

【高效审批优化环境管理】 2016 年，柯桥区高效审批优化环境管理，各类行政许可事项提前办结率 100%，审批各类环境影响评价报告 269 件。开展不再审批试点，协调符合条件的项目，有 84 个项目办理不再审批环保备案。否决 76 个不符生态功能区划、选址不合理及环境敏感项目。

（赵晓丰）

生态建设

【概况】 2016 年，柯桥区推进“811”生态文明建设。出台《2016 年度柯桥区生态建设优胜镇（街道、开发区）考评办法》，将生态文明建设列入镇（街道、开发区）岗位目标责任制考核内容。区政府与各镇（街道、开发区）签订《2016 年度生态建设目标责任书》，稽东镇、王坛镇、湖塘街道、柯桥街道、杨汛桥镇、福全镇获评区级优秀。开展系列创建活动，形成不同层面、覆盖城乡、相互衔接生态区建设规划体系，创建市级绿色学校两所。与新闻媒体合作宣传，报道生态工作先进事迹，曝光破坏生态环境行为，生态满意度调查结果为 72.13 分，比上年提升 8.3%。

【完成省级生态区创建】 2016 年，柯桥区制订《绍兴市柯桥区省级生态区创建工作方案》，按照验收要求，加强宣传引导，推进节能减排，严格铁腕执法，整治小微企业，推广生态农业，深化生态修复等工作。6 月 23 日，柯桥区省级生态区创建提前通过验收。

【开展环保生态宣传】 2016 年，柯桥区环保部门依托区广电总台、《柯桥日报》等媒体，报道环保新事，传递环保动态。在公交车车载电视上播放公益宣传片；开展“6•5”世界环境日环瓜渚湖绿色骑行活动；组织 34

2016 年 5 月 23 日，浙江省生态文明建设专项督查组察看漓渚镇棠棣村美丽乡村建设（赵晓丰 摄）

场生态文明“走镇入村进社区”文艺演出；开展6次生态环境质量公众满意度模拟调查，开展环保专题宣传。

（赵晓丰）

2016年5月5日，柯桥区环保部门组织开展“生态文明”建设专场文艺演出

（赵晓丰　摄）

执行编辑　傅炳荣

水 利

综 述

2016年，柯桥区立足防大汛、提水质，加快水利工程建设，加强水利工程管理，补齐补强水利基础设施短板，完成水利投资6.8亿元。2016年10月，出台《柯桥区水利发展“十三五”规划》，明确此后五年水利工作的目标任务。柯桥区水利水电局被评为浙江省“五水共治”先进集体、浙江省市县水利工作综合考核优秀单位、绍兴市河湖清淤先进单位。柯桥区河道清淤、淤泥固化工作得到浙江省委书记夏宝龙肯定，批示“推广给各县”。水政渔业执法在全省和全市考核中获优秀，在全市水政渔业执法技能竞赛中获团体一等奖。

（胡飞珍）

防汛抗旱

【概况】 2016年，柯桥区印发《关于进一步加强和完善防汛防台组织指挥体系的实施意见》，完善防汛防台组织指挥体系，实行“一个指挥部+三个分指挥部+监测预警中心”的防汛防台组织指挥体系。区建设局组建区防汛防台指挥部排水防涝分指挥部，区国土分局组建区防汛防台指挥部地质灾害应急防治分指挥部，区交通局组建区防汛防台指挥部交通运输突发公共事件应急处置分指挥部，区气象局组建区突发事件预警信息发布中心，统一向社会发布预警信息。印发《关于做好2016年防汛防台抗旱工作的要点》，汛前连续两次召开专题会议，做好预案修订、防汛物资储备，落实防汛安全管理责任制和抢险队伍。开展防汛安全隐患自查和复查，及时消除安全隐患。开展山塘水库安全管理培训，参加培训210人。10月14日，区水利水电局会同稽东镇政府、区国土分局在稽东镇顺利村开展小流域山洪地质灾害防御演练。加强水情、雨情、工情监测，科学调度平原河网和水库水位，重点防范山塘水库出险、小流域山洪地质灾害和城市内涝，全年未出现灾情。

【4546人参加防汛抢险队伍】 2016年，柯桥区成立防汛抢险队伍20支，区、镇、村三级共4546人参加，储备编织袋、土工布、电缆、铁撬、水泵、石料、铅丝、合金钢网兜、葫芦、移动发电机、橡皮舟、冲锋舟、救生衣、工作灯、对讲机等防汛物资。

【稽东镇山洪灾害群测群防示范镇建设通过市级验收】 2016年11月，稽东镇山洪灾害群测群防示范镇建设通过市级验收。该项目主要是在前期山洪灾害防治非工程措施建设基础上，结合区域内防汛防台工作实际，从组织责任、应急预案、监测预警、安全避险、应急救援、宣传培训和运行保障等方面进行深化细化，为各村配置山洪灾害预警设备和防汛物资，开展山洪地质灾害宣传教育和培训，提升镇村两级防御山洪灾害的综合能力，增强群众防灾避灾意识和自救互救能力。

【投资538.19万元加固钱塘江海塘堤脚】 2016年，柯桥区投资538.19万元加固钱塘江海塘堤脚。对临时船抛码头西侧135米堤脚、滨海闸西侧盘头及标准海塘抛石坝冲失严重段进行加固处理，储备混凝土四脚空心块及扭王块。（胡飞珍）

水利工程建设

【概况】 2016年，柯桥区启动水利工程标准化管理创建，编制《柯桥区水利工程标准化管理实施

2016 年 10 月 14 日，稽东镇防汛防台抗旱应急预案暨小流域山洪地质灾害应急演练在顺利村举行 （胡飞珍 摄）

方案（2016—2020）》，细化水库、山塘、海塘、水闸、泵站、农村水电站和水文测站等七大类 86 项水利工程标准化管理创建目标和时间节点；印发《柯桥区水利工程维修养护管理办法》，明确管理、考核、补助和奖惩办法。平水江水库电站通过农村水电站安全生产标准化二级达标创建验收，完成桑盆殿水位站、马山闸水位站和漓渚雨量站 3 处国家基本水文测站和稽东镇 3 座小型水库标准化管理创建。推进农田水利标准化建设，完成平水镇梅园村等 3 个项目，新增改善灌溉面积 4120 亩；完成曹娥江外滩旱改水田耕地质量提升等 7 个项目，新增高效节水面积 3175 亩。全年完成河道治理 139 千米，清淤土方 398 万立方米，河湖清淤淤泥固化成为浙江省样板。完成水利投资 6.8 亿元。

【防洪排涝河道整治一期工程完成投资 1.71 亿元】 2016 年，柯桥区继续推进防洪排涝河道整治一期工程，实施马鞍集镇段 4.75 千米和齐贤镇官湖沿段 1.2 千米河道治理工程，完成投资 1.71 亿元。

【马山闸西江整治工程完工】 2016 年 10 月，柯桥区马山闸西江整治工程完工，主要建设内容为河道拓浚、护岸、绿化治理，河道总长 2.718 千米，总投资 1500 余万元。

【柯桥城区外围南北活水工程投入试运行】 2016 年 10 月，柯桥城区外围南北活水工程投入试运行，完成投资 3900 万元。工程位于柯岩街道大畈湖直江萧甬铁路以南约 150 米处河道上，采用泵站与闸门相结合的方式，泵站设计流量 20 立方米 / 秒，安装单机流量 10 立方米 / 秒，贯流泵 3 台，2 开 1 备用，闸坝采用液压卧倒式钢闸门，闸孔净宽 50 米；在闸站东侧的阮四村村河上设 8 米宽节制闸 1 座。工程采取枯水期翻水、丰水期自流、开放式活水的方式，与钱清活水工程联合调度，达到活水效果。

2016 年 11 月，马山闸水位站完成标准化管理创建 （夏潮军 摄）

【兰亭江整治一期工程进度过半】 2016 年，柯桥区实施兰亭江整治一期工程，对兰亭江进行堤防加固、堰坝改建等，提升兰亭江防洪排涝能力。整治河道长度约 7 千米，总投资约 790 万元。至

2016 年年底，完成总工程量的 50%。

【迎阳闸除险加固工程完工】 2016 年 1 月，柯桥区迎阳闸除险加固工程开工，主要对迎阳闸的管理用房和闸室底板、闸墩、启闭机大梁、公路桥、工作桥、上部排架、翼墙等砼构件进行拆除重建，同时增设配套设备和现代化信息管理设施等，总投资 885.88 万元。工程于 11 月通过验收。

【全国中小河流治理及水系连通试点建设基本完成】 2016 年，柯桥区基本完成全国中小河流治理及水系连通试点建设。该项目涉及 15 个镇（街道）142 个村，计划投资 3.2 亿元，治理河道 234.544 千米。是年，柯桥区在完成第一批兰亭、湖塘、夏履 3 个项目区建设扫尾的基础上，实施第二批钱清、齐贤、马鞍—安昌、杨汛桥—漓渚、华舍—柯岩、王坛、稽东、平水和福全 9 个项目区建设。至 2016 年年底，累计完成投资 3.06 亿元，完成河道治理 233.245 千米。

【小舜江北溪肇湖段治理工程完工】 2016 年，柯桥区小舜江北溪肇湖段治理工程于 6 月开工，新建河道护岸 1043 米、游步道 632 米、河埠 5 座、堰坝 2 座及启闭管理房。至 12 月完工，完成投资 767.04 万元。

【整治山塘水库 22 座】 2016 年，柯桥区完成妙诸、烂船湾、2 座小型水库除险加固，完成水浆坞等 20 座山塘整修加固。

【完成山区农民饮用水工程 10 个】 2016 年，柯桥区实施 10 个村的农民饮用水工程，涉及稽东、王坛、平水和夏履 4 镇，新建水池 11 个，打深井 13 口，改造村内管网 1.57 万米，总投资 328.7 万元，改善 4943 人饮用水条件。 （胡飞珍）

水资源管理

【概况】 2016 年，柯桥区按照“总量控制、优化配置、合理开发、有效保护”工作理念，坚持工程措施与非工程措施两手并重，完善水资源管理体系。执行取水许可、建设项目水资源论证和行政审批会签会审制度，开展全区计划用水管理、

2016 年 3 月 22 日，柯桥区在柯桥小学开展“节俭养德、节水为荣”主题宣传活动 （胡飞珍　摄）

用水总量统计、取水许可证审验工作，抓 5 万立方米以上取水企业取水信息实时监控，按新标准足额征收水资源费。宣传《绍兴市水资源保护条例》，以“世界水日”“中国水周”“法制宣传日”为载体，通过广播电台、报纸网络、“柯桥发布”微信公众平台、浙江农民信箱等渠道，开展以“节俭养德、节水为荣”为主题的宣传活动。举办全区中小学生“五水共治、爱我水乡”主题演讲比赛，制作完成节水主题微视频“浙里人·这滴水”，通过微信、微博、LED 显示屏循环播放。5 月，柯桥区代表浙江省县（市、区）接受国家水资源管理制度考核，获较高评价。

【配合浙东引水 4.10 亿立方米】 2016 年，柯桥区继续配合浙东引水工程做好水资源调配，开启新三江闸、马山闸配合浙东引水，全年容水总量为 4.10 亿立方米。

【柯桥主城区活水工程输水 3.5 亿立方米】 2016 年，柯桥主城区活水工程枢纽闸控制中心泵站运行 2.2 万小时，其他泵站运行 0.9 万小时，向柯桥主城区输入优质水源 3.5 亿立方米，有效改善城区河道水环境。

【设立柯桥区水政渔业执法局】 2016年3月，柯桥区设立水政渔业执法局，为区水利水电局下属参照公务员管理事业单位，核定编制38人。主要承担区域内渔业行政管理、渔船监督管理、渔船检验以及水政、渔政执法巡查和案件查处等工作职责。

【查处水事违法案件27件】 2016年，柯桥区查处水事违法案件27 件。其中作出水行政处罚（处理）决定13件、申请法院强制执法14件。制作送达法律文书95份。清除河道设障面积703平方米。

【查处渔业违法案件122件】 2016年，柯桥区查处各类渔业违法案件122件，191人依法移送司法机关追究刑事责任。全年累计收缴销毁地笼3200余只、箔网560余张，查处制造生产违禁渔具经营维修店1家。

【办结水行政许可项目325件】 2016年，柯桥区办理各类水行政许可事项及服务性事项325件，其中取水许可138件。全年承诺件准确率、办结率、提前办结率均为100%。

【开展水土保持现场检查7次】 2016年，柯桥区批复水土保持建设项目85个，开展水土保持现场检查7次，组织水土保持项目验收3次，发出《生产建设项目水土保持督查整改通知书》1份。

【2100余万尾鱼种放流鉴湖水域】 2016年，柯桥区在柯岩风景区和福全镇鉴湖水域开展渔业资源增殖放流，合计放流鳙鱼、鲢鱼、草鱼、鳊鱼、黄尾密鲴等鱼种2161余万尾，改善鉴湖水质和水域生态环境。

（胡飞珍）

执行编辑　傅炳荣

经济管理

发展改革管理

【概况】 2016年，柯桥区争取中央及省级资金28985万元、建设用地指标1219亩。编制“十三五”规划体系汇编本，印发《加快培育五大千亿产业的实施方案》，各产业“十三五”发展规划方面，时尚创意规划发布，高端纺织、先进装备制造、建筑产业现代化等规划待发布，文化旅游规划基本编制完成；五大产业重大项目建设计划、基地布局建议、统计监测体系、宣传方案等形成初稿。滨海工业园区循环化改造示范试点稳步推进，中央补助资金到位1.5亿元，54个项目建成投产或在建设。钱清镇在省级小城市培育试点考核中再获优秀。推进公务用车制度改革，成立柯桥区公共用车服务有限公司，完成第一批公务用车和行政执法用车评估工作；移交车辆490辆，完成拍卖79辆。做好农业保险工作，全区政策性农房保险投保156832户，保费156.8万元；政策性农业保险投保50821户，保费1207.13万元。举行衢州市江山旅游推介会，出资150万元，帮扶江山市5个结对乡镇开展农村公共设施建设。区发展和改革局获绍兴市服务业发展先进单位。

【完成固定资产投资747亿元】 2016年，柯桥区出台《2016年柯桥区扩大有效投资攻坚行动计划》，完成固定资产投资747亿元，比上年增长12.1%。其中服务业投资405.12亿元，比上年增长20.6%。政府投资项目当年完成投资262.36亿元，完成年度计划的115.2%；“三个一批”项目当年完成投资256.92亿元，完成年度计划的100.3%。126个项目列入市重点建设项目，当年完成投资426.14亿元，完成年度计划的135.4%；13个项目列入省411重大项目，当年完成投资68.74亿元，完成当年计划的132.17%。

【新增省重点建设项目16个】 2016年，柯桥区新增省重点建设项目16个，居全市第一。其中1个项目列入省重大产业项目、两个项目列入省专项建设基金项目。绍兴市柯桥区城建投资开发集团有限公司21亿元企业债券获国家发改委批复，首期10亿元成功发行。

【实现服务业增加值564亿元】 2016年，柯桥区实现服务业增加值564.36亿元。申报省级服务业重大项目3个、市级服务业重大项目24个，总投资404.87亿元。3家企业入选省级服务业重点企业（轻经城股份公司、乔波冰雪公司、瑞丰银行），13家企业入选市级服务业重点企业。

【浙商回归省外到位资金69.05亿元】 2016年，柯桥区引进浙商回归项目60个，其中资本回归项目16个，省外到位资金69.05亿元，完成目标的111.37%。引进龙德环保热电、再生能源发电厂、电商产业园等6个重大项目落地建设。

【江山—柯桥山海协作产业园完成投资17.8亿元】 2016年，江山—柯桥山海协作产业园新引进欧派产业园项目、电磁线生产项目等12个项目，完成投资17.8亿元。累计引进项目33个，协议总投资82.96亿元，到位资金47.44亿元。

（谢　斐）

国有资产管理

【概况】 2016年，柯桥区国有资产总额1404.5亿元，净资产507.1亿元，资产负债率63.9%，国有资产总量610.6亿元；营业收入总额46亿元，利润总额-15亿元；年末国有企业从业人数6756人。出台《关于进一步加强国有资金参与民营企业经济活动监督管理的意见》，提出国有资金原则上不再参与民营经济活动，对确需参与民营企业经济活动的，明确决策程序、审核要求和监管责任。出台《关于进一步规范区直属国有企业资金存放等财务事项管理的意见》，从体制机制上理顺加强管理关系。至2016年年底，全区国有企业累计实行资金竞争性存放48.12亿元，清理账户81个。依法审批国有资产处置、出租事项，审核（审批）98户，涉及金额18.96亿元；公开拍卖10户，涉及金额7.46亿元；公开招租36户，涉及金额0.25亿元。全区国有全资（控股）公司新增融资289.27亿元，净增融资157.43亿元。开展机关部门下属经济实体和经营性物业资产调查清理。至2016年年底，清理经济实体41家，清理率70%。对全区经营性物业资产进行调查统计，各部门拥有经营性物业资产310276.02平方米，其中出租177068.66平方米、出借41620.98平方米、其他闲置面积91586.38平方米。经统筹分类，全部纳入国有资产集中统一监管。

【直接融资69亿元】 2016年，绍兴市柯桥区国投公司获直接融资额度210亿元。其中5年期非公开公司债60亿元、7年期中期票据50亿元、超短融100亿元。至2016年年底，发行非公开公司债3期，累计49亿元；发行中期票据1期20亿元。全年新增融资平均利率4%，比银行同期贷款基准利率下浮8%左右，节约融资成本4.14亿元。

【新设立5家国有公司】 2016年，柯桥区国投公司新设立5家国有公司。其中柯桥区轨道交通集团有限公司注册资金3亿元、柯桥区城北开发投资有限公司注册资金1亿元、柯桥区越州燃气有限公司注册资金2000万元、绍兴金柯桥科技城开发建设投资有限公司注册资金1000万元、柯桥区林场有限公司注册资金50万元。5家国有公司增资2.14亿元，其中柯桥历史文化街区开发利用投资建设有限公司增资1亿元、绍兴银行股份有限公司增资6817.92万元、柯桥区中国轻纺城市场开发经营有限公司增资3000万元、绍兴天然气投资有限公司和柯桥水务集团有限公司各增资800万元。（阮　芳）

工商行政管理

【概况】 2016年，柯桥区继续深化商事制度改革，贯彻落实“五证合一”“一照一码”登记制度，推出一窗统办、登记事权下放等服务举措，方便企业群众办事。办理“先照后证”16058户，“五证合一”30378户，简易注销1965户。完成个转企440家，其中公司制企业占比91.59%。开展小微企业专场培训和对接服务活动38场。行政认定中国驰名商标1件，省著名商标8件，市著名商标13件。柯桥区被评为浙江省商标品牌示范区。受理花样登记4022件，调解花样侵权纠纷284起。开展打击不正当竞争、侵权假冒、侵害商业秘密、无照经营等专项执法，查处228起，移送公安机关涉嫌刑事犯罪案件3起。开展“红盾网剑”专项行动，查处网络案件12起。其中查获网络销售假冒侵权服装案，涉案金额60余万元；查获一批假冒施华洛世奇饰品案，涉案金额30余万元。开展印染行业、工业小区整治，取缔各类“低小散”企业1150家，整规3763户。开展市场“脏乱差”整治，受理消费投诉举报3600多件，抽检商品质量1100多批次，帮助消费者挽回损失145万元。出台《关于支持海外高层次人才在柯桥区投资创业的“双十条”意见》，为海外高层次人才到柯桥投资创业提供完备的工商注册登记、商标注册培育、信用指导等服务。蓝天商圈示范区成功创建省级放心消费示范区。（钱永峰　范晓波）

·小资料·　“五证合一、一照一码”登记模式

为深化行政审批制度改革，提高市场准入便得化程度，政府实施新的“五证合一”办证模式，采取“一表申请、一窗受理、并联审批、一份证照”的流程：首先，办证人持工商网报系统申请审核通过后打印的《新设企业五证合一登记申请表》，携带其他纸质资料，前往大厅多证合一窗口受理；窗口核对信息、资料无误后，将信息导入工商准入系统，生成工商注册号，并在“五证合一”打证平台生成各部门号码，补录相关信息，同时，窗口专人将企业材料扫描，与《工商企业注册登记联办流转申请表》传递至质监、国税、地税、社保、统计五部门，由五部门分别完成后台信息录入；统一核发加载注册号、组织机构代码、税务登记证号（纳税人识别号）、社会保险登记证号和统计登记证号的营业执照（正副本），审批时限由原来的9个工作日缩短为3个工作日。

【规范市场主体名称24674户】 2016年，柯桥区推进“三区融合”市场主体名称规范工作，完成市场主体名称规范 24674 户，全区不规范的标牌、店招、广告等市场主体名称基本清理干净。

（吴宏才）

2016 年 5 月 3 日，柯桥区委书记徐国龙到柯桥区市场监督管理局轻纺分局调研商标品牌、花样版权保护等工作（区市场监管局 供稿）

【新增小微企业 5330 家】 2016 年，柯桥区新增小微企业 5330 家，比上年增长 19.96%。其中新增七大产业小微企业 1005 家，完成当年任务的 118.93%；新增科技型小微企业 223 家，完成当年任务的 412.96%；新增“个转企”（个体工商户转型发展成为民营企业）440 家，完成当年任务的 133.33%。浙江省股权交易中心挂牌 31 家，完成当年任务的 114.81%；整治淘汰不达标、违法生产企业（作坊）1309 家，完成当年任务的 110%；开展“双对接”活动企业 480 家，完成当年任务的 189.72%。组织专场培训 35 场，完成当年任务的 129.63%；培育小微企业省著名商标 1 件，完成当年任务的 100%；完成“小升规”“下升上”企业 413 家，完成当年任务的 158.24%。至年底，全区民营小微企业近 3 万家，占全区企业总数的 94.11%。柯桥区被省小微办评为“2015 年度小微企业三年成长计划工作优秀县（市、区）”，“环思智慧”与“立尚文化”两家小微企业被省小微办认定为“成长之星”小微企业，“鑫隆计算机”被市小微办认定为“十佳”小微企业。

【关停无照经营 277 户】 2016 年，柯桥区开展查处无照经营印染产业专项整治行动，关停印花、定型、拉毛、植绒、打卷等印染相关行业无证经营 26 家。对工业小区无证无照经营户实行关停整改。全区累计发现无证无照经营 4634 户，补办证照 4165 户，关停（取缔）277 户，查处无照 22 件，总案值 281.04 万元，上缴罚没款 23.14 万元。

（范晓波）

2016 年 11 月 30 日，柯桥区“创新发展·勇立潮头——服务小微企业成长暨民企‘双对接’活动”在科创大厦举行

（区市场监管局 供稿）

【开展“双对接”活动】 2016年11月30日，柯桥区“创新发展·勇立潮头—服务小微企业成长暨民企‘双对接’活动”在科创大厦举行。市场监管、经信、科技等18个部门，科技城建管委及16个镇（街道、开发区）、60余家企业负责人参加活动。“环思智慧”“原色数码科技”两家入院科创企业进行路演介绍，发放参会企业名册和企业技术介绍图册。

（冯建国）

质量技术监督

【概况】 2016年，柯桥区入选浙江省第二批“浙江制造”试点县，出台《柯桥区“浙江制造”品牌培育试点工作实施方案》和相应配套激励政策。4个产品列入“浙江制造”标准制订计划，“三力士”“精功科技”“鼎丰纺器”3家企业制定的“浙江制造”标准发布，超额完成年度目标。全区31个产品获评浙江名牌产品，其中新评7个，复评24个，新增数列全市第一。

【10家企业获各级质量奖】 2016年，柯桥区有10家企业获评各级质量奖。其中索密克汽车配件有限公司获评绍兴市市长质量奖（复评），浙江梅轮电梯股份有限公司获评绍兴市质量进步奖，潘兴祥（浙江塔牌绍兴酒有限公司）获评市质量管理标兵；绍兴吉玛良斯服饰设计有限公司等7家企业获评柯桥区政府质量奖。

【制订绿色印染团体标准】 2016年，柯桥区以促进印染产业转型升级为目标，以“标准化+”为手段，拟制《柯桥区推行绿色印染标准化工作建议方案》。调研印染协会和11家印染企业，联系上级标准管理部门及相关专家拟定标准编写思路，确定专家组成员，召开标准论证会，初步形成标准框架。

【实施全国首个印染行业定型机废气排放限值联盟标准】 2016年，柯桥区实施《印染行业定型机废气排放限值》联盟标准，成为全国首个印染行业定型机废气排放量标准。由该标准为主要内容的“《印染行业定型机废气排放限值》联盟标准”省级标准化试点项目通过验收并获评优秀。该项目在全区85家规上企业实施，每年减少定型机颗粒物排放总量约1650吨，减少油烟排放总量约6600吨。

【推行“双随机一公开”监督抽查机制】 2016年，柯桥区在健全市场主体名录库和执法检查人员名录库的基础上，建立“双随机一公开”机制（随机抽取被检查对象、随机选派检查人员、检查结果在政务网公开），全年组织“双随机”抽查6次，检查企业12家，发现问题7条，发出《责令整改通知书》5份、《行政指导意见书》2份。

【建立特种设备长效管理机制】 2016年，柯桥区建立“低小散”块状行业生物质锅炉长效管理机制，先后3次对32家企业38台设备开展随机抽查，对发现的问题及时进行汇总、整理和反馈，杜绝继续使用燃煤现象。淘汰10蒸吨以下燃煤锅炉55台，完成市级目标。

（赵一冲）

食品药品监管

【概况】 2016年，柯桥区强化食品生产、流通、餐饮、药械基础性监管，开展“三大一严”“三边四小”等专项行动10余次，立案查处食品违法案件163起、药械违法案件19起，罚没款434万元。移送公安机关案件21起，其中刑事立案18起，比上年增长600%；采取刑事强制措施35人。开展规范经营劝导活动，累计整治规范6000多家次。推广食品安全执业教育，在平水镇建立模型样板房，推出菜单式培训。在浙江省率先开展城区农贸市场“食用农产品溯源系统”试点。新增“阳光厨房”67家、农村家宴中心标准化建设28家。创建省级“放心市场”5家。启动“浙江省食品安全县（市、区）”创建工作，开展全区食品安全事故应急演练。全区未发生食品药品安全事故。

（钱永峰）

【开展“三大一严”专项行动】 2016年，柯桥区开展“三大一严”（食品安全隐患大抽检、大排查、大整治、严打击）专项行动。全区各食品安全监管部门累计出动执法人员千余次，张贴“三大一严”行动通告15000份，检查重点食用农产品种养殖基地108个、食品及相关产品重点品种生产经营企业117个、食品相关经营户5000余户，整治食品安全风险隐患34个，抽检食品2078个批次，检出不合格食品42批次。开展畜禽养殖企业、黄酒行业、散装白酒等专项整治10余次，立案查处各类食品违法案件161件，移送公安机关涉嫌犯罪案件 4 件。

【开展“三边四小”整治规范行动】 2016 年，柯桥区开展“三边四小”（校园周边、景区旁边、道路两边的食品生产加工小作坊、小食杂店、小餐饮、小食品摊贩）整治规范行动。整治规范食品经营单位 1406 家，其中有参与网络订餐的 434 家，取缔关停小作坊 37 家。摸排无证食品摊贩 262 户，开展早餐摊、流动摊点集中整治 100 多次。

【举行食品安全事故应急演练】 2016 年 8 月 22 日，柯桥区开展食品安全事故应急演练。演练包括事故发生报告、现场检查和先期处置、应急响应启动、事故调查处置、舆情监测和应对、事故原因分析和应急响应终止等内容，检验提升食品安全事故发生后各部门的应对、处置和协调配合等能力。

（齐佳丽）

【查处销售微整形产品假药大案】 2016 年 4 月下旬，柯桥区市场监管部门查获涉嫌销售微整形产品假药大案，5 月 20 日移送公安机关立案侦查。7 月，区公安分局会同区市场监管局先后赶赴河北廊坊、广东河源、江苏泰州、广州从化等地，捣毁假药销售窝点 4 处，涉案金额上千万元。该案被评为 2016 年度全省食品药品十佳典型案例。

（董根生）

【新增“阳光厨房”64 家】 2016 年，柯桥区印发《2016 年柯桥区餐饮单位阳光厨房工程计划》，推进“阳光厨房”建设。全年新增“阳光厨房”67 家，其中社会餐饮单位 33 家、养老机构 3 家、学校食堂 31 家，大型及以上餐饮企业和养老机构食堂“阳光厨房”覆盖面 60% 以上，学校食堂覆盖面 75%。

【实施百万学生饮食放心工程新三年计划】 2016 年，柯桥区实施百万学生饮食放心工程新三年计划。对全区所有学校食堂大宗食品全部实行统一配送或定点采购，量化等级全部达 B 级以上。全年新增 A 级单位食堂 17 家。柯桥区百万学生饮食放心工程被浙江省食品安全委员会评为“千万学生饮食放心工程（2013—2015 年）省级先进”。

2016 年，柯桥区柯岩街道梅墅村标准化家宴中心

（区市场监管局　供稿）

【77 家农村家宴中心通过达标验收】 2016 年，柯桥区建立农村集体聚餐食品安全管理体系，对 28 家农村家宴中心进行现场规划指导和评定验收。全区累计建设家宴中心 147 家，其中 77 家通过标准化达标验收。

（杨　波）

安全生产监管

【概况】 2016 年，柯桥区累计发生上报事故 57 起、死亡 32 人、受伤 31 人。2 月，区政府与 18 个镇（街道、开发区）、平台，以及 28 个区级有关部门和单位签订《2016 年度安全生产目标管理责任书》。强化 46 个安委会成员单位间工作会商、情况通报和联合执法工作机制。推进“八大行动”安全隐患大整治，整改安全隐患 19 类 207 处。办理高效审批项目 6 项、“即办化”服务事项 54 项，办理承诺件 839 件，无群众投诉。开展木质家具、饲料加工、电焊粉尘、放射性同位素等行业职业病危害防治专项整治，完成职业病危害申报与备案 309 家。

【开展危化行业整治提升行动】 2016 年，柯桥区开展危化行业整治提升行动，对 12 家危化品生产、储存企业实施全面停产整治。对滨海工业区内 14

家危化品生产企业开展三轮检查，发现229条安全隐患，开具限期整改指令31份，全部整改完毕。开展油漆、硫磺等危化物资专项整治，查处危化品违规经营案件5起。

【开展安全生产宣传培训】 2016年，柯桥区开展“安监干部进企业，走访谈心促安全”活动。新《中华人民共和国安全生产法》《中华人民共和国职业病防治法》等法律法规送进企业，督促企业负责人履行安全生产主体责任，走访企业420家，发放各类资料8000份(张)。开展规模以上企业、工业小区负责人安全生产专题培训，全区1127家规模以上企业负责人、357个工业小区业主（负责人）、各镇（街道、开发区）分管安全生产的领导约1500人分5期参加培训。

2016年7月28日，柯桥区在滨海工业区开展危险化学品泄漏事故应急救援演练
（区安监局 供稿）

【查处9起生产安全事故】 2016年，柯桥区安监部门查处9起生产安全事故和24起违法行为，对36家责任单位及3名责任人员给予行政处罚，累计收缴罚款470.048万元。

【607家企业完成安全生产标准化创建】 2016年，柯桥区607家规模以上企业完成安全生产标准化创建，其中二级32家、三级575家。提交评审申请企业171家，其中申请创建国二级15家、国三级156家。
（王 丽）

价格管理

【概况】 2016年，柯桥区物价部门开展居民生活用管道天然气价格改革，调整居民生活污水处理费标准。按照《政府制定价格行为规则》要求，制定或调整重要商品和服务价格。落实清费减负，降低一般工商业及其他用电价格非居民生活用天然气价格，全年为企业减负9000余万元。清理行政审批中介服务事项，规范中介服务收费。协调供热价格，促进印染产业集聚。

【核减不合理定价成本4681万元】 2016年，柯桥区规范成本监测，开展常规商品价格、节日市场价格和灾害天气下的价格应急监测。建成“E价通”民生商品价格信息平台，平台有近80万条民生商品价格信息和服务收费标准。开展2015年度绍兴供水有限公司供水成本、绍兴柯桥排水有限公司污水收集等8项成本监审和成本调查，核减不合理定价成本4681万元。

【开展4项价费专项检查】 2016年，柯桥区开展民办学校教育收费检查等4项专项检查。受理价格投诉举报153件，办结率100%，完成16个网络民生直通车办理件。办理价格行政复议两起，查处价格违法案件1起，实施经济制裁87681.86元。
（谢 斐）

审 计

【概况】 2016年，柯桥区审计部门完成审计及审计调查项目31个，其中省定项目4个、市定项目1个、交办项目16个、自定项目10个。管理不规范金额21844万元，收回财政资金96万元；提出审计建议99条。柯桥区2013年度工伤保险基金专项审计项目获浙江省审计厅表彰，被评为绍兴市优秀审计项目。柯桥区2014年度民政经费管理情况专项审计等2个项目被评为市优秀审计项目。对11个镇（街道）、部门、国有企业的16位领导干部开展经济责任审计，同时审查领导干部任职期间自然资源资产管理保护情况。开展年产10万吨绿色环保生物科技加工扩建项目、政府投资项目监理管理现状等审计项目，加强政府投资项目审计监督力度。健全审计整改机制，出台《柯桥区审计部门向纪检监察机关移送问题线索暂行办法》，审计查处问题整改率达100%。审计信息被各级刊物采用40篇次，其中省级以上采用23篇次。《层层递进揭示工伤保险"异象"》课件入选审计署B类网络课件。柯桥区审计局获评2016年度浙江省审计机关考核先进单位。

【核减政府性投资建设工程造价3亿余元】 2016年，柯桥区完成政府投资造价结算审计项目（标段）109个，送审造价29.98亿元，审定26.88亿元，净核减金额3.09亿元，净核减率10.31%；审核业主单位委托审计造价结算项目（标段）137个，净核减金额5677万元。（董晴静）

统　计

【概况】 2016年，柯桥区统计部门围绕柯桥区年度发展目标，开展地区生产总值等主要经济指标的测算、分解、进度监测工作。开展文化产业统计监测。摸排全区文化创意产业发展现状，强化文化产业统计制度建设，完善产业测算方法，制订《柯桥区限额以上文化产业统计监测制度（2016）》，规范文化产业名录建设与维护、行业发展评估和数据实时监测工作，按月公布限上文化产业增加值数据。开展特色小镇统计监测，对湖塘黄酒、柯岩酷玩、兰亭书法等9个省、市级特色小镇在统计联网直报平台进行监测调查，做好数据审核、查询和验收工作。规范五大千亿产业统计口径。

【完成第三次全国农业普查前期各项准备】 2016年，柯桥区成立第三次全国农业普查领导小组，建立区、镇（街道、开发区）、村（居委会）三级农业普查组织，制定《柯桥区第三次农业普查工作规划》和《2016年柯桥区农业普查工作要点》，开展宣传培训、综合试点、清查摸底等工作，完成第三次全国农业普查前期各项准备。

【开展平安浙江和5‰人口抽样调查】 2016年，柯桥区开展平安浙江和5‰人口抽样调查。完成525份平安浙江问卷调查，将1607张人口表、1832张户表、355张社区表审核汇总，录入区级平台。

【完成八大行业景气问卷季度调查】 2016年，柯桥区开展景气抽样调查，完成八大行业近200家企业景气问卷季度调查，描述柯桥区经济运行的景气信心状况，预测未来经济运行的发展变化。（刘　弘）

【开展农作物播种面积遥感测量】 2016年，柯桥区开展农作物播种面积遥感测量，确定20个抽样村和4个全面普查村，对6641亩3289块自然地块上地物分布情况进行实地调查，完成秋冬播、春播、夏播农作物3次面积和3次单产的调查任务。（施春荣）

工业项目管理

【概况】 2016年，柯桥区完成工业投资340.13亿元，比上年增长4.2%。其中工业技改完成投资312.39亿元，占工业投资总额的91.8%，比上年增长1.1%。加快41个市重点工业项目、"三个一批"先进制造业及"双百亿"工业项目建设，对重点项目实行"一月一督查"。市重点项目完成投资89.60亿元，完成计划的119.4%。开展建筑产业化、新能源汽车、装备制造等产业招商引资，投资凤凰产业园、杨汛桥大数据等项目签约或落户。摸排确定2016年计划建设项目110个，项目总投资321.01亿元，其中当年计划投资1113.34亿元，为全年投资决策工作提供依据。全区11个项目列入省技术改造项目，47个项目列入市技术改造重点项目，94个项目列入市"机器换人"技术改造项目。加大项目监管力度，全区办结工业项目复核验收19个，平均投资强度340.6万元/亩。

【54家企业获区财政专项奖励1074万元】 2016年，柯桥区落实工业投入财政专项补助，54家企业获区财政专项奖励1074万元。其中48家企业获2015年柯桥区工业有效投入财政专项奖励资金986.01万元；绍兴市雅克汽配有限公司、索密克汽车配件有限公司等6家企业获2015年柯桥区工业机器人购置奖励88.29万元。（任　雁）

执行编辑　傅炳荣

城镇建设与管理

综 述

2016年，柯桥区按照三区融合的总体要求，继续实施新型城市化战略，以实现“三个率先”、打造“三个柯桥”为目标，加强科学规划，提升城市品质。编制《柯桥城区地下管线综合规划》，优化市政管网布局。城市化率70.5%，柯桥城区建成区面积64平方千米。

完成城区排涝水改造、城区背街小巷改造和公共自行车三期建设项目。加强市容执法，查处占道经营、偷倒乱倒渣土垃圾、偷排泥浆等案件160余件。推进环卫保洁机械化建设，城区主干道机械化清扫率100%，次干道清扫率85%，垃圾无害化处理率100%。开展各类拆违整治行动6678起，拆除违章建筑723万平方米，拆违总量居全省县（市、区）第一。实施拆迁项目79个，建筑面积473万平方米。全年安全供水1.96亿吨，污水达标处理2.61亿吨。开展“富裕乡村、安居乡村、洁净乡村、文明乡村”四大行动，柯桥区被浙江省委、省政府评为社会主义新农村建设优秀单位。

（潘朝霞）

规划编制

【概况】 2016年，柯桥区优化市政管网布局，集约利用地下空间，保障地下管线安全，提升城市运行质量。开展城区人行过街设施及重点交叉口改造规划、行道树专项规划，开展主城区洗车布局、公共厕所布局等研究。开展全区村庄布局、避灾场所等规划及104国道柯桥城区段高架后地面空间利用规划。坚持城乡一体化发展战略，王坛镇、稽东镇总体规划通过区规划联席会议审查，上报绍兴市人民政府审批。

【编制柯桥城区地下管线综合规划】 2016年，柯桥区编制《柯桥城区地下管线综合规划》，重点对给水、污水、雨水、电力、通信、燃气、热力等管线及其附属设施现状进行普查，对专业管线分析梳理，确定各类管线（管廊）的布局和横断面并提出控制要求，研究确定市政干管在交叉口等重要节点的布置原则、穿越方式、平面及竖向定位等，提出地下管线综合规划总体布局方案以及管廊平面布局方案。

【城区5个管理单元控规通过市级审批】 2016年，柯桥区进一步规范土地出让行为，推进城区规划建设，优化控规编制，其中城区KQ-02、KQ-05、KQ-06、KQ-09、KQ-10等5个管理单元控规通过绍兴市人民政府审批，KQ-03、KQ-07、KQ-08、KQ-12等管理单元控规准备上报绍兴市人民政府审批。其余管理单元也在陆续优化完善中。

（马歆倩）

城区建设

【概况】 2016年，柯桥区完成“五水共治”城区排涝水改造、城区背街小巷改造和公共自行车三期建设项目。投资3800万元完成柯桥城区部分道路桥梁大修，投入5890万元完成6个政府性投资项目。开展“美丽示范街”建设，完成城区店面人行通道沥青改造16.3万平方米，城区绿化覆盖2313公顷。

【完成五水共治城区排涝水改造工程】 2016年，柯桥区投资1000万元，分4个标段，对城区群贤路（柯东段）、港越路（湖西路以东段）等多个积水点进行改造。实施雨水管道改造、排水疏通、堵水、潜水封堵、淤泥外运、管道井修复等工程。

至2016年年底，完成雨水管网建设40.5千米，提标改造管网建设35.2千米，雨污分流改造管网建设30千米，清淤排水管网建设450千米。

【投资3800万元完成柯桥城区部分道路桥梁大修】 2016年，柯桥区投资3800万元，对柯桥城区部分道路、桥梁进行大修。其中投资1800万元，对镜水路（胜利路—104国道）进行大修，修复沥青路面38766平方米，人行道重砌7227平方米，标志标线施划2539平方米，更换改造指路牌48块，疏通改造雨水管道2329米，中央绿化隔离带重砌2097米；投资1200万元，对兴越路东段、育才路北段、笛扬路鉴湖路交叉口、钱陶公路（稽山路以西、镜水路以东两段）等部分路段改造修补；投资800万元，对湖东路上的湖光桥进行加固大修。

【柯桥城区背街小巷改造工程完工】 2016年，柯桥区投资1000万元，对江南明珠大剧院东侧、万国中心东南侧、创意大厦东侧、轻纺城坯布交易市场北侧、稽山路（群贤路口到钱陶公路）东侧、时代广场东侧入口等多处道路（人行道）进行改造修复。该项目9月开工，12月底完工。

【柯桥区公共自行车三期建设项目完工】 2016年，柯桥区开展公共自行车三期项目建设，完成投资1000万元，增设电信局、交通银行、保利小区、柯岩度假区、蓝天小学等39个站点，投放自行车1450辆。在杨汛桥镇域内新增15个站点，设置490个桩位，投放600辆自行车，实现镇内“微循环”。该项目7月开工，10月底完工。

【完成柯桥城区店面人行通道沥青改造16.3万平方米】 2016年，柯桥区投资1000万元，完成城区店面人行通道沥青改造16.3万平方米。其中碧水金柯、湖景中央花园、华泰大厦、锦江花园、世贸名流、迎驾桥宋都小区、育才小区等7个区块店面口通道沥青改造9.6万平方米，湖东路与兴越路、湖西路与云集路、镜水路与城中路、山阴路与千梭路等17个路口人行道沥青改造6.7万平方米。（陈丹妮）

【柯桥坂湖公园建成开园】 2016年12月，柯桥坂湖公园建成开园。公园总投资3.3亿元，其中2016年完成投资8000万元。公园面积40.1公顷，按“一路一室十区块”进行建设。一路即泽国路，一室即大小坂湖地下人防工程，十区块即坂湖十景（清兰广场、玉兰映波、秋林夕照、烟柳拂堤、绿茵观荷、香杉动影、水韵童趣、枫叶写秋、芙

2016年12月，柯桥板湖公园建成开园（吴剑 摄）

2016年10月，柯桥笛杨路店牌改造工程完工（董汉良 摄）

表 11 柯桥区 2016 年绿化情况

指标名称	单位	2015 年	2016 年	比上年 %
建成区面积	平方千米	53.8	53.8	0
绿地面积	公顷	1925	1983	+3.0
其中：公园绿地面积	公顷	447	475	+6.3
建成区绿化覆盖面积	公顷	2246	2313	+3.0
人均公共绿地面积	平方米	11.5	11.8	+2.6

蓉观鱼、杉林花溪）。

【投入 5890 万元完成 6 个政府性投资项目】 2016 年，柯桥区投入 5890 万元，完成 6 个政府性投资项目，即城区绿地提档及裸露地面复绿工程；瓜渚湖植物标识、指示、救生系统等设施完善工程；柯水苑、蠡园绿地综合提档工程；柯南大道及周边景观综合提升工程；柯南镜水路（柯南段）绿化提档工程；柯南区块与城区对接的 6 个交叉口绿化提档工程。

【明珠广场整体提档升级改造工程完成过半】 2016 年，柯桥区开展"美丽示范街"建设，其中明珠广场提档改造面积 18 万平方米。至 2016 年年底，完成工程量 54%，完成投资 810 万元。

【完成城区绿化覆盖 2313 公顷】 2016 年，柯桥区完成城区绿化覆盖 2313 公顷。完成群贤路以北区块零星绿化提档、柯桥城区绿化提升、柯岩区块零星绿化提档、柯南区块裸露地块绿化提档等 4 个绿化工程建设，总投资 353 万元。补种各类草坪、地被 26 万平方米，灌木 11 万平方米，补种、调整、移植乔木 900 余棵。

（沈一鸣）

【柯桥城区店招店牌改造（一期）完工】 2016 年 10 月，柯桥区完成城区店招店牌改造（一期）项目，累计投资 1000 万元。工程分 3 个标段，对城区金柯桥大道（群贤路至鉴湖路）、笛扬路（钱陶公路至 104 国道）区域进行改造，拆除旧店招店牌 5000 平方米，新安装 4300 平方米，涉及商户 400 余户。

（张文波）

城管执法

【概况】 2016 年，柯桥区加强行政执法和城市管理，出台《绍兴市柯桥区城市管理工作考核办法》，对城市管理情况每月进行考核排名，落实管理责任。推出城市管理问题"代整治"机制，解决疑难问题 267 件。开展"齐门经营"等专项整治 30 余次，城区所有主要道路实现"齐门经营"管理。取缔无证游商 2000 余户，清理横幅 2500 余块，暂扣工具 2000 余件。实行市容执法立案查处制，对群众反响强烈的占道经营、偷倒乱倒垃圾、焚烧垃圾情况进行查处，全年查处案件 150 余件。查处渣土乱倒、泥浆偷排案件 13 起，查处人行道

2016 年，柯桥区智慧城管项目建成投运　　（王丽军　摄）

乱停车辆8万余辆。全年审批渣土、泥浆项目94件，消纳渣土95万立方米，处置泥浆71万立方米。

【完成智慧城管项目建设】 2016年，柯桥区投入800余万元建设智慧城管硬件平台，完成智慧城管公共服务平台、智慧城管观摩大厅、城管执法单兵系统、“三改一拆”信息系统等智慧城管基础性项目。全年数字城管平台立案19.62万件，处置19.46万件，处置率为99.2%。（王丽军）

环境卫生管理

【概况】 2016年，柯桥区继续推进环卫保洁机械化、科技化、市场化、长效化建设，加强城市盲区保洁和背街小巷整治，全年智慧环卫系统累计处置问题11.4万余条，保洁扣款136.9万元，保洁市场化率90%。城区主干道机械化清扫率100%，次干道清扫率85%。城区800余家餐饮单位的餐饮垃圾纳入统一收运，餐饮油烟实现达标排放；全区所有镇（街道、开发区）的生活垃圾纳入统一清运。全年清运生活垃圾60万吨，无害化处理率达100%。

【推进生活垃圾分类】 2016年，柯桥城区118个住宅小区实现生活垃圾“四分法”，城区规模以上单位餐厨垃圾实行统一收运处置。柯桥街道5个住宅小区实现垃圾智能化分类，全区150行政村实现生活垃圾分类和垃圾资源化整治。建成柯桥区餐厨垃圾处理中心。

【实施“洁净柯桥”工程】 2016年，柯桥区实施“洁净柯桥”工程，按照“以克论净、深度保洁”的要求，在金柯桥大道、群贤路、笛扬路、山阴路、稽山路、鉴湖路等主要道路先行试点，采取“二次普扫、全天保洁”模式，降低道路积尘，实现道路每平方米尘土不高于5克、垃圾落地5分钟内清除的目标。

【完成环卫设施升级改造】 2016年，柯桥区投入1000余万元，开展城区公厕、垃圾中转站升级改造，城区所有具备条件的公厕、垃圾中转站污水全部接入外排网管，所有垃圾中转站引进先进压缩设备，减少污染源。同时抓好公厕、中转站、环卫车洒水等节水工作。

【开展垃圾焚烧巡查200余次】 2016年，柯桥区对城区生活垃圾焚烧实行网格化管理，累计开展垃圾焚烧巡查 200余次，出动执法人员1000余人次，扑灭和查处垃圾焚烧案件205起。（王丽军）

“三改一拆”

【概况】 2016年，柯桥区开展各类拆违6678起，累计拆除违章建筑723万平方米，拆违总量居全省县（市、区）第一。开展路边河岸违建整治、城镇建成区违建整治、农村一户多宅清理等专项行动。开展彩钢瓦、废旧烟囱和废弃热力管整治，拆除彩钢瓦350万平方米、废旧烟囱147支，全区面上废弃热力管基本拆除。

【实施“三改”项目115个】 2016年，柯桥区实施“三改”项目115个。其中旧住宅区改造项目43个、城中村改造项目15个、旧厂区改造项目57个。全区累计完成“三改”面积776.07万平方米，其中旧住宅区481.64万平方米、城中村改造112.65万平方米、旧厂区改造181.78万平方米。

【拆除违建723万平方米】 2016年，柯桥区开展各类拆违整治行动6678起，拆除违章建筑723万平方米，拆违总量居全省县（市、区）第一，完成市下达任务的466.45%。拆后土地利用率85%。全市“无违建”创建暨违法建筑大整治现场会在柯桥区举行。（王丽军）

城区交通管理

【概况】 2016年，柯桥区推进治堵保畅工程，完善路面勤务机制，加快城区智能交通建设，强化交通秩序管理，落实各项工作措施，推进城市交通拥堵治理。

【完善路面勤务机制】 2016年，柯桥区实行“一路口一方案”管理模式，提高路口执勤效率；落实大队民警站高峰岗工作制度，提高路面见警率、管事率。建立城区应急疏导分队，实现对道路交通事故、交通拥堵的快速反应、快速疏导。推行“包路口、包路段”工作制度，明确路口责任到每个民警。

【投入680万元建成城区智能交通项目】 2016年，柯桥区投入680万元建成城区智能交通项目。项目包括18个路口的信号系统、19个路口的电子警察、20个点的诱导屏监控、5个点的机动车人行横道不礼让行人抓拍。全年采购新版执法仪180台，完成全体执法民警执法仪更新，建成单警 GPS 定位系统。新增酒精测试仪 16 台、酒精测试棒 39 支。更新电脑、打印机、照相机等 110 台，标定设备 66 台套，警务通维修 62 台次，维护老旧电警设备 20 套。

【查处各类交通违法行为 88.36 万起】 2016 年，柯桥区查处各类交通违法行为 88.36 万起。开展行人和非机动车交通违法专项整治，查处非机动车和行人违法 52993 人次，查处"四小车"（无牌无证非法营运的三轮车、电瓶车、残疾车、摩托车）3150 辆，没收电瓶 1100 个。 （徐　金）

拆迁安置

【概况】 2016 年，柯桥区实施拆迁项目 79 个，建筑面积 473 万平方米。其中新拆迁项目 43 个，建筑面积 358 万平方米；结转拆迁项目 23 个，建筑面积 108 万平方米；遗留拆迁项目 12 个，建筑面积 7.3 万平方米。完成整体拆迁项目 29 个，完成拆迁面积 202 万平方米，完成目标的 135%。

【完成安置房建设 81.4 万平方米】 2016 年，柯桥区开工建设安置房 37.05 万平方米，当年完成 81.4 万平方米并交付使用。其中城区开工 11.15 万平方米，当年完成 59.8 万平方米并交付使用。

【两个安置小区交付使用】 2016 年，柯桥区城区内中梅、西周两个安置小区交付使用。中梅安置小区总建筑面积 349000 平方米，其中地上建筑面积 300000 平方米，地下建筑面积 49000 平方米。工程于 2013 年 5 月 24 日开工。西周安置小区总建筑面积 228944 平方米，有住宅 44 幢 1469 套。工程于 2012 年 11 月 15 日开工。 （鲍朱慧）

2016 年 9 月，柯桥区城区内西周安置小区交付使用（孙　凯　摄）

供排水

【概况】 2016 年，柯桥区全年安全供水 1.96 亿吨，供水能力 81.6 万吨 / 日；收集污水 1.69 亿吨，截污能力 100 万吨 / 日；污水达标处理 2.61 亿吨，污水处理能力 110.1 万吨 / 日，化学需氧量削减 16.69 万吨。城区和集镇生活污水收集处理率分别达到 90.03%、65.06%。

【解决 2.26 万山区群众喝水难问题】 2016 年，柯桥完成王坛、稽东两镇 35 个自然村的小舜江自来水扩面，解决 2.26 万山区群众喝水难问题。至此，王坛镇海拔 160 米以下、稽东镇海拔 215 米以下的 61 个自然村 3.8 万人全都喝上小舜江自来水，两镇自来水普及率达 80%。

【滨海工业区新增供水能力 15 万吨 / 日】 2016 年，柯桥区完成滨海第二水厂一期工程，进行首次手动联体调试，滨海工业区供水能力提升 15 万吨 / 日。滨海工业区内"两厂两网"（两个水厂、两个供水网）供水格局基本形成。

【完成柯桥城区 12 个老旧高层住宅区二次供水改造】 2016 年，柯桥区完成华宇天庭、瓜渚绿洲、

2016 年 3 月 15 日，江滨水处理公司 20 万吨 / 日污水处理工程调试
（区水务集团　供稿）

大明颐泽园、鉴湖景园三期、嘉里花园、锦江花园、世贸名流、瓜渚风情、湖景中央花园、状元名园、金色华庭、日月潭 12 个老旧高层小区二次供水设施改造，1.6 万个高层住宅居民喝上“直供水”。

【新建生活污水泵站 59 座】 2016 年，柯桥区新建生活污水泵站 59 座、配套管线 114.9 千米，完成 42 个社区、村（居委会）生活污水公共收集系统建设。全年新增生活污水收集面积 90 平方千米，全区城镇生活污水收集面积扩大到 400 平方千米。

【王坛污水处理厂建成投运】 2016 年 6 月，柯桥区王坛污水处理厂建成投运，先期规模为日处理能力 1000 吨，主要收集处理王坛、稽东两镇生活污水，出水水质达到一级排放标准。

【工业污水处理实现全流程达标运行】 2016 年，柯桥区完成江滨水处理公司 20 万吨 / 日污水处理工程和污水深度处理一期工程、绍兴水处理污水分质提标工程，实现系统全流程达标运行，工业污水出水 COD（化学需氧量）稳定在 80 毫克 / 升以下，生活污水出水 COD 稳定在 50 毫克 / 升以下。
（马旭东）

供电

【概况】 2016 年，柯桥区完成电网建设投资 7.5 亿，开工建设 110 千伏输变电工程两个，增容投运 110 千伏变电所两座（近江变、兴滨变），在建 110 千伏变电所两座（环塘变、倪家变）。实现全社会用电量 128.34 亿千瓦时，比上年减少 5.52%，最高用电负荷 137.49 万千瓦，比上年减少 4.96%。杭州 G20 峰会期间，实行 24 小时应急联动值班，提升应急处置能力。

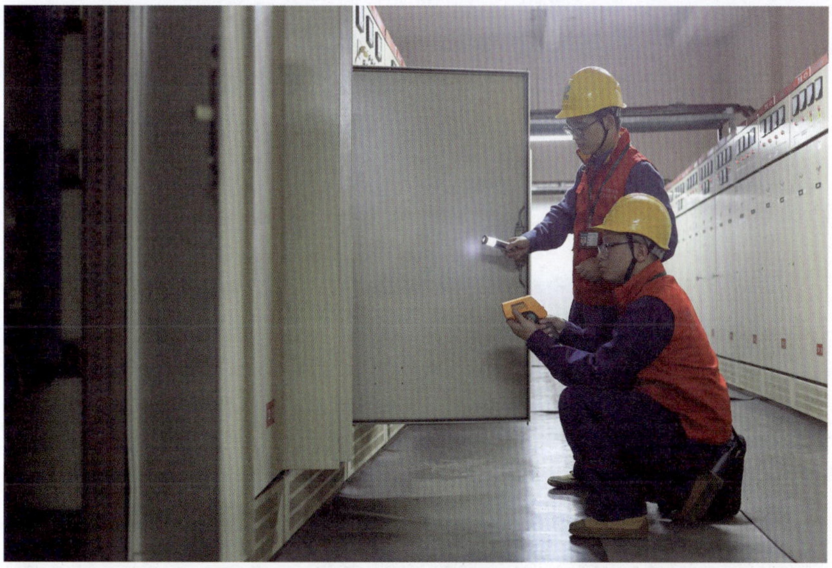

2016 年 9 月杭州 G20 峰会期间，柯桥区供电部门对重点用户实行特巡
（区供电局　供稿）

【推进电网建设】 2016 年，柯桥区建成滨海工业区 110 千伏兴滨变、近江变 3 号主变各 1 台，提前启动 110 千伏环塘变新建项目。110 千伏倪家变完成验收，加快配套出线工程。完成 9 个双环网改造，第二批 33 项“新两网”（城网、农网）改造升级工程全部完工。推进第四批 7 项“新两

网”工程建设，新建及改造配电线路47条，解决变电所重载及10千伏母线不平衡问题3条，处理10千伏线路重载问题41条，解决配变重载问题73个，整改配变三相不平衡404台，排查树线矛盾、线边违章建筑等隐患514处。

【完成“多表合一”建设1616户】 2016年，柯桥区供电部门配合“智慧城市”建设，完成“多表合一”（通过1个采集器收集水表、电表、煤气表数据）建设1616户，超额完成年度任务。全年新接入“多表合一”用户1613户，数bds据采集成功率稳定在99%以上。 （罗小龙）

新农村建设

【概况】 2016年，柯桥区围绕“率先完成经济转型升级、率先建成美丽乡村、率先高水平全面建成小康社会”三大工作目标，实施“富裕乡村、安居乡村、洁净乡村、文明乡村”四大行动计划，拉高工作标杆，破解工作难题，农村人居环境持续优化。连续八次获中国全面小康十大示范县市称号，被浙江省委、省政府评为社会主义新农村建设优秀单位，被绍兴市委、市政府评为绍兴市“五水共治”重构重建工作先进单位。

【开展城乡环境整治月度抽查考核】 2016年，柯桥区出台《2016年全区城乡环境整治月度抽查考核办法》，按照“一个小组考核、一个标准评价、一个类别排名”的要求，每月对全区16镇（街道、开发区）的集镇、村居环境进行一次以上实地检查考核，与年度镇（街道、开发区）岗位目标责任制考核挂钩。全年检查集镇143次、抽考村(居委会)209个。

【开展“洁净镇街”竞赛活动】 2016年,柯桥区按照“分层监管、严格奖惩”工作思路，在镇、村、户三个层面开展“洁净镇街”竞赛活动。全区有219个村(居委会)通过环境卫生优胜村考核，322个村（居委会）通过环境整治村考核，环境卫生优胜村、整洁村创建覆盖率分别为68%和100%。

【22个村完成环境整治整转】 2016年，柯桥区核定23个环境面貌整治整转村，采用平时考核和年终综合考评相结合，激励环境面貌落后村通过垃圾清理、配套建设等专项行动，开展“清、理、建”行动，全年有22个村完成环境整治整转，每村获区财政10万元环境整治整转奖补资金。

【开展城乡环境整治提升九大专项行动】 2016年，柯桥区在全区27条主要道路沿线、18条主要河道两岸、各镇（街道、开发区）集镇所在地、95个村（居委会），开展拆违章、种树木、改立面、装路灯、砌围墙、做小品、治污水、理管线、保整洁等城乡环境整治提升九大专项行动。全年拆违章建筑710.17万平方米，种树木33.86万株，改立面189.66万平方米，装路灯2678盏，砌围墙9.59万平方米，规划建设小品81个（启动实施78个），拆除废旧电线杆6896根，整理管线14.95万米，清除垃圾46.9万吨，清理堆积物12.4万吨。

【新建农村水冲式公厕135个】 2016年，柯桥区加快卫生改厕步伐。全年新建水冲式公厕135个，涉及9个镇（街道）54个村，区财政给予补助570万元。

【77个村完成生活污水治理】 2016年，柯桥区落实《柯桥区农村生活污水治理施工和监理单位工作考评办法（试行）》，77个村完成生活污水治理，累计铺设管道492千米，新建终端167个，受益农户25670户。

【完成5833平方米社区公共设施】 2016年，柯

2016年，柯桥区王坛镇东村文化广场入口 （区农办 供稿）

桥区结合空心村改造，推进公共服务配套设施向农村延伸，形成以中心村为主要平台的公共服务圈。全年完成王坛镇王城村东村综合服务中心和漓渚镇漓渚村、稽东镇新上王村龙峰社区、安昌镇盛陵村盛陵社区、王坛镇银沙村孙岙社区4个文化体育活动中心建设，总建筑面积5833平方米，总投资750万元，其中财政补助280.92万元。开展农村剩余电流动作保护器安装、验收工作，完成9个镇（街道）的现场抽验，涉及农户39115户，下拨补助资金39.4万元。

【55户农户完成宅基地置换】 2016年，柯桥区实施“空心村”改造点两个，改造面积61.59亩，涉及农户10户；完成宅基地置换55户，其中“以房换房”51户、“以房换钱”4户，累计宅基地置换478户。（沈　琴）

柯南区块建设

【概况】 2016年，鉴湖—柯岩旅游度假区完成招商项目投资32.5亿元、政府性项目投资70亿元；全年接待游客570万人次，比上年增长49.2%，旅游收入56.73亿元，比上年增长41.8%。编制《鉴湖—柯岩旅游度假区建设发展规划》，明确“一心两带八片”（“一心”即旅游综合服务中心，“两带”为古韵鉴湖蓝色景观带、风情香林绿色景观带，“八片”即柯岩城市片、湖塘城市片、黄酒小镇片、酷玩小镇片、柯岩景区片、运动休闲片、乡村旅游片、香林礼佛片）的规划结构，突出特色小镇在度假区规划中的功能定位。实施交通设施、安置小区等基础配套建设项目18个，完成投资13.9亿元，改善特色小镇硬件环境。投资80余亿元的绍兴金沙·东方山水乐园建成开业。投资近7亿元，完成104国道南复线、香林大道两侧、鉴湖江南岸慢行系统（柯岩段）、鉴湖江南岸二期绿化等综合环境提升工程，推进鉴湖江南岸慢行系统（湖塘段）和鉴湖江景观亮化工程。鉴湖—柯岩旅游度假区获评浙江省旅游度假区考核优胜单位。

【国家级旅游度假区创建列入国家旅游局评审计划】 2016年2月24日，《绍兴市柯桥区鉴湖—柯岩国家级旅游度假区创建规划》通过浙江省旅游局专家评审委员会评审。9月26日，国家级旅游度假区创建通过浙江省旅游区（点）质量等级评定委员会评审，被认定为达到国家级旅游度假区申报标准和条件，上报全国旅游资源规划开发质量评定委员会，列入国家级旅游度假区评审计划。

【彪佳路（冠成国际段）建成通车】 2016年4月，彪佳路（冠成国际段）建成通车。该路长1000米、宽22米，总投资约1亿元。解决冠成国际、独山嘉苑等地块周边商户和居民通行问题。

【柯南停车场投入使用】 2016年12月，柯南停车场建成投运。项目投资3.57亿元，建筑面积104075.15平方米，为1幢5层立体停车楼，内设2654个停车位，其中小汽车车位2614个，大巴车位40个，另设20个短驳车停车位。

【完成拆迁改造70万平方米】 2016年，柯南区块先后实施柯岩街道永进村和红旗村拆迁、育才路和永进村农贸市场拆迁，开展“鉴湖四期”安置地块、酷玩小镇地块、黄酒小镇地块、湖塘街道湖中村畈里边104国道南复线环境综合整治，完成拆迁改造70万平方米。（杨凌科）

钱清小城市建设

【概况】 2016年，柯桥区钱清镇列中国综合实力千强镇第35位，入围第三批国家新型城镇化综合试点地区，省级小城市考核第四次获得优秀，培育试点综合考评位列全省第九。开展主要路河两侧整治，完成问题整改1482处。投资1亿元，完成杨绍线美丽乡村示范线建设。推进农村生活污

2016年，钱清小城市建设新貌　（钱清镇　供稿）

水治理工程，完成14个村生活污水治理，其中9个村通过验收。对10个村级农贸市场、169个水冲式厕所和村（居委会）50%的垃圾箱进行高标准改造。推进轨道交通拆迁，完成梅东村试验段38户0.8万平方米住宅拆迁。完成“个转企”（个体工商户转型发展成为民营企业）40家、“小升规”（小微企业发展成为主营业务收入达到2000万元的规模以上工业企业）41家。新农果蔬市场项目摘牌，华通医药增发、复兴商贸综合体等10个项目达成初步意向。

【完成印染产业整治】 2016年，钱清镇20家停产整治印染企业全部停产，10家边生产边整治印染企业通过区级验收；清理污水6.77万吨、污泥1.4万吨。（李一丹）

平水新城建设

【概况】 2016年，平水新城完成工业投入18.05亿元，服务业投入13.25亿元，比上年增长28.41%；规模以上工业增加值5.48亿元，战略性新兴产业增加值2.19亿元，比上年增长9.42%。创建国家级高新技术企业3家（山耐高压、精宝机械、中轴自动化设备），创建省级科技型企业10家（博亚服饰、顺金纺织、开源机电、吡嘟服饰、平水衣品服装、立志纸品、袁盛牛仔服饰、辰衣金属制品、越皇贡酿酒、秦望茶业）。仙人谷高端养生综合体、苏美达分布式光伏发电两个5亿元以上项目引进落户。恒胜消防在省股权交易中心创新板挂牌。投资1.2亿元的平水大道提档升级改造基本完工，平水公交客运站建成投运。完成绍甘线、平王线等主要道路及集镇内环东路、人民路等区域亮化工程。杭绍台高速、解放南路延伸工程全面启动。绍兴第二医院平水分院创建二级乙等综合性医院，平水分院急救分站和上海名医南部山区帮扶基地建成投运。兰若寺国际旅游度假区完成总工程量的20%。葫芦湾养生项目基本建成，金渔湾养生、王化夕阳红、同康养心谷等中高端民宿建成投运，巷深竹缘、养心谷、若耶山居等特色民宿规模扩大。

2016年，平水新城金渔湾农庄新貌（平水镇 供稿）

【建成平水政务网自助服务站】 2016年5月，柯桥区行政服务中心平水分中心政务服务网自助服务站建成。站内配置供办事群众免费使用的电脑、高拍仪、打印机、身份证读卡器、政务服务网信息智能引导查询屏等设施，有十大类341项事项实现上线运行。（沈钟英）

执行编辑 傅炳荣

交通运输·邮政

交通建设

【概况】 2016年，柯桥区交通基础设施建设完成投资48.6亿元（包括杭绍台高速14.45亿元），共实施53项交通建设项目（公路33项、水运4项、站场6项、其他10项）。制订《绍兴市柯桥区综合交通运输发展“十三五”规划（2016—2020）》。杭金衢高速至杭绍台高速公路联络线（杭绍台高速西线）等重大交通项目开展前期手续，总投资62亿元。柯袍线与柯华路互通等城区快速路内外环提升改造分批推进，总投资20.5亿元。钱滨线等对接绍兴市“一环六横八纵”快速路网全面开工，总投资160亿元。区交投集团负责实施30项重点工程（其中续建15项、新建15项，见附页），总投资119.48亿元，计划完成投资16.82亿元，实际完成工程投资19.87亿元，超额完成年度工作目标。

【32省道兰亭至平水段改建工程（柯桥区段）开工】 2016年7月，32省道绍兴兰亭至平水段改建工程（柯桥区段）开工。该项目总投资6亿元，是省重点工程。至年底，完成产值1500万元，总形象进度6.21%。

·小资料·　32省道绍兴兰亭至平水段改建工程（柯桥区段）

工程（起于柯桥区兰亭镇31省道绍大线与规划镜水路南延平交处，起点桩号为K0+000，路线穿越兰亭镇、鉴湖镇、平水镇，终点位于柯桥区平水镇车站路（老绍甘线）与工商路平交处，终点桩号为K14+360.578，路线全长14.361千米。其中柯桥区段起讫桩号为K0+000～K3+308.514，ZK11+825（YK11+805）～K14+360.578，全长5.854千米。桥梁106.72米/2座，涵洞15道，隧道1552.5米/1座。项目按一级公路标准设计，设计时速为80千米/小时。

【三江至童家塔公路工程开工】 2016年，三江至童家塔公路工程开工。项目由绍兴市袍江建设投资有限公司代为建设。概算投资9451.92万元。

·小资料·　三江至童家塔公路工程

该工程起于绍兴市袍江新区三江路与汤公路交叉处沿汤公路往北跨越荷湖江和杭甬高速公路，从绍兴市中环再生能源发展有限公司和柯桥区垃圾填埋场中间穿过，路线再向北延伸，终于柯桥区马鞍镇童家塔村，与柯桥区柯海线相接，全长4.02千米，路基宽度为32～35.5米，按一级公路标准进行改造，设计速度80千米/小时。

【柯北大道改造工程通过验收】 2016年5月，柯北大道改造工程通过验收。项目于2015年6月在区公共资源交易中心公开招标，经过7个月的建设施工，于2016年3月完工 。

【安昌路北延工程（柯桥段）完工】 2016年，安昌路北延萧山工程完成产值1600万元，工程于5月份完工，8月4日通过交工验收。

·小资料·　安昌路北延工程

工程位于柯桥区安昌镇白洋村，道路起于在建钱滨线交叉口（K0+000），终点与八柯线相接（K0+745），全长745米，按一级公路标准同时兼顾城市道路功能设计，设计速度60千米/小时，道路宽度28米，同时对八柯线路面改造323米，采用沥青路面，结构层总厚度70厘米，桥梁荷载等级为公路-Ⅰ级，全线设中桥20米/1座，平面交叉2处，工程内容包括路基工程、路面工程、排水工程、桥梁工程、绿化工程、路灯照明工程以及交通安全设施工程，项目批复概算11530.75万元。

【柯华路柯袍路立交改造工程开工】 2016年12月3日，柯华路柯袍路立交改造工程开工。至年底，完成产值430万元，完成桩基30根，完成总形象进度5.3%。

•小资料• 柯华路柯袍路立交改造工程

工程位于柯桥区华舍街道，为柯华路连接柯袍线匝道及柯华路下穿杭甬客专桥梁，包括新建匝道A、匝道B，对原华舍大桥南北引桥进行拼宽及柯袍路进行局部改造等。柯袍路按一级公路标准，设计时速80千米/小时,路基宽度66.0米，柯华路按二级公路标准，设计时速40千米/小时，路基宽度36.0米，匝道按四级公路标准，设计速度20千米/小时，路基宽度22.5米，桥涵设计荷载标准为公路-Ⅰ级。项目概算总投资1.4亿元。

【杨汛桥四灵庙路改建工程完工】 2016年8月，杨汛桥镇四灵庙路（规划树人路）改建工程完工。该工程全长0.539千米，老路面以水泥砼路面为主，保持原有路基并向东侧进行扩建。项目起点为江夏公路（树人大学段）改建工程桩号K0+892，终于杭金衢绍兴连接线K2+251成T型交叉结合，其中桩号K0+258.6处布设（10+13+10米）简支板梁桥一座。按三级兼城市次干公路标准，设计时速30千米/小时。

【杨汛桥江夏公路（树人大学段）改建工程开工】 2016年3月20日，杨汛桥镇江夏公路（树人大学段）改建工程开工。至年底，完成产值1500万元，完成总形象进度47%。

•小资料• 杨汛桥江夏公路（树人大学段）改建工程

工程全长1.555千米，老路面以水泥砼路面为主，保持原由路基并向双或单侧进行扩建。项目起点为杨江公路交叉处，终于规划路江塘路相交，其中桩号K1+490处布设16简支板梁桥1座。项目内容有路基、路面、桥梁、涵洞、排水工程、交通安全设施及绿化照明等附属设施。按三级兼城市次干公路标准，设计时速30千米/小时。

【杨江公路环山路至调山路段工程完工】 2016年10月8日，杨江公路环山路至调山路段改造工程完工。工程于5月11日开工，概算总投资1998.03万元。

•小资料• 杨江公路环山路至调山路段工程

工程起点位于环山路交叉口(K1+746)，终点位于调山路交叉口(K6+016)处，全长4.27千米，项目为老路改建工程，按二级公路标准进行改造。设计速度60千米/小时，同时兼顾城市道路功能，路基宽度维持原标准31.5米。路面结构采用沥青混凝土路面，沥青砼路面以双轮组单轴100千牛为标准轴载，路面结构设计使用年限12年；桥梁设计荷载公路-Ⅱ级。项目主要内容为道路、排水、安全设施更换、照明设施修复、机非绿化带绿化补种等，综合提升道路适用功能及形象。

【环山路工程完工】 2016年，杨汛桥镇环山路路面改造工程完成总形象进度100%。工程总投资3498.66万元。

•小资料• 环山路工程

工程起自环山路与杨江路交叉口，起点桩号为K0+000，自西向东，终于环山路与杨绍线交叉口，终点桩号为K2+173，路线全长2.173千米。施工主要内容为K0+065～K1+025段旧水泥混凝土路面进行“白改黑”处理，K1+025～K2+173段沥青路面进行大中修；完善道路排水设施与安全设施；综合治理道路两侧人行道外边缘线间路域环境与照明等附属设施。

【调山路工程完工】 2016年10月8日，杨汛桥镇调山路路面改造工程完工。工程于5月11日开工。项目概算总投资868.41万元。

•小资料• 调山路工程

项目位于杨汛桥镇，起于杭金衢高速连接线，终于马车江桥南桥坡，全长0.56千米。采用双向两车道设计。为老路改建工程，按三级公路（兼顾城市道路功能）设计，设计时速30千米/小时。路基宽度维持原标准16米。路面结构采用沥青混凝土路面，沥青砼路面以双轮组单轴100千牛为标准轴载，路面结构设计使用年限10年。主要施工内容为对设计范围机非车道沥青混凝土路面（或水泥混凝土）进行改造，完善道路排水设施与交通安全设施，综合治理道路及周边相关区域内人行道、绿化与照明等附属设施。

【钱茅线夏履至夏泽段工程完工】 2016年，钱茅线夏履至夏泽段路面改造工程完成总形象进度100%。工程总投资3419.82万元。

•小资料• 钱茅线夏履至夏泽段工程

工程起点位于钱茅线K10+395处，途经夏履镇莲中村、莲增村、湖塘街道夏泽村，终点位于钱茅线K18+230处，全长7.835千米。按四级公路要求进行改造，主要内容为对老路行车道与硬路肩旧水泥混凝土路面共振碎石化后进行白改黑处理、并对沿线路基路面排水防护、路灯、绿化、交通标志标线等附属设施进行改造。

【杭金衢高速绍兴连接线路面维修工程（二期）开工】 2016年9月28日，杭金衢高速绍兴连接线路面维修工程（二期）开工。项目批复概算14817.11万元。至年底，完成产值3670万元，完成形象进度40.5%，主要完成道路主线左幅和起点转盘改造，完成路灯、公交候车亭基础、排水沟等附属工程施工。

•小资料• 杭金衢高速绍兴连接线路面维修工程（二期）

项目起点位于杨绍公路大转盘处，起点桩号K9+740，线路由南向北经湖塘、柯岩、钱清及华舍，终点与柯袍线大转盘处，终点桩号K17+120，全长7.38千米，按一级公路标准设计，设计时速60千米/小时，路基宽36米，双向6车道。维修工程主要对全线路面病害进行处治、翻修，并重新铺设沥青路面，修复桥面铺装病害并加铺磨耗层，并对杨绍线环岛进行平面交叉口改造，更新完善全线交通安全设施，排水设施、增设路灯照明工程，完善公交停靠站等。

【杭金衢高速杨汛桥出入口绿化及配套提档改造工程基本完工】 2016年，杭金衢高速杨汛桥出入口绿化及配套提档改造工程完成交地部分全部工程量。项目包括高速收费站出口处绿化、高速匝道内绿化、高速出入口段两侧绿化及杭金衢连接线沿线部分绿化等，总用地约181650平方米，总投资约6000万元，工程共分绿化一、二、三、山体复绿四个标段，其中一标为高速收费站出口处绿化、高速匝道内绿化；二标为高速公路两侧绿化；三标为杨渔线北侧20米宽绿带、西小江边公园、和门程村滨河绿化、水泥厂门口绿化、仁里王村小游园等。

【钱江通道安置房工程土建完工】 2016年，钱江通道安置房工程土建完工，场外工程完成35%。项目用地面积24619平方米，建筑面积76072.32平方米，有7幢18层高层建筑和3幢附属用房构成，中标价为16558.3658万元。

【杭绍台高速公路工程（柯桥区段）启动】 2016年，杭绍台高速公路工程（柯桥区段）启动。按绍兴金华段和台州段“一路两公司”模式实施，在绍兴市成立高速建设指挥部后，柯桥区成立分指挥部，负责柯桥区范围内的征地拆迁等政策处理和维稳工作，至年底完成投资14.45亿元。

•小资料• 杭绍台高速公路工程

工程起于钱江通道南接线齐贤枢纽，经绍兴、金华、台州3市，终于临海括苍山镇附近接台金高速公路，全长162.3千米（绍兴段长115.4千米），总投资384.3亿元（绍兴段289亿元）；其中起点至绍诸高速公路段为双向六车道（路基宽33.5米），其余为双向四车道（路基宽26米），全线设计时速100千米/小时。涉及柯桥区段长36千米，途径齐贤、柯岩、福全、兰亭、平水、稽东、王坛7个镇（街道），共设齐贤、绍兴西、福全、平水、稽东5个互通，投资约101亿元。

【滨海大道等三区互联快速路网（柯桥区段）开工】 2016年，滨海大道等三区互联快速路网涉及柯桥区滨海大道柯桥区段（市域边界一柯海线段）工程等10个项目全面开工，总里程118千米，总投资约160亿元。至年底完成投资40.1亿元。（王 祥 高奇卉）

交通设施管养

【概况】 2016年柯桥区境内公路总里程为1424.11千米，其中国道53.456千米（含国家高速公路12.287千米、普通国道41.169千米）、省道56.198千米（含绍诸高速11.145千米）、县道357.693千米、乡道287.181千米、专用公路11.438千米、村道里程658.144千米。全区桥梁892座，其中国家高速23座、普通国道43座、省道41座（含绍诸高速11座）、县道285座、乡道143座、村道357座。隧道9道，建制村250个，建制村公路通达率100%。按公路技术等级划分：高速23.432千米、一级69.989千米、二级184.61千米、三级108.107千米、四级952.612千米、等外公路85.36千米。柯桥区管养国省县道公路里程为467.347千米（不含高速）。柯桥区获评2015年度全省“两路两侧”“四边三化”专项整治工作优秀县（市、区）、全省农村公路改造提升工程考核优秀县（市、区）。绍大线、柯海线被评为2016年“浙江最美绿化通道”，其中绍大线获评

2016年12月7日，实施“白改黑”工程后的S310省道绍甘线 （陈立明 摄）

“浙江十大最美绿化国道线”。

【“两圈一环”美丽乡村公路建设基本完成】 2016年，柯桥区组织实施“两圈一环”（即“南部山区圈”和“西部片区圈”及“一环”）共17条美丽乡村公路建设，总长127千米，投资8.6亿元。其中由区交通运输局下属区公路处具体负责实施“南部山区圈”及“一环”共9条美丽乡村公路建设，由区交投集团负责实施“西部片区圈”。至12月底，除谢庆公路因兰亭镇交地延迟完成工程量至55%外，其余基本完成。

•小资料• 美丽乡村公路建设工程

1.绍甘线横浜岭至王坛集镇段改造工程。起点桩号为K9+300，终点桩号为K34+700，路线全长25.4千米，总投资16200万元。按二级公路标准改造，设计行车速度80千米/小时，路基宽15-39米。主要对水泥砼路面采用“白改黑”改造，完善照明、节点景观、排水边沟、交安设施、候车亭等配套工程。工程于2016年4月开工，至年底基本完工。

2.平王线平水王坛段改造工程。起点桩号K0+000（平水大道平交），终点桩号为K21+810（王坛三桥），路线全长21.8千米，总投资10800万元。路段采用三级公路标准，局部路段为四级公路标准，设计时速为20～40千米/小时，路基宽度为6.5～9米，局部路线进行改线。主要是对路基路面进行改造，并完善排水、路灯、安全设施、照明、候车亭等配套工程。工程于2016年5月开工，至年底基本完工。

3.寨南线稽东王坛段改造工程。起点桩号K0+000（车谷线寨营口），终点桩号为K7+665(与绍甘线相接)，路线全长7.54千米，总投资4400万元。路段采用三级公路标准，局部路段为四级公路标准，设计时速为20～40千米/小时，路基宽6.5～7.5米，其中骆村段1.4千米进行改线。新建桥梁两座，跨径均为13+20+13米。工程主要对道路机动车道、路肩、照明、桥梁涵洞、排水、交安、候车亭等进行改造。工程于2016年5月开工，至年底基本完工。

4.老平王线平水大道至日铸岭段整治工程。起点桩号K0+780（与平水大道平交），终点桩号K8+018（与新平王线平交），全长7.238千米，总投资700万元。按四级公路标准，设计速度20千米/小时，路基宽度5～12米。主要对沥青路面进行病害处治后沥青罩面，并完善排水、交安等设施。工程于2016年6月开工，至年底基本完工。

5.平水同康至大庆公路整治工程。起点桩号K0+000（位于同康村终点公交站），终点位于同庆公路K2+355，路线全长2.355千米，总投资

668万元；按四级公路设计，设计速度20千米/小时，路基宽度为7.5米。主要为病害处治及边坡整治后对原路面进行罩面处理，并完善排水、交安等附属工程。工程于2016年5月开工，至年底基本完工。

6. 车谷线骆家田至穿山岙段改造工程。起点位于车谷线K9+760，终点位于车谷线K14+370，路线全长4.61千米，总投资950万元；按四级公路设计，设计速度20千米/小时，路基宽度为6～6.5米。主要对沥青路面病害处治后罩面，并完善排水、交安、候车亭等设施。工程于2016年5月开工，至年底基本完工。

2016年7月，美丽乡村公路建设平王线施工现场

（陈立明　摄）

7. 下双线王坛段改造工程。起点桩号为K12+635（位于柯桥区与嵊州市分界处），终点桩号K17+770，全长5.135千米，总投资1350万元。按四级公路标准设计，设计时速20千米/小时，设计路宽6～7米。主要对路基病害处置后进行罩面改造，其中2千米进行“白改黑”改造，并完善排水、交安设施、候车亭等配套工程。工程于2016年5月开工，至年底基本完工。

8. 平水船山至同康公路改造工程。起点桩号K0+000（位于平水大道K14+268处），终点桩号为K3+790(与同庆公路相接)，路线全长3.79千米，总投资2100万元；按四级公路设计，设计速度20千米/小时，路基宽度为6～8米；工程涉及新建桥梁两座，桥梁跨径都为13米。主要对道路机动车道、路肩、照明、桥梁涵洞、排水、交安、候车亭等进行改造。工程于2016年5月开工建设，至年底基本完工。

9. 兰亭谢家桥至大庆公路整治工程。起点桩号K0+000（位于绍大线K18+537），终点桩号为K7+139(与同庆公路相接)，路线全长7.139千米，总投资1300万元；按四级公路设计，设计速度20千米/小时，路基宽度为7米。主要为病害处治及边坡整治后对原路面进行罩面处治，并完善排水、候车亭、交安等附属工程。工程于2016年5月开工，因兰亭镇交地延迟，至年底完成工程量至55%。

【绍大线预防性养护工程完工】 2016年7月，绍大线预防性养护工程开工。工程起点位于K6+697(五洋桥)，终点K15+000(兰亭新桥)，全长8.303千米，投资449万元，主要实施路面病害修复及纤维碎石封层处理。10月，工程完工。

【县乡公路升级项目下大线齐贤安昌段改造完工】 2016年6月，县乡公路升级项目下大线齐贤安昌段改造工程开工。路线全长3.38千米，总投资3700万元。至年底，基本完工。

·小资料·　县乡公路升级项目下大线齐贤安昌段改造工程

工程起点位于下大线镜水路交叉口，终于下大线安华北路交叉口。其中齐贤段起点桩号K0+472（镜水路交叉口），终点桩号K1+510，路线长1.038千米，三级公路标准改造，设计行车速度30千米/小时，路基宽8.5米；安昌段起点K1+980（金柯桥大道交叉口），终点K4+322（与安华北路相接），路线长2.342千米，三级公路兼顾城市道路标准改造，设计行车速度30千米/小时，路基宽24~31米。工程主要对路基路面进行局部拓宽改造，完善排水、路灯、候车亭、绿化、交通安全设施等。

【杭甬高速柯桥区段两侧通道绿化提档改造工程完工】 2016年，杭甬高速公路柯桥区段两侧通道绿化提档改造工程完工。工程起于杭甬高速萧山交界，途经柯开委（齐贤镇）、滨海工业区（马鞍镇），终点为与越城区交界处，全长7.7千米，总面积18.7万平方米，投资约1000万元，完成乔木种植约6500株，其中新种绿化部分完成7.4万平方米，补种绿化5.9万平方米。完成杭甬高速柯桥出口匝道周边绿化工程，绿化面积2.8万平方米。

【完成136个公路督查曝光问题整改】 2016年，柯桥区推广“路长制”网格化管理，每月印发《公路督查通报》，继续推行问题曝光台制度。全年共印发公路督查通报12期，累计曝光问题136个，全部完成整改。

【路域环境整治率99.7%】 2016年，柯桥区全面实施区管道路路域环境整治，开展“两路两侧”“四边三化”新一轮28条公路的扩面整治，督促沿线镇街完成1502个问题整改，将问题清单下发到各镇（街道、开发区），并实行每周通报和专项督查。全年完成整治1498个，完成率99.7%。

【承办“美丽交通走廊·环浙骑行”（柯桥站）活动】 2016年12月4—5日，柯桥区承办“美丽交通走廊·环浙骑行”（柯桥站）活动。活动由浙江省交通运输厅主办，绍兴市柯桥区交通运输局等单位协办，分为“美丽交通走廊·环浙骑行（柯桥站）”骑游活动、竞赛活动、骑友晚会、摄影比赛。12月5日，竞赛活动在柯桥区湖塘街道香林村发车，途经湖塘街道、柯岩街道、漓渚镇，全长45.7千米，全省各地209名骑行爱好者参加。

2016年8月31日，柯桥区绍大线安装非现场执法系统（车辆吨位自动检测系统）路段　　　　（夏越祥　摄）

【启动7处非现场执法系统安装】 2016年，柯桥区投入1800万元安装7处33个车道的非现场执法系统，于11月10日进场施工，至年底完成工程量的30%。　　　　（高奇卉）

港航管理

【概况】 2016年，柯桥区有定级航道46条，通航里程320.12千米。其中四级航道两条（杭甬运河、曹娥江），通航里程50.52千米；五级航道1条（绍海甲线），通航里程12.8千米；六级航道5条（萧余线、南塘线、钱陶线、钱海线、柯海线），通航里程99.8千米；七级航道13条，通航里程80.6千米；准七级航道25条，通航里程76.4千米。有货运码头23个，均为300吨级以上，其中厂矿自备码头11个，浙能绍兴滨海热电有限公司的码头年进港电煤186万吨，为区内最大的货运作业码头。客运码头4个，均在柯岩景区内，为景区内游船停靠码头。区内有120艘货船41493载重吨，16艘客船718客位，货船平均吨位为345.8吨。货船运力比上年增长43.8%；平均吨位比上年增长45.2%。客船运力与上年持平。有水运企业5家，从业人员162人，其中普货运输企业4家，景区游船公司1家；客船16艘718客位，货船49艘21217载重吨。全年完成水路客运量61.56万人，货运量131.91万吨，比上年分别下降1.16%、1.99%；货物周转量21649.97万吨千米，比上年增长2.77%。实现港口吞吐量594.23万吨，比上年下降5.57%；运河通行量1144.52万吨，比上年增长1.37%。继续实行停征船舶港务费和免征货物港务费政策，为120艘在册船舶省下成本超130万元，全年征收规费90.9万元，其中浙北通行费55万元。

【单船最大载重吨创历史新高】 2016年，柯桥区鼓励发展大吨位船舶，对船舶拆小建大，拆老购新。到年底，300载重吨以上的船舶63艘，占52.5%，上升13.6个百分点；运力35011载重吨，占84.4%，上升23.2个百分点；单船最大载重吨988吨，创历史新高。企业货船50艘，占41.67%；

载重吨为21217吨，占51.13%。

【完成航道建设投资近7600万元】 2016年，柯桥区完成辖区内七级及以上航道及航道设施的调查。投资300万元完成柯桥区通航水域124个监控工程，建成有191处监控探头的的水上交通安全视频监控系统，为全市最大。投资近200万建成运河齐贤兴浦、钱清岭江应急临时系缆桩20颗，初步缓解运河内船舶停泊难的问题。投资1.4亿元的浙能绍兴滨海热电有限公司码头二期扩建工程于7月启动，到年底完成投资6036万元。投资近110万元完成运河K64航段拓宽疏浚项目。投资450万元完成柯海线航道瓜渚湖至齐贤溜头段5千米航道标准化整治。投资250万元完成南部航道配套夜间航行导助航及安全设施，投资250万元完成南部航道配套夜间航行导助航及安全设施等。

2016年11月18日，平水公交站建成投用

（陈立明　摄）

【码头回收油污水25公升】 2016年，柯桥区在全区23处货运码头组织开展港口码头防大气污染专项检查，做好码头前沿档水墙、沉淀池、场地硬化、堆场覆盖、进出道路硬化等工作，严格核查船舶生活垃圾回收证明，促使船上垃圾、油污水自觉上岸处理。全年码头回收油污水25公升、垃圾22吨。

【运输泥浆船舶违章“零容忍”】 2016年，柯桥区完成6家泥浆运输船舶的报备工作，审核临时泥浆装卸点9起，检查泥浆船舶155艘次，查处航道违章2起、泥浆运输船违章3起，“零容忍”泥浆船超载、偷排漏排现象。（高奇卉）

公共交通发展

【概况】 2016年，柯桥区公共交通以城乡公交、中长途班线和出租客运为主，有一级客运站1个，区内经营的客运企业16家，城区及镇（街）公交站场18个。其中交投集团拥有产权的有8个，分别为之江学院公交站、柯华站、湖东站、柯桥客运中心公交站、柯南公交站、滨海公交站、平水客运公交站和兰亭公交站，其余为镇街拥有产权的公交站，另有体育中心、秋湖、绍兴客运中心、客运西站、九里、大香林、乔波滑雪馆等租用借用停车场10余个。滨海、秋湖加气站先后建成并投入使用。智能信息化建设加快推进，投资2000余万元，建成柯桥公交智能监控调度系统，通过市、区两级联动，提升改造“易行绍兴”APP软件，实现两区（柯桥、越城）公交、公共自行车及铁路、航空等出行信息实时查询。与越城区同步完成公交车载Wi-Fi安装，基本实现城乡公交线路全覆盖。

全区有城乡公交线路81条（不含市公交在柯桥区运营线路），其中跨区线路19条、区内公交主线30条、二级公交32条，线路总里程1856.1千米，日发总班次4006班，所有公交线路实现无人售票。全区在营公交车辆712辆，其中新能源公交车486辆，占68.3%，标台数865.6。全年公交客运量5508万人次，公交总客流量比上年上升2.4百分点。

柯桥客运中心始发班线61条、补员34条，合计95条（含重叠线路4条），进站车辆始发147辆、补员64辆，合计211辆，最长线路为1600千米（柯桥至柳州）；平均日发1345人次，单日最高3224人次；运送旅客49.08万人次，旅客周转量为437.59万人千米。其中县内客运班线4条，分别为柯桥至嵊州、诸暨 、岭北、新昌；市际客运班线（含途径）39条，分别为柯桥至杭州、萧山、东阳、义乌、磐安、浦江、兰溪、石浦、慈溪、温州、乐清、苍南、水头、衢州、江山、龙游、玉环、杜桥、路桥、仙居、丽水、遂昌、松阳、练市、许村、沈家门、缙云、安吉、南浔、嘉兴、海宁、桐乡、海盐、临安、新安江、桐庐、千岛湖、临平、富阳；跨省（市）的长途客运班线（含途径）48条，分别为柯桥至太仓、无锡、江阴、张家港、淮阴、徐州、靖江、盛泽、盐城、海门、苏州、连云港、宿迁、景德镇、德兴、乐平、玉山、宿州、祁门、鹿邑、临泉、来安、亳州、襄樊、浦城、商丘、菏泽、淮滨、周口、柳州、武汉、天门、松江、常熟、扬州、南昌、绩溪、安庆、南通、姜堰、黄桥、掘江、吴江、常州、启东、青岛、上海、郑州；跨省（市）始发和途径重复班线4条，分别为苏州、无锡、太仓、柳州。

【新增新能源公交车150辆】 2016年8月，柯桥区投入资金6800万元，新增新能源环保公交车150辆，全区新能源公交车达486辆，占公交车总数的68.3%；公交运力比上年增长19.7%。

【调整公交线路13条】 2016年，柯桥区公交路优化调整13条，分别为城乡主线公交7条、二级公交6条。

【新增公交线路14条】 2016年，柯桥区新增公交线路14条，分别为旅游公交1条、专线公交3条、二级公交10条（因原支线线路优化并调整编号而增加）。柯桥城区和柯南、钱杨、南部山区等区域线网布局均有完善。完善后的公交营运线路共100余条（其中区属公交线路81条、市属公交线路20余条）。

•小资料•　公交线路变更情况

1.855路：2016年11月11日起优化调整延伸，路线走向：之江学院—柯华路—鉴湖路—金柯桥大道—万商路—云集路—镜水路—南复线—绍齐公路—漓渚公路—兴业路—花市路—新街—幸福路—新建街—分后线—兰亭公交站。首末班时间：6：00—18：00。

2.857路：2016年11月11日起优化调整延伸，路线走向：之江学院—柯华路—群贤路—育才路—万商路—金柯桥大道—104国道—柯岩大道—南复线—绍大线—31省道—中心路—分后线—兰亭公交站。首末班时间：6：00—18：00。

3.501路：2016年11月11日起优化调整延伸，路线走向：平水公交站—平水大道—绍甘线—公园路—平王线—铸岭隧道—清店。首末班时间：5:40—17:50。

4.原501路支线：2016年11月11日起整合调整为503路，路线走向：平水公交站—平水大道—绍甘线—公园路—平水大道—平王线—王汤线—汤浦。首末班时间：5:40—16:20。

5.原501路支线：2016年11月11日起整合调整为505路，路线走向：平水公交站—平水大道—绍甘线—公园路—平水大道—平王线—五一村级公路—五一。首末班时间：6:20—16:10。

6.原501路支线：2016年11月11日起整合调整为508路，路线走向：平水公交站—平水大道—绍甘线—公园路—平水大道—平王线—合兴村级公路—合兴。首末班时间：6:40—16:50。

7.原501路支线：2016年11月11日起整合调整为509路，路线走向：平水公交站—平水大道—绍甘线—公园路—平水大道—平王线—太平里村级公路—太平里。首末班时间：6:00—17:15。

8.原501路支线：2016年11月11日起整合调整为510路，路线走向：平水公交站—平水大道—绍甘线—公园路—平水大道—平王线—长塘头村级公路—长塘头。首末班时间：6:40—16:50。

9.原146路主线：2016年11月11日起整合调整为511路，路线走向：平水公交站—平水大道—公园路—绍甘线—十赵线—平水大道—十赵线—蒋坞。首末班时间：6:20—18:40。

10.原146路支线：2016年11月11日起整合调整为512路，路线走向：平水公交站—平水大道—公园路—绍甘线—十赵线—平水大道—十赵线—嵋山。首末班时间：6:10—17:20。

11.原146路支线：2016年11月11日起整合调整为513路，路线走向：平水公交站—平水大道—公园路—绍甘线—十赵线—梗黄线—车竹线—稽东公交站。首末班时间：6:00—17:40。

12.原146路支线：2016年11月11日起整合调整为515路，路线走向：平水公交站—平水大道—公园路—绍甘线—十赵线—平水大道—十赵线—陈家坞。首末班时间：6:05—17:20。

13.原146路支线：2016年11月11日起整合调整为518路，路线走向：平水公交站—平水大道—绍甘线—人民路—十赵线—平水大道—兵康村级公路—兵康。首末班时间：6:20—17:55。

14.原146路支线：2016年11月11日起整合调整为520路，路线走向：平水公交站—平水大道—绍甘线—人民路—十赵线—平水大道—同康村级公路—同康。首末班时间：6:10—18:35。

15.506路：2016年11月11日起优化调整延伸，路线走向：市委党校—平水大道—上灶公路—西上路—绍甘线—平水公交站。首末班时间：5:40—18:00。

16.原516路：2016年11月11日起整合调整为506路支线，路线走向：市委党校—平水大道—上灶公路—小千村级公路—西上路—绍甘线—平水大道—平水公交站。首末班时间：6:15—18:25。

17.806路：2016年9月28日起优化调整延伸，路线走向：黄龙刺绣—山阴路—万秀路—发展路—湖安路—山阴路—金柯桥大道—柯北大道—安昌路—齐安路—安华路—环镇南路—环镇北路—柯北大道—安昌二号桥。首末班时间：6：00—18：00。

18.809路：2016年9月24日起优化调整延伸，路线走向：柯桥客运中心—绸缎路—双渎路—华齐路—湖中路—裕民路—镜水路—青峰路—百舸路—云集路—万商路—金柯桥大道—104国道—香林大道—永鉴线—宾舍村级公路—江灶溇。首末班时间：6：00—18：00。

19.863路：2016年9月24日起优化调整延伸，路线走向：柯桥客运中心—双渎路—华齐路—笛扬路—群贤路—育才路—山阴路—太平路—双周路—稽山路—钱陶公路—钱清公交站—杨绍线—紫薇路—杨江路—远瞻路—江夏线—杨汛桥公交站。首末班时间：6：00—18：00。

20.532路：2016年9月24日起优化调整延伸，路线走向：绍甘线—王九线—九曲。首末班时间：5：50—16：10。

21.原848路：2016年9月24日起整合调整为548路，路线走向：滨海公交站—镜海大道—启源路—新围路—汇商路—致远大道—滨海大道—滨中路—启滨路—新二路—兴滨路—北五路—元大毛地毯—北五支路—兴滨路—北六路—兴日铁金属薄板。首末班时间6:00—17：20。

22.原849路：2016年9月28日起整合调整为549路，路线走向：滨海公交站—镜海大道—启源路—新围路—汇商路—致远大道—安滨路—滨中路—新机线—北五路—兴滨路—滨海热电。首末班时间：5：50-17：20。818路优化调整延伸，线路走向：高铁绍兴北站—站前大道—钱陶公路—镜水路—华齐路—双渎路—迎驾桥路—湖东路—华齐路—柯华路—钱陶公路—稽山路—柯南大道—柯岩大道—湖南路—香林大道—大香林公交站。首末班时间：6：00—18：00。

23.新增专1001路，线路走向：大禹陵—禹陵路—杨绍线—东光路—镜湖路—中兴路—人民路—大教场沿—环城西路—鉴湖前街—越西路—胜利路—湖滨路—柯岩大道—柯南大道。首末班时间：6：28—16：40。

24.新增专1006路，线路走向：天镜南苑路口—解放路—城南大道—越西路—104国道—镜水路—群贤路—金柯桥大道—华齐路—柯桥区公共服务大楼。首末班时间：6：55—17：10。

25.新增专1007路，线路走向：森海豪庭—阳明路—延安路—剡溪路—平江路—云东路—迪荡湖路—胜利东路—环城北路—官渡路—二环北路—31省道—群贤路—柯华路—柯华站。首末班时

2016年10月，柯桥区公交监控运营调度中心建成
（区交投集团　供稿）

间：6：50—17：10。

26. 新增专1007路，线路走向：体育中心（南大门）—涂山路—环城东路—延安路—解放南路—鲁迅西路—环城西路—胜利西路—绍大线—104国道—镜水路—云集路—湖西路—山阴路—金柯桥大道—鉴湖路—笛扬路—山阴路—育才路—群贤路—大坂风情。首末班时间：6：45—17：10。

27. 新增专1009路，线路走向：体育中心（南大门）—涂山路—环城东路—延安路—解放南路—鲁迅西路—环城西路—胜利西路—绍大线—104国道—镜水路—云集路—湖西路—山阴路—金柯桥大道—鉴湖路—笛扬路—山阴路—育才路—群贤路—大坂风情。首末班时间：6：45—17：10。

【智能化公交监控运营调度系统投用】 2016年，柯桥区投资2000余万元的智能化公交监控运营调度系统工程投入运行，其中柯桥城区48个电子站牌于国庆节前投入运行，形成公交营运调度系统及公交企业资源管理系统为主，视频管理监控系统、场站管理系统、电子站牌、机务管理等子系统为辅的公交信息化监管平台。全面实现智能调度、智能统计分析、智能监控管理及智能信息发布等多维度高科技的闭环管理模式。

【交通运输窗口办理“零投诉”】 2016年，柯桥区交通运输窗口办理行政事项17168件，其中许可事项1356件、其他15812件，占窗口总办件量92.1%，提前办结率96.65%，比上年提速1.33个百分点，未发生责投诉和发现错误件。全年作出道路运输行政处罚共993件，无行政诉讼案件。

【查处非法营运车辆2225辆次】 2016年，柯桥区开展无证营运“黑车”整治行动80余次，清理非法组客点3个，查处违章车辆2225辆次，其中黑车54辆，比上年增长100%。 （王　祥　高奇卉）

道路运输监管

【概况】 2016年，柯桥区有货运车辆9704辆，载重量31721吨；全年运送货物3407.48万吨，周转量811231.82万吨千米。全区有道路旅客运输经营业户16家，客运站（场）经营业户1家，其中班车客运企业3家，包车客运企业3家，公交企业4家、出租车客运企业5家。道路危险品运输企业7家，危货运输车辆99辆。维修企业309 家，其中一类维修企业18家、二类维修企业52家、三类维修企业（含快修）239家，维修从业人员2689人。驾培企业15家，教练车1129辆，教练员1542人。汽车驾驶员报名人数34419人，签发理科培训记录34925份，结业培训记录34888份，修改学员信息624份。

【货运周转量增长5.1%】 2016年，绍兴中国轻纺城物流仓储中心二期、乐创物流园先后完工并投入运行；世纪联华大型超市物流配送中心完成主体建设；浙能电力码头二期6个500吨级项目开工建设；华通医药旗下华药物流现代医药物流、仓储、配送中心项目开工建设；供销.淘实惠电商平台完成511个网点，基本覆盖区内行政村，完成销售6000多万元。物流中心绍兴海关柯桥监管点累计征收税款18654万元，受理报关业务8473票，监管集装箱18261标箱。全年实现公路水路货运周转量832881.97万吨千米，同比增长5.1%。

2016年11月20日，柯桥区举行汽车维修技能大赛（程　慧摄）

【在全市率先取消出租车经营权有偿使用费】 2016年，柯桥区在全市率先取消出租车经营权有偿使用费，退还“跨年收取”的153.5万元有偿使用费。配合市交通运管部门开展出租车行业改革工作，参与研究、制定绍兴市出租汽车行业改革发展的“一意见两细则”相关政策。

【建成全省首个县区级智慧交通平台】 2016年6月，柯桥区综合交通信息指挥中心平台基本建成并投入应用，为全省区首个县区级智慧交通平台。至12月底，监测到涉嫌运输违章763起，其中班线客车587起、包车132起、出租车21起、危货车23起。

【出台首个综合交通运行分析报告】 2016年，柯桥区出台首个《柯桥区综合交通运行分析报告》。从2016年上半年起编发，每季度一期，通过系统数据和情况调查，动态把握交通运输行业整体运行情况，对行业运行情况、原因分析和发展趋势进行总体评估。 （高奇卉）

交通安全

【概况】 2016年，柯桥区交警部门健全交通事故处理机制，严格车辆、驾驶员安全管理，及时开展车辆、驾驶员安全隐患排查。办理机动车注册登记16395辆，机动车转移登记10302辆，变更登记7230辆；补换行驶证、牌照、登记证书3807起，核发机动车检验合格标志116237辆，受理驾驶人报名25138人，受理驾驶人科目一考试47370人次，受理驾驶人科目三安全文明知识考试30496人次，摩托车驾驶人科目二、科目三考试487人次。核发机动车驾驶证52300本，换发机动车驾驶证25586本，办理转入机动车驾驶证3313本、转出机动车驾驶证672本，补发机动车驾驶证2841本，注销机动车驾驶证940本，驾驶证年度体检373本，满分学习5645人，核发危化物品通行证431张。受理各类交通事故69829起，其中一般程序处理169起；事故共造成71人死亡、128人受伤，同比分别下降8.97%和21.47%；直接经济损失55107元，同比下降28.35%。

2016年4月22日，柯桥区开展“春雷一号”公路治超联合执法行动 （夏越祥　摄）

【现场查处重点交通违法20.69万起】 2016年，柯桥区交警部门与相关部门配合，完善公路客运车辆、危险品运输车、学生接送车和公路危险路段的安全隐患排查，建立动态管理台账。查处酒驾、超速超载等重点交通违法行为，查获酒驾2925起，其中醉酒277起，现场查处重点违法206838起。 （徐　金）

【查处超限车6377辆】 2016年，柯桥区查处超限车6377辆。其中渣土车3010辆、非法改拼装车218辆，处理非现场执法案件511件，超限超载率控制在3%以内。

【水上交通安全形势保持平稳】 至2016年年底，柯桥区港航管理部门接警38次，比上年增加8.57%；上报一般事故两起，与上年持平；死亡2人，比上年增加100%；伤1人，与上年持平。直接经济损失14.50万元，比上年增加74.48%。（高奇卉）

【多渠道开展交通安全宣传教育活动】 2016年，柯桥区交警部门通过多种渠道广泛开展各类交通安全宣传教育。组织民警下社区、进企业、入校园开展宣传活动168次，集中上交通安全课26次，其他形式的宣传活动10场次，在各级新闻媒体刊登发布200多篇新闻报道，制作宣传教育片、撰写并印发5封公开信，利用绍兴FM94.1交通广播，做好每天路况及交管工作动态的宣传报道。利用柯桥广播电视总台《民生360》《柯桥日报》等媒体大力宣传交管工作重点、亮点及先进典型人物等。在柯桥交警官方微信平台和各大网络平台及时发布交通安全信息，在区电视台和区电视台广播FM106分别开设《交警在线》《王警官说交通》栏目，定期向社会各界播送交通信息、通知通告等，宣传交通安全知识。（徐　金）

2016年11月15日，柯桥邮政管理局正式挂牌成立
（柯桥邮政管理局　供稿）

邮　政

【概况】　2016年，柯桥区快递业务累计业务量2228.3万件，比上年增长29.3%，累计业务收入26887.9万元，比上年增长32.8%。国际快递业务量42781件，上年增长17.4%；业务收入709.1万元，上年增长92.2%。港澳台快递业务量63134件，比上年下降10%；业务收入313.2万元，比上年下降5.1%。

全区有以邮政EMS和顺丰、德邦、“四通一达一天”为代表的17个国有、民营快递品牌及11个国际快递企业，以直营或加盟方式参与柯桥快递经营业务的企业32家（含柯桥分公司），营业网点113个，快递从业人员1472人。城市快递网点、智能快件箱建设取得明显成效，全区累计建成智能投递柜468个。

【查处16家违法经营的国际快递公司】　2016年7月22日，柯桥区在全区范围内对违法经营的国际快递行为进行整治，查处违规操作的16家国际快递公司，对两家无证经营的国际快递各处罚10万元。

【实施快递网点“亮证”行动】　2016年7月起，柯桥区开展快递营业网点“亮证”行动，全区113个取得快递业务经营许可证或分支机构名录的快递营业网点都按照要求张贴统一制作、统一编号、统一建档、统一发放的绍兴市寄递行业营业网点标牌。

2016年，柯桥区启用寄递企业实名制上传系统
（柯桥邮政管理局　供稿）

【寄件实名制登记制度全面启用】　2016年，柯桥区明确寄递企业全部要实现登记验视信息化。8月前，全区寄递企业及营业网点按要求通过“APP”或“巴枪”方式实现登记验视信息化。全区十大寄递企业自主研发信息化设备数984个；34家网点安装PC端26个，安装“APP”467个。

•小资料•　“巴枪”

实现方式是通过将外置扫描枪通过数据线或直连的方式连接到支持“巴枪”功能的手机上，在物品配送至客户处后，首先外勤人员对运单号上的条码进行扫描，由PDA/手机作为数据收集的载体，将相关信息进行存储，如客户姓名，签收时间，货物状态、异常信息等，并可使用客户电子签名签收功能，及时更新后台系统货物签收，电子签名保留的笔记可便于识别客户身份，提高了客户的安全性。然后通过GPRS实时在线功能，外勤人员及时将物品签收情况传送至数据中心，使信息流高效，实时的双向传递，方便客户端能实时了解到物品的状态信息，大大提高了物流过程的透明度。

【柯桥邮政管理局正式挂牌】　2016年11月15日，柯桥邮政管理局正式挂牌成立。

【开展快递企业安全生产大检查】　2016年12月8日—15日，柯桥区在全区范围内对快递企业进行安全生产大检查行动。出动70人次，检查网点35个，未发现易燃、易爆、管制刀具等违禁物品，责令整改5家，查处可疑快件6个，查处品牌卷烟总计30条，涉案金额1万余元。　（秋　琦）

执行编辑　宋如玲

中共绍兴市柯桥区委员会

重要会议

【区委全体（扩大）会议】 2016年，中共绍兴市柯桥区委共召开两次全体（扩大）会议。

中共绍兴市柯桥区第十三届委员会第九次全体（扩大）会议于1月5日召开，会议贯彻党的十八届五中全会、中央经济工作会议和省委十三届八次全会、全省经济工作会议、市委七届十次全会精神，总结2015年工作，部署2016年任务，审议通过《中共绍兴市柯桥区委关于制定柯桥区国民经济和社会发展第十三个五年规划的建议》，动员全区各级党组织和广大党员干部，围绕率先完成经济转型升级、率先建成美丽乡村、率先高水平全面建成小康社会目标，进一步聚神聚力、提标提速，加快打造“时尚柯桥、印象柯桥、幸福柯桥”，为“十三五”发展开好局、起好步。区委常委会主持会议。区委书记徐国龙代表区委常委会作工作报告并就建议（讨论稿）作说明。会议充分肯定2015年工作。全会明确，此后五年，要继续保持全国和全省的先发优势和前列地位，率先完成经济转型升级、率先建成美丽乡村、率先高水平全面建成小康社会。会议要求，实现经济发展与环境保护良性互动，加快经济发展动力转换，再塑柯桥改革新优势；构筑区域协调发展新格局，让全区人民共享发展成果。以项目为支撑，推进实施轻纺城、科技城、智慧城、生态城、健康城等“五个城”建设。要抓紧编制完成“十三五”规划；开展全域全面安全检查；高标准抓好廉政建设。

中共绍兴市柯桥区第十三届十次全体（扩大）会议于6月14日召开。会议贯彻党的十八大和十八届三中、四中、五中全会精神，学习习近平总书记系列重要讲话精神，贯彻落实省委十三届九次全会、市委七届十一次全会精神，研究部署补短板工作，审议通过《中共绍兴市柯桥区委关于拉高标杆补齐短板的实施意见》。区委常委会主持会议。区委书记徐国龙代表区委常委会作工作报告。区委副书记、区长阮建尧部署工作。会议指出，党的十八大以来，习近平总书记就补短板作出一系列新论述，深刻阐明补短板的重大意义、主要任务和具体要求；省委十三届九次全会和市委七届十一次全会对补短板工作作出全面部署。会议强调，要重点补齐科技创新、生态环境、城乡均衡发展三大短板。

【中共柯桥区第一次代表大会】 2016年12月28—30日，中共绍兴市柯桥区第一次代表大会召开，徐国龙代表中共柯桥区第十三届委员会向大会作题为《增强转型定力 勇立发展潮头 为率先高水平全面建成小康社会而不懈奋斗》的报告。大会充分肯定过去5年的工作，一致赞同报告对过去5年取得的主要成就和经验的总结。大会一致同意报告提出的此后5年全区工作的指导思想、奋斗目标和任务举措。大会认为，此后5年，是柯桥区实现“三个率先”目标的决胜阶段，全区各级党组织和广大党员、干部群众必须高举中国特色社会主义伟大旗帜，深入学习贯彻习近平总书记系列重要讲话精神，全面贯彻落实上级决策部署，紧紧围绕“五位一体”总体布局和“四个全面”战略布局，确保实现“三个率先”目标，着力打造“三个柯桥”，积极开创柯桥区经济社会发展新局面。大会指出，今后五年，必须突出重点，把握关键，狠抓落实，加快补齐科技创新、生态环境、城乡统筹三大短板。大会强调，关键是要加强和改善党的领导，积极开创全面从严治党新局面。

【区委全体会议】 2016年12月30日，中共绍兴市柯桥区第一届一次全体会议召开，会议以无记名投票方式，选举产生中国共产党绍兴市柯桥区第一届委员会常务委员会委员，选举产生书记、副书记，徐国龙当选为书记，沈志江、姚国海当选为副书记。会议审议通过中国共产党绍兴市柯桥区纪律检查委员会第一次全体会议选举结果；通过中国共产党绍兴市柯桥区纪律检查委员会常委、书记、副书记名单，金水法当选为区纪委书记，郎煜江、黄宇峰当选为区纪委副书记；讨论通过《关于落实全面从严治党要求 切实加强区委自身建设的决定》和《中国共产党绍兴市柯桥区委员会工作规则》。

【区常委会会议】 2016年,中共绍兴市柯桥区委共召开30次常委会议。

1月8日会议。会议听取区人大常委会、区政协、区法院、区检察院关于2015年度工作总结和2016年工作思路的汇报；关于《政府工作报告》（送审稿）起草情况的汇报；关于柯桥区国民经济和社会发展第十三个五年规划纲要（草案）的汇报；关于柯桥区2015年国民经济和社会发展计划执行情况及2016年国民经济和社会发展计划（草案）报告的汇报；关于2016年柯桥区政府投资项目建设计划情况的汇报；关于2016年柯桥区“三个一批”项目建设计划情况的汇报；关于柯桥区2015年财政预算执行情况和2016年财政预算（草案）的汇报；关于区“五水共治”办公室、“五气合治”办公室合署办公及2016年工作思路的汇报；关于实施城乡一体化保洁方案的汇报；关于2016年全区城乡环境整治月度抽查考核办法的汇报；关于G20峰会安保工作的情况汇报；关于全区武装工作情况的汇报。

1月12日会议。会议听取关于明确浙江毅腾足球发展有限公司合作企业的建议汇报；关于原浙江赐富化纤集团有限公司资产处置相关问题说明的汇报。

1月21日会议。会议听取关于《柯桥区党委（党组、工委）意识形态工作责任制实施意见》的汇报；关于查找“短板”专项工作情况的汇报；关于印染产业整治提升“亮剑”行动方案的汇报；关于强寒潮和雨雪冰冻灾害天气防御工作的汇报。

2月2日会议。会议传达中央、省、市纪委全会主要精神及柯桥区贯彻落实意见建议，全省“两会”精神，省委政法工作会议主要精神；听取关于全区社会稳定及平安创建、信访工作情况的汇报；关于柯桥区安全生产和食品药品安全工作的情况汇报；关于柯桥区区长奖等奖项评比结果的汇报；关于2015年度镇（街道、开发区）和区机关部门岗位目标责任制考核结果情况的汇报；关于区管领导干部及区机关部门退职领导干部2015年度考核优秀等次（嘉奖）建议名单的汇报；关于2015年度公务员嘉奖、三等功、区级先进单位、区级先进工作者（区管干部以下）评选汇总情况的汇报；关于2015年度评星晋级工作考核结果情况汇报；关于之江学院迁建项目有关后续工作情况的汇报；关于天马君澜大酒店增建有关临时设施情况的汇报；关于柯桥区区域能评改革省级试点建设情况的汇报；关于2015年度镇（街道、开发区）、区机关部门奖金预发方案建议和落实省委巡视组整改意见方案的汇报。

2月26日会议。会议听取关于柯桥区委落实省委巡视组反馈意见整改方案的情况汇报；关于学习弘扬新时期“柯桥精神”实施意见的情况汇报；关于2016年度区机关部门岗位目标责任制考核意见的汇报；关于2016年度镇（街道）、平台岗位目标责任制考核意见的汇报；关于2016年镇（街道、开发区）岗位目标责任制考核指标（经济发展部分）分解建议的汇报；关于2016年金融支持经济发展考核奖励办法的汇报；关于2016年公交车辆采购方案的汇报；关于收购柯桥区天圣投资管理有限公司的情况汇报；关于拟收购浙江华联集团有限公司所持瑞丰银行股权建议方案的汇报。

3月26日会议。会议传达全国、全省组织部长会议精神，全省宣传思想工作会议精神；听取关于深化全国文明城市创建工作情况的汇报；传达学习习近平总书记在全国政协民建工商联界别委员联组会上重要讲话精神；听取省委巡视组巡视反馈意见整改工作的汇报；关于干部工作相关政策意见的汇报；关于柯桥区2016年全面深化改革工作要点的汇报；关于柯桥区2016年干部教育培训工作要点的汇报；关于做好2016年度信访积案化解清理工作的汇报；关于杭绍城际轨道交通线站位和投融资方案等工作的汇报；关于湖塘古城1—3号居住用地处置方案的汇报；关于柯桥区全面开展区域经济体制综合改革总体方案的汇报；关于柯桥区加快推进特色小镇培育建设2016年工作方案的汇报；关于给予有关区管干部开除党籍处分的情况汇报；研究其他有关事项。

4月1日会议。会议传达学习中发电(2016)5号文件精神。

4月11日会议。会议听取关于加强和改进党的群团工作实施办法的情况汇报；关于交投集团不再收购天圣投资管理有限公司的情况汇报。

4月29日会议。会议传达省委十三届九次全体（扩大）会议精神；听取关于省委巡视组反馈意见整改落实情况报告的汇报；关于出台《2016年柯桥区党风廉政建设和反腐败工作组织领导与责任分工》《2016年柯桥区落实党风廉政建设主体责任考核办法》的情况汇报；关于在全区党员中开展“两学一做”学习教育实施方案的汇报；关于稽东镇党委换届试点方案的汇报；关于严肃执行换届纪律、加强换届风气监督工作的情况汇报；关于出台《进一步规范柯桥区外调入机关事业单位工作人员的有关规定》《进一步规范领导干部亲属工作调动的有关规定》的情况汇报；关于全区“八大行动”进展情况的汇报；关于全区安全生产和食品药品安全工作的情况汇报；关于2016年柯桥区大气污染防治工作计划的汇报；关于进一步降低企业成本推进实体经济健康发展若干意见的汇报；关于2016年度全区经营性国有建设用地出让计划和2016年度全区工业及行政公益性项目用地供地计划的汇报；关于浙江树人大学杨汛桥校区二期工程合作协议的汇报；关于给予有关区管干部开除党籍处分的情况汇报；研究其他有关事项。

5月31日会议。会议传达学习习近平总书记在全国宗教工作会议上重要讲话精神，学习贯彻《中国共产党地方委员会工作条例》；听取关于区委十三届十次全体（扩大）会议建议方案的汇报；关于区各民主党派基层委2016年换届工作情况的汇报；关于柯桥区国家机关工作人员安全生产工作责任追究暂行办法的汇报；会议学习《进一步推进“三区融合”发展的对策建议》；关于有关重大招商引资项目情况的汇报；关于印染企业整治提升“亮剑”行动验收情况的汇报；关于“营改增”对区财政收入影响等情况的汇报；关于G20峰会柯桥区环境质量保障实施方案的汇报；关于绍兴小百花越剧团建团三十周年艺术研讨活动方案的汇报。

6月14日会议。会议传达学习《关于深化人才发展体制机制改革支持人才创业创新的意见》；学习贯彻全省宗教工作会议精神；听取关于给予有关区管干部开除党籍处分的情况汇报。

6月21日会议。会议听取关于落实2016年镇换届工作实施意见的汇报；听取关于推荐评选区级优秀共产党员、优秀党务工作者、先进基层党组织、“三合适”好书记好搭档等先进的情况汇报；关于开展违规拥有非上市公司（企业）股份自纠清理工作的情况汇报；关于区机关部门所属经营实体清理处置实施方案的汇报；关于区直属国有企业经营业绩2015年考核情况及2016年考核意见的汇报；关于Freetech(蓝牙耳机)自动驾驶项目有关情况汇报；研究其他有关事项。

7月18日会议。会议听取区人大常委会党组、区政协党组关于上半年工作情况和下半年工作安排的汇报；关于省委巡视组反馈意见整改落实情况的汇报；关于柯桥区意识形态工作情况的汇报；关于柯桥区G20峰会安保工作推进情况的汇报；关于柯桥区社会稳定及平安创建、信访工作情况的汇报；关于全区安全生产和食品药品安全工作的情况汇报；关于给予有关区管干部开除党籍处分的情况汇报；研究其他有关事项。

8月1日会议。会议传达学习省、市G20峰会维稳安保工作会议精神；专题学习《中国共产党问责条例》，听取柯桥区贯彻落实意见建议的汇报；关于全区上半年党风廉政建设和反腐败工作情况及下半年工作安排的汇报；关于加强柯桥区高层次科技创业创新人才队伍建设推进创新驱动发展实施意见的汇报；关于柯桥区相对集中行政许可权试点工作实施方案的汇报；关于推进失地农民参加养老保险补充意见的汇报；关于柯桥区“洁净柯桥”工作实施方案的汇报；关于湖塘街道古城1—3号居住用地处置方案的汇报；关于柯桥区旅游发展有限公司股改上市工作的情况汇报；关于要求给予树人大学专项补助的汇报；研究其他有关事项。

8月26日会议。会议听取关于调整完善2016年区对镇（街道、平台）和机关部门岗位目标责任制相关内容考核办法建议意见的汇报；关于加快建设绍兴金柯桥科技城（绍兴市千人计划产业园）若干意见的汇报；关于精准扶持高层次人才集聚“千人计划”产业园创业创新若干意见（试行）的汇报；关于在全区公民中开展法治宣传教育第七个五年规划（2016—2020年）的汇报；关于给予有关区管干部开除党籍处分的情况汇报。

9月7日会议。会议传达学习贯彻《中共中央关于辽宁拉票贿选案查处情况及其教训警示的通报》文件精神；听取关于巩固“平安护航G20”成果，建立健全长效机制，高标准、常态化抓好各项工作的情况汇报；关于柯桥区公务用车制度改革实施方案的汇报。

9月14日会议。会议听取关于推荐省级服务保障G20杭州峰会柯桥区先进集体和个人的建议方案。

9月27日会议。会议传达学习全省党委系统办公室工作会议精神，传达学习换届纪律有关文件和市委专题会议精神；听取关于区、镇人大换届选举工作情况的汇报；关于加快培育五大千亿产业实施方案的汇报；关于柯桥城区2016—2030年义务教育与学前教育布局规划的汇报；关于42件市级信访积案化解工作方案的汇报；关于G20峰会全区总结表彰暨夺取“平安金鼎”誓师大会及市、区两级先进集体和个人推荐建议方案的汇报。

10月14日会议。会议传达学习廖国勋在省委党校2016年秋季开学典礼上的讲话精神；学习贯彻全省小城镇环境综合整治行动会议精神，听取有关情况的汇报；关于党费收缴专项检查工作的情况汇报；关于区镇党代表候选人“十六种情形”和联审原则的汇报；研究其他有关事项。

10月19日会议。会议听取《关于召开中国共产党绍兴市柯桥区第十四次代表大会的情况说明》等有关情况的汇报。

10月31日会议。会议学习中国共产党十八届六中全会公报和中共中央办公厅关于认真学习贯彻党的十八届六中全会精神的通知；听取关于认真组织学习《胡锦涛文选》计划的汇报；关于柯桥区第十四次党代会代表名额分配建议的汇报；关于柯桥区人大专委会及第十五届人大常委会组成人员有关事项的汇报；关于柯桥区十二届政协人事安排工作意见的汇报；关于柯桥区“服务业强区”培育方案的汇报；关于推进绿色建筑和建筑工业化发展实施意见的汇报；关于绍兴市柯桥区小城镇环境综合整治行动实施方案的汇报；关于华舍街道拆迁案查办工作的情况汇报；研究其他有关事项。

11月22日会议。会议学习《关于新形势下党内政治生活的若干准则》《中国共产党党内监督条例》《关于新形势下党内政治生活的若干准则》《中国共产党党内监督条例》的说明；传达学习全省美丽乡村和农村精神文明建设现场会精神；传达市委农村基层党风廉政建设和作风建设专题巡察工作方案的精神；听取关于2016年度落实党风廉政建设主体责任情况检查考核方案的汇报；关于给予有关区管干部开除党籍处分的情况汇报；研究其他有关事项。

12月2日会议。会议传达学习省委十三届十次全体（扩大）会议精神；传达全国安全生产工作会议精神，听取关于2016年全区安全生产工作情况的汇报；关于加强镇（街道）“四个平台”建设完善基层治理体系实施意见的汇报；关于柯桥区户籍制度改革实施意见的汇报；关于柯桥区公务员考核实施办法（试行）的汇报；关于给予有关区管干部处分的情况汇报；研究其他有关事项。

12月8日会议。会议研究讨论中共柯桥区第十四次代表大会工作报告（讨论稿）；听取关于《关于落实全面从严治党要求 切实加强区委自身建设的决定》和《区委工作规则》起草情况的汇报；研究讨论中共柯桥区第十四次代表大会纪委工作报告（讨论稿）；听取关于中共柯桥区第十四次代表大会代表选举结果、日程安排、大会领导机构和市党代表候选人初步人选的情况汇报；关于新一届区委委员、纪委委员候选人预备名单、区人大代表候选人名单的情况汇报；传达学习《关于领导干部个人有关事项报告抽查核实处理情况的通报》文件精神；研究其他有关事项。

12月19日会议。会议传达中央经济工作会议精神；传达学习中央、省、市有关严肃换届纪律文件精神；传达省、市关于落实中央八项规定有关通知精神；通报市委关于区“两委”（区委、纪委）候选人预备人选的批复情况；听取关于审议通过区第十四次党代会《选举办法》（草案）的汇报；关于区第十四次党代会总监票人、副总监票人建议人选的汇报；关于浙江工业大学之江学院董事会有关人员变更的情况汇报。

12月26日会议。会议传达市委常委会专题会议精神；圈选党的十九大、省第十四次党代会代表推荐人选。

12月30日会议。会议学习毛泽东《党委会的工作方法》；传达学习习近平总书记和刘云山在全国高校思想政治工作会议上的重要讲话精神；学习贯彻习近平总书记在第一届全国文明家庭表彰大会上的重要讲话精神；传达省委经济工作会议精神；听取关于2017年区委区政府工作思路和区领导领衔的重点工作的汇报；关于区委巡察工作实施办法的情况汇报；关于建议召开区十五届人大一次会议有关情况的汇报；关于建议召开区政协十二届一次会议有关情况的汇报；区人大常委会、区政协、区法院、区检察院关于2016年度工作总结和2017年工作思路的汇报；关于2017年政府投资项目建设计划情况的汇报；关于柯桥区公务用车制度改革司勤人员安置方案的汇报；关于2017年全区城乡环境整治月度抽查考核办法的汇报；关于深化供销合作社和农业生产经营管理体制改革构建“三位一体”农民合作经济组织体系实施方案的汇报；关于区委常委分工建议方案的汇报。

重要决策和活动

【拉高标杆补齐短板】 2016年6月15日，柯桥区委印发《关于拉高标杆补齐短板的实施意见》，结合柯桥区实际，把握创新、协调、绿色、开放、共享的发展理念，适应和引领发展新常态，以生态文明建设为统领，深入实施“服务业兴区”和“工业强区”两大战略，突出高质量、均衡性，拉高标杆，精准发力，用3～5年的时间，补齐制约柯桥发展的根本性、关键性短板。

【加快建设绍兴金柯桥科技城（绍兴市千人计划产业园）】 2016年8月31日，柯桥区委、区政府印发《关于加快建设绍兴金柯桥科技城（绍兴市千人计划产业园）的实施意见》，提出把绍兴金柯桥科技城（绍兴市千人计划产业园）建设成为人才生态最优区、创新发展先行区、产城融合示范区。规划为一城、两核、多园的结构。用10年左右时间，绍兴金柯桥科技城（绍兴市千人计划产业园）总投入达1000亿元以上。

•小资料•　“一城、两核、多园”

一城：绍兴金柯桥科技城。两核：南北两个核心建设区，其中北核即绍兴市千人计划产业园，主要集聚研发平台、孵化器和成果转化基地；南核即鉴湖江以南区域，主要集聚重大高端技术产业化项目。多园：即按照产业业态来设定的科技产业园、研发孵化园、时尚创意园等。

【加强镇（街道）“四个平台”建设完善基层治理体系】 2016年12月6日，柯桥区印发《关于加强镇（街道）“四个平台”建设完善基层治理体系的实施意见》。在镇（街道）层面，整合职能相近的镇（街道）机构及上级派驻机构，积极构建综治工作、市场监管、综合执法、便民服务四大平台。到2016年12月底前，全面完成重点示范镇“四个平台”构建任务并按实运行。

•小资料•　“四个平台”

一是构建综治工作平台。以镇（街道）综治办为依托，统筹综治办、派出所、法庭、司法所、人武部等力量，形成统一的乡镇（街道）综治工作平台，主要强化社会治安、矛盾化解、社区矫正、安置帮教、禁毒戒毒、宗教事务、反邪教和流动人口服务管理等方面的协作。二是构建市场监管平台。以镇（街道）食安办为依托，统筹食安办、市场监管、卫计、农业畜牧等站所力量，形成统一的市场监管平台，通过加强与农业、卫计等部门的协作联动，发挥维护市场秩序、改善营商环境、保障经济主体正常开展活动方面的作用。三是构建综合执法平台。以镇（街道）综合行政执法中队（综合行政执法办公室）为主体，统筹综合行政执法中队、国土所、环保所、安监站等站所行政执法力量，开展联合执法和巡查，及时发现并依法查处行政违法行为。四是构建便民服务平台。以镇（街道）便民服务中心为依托，统筹进驻窗口部门（站所）及学校、卫生院等公共服务力量，以群众需求为导向，通过加强与医疗卫生、文化广电、法律服务、农经农技、人力社保等基层站所及家政、养老、志愿者等社会服务组织的协作联动，畅通信息渠道，提供服务和便利。

纪检监察

【概况】 2016年，柯桥区各级纪检监察组织围绕中心任务，开展监督执纪问责。对区委、区政府重大决策部署落实情况开展监督检查。落实“两个责任”（党委负主体责任、纪委负监督责任），细化党委、党委“一把手”、纪委主要负责人及其他班子成员责任，开展“一案双查”。2016年，区纪委共立案查办违纪违法案件178件，作出党纪处分165人、政纪处分23人、双重处分17人。开展正风肃纪专项行动，整顿农村基层党风。开展党规党纪教育和纪检干部队伍建设。督促各级党组织和党员干部在思想上政治上行动上同以习近平为核心的党中央保持高度一致。完善重点工作督查问责机制，制定出台G20维稳安保、安全生产等专项问责办法，对G20纪律保障、“五水共治”、印染产业集聚等中心工作开展监督检查。

【开展党规党纪教育】 2016年，柯桥区开展《中国共产党问责条例》《关于新形势下党内政治生活的若干准则》和《中国共产党党内监督条例》的学习贯彻。组织党章党纪党规培训班，组建讲师团，受众8000余人次，全年累计组织发动党员干部赴各级法纪、廉政教育基地接受警示教育3000余人次。

【落实“两个责任”】 2016年，柯桥区制定出台关于落实“两个责任”的实施意见和工作清单，细化党委、党委一把手、纪委主要负责人及其他班子成员责任，建立健全学习贯彻党风廉政建设重要精神签字背书制、下一级党委纪委向上一级党委纪委工作报告制、区纪委委员意见评议反馈制等制度，加强对年度党风廉政建设和作风建设重点任务推进情况、巡视问题整改落实情况、群众反映强烈突出问题解决情况的检查考核，严格“一票否决”，引导下级党委、纪委履职尽责。开展“一案双查”（查本人责任、领导责任），全年免职1人、调岗2人、通报批评16人、约谈30余人，促使主体责任落实到位。

【查办违纪违法案件178件】 2016年，柯桥区纪委共立案查办违纪违法案件178件，结案171件，作出党纪处分165人、政纪处分23人、双重处分17人。重点查处华舍街道张溇村拆迁窝案，相关涉案人员共计17人，包括街道党政主要负责人在内的区管领导干部5人、街道拆迁办工作人员3人、村干部4人、其他人员5人。

【开展正风肃纪专项行动】 2016年，柯桥区对工作纪律、收受节礼、公款吃请、公车私用、“酒局牌局”、违规发放津补贴等问题开展明查暗访。全年开展正风肃纪专项行动11次，处理责任人员30人次，查处违反中央八项规定精神行为7起。开展公款存放、“以权揽储”、领导干部违规拥有非上市公司（企业）股份等利益冲突和利益输送问题专项整治，152名领导干部应清退的非上市公司（企业）股份收益全部上交。开展行风问题挂牌整改。对上年度行风评议中基层群众反映较大的八大重点问题和20件具体个案进行挂牌督办。

【落实巡视整改】 2016年，柯桥区按照“见人、见事、见单位、见结果、见责任追究”的要求，整改省委巡视组反馈的问题。专门成立工作小组，制定细化整改方案，层层压实整改责任，完成135件转交办件的跟踪督办和报结工作。制定出台工程建设、房地产开发、公款存放、商业地产项目业态调整及办公用房整理等33个方面问题的政策文件。

【整顿农村基层党风】 2016年，柯桥区纪委牵头开展农村基层党风专项整治，化解农村疑难复杂信访，开展去省赴京访专项治理，20件去省赴京访全部办结，息访9件。制定出台《关于开展村干部纪律审查工作的办法》，对村干部无视政治规矩、危害村级治理、违反廉政规定、损害群众利益、影响工作推进等13种行为开展纪律审查和责任追究。全面开展农村基层作风巡查，巡查村（居委会）109个，发现问题线索272条，整改处置172条，约谈提醒94人，通报批评6人，党纪处分3人。

（蒋立明）

组织工作

【概况】 2016年，柯桥区组织系统组织“两学一做”（学党章党规、学系列讲话，做合格党员）学习教育。乡镇换届工作中选优配强领导班子。基本完成巡视反馈问题的整改。跨部门（单位）交流102名中层干部，新增补8名“源头干部”，调整38名不适宜担任现职的领导干部，6种结构性干部全部符合要求。458名公务员晋升相应职级。完成干部人事档案专项审核工作。全区841名区管领导干部（含退职未退休）报告2015年度个人有关事项并按10%比例接受抽查核实。开展全国党员信息化工程试点。命名表彰154个五星级基层党组织、241个四星级基层党组织、59个三星级两新组织党组织，帮扶整转16个软弱落后村。“纺城有家”国家标准化项目成功立项，优选37个示范点建立“一路两片”两新党建示范带，举办系列新生代企业出资人教育培训。绍兴市千人计划产业园揭牌运作，在美国北加州（硅谷）、俄罗斯莫斯科、北京等地建立海内外引才联络站，成功举办绍兴金柯桥•首届海外高层次人才创新创业大赛，国家、省“千人计划”人才引育总量全市第一。

2016年，柯桥区实施村级后备干部“千人计划”，举办第二期村级后备干部骨干培训班，将优秀人才“送”上合适岗位锻炼。建立村干部“大比考”制度，组织两次“应知应会”集中测试全区近1800名村级党组织成员。实施村干部绿、黄、红“三色”分类管理，通过纪委、组织和公检法等相关部门联合处置不作为乱作为的不合适村干部24人，其中主职干部13人。

【开展“两学一做”学习教育】 2016年，柯桥区各级党组织成立“两学一做”学习教育协调小组及办公室，通过“领导领学、专家讲学、抄诵自学、交流促学、远教助学、上门送学、慕课比学、DIY晒学”等8种方法，组织实施“党章在心中”“党课到基层”“党员先锋行”“党日颂党情”“党性大体检”5大系列20项活动（简称“520”计划）。期间，全区1924名基层党组织书记参加集中培训并上2395场党课，普通党员上“微党课”5100余场次；区协调办组织开展9次明察暗访，随机电话抽查2640名党员学习教育情况。

【优化干部队伍结构】 2016年，柯桥区在乡镇换届中，6类结构性干部（年轻干部、女干部、党外干部、事业编制干部、优秀村干部、大学生村官）全部符合要求，共配备35岁以下干部36人，其中8个镇（街道）领导班子配备30岁左右干部，占总数的50%；每个镇（街道）党政领导班子中都配备女干部，共26人，其中正职女干部4人；6个镇（街道）配备党外干部6个，占总数的37.5%。

【102名中层干部跨部门（单位）交流】 2016年，柯桥区调整54个单位102名中层干部。推出镇（街道）、区级机关部门40个中层岗位组织“竞岗”选拔，选中18人。开展中层干部“易岗”培养，对14名有潜力的年轻干部进行多岗位培养锻炼，注重镇（街道）与机关双向交流，27名干部提任或交流至镇（街道）工作。对20名人岗不相适的中层干部进行降职或免职，对25名接近退职年龄且因身体原因等提出退职申请的干部，准以提前退职。

【率先实施公务员职务与职级并行制度】 2016年，柯桥区贯彻落实公务员职务与职级并行制度。通过政策解释、开展审核、兑现政策，全年共组织申报工作3次，458名公务员晋升相应职级，在全市率先完成公务员职务与职级并行制度实施工作，相关做法得到中组部调研组肯定。

【审核干部人事档案3754卷】 2016年，柯桥区完成全区3754卷干部人事档案专项审核工作，对818名区管干部的“三龄两历”（党龄、工龄、年龄，学历、经历）进行认定。启动干部人事数字化档案的更新维护工作。

【完善区管领导干部离任交接制度】 2016年，柯桥区针对区镇换届实际，完善区管领导干部离任清单式交接重点工作的制度，明确不同级别干部离任交接的内容、时限、监交主体等事项。全年共组织党政正职离任交接38次，督促162名离任的区管副职领导及时做好清单式交接重点工作事宜。

【区管中层干部选任实行“一报告两评议”】 2016年，柯桥区委组织部对2016年度有中层干部选拔任用的57个单位开展“一报告两评议”，3087名干部群众对单位选人用人工作和新提任中层干部进行无记名投票评议，335名新提任干部接受评议。对评议结果采取书面寄送与面谈两种形式进行反馈。

【开展干部教育培训】 2016年，柯桥区委组织部以党的十八届三中、四中、五中、六中全会精神为重点，组织各级干部3800余人在线学习；围绕区委区政府中心工作，举办“五水共治”、促进企业上市等业务培训班，以及源头干部、“五老”等特定对象培训班，邀请6位区领导、40余位区管领导干部、两位企业家和多位村干部授课。

【开展“基层治理大提升”行动】 2016年，柯桥区开展“基层治理大提升”行动，完成党员组织关系、党代表和党员违纪违法未给予相应处理情况集中排查清理、分类处置，按规定做好党费补缴和规范工作并制作下发党费证5.3万本。开展“两代表一委员”、村（居委会、社区）干部“零”违法违章建筑报告和农村党员“零违建、不信教”承诺公示。开展全国党员信息化工程试点，修订党员“先锋指数”考评办法，处置不合格党员36人，其中劝退、除名10人。开发使用在职党员干部“两地报到、双岗服务”手机APP，推动党员志愿服务活动。

【实施基层党建“整乡推进、整县提升”两年行动计划】 2016年，柯桥区实施基层党建“整乡推进、整县提升”两年行动计划，在基层组织建设标准80条的基础上，明确“10个有”的示范点标准，开展“党建体检”“整乡推进、村村过硬”达标竞赛和基层党建示范创建。至年底建成316个达标村、92个示范村，分别占总数的89.3%和26%，16个重点帮扶村完成整顿转化任务，45家农民合作社和家庭农场建立党组织。

【“纺城有家”国家标准化项目成功申报】 2016年6月，柯桥区“纺城有家”市场党建服务标准化项目被确定为全国第三批社会管理和公共服务综合标准化试点项目，也是首个被国标委立项的党建类标准化项目。在中国轻纺城展示中心内建成“纺城有家”党建展示厅，近1000平方米“纺城有家”党群活动中心主体工程基本完工。全年共接待150余批次近4000人次参观学习，相关信息在省委办信息通报中刊登。

【建设“一路两片”示范带】 2016年，柯桥区优选37个经济实力强、党建基础好的“两新”组织党组织作为示范点培育对象，建设“一路（金柯桥大道）两片（柯北、柯南）”两新党建示范带，成功培育了科创大厦“创立方”、凤凰庄“青春党建”、塔牌绍兴酒“师道传承”等一大批高质量的党建示范点。

【建立“红立方”党群服务中心】 2016年，柯桥区委开展以园区“红立方”（红色引领，立体服务，方寸聚力）党群服务中心为载体的园区党建工作，全区16个镇（街道）建成或开建“红立方”。

【举办3期新生代企业家培训班】 2016年，柯桥区先后在中国人民大学举办3期新生代企业出资人培训班，累计培训120余人次，首次为精品班学员定制《学员成长报告单》。

【“千人计划”人才引育数量全市第一】 2016年，柯桥区有两人入选国家“千人计划”，3人入选浙江省“千人计划”；新引进国家“千人计划”人才16人，省“千人计划”人才3人，全区引进和入选国家“千人计划”25人，省“千人计划”20人，总量全市第一。

【建成市“千人计划”产业园】 2016年8月，柯桥区建成绍兴市“千人计划”产业园，制定《关于精准扶持高层次人才集聚千人计划产业园创业创新的若干意见（试行）》，创新实施“六统六分”运行机制。全年园区引进“千人计划”专家19人，其中“国家千人计划”14人，“省千人计划”5人，累计“千人计划”专家总人数33人。

【建立海内外引才联络站5家】 2016年，柯桥区在美国北加州（硅谷）、俄罗斯莫斯科、北京等地建立海内外引才联络站，提供有效人才信息120余条，组织联系人才项目对接洽谈活动5次，并与白俄罗斯国立大学、国家科学院建立战略合作伙伴关系。

【举办首届海外高层次人才创新创业大赛】 2016年，柯桥区举办绍兴金柯桥•首届海外高层次人才创新创业大赛，报名参赛173个项目，通过初审海选、视频路演晋级、硅谷选拔、柯桥总决赛等环节决出一、二、三等奖，获奖选手获得10万～30万元奖金，获奖项目落地的可获200万～500万项目启动资金。组织开展“海外大数据专家柯桥行”“‘千人计划’专家绍兴柯桥行”“瀚海硅谷科技园专家柯桥行”、美国美中技术创新发展中心专家绍兴柯桥行等大型人才对接活动，

共吸引150余名“千人计划”专家和海内外博士到柯桥对接洽谈。（袁　组）

宣传工作

【概况】　2016年，柯桥区组织区委中心组专题学习会9场。开设“柯桥中心组讲坛”3场，邀请国内知名学者授课。推出“明珠讲坛”现场讲座11次，国学视频讲堂70场。坚持“周一夜学”，每月编发学习提示、学习资料。举办“柯桥好人一台戏”，挖掘出基层草根典型近200人，编印《一个好人 温暖一座城》身边好人事迹集，在《柯桥日报》开设《柯桥•好人365》专栏，开展“最美柯桥人”“最美教工”等“最美”系列评选活动，评选“最美柯桥人”当选者及提名奖20人。全年有两人入选“中国好人榜”，5人入选“浙江好人榜”，1人被评为“最美浙江人——2015年度浙江骄傲人物”。开展“好家风+好人榜”“好家风+志愿者”“好家风+文明人”“好家风+好家训”“好家风+褒奖礼”等系列活动，在《柯桥日报》、柯桥网等区级媒体设立“家事家风”专栏，漓渚镇棠棣村刘建明家庭获评全国文明家庭。深入实施“春泥计划”，全区寒暑假期间共开展活动近3000次，开展第六届“美德少年”评选，引导广大未成年人学用结合、知行统一，共计120位学生获区级“美德少年”称号。

【开展主题宣讲250多场次】　2016年，柯桥区及时调整“幸福水乡好声音”宣讲团，依托区镇两级党校、文化礼堂、道德讲坛等阵地，以“政府选送，基层点单”模式，围绕十八大以来党中央治国理政新理念新思想新战略、习近平总书记“七一”重要讲话精神和党的十八届六中全会精神，全年在镇村两级开展主题宣讲250多场次。在《柯桥日报》刊发评论及理论文章60余篇。

【重点报道1000余篇】　2016年，柯桥区接待新华社、《人民日报》《浙江日报》等主流媒体调研采访100余批次，在省级以上媒体刊发重点报道117篇，其中《人民日报》8篇、《浙江日报》头版15篇；在《柯桥日报》、区广电总台、柯桥网及相关微信平台开辟专栏、专版和专题，全年累计刊发重点报道1000余篇。围绕纺博会、时尚周、毅滕足球主场赛事、第五届运动休闲旅游节、浙江省2016中小学艺术节展演、小百花三十周年庆典、杭州都市圈集中采访、全国网络媒体柯桥行等活动，组织举行各类新闻发布会20余场，邀请媒体30余批次。

【出台媒体融合实施意见】　2016年，柯桥区顺应媒体融合大势，制定下发《关于推动传统媒体与新兴媒体融合发展的实施意见》和《关于区级新闻单位业务工作考核管理办法的实施意见》，推进区级媒体的资源统筹与协调合作，在全区形成全媒体一体化工作格局。建立全媒体阅评机制。聘请包括媒体总编、分社社长、高校专家、企业一线员工、机关宣传系统工作人员以及新媒体“网红”、草根诗人、社区工作人员在内的全媒体阅评员20余人，刊发专版集中展示阅评员关于媒体融合以及区级媒体发展的看法建议，发布各类民生时政信息800多条。

【搭建“微信+微博”为主体的69个平台】　2016年，柯桥区完善官方微信公众平台“柯桥发布”，发布信息1300余条，粉丝20万余人。其中6月15日在浙江政务微信影响力榜单中排名第8位。搭建以区镇两级“微信+微博”为主体的新媒体宣传阵地，结合区级机关、企事业单位已有的微信公众平台、手机报和新浪、腾讯微博平台，建立由核心圈、协同圈、扩散圈组成的“三圈环流”红色网络矩阵平台，分级、分区即时发布信息，有各级党委政府出台的政策法规、政务信息、民生服务以及热点事件回应等内容，全区有微博、微信公众帐号及专业APP等平台69个，粉丝195万人。

【处置网络舆情1156件】　2016年，柯桥区健全舆情导控联席制度，定期开展交流和研判。完善网络民生直通车，累计处置网络舆情1156件，其中解决民生实事1011件，收到意见建议67个，答复政策资讯23条，化解热点事件55件。编发《每日舆情》215期。在G20杭州峰会和第三届世界互联网大会期间做好网络舆情监测、引导等管控工作，确保网络舆情平稳。构建由核心网评员、区级网评员和基层网评员等500多人组成的三级梯度化网评员队伍，全年组织正面发声，批驳错误、反动言论978次，跟帖评论9000余条。

【开展文化惠民活动】　2016年，柯桥区“幸福水乡才艺秀”竞赛活动赛区增加至20个，参赛内容新增静态类（书法、摄影、美术）及村歌大赛活动，全年开展各级各类赛事120余场，参与人次达1.4万人；“百花大舞台”全年演出51场次；“鉴湖之春”广场文化活动从集中展演1月到全年展演。开展区域内文化走亲活动160余场，与金华市、宁波镇海区、北仑区等地区开展文化走亲活动30余场；建立“莲花书场”“曲艺新作展示平台”“曲艺新人磨砺平台”“曲艺新秀自娱舞台”，共演出120场，吸引观众1.2万人次。首次以公开招投标形式，确定政府购买农村电影放映服务3728场，开展“好戏连台——民营剧团群英会”展演活动，按各剧团展演星级对民营剧团演出服务进行政府采购，共采购戏曲、曲艺、综艺类演出100场。

【村歌大赛共创作出128首村歌】 2016年，柯桥区开展“村村晒村歌、全区赛村歌”活动，近40%的村（居委会）参与创作，共创作出通俗、民族、莲歌、词调、快板、三句半等类型村歌128首，其中有98首是由当地普通村民、退休教师、村干部、乡贤及基层文化工作者作词、作曲、演唱，以当地社会生活素材为基础，融入村情、村景、村风。

【获省级及以上奖项作品200余件】 2016年，柯桥区200余件文艺作品获得省级以上奖项。越剧演员吴凤花获第十五届文华表演奖。绍兴莲花落演员潘海良获第九届中国曲艺牡丹奖新人奖提名。新编越剧《鉴水吟》成功首演，并参加绍兴市公祭大禹陵献礼演出新编；新编越剧《屈原》被列为国家艺术基金重点资助项目、省文化精品扶持工程第十一批扶持项目，完成40场次全国巡演，并于7月11日、12日在北京国家大剧院献演两场；邀请中央电视台对小百花传统越剧《三看御妹》《洗马桥》《穆桂英挂帅》进行专场录制。《不是你会是谁》获首届“通州杯”曲艺小剧场新作展演大赛表演金奖；故事《大海捞真》《一块补丁》获2016浙江省第五届故事会表演金奖。在浙江（中国）第五届中国工艺美术精品展上荣获金奖两项，银奖4项，铜奖5项。

【新建27家农村文化礼堂】 2016年，柯桥区新建27家农村文化礼堂。推进文化礼堂“大数据库”建设，提供106项服务；全年开展“五进礼堂”（宣讲培训、文艺演出、法律法规、健康生活、非遗项目进礼堂）活动1300余场（次）。创建文化礼堂微信平台，发布各类信息360余条；为文化礼堂免费安装无线网络设施，实现文化礼堂无线网信号全覆盖。

【文化产业综合实力全市首位】 2016年，柯桥区文化产业增加值、增速继续高于全区经济增长速度，文化产业综合实力和重点企业数量均居全市首位；区内有8个国家级、省市级产业园区及相关平台，1个省级文化小镇——兰亭书法小镇，3家上市文化企业，1家省“三十强”重点企业。兰亭文化创意街区入选省级试点街区，原色数码被评为浙江省首批成长型文化企业。绍兴新锐传媒和浙江中易华昇等文化企业落户柯桥区，网络大电影《青春24秒》《鸡毛人生》《织梦者》等在柯桥区全程取景拍摄。柯桥区观鉴影业投拍的《危城》在全国院线上映，动漫电视剧《小猪班纳之星幻骑士》在央视少儿频道播出。

【文明创建全民参与】 2016年，柯桥区开展“人人讲文明”系列活动，印制、发放《做文明有礼的柯桥人》宣传读本2万册，《创全国文明城市 做文明有礼柯桥人》宣传手册2000册，下发“迎接G20、人人讲文明”等文明宣传招贴画15000余张，在4500多个楼道贴上文明创建温馨提示语。开展“礼让斑马线、文明过马路”专项行动，制作安装“礼让斑马线”告示牌150块，发放宣传折页33万余份，行动知晓率77%。全区公交车礼让率99.49%，出租车礼让率97.31%。全面实施文明城市创建“网格长制”管理，按照“属地性、整体性、适度性”原则，将文明城市创建区域划分为19个一级网格、55个二级网格和238个三级网格，由区委常委、副区长任一级网格长，街道领导任二级网格长，社区负责人任三级网格长。建立健全创建联动管理机制和措施。明确30个区级单位相对应82项重点工作以及相关镇（街道）15项重点工作，明确14个难点区域牵头部门及配合部门。市对区的测评升至第二位，通过省级测评。

【注册志愿者近8万人】 2016年，柯桥区完善“志愿柯桥”网络平台注册管理系统和志愿服务信息平台建设，全区注册志愿者77500余人，注册志愿服务团队1230余支。围绕文明创建、生态创建、平安建设、“八大行动”等区委区政府中心工作，开展“三五学雷锋”“护航G20”“礼让斑马线”“党员护水”“向阳花开助学”“为环卫工人送清凉”等大型系列活动40余场，开展各类志愿服务活动700余场。开设志愿活动专栏，在《柯桥日报》、“柯桥发布”等媒体刊播有关志愿服务活动的专题报道50余篇。（陈华铭）

统一战线

【概况】 2016年，柯桥区统一战线建立区党派服务中心，落实专职人员、办公场所和专项经费。组织开展“情系轻纺城”大型服务活动。与丽水市松阳县石牌门村结对帮扶，提供帮扶资金7万元。完善“党委出题、党派调研、政府采纳、部门落实”运行机制，完成25篇调研课题。指导柯桥区6个民主党派基层组织顺利换届。成立柯桥区新生代企业家联谊会和轻纺城南区市场天南地北纺城人联促会，在浙江精功科技股份有限公司成立统战工作联络站。组织在港柯桥乡亲回乡考察访问，新联络乡贤近300人。共接待香港、深圳等地的绍籍人士6批次140余人次，为区委区政府、有关部门赴外地考察工作提供信息5批次。赴深圳、广州、香港等地开展联络联谊和招商信息推介活动4次，成功引进绍兴印染白泥再生利用环保项目和飞翔体育项目。建立区委统战部（民宗局、侨办侨联）党总支，下设统战部机关党支部、民宗局机关党支部、侨办侨联机关党支部。建立全区统战工作微信群，“柯桥统战”微信公众号建立并编发。

2016年12月2日，柯桥区统战系统“三下乡”活动在平水镇宋家店村开展，活动有医疗、科技、政策、法律、书画5组，共40余位各民主党派和知联会的专家学者参加活动。共接待服务群众300余人次，赠送书画50余幅，发放宣传资料300余册。

【王永康调研柯桥区统战工作】 2016年8月3日，浙江省委常委、统战部部长王永康调研柯桥区统战工作。考察民盟区基层委科技支部、笛扬路伊斯兰教临时礼拜点、华昌集团东方山水乐园项目。

【省委统战工作专项督查组到柯桥督查】 2016年6月20日，浙江省委统战部副部长、工商联党组书记李剑飞带领省委统战工作专项督查组到柯桥区督查。实地考察伊斯兰教笛扬路临时礼拜点、民盟柯桥区基层委科技支部等，重点督查柯桥区在政党协商制度化规范化建设、民族团结宣传教育、为非公有制经济搭建服务平台、统战系统干部素质能力提升等方面工作。

【6个民主党派基层组织完成换届】 2016年6月16—30日，柯桥区民革、民盟、民建、民进、农工党、九三学社基层组织相继召开换届大会，选举产生各民主党派新一届基层委员会领导班子。

【柯桥区总商会广州联络处成立】 2016年6月11日，柯桥区总商会广州联络处正式成立，广东芳园盼盼智能科技有限公司董事长章国政当选为广州联络处负责人。区委常委、统战部部长王静静在广州联谊会第五届年会上为柯桥区总商会广州联络处授牌。

【成立南区市场天南地北纺城人联促会】 2016年9月29日，中国轻纺城南区市场天南地北纺城人联促会成立，南区市场金卡国际总经理秦小仙当选为首届联促会会长。

【成立精功科技股份有限公司统战工作联络站】

2016年6月16日，民进柯桥区基层委召开换届大会
（钟兴友 摄）

2016年11月1日，绍兴市柯桥区新生代企业家联谊会成立大会召开，金力当选为会长　　（钟兴友 摄）

2016年10月26日，全市首个民企统战工作联络站——浙江精功科技股份有限公司统战工作联络站成立，方红娟被推选为联络站站长。

【区新生代企业家联谊会成立】 2016年11月1日，柯桥区新生代企业家联谊会成立。区委副书记马芳妹，区委常委、常务副区长诸剑明等出席成立大会。浙江精功科技股份有限公司总经理金力当选为会长。

【开展“情系轻纺城”服务活动】 2016年12月7日，柯桥区组织医疗、卫生、法律、文化、金融、税务、通信界等人士到中国轻纺城南区市场开展统战系统“情系轻纺城”服务活动，共接待轻纺城经营户200多人次。

（钟兴友）

机构编制

【概况】 2016年，柯桥区召开编委会3次，审议批复36个部门单位请示38件；办理进编手续997项，出编手续900项；完成区外进人和逆向流动用编审核62人次；完成区内调入用编审核60人次；设立事业单位6家，注销事业单位3家，变更事业单位68家；审核党政机关、事业单位网站开办32家；注册中文域名单位12家，续费10家。开展事业单位名称、经费、财务制度、业务活动等事项审查，在区政府网站信息公开专栏公示368家事业单位年度报告书。

2016年，柯桥区制定《干部素质能力提升活动实施方案》，组织全区机构编制业务人员赴中央编办苏州干部培训中心开展业务培训，举办全区新任事业单位法定代表人（负责人）培训班，组织编委办干部深入基层，就综合执法体制改革、镇（街道）行政体制改革、机构编制资源优化配置等方面进行调研。

【推行权责清单“全覆盖”】 2016年，柯桥区推进权力清单、责任清单向镇（街道）延伸，确定镇（街道）权力、职责事项底数。明确并在省政务服务网上公布镇（街道）行使权力服务事项等297项，其中镇（街道）法定行使权力事项87

2016年2月19日，柯桥区召开镇街责任清单工作推进会　　（高越峰 摄）

项，上级部门委托事项39项，审核转报事项17项，部门驻场办理事项96项，镇（街道）公共服务事项58项。明确部门、镇（街道）主要职责641条、具体工作事项2800条、年度重点工作目标408条、与相关部门的职责边界事项414项（次），所承担的基本公共服务91项，直接提供公共服务事项467项。

【实施综合行政执法改革】 2016年，柯桥区组建绍兴市柯桥区综合行政执法局，为区政府工作部门，负责区综合行政执法工作。一次性划转除水政、渔政外的行政处罚职权440项。在不突破行政编制和事业编制总量、不改变编制性质的前提下实行一次性划转综合行政执法工作所需人员编制46人。

2016年8月8日，柯桥区行政审批局挂牌成立 （高 君 摄）

【完成实名制管理系统升级】 2016年，柯桥区完善机构编制实名制管理系统建设，全面梳理系统内87家行政主管部门381家事业单位机构信息及全区在编17855人的个人信息，机构与人员信息实时动态调整。

【督查审计9家单位机构编制】 2016年，柯桥区将机构编制管理情况纳入日常审计及领导干部经济责任审计内容，全面摸排梳理机构编制管理方面可能存在7大类问题17种表现形式，形成机构编制管理工作的“问题清单”， 提高机构编制审计工作的针对性和实效性。开展对柯开委（齐贤镇）、滨海工业区管委会（马鞍镇）、轻纺城建管委、夏履镇、王坛镇、旅游局等9个镇街、部门、直属事业单位的机构编制审计。

【397家单位完成年度机构编制审核】 2016年，柯桥区开展全区各机关事业单位《机构编制管理证》年审，77家机关部门和320家事业单位完成审核，修改2000余条信息。加强领导职数管理，共计审批37个部门使用中层领导职数162个，107家事业单位使用领导职数177个。

【开展社会信用代码赋码工作】 2016年，柯桥区印发《关于开展机关和群众团体统一社会信用代码赋码工作的通知》，严格赋码发证工作流程，新发放机关、群团的社会统一信用代码证30家。开展全区事业单位换发统一社会信用代码新证工作，换发新版事业单位法人证书368家。

【启动事业单位统一登记管理工作】 2016年，柯桥区启动在民办教育和医疗卫生等公益服务机构中开展事业单位法人登记工作。印发《关于开展建立服务类事业单位统一登记管理制度试点促进民办公益事业单位发展的实施意见》，确定柯桥中心幼儿园作为民办事业单位登记试点，幼儿园进入民办事业单位登记程序。 （高越峰）

信访工作

【概况】 2016年，柯桥区赴省、赴京上访人次比上年分别下降53.97%、18.45%；非正常上访数量控制成绩并列全市第一。全国“两会”、省市区“两会”、G20杭州峰会、十八届六中全会、第三届世界互联网大会等重大节会期间信访维稳工作成绩全市第一。区信访局被评为省G20杭州峰会信访工作先进单位、市G20杭州峰会工作先进集体8人被评为省、市、区G20杭州峰会工作先进个人。

【落实初信初访首办责任制】 2016年，柯桥区按照“属地管理、分级负责，谁主管、谁负责”

2016年，柯桥区信访局被评为省G20杭州峰会信访工作先进单位（张晓玲 摄）

的原则，严格落实初信初访首办责任制，属地镇街对初信初访件做到“件件录入系统，事事办结回复”。坚持和完善大接访制度，建立健全区领导5日、15日、25日接访首包责任制，对镇街部门办理区领导接访件的落实情况跟踪督查，反馈给相关区领导，全年接访群众共669批2225人次，初信初访按期办结率达100%，越级访、重复访比上年下降30%以上。

【化解信访积案59件】 2016年，柯桥区制订《关于开展42件市级信访积案化解工作方案》，完善市级信访积案化解责任体系，作为镇（街道）信访工作岗位目标责任制考核加分项目；实施领导包案制，区四套班子领导每人认领2～3件积案，建立积案“动态台账”，实行跟踪督办、销号管理，区委常委会定期听取进展情况，公开通报，层层传导责任压力。全年共化解各级信访积案59件，化解率65.56%，其中化解市级信访积案47件，化解率73.43%。

【整合区政务咨询投诉举报平台】 2016年，柯桥区根据市12345政务热线平台整合要求，整合15个部门20条热线，建立区政务咨询投诉举报服务中心和网络信访与来信来访来电的联动机制，实现“三来一投”（来信、来访、来电、网上投诉）一网通，形成信访事项交办、跟踪、督查、反馈、评价的闭环，系统推进信访事项办理。（龚亚萍）

老干部事务

【概况】 2016年，柯桥区贯彻落实《关于进一步加强和改进离退休干部工作的意见》文件精神 。全年组织情况通报会、党课、理论学习会10次。其中区委区政府主要领导通报经济社会发展情况2次，老干部集中学习会6次。组织副区级以上退休老领导参加重大活动8次，重要会议13次，考察调研11次，举办离休干部读书会和老领导理论研讨会。开展离休干部、老领导一年两次体检疗养，涉及196人次，举办医疗咨询活动

2016年8月18日，柯桥区举行全区政务热线网络单位承办人员业务培训（龚亚萍 摄）

3次和老干部健康保健讲座4期。对113名特殊困难离休干部及遗属加强帮扶，发放补助金18.2万元。开展传统佳节的游园、每月体育比赛活动，举办纪念中国共产党建党95周年书画摄影展，开展桥牌、门球、台球等多项比赛。柯桥区老干部局被评为省老干部工作先进集体。

2016年5月6日，中科院科普演讲团郭日方教授为柯桥区离退休干部作讲座　　（董国华　摄）

全区有离休干部138人（党员离休干部85人），其中易地安置在外的10人；抗战前期入伍的2人，抗战后期入伍的18人，解放战争时期入伍的118人；享受厅（局）级待遇的2人，县（处）级58人，副科级78人；行政单位41人，事业单位53人，企业单位44人。代管外省市易地到柯桥区安置的离休干部2人。代管副区级以上退休干部37人。

【建立老年大学临时党支部】　2016年，柯桥区建立老年大学柯桥城区分校学员党员临时党支部。开展“我看从严治党新气象”座谈征文、“优秀家风家训”征集活动，在柯桥日报设专栏连载征文20篇。组织5次思想政治学习活动，联合区科协举办两次中科院老院士讲座。完成退休副区级以上老领导《岁月有痕》书籍汇编、印刷、发放工作，受到市、区有关领导的肯定。组建4支老年志愿者队伍，开展百余场志愿服务活动。宣传“孝文化”，创树“幸福老人、时尚老人、印象老人”先进典型，开展“幸福老人看美丽柯桥”摄影大赛、“时尚晚年•魅力柯桥”视频相册比赛等活动。

2016年4月22日，柯桥区30位离休干部在杭州五云山疗养院综合楼前参加升国旗仪式并颂诗歌　　（董国华　摄）

【组织老干部走基层、看变化、促发展】　2016年4月，柯桥区组织53位离退休干部到柯岩街道参观特色小镇建设，参观东方山水欢乐岛试营业。10月，组织副区级以上老干部到江山市委党校举行理论研讨会，参观考察江山市山海协作园区、哇哈哈集团投资新建厂房，到江山市大陈村和清漾村考察美丽乡村建设。组织副区级以上老干部考察湖塘街道香林村、漓渚镇棠棣村、柯岩金沙东方山水、绍兴市“三馆一中心”、杭州市滨江区G20会场、曹娥江大闸、湖塘黄酒小镇等建设情况。

【提高离休干部医疗待遇】　2016年，柯桥区根据中共浙江省委组织部、省委老干部局等5家单位联合发文《关于提高我省部分离休干部医疗待遇的通知》精神，对解放战争时期参加革命工作、离休前职级为科级及以下、尚未享受副厅局级待遇的离休干部群体，按副厅局级标准报销医疗费待遇。此次全区共120名离休干部列入可享受副区级以上干部保健对象。区财政新列支人均2万元作为医疗自费部分报销基金，总计240万元。

【建成省级“敬老文明号”】 2016年，柯桥区老干部活动中心成功创建省级“敬老文明号”，添置投篮机等活动器械，更新图书154册，开展走廊场馆文化布置。组织离退休干部文体活动，开展各类兴趣小组创作和清明祭扫烈士等活动，组织老干部参与全区性老年活动，累计有千余名老干部参加各项比赛，承办全市、全区性的各类综合性老年活动19次。（董国华）

2016年6月19日，柯桥区在区行政中心举办“柯桥纪事”图照展 （区史志办 供稿）

党史研究

【概况】 2016年，柯桥区初定党史三卷纲目，完成党史三卷大事记36万字初稿。继续开展党史进部门、单位、企业、村居、学校、军营等“六进”活动，共计赠送1200本党史书籍。举行党史二卷首发式。举办纪念中国共产党建党95周年图照展。整理出147位绍兴县烈士名录，录入资料1.2万字。

2016年1月15日，柯桥区举行《中国共产党绍兴县历史》（1949—1978）首发式 （区史志办 供稿）

【举行党史二卷首发式】 2016年1月15日，柯桥区举行《中国共产党绍兴县历史》（1949—1978）首发式。绍兴市委党史研究室主任何云伟，绍兴市柯桥区委常委、组织部部长姚国海到会并作讲话。全区各机关部门、镇（街道）的分管领导，村（居委会、社区）、学校代表等共计80余人出席首发式。现场向参加首发式的单位赠送约440本书。党史二卷2010年12月启动编撰，2015年12月底由中共党史出版社出版。期间经历数10次修改，全面真实反映绍兴县1949—1978年29年在政治、经济、社会、文化各方面的巨大变化。

【完成党史三卷大事记初稿】 2016年，柯桥区启动《中共绍兴县历史大事记》（1979－2002）编撰。组织党史研究骨干力量，查阅1979－2013年绍兴县党委、政府各类档案文献资料，共计2438卷约1500万字，复印、收录资料近1000万字，细化整理收集史料，形成资料稿36万字。

【举办“柯桥纪事”图照展】 2016年6月19日，柯桥区在区行政中心举办纪念中国共产党建党95周年图照展——“柯桥纪事”图照展。共展出柯桥区各个时期老照片近300张，见证柯桥从市场兴城到商旅兴区的经济起飞，从有县无城到治迁柯桥的新城建设，浓缩柯桥区数十年历程。

【完成147名绍兴县烈士名录整理】 2016年，柯桥区利用区民政局烈士档案资料，结合《浙江省英烈名录》，整理出147位绍兴县烈士名录，录入资料1.2万字。此名录成为柯桥区党史教育基地基础性资料。 （史　志）

党校教育

【概况】 2016年，柯桥区委党校完成各类干部培训35期，培训学员9102人次；组织完成省市区党校系统、社科系统课题25个，立项18项，出版《区情研究》4期、《决策参考》11期，区领导批示11件，其中区委书记批示1件。共有60余篇文章在各类报刊杂志上发表，其中《党性教育重在成效》在《学习时报》上发表；组织教师赴机关、镇（街道）、村（社区）、企业、学校开展基础理论宣讲150场次，受教育10000余人次；承接社会培训和各类会议194期，共20574人次。全年获得市级以上各类奖项20余项，获2016年度浙江省县级党校工作优胜单位称号。

【承办村级后备干部骨干培训班】 2016年3月7—11日，柯桥区委组织部在区委党校对41名各镇（街道）重点培养的村级后备干部进行培训。邀请区领导、党校老师和优秀村支书辅导农村工作方法、党章党规党纪、村干部履职要求和基层党

2016年4月20日，柯桥区在柯桥区委党校举行源头干部素质能力提升班开班典礼 （毛睿佳 摄）

2016年12月11日，柯桥区在柯桥区委党校举行区管领导干部学习贯彻十八届六中全会精神轮训班开班典礼 （毛睿佳 摄）

建、村级组织运行、美丽乡村建设、集体“三资”管理、国土管理等农村实务。赴福全镇锦坞村、漓渚镇棠棣村及嘉兴海宁、湖州德清实地考察。

【承办源头干部素质能力提升班】 2016年4月20—22日，柯桥区委组织部在区委党校对100名源头干部进行培训，集中开展党性教育、成长教育，组织“三个柯桥”主题演讲比赛和个人自学内容知识测试，开展拓展训练，增强团队协作能力。区委常委、区委组织部部长、区委党校校长姚国海作开班动员，邀请浙江工业大学之江学院教师张晓明作“大数据”专题辅导。

【承办新提任领导干部培训班】 2016年7月25—27日，柯桥区委组织部在区委党校对78名新提任领导干部进行培训。根据新提任领导干部转换角色、适应新岗位、履行新职责的需要设置党性教育、现场教学、专题研讨3个培训模块。解读习近平总书记系列重要讲话、《党政领导干部选拔任用工作条例》，邀请浙江省委党校副校长郑仓元导读《路德维希·费尔巴哈和德国古典哲学的终结》；组织学员赴新昌县域创新驱动发展现场教学示范基地开展现场教育；通过分组讨论、集中交流的形式，收集、分析和解决新提任领导干部工作上的疑难问题。

【培训新录用公务员102人】 2016年10月26日至11月25日，柯桥区委组织部、区人力资源和社会保障局在区委党校对102名新录用公务员（机关工作人员）开展政治素质和业务能力培训，采取集中全脱产学习的形式，以中国特色社会主义理论体系和习近平系列重要讲话精神为指导，学习《中华人民共和国公务员法》、公务员应当具备的相关理论知识、业务技能和工作方法等内容。组织学员进行拓展训练，赴部分镇（街道）开展调查研究，提高初任公务员的政治业务素质、适应机关能力和公共服务水平。

【集中轮训区管领导干部725人】 2016年12月11日、12日、14日，柯桥区委组织部在区委党校分3期对全区725名区管领导干部进行十八届六中全会精神集中轮训，通过专题辅导、小组学习交流和大会交流等方式解读全会精神。（沈　琴）

机关党务

【概况】 2016年柯桥区直机关工委以“两学一做”学习教育为载体，围绕中心抓党建。培训基层党组织书记200余人次、入党积极分子110人。劝退信教党员两名，除名处理1名。制定《区直机关基层党组织严格执行党内组织生活制度的意见》，规定每月固定活动日活动。

【“两学一做”专题培训党组织书记200余人次】 2016年5月开始，按照柯桥区委的统一部署和《实施方案》，区直机关工委抓好10个项目的牵头或组织工作，发放学习资料8254份，培训基层党组织书记200余人次，各基层党组织书记均带头上党课，党员“微党课”全面展开，6月份举办以“两学一做”为主题的“微党课”比赛，在区“两学一做”学习教育协调小组的统一安排下对机关各党组织开展学习教育情况多次督查。

【开展区直机关党组织“评星晋级”活动】 2016年4月8日，柯桥区出台《柯桥区机关事业单位党组织“评星晋级”堡垒指数》，从领导班

2016年6月，柯桥区举行“两学一做”主题微型党课比赛
（区直机关工委 供稿）

子、组织建设、党员队伍、作风效能和工作业绩5个方面进行考核。12月经申报自查、分组核查、综合评价，评选产生2016年度五星级机关基层党组织22家、四星级机关基层党组织34家。

【发展党员36人】 2016年6月14—17日，柯桥区直机关工委举办入党积极分子培训，培训入党积极分子110人。全年新建党组织5个、换届和补选党组织26个，撤销党组织1个，配备专职副书记10名，发展党员36人。开展党员组织关系排查工作，对2名信教党员作出劝退，1名党员予以除名处理。4月份组织40名基层党组织书记赴延安干部教育学院学习培训。制定《区直机关基层党组织严格执行党内组织生活制度的意见》，规定每月固定活动日活动。

2016年，柯桥区机关第六届运动会乒乓球比赛

（区直机关工委 供稿）

【对101名中层干部开展警示教育】 2016年，柯桥区在区级机关党组织中全部设立机关纪委书记（纪检委员）。组织101名在机关部门关键岗位任职的中层干部赴省法纪教育基地开展警示教育；组织“党纪在我心中”主题征文活动。办理纪检案件1件，查处违纪党员1名。

【举办区直机关第六届运动会】 2016年4—10月，柯桥区直机关工委会同教体局组织登山、乒乓球、羽毛球、棋类、游泳、男子篮球、拔河和趣味运动等八大项、22个小项比赛。机关干部800余人次参赛，其中副局级及以上领导93人次。机关工委下发《关于绍兴市柯桥区直机关第六届运动会比赛成绩的通报》，对此届机关运动会进行总结表彰，区直机关第七代表团、第三代表团和第四代表团分获团体总分前三名。

【开展机关志愿服务活动】 2016年，柯桥区组建区机关平安志愿者队伍，志愿者招募人数3649人，在护航G20决战阶段安排4160人次机关志愿者参与公交线路和公交站点安保工作；组织600多人次机关党员干部开展文明交通集中劝导活动；组织400多人次机关平安志愿者开展“礼让斑马线、文明过马路”专项行动；组织党员干部6263人次集中开展“五水共治”全民护水活动，向群众面对面宣传“节约一滴水就是参与五水共治”，分发“五水共治”宣传手册45000册。

（盛红仙）

执行编辑　祝元泰

绍兴市柯桥区人民代表大会常务委员会

综 述

2016年，柯桥区人民代表大会召开第十四届人大第五次会议，召开9次常委会会议和14次常委会主任会议，听取和审议“一府两院”（人民政府、法院、检察院）专项工作报告16个，作出决议、决定和审议意见23个，组织执法检查和专题视察活动10次，依法任免国家机关工作人员68人次。开展工作监督和法律监督，落实宪法宣誓制度，深化领导干部人大代表进选区活动，探索开展“代表约见”工作，督办代表建议，依法开展区、镇两级人大换届选举工作。

重要会议

【区十四届人大五次会议】 2016年1月19—21日，柯桥区第十四届人民代表大会第五次会议在柯桥举行。会议应到区人大代表261人，列席人员258人。会议听取和审议区长阮建尧作的政府工作报告、区人大常委会主任吴晓作的区人民代表大会常务委员会工作报告、区人民法院院长孙浩作的区人民法院工作报告、区人民检察院代检察长周江作的区人民检察院工作报告；审议区人民政府提出的区国民经济和社会发展第十三个五年规划纲要（草案）、区发改局局长蒋国洪提交的关于柯桥区2015年国民经济和社会发展计划执行情况及2016年国民经济和社会发展计划（草案）的报告、区财政局局长余建林提交的关于柯桥区2015年财政预算执行情况及2016年财政预算（草案）的报告，并通过相应决议。会议依法选举周江为区人民检察院检察长。会议还印发区政府《关于绍兴市柯桥区第十四届人民代表大会第三次会议〈全面提升城镇水患防御能力议案决议〉实施情况的报告》、区政府办《关于绍兴市柯桥区第十四届人民代表大会第四次会议代表建议、批评和意见办理情况的报告》。

会议期间，举行预备会议1次、全体会议4次、主席团会议4次。会议共收到人大代表10人以上联名提出的议案51件，经大会主席团讨论决定，作为代表建议、意见处理。另收到建议、意见161件，共212件。

【区人大常委会第三十三次至第四十一次会议】 2016年，柯桥区第十四届人大常委会共举行9次会议，履行重大事项决定权、监督权和人事任免权。

2月3日，区第十四届人大常委会召开第三十三次会议。会议听取和审议区公安局关于提请许可对区十四届人大代表姚荣根采取刑事强制措施的报告，决定许可对姚荣根采取刑事强制措施。

2月26日，区第十四届人大常委会召开第三十四次会议。会议听取和审议区公安局局长潘益民作的关于依法履职公正执法问题整改情况的报告、区法院院长孙浩作的关于依法履职公正司法问题整改情况的报告、区检察院检察长周江作的关于依法履职公正司法问题整改情况的报告、区司法局局长胡斌钦作的关于依法履职公正执法问题整改情况的报告，并对区公检法司机关依法履职公正司（执）法问题整改情况进行满意度测评。会议根据区长阮建尧、区人大常委会主任会议、区法院院长孙浩提出的有关人事任免议案，进行人事任免。

3月29日，区第十四届人大常委会召开第三十五次会议。会议听取和审议区妇联主席朱伟芳受区人民政府委托作的关于柯桥区妇女儿童权益保护工作情况的报告。会议根据区长阮建尧提出的有关人事任免议案，进行人事任免。

5月26日，区第十四届人大常委会召开第三十六次会议。会议听取和审议区人民法院院长孙浩关于区人民法院执行工作情况的报告、区人民检察院副检察长沈彤受区人民检察院委托作的关于区人民检察院民事行政检察工作情况的报告。会议根据区人民政府区长阮建尧、区人民法院院长孙浩、区人民检察院检察长周江提出的有关人事任免议案，进行人事任免。

7月26日，区第十四届人大常委会召开第三十七次会议。会议听取和审议区发改局局长蒋国洪关于2016年绍兴市柯桥区国民经济和社会发展计划上半年执行情况和下半年工作意见的报告；区财政局局长余建林关于绍兴市柯桥区2015年财政总决算及2016年上半年财政预算执行情况的报告，批准2015年区级财政决算；区审计局局长王玲玲关于2015年度绍兴市柯桥区本级预算执行和其他财政收支的审计工作报告；区财政局局长余建林关于提请审议绍兴市柯桥区2016年地方政府债务限额的报告，同意并表决批准绍兴市柯桥区2016年地方政府债务限额。会议根据区长阮建尧、区人大常委会主任会议提出的有关人事任免议案，进行人事任免。会议听取和审议区第十四届人大常委会委员邵纪康的辞职报告，决定接受邵纪康辞去柯桥区第十四届人大常委会委员职务。

9月29日，区第十四届人大常委会召开第三十八次会议。会议听取和审议中国轻纺城“三次创业”领导小组办公室主任王彪受区人民政府委托作的关于中国轻纺城“三次创业”工作情况的报告。区司法局局长、区普法办主任胡斌钦关于“六五”法制宣传教育决议执行情况及“七五”普法规划制定情况的报告，作出关于开展第七个五年法制宣传教育的决议。区人大常委会代表工委主任王勤作的关于区、镇两级人大换届选举有关情况的报告，作出关于区、镇两级人民代表大会换届选举有关事项的决定，关于设立绍兴市柯桥区选举委员会的决定，关于设立各镇选举委员会、街道和区直机关选举办事处的决定。会议根据区人民检察院检察长周江提出的有关人事免职议案，进行人事免职。会议听取和审议其他有关事项。

11月15日，区第十四届人大常委会召开第三十九次会议。会议听取和审议区长阮建尧、区人大常委会主任会议提出的有关人事任免议案。决定任命沈志江为绍兴市柯桥区人民政府副区长，接受阮建尧因工作需要辞去绍兴市柯桥区人民政府区长职务，决定沈志江为绍兴市柯桥区人民政府代理区长。会议还进行其他人事任免。

11月29日，区第十四届人大常委会召开第四十次会议。会议听取和审议区政府副区长诸剑明作的关于区十四届人大五次会议代表建议办理情况的报告;区财政局局长余建林关于柯桥区2016年财政预算调整方案（草案）的报告，同意并表决通过该调整方案，作出《绍兴市柯桥区人大常委会关于批准2016年度区级财政预算调整方案的决议》。会议根据代区长沈志江、区人大常委会主任会议、区人民法院院长孙浩提出的有关人事任免议案，进行人事任免。会议审议区第十四届人大常委会委员叶加林、蒋倬臣的辞职报告，决定接受叶加林、蒋倬臣辞去绍兴市柯桥区第十四届人大常委会委员职务。

12月14日，区第十四届人大常委会召开第四十一次会议。会议通过关于姚国海、娄钢等辞去区（镇）选举委员会职务的决定。会议根据代区长沈志江、区人民法院院长孙浩提出的有关人事任免议案，进行人事任免。会议决定接受孙浩因工作需要辞去绍兴市柯桥区人民法院院长职务，报绍兴市柯桥区人民代表大会备案。会议决定陈建民为绍兴市柯桥区人民法院代理院长。

【区人大常委会第五十一次至六十四次主任会议】 2016年，绍兴市柯桥区人大常委会共召开14次主任会议。

1月7日，区第十四届人大常委会召开第五十一次主任会议。主任们听取区农业和农村工作办公室主任高青泉作的关于柯桥区经济薄弱村和低收入农户奔小康工作情况的报告。

2月18日，区第十四届人大常委会召开第五十二次主任会议。主任们实地视察浙江塔牌绍兴酒有限公司、绍兴天虹百货有限公司，听取区质监局局长沈秀娣关于柯桥区《中华人民共和国特种设备安全法》贯彻执行情况的报告。会议研究通过《绍兴市柯桥区人民代表大会选举或表决通过的国家工作人员宪法宣誓办法》《绍兴市柯桥区人民代表大会常务委员会任命或决定任命的国家工作人员宪法宣誓办法》。

3月22日，区第十四届人大常委会召开第五十三次主任会议。主任们实地视察大香林兜率天景区，听取区旅游发展公司董事长徐忠良关于柯桥区旅游发展工作情况的报告。会议研究通过2016年重点督办建议推荐方案、区人大代表约见政府及有关部门负责人工作方案。

4月27日，区第十四届人大常委会召开第五十四次主任会议。主任们听取区国有资产管理委员会办公室主任蒋伟星受关于柯桥区国资国企基本情况及国有资产监督管理工作情况的报告。

5月19日，区第十四届人大常委会召开第五十五次主任会议。主任们实地视察坂湖公园二期施工现场，听取区城建投资开发集团有限公司董事长单崇军关于柯桥区城建投资开发工作情况的报告。

6月6日，区第十四届人大常委会召开第五十六次主任会议。主任们实地视察滨海医院、区疾控中心，听取区卫生和计划生育局局长李敏关于柯桥区公共卫生事业发展工作情况的报告。

7月14日，区第十四届人大常委会召开第五十七次主任会议。主任们实地视察平水镇梅园村平王线入口景观节点建设现场、稽东镇车头环境整治现场、王坛镇北溪梅园现场，听取区农办主任高青泉关于柯桥区城乡环境整治提升专项行动工作情况的报告。

8月10日，区第十四届人大常委会召开第五十八次主任会议。主任们听取绍兴市住房公积金管理中心柯桥分中心主任王宝焕关于柯桥区住房公积金管理工作情况的报告。

9月23日，区第十四届人大常委会召开第五十九次主任会议。主任们实地视察滨海印染集聚区蓝印时尚小镇核心区域、浙江乐高印染有限公司、浙能热电二期项目，听取区印染产业集聚升级工程建设办公室主任娄东寅关于柯桥区印染产业集聚升级工作情况的报告。

10月18日，区第十四届人大常委会召开第六十次主任会议。主任们实地视察柯岩街道绍兴宇成生态农业开发有限公司、柯桥区先锋果蔬专业合作社果蔬质量安全源头监管工作，听取区农林局局长陈广见关于柯桥区农产品质量安全源头监管工作情况的报告。

11月15日，区第十四届人大常委会召开第六十一次主任会议。会议研究阮建尧提出的关于因工作需要辞去区人民政府区长职务的请求，提出《绍兴市柯桥区人大常委会主任会议关于沈志江为绍兴市柯桥区人民政府代理区长的议案》，同意提交区第十四届人大常委会第三十九次会议表决。会议研究柯桥区区、镇两级人大换届选举有关事项，决定下拨区人大代表换届选举经费。

11月17日，区第十四届人大常委会召开第六十二次主任会议。主任们听取区监察局局长郎煜江关于柯桥区《中华人民共和国行政监察法》贯彻执行情况的报告。

12月14日，区第十四届人大常委会召开第六十三次主任会议。会议研究孙浩提出的关于因工作需要辞去区人民法院院长职务的请求，提出《绍兴市柯桥区人大常委会主任会议关于陈建民为绍兴市柯桥区人民法院代理院长的议案》，同意提交区第十四届人大常委会第四十一次会议表决。

12月23日，区第十四届人大常委会召开第六十四次主任会议。主任们听取区人大常委会各委室2016年度工作总结，研究区人大常委会2017年度工作要点和监督计划。

【召开全区镇街人大工作会议】 2016年1月6日，柯桥区召开全区镇街人大工作会议。会议听取各镇（街道）人大主席团（工委）、区直代表小组交流2015年工作亮点和2016年工作思路，总结2015年工作，安排2016年主要工作任务，部署召开区十四届人大五次会议、各镇人代会等相关工作。

主要活动

【组织开展领导干部人大代表进选区月活动】 2016年5月，柯桥区人大常委会办公室发出《关于开展“领导干部人大代表进选区月”活动的通知》，集中开展领导干部人大代表进选区活动。全区担任区人大代表职务的现职区委管理以上干部，带头进选区73人次，收集选民反馈的问题81个，协调解决56个。

【首次举行宪法宣誓仪式】 2016年2月26日，柯

2016年2月26日，柯桥区首次举行宪法宣誓仪式
（裘可钦　摄）

桥区第十四届人大常委会第三十四次会议后，区人大常委会主任会议首次举行宪法宣誓仪式。区人大常委会主任吴晓主持仪式，区人民检察院检察长周江和另外3名新任命干部进行集体宣誓。2016年，区人大常委会共举行宪法宣誓7次，30名国家工作人员向宪法宣誓。

【首次开展区人大代表约见政府及部门负责人活动】 2016年3月30日，柯桥区人大常委会组织部分代表集体视察柯桥区防洪排涝河道整治一期工程，代表提出约见要求。4月8日，区人大常委会首次组织部分区人大代表约见政府及部门负责人，就加快防洪排涝河道整治工程建设提出问题，区政府分管副区长，区水利水电局、财政局主要负责人及马鞍镇、齐贤镇政府主要负责人当场作出答复，对如何解决问题作出承诺。

【组织代表开展查找“短板”专题活动】 2016年，柯桥区根据全省人大查找“短板”专题活动视频会议精神，区人大常委会组织各级人大代表开展查找“短板”专题活动，结合区十四届人大五次会议代表团和代表小组审议、代表建议等情况，围绕思想理念、经济发展、民主法治、精神文明、民生事业、社会治理、生态环境、人大工作等8个方面，群策群力，查找到33条意见建议。

【实现全区人大代表网上联络站全覆盖】 2016年4月20日，柯桥区人大常委会在柯桥街道召开全区人大代表网上联络站全覆盖现场会，推广2015年柯桥街道人大代表网上联络站试点经验。至6月底，全区各镇(街道)通过宣传发动、开通网站、充实内容等3个阶段的工作，实现人大代表网上联络站全覆盖。至年底，全区人大代表网上联络站收到群众反映问题137个，协调解决91个。

【完成区、镇两级人大换届选举】 2016年10月至2017年2月，柯桥区区、镇两级人民代表大会换届选举。有序开展选区划分、动员培训、选民登记、推荐协商确定代表候选人等阶段工作，于12月20日进行投票选举。全区共有大选区107个，小选区368个，参加投票选举的选民610358人，参

2016年4月20日，柯桥区人大常委会在柯桥街道召开全区人大代表网上联络站全覆盖现场
（裘可钦　摄）

2016年8月17日，柯桥区人大常委会组织代表视察供销智慧乡村实施工作　　（裘可钦　摄）

选率94.9%，选举产生区人民代表大会代表289人，镇人民代表大会代表853人。

【组织开展视察活动4次】 2016年，柯桥区人大常委会组织4次人大代表或常委会组成人员视察活动。

5月20日，区人大常委会组织部分区人大代表视察平安建设和G20峰会安保工作，代表们实地踏看区客运中心、G20峰会104国道柯桥检查站建设情况、区信息化实战中心，听取区委政法委、区公安局关于平安建设和G20峰会安保工作情况的报告，提出视察建议。

6月13日，区人大常委会组织常委会组成人员视察“五水共治”“五气合治”等工作。实地视察钱清淤泥固化中心、浙江东方华强纺织印染有限公司，听取区“五水共治”“五气合治”工作领导小组办公室关于柯桥区“五水共治”“五气合治”工作情况的报告，提出视察建议。

8月17日，区人大常委会组织部分区人大代表视察供销智慧乡村建设。代表们实地视察供销淘实惠平水旗舰店、平水镇西湖桥村网店和供销淘实惠公司，听取区供销社关于供销智慧乡村（淘实惠）实施工作情况的报告，提出视察建议。

10月25日，区人大常委会组织部分区人大代表视察政府性投资项目工作。代表们实地踏看区妇女儿童医院、区社会福利中心二期、区中心粮库、柯岩街道永进村“城中村”改造等政府性项目，听取区发展和改革局作的关于全区政府性投资项目建设情况的报告，提出视察建议。

【组织开展“人大讲坛”5期】

2016年，柯桥区人大常委会共开展5期“人大讲坛”。内容包括《中华人民共和国水法》《中华人民共和国大气污染防治法》《中华人民共和国食品安全法》、刑法修正案（九）、“全面二孩”生育政策等，有500余人参加。

【督办代表建议212件】 2016年，柯桥区十四届人大五次会议期间共收到代表建议212件。区人大常委会抓重点建议和办理大户的督办，指导承办部门不断完善办理方案和措施，协调主办、会办部门之间形成办理合力，提高建议办理的满意率、面商率和办结率。所有建议均在规定时间内办结并答复代表。212件代表建议中，“已落实或基本解决”的132件，占总数的62.3%；“部分解决或列入计划”的53件，占总数的25%；“作出解释或留作参考”的27件，占总数的12.7%。还收到并督办代表“直通车”建议22件。　　（赵士君）

执行编辑　祝元泰

绍兴市柯桥区人民政府

重要会议

【十四届六次全体（扩大）会议】 2016年2月16日，柯桥区政府召开十四届六次全体（扩大）会议。区委副书记、区长阮建尧作报告。会议指出，2016年是“十三五”发展的开局之年，也是全面建成小康社会决胜阶段的起始之年，会议要求认真贯彻区委十三届九次全会、区“两会”以及全区干部大会精神，全力推进2016年各项工作，完成全年各项任务，为“十三五”开好局、起好步。会议还分解落实《政府工作报告》主要目标任务、重点工作和2016年区政府十件民生实事。

【十四届七次全体（扩大）会议】 2016年7月30日，柯桥区政府召开十四届七次全体（扩大）会议。区委副书记、区长阮建尧作报告。会议总结上半年工作，部署下半年任务，要求各级各部门以护航G20杭州峰会为核心，坚持经济建设中心不动摇，补齐短板，提标提速，确保完成年度各项工作任务，推动“三个柯桥”建设再上新台阶。

【区政府常务会议】 2016年，柯桥区人民政府共召开13次常务会议，审议政府相关工作。

1月28日，区政府召开第四十七次常务会议。会议集体学习《中华人民共和国消防安全法》，听取并审议区府办关于区长奖等19个奖项的评比结果，区经信局关于柯桥区区域能评改革省级试点建设的有关情况，区委政法委关于柯桥区优化环境“八大行动”的实施方案，区统计局关于柯桥区第三次农业普查工作的实施方案，区之江学院建设指挥部办公室关于之江学院迁建项目后续工作的有关情况，华舍街道关于天马君澜大酒店增建有关临时设施的情况汇报，区建设局关于2016年第一批公共租赁住房保障对象的有关情况，区委政研室关于2015年度镇（街道、开发区）和区机关部门岗位目标责任制的考核情况，2016年《政府工作报告》、区政府十件实事目标任务责任分解、区政府十四届六次全体（扩大）会议建议方案的有关情况。

2月25日，区政府召开第四十八次常务会议。会议集体学习《中华人民共和国统计法》，听取并审议区治水办关于2016年“五水共治”项目的建设计划，区交投集团关于2016年公交车辆采购的情况，区委政研室关于2016年度镇（街道）、平台和区机关部门岗位目标责任制的考核意见，区发改局关于2016年度镇（街道）、平台岗位目标责任制考核指标（经济发展部分）分解的建议意见，区国资办关于收购柯桥区天圣投资管理有限公司的情况，区国资办关于拟收购浙江华联集团有限公司所持瑞丰银行股权的建议方案，区金融办关于2016年度金融支持经济发展的考核奖励办法。

3月24日，区政府召开第四十九次常务会议。会议集体学习《中华人民共和国公路法》，听取并审议区轨道办、轨道交通集团关于杭绍城际轨道交通线站位和投融资方案，鉴湖—柯岩旅游度假区关于湖塘古城1—3号居住用地的处置方案，区审计局关于2015年下半年审计整改工作情况，区发改局关于柯桥区全面开展县域经济体制综合改革总体方案，区发改局关于2016年柯桥区加快推进特色小镇培育建设工作方案，区民政局关于推行节地生态安葬实施意见，区农办关于2015年度城乡环境整治提升专项行动资金奖补方案，中纺CBD建设指挥办关于轻纺城国际时尚中心馨乐庭商务服务公寓项目的情况，区国资办关于拟将天圣投资公司部分股权转让给市交投集团，区建设局关于柯桥区公共租赁住房管理办法，区建设局关于柯桥区社会力量投资建设公共租赁住房实施意见，区科技局关于2015年柯桥区科学技术奖评选情况，区科技局关于柯桥区科学技术奖励办法，区府办关于区长副区长牵头办理区人大代表建议和政协提案建议方案。

4月28日，区政府召开第五十次常务会议。会议集体学习《中华人民共和国招标投标法》，听取并审议区国资办关于进一步加强国有资金参与民营企业经济活动监督管理的意见，区国资办关于进一步规范国有企业资金存放等财务事项的管理意见，区政府办关于区政府工作规则的修订情况，区财政局关于柯桥区行政事业单位公款竞争性存放的暂行办法，区机关事务管理局关于柯桥区党政机关办公用房管理的暂行办法，区经信局关于进一步降低企业成本推进实体经济健康发展的实施意见，区治气办关于2016年柯桥区大气污染防治工作的实施计划，区安监局关于一季度全区安全生产工作的有关情况，区国资办关于撤销天圣投资有限公司股东变更登记等有关情况，区树人大学建设指挥办关于浙江树人大学杨汛桥校区二期工程的合作协议，区国土分局关于2016年度全区经营性国有建设用地的出让计划和2016年度全区工业及行政公益性项目的用地供地计划，区商务局关于Freetech自动驾驶项目招商引资的有关情况，区经信局关于对浙江四海氨纶纤维有限公司空压站技改项目节能审查的有关意见，福全、兰亭、柯桥等镇（街道）关于违章建筑大整治行动进展的情况说明，区监察局关于给予有关人员开除公职（行政开除）处分的有关情况。

5月30日，区政府召开第五十一次常务会议。会议集体学习《中华人民共和国建筑法》，听取并审议鉴湖—柯岩旅游度假区、柯岩街道、杨汛桥镇有关重大招商引资项目情况，区交投集团关于绍兴滨海产业集聚区三江至童家塔公路工程代建的情况，区经信局关于印染产业整治提升“亮剑”行动验收的情况，区国资办关于交投集团、交建公司持有瑞丰银行部分股权转让的有关事项，区财政局关于“营改增”对财政收入影响的情况，区建设局关于柯桥区“美丽示范街”创建工作的实施方案，区建设局关于2016年第二批公共租赁住房拟保障对象的情况，区监察局关于柯桥区国家机关工作人员安全生产工作责任追究的暂行办法，区环保局关于G20杭州峰会环境质量保障的实施方案。

6月21日，区政府召开第五十二次常务会议。会议集体学习《中华人民共和国税收征收管理法》，听取并审议区教体局关于柯桥区承办浙江省第五届运动休闲旅游节的总体方案，区建设局关于2016年第三批公共租赁住房保障对象的情况，区建设局关于柯桥区公共租赁住房市场化租赁的管理办法（试行），区国资办关于区机关部门所属经营实体清理处置的实施方案，区商务局关于Freetech自动驾驶项目的情况，区经信局关于工业经济发展的“十三五”规划，区经信局关于信息经济发展的“十三五”规划，区安监局关于柯桥区危化行业整治提升的工作情况，区卫计局关于柯桥区村级医疗机构医疗风险金的实施意见，区委政研室关于2015年度区直属国有企业经营业绩考核结算情况和2016年经营业绩考核意见，区监察局关于给予有关人员开除公职（行政开除）处分的情况。

7月27日，区政府召开第五十三次常务会议。会议集体学习《中华人民共和国公务员法》，听取并审议区审改办关于柯桥区相对集中行政许可权试点工作的实施方案，区审改办关于加快推进浙江政务服务网向镇（街道、开发区）、村（社区）延伸工作的实施方案，鉴湖—柯岩旅游度假区关于湖塘街道古城1—3号居住用地的处置方案，区综合行政执法局关于“洁净柯桥”工作的实施方案，区交通运输局关于柯桥区“十三五”（2016—2020年）综合交通运输的发展规划，区科技局关于柯桥区时尚创意产业（2016—2020年）的发展规划，区科技局关于柯桥区“十三五”（2016—2020年）科技发展规划的汇报，区人才办关于加强柯桥区高层次科技创业创新人才队伍建设加快推进创新驱动发展的实施意见，区建设局关于2016年第四批公共租赁住房保障对象的有关情况，区信访局关于柯桥区统一政务咨询投诉举报平台的建设方案，区农办关于推进失地农民参加养老保险的补充意见，区轨道交通集团关于杭绍城际铁路项目的融资模式，区旅发公司关于股改上市工作的有关情况，区安监局、市场监管局关于全区安全生产和食品药品安全工作的有关情况，区金融办关于柯桥区财政性资金存放银行考核办法，区财政局关于进一步加强行政事业单位会计队伍建设的若干意见，浙江树人大学关于要求给予专项补助的汇报，区监察局关于给予有关人员开除公职（行政开除）的处分，区政府办关于区政府十四届七次全体（扩大）会议方案及工作报告。

8月25日，区政府召开第五十四次常务会议。会议集体学习《中华人民共和国突发事件应对法》，听取并审议金柯桥科技城建管委关于加快建设绍兴金柯桥科技城（绍兴市千人计划产业园）的实施意见，区人才办关于精准扶持高层次人才集聚“千人计划”产业园创业创新的意见，区人力社保局关于绍兴金柯桥•首届海外高层次人才创新创业大赛的实施方案，区科技局关于2016柯桥时尚周的总体方案，区司法局关于在全区开展法治宣传教育的第七个五年规划（2016—2020年），区财政局关于柯桥区行政事业单位国有资产管理暂行办法。

9月6日，区政府召开第五十五次常务会议。会议听取并审议鉴湖—柯岩旅游度假区关于区域范围内部分村土地承包经营权流转的实施方案，区发改局关于公务用车制度改革的实施方案。

9月26日，区政府召开第五十六次常务会议。会议集体学习《中华人民共和国职业教育法》，听取并审议区教体局关于柯桥城区学前教育和义务教育设施的布局规划（2016—2030年），区经信局关于整治提升和规范管理工业小区的实施意见，区交投集团关于柯华路柯袍路立交改造工程实施代建的意见，柯桥街道关于收回柯桥城区N-05地块国有建设用地使用权的意见，华舍街道关于G-07、G-08地块挂牌出让的意见，滨海工业区管委会关于对蓝印时尚小镇展览馆采用装配式施工的意见，区审计局关于2016年上半年审计整改工作的情况，区监察局关于给予有关人员开除公职（行政开除）处分的情况。

10月27日，区政府召开第五十七次常务会议。会议集体学习《中华人民共和国选举法》，听取并审议区水电局关于加强水利工程标准化管理的意见，区建管局关于进一步加强建设工程监理行业管理的办法，区建管局关于推进绿色建筑和建筑工业化发展的实施意见，区发改局关于柯桥区“服务业强区”培育的工作方案，区公安分局关于柯桥区公安科技信息化建设的三年规划，鉴湖—柯岩旅游度假区管委会关于收购湖山假日酒店资产的有关意见，区教体局关于“百年低碳住宅科技示范区”项目增设民办幼儿园的有关意见，区教体局关于柯桥区闲置校舍处置的实施意见，区财政（地税）局关于鼓励促进股权投资业加快发展的补充意见，区法制办关于行政规范性文件清理的有关意见。

12月2日，区政府举行第五十八次常务会议。会议集体学习《绍兴市大气污染防治条例》和《绍兴市水资源保护条例》，传达学习全国安全生产工作会议精神，听取并审议区安监局关于2016年以来全区安全生产工作的有关情况，区司法局关于柯桥区法律援助的实施办法，区户改办关于柯桥区户籍制度改革的实施意见，中纺CBD建设指挥部办公室关于官华溇河道改移下穿杭甬客专桥孔工程实施代建的工作方案，区经信局关于全区规上工业企业综合效益评价排序的意见，轻纺城建管委关于中国轻纺城西市场升级改造工程项目的有关情况，钱清镇关于浙江钱清轻纺原料电子商务有限公司引进战略投资者的可行性方案，区国资办关于拟等价置换绍兴中石油昆仑燃气有限公司25%股权的实施方案，区编委办关于加强镇（街道）“四个平台”建设完善基层治理体系的实施意见，区人力社保局关于绍兴市柯桥区公务员考核的实施办法（试行），区监察局关于给予有关人员开除公职（行政开除）处分的意见。

12月29日，区政府召开第五十九次常务会议。会议听取并审议区发改局关于2017年政府投资项目和“三个一批”项目的建设计划，区公安分局关于推荐优秀见义勇为人物申报荣誉的有关意见，区人力社保局关于柯桥区公务用车制度改革司勤人员的安置方案，区交投集团关于柯桥区公共用车服务有限公司运营的有关方案，华舍街道关于G-07、G-08地块挂牌出让的有关情况，区农办关于2017年全区城乡环境整治月度抽查的考核办法，区农办关于深化供销合作社和农业生产经营管理体制改革构建“三位一体”农民合作经济组织体系的实施方案，区监察局关于给予有关

人员行政撤职处分的意见。(马行龙)

政务信息

【概况】 2016年,柯桥区编发各类政务信息简报262期，上报省政府办公厅信息165条、市政府办公室343条；被省录用37条，得到省领导批示8条；市录用97条，市领导批示两条。

【8条信息获省领导批示】 2016年，柯桥区有8条政务信息获省领导批示。具体是《柯桥区“四字联动法”打造“旱地改水田”试点项目精品工程》《柯桥区综合利用印染污泥赢得发展先机》《柯桥区“三点一线”加快淘汰落后产能成效显著》《绍兴市柯桥区完成首个项目试点》《柯桥区“互联网+供销社”打造“淘实惠”农村电商平台促农民增收》《柯桥区全力打造四好农村路建设美丽乡村“升级版”》。（周莹芳）

协调督查

【概况】 2016年，柯桥区政府围绕全年重点工作和阶段性中心工作，多次进行专题协调，并发出专题会议纪要，对《政府工作报告》确定的十方面实事进展情况、重点工作、重要项目（工程）以及重要会议精神、领导批示等贯彻落实情况，加强督促检查。全年召开重要专题会议79次，编发《政务督查》19期。

【编发《政务督查》19期】 2016年，柯桥区政府按照分解任务、督促检查、狠抓落实的工作思路，进一步健全工作汇报和督查通报制度，强化督促检查内容，全年编发《政务督查》23期。督查主要内容包括《政府工作报告》确定的十方面实事工作完成情况、十大重点工作进展、十大重大建设项目完成进度和区政府主要领导批示件办理情况等。（孙　莹）

建议提案办理

【概况】 2016年，绍兴市柯桥区十四届人大五次会议期间，收到代表10人以上联名提出议案51件，经大会主席团讨论决定均作为建议处理；收到代笔建议、批评和意见161件，合计212件。其中事关经济建设的42件，占总数的19.8%；城乡发展的84件，占总数的39.6%；民生社会的59件，占总数的27.8%；其他方面的27件，占总数的12.8%。

在区政协十一届五次会议期间，共收到政协委员以提案形式提出的意见建议270件。经区政协提案委员会审查，立案255件，作并案处理后为211件。其中有关经济生态建设的70 件，占总数的33.2%；政治社会建设的101件，占总数的47.9%；文化建设的40件，占总数的18.9%。

各承办单位及时办理212件人大代表建议和211件政协委员提案，办理结果均答复代表和委员。至年底，落实或问题得到基本解决的建议132件、提案64件，分别占总数的62.3%、30.3%；部分解决或列入计划在逐步落实或需要此后长期推进抓好落实的建议53件、提案136件，分别占总数的25%、64.5%；尚不具备解决条件或受法律法规、上级政策限制无法解决，作出解释或留作参考的建议27件、提案11件，分别占总数的12.7%、5.2 %。（孙　莹）

人事工作

【概况】 2016年，柯桥区坚持公开、平等、竞争、择优的原则完善公务员考试录用工作，全年招考录用机关、镇（街道）国家公务员127人。对营职以下军队转业干部实行“考试考核、竞争上岗、保底分配”的安置政策，共安置营职以下军转干部4人及随军家属两人。

【招考录用496名事业单位工作人员】 2016年，柯桥区严把资格审查关、考试关、体检关和考察关，实施公开、公平的阳光招考。共招考录用事业单位工作人员496人，其中机关事业单位89人、卫生系统241人、教育系统166人。（徐雪引）

行政审批

【概况】 2016年，柯桥区在继续推进高效审批100天全流程和核准目录外不再审批试点项目的基础上，顺利实施高效审批50天全流程试点，推进相对集中行政许可权试点，提升行政审批和公共资源交易平台功能及信息化水平。柯桥区企业投资项目高效审批100天全流程试点改革工作受到国务院常务会议督查表扬，是全省唯一获此荣誉的县（区）。柯桥区除行政处罚外的行政许可、行政裁决、行政给付、行政强制等十大类，共有2021项权力事项在政务服务网公布并上线运行，顺利承接市级部门新下放109项行政审批和管理事项，15个部门的79项事项进驻区行政审批中心。全年办理各类审批事项933669件，日均办理3719.8件；行政许可准确率和承诺件按时办结率均100%，提前办结率97.23%，时间提前率87.18%，每件承诺件实际平均办结时间为0.83天。

2016年1月27日，绍兴市推广柯桥区审改经验暨推进市县行政审批层级一体化改革工作现场会在柯桥区举行
（区行政审批局　供稿）

【设立柯桥区行政审批局】 2016年6月，柯桥区设立行政审批局。内设4个综合科室、4个综合业务科室、10个审批业务科室，绍兴市柯桥区行政服务办事大厅管理处更名为绍兴市柯桥区行政服务中心（挂绍兴市柯桥区中介机构管理服务中心牌子），并调整为区行政审批局所属相似副科级事业单位，下设3个处室。配套完成职能、编制、人员划转及部门“三定”规定的调整工作，将25个部门的218项行政许可事项和179项其它各类权力事项，全部划转到行政审批局，调整划转人员编制65人。

【实施企业投资项目高效审批50天全流程试点】 2016年1月，柯桥区启动从土地征转用审批起至施工许可证办结的高效审批50天全流程试点工作。通过相关审批化零为整，建规缴费松绑后移，转化审批、中介环节，前置条件简化调整，地勘、设计提前介入和后续监管严格规范等七大创新措施，提升投资项目审批速度。柯桥开发委的浙江梅轮电扶梯股份有限公司新建年产扶梯20000台套生产线项目作为首个项目进行，从2月17日启动试点审批到3月18日完成全面审批流程，实际共用时22个工作日。有10个项目进入高效审批50天流程，其中完成8个，累计为项目业主缓缴相关规费600余万元，节省财务费用80余万元。

【相对集中行政许可权改革试点】 2016年6月，柯桥区相对集中行政许可权试点方案经省委、省政府同意，获省政府办公厅批复。8月8日，区行政审批局挂牌，11月21日正式投入运行。按照“试点方案一次性批复，试点工作分步实施到位”的原则，对第一步涉及投资项目审批线的9个部门78项事项27名审批人员率先划转到位，并将划转事项中的14项事项重新对镇、开发区进行委托和授印，强化对四级便民服务体系的管理。

2016年9月26—27日，浙江省审改办在柯桥区召开全省企业投资项目承诺制试点工作座谈会
（徐一鸣　摄）

【政务服务网镇村全覆盖】 2016年，柯桥区以平水镇及东桃村、祝家村为试点，梳理调整镇

（街道、开发区）级权力事项5大类共计341项，并配备电脑、高拍仪等硬件。在试点的基础上全区面上铺开。至年底，政务服务网实体自助服务站（代办点）覆盖全区，有14项事项实现村级代办点直接网上代办。

【清理规范行政审批中介机构】 2016年，柯桥区将各部门在开展行政审批过程中，要求申请人委托企业、事业单位、社会组织等机构开展的作为行政审批受理条件的有偿服务列入清查范围，梳理出涉及行政审批的中介机构共34家、中介服务事项113项，设立柯桥区涉审的中介机构和中介服务事项两张清单。

【实施“三测合一”联合测绘办法】 2016年，柯桥区制定规划测绘、房屋面积测绘、土地测绘“三测合一”实施办法并以区府办文件印发。将柯桥区3家测绘机构培育成为可同时开展房产测绘、规划测绘和土地测绘并具备相应资质的测绘机构，每家都可完成3项测绘工作，提高工作效能。（徐一鸣）

公共资源管理

【概况】 2016年，柯桥区在建设工程和政府采购电子化应用逐渐成熟的基础上，推进土地招拍挂、产权交易电子化，实现四项交易电子化的均衡实施。实行限额以下交易现场远程视频监控，出台《关于进一步严格规范工程建设项目招标投标活动的意见》，构建“一处受罚，处处受制”招投标诚信体系。完成四项交易2077项，成交金额97.59亿元，增效节资10.56亿元，增效节资率7.23%。

【构建“一处受罚，处处受制”招投标诚信体系】 2016年，柯桥区推行现场监管、社会监管、联合监管和标后监管，制定《柯桥区公共资源交易“一处受罚，处处受制”黑名单管理暂行办法》，对在交易活动中有违法违规行为的投标人（供应商）进行公告和限制其在柯桥区的交易资格；推进与市级相关平台连接，深化公共资源交易全流程电子化；与职能部门建立违规信息共享机制，实行联合惩戒。2016年，共处理违法违规案件79件，279家单位被纳入“黑名单”，在柯桥区暂停交易1～12月不等。

【公共资源交易提速提效】 2016年，柯桥区实施招投标“提速提效十条”，对1000万元以下小型工程实行限时办结，整体时间比原先提速50%以上；政府公建项目前置手续实行容缺受理；除国有控股及以上项目外业主可自主决定发包方式；物业管理等需求相对固定性且有延续性的服务项目可在年度预算保障的前提下一招定三年；工程建设项目实行年度投标保证金制度，政府采购项目保证金实行网上自行收退。

【健全限额以下交易监管】 2016年，柯桥区在改造升级电子监察系统的基础上，加快部署限额以下交易现场远程视频监控，33家单位完成安装调试，实现开标、评标现场全过程监管，形成违规及时响应机制，累计督查项目3118个，督办项目66个，督办次数71次。（徐一鸣）

重要接待

【概况】 2016年，柯桥区接待中央、部委、省、市、县各级领导等220批5187人次，其中接待省部级以上领导38批，计39人次。

表12　2016年柯桥区接待省部级领导及考察团情况

日期	考察人员	考察内容
1月5日	浙江省委副书记、省长李强	调研特色小镇建设情况
1月6日	浙江省副省长熊建平	调研新型建筑工业化工作
1月6日	浙江省副省长黄旭明	调研农业农村工作
1月20日	住建部总经济师赵晖	考察黄酒小镇建设情况
2月24日	浙江省委副书记、省长李强	调研河道淤泥处置工作

续表12

日期	考察人员	考察内容
3月4日	广西壮族自治区党委常委、自治区副主席蓝天立	考察特色小镇建设工作
3月9日	中纺联副会长孙瑞哲	调研智能制造工作
3月10日	河南省副省长张广智	考察文化旅游发展工作
3月15日	浙江省副省长梁黎明	调研进出口和旅游工作
3月23日	浙江省政协副主席吴晶	督查“五水共治”工作
4月7日	浙江省政协副主席张泽熙	调研黄酒小镇建设工作
4月8日	浙江省人大常委会副主任冯明	调研审议《浙江省安全生产条例（修订草案）》工作
4月8日	浙江省政协副主席王建满	调研“五水共治”清淤及污泥处置利用情况
4月15日	浙江省委书记、省人大常委会主任夏宝龙	调研有关工作
4月18日	财政部原部长、社保理事会理事长项怀诚	考察特色小镇建设工作
4月18日	浙江省副省长黄旭明	调研鉴湖鲁镇
4月28日	浙江省副省长熊建平	调研杨汛桥镇横山村新农村百年低碳住宅示范项目推进事宜
5月3日	全国政协副主席韩启德	调研有关工作
5月7日	文化部副部长董伟	调研有关工作
5月10—11日	国务院妇儿工委副主任、全国妇联党组书记、副主席、书记处第一书记宋秀岩	开展“两纲”中期评估督导工作
5月11日	浙江省常务副省长袁家军	调研印染行业去产能工作
5月12日	浙江省委副书记、政法委书记王辉忠	检查有关工作
5月21日	全国关爱下一代工作委员会副秘书长李启民	出席中国少年新闻学院柯桥分院授牌仪式
5月31日	浙江省委副书记、省长李强	调研行政审批制度改革和水利防洪等工作
5月31日	浙江省高级人民法院党组书记、院长陈国猛	视察有关工作
6月28—29日	中央财办主任刘鹤	调研有关工作
7月6日	浙江省副省长熊建平	调研“三改一拆”等方面工作
7月12日	浙江省政协副主席陈加元	调研村干部监督管理有关工作
7月25日	国家粮食局局长任正晓、浙江省副省长黄旭明	调研湖塘黄酒小镇建设工作
8月3日	浙江省委常委、统战部部长王永康	调研有关工作
8月23日	浙江省人民检察院党组书记、检察长汪瀚	调研有关工作

续表12

日　期	考　察　人　员	考　察　内　容
8月25日	浙江省副省长熊建平	督查 G20 峰会环境保护有关工作
9月13日	浙江省委常委、纪委书记任泽民	调研有关工作
9月23日	国家宗教事务局副局长蒋坚永	参加第二届会稽山论坛开幕式
10月10日	浙江省副省长冯飞	调研工业经济和科技创新工作
10月14日	中纺联会长孙瑞哲	参加纺博会
10月25日	河南省副省长王艳玲	考察城市公立医院综合改革和基层医改工作
11月22日	浙江省委副书记、政法委书记袁家军	调研有关工作

（沈桔敏）

机关事务管理

【概况】 2016年，柯桥区设立“84138399”维修热线和24小时值班制，确保大院设施设备高效、顺畅运行。是年，区行政中心、区公共服务大楼、鉴湖大院共维修水、电、消防等设施设备3049次。加强食堂管理，开展就餐卡清理及系统更新。做好护航G20峰会值班人员就餐保障，增派330人次进行配套值班，增加供应数量，提高菜品质量。区行政中心和区公共服务大楼食堂共保障用餐43.44万人次，日均1975人次。

2016年，区行政中心会场共保障会议554场次。行政中心大厅成功布展30期。保障各类重大活动的公务用车，共出车12600余车次，安全行驶60余万千米，确保区“两会”（人代会、政治协商会议）、春秋季纺博会、区美丽乡村建设现场会等大型活动用车，保障区领导的调研、督查、考察、接待等240余台次。细化公务用车管理，建立车辆“维修、通行费、油料”等档案，为车辆维修和保养提供可靠依据。

2016年，区机关事务管理局完成区两会、区党代会、区美丽乡村建设现场会、全国田径大奖赛、全省重点工程开工仪式、浙江省第五届运动休闲旅游节、中华国际科学交流基金会第二届中国“杰出工程师奖”启动仪式暨“中国飞虎杯科幻小说”大奖赛、“中国科幻博物馆”筹办新闻发布会、中甲联赛毅腾轻纺城队主场比赛、全市“晒亮点、比业绩”考评活动等大型活动的后勤保障工作。全年接待上级领导和来宾220批、计5187人次，其中省部级以上领导38批、计39人次。

2016年，柯桥区将区行政中心的监控设备由

2016年，柯桥区在笛扬路步行街广场开展公共机构节能宣传周活动　（区机关事务局　供稿）

原来的模拟监控改成全高清数字监控系统，将监控点位增加到236个，升级改造消防报警系统、IG541气体灭火系统、应急照明系统等设备；对到区行政中心、区公共服务大楼内部门（单位）办事人员实行实名登记、开包检查、填写访客单，重新为区行政中心、区公共服务大楼工作人员制作出入证，全年登记来访45908人次，接待集体上访65批1078人次，个人上访258人次；加强安全巡查，制订《关于大院安保责任到人到岗的工作方案》，做到定岗、定人、定责，每天对大院治安、车辆停放、消防器材等进行安全巡逻，并登记在册。

【规范办公用房管理】 2016年，柯桥区出台《柯桥区机关办公用房管理办法》，完成鉴湖大院原国土分局总建筑面积3100平方米办公楼的维修改造，配合区文联做好区美术馆设计方案及设计招标工作，协助做好妇儿活动中心建设项目施工合同签订及监理招标。开展办公用房清理整改“回头看”，会同区纪委对18个机关部门，8个镇（街道、开发区）及下属派出所、市场监管所和国土所办公用房开展抽查，18个镇（街道、开发区）共腾空办公用房334间10779.79平方米，71个部门共腾空办公用房444间14411.30平方米。完成国资公司办公用房调整、搬迁，落实区志愿者总会办公用房及政法委、民宗局新增办公用房。

【开展公共机构节能工作】 2016年，柯桥区开展公共机构节能宣传周活动，在笛扬路步行街广场，开展“节能领跑　绿色发展”主题活动，设置节能节水宣传板，开展节能签名活动，发放节能知识手册和节能小产品，向市民倡议“节能节水从我做起，从现在做起”；利用电子显示屏、节能宣传展板、电梯标语等，在机关干部中倡导绿色办公和绿色出行；会同水务集团，对鲁迅中学等10家公共机构开展自来水管查漏工作，发现漏水点10处，修缮堵漏后每天可节约用水近百吨。指导华舍中学等20家区级公共机构创建节水型单位，于11月底验收完成。推进节能技改，率先在区行政中心进行LED灯更换，共更换LED灯3500余盏，每年可节约用电6万度；启用太阳能光伏发电项目，月平均发电2万多度。在全区公共机构范围内分步实施LED灯改造，区法院、区检察院基本完成改造。在鲁迅外国语学校、轻纺城小学等14所学校的卫生间安装感应节水，每年可节水1万余吨。在区行政中心内13部电梯安装电能回馈装置，日均省电约60度，每年可节省电费约1.9万元。

【改革公务用车】 2016年，柯桥区通过调研兄弟县市车改进展情况及公车运行方案，参考市车改方案，制订柯桥区公务用车运行方案，并与区交投公司进行方案对接。根据车改工作的要求，至9月10日完成82个单位的涉改公车封存，其中围巾市场地下停车场统一封存132辆，参与评估公务用车576辆，挑选留存车辆207辆，协同相关部门确定报废车辆，分别于12月28日和1月19日拍卖车辆共251辆，成交248辆、流拍3辆。　（沈桂敏）

2016年12月28日，绍兴市柯桥区涉改公务用车拍卖会现场
（区机关事务局　供稿）

执行编辑　祝元泰

政协绍兴市柯桥区委员会

综 述

2016年，政协绍兴市柯桥区委员会召开全体会议1次、常委会议6次、主席会议13次、专题政治协商会议1次。组织大会发言材料38篇，区委、区政府主要领导对其中6篇作出批示。围绕平安创建和特色小镇建设工作开展专题调研，进行重点协商；围绕柯桥区旅游业发展、企业上市、交通建设、轻纺城“新611工程”、“五气合治”、历史文化街区保护利用、消防安全等工作进行专题协商，提出意见建议；围绕加大判决执行力度、加强预防职务犯罪、健全多元化矛盾化解机制，从源头上遏制和减少犯罪等方面，对区人民法院、人民检察院工作开展民主监督，提出监督意见。传达学习中共十八届六中全会、全国政协十二届四次会议以及区委十三届九次、十次、十一次全会和柯桥区第一次党代会精神。贯彻省、市政协关于“五水共治”民主监督“万千行”活动的要求，围绕区委、区政府关于“五水共治”总体部署，提出建议。围绕印染产业整治提升“亮剑”行动，走访企业，推动落实。坚持专门委员会、镇（街道）工作委员会述职制度和政协参加单位工作交流评议制度，对专委会、镇（街道）工委和政协参加单位履职开展民主评议。严把提案审查立案关，民主评议提案办理落实工作，继续实行重点提案区政协领导领衔督办、办理情况面对面二次答复、办理结果媒体公示等制度，提高提案办理质量。开展文史资料发掘收集、研究整理，编撰出版《王阳明绍兴事迹考•亲属篇》，编印完成十一届区政协履职实录。支持政协之友社、山阴书画院开展各项活动。

重要会议

【区政协十一届五次全体会议】 2016年1月18—20日，中国人民政治协商会议第十一届绍兴市柯桥区委员会第五次会议在柯桥举行。会议听取并审议通过区政协主席孟柏干代表政协第十一届绍兴市柯桥区委员会常务委员会作的工作报告和区政协副主席吴汉华作的提案工作情况报告；列席绍兴市柯桥区第十四届人民代表大会第五次会议，听取并讨论区人民政府区长阮建尧作的

2016年1月18-20日，中国人民政治协商会议第十一届绍兴市柯桥区委员会第五次会议在柯桥召开 （凌 军 摄）

《政府工作报告》《国民经济和社会发展第十三个五年规划纲要（草案）》和其他报告；大会听取区政协提案委员会关于区政协十一届五次会议提案受理情况的报告，通过区政协十一届五次会议决议。会议认为，2015年，区政协在中共柯桥区委的领导下，围绕全区经济社会发展大局，紧扣“服务发展、关注民生、促进和谐”政协工作主线，发挥协商民主渠道作用，认真履职，各项工作取得新进展。会议要求常务委员会组织实施2016年工作，抓好落实。

【区政协十一届二十三次至二十八次常委会议】 2016年1月17日，柯桥区政协召开十一届二十三次常委会议。会议集中表彰2015年度区政协工作先进集体和个人，审议通过区政协十一届五次会议日程、《提案受理情况报告》报告人及有关人事事项，确定提案截止日期，宣布会议期间各次大会常委会值日安排。

1月19日，柯桥区政协召开十一届二十四次常委会议。会议审议通过《提案受理情况报告（草案）》和《会议决议（草案）》，听取各委员小组关于政协常委会“两个报告”和《政府工作报告》《国民经济和社会发展第十三个五年规划纲要（草案）》讨论情况的汇报。

5月23日，柯桥区政协召开十一届二十五次常委会议，重点协商平安创建工作。会议听取区委政法委关于柯桥区平安创建有关工作情况通报，区政协各课题调研组及部分政协常委围绕更好提升柯桥区信访工作、扎实推进大调解工作机制、深化平安校园建设、促进道路交通安全、护航G20杭州峰会、推进安全生产以及反恐防暴、医疗卫生安全等方面内容开展议政建言。会议审议通过有关人事事项，审议通过部分政协常委、委员调整安排。

7月29日，柯桥区政协召开十一届二十六次常委会议暨专题读书会。会议听取区委副书记、区长阮建尧作的柯桥区2016年上半年经济运行情况和下半年经济工作重要任务通报，审议通过有关人事事项。

9月27日，柯桥区政协召开十一届二十七次常委会议，重点协商特色小镇建设工作。会议听取区发改局关于柯桥区特色小镇建设有关工作情况通报，区政协各课题组及部分政协常委、委员围绕特色小镇文化建设、黄酒小镇特色培育、旅游类特色小镇建设以及历史资源挖掘、产业拓展、宣传推介等方面内容开展议政建言。区委常委、常务副区长诸剑明到会听取协商意见并讲话，会议审议通过有关人事事项。

12月2日，柯桥区政协召开十一届二十八次常委会议，会议听取区委常委、常务副区长诸剑明代表区政府作的2016年政协提案办理工作情况通报，听取并评议区政协各专委会2016年度履职工作情况。

2016年5月23日，柯桥区政协召开十一届二十五次常委会议，重点协商平安创建工作　　（凌　军　摄）

【区政协十一届五十五次至六十七次主席会议】 2016年1月8日，柯桥区政协召开十一届五十五次主席会议。会议审议有关人事事项，研究审议区政协十一届五次会议期间提案截止日期（草案）和区政协十一届五次会议《提案受理情况报告》报告人（草案），研究决定召开区政协十一届二十三次常委会议。

1月19日，柯桥区政协召开十一届五十六次主席会议。会议审议《柯桥区政协十一届五次会议决议（草案）》，决定提交各委员小组讨论。

2月22日，柯桥区政协召开十一届五十七次主席会议。会议研究确定2016年度区政协工作要点和主要履职活动安排，研究调整完善有关工作制度，审议确定区政协“系列慈善•助医”行动方案，听取区政协十一届五次会议提案审查立案情况汇报和区政协十一届五次会议出席情况汇报。

3月22日，柯桥区政协召开十一届五十八次主席会议，专题视察协商旅游业发展工作。与会人员实地视察东方山水欢乐岛和浙江国际赛车场等旅游在建项目，听取区旅游局、区旅游发展公司有关工作情况通报和区政协城建人资环委有关调研情况汇报，围绕重视旅游产业发展、强化服务营销、加大宣传监管、完善体制机制等方面开展协商发言。副区长祝静芝到会听取协商意见。会议审议确定2016年度重点提案和领导督办安排、区政协平安创建专题议政活动方案。

4月19日，柯桥区政协召开十一届五十九次主席会议，专题视察协商企业上市工作。与会人员现场视察浙江华通医药股份有限公司，听取区金融办关于柯桥区企业上市工作情况通报和区政协经科委关于进一步推进企业股改上市调研情况报告，并围绕转变企业家思想理念、调动企业上市积极性、优化企业服务、培育上市龙头企业、完善政策扶持等方面开展协商发言。区委常委、常务副区长金晓明到会听取协商意见。会议审议确定区政协提案办理工作考核办法等有关事项。

5月11日，柯桥区政协召开十一届六十次主席会议，专题视察协商交通建设工作。与会人员实地视察104国道改建笛扬路段工程建设现场，听取区交通运输局关于柯桥区交通道路建设情况通报，围绕完善规划、抢抓进度、确保质量、加强沟通配合等方面提出协商意见。副区长周怀治到会听取协商意见。会议审议有关人事事项，研究决定召开区政协十一届二十五次常委会议。

6月23日，柯桥区政协召开十一届六十一次主席会议，专题视察协商轻纺城“新611工程”实施工作，集中评议2015年度重点提案办理落实工作。与会人员现场视察中纺CBD在建项目，听取轻纺城“三次创业”领导小组办公室有关工作情况通报。会议听取区政协提案委关于2015年度重点提案办理落实工作评议意见汇报，各重点提案督查评议小组就重点提案办理落实工作进行协商评议。区委常委、常务副区长诸剑明到会听取协商意见。

7月20日，柯桥区政协召开十一届六十二次主席会议，民主监督人民审判和人民检察工作。会议听取区人民法院、区人民检察院主要负责人有关工作情况通报。与会人员围绕加强对新形势、新问题的研判，创新工作方法，加大判决执行力度，加强预防职务犯罪，健全多元化矛盾化解机制，从源头上遏制和减少犯罪，加大法制宣传，加强队伍建设等方面开展协商发言。会议研究审议有关人事事项，决定召开区政协十一届二十六次常委会议暨专题读书会。区人民法院院长孙浩、区人民检察院检察长周江到会听取协商意见。

8月19日，柯桥区政协召开十一届六十三次主席会议，视察协商“五气合治”工作。与会人员实地视察已关停的新风热电有限

2016年5月11日，柯桥区政协十一届六十次主席会议与会人员实地视察104国道改建笛扬路段工程　　（凌　军　摄）

2016年8月19日，柯桥区政协十一届六十三次主席会议与会人员实地视察已关停的新风热电有限公司　（郑　江　摄）

2016年9月19日，柯桥区政协十一届六十四次主席会议与会人员视察柯桥历史文化街区保护利用工程现场　（郑　江　摄）

公司，听取区“五气合治”办关于柯桥区“五气合治”工作情况通报及区政协城建人资环委有关调研情况汇报。建议要进一步深入推进大气污染源综合整治，实现科学治气；加强对污染企业监管力度，实现常态治气；健全重污染天气应急预案机制，实现标本治气；动员全民参与改善空气质量行动，实现合力治气。副区长齐方良到会听取协商意见。

9月19日，柯桥区政协召开十一届六十四次主席会议，视察协商柯桥历史文化街区保护利用工作。与会人员实地视察柯桥历史文化街区保护利用工程，听取区古镇办关于柯桥历史文化街区保护利用工作情况通报。建议完善规划设计，注重细节品质；挖掘历史文化元素，体现柯桥特色；注重保护与利用同步，尽力保护传统建筑；探索运营模式，结合柯桥旅游要素，加强宣传营销，着力打造柯桥文化旅游品牌。会议审议有关人事事项，决定召开区政协十一届二十七次常委会议。

10月20日，柯桥区政协召开十一届六十五次主席会议，视察协商消防安全工作。与会人员视察柯岩第九纺织工业园区和驰达工业园区现场消防安全工作，听取区消防大队关于柯桥区消防安全工作情况通报和区政协社法港澳台侨委有关调研情况汇报。建议要突出纺织印染企业、出租厂房、出租房等重点领域，加强高层建筑消防管理研究，加大轻纺城消防安全工作投入，形成消防安全齐抓共管格局，落实单位消防安全主体责任，开展消防安全排查整治，扩展消防教育覆盖面，最大限度消除安全隐患，提升消防工作水平。副区长胡国炜到会听取协商意见。会议审议关于推荐留任委员有关安排建议,审议通过有关人事事项。

11月14日，柯桥区政协召开十一届六十六次主席会议，民主评议区政协各镇（街道）工委年度工作，审议区政协换届有关工作事宜。会议研究决定召开区政协十一届二十八次常委会议。

12月2日，柯桥区政协召开十一届六十七次主席会议。会议听取并审议有关人事事项。

主要工作

【召开专题政治协商会议1次】 2016年6月8日，柯桥区政协按照“协商于决策之前”的要求，围

2016年6月8日，柯桥区政协召开专题政治协商会议，围绕即将召开的区委十三届十次全会重大决策，就拉高标杆、补齐短板工作进行专题政治协商 （凌 军 摄）

绕即将提交区委十三届十次全会决策的重大事项，就拉高标杆、补齐短板工作进行专题政治协商。区政协部分参加单位负责人及部分政协常委、委员听取有关情况介绍，并围绕科技创新、生态环境、城乡均衡发展等短板提出意见建议。区委书记徐国龙出席会议并听取意见建议，区委常委、统战部部长王静静出席会议。

【提案办理满意率99.1%】 2016年，柯桥区政协收到各界委员、各党派团体以及各专委会、镇（街道）工委以提案形式提出的意见建议270件，经审查立案255件，作并案后为211件，作来信处理15件。经75个承办单位负责办理，全部按期完成。提案提出的建议得到落实或基本落实64件，占提案总数的30.3%；列入计划逐步实施136件，占提案总数的64.5%；因条件限制留作参考11件，占提案总数的5.2%。提案委共收到委员对提案办理情况反馈意见表234件，对办理结果表示满意的232件，基本满意2件，满意率占反馈总数的99.1%。

【收集社情民意信息92件】 2016年3月21日，柯桥区政协召开信息宣传工作座谈会暨社情民意信息知识专题讲座，邀请市政协研究室原主任汪家荣作专题辅导。区政协全年收集社情民意信息92件，其中3件被省政协采用、21件被市政协采用，编发《政协信息》74期。

【形成调研报告50篇】 2016年，柯桥区政协围绕区委、区政府中心工作和区政协年初确定的全年工作思路，就平安创建、特色小镇建设、旅游业发展、企业上市、“五气合治”、消防安全等工作开展专题调研，以政协常委会建议案形式向区委、区政府提供决策参考2次，为区委、区政府提出具有参考价值的意见建议20篇。政协系统全年形成调研报告50篇，收录到《2016年度政协调研文集》，其中有18篇在《柯桥政协》杂志刊发。

【召开专题读书会两次】 2016年，柯桥区政协于7月29日、12月14日召开两次专题读书会。7月29日，区政协邀请区委副书记、区长阮建尧到会

2016年7月22日，柯桥区政协会同区纪委派驻第四纪检组组织区政协机关全体干部，赴绍兴市检察院警示教育基地接受廉政警示教育 （章立群 摄）

通报柯桥区2016年上半年经济运行情况和下半年经济工作重要任务，区政协常委会全体成员，政协机关各室（委）和镇（街道）工委、参加单位负责人听取情况通报。12月14日，区政协主席会议成员和各室（委）负责人回顾盘点本届政协工作亮点，研讨谋划新一届政协工作思路，就做好2017年及新一届政协工作进行交流发言。

【开展平安创建专题议政】 2016年3月，柯桥区政协启动平安创建专题议政活动，组建3个课题组，围绕信访维稳、社会治理体系建设、系列平安创建、G20杭州峰会安保、防控维稳及安全生产、金融风险防控等方面工作，走访区内有关单位和部门，邀请区委政法委有关负责人作平安创建专题讲座，并赴义乌、遂昌、云和、桐乡、南浔等地学习考察，开展调研，形成7份调研报告，于5月23日在区政协十一届二十五次常委会议上进行重点协商。

【开展特色小镇建设专题议政】 2016年7月，柯桥区政协启动特色小镇建设专题议政活动，组建3个课题组，围绕文化创意类、历史经典类、健康旅游类特色小镇培育建设等课题，走访区内有关部门和镇（街道、开发区），邀请区发改局有关负责人作特色小镇创建工作专题情况介绍，形成3份调研报告，于9月27日在区政协十一届二十七次常委会议上进行重点协商。

【开展“亮剑”行动专项视察】 2016年6月30日，柯桥区政协组织开展印染产业整治提升“亮剑”行动专项视察。视察组实地视察柯桥经济开发区和滨海工业区部分印染企业，现场踏看印染污泥处理点、废气排放设备等，听取区经信局有关工作情况通报，并就创新发展理念、提升核心竞争力等方面提出意见建议。区政协经济界部分委员参加视察。

【开展“系列慈善·助医”行动】 2016年，柯桥区政协开展“系列慈善·助医”行动，组织发动各专委会、镇（街道）工委、参加单位和广大政协委员，以集中开展一次慰问活动、一场专题讲座、一次爱心献血、一次送医下乡等“四个一”活动为载体，慰问白血病患儿14人，提供义诊咨询服务500余人次。

【召开2016年度重点提案答复交流会】 2016年11月2日，柯桥区政协召开2016年度重点提案面对面答复交流会议，集中研讨重点提案办理落实情况。各督办小组听取区委组织部、区委宣传部等主办单位关于加快特色小镇建设等10件重点提案办理落实情况通报，并就进一步做好重点提案办理落实工作提出意见建议。

【政协委员动态调整】 2016年，柯桥区政协增补喻建军等8人为区政协委员，免去张咸良等2人区政协常委、委员职务，免去韩刚梁等2人区政协委员职务，撤销张国兴区政协委员资格。

【开展文史编撰】 2016年，柯桥区政协文史教文卫体委牵头，整合多方资源，联合区史志办、天泉山房等单位和机构，经过走访摸排，逐一落实史料来源，合作编写出版柯桥区文史资料第二十二辑《王阳明绍兴事迹考·亲属篇》。《柯桥政协》杂志全年收录政协委员和社会各界人士提供的文史资料12篇。

【举办“纪念中国工农红军长征胜利80周年”书画作品展】 2016年8月12—22日，柯桥区政协在区行政中心举办“纪念红军长征胜利80周年”书画作品展，共展出由区政协山阴书画院选送的书画作品近50幅。

（章立群）

执行编辑　祝元泰

民主党派和工商联

综 述

2016年，柯桥区各民主党派基层委、知联会和工商联结合各自特点，积极履职，多党合作，实现新的发展。各民主党派基层委和知联会参加区委、区政府召开的协商会、通报会10次，对全区经济社会运行情况及党风廉政情况提出意见、建议120多条。在各级人大、政协会议上共提交各类提案、议案250余件。围绕区委区政府工作主题，联合搞好重点课题调研，形成较高质量的调研报告24份，定期向区委区政府领导报送，其中有4篇被区委主要领导批示。区工商联成功引进投资1亿元的“京绍商”项目；调研报告《发挥自身能动性，推动生态纺织品认证工作，引领绿色高端产业升级》获区委书记批示，《工商联智库建设思考》一文在浙商杂志发表。

2016年，区各民主党派基层委与政府29个有关部门对口联系，组织联系座谈会和情况通报会，拓宽知情献力渠道。其中有57人次被各政府部门聘为行风监督员。12月3日，区各民主党派和知联会代表共40人，对政府部门行风进行专题测评，受到区纪委充分肯定。

2016年，区各民主党派、工商联和知联会成员在“同心•服务三农”宋家店基地建设中，落实实事工程8件，到位资金超过140万。在统战系统组织的“三下乡”走进宋家店活动中，送出各种图书、法律科技宣传资料1000余份，30余位专家学者设立医疗、科技、政策、法律、书画5个组，为民服务和咨询活动，受惠群众600余人次。

2016年，柯桥区民革、民盟、民建、民进、农工党、九三学社于6月16—30日相继召开换届大会，选举产生新一届各民主党派基层委员会领导班子。截至2016年年底，全区6个民主党派基层组织共有684名成员。其中：民革77人，民盟112人，民建145人，民进123人，农工党134人，九三学社93人。其中，省人大代表1人，省政协委员1人，市人大代表7人，市政协委员11人，区人大代表22人，区政协委员92人。政府领导班子中有党外干部1人，人大、政协班子中有党外干部3人，法检两

2016年12月2日，柯桥区统战系统在平水镇宋家店村开展“三下乡”活动 （许达卡 摄）

院领导班子中有党外干部2人，政府部门及有关单位中的党外干部正职7人，副职8人，镇（街道）领导班子中有党外干部副职5人。（陶　莉）

民革柯桥区基层委员会

【概况】 2016年，民革柯桥区基层委有省人大代表1人、市人大代表2人、市政协委员2人、区人大代表2人、区政协委员16人。5月，完成基层委换届工作，选举产生第七届基层委组成人员。

这年，区基层委共提交省人大建议3件，市、区人大建议9件，市、区政协提案25件。基层委向区政协提交集体提案3件，《关于加强五气合治的建议》作为区政协大会书面发言材料。寿景兴撰写的《关于打造新三板工业园区的建议》作为市政协集体提案；孙胜利撰写的《关于进一步完善农村社区卫生服务体系建设的建议》列入区人代会十件重点议案。吴新竹撰写的《城乡家庭教育失衡亟需“精准扶贫”》、《建议以“公平、公正、减负”为原则 进一步完善我省新高考制度》两篇社情民意被民革省委会和市政协录用，《建议从材料供应商入手解决“营改增”后建筑业税负加重的问题》《建议尽快明确棚户区改造项目“营改增”政策》《绍兴市柯桥区护航G20反恐安保工作亮点突出》《关于推进我省公检法联动机制建设的建议》《关于规范网络个人求助行为的几点建议》《农产品电子商务亟需补齐标准化建设短板》被市政协录用。

4月23日，区基层委组织一支部党员前往天台山考察乡村旅游业发展，在政府扶持、科学规划、保护开发、宣传营销等方面，为柯桥乡村旅游发展提出建议与对策。4月30日和5月29日三支部组织党员分别到稽东月华山、平水日铸岭开展登山活动，考察柯桥区南部山区生态旅游工作进展情况。（王军新）

民盟柯桥区基层委员会

【概况】 2016年6月29日，民盟柯桥区基层委召开全体盟员大会，选举产生民盟柯桥区基层委第八届委员会，完成区基层委换届工作。基层委发展新盟员2人，提拔2名优秀盟员担任基层委委员。区基层委组织多种形式学习，提高盟员的思想素质。组织参观盟员传统教育基地、恳谈体会感想等一系列活动。接待盟中央、盟省委、中共省委督查组等6批次150余人的考察调研指导。8月，省委常委、统战部长王永康到科技支部调研。柯中支部活动室“盟员之家”的硬件与内部环境布置如期完成，活动室内布置有包括民盟柯中支部发展史、支部成员及支部活动风采等内容的“支部园地”。

这年，区基层委围绕区委区政府工作主题，开展调查研究，撰写提案，建言献策。撰写区政协十一届五次会议大会发言材料、提案22个，调研报告3篇，区委书记在《柯桥区统战》第八期和第十期，分别对《关于推进柯桥区职业技术教育工作的调研报告》、《二胎新政策要谨防“两非”行为加速人口性别比例失衡》作出批示。

这年，区基层委鼓励有特长的盟员开展社会服务工作。在职教师主要做好教育上的传、帮、带；书画名家参加各级组织的书画展、开展送书画下乡村、送书画艺术进学校等文化活动，努力发挥盟员在文化宣传等社会精神文明建设中的积极作用。区基层委与区文广局联办的2016年“欢乐柯桥”文艺慰问贺新春活动，文艺骨干以精彩的文艺表演，把欢乐、温暖、关怀送到街道、社区、学校和养老机构等。重阳节，区基层委组织文艺支部盟员到钱清镇、夏履镇敬老院慰问演出。（许达卡）

民建柯桥区基层委员会

【概况】 2016年6月，民建柯桥区基层委换届，选举产生第二届委员会。民建柯桥区基层委会员中有市、区二级人大代表和政协委员34人。组织2016年新加入的6名会员参加民建绍兴市委会和统战部举办的新会员培训班，6名新任支部主委到市委党校接受新提任干部培训，基层委领导参加市委统战部的读书会，一名副主委参加省民建组织的主委培训。组织会员企业参加市委会的企业家协会，筹备组建区企业家协会。

是年，民建区基层委提交市、区二级提案、议案共32件，其中集体提案3件。《山区农村生活污水的几点建议》作为政协第十一届委员会第五次会议大会书面发言材料。完成调研课题7个。

是年，区基层委员会与建中支部连续四年与王化小学建立扶贫助学基金。陶晓东会员每年开展金秋助学，在职工中摸排困难家庭，帮助解决他们子女的求学资金。建中支部举行会员书画展，共展出书画作品五十幅。徐复沛会员免费举办暑期艺术培训班，施华锋会员免费举办成人书法培训班。为配合柯桥区深入开展的八大整治行动，民建企业家会员肖炳炎的浙江新三印印染有限公司积极响应区政府的号召集聚滨海，先后投入资金5亿元进行厂房建设和节能技改，率先建成污水生化处理系统、中水回收利用系统、定型废气处理系统、中压蒸汽的二次循环利用以及固废堆放场所整治，公司通过省二级安全标准化验收。（阮丽娜）

民进柯桥区基层委员会

【概况】 2016年，民进柯桥区基层委在省、市、区两会上提交人大建议案5件、政协提案17件，在区政协十一届五次会议上提交的集体提案《关于实践“双创”号召，打造“创客”高地的建议》被大会列为书面发言材料，作为重点提案由区领导领衔督办，并最终被列为优秀提案受到区政协的发文表彰。社情民意《关于在各级中小学教研机构设立专职德育教研员的建议》被民进省委会采用；《新常态下关于加强参政党参政议政能力建设的几点思考》和《推进民进基层组织规范化建设的实践和思考》两篇论文获得民进市委会统战论文二等奖；三篇调研报告被《柯桥区统战》录用，其中《新常态下我区信访工作的探索与实践》获区委书记批示；课题《以构建最优创新创业生态系统，引领绍兴城北科创大走廊建设》被民进市委会立项。

是年，区基层委完成换届工作，发展新会员9名。基层委获民进浙江省先进集体荣誉称号；金国琴获民进浙江省参政议政先进个人称号，毛东敏、秦定超、周俊友获区政协先进工作者称号。

是年，基层委选派会员10多人次参加省委会学术报告会、市委会骨干会员培训班、领导班子培训、新会员培训等各级各类培训班，系统地学习参政党理论和参政议政知识。组织会员参加以“参政议政”和“组织建设”为主题的征文活动。

2016年10月，民进职教支部以职教中心为平台积极创建布艺设计基地，定期举行布艺作品展，周李钧师生作品展于11月1—30日在创意大厦举行，得到纺织服装周刊、《柯桥日报》、轻纺城电视台等多家媒体的宣传报道，并有作品获得教育部纺织教育学会设计银奖。11月，初中支部将稽东镇中学作为送教下乡的基地学校，充分发挥支部会员中名优教师汇聚的优势，定期开展送教活动，将优质教育传输到山区。4月，主委葛伯军远赴贵州省剑河民族中学上示范课，给当地教师、学生作专题报告。6月，初中支部积极开展“爱心助学、雄鹰展翅”活动，结对贫困学子，节假日送温暖献爱心，资助他们完成学业。9月，小教支部组织会员考察安昌古镇，了解传统手工酱油制作、腊肠制作等传统工艺，探寻非遗文化。12月，任在山、周俊友、梅真君等会员结合自身专长，教授学生学习书法、绘画，积极参加“三下乡”活动。退休会员发挥余热。教师俞宗周几十年如一日从事志愿服务工作；教师杨燕多年义务帮助高考生填报志愿，整理有价值的文献资料；教师何志良，定期到社区居家养老服务中心做义工。（金红红）

农工党柯桥区基层委员会

【概况】 2016年，农工民主党柯桥区基层委在区政协十一届五次全体会议上，提交集体提案1件、个人提案9件，其中集体提案《关于加快基层文化干部队伍建设的建议》被列入大会书面发言和全区“十大年度重点提案”，并被评为优秀提案。2名委员获区“政协工作先进工作者”称号。组织全体党员调研柯桥区旅游业发展现状，参加“探访钱江源头”绿色环保、生态建设调研活动；赴金华磐安调研生态资源美丽乡村建设，深入调研人资环境主题。下半年，统战部、基层委和二院一支部支委联合调研开化中医药基地建设；中心医院支部调研中医药配方颗粒临床应用、高层住宅配置担架电梯情况；医卫联合支部调研饮水健康，形成调研报告4篇，分送有关部门决策参考。

这年，区基层委换届，选举产生第八届基层

委，骆学新当选基层委员会主任委员，并继续任市委会副主任委员。

这年，基层委坚持立足党员专业特长，以讲座方式开展疾病预防知识传播这一社会服务主要模式，为柯桥区人社局培训中心组织的稽东、柯岩养老护理员培训提供师资，组织农工党员参加红十字会等组织的各类义诊活动，积极参加区委统战部的“三下乡”活动。党派的专家医生服务义诊广受群众欢迎，如中心医院支部送医进村至柯岩澄湾村，10月26日上午超过300人次接受义诊服务；骆学新、陈丽娜等专家带头去力博集团等企业就中医养生、高血压防治等主题开展健康宣教。区基层委全年累计参加公益服务的党员超百人次，免费服务群众超千人次。在基层委与浙工大农工党支部的结对共建工作的引领下，2016年下半年，各支部在社区、学校建立共建服务基地，将临时、短暂服务向固定、长期服务发展，二院一支部医疗服务基地在平水敬老院挂牌，不定期为敬老院提供健康宣教、义诊、送药、体检、咨询等服务活动；中心医院支部与柯桥区老年大学结对，建立服务基地，推出老年健康养生系列课程，定期上课服务；医卫联合支部与燕甸园社区结对，开展专题讲座服务。党派社会服务活动的报道在《浙江日报》《联谊报》《绍兴日报》《绍兴网》等省市媒体刊发。（蔡 伟）

九三学社柯桥区基层委员会

【概况】 2016年，九三学社柯桥区基层委向区政协五次会议提交集体提案2件、个人提案13件；向九三学社绍兴市委员会提交建议材料3篇，均被市委会采用并作为集体提案向市政协大会提交，其中《关于提升和发展绍兴书圣故里景区的几点建议》引起市政府相关部门的重视，正在积极研究方案。《在新状态下如何进一步推进柯桥区政企关系健康发展》和《如何加快推进特色小镇建设》作为区政协第五次大会的发言材料。《如何加快推进特色小镇建设》被列为2016年度的重点提案。提交各类社情民意7件。完成4篇调研材料，其中《关于提升柯桥城市国际知名度的意见建议》获区委主要领导批示。与此同时，还积极参与政协组织的特色小镇专题调研和民主协商。

6月，区基层委完成换届工作，选举产生第七届基层委员会。全年新发展社员6人，共有社员93人，其中副高以上职称4人，中级职称两人。

这年，区基层委把传达中共柯桥区委十三届十次全会精神，作为一项重要议程，专题在第七次社员大会上学习，并将《关于拉高标杆补齐短板的实施意见》印发给每一位社员，让社员们了解柯桥区的重大决策和重要工作。参照“两学一做”要求，把习近平总书记系列讲话精神、区委区政府重要会议精神、九三学社章程，作为2016年学习的重点，号召各支社认真组织集中学习，要求全体社员加强自学。10月22日，举办信息工作会议暨骨干社员培训班，辅导撰写提案和社情民意，更好地发挥参政议政作用。

这年，区基层委除了参加社市委和区委统战部组织的“三下乡”活动外，单独组织两场“三下乡”活动。6月25日，联合区科协到稽东镇裘村开展“三下乡”活动，给当地群众送医送科技送书画。 9月24日，和区科协一起到兰亭镇送科技、送医疗、送书籍。（陶 莉）

柯桥区知识界无党派人士联谊会

【概况】 2016年，柯桥区知联会有会员100人，市区两级人大代表5人，政协委员20人，新发展会员5人。在区级公安、监察等职能部门担任特邀员9名。区知联会领导积极参加区委组织的情况通报会，区政协、区委统战部组织的各类视察、调研、意见征求会，并在会上提出20余条建设性的意见和建议。

2016年，区知联会有一技之长的会员放弃假期积极参加市、区组织的送医疗、送书画、送知识、送文艺、送技术、送慰问等各类“三下乡”活动5场次。积极参与区民主党派和知联会“三农”服务实践基地——宋家店村的美丽乡村建设，从2011年开始资助宋家店村资金累计10余万元。连续5年与松阳县石牌门村结对帮扶。（陶 莉）

柯桥区工商业联合会（总商会）

【概况】 2016年，柯桥区工商联开展助力轻纺城

“三次创业”、“护航G20”、“五水共治”等专题培训4场、520人次；组织校企智力对接服务3次，与浙大管理学院签订战略合作伙伴关系，之江学院成为潮汕商会青委会就业基地，并成功引进投资1亿元的“京绍商”项目；《发挥自身能动性，推动生态纺织品认证工作，引领绿色高端产业升级》调研报告获区委书记徐国龙批示（批示编号123），《工商联智库建设思考》一文在浙商杂志发表，同时配合省市调研3次；工商联微信公众号全年推送50期、100余篇，粉丝参与度、关注度进一步提升。中国轻纺城潮汕商会被浙江省工商联授予“浙江省规范化建设示范商会”称号。

是年，区工商联承办柯桥区第五届中国特色社会主义建设评选，在非公经济人士中评出10名先进人物。参与党代表联审、界别委员的考察和“两会”联系服务工作；组织镇街秘书长考察宁波骆驼商会，举行异地商会新春座谈会。

是年，非公经济人士一如既往关心慈善光彩事业，乐清商会为支援遂昌山体滑坡灾后重建募集资金10万元，60多位妇委会“爱心妈妈”在三八节、六一节看望育才小学残障儿童及稽东山区孩子，河北商会为患病会员募捐6.6万元；福建商会为柯桥中学学生董佳莹治白血病捐助5万元。

（裘王华）

执行编辑　祝元泰

人民团体

柯桥区总工会

【概况】 2016年，柯桥区建设“万名工匠库”，创建省级劳动关系和谐企业48家，开展重点工程立功竞赛及“金梭奖”职工技能大赛，全省试点评选镇级劳模，职工医疗互助参保突破9万人，超额完成市总工会下达的参保任务，受理、协调各类投诉纠纷568起。在全市工会系统中获考核第一名。全年共创建劳动关系和谐企业48家，其中省级3家、市级15家、区级30家。

【试点评选镇级劳模21人】 2016年，柯桥区在福全镇、平水镇试点，在全省率先启动镇级劳模评选试点工作，评出镇级劳模21人，其中环卫工人、乡村医生、外来人员等一线职工14人，占总数的三分之二。

【开展重点工程立功竞赛】 2016年，柯桥区总工会与区发改局围绕10个重点工程建设项目，联合开展建设“三个柯桥”（时尚柯桥、印象柯桥、幸福柯桥）立功竞赛活动，评选出一批先进集体和个人。市级参赛单位104国道柯桥段改建工程立功竞赛得到市政府高度肯定，参赛单位区交投集团获绍兴市模范集体称号，工程负责人被授予市五一劳动奖章。

【开展“金梭奖”职工技能大赛】 2016年，柯桥区开展第四届“金梭奖”职业技能大赛，引领广大职工在全区范围内开展岗位练兵、技术比武，区级层面确定无菌操作和PICC维护、黄酒酿造、汽车修理等8个项目，评选金梭奖、银梭奖各8人。

【开建“万名工匠库”】 2016年，柯桥区启动建设“万名工匠库”工程，把具有工艺专长、掌握高超技能、体现领军作用、作出重大贡献的职工纳入柯桥工匠库，建立镇、区两级“万名工匠库”，全年申报入库1705人。

【创新干部兼任制度】 2016年，柯桥区镇（街道、开发区）总工会通过换届，有20名优秀企业职工兼任镇（街道）总工会副主席。上半年，区总工会组织该批镇街总工会副主席赴省总干校培训，系统学习工会相关业务知识，提升其工会工作能力。

【发放困难职工救助金61万元】 2016年年初，柯桥区开展工会干部倾情送暖大行动，由区领导带队，联合民政等部门对部分困难职工进行现场走访慰问。依靠三级工会网络，摸排出244名困难职工进行建档救助，每人给予2500元救助资金，共计发放61万元。

【受理各类投诉纠纷568起】 2016年，柯桥区通过区、镇、企三级工会网络和“两联两整”（区镇联动、部门联手，整合资源、整体推进）维权帮扶机制，充分利用企业“两大员”（调解员、联络员）队伍，有效实现纠纷源头干预。全年区职工服务中心直接受理职工投诉、协调纠纷568起，办结率98%以上。

【职工医疗互助参保突破9万人】 2016年，柯桥区按照参保数和赔付率两项指标，把职保工作列入对镇（街道、开发区）的岗位目标责任制考核。召开职工医疗互助保障工作会议，全年实际参保职工90216人，超额完成市总工会下达的参保任务。重视理赔工作对职保工作的促进作用，是年共理赔1154人，理赔金额232万元。（钱增智）

共青团绍兴市柯桥区委员会

【概况】 2016年，柯桥区共有基层团（工）委84个，其中镇（街道）团委16个，局、系统、区

2016年4月16日，柯桥区在柯桥中学举行省、市“青年之声·12355助力中高考”阳光行动启动仪式　　（团区委　供稿）

直企事业单位团工委68个，团总支73个，团支部1955个，共青团员4.68万人。承办全省“青年之声•12355助力中高考”阳光行动启动仪式暨绍兴市“青年之声•12355助力中高考”阳光行动。华舍街道团委被团中央授予首批全国城市街道区域化团建示范单位称号。区青少年宫通过省级等级评估，选出优秀青年创业典型20家，绍兴柯桥排水有限公司中控室被命名为国家级青年文明号创建单位，柯桥滨海供水有限公司江锐获省级青年岗位能手称号。马鞍镇中心小学少先队作为全市开展“与民族团结地区少年儿童手拉手”活动典型代表受到中央电视台《焦点访谈》、《浙江日报》等主流媒体的报道。

柯桥区开展“清朗网络•青年力量”行动，建立青年网络志愿者宣传引导体系，积极参与省网信办“争做中国好网民、浙江网民宣誓共建清朗网络空间”行动。上半年，王坛镇团委书记金莹以“小龙女”形象走红网络。

【开展关爱活动53期】 2016年，柯桥区开展“流动少年宫”“小候鸟公益夏令营”等关爱活动53期，惠及留守儿童、流动青少年3000余人次。

【开展团青联系服务农村青年创业活动】 2016年，柯桥区开展“团青联系服务农村青年月”、青年创业项目大赛等创业系列活动，组织青年企业家“走出去”，开展考察调研、交流学

2016年7月12日，马鞍镇小少先队与新疆阿瓦提县20余名少先队员在马鞍镇小开展首次面对面活动　　（团区委　供稿）

习、资源对接活动10余场，参与引进落地1亿元以上项目1个。

【开展青春治水活动】 2016年，柯桥区认领“青年河”16条，产生“青年河长”16人，每月固定开展“团青护水日”，累计组织团员青年参与“五水共治”、文明创建等8000余人次。

【与新疆阿克苏地区18所学校结成友好学校】 2016年，柯桥区有18所学校与新疆阿克苏地区阿瓦提县等地的18所学校结成友好学校。7月中旬，与阿瓦提县的20余名优秀少先队员开展首次面对面活动。

【组织青年志愿者开展各类服务】 2016年，柯桥区组织青年志愿者为9700余名北站旅客提供各类便民服务，解决各类急、难事件180余起，开展各类慰问、送温暖、文化下乡活动60余场次，涉及慰问人员1100余人次，慰问金额20余万元。召开柯桥区青年护航G20誓师大会，开展青春护航G20志愿服务活动。组织50余名大学生志愿者为2016全国田径大赛系列赛（柯桥站），提供竞赛组织、场地保障、现场引导等方面的后勤保障志愿服务工作，服务总时长超1500小时。

（冯杨波）

柯桥区妇女联合会

【概况】 2016年，柯桥区妇儿活动中心项目基本完成。完成国务院妇儿工委督导组到柯桥区开展全国“两纲”（《全国妇女发展纲要》《全国儿童发展纲要》）中期评估督导的迎检工作。完成区妇女儿童发展“十三五”规划编制。依托区镇村三级妇女儿童维权站、区家调委，加强婚姻家庭纠纷调解工作。新成立柯桥公证处妇委会和漓渚镇“两农”（农民合作社、家庭农场）组织行业妇委会。全年各镇（街道、开发区）妇联共开展各类培训114场；邀请中国台湾心理学家、美国佐治亚理工学院心理学博士张怡筠作《遇见更幸福的自己——如何平衡事业与家庭》专题讲座；借助106电台平台，推出每周《幸福柯桥的半边天》栏目和每季《亚红关注深度报道》栏目。组建巾帼志愿队伍开展各类志愿服务，在企业家太太俱乐部换届大会上，发起“爱心花”认捐活动，作为帮扶弱势儿童专项资金；组织参加“我们的樱花林”植树众筹等活动。

【组建巾帼志愿队伍1408支】 2016年，柯桥区各村（居、社区）围绕爱心帮扶、维权调解、平安创建、巾帼护水、宣传倡导等五方面内容，共组建队伍1408支，总人数6520人。其中开展各类平安志愿者活动920余次，参加“10•15”巾帼护水统一行动日活动1929人次。

【“平安家庭”创建全覆盖】 2016年，柯桥区出台《2016年柯桥区“平安家庭”创建活动实施意见》。到2016年底，全区“平安家庭”创建覆盖面达100%，全区评选表彰100户区级“平安家庭”示范户。

2016年10月15日，柯桥区开展巾帼护水统一行动
（区妇联　供稿）

【开展“美丽家园”创建】 2016年，柯桥区妇联制定《关于开展庭院整洁户和美丽家园示范带创建评比活动的实施意见》，以“花满棠棣”“水乡新味”“富桂香林”等精品美丽家园示范带为典范，连片成线，以点带面，形成美丽乡村风景带。安排奖励资金100万元用于创建工作，创建成功美丽家园示范带2条，庭院整洁户创建覆盖率占全区总户数的14%以上，五星级庭院整洁户5500户以上。

【选评最美家庭】 2016年，柯桥区妇联利用微博、微信、手机短信平台等载体，开设“寻找最美家庭”专题，评选区级最美家庭25户，获市级最美家庭16户、全国五好文明家庭标兵1户。

【开展巾帼建功活动】 2016年，柯桥区开展“最美妇女主任”“最美巾帼护水志愿队”“最美巾帼志愿者”等评选表彰工作，其中石文娟获评浙江省“最美妇女主任”。

【举办“春风送岗位”专场招聘会】 2016年，柯桥区妇联与区人力社保局联合举办“春风送岗位”三八妇女节专场招聘会，提供岗位650个，发放宣传资料1100余份，共有870余人参加招聘，其中达成就业意向290余人。

【维权调解保障妇儿权益】 2016年，柯桥区妇联聘请法律顾问，为妇女儿童提供政策、法律、法规和婚姻家庭、心理、社会道德的咨询服务。区家调委共接受咨询43次，开展调解15起，调解成功8起。组建柯桥街道大渡社区“小红热线”、乐清商会妇委会婚姻调处中心、柯岩街道“和大姐”志愿队等婚姻家庭调解组织。在宣传引导、权益维护、反家庭暴力等方面，与司法、公安、法院等相关部门协调对接。

【开展《反家庭暴力法》宣传】 2016年，柯桥区妇联在区广播电视总台《民生360》《柯桥区新闻》等栏目开展反家庭暴力专题报道；在区106电台“亚红热线”播出《反家庭暴力法三大亮点为妇儿护航》《反家庭暴力法解读》等专题报道。制作1万份《反家庭暴力法》宣传小折页和3000只宣传环保袋，面向全区发放。依托“三八”维权周等重大节日，联合16个相关部门在柯桥步行街综合市场门口开展“远离暴力 让爱驻家”“三八”维权周宣传咨询活动，现场共发放各类宣传资料4080多份，接受咨询315人次。

【投入慰问资金13万余元】 2016年，柯桥区妇联投入慰问资金13万余元。帮扶贫困单亲母亲、近期家庭发生重大变故（车祸、疾病等）的妇女或儿童、患重大疾病的老妇女主任、患“两癌”（乳腺癌、宫颈癌）的贫困妇女，“六一”儿童节帮助留守儿童实现“微心愿”，“七一”建党节慰问老党员等。（赵梦迪）

柯桥区科学技术协会

【概况】 2016年，柯桥区实施创新驱动助力工程，引进国家级学会服务站2家；新建院士专家工作站1家、学（协）会5家、企业科协1家；举办2016年柯桥区科普（科技）活动周，开展柯桥区第十三次全国科普日活动；全年开展科普进文化礼堂15次，赠送科普书籍1万册以上；邀请“中科院老科学家科普讲师团”到柯桥作科普讲座33场；全年组织学（协）会主办、联办学术交流活动10次。制定《柯桥区科学技术普及“十三五”规划》。

新建由院士卢秉恒及团队与浙江迅实科技有限公司合作的迅实科技院士专家工作站；华通色纺院士专家工作站创建成省级院士专家工作站；浙江省现代纺织工业研究院院士专家工作站成为全国示范院士专家工作站。围绕柯桥区五大千亿级产业，新建区印染技术学会、区机械工程学会、区计算机软件与自动化学会、区建筑规划景园学会、区现代工业设计学会等5家学会和浙江精工科技股份有限公司企业科协1家。

【实施创新助力工程】 2016年1月，柯桥区出台

2016年4月8日，智汇科桥全国学会对接会在鉴湖大酒店举行
（孙建国 摄）

2016年5月14日，2016年科普活动周科技集中展示活动在明珠广场举行　（孙建国　摄）

《关于开展创新驱动助力工程的实施意见》《柯桥区创新驱动助力工程专项经费使用办法》《绍兴市柯桥区创新驱动助力工程学会服务（工作）站建设管理考核办法》。3月，进京与中国纺织工程学会、中国流行色协会、中国环境科学学会等14家全国学会的20位专家交流洽谈。4月8日，智汇“科”桥•创新驱动助力工程全国学会对接洽谈会在柯桥召开，30余位专家携前沿技术成果参会。对接会上3家学会（企业）与国家学会签订合作协议，20多家企业与专家达成需求对接意向。至12月底，两家全国学会在柯桥分别建立中国流行色协会柯桥服务站和中国纺织工程学会柯桥服务站；中国纺织工程学会与两家企业（绍兴原色数码科技有限公司和浙江德商纺织有限公司）在柯桥建立全国学会企业技术研发服务站，浙江省纺织工程学会与浙纺院建立1家省级学会柯桥服务站。

【开展2016柯桥区全国科普活动周活动】　2016年5月5日，柯桥区在之江学院行健楼报告厅举行2016年柯桥区科普活动周活动开幕式，中科院8位科学家、市科协副主席及有关区领导出席开幕式。活动包括省、市科普大篷车进校园、广场活动5场，现场动手体验累计3000人次；科技成果集中展示两场，累计参观2000余人；发放科普资料2000余册；集中更换画廊展板400余幅。5月14日，1000余名市民在明珠广场观看科普文艺表演。

【开展柯桥区第十三次全国科普日活动】　2016年9月20日，柯桥区第十三次全国科普日活动开幕式在东方山水举行。这次科普日活动创新宣传媒介，将全国科普日活动开幕式与全省特色小镇科普游视频联动启动仪式相结合，进行视频直播，得到中国科协表彰；开展首届“柯桥科普”微信知识竞赛；邀请省流动科技馆在区青少年宫展出两个月；集中更换科普文化长廊挂图200余套，免费向机关干部和群众赠送科普书籍5000余册；联合区九三学社基层委员会、兰亭镇政府和杭一电器在兰亭镇文化礼堂开展送科普医卫下乡活动。

【成立柯桥区青少年创客联盟】　2016年2月27日，柯桥区青少年创客联盟成立仪式在之江学院图书馆二楼报告厅举行，共同促进青少年创新的联盟模式为“5部门+2高校+5高中+1中心+10企

2016年2月27日，绍兴市柯桥区青少年创客联盟成立仪式在之江学院举行　（孙建国　摄）

业”。各创客联盟学校先后成立“创新型”学生社团。开展“创新社团”教师业务培训。分别邀请浙江大学教授周泓、浙江工业大学之江学院教授朱欢桥、省科技馆青少年部部长龚剑、市科技馆副馆长陶思敏作培训。钱清中学“创新实验班”6位指导教师，赴浙江大学创新实验室学习。在轻纺城小学举办柯桥区第三届“校园科学达人”大赛，并评优参加市级比赛，组织参加市青少年电脑机器人竞赛和市航模比赛。组织开展第三十二届区青少年科技创新大赛，经专家评审后召开颁奖大会。

【区农函大培训学员1980人】 2016年，柯桥区农函大共开设一年制长班38班，学员1980名，涉及花卉栽培、四季笋管理、名茶炒制、企业管理、市场营销等26个专业，12月底，区科协依据各镇（街道）辅导站办学情况给予经费补助3.95万元。 （孙建国）

柯桥区文学艺术界联合会

【概况】 2016年，柯桥区文联辖社团11个，其中区级法人社团5个、直属文艺家协会社团6个，文艺协会会员中有国家级会员70人、省级会员225人、市级会员425人。柯桥区文艺界获国家级奖项15项、省市级奖项40余项，出版专著和作品集5本，在国家级、省市重点期刊上发表文学作品30余篇，在国家级、省市级以上展览中入展200余件。组织“心连心”艺术团惠民演出18场，“文化五进”（进农村、社区、学校、工厂、军营）惠民演出5场；赴内蒙古呼伦贝尔扎赉诺尔区、丽水莲都区、绍兴越城区举办3次“文艺走亲”惠民演出。组织协会会员深入文化礼堂开展展览1次，培训15次。

【举办柯桥区文艺骨干研修班】 2016年3月27日—4月2日，柯桥区70名文艺骨干在浙江大学华家池校区参加培训，文艺骨干来自作家、书法、美术等区文联各艺术协会及乡镇文联。培训期间，学员们听取《中共中央关于繁荣发展社会主义文艺的意见解读》《艺术品鉴赏》《音乐欣赏与人文素养》《书法与书法欣赏》《唐宋词与人生》《诗词艺术鉴赏》等讲座,并进行交流。

【联办主题征文比赛】 2016年，柯桥区文联与区农办联合举办“醉美家乡”——美丽乡村主题征文比赛，收到稿件69篇，评出一等奖3篇、二等奖6篇、三等奖9篇。与区纪委联办“我和家风的故事”征文比赛，收到全国各地的稿件347篇，评出一等奖3篇、二等奖6篇、三等奖9篇。

【举办纪念中共建党95周年中青年书法篆刻作品展览】 2016年6月28日，柯桥区文联与区委组织部、区委宣传部联合举办 “颂党恩”——纪念中国共产党建党95周年中青年书法篆刻作品展，收到真、草、篆、隶、行书作品150幅，评出一等奖3个、二等奖5个、三等奖10个。

【承办长篇小说《痴人街》研讨会】 2016年10月26日，柯桥区文联、绍兴市作协承办的长篇小说《痴人街》研讨会在柯桥举行。《痴人街》是浙江省作协会员、柯桥区财经学校教师陈文超创作的长篇小说，在《中国作家》2015年第七期发表。研讨会由浙江省作协、绍兴市文联主办，

2016年10月26日，长篇小说《痴人街》研讨会在柯桥举行
（陈伟鸣　摄）

《中国作家》主编王山、广西省文联研究室副主任王迅、《中国作家》编辑部副主任俞胜及50位作家到会，就小说文学创作、语言艺术、作品价值等进行研讨。

【举办“柯水墨韵”主题书法展】 2016年10月31日，柯桥区在区行政中心大厅展出“柯水墨韵”主题书法展。内容有“柯桥赋”、“五水共治”、王坛赏梅、漓渚咏兰等，其中“柯桥赋”涵盖柯桥的历史、人文及政治、经济等，运用诗词歌赋、书法篆刻艺术宣传推介“时尚柯桥、印象柯桥、幸福柯桥”。

【举办原创作品专场音乐会】 2016年12月20日，柯桥区在区文化馆音乐剧场举行“时尚•印象•幸福”柯桥原创作品专场音乐会。整场音乐会包括“爱一个家、恋一座城、印象水乡、幸福家园、尾声”5个部分，用男声独唱合唱、女声独唱组唱、童声合唱独唱、越剧表演唱、情景表演唱、大合唱等形式，展示17首区音乐家协会骨干的原创作品。（陈伟鸣）

2016年10月14日，海外侨商组团参加2016柯桥纺博会
（区侨联　供稿）

柯桥区归国华侨联合会

【概况】 2016年，柯桥区组织区侨商会赴宁波市侨商会考察，交流学习会员发展、年度工作安排、经贸考察及社会捐赠等工作经验。组织海外侨商参加2016年柯桥纺博会、考察柯桥南部山区旅游开发项目。举办全区侨务工作培训班。新建钱清镇归国华侨联合会。4月27日，柯桥区组织区侨商会50余人赴宁波市侨商会交流考察。宁波市侨商会执行会长朱海宏向考察团一行介绍宁波市侨商会在会员发展、组织架构、年度工作安排、经贸考察及社会捐赠等方面工作情况。两地侨商企业家相互就会务工作、企业经营、联络联谊、合作交流等方面展开深入探讨。2016年，经推荐上报、市侨联组织初评、网络投票，柯桥区于国芬、姚国樑被评为绍兴侨界“最美贴心人”，王君、骆越峰被评为绍兴侨界“最

2016年12月20日，“时尚· 印象· 幸福”柯桥原创作品专场音乐会在柯桥举行（陈伟鸣　摄）

2016年7月2日，柯桥区钱清镇归国华侨联合会第一次代表大会召开 （区侨联 供稿）

美创业者”。

【成立钱清镇归国华侨联合会】 2016年7月2日，柯桥区钱清镇归国华侨联合会第一次代表大会在钱清镇政府会议室召开。柯桥区侨办主任、侨联主席王良红为钱清镇侨联授牌，钱清镇党委书记朱建刚致词。会议选举陈立军为镇侨联第一届主席。钱清镇是柯桥区重点侨乡，全镇有海外侨港胞、归侨侨眷、海外留学归国人员100多人，侨资、侨属及留学归国人员企业近50家。

【邀请澳大利亚有关公司考察宝业公司】 2016年9月22日，柯桥区邀请澳大利亚USIJ房产建筑开发有限公司董事长岳尧，澳大利亚兴发国际有限公司董事长、澳大利亚绍兴同乡会会长马锦鑫一行，参观考察柯桥区浙江宝业住宅产业化有限公司。

岳尧一行听取宝业住宅产业化有限公司负责人作住宅产业化情况介绍，参观公司生产车间、产业化轻钢结构样品用房，观看公司住宅产业化PPT演示，与宝业住宅产业化有限公司达成合作意向。

【举办全区侨务工作培训班】 2016年4月25—28日，柯桥区侨办、侨联在区委党校举办柯桥区侨务工作培训班，对全区各镇(街道、开发区)分管侨务工作的领导，区侨商会、区海创会骨干及部分侨联委员共50余人，进行4天的综合业务能力培训。

柯桥区侨办主任、侨联主席王良红作开班动员。省外侨办国内侨务处处长刘红应邀作“暖侨心、护侨益——涉侨政策解读”专题讲座，全面阐释涉侨工作政策法规。柯桥区委党校老师讲解“一带一路”建设、“十三五”规划与区域经济发展、供给侧改革与企业转型升级，以及中国的外交与周边国际环境。培训班学员还赴鄞州区东城社区参观考察。 （徐炎法）

执行编辑 祝元泰

外事·侨务·涉台事务

外 事

【概况】 2016年，柯桥区成立柯桥区委外事工作领导小组，对全区因公出国（境）团组实行六部委联审，出台《柯桥区县处级以下国家工作人员因公临时出国管理实施意见》。审核因公出国（境）24批113人次，受理邀请外国人来绍审核753批953人次。妥善处理涉外事件16起，处置答复外国使领馆照会两起。统计并上报2017年重点涉外项目67个，重点涉外展会14个。

保持与俄罗斯德米特洛夫区、芬兰米凯丽市、新西兰陶波市、日本菊川市等城市的友好交流和合作。全年邀请并接待外国使领馆人员、外国政府官员、外国教育界人士、商务代表团等15批124人次到柯桥区考察访问。完成G20峰会期间的外事接待任务；完成绍兴市友城大会期间的外事接待任务。优化和发展柯桥区翻译协会，多次承接对外翻译任务。

【重大外事接待15次】 2016年3月10—11日，由韩国大邱市政府驻上海代表处首席代表郭甲烈为团长的大邱市政府企业考察团访问柯桥区，考察团一行参观柯桥区水处理有限公司、浙江华越印染有限公司和浙江华东纺织印染有限公司，并就双方在印染污水处理技术、工艺和设备的交流与合作进行深入探讨。柯桥区水处理有限公司与韩国大邱市佑振集团就污水处理设备与技术合作签订合作意向书。

3月13—15日，意大利欧洲设计学院罗马分院院长安东尼·维尼斯率队到柯桥实地考察、洽谈时尚创意方面合作有关事宜。考察团一行实地参观浙江工业大学之江学院、轻纺城创意园、中纺CBD和彩色橼科技股份有限公司、吉麻良丝服饰设计有限公司等，并与柯桥区就相关合作事宜进行友好洽谈，在服装设计、奢侈品设计营销等时尚创意产业、合作办学、优秀设计人员交流、培训和优秀作品参展等方面达成合作意向。浙江工业大学之江学院、中国轻纺城创意产业服务中心和欧洲设计学院三方签署合作交流意向书，在之江学院设立欧洲设计学院柯桥培训中心。

4月22日，以尼泊尔前总检察长、加德满都法学院教授尤布拉吉·桑格罗拉为团长的南亚四国和平、安全智库人士考察团一行13人来柯桥区访问，考察团一行考察柯桥区现代化农业企业及基层党组织建设情况，参观浙江昌祥茶叶有限公司并座谈。

4月25日，韩国大邱市市长权泳臻带队的韩国大邱市友好经贸访问团一行来柯桥区访问。访问团一行先后参观绍兴水处理发展有限公司、浙江新乐纺织化纤有限公司、中国轻纺城展示中心和联合市场，详细了解柯桥区污水处理现状、轻纺城市场30年发展史等情况，并就双方在印染污水处理技术、工艺和设备的交流与合作进行深入探讨。绍兴水处理发展有限公司与韩国大邱市株式会社佑振集团就污水处理设备与技术合作达成合作协议，推动包括厌氧池提效节能技改在内的绍兴水处理发展有限公司节能减排提效技改等项目技术合作。

5月5—7日，埃塞俄比亚驻中国特命全权大使塞尤姆· 梅斯芬、驻上海总领事由哈纳·方达·沃尔德·乔治斯一行4人到柯桥区考察访问。访问团一行参观2016中国柯桥国际纺织品面辅料博览会（春季）和米娜纺织等企业，并召开埃塞俄比亚投资推介会和“一对一”座谈会。

5月19日，以韩国国际交流振兴院理事长安炅郁为团长的韩国国际交流振兴院代表团一行6人到柯桥区开展交流合作。双方就纺织产业合作与交流进行座谈，代表团还参观浙江省现代纺织工业研究院。

2016年6月24日，2016中国（绍兴）•印度第二届国际瑜伽日活动现场（区政府办 供稿）

5月26日，以芬兰南赛沃地区区长彭蒂•马基宁为团长的芬兰南赛沃地区（米凯利市）友好访问团一行到柯桥区友好访问。访问团一行参观柯桥区安昌古镇和吉麻良丝服饰有限公司，对柯桥区的经济和社会发展表示赞叹，希望两地多开展交流与合作。

5月26日，以俄罗斯德米特罗夫区第一副区长奥加•多尔格娃为团长的俄罗斯德米特罗夫区友好访问团一行来柯桥区友好访问。区长阮建尧向客人介绍柯桥区经济社会发展情况，希望此后两区在经济、旅游、教育、养老、环保、文化、人才交流等方面展开全方位合作。奥加•多尔格娃表示，柯桥区的城市建设给访问团一行留下深刻印象，希望此后双方进一步加强合作，缔结更加深厚的友谊。访问团考察柯桥区轻纺市场和围巾市场，参观安昌古镇。

5月26日，新西兰陶波市市长大卫•崔瓦瓦斯一行来柯桥区友好访问，访问团一行参观中国轻纺城小学校史陈列室、学生书画展，观看民乐队现场表演。中国轻纺城小学与新西兰提库啦怀塔哈诺伊小学正式结对签约，结成姐妹学校。双方展开多方面的交流合作，并探索建立学生、教师和行政人员交流项目，提供在姐妹学校社区学习、工作和生活的机会。访问团还参观即将运行的柯桥区旅游集散中心新西兰产品馆，详细了解其建设及筹备等情况。

2016年5月26日，柯桥区委副书记、区长阮建尧会见俄罗斯德米特罗夫区代表团（区政府办 供稿）

6月16日，瑞士苏黎世大区投资促进署副总裁卢卡斯•胡贝尔一行到柯桥区参观考察。考察团一行参观浙江南方石化工业有限公司和浙江凡特思纺织品有限公司，并就双方交流合作进行座谈。

6月24日，2016中国（绍兴）•印度第二届国际瑜伽日在中国轻纺城体育中心体育馆举行，柯桥市民、印度侨民共计500人参加，绍兴市副市长丁晓燕、柯桥区副区长王志强，印度驻沪总领事馆总领事古光明出席开幕式并致辞、剪彩。

10月25日，捷克州长联合会

代表吉里•瓦利一行来柯桥区考察，考察团一行参观厦门金龙联合汽车工业有限公司绍兴分公司并就金龙客车进入捷克公共交通事宜进行洽谈。

10月26日，瑞士贝宁格公司首席执行官迈恩贝格尔一行来柯桥区考察访问，区委书记徐国龙会见访问团一行。访问团参观中国轻纺城展示中心、轻纺城市场和滨海工业区蓝印时尚特色小镇。

10月29日，区委副书记、区长阮建尧在区行政中心会见加拿大万锦市区域议员、约克区经贸委员会主任李国贤率领的友好访问团一行，双方表达建立友好城市的意愿，并签订有关项目投资合作框架协议。

11月6日，印度驻上海总领事古光明一行4人到柯桥区友好交流访问，访问团一行参观轻纺城市场和安昌古镇，慰问在柯桥的印度侨民，参加印度排灯节活动。

【重大公务出访7次】 2016年9月8—15日，应瑞士大苏黎世地区经济促进署、法国蒙吕松市政府的邀请，以中共绍兴市柯桥区委书记徐国龙为团长的访问团一行5人赴瑞士、法国执行友好经贸访问的任务。在瑞士，代表团拜访瑞士大苏黎世地区经济促进署、瑞士纺织印染行业协会和中国瑞士商会相关负责人，推介柯桥区的投资发展环境，表达增强两地企业合作，引进瑞士先进纺织印染装备和技术的需求，并提出在柯桥区共建中瑞产业园的初步构想；会见德国多思公司、瑞士桑坦森公司相关负责人，洽谈印染设备智能化、染整后整理设备等项目合作事宜；考察瑞士贝宁格集团总部，深入了解染整前处理的最新技术，对接洽谈合作项目；考察达沃斯特色小镇，详细了解先进的建设和管理经验，并就此后双方加强特色小镇建设合作达成一致；拜访中国驻瑞士大使馆，对大使馆多年来关心支持柯桥区发展表示谢意，并希望大使馆在深化两地经贸交流，特别是在推进中瑞产业园和特色小镇建设上给予更多帮助。在法国，代表团拜访法国蒙吕松市政府，介绍柯桥区经济社会发展，以及打造高端纺织、时尚创意等五大千亿级现代产业集群的情况，力争在深化两地经贸、文化、教育、科技、城市管理等领域合作取得更大突破；参观2016年秋季法国TEXWORLD面料展和中国纺织品服装贸易展（巴黎）并看望柯桥区重点参展企业；拜访法兰克福法国公司，就展会合作等事宜深入洽谈；走访慰问部分在瑞士、法国的柯桥籍商人，向他们介绍近年来绍兴市、柯桥区的发展和变化，发出回乡考察、投资兴业的邀请。

10月11—19日，应埃塞俄比亚阿尔巴门奇纺织股份有限公司、坦桑尼亚伊拉拉区政府的邀请，以区委副书记马芳妹为团长的访问团一行5人赴埃塞俄比亚、坦桑尼亚执行现代家庭工业经济及经贸洽谈的任务。在埃塞俄比亚，代表团访问埃塞俄比亚经济事务署，洽谈柯桥区企业到埃塞俄比亚投资办厂有关事宜，并与埃方就柯桥区纺织品面料、家纺等出口，以及埃塞俄比亚当地规模化经贸产品项目和柯桥区企业合作深加工进行商谈，寻求两地合作发展途径；会见阿尔巴门奇政府投资相关负责人、米娜纺织埃塞俄比亚境外工厂管理人员及中华工商联合会代表，推介柯桥区城乡精品经贸项目。访问坦桑尼亚伊拉拉区政府，介绍交流两地经济盛会发展现状和优势，并重点推介圆机针织布、五金家私、人造革等经贸精品项目，洽谈产品进出口和项目合作有关事宜；与当地工业和贸易局就柯桥区纺织品市场渠道拓展和当地产品深加工有关事宜开展合作交流，并就建立招商引资、贸易合作、技术信息和人才等方面的跨平台合作，达成意向；拜访坦桑尼亚商贸总会、中华总商会，与坦桑尼亚投资局秘书长伊诺森特•卡华、坦桑尼亚商贸部投资中心代表伯尼菲诗•姆雷马进行深入座谈，宣传推介柯桥区轻纺产品市场，表达柯桥区经济建设转型升级的需求和意愿，并邀请对方到柯桥访问，实地察看选址开发情况，落实下一步合作事宜。

7月11—18日，应日本本田洋行株式会社、韩国大邱市西区政府的邀请，以区政协副主席陈忠尧为团长的访问团一行5人赴日本、韩国执行友好经贸访问的任务。在日本，代表团访问日本本田洋行总部，参观企业生产车间，并与企业管理层进行座谈，双方探讨深入交流与合作的可行性。代表团拜访柯桥区的友好城市日本静冈县菊川市政府，菊川市副市长石田辰芳等接待考察团一行，双方就友好往来、经贸交流、现代农业、教育人才、旅游合作等方面进行交流与探讨。陈忠尧重点推介柯桥区钱清镇的轻纺城原料市场和夏履镇的无纺布产业基地，提出与菊川市就纺织原料和纺织机械等方面进行合作的建议，并邀请菊川市政府企业代表团来柯桥区考察访问。探望在日本的绍兴同乡会会长杨仲庆，并与绍兴同乡会部分会员进行座谈，介绍柯桥区的变化和各种对企业的扶持政策，鼓励他们回乡投资创业。在韩国，代表团拜访柯桥区的友好城市大邱市西区政府，会见西区副区长秦龙焕等政府官员。双方就互访交流、纺织印染、环保设备、旅游项目、人才交流等方面进行洽谈，并就在柯桥区开设韩国大邱西区展馆项目进行深入的磋商。考察团还在西区官员陪同下参观韩国纤维研究院，并与研究院有关领导商谈在柯桥区设立纤维研究院分院有关事宜。

10月24—31日，应新加坡建设局、日本大和房屋工业株式会社的邀请，以副区长钱勇军为团长的访问团一行5人赴新加坡、日本执行建筑产业现代化及城建交通项目洽谈的任务。在新加坡，访问团会晤新加坡建设局国际开发署助理署长何查理、中国区总监虞黎明、中国区主任杨艳华等政要，双方就如何推动建筑业和建筑产业现代化发展开展深入交流。访问团应邀参观新加坡建设工程学院，实地踏看新加坡大士西延线地铁站，就该项目的后续工作和引进新加坡交通路网技术等与新加坡方进行交流洽谈。访问团还了解国际建筑展情况，就区建筑企业开拓新加坡市场等事宜与新加坡建设局进行交流洽谈。在新加坡期间，访问团受到中国驻新加坡大使馆商务参赞的接见。在日本，访问团走访日本大和房屋工业株式会社，并与日本大和房屋工业株式会社常务执行董事滨隆、中国事业部部长片冈、生产采购部主管土器屋、奈良工厂工厂长滨野、综合技术研究所所长有吉、设计本部最高顾问西中等举行交流会议。双方就柯桥区宝业集团与大和集团百年低碳住宅示范项目后续工作进行交流，就推进建筑产业现代化发展及寻求新的合作项目交换意见。在大和集团的安排下访问团参观日本最大建材厂家—骊住集团、大和在奈良的主力生产制造工厂和研究院、晴美台小区（科技、百年低碳示范项目）。走访日本交通部门，了解新干线先进技术，就深化合作绿色交通建设项目方面进行交流。

11月23—30日，应美国穆列塔市政府、加拿大万锦市政府的邀请，以柯桥区政协副主席裘江新为团长的访问团一行4人赴美国、加拿大执行友好经贸访问的任务。在美国，代表团拜访穆列塔市政府，与穆列塔市市长里克吉布斯亲切交谈。裘江新介绍柯桥区经济社会发展情况，就迪卡侬运动休闲文化广场项目和花木（兰花）特色小镇建设项目进行招商推介，邀请该市政府组团来柯桥区出席漓渚镇兰花节。在加拿大，代表团拜访万锦市政府，与万锦市区域议员李国贤、万锦市议员、万锦市经贸委员会主任何胡景座谈交流，介绍柯桥区中国轻纺城中央商务区商业中心入驻条件及优惠措施，推介柯桥区企业特色产品、招商投资项目等，并就柯桥区与万锦市开展经济、科技、教育等方面的友好交流进行商谈，邀请万锦市政府派代表团到绍兴柯桥区访问考察。代表团一行还走访慰问在美国、加拿大的华人华侨，拜访慰问绍兴柯桥籍企业在美国、加拿大经商创业的负责人，向他们介绍柯桥区经济社会发展情况及投资创业环境，邀请在美国、加拿大越商、海外高层次人才回国投资考察。

10月20—27日，应俄罗斯圣彼得堡科拉斯涅尼卡亚区政府、白俄罗斯国立大学的邀请，以副区长周树森为团长的访问团一行5人赴俄罗斯、白俄罗斯执行科技人才项目洽谈及合作对接的任务。在俄罗斯，代表团与俄罗斯中国和平统一促进会、莫斯科绍兴商会等50余名政商学人士进行招才引智对接洽谈，开展招商招才推介，并依托俄罗斯中国和平统一促进会、莫斯科绍兴商会建立海外引才联络站，聘请王仁亮、孙淑静两位海外引才大使。代表团还访问莫斯科大学，与莫大的国际联络部、留俄中国学生总会莫斯科大学分会等部门负责人进行联系对接，初步达成双方在科研、师资、留学生等方面交流合作的意向。代表团还访问俄罗斯航空材料研究院，与该院领导和外联部、技术部、销售部等部门负责人就碳纤维、化工等领域相互作介绍和对接。代表团还访问圣彼得堡科拉斯涅尼卡亚区政府，在对接过程中，重点就现代住建、金属制造、食品等领域的产业技术和研究进行深度对接，并邀请对方区政府适时访问绍兴。在白俄罗斯，代表团分别访问白俄罗斯国立大学、国立技术大学、国家科学

2016年4月25—28日，柯桥区侨办、侨联在柯桥区委党校举办2016年柯桥区侨务工作培训班　　（区侨办 供稿）

院，国立大学国际合作中心主任列奥诺夫•维亚切斯拉夫、国立大学第一副校长伊瓦什科维奇•奥列格、国家科学院院长（部级领导）弗拉基米尔•古萨科夫等接待代表团，并明确表达合作的意愿。

1月7—16日，应意大利、韩国、日本有关单位的邀请，以副区长胡国炜为团长的一行6人赴意大利、韩国、日本、执行印染技术升级项目洽谈的任务。在意大利，代表团访问柯尼卡•美能达数码印花设备公司、泰博印染有限公司和贝利尼印染设备有限公司、杰尼亚毛纺厂等，了解工厂生产流程、自动化配套系统以及技术设备。在韩国，代表团拜访大邱市政府，与大邱市政府国际接待处金东焕处长、大邱环境公团战略处柳浩寅处长、大邱污水处理的专家等技术人员进行座谈交流，参观大邱印染园区和污水处理厂，了解当地政府在水资源的优化配置和可持续利用方面的做法，代表团还访问世界绿色气候组织、乙和株式会社、韩信特殊加工株式会社，重点就环保问题进行深入交流。在日本，代表团访问东伸工业株式会社及和哥山市鸣神日吉染业株式会社。了解以上企业在传统生化加物化处理的污水处理工艺使之达标后直排河道，以及在印花行业，率先开发产业用机器人，大幅提升劳动效率等方面先进经验。　　（沈建芬）

侨务

【概况】 2016年，柯桥区积极为侨服务，完成区“两会”华侨港澳同胞的接待陪同、联络联系与后勤保障服务工作，开展侨务工作培训。

【落实“三侨生”加分政策】 2016年，柯桥区认定付哲豪、陈天杰等华侨子女身份，落实“三侨生”（归侨学生、归侨子女、华侨子女）中高考加分政策。

【慰问侨眷】 2016年，柯桥区落实好重点侨乡、重点侨眷、重点侨企“三联系”制度，妥善处理涉侨信访，配合换届完成丁项、吴建栋、周耿华、蒋桂芬4位侨界区政协委员的推荐工作。协调解决个别归侨因病致困等问题。在春节等传统节日慰问在澳大利亚墨尔本大学任教的唐才贤及在美国、加拿大、澳大利亚等国家和地区任职的几十位侨界重点人士的国内家属。　　（徐炎法）

涉台事务

【概况】 2016年，柯桥区接待、慰问台胞、台属100余人次，走访台企30余次。办理赴台商务考察团组10批19人次，公务考察团组1批1人次，省外团组1批1人次。出版第五期《华夏书画》会刊，寄送给台湾80余位书画名家。举办“梦萦中华”绍台书画展，展出台湾书画作品80幅，大陆书画作品70幅。“台湾南部宗教人士”参访团一行28人到访柯桥，这是柯台首次佛教文化交流。台湾亚洲大学、辅仁大学和亚东技术学院11名学生在7月至9月间，分两个批次赴浙江凤凰庄纺织品有限公司服装部进行暑期实习，这是柯桥区企业与台湾高校之间合作交流的新方式。

【举办首届“创•柯桥”绍台大学生暑期实践交流活动】 2016年6月26日—7月4日，在浙江工业大学之江学院举办首届“创•柯桥”绍台大学生暑期实践交流活动，台湾逢甲大学、侨光科技大学、

2016年6月27日，“创·柯桥”绍台大学生暑期实践交流活动在浙江工业大学之江学院举行　　（区台办　供稿）

2016年6月28日，台南投县草屯镇和漓渚镇村里长结对交流合作签约仪式在漓渚镇棠棣村举行　　（区台办 供稿）

岭东科技大学的22位师生和浙江工业大学之江学院22位师生代表参加，另有30多位企业人士参加启动仪式和讲座活动。两地师生先后参访安昌古镇、仁昌酱园、湖塘黄酒小镇、兰亭景区、中国轻纺城展示中心、科创中心、创意大厦等，参加两地4校6位教授的6场讲座。在老师指导下，两地师生分组合作，根据参访灵感创作创意设计作品并展览评奖，其中“绍兴家传酒”系列文创包装作品被评为一等奖。

【引进台资项目】 2016年，柯桥区“以台招台、以台引外”引进两家台资企业，分别是绍兴柯桥常赫纺织有限公司和绍兴寰泰贸易有限公司，注册资金各15万美元。

【柯、台基层签约结对】 2016年6月28日，台湾南投县草屯镇里长参访团一行24人到漓渚镇考察，漓渚镇棠棣村、棠一村、棠二村、六峰村分别和南投县平村里、中原里、土城里、碧洲里签约结成友好交流村。

【组织台商台胞“看柯桥”活动4次】 2016年，柯桥区组织在柯桥的台商和到柯桥考察的台胞参访“美丽乡村”，考察区域投资环境。全年开展活动4次，100余位台商台胞参加，分别到王坛镇、平水镇、漓渚镇、湖塘街道等地参访。4月19日，台北“夏氏宗亲会”、台北“绍兴同乡会”参访团一行19人考察湖塘街道，参观龙华寺和大香林。（马　良）

执行编辑　祝元泰

法治

综述

2016年，柯桥区深化“平安柯桥”“法治柯桥”建设，下发《2016年度平安创建工作责任分解》，全面摸排整治存在的各类风险隐患。对在册“法轮功”“全能神”及其他类涉邪人员落实专人管控，加强反邪教警示教育宣传，推进镇级反邪教主题公园建设。

柯桥区加强源头稳控和风险防范，推进重大决策社会稳定风险评估工作，完成风险评估项目56个。调处各类矛盾纠纷16851件，调解成功率99.93%。完成G20杭州峰会、第三届世界互联网大会、“两会”（区人代会、区政治协商会议）等维稳安保任务，保持社会大局和谐稳定。

对26起案件的被害人进行司法救助99.85万元。加大大要案奖励力度，给予27件案件财政奖励50万元。

全年未发生重大群体性事件、重大恶性案件和平安创建“一票否决”事项，连续11年成功创建省级“平安区”，完成G20杭州峰会维稳安保工作任务。这年，柯桥区公安分局G20峰会安保工作组被公安部记集体一等功；柯桥区人民检察院被最高人民检察院授予全国检察宣传先进单位称号；柯桥区司法局被宣传部、司法部、全国普法办授予2011—2015年全国法制宣传教育先进集体称号；柯桥区委区政府、柯桥区公安分局被省委省政府授予浙江省G20杭州峰会工作先进集体称号。全区政法系统共有25人获得省（部）级以上个人荣誉。

【平安护航G20杭州峰会】 2016年，柯桥区成立G20杭州峰会安保指挥体系和维稳安保工作统筹协调小组，在各镇（街道、开发区）、各部门均设立指挥小组，落实峰会安保经费，深化“智慧天网”建设，新建视频监控10000路，在重要部位、重点场所配齐更新各类风险防范设施设备，警车、警犬等装备和相关警力均按要求配备到位。按最高档设防卡点，投入1000余名警力，落实境内13个公安检查站和41个治安卡点的建设和勤务，实行硬隔离。强化安全整治，责令100家消防隐患场所“三停”（停止施工、停止使用、停产停业），整治出租房屋5881间；严管瓶装煤气、散装汽油、涉恐敏感物资、烟花爆竹等重点物资；严格落实寄递行业3个100%制度，对网吧、民宿、农家乐、出租房实行实名登记，落实客运实名制购票。组织专职巡防队伍275支、内部安保队伍862支、平安志愿者25073名。

【优化环境“八大行动”】 2016年，柯桥区开展优化环境“八大行动”（对违法建筑、污泥浊水废气、安全隐患、经济秩序、社会治安、城乡面貌大整治，对法治环境、基层治理大整治）。全区共梳理摸排问题44389个，整改销号44388个，累计拆违面积723万平方米，清缴欠税3920万元、欠息4085万元、欠薪668万元，完成清淤398万立方米。其中法治环境大提升行动共摸排问题117个，销号116个，共将1166名个人、241家单位纳入失信被执行人名单，限制出入境13人，布控533人次。

【建立社会治理网格1428个】 2016年，柯桥区将全区网格总数优化整合为1428个，落实网格长1428人。强化区镇两级指挥平台建设，完善基层社会治理信息采集“以奖代补”制度。加强区、镇、村三级网上网下联动，及时将网格内发现的问题和群众诉求录入信息系统并分流处理。全年累计流转处置事件32330件。推广“平安通”、“平安浙江”APP的安装使用，“平安浙江”注册用户82123人。

【出台严重精神病障碍患者“以奖代补”政策】 2016年，柯桥区在全省率先出台《严重精神障碍患者监护“以奖代补”实施意见》，设立每年300万元奖励经费，建立“五人看护小组”〔监护人、社区责任医生、社区民警、民政干部、村（居）干部〕，实行公安、民政、卫计、镇街等信息共享、联合处置机制，把全区2990名严重精神障碍患者全部纳入有效监管，工作经验在全省社会治安防控体系建设现场推进会上作交流。

【招募平安志愿者2.5万人】 2016年，柯桥区在柯桥街道试点基础上，出台《柯桥区平安志愿者队伍建设工作方案》，招募平安志愿者25000余人，精干力量1000余人，参与平安创建宣传、社会治安防范、安全隐患排查、矛盾纠纷调处、重大活动安保、突发事件处置、网络舆情引导等工作。 5月30日，柯桥区承办绍兴市平安志愿者队伍建设现场推进会，平安志愿者队伍建设工作获得肯定。

【开展形式多样的平安宣传活动】 2016年，柯桥区推进城区交通要道显示屏、镇街平安一条街和平安主题公园等固定平台宣传；运用彩铃、短信、平安柯桥网、微信、微博等新媒体渠道发布平安动态，开通座机平安彩铃59604户，推送平安柯桥微信50余次，发送平安短信18万条；举办各类培训班、讲座、平安宣传100余场，发放平安海报、宣传册、倡议书15万份；每季度开展平安“三率”（安全感满意率、知晓率、参与率）问卷测评，进村入户面对面宣传指导，提高群众对平安建设工作的理解和认识。 （董姝丹）

2016年5月30日，全市平安志愿者队伍建设工作现场推进会在柯桥召开 （董姝丹 摄）

法治政府建设

【概况】 2016年，柯桥区推进简政放权和行政审批制度改革，履行行政复议和应诉职责，受理行政复议申请30件，审查以区政府和区政府办发文的行政规范性文件24件。对2015年年底以前以区政府及区政府办公室名义制定发布的行政规范性文件进行全面清理，共筛选出规范性文件307件，经清理建议继续有效的126件，废止的138件，宣布失效的43件。要求各乡镇和部门自行清理内部规范性文件，向区法制办报送清理结果。

开展2016年度行政执法案卷评查工作，通过各执法单位自查自评、案卷评查组综合评查，分阶段对全区29个行政执法部门2016年1月1日至12月16日办结的行政许可案卷、行政处罚案卷、行政强制案卷进行全面评查，评选出2016年度优秀行政执法案卷。

【公众参与31项重大行政决策】 2016年，柯桥区政府共有重大决策54项，均经专家论证，其中31项举行听证会或者公众代表座谈会。对户籍制度改革、公共租赁住房管理、行政审批制度改革等工作所涉及的法律法规进行研讨，提出具体的法律意见，起草相关法律文书，进行合法性审查，并对一些重大信访事件提供处置意见，协助平稳妥善处置。

【聘请7名特邀行政执法监督员】 2016年，柯桥区出台《绍兴市柯桥区人民政府特邀行政执法监督员工作规则》，聘请邱昊等7人为柯桥区特邀行政执法监督员，聘任期限为3年，工作职责是监督行政执法活动。

【清理行政执法证件】 2016年，柯桥区法制办召开法治业务工作会议，对行政执法资格管理系统及法治信息报送系统进行操作说明，举行2016年度行政执法人员综合法律知识培训考试，共147人报名，实际考试人数135人，及格91人，及格率为67%；对柯桥区部门及乡镇88个单位开展行政执法证件清理工作，至年底全区政府工作部门平均持证率为48%。（王昕璐）

公安

【概况】 2016年，柯桥区公安部门有内设机构和派出机构共47个，其中内设机构、直属机构29个，派出所18个。有民警867人，其中大学以上学历711人、专科学历155人。

接警总量319451起，其中有效接警总量156114起，分别比上年下降0.5%和0.3%。全年破获各类刑事案件1249起，移诉2234人，查处治安案件2351起，治安拘留3089人。查处各类交通违法行为59.6万起，上报交通、消防事故数分别比上年下降21.57%和63.64%。

有33个集体、197个民警立功受奖。其中柯桥公安分局G20峰会安保工作组立集体一等功，柯桥派出所获全国公安机关少数民族群众服务管理典型集体称号，徐伟民立公安部个人一等功。

【构建G20峰会安保体系】 2016年，柯桥区制订并落实27大项115小项的G20安保任务清单，着力构建起“党政主导、公安为主、部门联动、属地负责”的安保工作体系。实施11个公安检查站、6个卡口、40个通道的检查勤务。督促整治各类安保问题隐患365个，开出4张大额“反恐罚单”，《浙江日报》头版报道这一做法。

【破获经济案件89起】 2016年，区公安局破获各类经济案件89起，挽回经济损失5.14亿元，其中“猎狐”专项行动中抓获在逃境外经济犯罪嫌疑人5人。

【新建村级视频监控1万个】 2016年，柯桥区建立视侦中心和专业视侦队伍,新建村级视频监控10000个，整合社会化视频监控14251个。威慑犯罪，协助破案，有效防控。（徐　金）

检察

【概况】 2016年，柯桥区检察院共办理提请批准逮捕案件922件1389人，办理移送审查起诉案件1742件2774人。立案查办贪污贿赂犯罪案件18件22人，其中大案13件，占案件总数的76.5%，现职领导干部要案4人。立案查办渎职侵权犯罪案件7件10人，其中重特大案件4件、渎职与贪污贿赂数罪并罚案件5件7人。

制定《提请批准逮捕参考标准》《审查起诉案件参考标准》，加强对侦查机关刑事政策引导与协同把握。对不符合管辖权、犯罪嫌疑人未到案的9起案件依法作出不予受理决定。运用不捕不诉机制倒逼案件规模合理化，对涉嫌犯罪但无逮捕、起诉必要的，决定不批准逮捕149人，不起诉245人。建立类案专办机制，加速案件办理进程，危险驾驶、非法捕捞水产品等案件平均办案周期缩短至两天。

依法批准逮捕职务侵占、挪用资金等侵害企业合法权益犯罪案件19件21人，提起公诉33件43人，办理骗取浙江宝业集团等多家建筑公司钢管扣件的王某某合同诈骗案、中厦建设西安分公司项目经理竺某某职务侵占案等重大疑难复杂案件，对尚属民事欺诈范畴的7件骗取贷款案件依法

警钟说防范

2016年4月20日，柯桥区人民检察院干警在稽东镇初中讲法制教育课　（区检察院　供稿）

2016年2月23日，绍兴市、柯桥区两级人民检察院到钱清镇调研拆迁安置领域职务犯罪预防工作　（区检察院　供稿）

作出不起诉决定，对2015年以来查办的职务犯罪案件开展逐案剖析自查，实行文明办案。

柯桥区检察院获最高人民检察院授予的全国检察宣传先进单位称号，被省检察院评为全省先进基层检察院、全省检察机关平安护航G20峰会先进集体，公诉科被省检察院记集体二等功。

【建设侦防一体化】 2016年，柯桥区检察院介入职务犯罪侦查开展同步预防4件，对国有企业招投标项目负责人和中标方进行廉政约谈10余次，组织900余名公职人员参观警示教育基地、旁听法庭庭审。开展行贿犯罪档案查询工作，全年受理查询1414次，查询单位2928家，查询个人3260人。

【强化刑事诉讼监督】 2016年，柯桥区检察院监督侦查机关立案12件，纠正漏捕、漏诉6人；对不构成犯罪或事实不清、证据不足的案件，不批准逮捕183人，不起诉22人；依法纠正侦查活动违法情形8件，纠防叶某某冒用他人身份虚开发票案、付某替人顶罪故意伤害案等，深挖错案、假案背后的职务犯罪，立案查办柯桥区公安分局经侦大队原教导员丁国江等3人徇私枉法、受贿案。加大审判监督力度，重点监督认定事实、罪名有误、量刑畸轻畸重的案件，提出抗诉4件，均获绍兴市中级人民法院改判支持。

【监督刑事执行】 2016年，柯桥区检察院纠正刑罚执行和监管活动违法、不当行为19件。落实专人收集和审查各类法律文书，发现并纠正刑期计算错误5人。加大羁押必要性审查力度，建议办案部门对23名具有非羁押措施条件的在押人员变更强制措施。开展集中清理判处实刑罪犯未执行刑罚专项活动，监督收监罪犯16人。开展对非法吸收公众存款、合同诈骗等经济类犯罪案件财产刑执行情况的检察监督，运用检察建议督促法院对29名有能力执行财产刑但尚未执行的罪犯及时追缴罚金20余万元。

【实行民行检察监督】 2016年，柯桥区检察院开展生效裁判和审判活动监督13件，提请抗诉和提出再审检察建议6件，法院改判、发回重审3件。

同步监督区法院执行暂存款集中清理工作，保障当事人合法权益。对行政不作为、乱作为、慢作为提出检察建议17件，相关单位均及时整改反馈。联合区环保、国土等部门制定《生态环境违法案件通报衔接工作暂行规定》《在国土资源监管领域加强法律监督保障依法履职的实施意见》，有效促进依法行政。

【网上发布案件信息5484条】 2016年，柯桥区检察院开展“检察开放日”活动两场，征求群众意见建议，就7件职务犯罪案件接受人民监督员监督。在“人民检察院案件信息公开网”上发布案件信息5484条，稳妥运行“柯桥检察”微信公众号和官方微博，参与的绍兴“生态•环境保护”专项检察“微直播”工作受到最高人民检察院检察长曹建明、绍兴市委书记彭佳学批示肯定。（徐　良）

法院

【概况】 2016年，柯桥区法院收案22053件，审结21640件，比上年分别上升16.22%和12.17%，一线办案法官人均结案344.47件，是浙江省平均数的1.32倍，获省高院全省法院先进集体标杆称号，获最高人民法院和人社部全国模范法院称号。

【当场登记立案率99.8%】 2016年，柯桥区法院登记案件22053件，当场登记立案率99.8%。6月至12月底，完成网上立案1583件。全年开具调查令2123份，接听12368司法服务热线电话5506个，接听率99.75%，向16位当事人发放司法救助金83.85万元，为当事人缓、减、免诉讼费538.02万元。

【审结刑事案件1574件】 2016年，柯桥区法院受理各类刑事案件1511件，审结1574件，比上年分别上升3.42%和15.65%。严惩严重刑事犯罪，3名多次贩卖毒品的犯罪分子被判处15年有期徒刑。对认罪认罚的被告人予以从宽处理。对55件非法捕捞水产品案的涉案被告人单处罚金，要求被告人在渔业部门的指导下出资购买鱼苗修复生态。

【审结民商事案件12965件】 2016年，柯桥区法院受理民商事案件13072件，审结12965件，比上年分别下降0.77%和上升2.51%。其中调撤案件比例55.09%。审结人身损害、劳动争议、婚姻家庭等涉及群众切身利益的民事案件4266件，发出绍兴市首个反家暴人身安全保护令。引导当事人通过人民调解组织调结案件2363件，调解成功率99.87%，对413件人民调解协议予以司法确认。

【审结行政案件167件】 2016年，柯桥区法院受理一审行政案件186件，比上年下降12.68%、审结167件，比上年下降7.2%。其中判决行政机关败诉25件，比上年上升1.5%。落实行政机关负责人出庭应诉制度，行政机关负责人出庭应诉率57%。第九年向区级政府部门发送行政白皮书，发送司法建议4份。为各类行政机关授课4次，有200余人参加。受理非诉行政审查案件341件，审结342件，准予执行率93.84%。

【审结金融类案件2697件】 2016年，柯桥区法院审结涉金融类案件2697件，涉案标的97.14亿元，受理破产案件20件，审结10件，处置破产财产37宗，成交金额25.81亿元，盘活土地3006亩、厂房709750平方米。

【审结知识产权案件327件】 2016年，柯桥区法院受理各类知识产权案件340件，审结327件。开展侵害商标权纠纷案件庭审网络直播、知识产权维权专业讲座等活动。

【执结各类案件6541件】 2016年，柯桥区法院受理执行案件6904件，执结6541件，比上年分别上升39.42%和35.34%，执结标的额25.59亿元。执结涉民生类案件1278件，执行到位1880余万元；涉金融类案件841件，到位金额13.68亿元。（魏金金）

司法行政

【概况】 2016年，柯桥区开展法治文艺演出3场，法律咨询类宣传活动83场，分发法治宣传资料57200余份，法治宣传用品6400余份，接受群众法律咨询1700余人次。在稽东镇雪窦岭和兰亭游步道开辟两条法治文化游步道。柯桥区被中宣部、司法部和全国普法办评为“2011—2015全国法治宣传教育先进单位”，浙江越光律师事务所被司法部评为全国优秀律师事务所。

【调处矛盾纠纷16851起】 2016年，柯桥区建立

2016年12月2日，柯桥区"法律进农村"普法大舞台在兰亭镇娄宫村演出　　（区司法局　供稿）

全区人民调解协会和区人民调解委员会，司法部门调处矛盾纠纷16851起，调解成功16840起，成功率99.93%。区行业性专业调委会、镇（街道、开发区）调委会和村（居、社区）调委会均达规范化标准。

【接收社区矫正人员451人】　2016年，柯桥区司法部门接收矫正人员451人、同期解矫463人，至2015年底在册的社区矫正人员591人，无脱管、漏管和严重再犯罪。完成G20杭州峰会、十八届六中全会、世界互联网大会等特殊时期的社区矫正安保工作。全年书面警告处分91人次，比上年同期增加66.7%；提请治安拘留两人，撤销缓刑、收监执行9人，比上年同期增长125%。

【受理法律援助案件953起】　2016年，柯桥区法律援助中心受理法律援助案件953件，接待来访群众法律咨询4260人次，为困难群众免除法律服务费495万元，为受援人挽回或避免经济损失1626万元，使958名困难群众受益。修订《绍兴市柯桥区法律援助实施办法》。

【全区司法所均建成规范化】　2016年，柯桥区在13个所成功创建为浙江省星级规范化司法所的基础上，余下的4个所成功创建省星级规范化司法所，其中马鞍所创省五星，钱清、杨汛桥、漓渚3个司法所创省三星。湖塘所由省三星升级为省五星。　（郭开放）

典型案例

【审查起诉的"零口供"案犯被判刑10年】　2016年9月20日，柯桥区人民检察院依法对被告人王某某以犯合同诈骗罪提起公诉。

区人民检察院经审查认定：被告人王某某自2008年至2016年，以绍兴市某某钢管租赁站、绍兴某某脚手架工程有限公司的名义，承包建筑工程脚手架承包施工工程。期间，被告人王某某在2012年开始因担保债务及经营不善等原因导致严重负债。被告人王某某在明知其没有履行合同能力的情况下，仍到处签订钢管扣件租赁合同租赁钢管扣件，其与浙江某某建设集团有限公司、杭州某某租赁有限公司、上虞某某钢管租赁站、绍兴某祥钢管租赁站、绍兴某高钢管租赁站、陈某某、徐某某等单位及个人，以签定钢管扣件租赁合同的方式租赁大量钢管及扣件，之后其私自将租来的钢管扣件从其承包的工地拉走或直接从钢管租赁站运至上虞某泰钢管租赁站、柯桥某某钢材市场、绍兴某某废旧市场等处变卖，次数众多、数量巨大，其将变卖所得赃款用于归还个人借款、利息及高利贷贷款利息，造成租借的大量钢管扣件及租金无法归还。由于王某某在侦查、审查批捕、审查起诉阶段一直"零口供"，给案件办理带来很大难度。区人民检察院研读案卷材料，分析证据，找到突破口。引导公安机关寻找关键证人，调取运货司机手机轨迹、分析话单等证据，邀请公安机关分管领导和承办民警讨论后续侦查策略，确定被告人王某某的犯罪主观故意，准确认定涉案数额。在证据面前，王某某当庭认罪。最终，区人民法院以犯合同诈骗罪判处王某某有期徒刑10年。

（徐　良）

执行编辑　祝元泰

军事

国防教育

【概况】 2016年，柯桥区邀请专家作国防动员辅导报告，编印下发青少年国防教育手册6000册，“两榜一栏”向65个农村文化礼堂和32个中小学校普及，“柯桥国防”公众号刊发50期。

【东方山水国防教育基地开馆】 2016年5月1日，柯桥区东方山水国防教育基地对外开放，东方山水国防教育体验馆（国防科技馆）由绍兴金沙旅游发展有限公司投资7100万元建设，面积3424平方米。柯桥区依托东方山水国防教育基地组织开展纪念中国工农红军长征胜利八十周年国防教育活动,至年底共接待游客参观教育51万人次，开展专题教育2万余人次。东方山水抓国防教育做法在《解放军报》头版头条报道。成功申报省级国防教育基地。

【组织3200名新生军训】 2016年，柯桥区人武部组织区财经学校、浙江电子工程学校、园艺学校、区职教中心4所学校共3200余名新生军训。军训共抽调区民兵应急连(排)85名(次)副班长以上干部骨干任教员，安排单个军人队列动作、兵器常识、国防教育、内务卫生、紧急集合与疏散等内容，组织队列动作会操和内务整理评比。

【英才素质拓展特训营开训】 2016年11月17日，红色网上游之英才素质拓展特训营开训仪式在轻纺城小学举行，训练营以“训练让我们更专注、更勇敢、更坚强、更独立”为主题授课。并组织全体参训人员进行基础的队列训练。 （丁东凯）

2016年11月17日，轻纺城小学红色网上游之英才素质特训营举行开训仪式

（夏先龙　摄）

2016年，G20杭州峰会期间，柯桥区民兵应急连在轻纺城市场执行巡逻安保任务　（夏先龙　摄）

军民共建

【概况】 2016年，柯桥区组织应急力量3650人次共11天时间，担负区G20杭州峰会备勤任务，对全区25个重点目标、8条主要进出路口进行巡逻警戒。区人武部会同民政局、人力社保局召开第五届退役士兵专场招聘会，开展“慰问军属大走访”。出动民兵1000余人次，担负防抗1号台风“尼伯特”、17号台风“鲇鱼”备勤和抗击冰冻雨雪灾害。　（丁东凯）

兵役工作

【概况】 2016年，柯桥区征兵工作按照“保质量、不退兵”要求，强化组织领导，开展宣传教育，突出征集主体，严格检查把关，加大优抚力度，坚持依法征兵，保质保量完成新兵征集任务。

【大学生新兵占72%】 2016年，柯桥区网上兵役登记人数9231人，新征集兵员中大学生占72%（上级要求55%）。人均发放义务兵优待金2.4万元，地方安置补偿金3.24万元，根据当年兵员区位特点，提高青海玉树服役新兵优待金。组织青海、北京两个方向回访，帮助新兵度过适应期。2016年，柯桥区被绍兴市政府、军分区评为征兵工作先进单位。

（丁东凯）

民兵预备役

【概况】 2016年，柯桥区完成11个批次、17支队伍650余名基干民兵、3200余名中学生（普通民兵）的军事训练。坚持为战而训，严格依法治训，规范实战练兵模式，持续打基础、强指挥、促转变，不断提高基干民兵军事训练实战化水平和完成多样化军事任务能力。

【完成11个批次基干民兵训练】 2016年3月至7月，柯桥区共完成11个批次、17支队伍650余名基干民兵训练。3月12—18日，柯桥区民兵训练基地组织30名民兵兼职教练员集训。3月25—31日，柯桥区民兵训练基地组织平水、王坛、稽东等10个镇100名民兵开展森林灭火技能训练。4月11—15日，分两个阶段组织全区100名民兵连长轮训。5月4—10日，柯桥区15名专武干部参加绍兴

2016年3月31日，柯桥区民兵森林防火分队在演练　（夏先龙　摄）

军分区组织的全市第18期专武干部集训。通过考核比武，柯岩街道武装部部长周兵三、福全镇武装部部长徐国民夺得前八名，柯桥区综合成绩全市第二名。5月30日至6月8日，组织区民兵应急连125人、平水镇民兵应急排40人的军事训练，在军分区全市考核中，民兵应急连排名总分第一名、应急排总分第三名。6月底7月初，柯桥区5名民兵干部骨干参加省军区组织的全省民兵预备役部队跨区联训。区人武部组织铁路护路、情报信息、重要目标警戒、水上抢险、步兵专业5支专业分队各为期7天，共250余名基干民兵军事训练。

【投入258万元购置应急装备】 2016年，柯桥区投入28万余元补充应急救援装备器材，18个镇(街道)武装部共投入230万元购置应急装备器材。投入20万元，升级民兵情报信息网，加强信息常态报知。通过G20峰会安保期间省军区前进指挥组现场组织指挥检验。

【修订作战、动员支前方案】 2016年，柯桥区对全区重要军事、经济目标逐类逐个进行现场勘察，共核查8大类900余项潜力指标，完成15430条基本信息，修订完善作战、动员支前方案和非战争军事行动方案。

【组织450人参加维稳处突演练】 2016年，柯桥区分别组织150人和300人维稳处突综合演练，组建、训练最小作战单元应急特战力量，完成G20峰会备勤，被省军区表彰为先进单位。 （丁东凯）

武警

【概况】 2016年，武警柯桥区中队全年执行临时性押解勤务53起，出动兵力163人次，押送罪犯796人，行程2.1万千米；共完成中高考“试卷警卫”、柯桥区社会面巡逻等各类临时性任务12起，出动兵力260余人次。持续开展“警营开放日”活动，邀请社会各界人士走进警营，感受人民武警战士的工作和生活，全年共接待鉴湖中学、柯桥工商分局和华宇医院等单位45人次到中队参观。在G20峰会期间，中队担负杨汛桥检查站与柯桥检查站执勤安保任务，出动兵力70余人次，共计查验人员4万余人，车辆3万余辆，抓捕贩毒人员5人，缴获管制刀具1578件。在武警总队特勤排比武和支队应急班比武中均取得前三名，共有31人获得个人奖励，两人荣立三等功。（徐 政）

消防

【概况】 2016年，柯桥区有24支专职消防队，其中有10支政府专职队、14支企业及村专职队，专职消防队员233人，消防车28辆；义务消防队363支，义务消防队员1900余人。开展消防宣传培训90次，培训人员6200余人，消防站开放95次，参观人数2100余人。全年接警1062起，出动车辆1994辆次，出动警力10646人次，抢救被困人员321人，疏散被困人员212人，抢救财产价值987万元。

【绅辉布业有限公司灭火】 2016年4月15日，绅辉布业有限公司发生火灾，柯桥区消防大队实施救援，历时21小时，抢救出12名被困人员，疏散9名被困人员，无1人伤亡，被中央电视台新闻频道《新闻直播间》（4月16日）作专题报道，立个人二等功、三等功各1人。

【柯南消防站建成投用】 2016年8月1日，柯南

2016年4月15日，柯桥区消防大队在绅辉布业有限公司灭火救援 （区消防大队 供稿）

消防站建成投用。该项目总建筑面积8363.4平方米，总投资约2500万元，于2015年3月开工建设，2016年7月13日完成土建竣工验收。（蒋 巍）

人民防空

【概况】 2016年，柯桥区竣工人防工程十几万平方米，共聘请25位人防工程协管员对所在辖区人防工程日常性巡查，确保人防地下室按原规划工程使用。全面开展人防工程大清查。新开工建设的双梅小学、轻纺城小学建设工程中兼顾人防工程。

【大小坂湖地下人防工程竣工】 2016年，柯桥区大小坂湖地下人防工程竣工。总建筑面积近1万平方米，平时为地下停车库，可停车255辆。战时作为战备需要。

【构建应急指挥系统】 2016年，柯桥区加强区级地面应急指挥中心与柯桥、钱清、平水、福全、杨汛桥5个镇级应急平台的联通，构建省、市、区、镇4级人防应急指挥体系，完成“绍兴金盾-16”演习任务。召开全区人防警报器协管员工作会议，通过专家讲座、现场示范对管理员进行技能培训，以提高警报管理员的维护管理能力；对全区32台防空警报进行维护、检修和管理，“5•12”防空警报试鸣顺利，警报完好率100%。更换华舍街道和柯岩街道两台警报器。新增新型超短波电台。建成人民防空警报中央站和中转站系统、多媒体多功能防空防灾警报报知终端系统工程。

【组织10万余师生演练】 2016年，柯桥区以“逃生避难”为主题，集合瓜渚湖、大渡、笛扬、鉴湖园、玉兰和后梅社区共400余人开展防灾疏散演练。以“安全课堂”为主题，共组织93所学校10.1万中小学师生开展人防疏散演练。购置人防应急救援装备设施，以“应急救援”为主要内容，组织人防火灾救援专业队、医疗救援专业队、防化专业队、应急救援专业队在区人防应急指挥中心开展训练，建立心理防护专业队、信息防护专业队、伪装防护专业队。

【开展人防宣传教育】 2016年，柯桥区利用“国际民防日”，在柯桥区公共服务大楼大厅展出人防知识展板，向市民发放人防政策宣传资料2500多份。征订中学生防空防灾课本8210册，全区初中生人防宣传教育全覆盖。在实验小学、轻纺城小学、柯桥小学、鉴湖小学、双梅小学开展小学教育试点，征订小学防空防灾课本4000册；选送15所小学人防课件参加小学人防教育公开课评选，15个课件得奖。购置52本中国人防杂志，分发到各校区。在2017年公务员课程中加入人防课时，11月21日由民防学校教授罗福建上课。区人防办专门在企业集团QQ群里，发布各种介绍灾害事例和防护措施等民防知识的文件。在新浪湾小区内设立人防疏散指示牌，组织小区居民开展疏散演练。（徐志君）

执行编辑 祝元泰

社会事务

计划生育

【概况】 2016年，柯桥区贯彻实施“全面两孩”生育政策，全区出生人口7316人，违法生育122人，其中违法生育多孩41个，计划生育率98.33%，多孩违法生育率0.56%，自增率3.41‰，全区出生人口性别比100∶106.95，保持在正常范围。完成各项计划生育手术22693例，未发生一例计划生育手术事故。发放各类避孕药具976137份，药具使用率98.7%，药具有效率99.9%。2016年12月，柯桥区被国家卫生和计划生育委员会命名为2014—2016年度全国计划生育优质服务先进单位。

柯桥区落实优生促进工程项目，共结婚登记8846人，免费婚检 7918人，婚检率89.51 %；完成二胎国家孕前优生检查2389对，国家免费孕前优生健康检查覆盖率95%以上。开展产前筛查10126人，筛查率116.56 %；开展新生儿疾病（甲低、苯丙酮尿症）筛查 8655例，筛查率 99.39% ；开展听力筛查8645人，听力筛查率为99.28%。

柯桥区卫生和计划生育局组织开展“生育关怀——情暖万家”进基层走访慰问、“5•29会员活动日”宣传服务、7•11世界人口日宣传服务、“生育关怀—圆梦微心愿”、“关怀关爱、均等服务”流动人口计划生育宣传服务月等活动。

【推行生育登记服务】 2016年起，柯桥区推行生育登记服务制度，对于合计生育子女数不超过1个的夫妻,提供身份证、户口簿、结婚证，现场填写婚育信息登记表并作真实性承诺便可即时办理生育登记服务卡，同时规范再生育审批，取消特殊情况生育审批，推行流动人口电子婚育证明，实现流动人口婚育证明信息的互联互通。共发放生育登记服务卡7038份，其中二孩生育登记服务卡3554份，占比50.5%。

【取消取环证明】 2016年2月18日起，柯桥区率先在区内各医疗卫生计生单位在为育龄妇女施行取出宫内节育器手术前不再查验并收取“取出宫内节育器证明”，各镇（街道）社事办不再出具“取出宫内节育器证明”。

2016年11月18日，安徽省驻绍兴市流动人口卫生计生区域协作工作站成立仪式在柯桥举行　（叶　江　摄）

【开展区域协作】 2016年，柯桥区累计向户籍地提交各类怀孕出生等信息4万余条，反馈接收147条，反馈接收率100%；外来务工子女入学申请计生审核3258例。柯桥区与安徽省含山县、湖南省衡东县、江西省贵溪市达成双向服务管理协议。2016年10月，柯桥区卫生和计划生育局批准成立“绍兴市柯桥区皖江红计划生育服务活动中心”，为安徽籍外来流动人口开展政策宣传、信息采集、“均等化”服务、代办计划生育有关证件、配合户籍地和现居住地查处“两非案件”（非法胎儿性别鉴定、非法终止妊娠）等工作。11月18日，安徽省驻绍兴市流动人口卫生计生区域协作工作站在柯桥区揭牌成立。

【镇村级卫生计生服务资源整合试点】 2016年，柯桥区在福全镇、柯岩街道、兰亭镇试点探索镇村级卫生计生服务资源整合，在镇（街道）卫生院（社区卫生服务中心）加挂“妇幼保健计划生育服务站”牌子，接受区卫计局和镇政府（街道办事处）双重管理。

【新建1个企业流动人口计生协会】 2016年，柯桥区计生协会指导柯桥开发委（齐贤镇）成立1个企业流动人口计生协会——浙江朗莎尔实业股份有限公司流动人口计生协会，该协会将结合特定节假日，开展卫生计生法律法规、生殖保健、优生优育、劳动技能和就业等方面的服务，服务企业内400余名流动育龄群众。

【12097人次享受计生利益导向政策】 2016年，柯桥区实施各项计划生育利益导向制度。全区共有12097人符合扶助条件，其中符合奖扶条件的11068人、特扶条件的586人、关爱条件的443人，共发放资金1633.088万元。实施公益金救助3次，共175人得到救助，救助金额37.75万元。39494位独生子女父母享受独生子女父母奖励费，奖励总额188.87万元；51388户对象享受独生子女家庭参加养老保险补贴，补贴金额1799.71万元。3686名14周岁以下独生子女和4103名育龄妇女参加独生子女和安康保险，投保金额分别为36860元、260700元。

【户籍制度改革计生相关政策调整】 2016年，柯桥区实行户籍制度改革，对孕产妇住院分娩补助、免费孕前妇女增补叶酸、计划生育免费技术服务等3项相关政策作出调整，实行全市统一标准。

【开展优生优育系列活动】 2016年4—7月，柯桥区集中开展全面二孩政策优生优育系列活动。上街宣传受惠群众达6000人次，入户随访2300人次，发放宣传资料11500份，举办专业培训班3个班次，培训妇保儿保人员及妇产科临床医生248人，第二医院、中心医院及各镇（街道）卫生院（社区卫生服务中心）均开展1期相关主题的孕妇学校教育，听课超过600人次。 （朱敏芝）

民政工作

【概况】 2016年，柯桥区累计临时救助3872人次。出台《柯桥区临时救助实施办法》及实施细则，

将外来人员和困难发生在区内的流动人口纳入临时救助对象，实行区、镇分层分级救助、阳光救助，做到应救尽救，全年发放临时救助金488.34万元。贯彻实施《慈善法》，支持瑞丰银行、蓝天集团等开展定向捐赠，协同慈善总会开展慈善助困、助学、助医、助孤、助老等活动，瑞丰银行董事长俞俊海获第五届“浙江慈善奖”。社会散居孤儿基本生活费从每人每月910元提高到970元。启用全国救助寻亲网，发布身份不明且长期滞留的流浪精神障碍受助人员寻亲公告，开展“互联网+救助寻亲”工作新模式，3名人员成功和亲属取得联系并得到妥善安置。通过护送离站、联系亲属接回的方式妥善安置26人。

全年受理七大类656件审批服务事项，提前办结率100%，525件实行即到即办。依法开展民间组织年检年审，应检298个，其中社会团体147个、民办非企业单位151个，实检298个，拟撤销登记11个，年检率100%。全年注册登记各类社会组织70个，涵盖专业性、行业性等协会和一批民办非企业单位。

2016年10月起，柯桥区将城镇居民、农村居民低保标准分别从原来每人每月630元、570元统一提高到693元，实现城乡低保标准的统筹。

【区社会服务中心建成投运】 2016年，作为第二轮全省现代社会组织体制建设创新示范观察点，投资200万元、建筑面积1000平方米的区社会组织服务中心（孵化园）于11月正式投运，并成立区

社会组织促进会，出台《柯桥区社会组织服务中心管理办法》，有8家社会组织入驻。加强社会组织登记管理，全年新增各类社会组织658家；组织开展社会组织统一社会信用代码工作，完成社会组织的赋码工作。

【发放困难群众春节慰问金1638万元】 2016春节前夕，柯桥区在全区范围内开展向困难群众“送温暖”慰问活动，发放慰问金1638万元，受惠群众15313人次。孤儿、困境儿童每人获慰问金2000元，低保对象每人获1000元，低保边缘、因病致贫、就学困难对象每人获500元；全区412户重点慰问家庭每户给予慰问金3000元；全区40户特困慰问家庭每户给予慰问金1万～2万元；区慈善总会开展“慈善年夜饭”活动，瑞丰银行举办慈善爱心活动。

【核查清理低保对象】 2016年，柯桥区按照低保对象“应保尽保、应退尽退”的原则，区民政局会同相关部门和各镇（街道），通过自查、核查、分组抽查和公示监督等方式对低保对象的资格进行专项核定。9月启用社会救助家庭经济状况核对系统，实现工商、社保、公积金、国税、婚姻、人口、车辆等信息的自动比对。全年注销低保531户674人，新增1802户4091人，至年底有低保户5352户、9682人。全年发放低保金3989.49万元，发放医疗救助金4013.7万元。对低保对象子女就读大学的，每人每年给予助学金8000元；低保边缘、因病致贫、就学困难对象子女就读大学的，每人每年给予助学金6000元，2016年共救助困难家庭大学生488人，发放救助资金294.2万元。

【开展婚姻登记工作】 2016年，柯桥区贯彻执行2016年版《婚姻登记工作规范》，全年共办理结婚登记5143对，离婚登记1185对，补办证件2239对。

【发放殡葬补助551万余元】 2016年，柯桥区出台《柯桥区关于推行节地生态安葬的实施意见》。全区治理铁路、公路两侧的裸露坟墓19000余处，种植各类树木24000余棵，裸露坟墓整治率85%以上。全区发放殡葬惠民补助551万余元，其中领取基本丧葬服务费用补助4137人，计5316045元；领取节地型生态葬奖励397人，计198500元。全区死亡人数4137人，全部实行火化及骨灰集中存放，达到火化率和骨灰集中存放率均为100%。

【设置地名标志3769块】 2016年，柯桥区按照三区融合的原则，出台《柯桥区重名道路更名实施方案》，完成临江路等五条城市重名道路的更名工作。开展全国第二次地名普查，注重地名普查成果转化应用，公布《柯桥区第一批地名文化遗产保护名录》。开展地名命名和地名标志的设置工作，共命名道路6条，新建住宅小区13处，商业楼宇6处，设置各类地名标志3769块。

【福利彩票总销量2.7亿元】 2016年，柯桥区全年福利彩票总销量达2.7亿元，其中“刮刮乐”1892万元，电脑彩票1.744亿元，中福在线销售7708万元，募集区级福彩公益金1300万元。

（刘兵红）

劳动保障

【概况】 2016年,柯桥区受理日常投诉举报案件978件，涉及劳动者2415人、涉案金额1374.5万元；行政处罚案件27起，金额13.26万元，办理涉嫌拒不支付劳动报酬类案件9起，涉及职工人数418人，工资金额668.89万元。其中行政复议案件1起，复议机关作出维持的复议决定。行政诉讼案件2起。7—8月，柯桥区集中整治欠薪行为，处理群体性欠薪事件5起，涉及职工人数200余人。全区印染产业整治提升“亮剑”行动中，处置8家欠薪企业，涉及职工人数847人，金额657.233万元。

严肃查处使用童工的违法行为，出动检查人数327人次，排查各镇街（开发区）用人单位1124家、涉及职工4.21万人。在100余家企业开展高温补贴发放情况的专项检查。在全区印染产业整治提升“亮剑”行动中妥善安置分流职工。妥善解决社会保险衔接和补缴、失业保险金申领、创业就业优惠政策和就业岗位信息提供、再就业培训等问题。集中办理关停企业职工的失业待遇申领，1922名职工申领失业保险金1060.3万元。

对绍兴县华欣染整有限公司等12家企业实施2015年稳定岗位补贴,补贴资金共计916786.99元。

【办理2015年度灵活就业社保补贴】 2016年4月1日起，柯桥区灵活就业社保补贴工作正式启动。补贴对象为柯桥区从事个体经营或灵活就业并申报就业，以灵活就业人员身份参加职工基本养老保险、职工基本医疗保险的就业困难人员和农村户籍“4555人员”（女45周岁、男55周岁以上人员）。补贴标准按照就业困难人员每人每月270元（其中养老保险200元，医疗保险70元），农村户籍“4555”人员每人每月100元进行发放。其中就业困难人员领取补贴最长不超过6年；农村户籍“4555”人员最长不超过5年。

【开展3次劳动能力鉴定】 2016年6月下旬，柯桥区在绍兴市中医医院组织开展2016年第三次劳动能力鉴定，共有227人参加劳动能力鉴定，其中工伤职工200人，因病要求提前退休人员7人，要求延长停工留薪期人员20人。上半年共进行3次劳动能力鉴定，共鉴定工伤职工597人，因病要求提前退休人员26人，要求延长停工留薪期人员59人。

【确定第十批大中专毕业生就业见习基地】 2016年，柯桥区确定绍兴蒲公英电子商务有限公司等12家单位为绍兴市柯桥区第十批大中专毕业生就业见习基地，现柯桥区大中专毕业生就业见习基地增至143家。全年柯桥区见习基地接纳大中专毕业生见习755人次，见习后成功签约率80%以上。（徐雪引）

社会保障

【概况】 至2016年12月底，柯桥区在职参保职工基本养老保险449388人，职工基本医疗保险327421人，工伤保险322209人，生育保险264721人。执行被征地农民“即征即保、应保尽保”制度，连续多年保持“即征即保即并”率100%。完成2017年度全区城乡居民医保征缴工作，参保人数共计389616人，完成浙江工业大学之江学院和树人大学杨汛桥校区学生医疗参保工作，参保人数共计7454人。

2016年6月底，柯桥区按国家、省、市总体部署，机关事业单位全部纳入省机关事业单位养老保险管理系统，推进机关事业单位养老并轨。截至12月底，共审核上报信息360余万条，修改错误信息6万余条；涉及机关事业单位402家，在职人员18639人，退休人员5606人。

柯桥区实行企业社保网上申报，参保登记、参保人员新增或减少、参保信息实时查询和缴费工资申报等业务可进行网上自助操作，降低企业办事成本。且网上申报“即时生效”，缓解参保与生效的时间差问题，减少劳动纠纷。全区网上终审通过388283人，其中工资基数申报终审通过172993人。柯桥区对区内企业的失业保险费率、工伤保险费率实行临时性下调。其中失业保险单位部分由原1.5%下浮至1%，累计减征金额2136万元；工伤保险平均费率由原0.64%下浮至0.43%，减征金额1056万元。对317家“小升规”（小微企业上升为规模企业）企业实行5月份养老和医疗单位应征部分免征，减征金额1085.5万元。同时，允许符合结构调整方向的困难企业暂缓缴纳社会保险费，缓缴期限不超过1年。

2016年7月1日起，柯桥区参加被征地农民养老保险的政府补助金调整为每人23760元，被征地农民个人和所在村每人缴纳金额调整为13440元。被征地农民选择并轨城乡居民社会养老保险低档、中档标准的，其个人缴费标准随被征地农民个人和所在村缴纳标准调整作相应调整，即低档缴费标准为个人缴纳13440元，中档缴费标准为个人缴纳30440元。

【规定职工医保报销比例】 2016年，柯桥区按有关文件规定，一个医保年度内（1 月1 日—12月31 日），参保人员在定点医疗机构普通门诊（含急诊）的起付标准为400 元，最高支付限额为5000 元；一个医保年度内，参保人员在定点医疗机构普通门诊（含急诊）发生的政策范围内费用，超过起付标准至最高支付限额部分，统筹基金按下列比例报销，在基层医疗卫生机构医疗的，在职职工报销75%，退休人员报销80%；在其他定点医疗机构医疗的，在职职工报销65%，退休人员报销70%。参保人员住院和特殊病种门诊经基本医疗保险政策规定报销后个人自付的费用及转外就医承担的自理比例费用，累计超过2.5万元的部分，大病保险基金报销60%，上不封顶；一个医保年度内，参保人员使用规定的特殊药品发生的累计费用，8000元以上至30万元以下部分，大病保险基金报销50%。特殊药品的品种、支付价格、诊疗医疗机构、责任医师和零售药店等规定按上级有关政策执行。

【统一城乡居民基本医疗保险筹资标准】

2016年，柯桥区对在市区普通高等学校就读学生（以下简称“大学生”）的筹资标准为每人每年580元，其中个人每人每年缴纳100元，各统筹地财政每人每年补贴480元；其他城乡居民的筹资标准为每人每年1000元，其中个人每人每年缴纳300元，各统筹地财政每人每年补贴700元；大学新生报到时，按报到当年的缴费标准，一次性缴纳就读期间的医疗保险费用，同时连续享受就读期间的医疗保险待遇；各统筹地可自行确定当地乡镇（街道）的财政补贴额度；按照居民医保基金运行情况，适时统一调整筹资标准。

（徐雪引）

民族工作

【概况】 2016年，柯桥区继续开展“友善人”“和谐家”“诚信户”“民特品”这“四大创评”活动，培育树立49名先进典型。建立少数民族网格管理机制，推荐产生少数民族网格长39名，开展少数民族万人互助活动，重点指导柯桥街道柯亭社区参与省级民族团结进步示范社区创建培育工作；指导开展纳西族“三多节”和少数民族体育比赛等活动；落实55名高考少数民族学生登记审查和信息录入工作，保障少数民族合法权益；指导区少数民族联谊会依法办理社团登记手续，开展换届工作。柯桥区有流动少数民族群众6万余人，涉及47个少数民族。

2016年2月25日，浙江省民宗委副主任钟昌明到柯桥区调研城市民族工作　（徐　敏　摄）

【区少数民族联谊会换届】 2016年11月9日，柯桥区少数民族联谊会在柯桥富丽华大酒店召开换届大会，全区少数民族71名会员代表参加会议并选举产生新一届联谊会领导班子，和锡琼当选会长。

【柯亭社区举行民族联谊文艺晚会】 2016年11月11日，柯桥街道柯亭社区在步行街举办民族联谊文艺晚会，维吾尔族、蒙古族、满族等民族同胞与汉族演员同台表演，晚会现场还举行柯亭社区十佳“星级”少数民族市民表彰颁奖仪式，近千人参加。

（徐　敏）

宗教工作

【概况】 2016年,柯桥区有经政府批准登记的宗教活动场所84处，其中佛教场所60处，基督教场所23处，天主教场所1处。经市民宗局许可同意，筹备设立道教活动场所1处。有纳入登记编号管理的民间信仰场所217处。另有经批准许可的穆斯林礼拜点5处，其中国内穆斯林礼拜点1处，国外穆斯林礼拜点4处。办理非通常宗教活动,宗教场所扩建、迁建等行政许可事项19件。柯桥区在宗教界继续开展“和谐寺观教堂”创建活动。成功创建国家级和谐寺观教堂2处，省级和谐寺观教堂4处，市级和谐寺观教堂53处，和谐寺观教堂达标场所77处。2月2日，柯桥区民族宗教工作在全省民宗系统工作会议上作经验介绍。

【加强安全管理】 2016年，柯桥区查找出全区民族宗教领域15大短板，逐一建立责任清单，实行限时整改。修订完善《柯桥区民族宗教领域突发公共事件应急预案》，制定实施《关于开展“依法规范、抵御渗透、共建和谐”专项行动工作方案》，开展宗教场所巡查工作和建立“领导联系、干部驻点”制度等七方面工作机制，对全区84处宗教场所、5处临时礼拜点和53处民间信仰点开展不间断、滚动式安全检查，累计巡查场所117场次，发现并整改安全隐患79个，约谈3人。依法取缔1起非法宗教论坛活动，有效加强宗教领域安全管理。对穆斯林礼拜点加强管理，2016年1月，柯桥区伊斯兰教管理工作得到中央新疆办肯定并编发专刊。开展“文明敬香•生态寺院”创建活动；建立场所二维码信息系统，接受社会公开监督；对53处甲类民间信仰场所开展政策法规专题培训，完成2处甲类和162处乙类民间信仰场所登记编号工作；加强行政执法工作，全年取缔非法宗教活动2起，非法赴外地传教1起，责令违建整改1处，调处人民来信5件。

【开展环境专项整治】 2016年8月，柯桥区在宗教活动场所和民间信仰场所开展为期2个多月的环境专项整治活动。活动以“整洁、有序、协调”为目标，重点围绕及时清理垃圾、有序堆放杂物、开展环境整修、拆除乱搭乱建、开展绿化美化、消除安全隐患、推行文明敬香、确保食品安全和建设场所文化等9个方面整治任务开展，各场所环境有较大改观。至10月中旬，累计拆除违章搭建钢棚27处，面积3170平方米，清理陈年垃圾521处，整理堆放杂物285处，环境整修73处，绿化美化7000余平方米。制定出台《关于全区宗教活动场所和民间信仰场所环境管理工作考核办法》，对场所实行常态化管理。

2016年10月27日，柯桥区基督教三自爱国运动委员会、区基督教协会第一次会员大会在柯桥基督教堂召开（徐 敏 摄）

【基督教两会换届】 2016年10月27日，柯桥区基督教三自爱国运动委员会、区基督教协会第一次会员大会在柯桥基督教堂召开，全区基督教界的91位代表参加会议并选举产生新一届两会领导班子。钱金花当选区基督教三自爱国运动委员会主席，叶建良当选区基督教协会会长。

【建立场所安全工作台账制度】 2016年，柯桥区统一印制《宗教活动场所安全工作台账》下发至各场所，全面实行安全工作台账制管理，主要涵盖政治安全、活动安全、人员安全、建筑安全、消防安全、食品安全、综治安全等7个方面16条细则。层层签订安全工作责任书，明确镇村联系干部和场所安全工作负责人。建立每月“三查”（自查、抽查、督查）工作机制，每月20日前由各场所开展安全工作自查整改，如实填入安全工作台账；每月下旬由镇（街道）和各宗教团体开展抽查整改，并将抽查结果报区民宗局；每月底由区民宗局开展督查整改，对存在的问题下发限期整改通知书，对逾期未整改的进行执法，并将建立台账管理情况作为“和谐寺观教堂”和“星级场所”考评的重要依据，凡因失职、渎职造成安全责任事故的，还将追究场所相关人员责任。

【举办新形势宗教工作专题辅导报告会】 2016年10月13日，柯桥区邀请浙江省民宗委副主任陈振华作新形势宗教工作专题辅导报告，全区民族宗教工作协调小组成员及有关单位分管领导，各镇（街道、开发区）负责民宗工作分管领导、干事和联系宗教场所网格员，以及有关行政村（社区）党组织书记近400人与会。

【举办伊斯兰教事务管理专题培训会】 2016年4月28日，柯桥区举办伊斯兰教事务管理工作专题培训会。相关街道分管领导和统战干事，驻礼拜点街道及社区干部，国内外穆斯林礼拜点负责人和教职人员共40余人与会。区民宗局分管领导专题辅导民族宗教政策法律法规和宗教事务管理知

2016年3月27日，柯桥区永兴寺举行书画慈善义卖活动
（徐　敏　摄）

识。

【举行第四届汉传佛教讲经交流会】　2016年10月24日，柯桥区第四届汉传佛教讲经交流会在龙华寺东禅堂举行，90余人与会。这次讲经交流会以“佛教与和谐社会”为主题，一批年轻法师进行讲经交流。

【召开宗教场所反邪教培训会议】　2016年11月11日，柯桥区组织召开宗教场所反邪教培训会议，全区各宗教团体、宗教场所负责人共100余人参加会议。会上向各宗教场所赠送各类反邪教宣传资料1000余册。

【永兴寺举行书画慈善义拍活动】　2016年3月27日，柯桥区永兴寺举行书画慈善义卖活动，49名爱心书画名家的70幅作品参加义拍、义卖，近300余位社会爱心人士现场参加此次活动。拍卖活动共筹得善款18.24万元，现场以每户2000元捐助给柯桥区53个（户）困难群体，余款注入永兴寺爱心账户，用于后续慈善捐助。

【平阳寺财神殿落成】　2016年4月21日，柯桥区平阳寺举行财神殿落成暨全堂佛像开光法会。诸山长老、大德居士及各地信教群众300余人参加典礼。

·小资料·　平阳寺　据《中国佛教史》记载，平阳寺始建于清初，至康熙年间发展成前后六进殿宇和东西两侧厢房。清顺治十七年（1660年），僧道忞奉帝命离京还山建平阳寺，充当住持，帝亲送出北门，赐号宏觉禅师。清康熙五年（1666年），僧道忞奉勒建阁七楹，规模宏壮，房屋计63间。抗战时期，大殿多倒塌。1951年，寺屋改建茶厂。1956年，因强台风袭击，殿舍倾塌，仅藏经楼、部分僧房幸存。1988年，僧光如及居士载春发心募资重修藏经楼。1993年登记为开放寺院。1996年，藏经楼再度重修。2006年寺院重新规划并进行大规模的扩建。2013年12月，大雄宝殿落成。（徐　敏）

流动人口管理

【概况】　2016年，柯桥区登记发证的流动人口总数880503人，比上年增加14773人，涨幅

2016年12月23日，柯桥区在“安徽人之家”杨汛桥工作站开展消防安全宣传活动
（区流管局　供稿）

1.71%。在册流动人口底数601272人，比上年减少5419人，降幅0.90%。

开展实时登记、实时注销的出租房屋和流动人口信息大排查行动，促进流动人口信息采集数字化、实时化。全年开展各种形式的稽查暗访102次，检查出租房1420间，流动人口4975人次。全区流动人口信息登记率98%，信息准确率95.7%，出租房屋登记率100%，继续位列全市第一。

强化流动人口分类管理，运用积分制管理，实现量化服务，稳妥有序做好流动人口子女积分入学工作，全年流动人口积分入学2054人。继续深化“安徽人之家”钱清工作站、杨汛桥工作站，“贵州人之家”的样板工作。

【流动人口呈减少趋势】 2016年，柯桥区从登记发证流动人口总数看， 8个镇（街道、开发区）的流动人口比上年增加，6个镇（街道、开发区）比上年减少。从在册流动人口总数看，6个镇（街道、开发区）比上年增加，8个镇（街道、开发区）比上年减少。

表13　2016年柯桥区各镇（街道）登记发证流动人口总数

项目 单位	流动人口登记数（人）	占全区流动人口登记总数的比例（%）	比上年增幅(%)
柯桥街道	131287	14.91	4.60
滨海工业区（马鞍）	140894	16.00	7.00
钱清镇	100477	11.41	-7.73
柯岩街道	95801	10.88	-3.86
华舍街道	84871	9.64	1.14
齐贤镇	112735	12.80	22.07
安昌镇	55222	6.27	-8.08
杨汛桥镇	59115	6.71	10.51
福全镇	27773	3.15	-19.30
湖塘街道	22009	2.50	6.73
兰亭镇	15761	1.79	-18.97
漓渚镇	12407	1.41	-8.66
平水镇	9706	1.10	-4.98
夏履镇	10772	1.22	2.08
王坛镇	873	0.10	-4.38
稽东镇	800	0.09	93.70
合计（人）	880503	100.00	1.71

说明：统计时限为2015年12月21日至2016年12月20日

表14　2016年柯桥区各镇（街道）在册流动人口总数

项目 单位	流动人口在册底数（人）	占全区流动人口在册总数的比例（%）	比上年增幅(%)
柯桥街道	92802	15.43	3.55
滨海工业区（马鞍）	98819	16.43	13.43

续表14

单位＼项目	流动人口在册底数（人）	占全区流动人口在册总数的比例（%）	比上年增幅(%)
钱清镇	69107	11.49	-7.95
柯岩街道	65954	10.97	-8.60
华舍街道	62342	10.37	0.75
齐贤镇	61879	10.29	-1.29
安昌镇	40182	6.68	-2.59
杨汛桥镇	38701	6.44	-0.14
福全镇	20070	3.38	-17.16
湖塘街道	16470	2.74	10.42
兰亭镇	11229	1.87	-19.71
漓渚镇	8793	1.46	-14.90
平水镇	6482	1.09	-9.46
夏履镇	7345	1.22	5.41
王坛镇	545	0.09	-23.99
稽东镇	552	0.09	87.41
合计（人）	601272	100	-0.90

表15 2016年柯桥区流动人口流出地人数在1万人以上的省（市、区）

户籍地＼项目	流动人口总数（人）	占全区流动人口总数的比例（%）
安徽省	111350	18.52
河南省	69016	11.48
贵州省	66627	11.08
四川省	62922	10.46
浙江省	61305	10.20
江西省	36366	6.05
重庆市	35998	5.99
湖南省	34651	5.76
湖北省	31912	5.31
云南省	15886	2.64
广西壮族自治区	13823	2.30
福建省	12708	2.11
江苏省	12062	2.01

表16 2016年柯桥区流动人口流出地人数在5000人以上的县(市、区)

项目 户籍地	流动人口总数（人）	占全区流动人口总数的比例（%）
安徽省临泉县	22100	3.68
安徽省阜南县	14065	2.33
浙江省乐清市	12603	2.10
贵州省盘县	12558	2.09
四川省筠连县	10250	1.70
重庆市忠县	9473	1.58
河南省固始县	6939	1.15
安徽省蒙城县	6624	1.10
重庆市涪陵区	6580	1.09
河南省泌阳县	6491	1.08
浙江省杭州市萧山区	6359	1.06
贵州省大方县	5313	0.88

表17 2016年柯桥区流动人口流入地排名前20的社区（居委会、村）

项目 流入地	流动人口总数（人）	占全区流动人口总数的比例（%）
滨海工业园区鉴联村	12696	2.11
华舍街道小赭村	10435	1.74
柯桥街道鉴湖园社区	10304	1.71
齐贤镇迎驾桥村	10161	1.69
钱清镇联兴村	8946	1.49
柯岩街道梅墅村	8284	1.38
齐贤镇梅林居委会	8126	1.35
钱清镇梅东村	8042	1.34
柯岩街道澄湾村	7112	1.18
齐贤镇官湖沿居委会	7011	1.17
滨海工业园区钱江村	6967	1.16
滨海工业园区皋联村	6501	1.08
滨海工业园区新钱清村	6361	1.06
柯桥街道大渡社区	6348	1.06
滨海工业园区新建湖村	6264	1.04
柯岩街道柯岩居委会	6181	1.03
滨海工业园区柯一村	5708	0.95
安昌镇西扆村	5619	0.93
湖塘镇湖塘村	5574	0.93

表18　2016年柯桥区流动人口就业结构

职业分类＼项目	流动人口总数（人）	占全区流动人口总数的比例（%）
农林牧渔生产	1425	0.24
生产制造加工	266883	44.39
工程施工	33419	5.56
运输服务	9923	1.65
装饰装修	3594	0.60
餐饮服务	13110	2.18
休闲娱乐	5059	0.84
家政服务	951	0.16
保安物管	1960	0.33
维修服务	2309	0.38
废旧物品收购	2304	0.38
其它商业服务	30042	5.00
其他职业	201384	33.49
失业	28909	4.81

表19　2016年柯桥区流动人口文化结构

学历＼项目	流动人口总数（人）	占全区流动人口总数的比例（%）
博士	36	0.006
研究生	366	0.06
本科	9297	1.55
大专	12877	2.14
高中	53337	8.87
初中	349960	58.20
小学及以下	175399	29.17

表20　2016年柯桥区流动人口年龄结构

年龄＼项目	流动人口总数（人）	占全区流动人口总数的比例（%）
16岁以下	68960	11.47
16～29岁	174563	29.03
30～44岁	203586	33.86
45～59岁	138019	22.95
60岁以上	16144	2.68

表21 2016年柯桥区流动人口政治结构

项目 政治面貌	流动人口总数（人）	占全区流动人口总数的比例（%）
中共党员	1253	0.21
中共预备党员	65	0.01
共青团员	1243	0.21
民主党派	20	0.003

表22 2016年柯桥区流动人口居住结构

项目 居住场所	流动人口总数（人）	占全区流动人口总数的比例（%）
旅馆	27	0.004
医院	33	0.005
学校	622	0.10
培训机构	61	0.01
单位内部	123275	20.50
集中公寓	6205	1.03
居民家中	4737	0.78
自购房	27593	4.59
租赁房屋	424435	70.59
工地现场	12339	2.05
水上船舶	11	0.002
救助站	2	0.0003
其它	1932	0.32

表23 2016年柯桥区流动人口民族结构

项目 民族	流动人口总数（人）	占全区流动人口总数的比例（%）	项目 民族	流动人口总数（人）	占全区流动人口总数的比例（%）
汉族	547963	91.20	东乡族	155	0.03
蒙古族	404	0.07	纳西族	48	0.01
回族	2002	0.33	景颇族	37	0.01
藏族	46	0.01	柯尔克孜族	5	0.0008
维吾尔族	1135	0.19	土族	59	0.01
苗族	12053	2.01	达斡尔族	3	0.0004
彝族	4848	0.81	仫佬族	206	0.03
壮族	7702	1.28	羌族	140	0.02

续表23

民族	流动人口总数（人）	占全区流动人口总数的比例（%）	民族	流动人口总数（人）	占全区流动人口总数的比例（%）
布依族	7694	1.28	布朗族	11	0.00
朝鲜族	975	0.16	撒拉族	8	0.001
满族	474	0.08	毛南族	124	0.02
侗族	1608	0.27	仡佬族	365	0.06
瑶族	715	0.12	锡伯族	2	0.0003
白族	1026	0.17	阿昌族	9	0.001
土家族	7068	1.18	普米族	3	0.0004
哈尼族	412	0.07	乌孜别克族	16	0.002
哈萨克族	6	0.001	鄂温克族	1	0.0002
傣族	252	0.04	德昂族	1	0.0002
黎族	1134	0.19	京族	6	0.001
傈僳族	203	0.03	鄂伦春族	1	0.0002
佤族	51	0.01	珞巴族	3	0.0004
畲族	335	0.06	穿青人族	520	0.09
高山族	1	0.0002	僅家人族	14	0.002
拉祜族	80	0.01	其他	566	0.09
水族	346	0.06			

【全面推进属地化管理】 2016年，柯桥区抓住户籍地、居住地、工作地3个源头，全面推进流动人口属地化管理工作。流动人口底数1000人以上村居实现属地管理72个，占40%；流动人口底数200人以上企业实现属地管理24家，占44%；流动人口底数100人以上企业实现属地化管理6家，占5.2%。

【与温岭、临海签署双向协作协议】 2016年，柯桥区继续拓展双向协作管理工作，与台州温岭市、临海市签订双向协作协议，建立流动人口管理服务双向服务机制，省内1000人以上区（县、市）建立关系2个，占20%。

【落实新居住登记条例】 2016年8月，柯桥区办理16万余张IC卡居住证，持证人在柯桥区可依法享受劳动就业，参

2016年7月5日，柯桥区举办第一期流管工作培训班
（吴佳佳　摄）

加社会保险，缴存、提取和使用住房公积金，享受义务教育、基本公共就业服务、公共文化体育服务和法律援助等13项基本公共服务。

【加强特殊信息监管】 2016年，柯桥区突出流动人口安保信息管理，加强对流动人口中信访、特殊群体、利益受损群体骨干、易肇事肇祸精神病人、极端暴力行为倾向人员等5类重点人群的信息摸排管理工作，全年累计上报各类信息600余条；加强对重点（特殊）人员的重点管理，对4494名重点（特殊）人员落实滚动式走访，对1237名涉疆人员加强信息管控。联合区公安局、属地镇（街道、开发区）政府多次开展维稳行动，妥善处置贵州、广西、云南籍流动人口几千人集中对歌事件，维护社会的和谐稳定。（吴佳佳）

慈善事业

【概况】 2016年，柯桥区募集善款1390.65万元，其中163个单位（个人）“慈善一日捐”捐款298.94万元，接收社会各界捐赠1091.71万元。发放各类救助款4407.34万元，惠及困难群众340650人次。扶贫济困支出2352.69万元，33199人受助。其中新春及半年度慰问困难群众支出1582.08万元，26558人受助；临时救助322.23万元，1514人受助；定向救助448.38万元，5127人（户）受助。医疗救助支出1239.15万元，305192人受助。慈善助学支出181.38万元，420人受助。其中区级慈善助学175.9万元，399人受助；万向集团慈善基金会资助区内困难家庭学生21人，助学金额5.48万元。慈善助孤支出18.2万元，91人受助。慈善助老支出25.87万元，1580人受助。其他救助支出130.05万元，168人受助。公益支出460万元。（傅炳荣）

老龄工作

【概况】 2016年，柯桥区继续开展第二届敬老文明号创建，柯桥街道柯福社区居民委员会等6个单位获市级“敬老文明号”称号。召开老年电大办学骨干业务培训会，开展新一轮区规范化老年电大教学评选活动，与区人力社保局、区老年大学、敬老文明号创建单位联系沟通并增加新讲师，增添太极拳、丝网花、面点烹饪等第二课堂内容。柯桥区作为全省11个试点县（市、区）之一，完成省特殊困难老人社会工作服务示范试点工作。

户籍总人口66.12万人。其中，60周岁及以上老年人口15.09万人，占总人口的22.81%，比上年同期增加0.51万人，增长3.48%；65周岁及以上老年人口9.44万人，占总人口的14.28%；80周岁及以上高龄老人2.14万人，占总人口的3.23%。全区共有公办、民办养老机构17家，均纳入政策性养老机构综合责任保险范围，参保率100%，参保资金由区财政与养老机构共同承担。区老龄办获2016年度全省先进县（市、区）老龄办、全市老龄工作目标考核优秀单位称号。

【建设区社会福利中心项目】 2016年，柯桥区社会福利中心一期改造项目基本完成，可新增床位140张。二期新建项目的四幢护理楼、助养楼主体结顶，内部装修完成50%，可新增床位813张。成立民办非企业单位柯桥区颐乐园，承担区社会福利中心日常运营工作。

【建设镇街社会福利中心】 2016年，柯桥区将镇街社会福利中心建设工作列入2016年区政府十件民生实事工程。区民政局会同镇（街道）制定“一院一策”方案，多次召开由区消防、国土、建设等部门参加的联席会议，推动镇（街道）加快建设进度。属“转型一批”的华舍街道社会福利中心由浙江金色年华养老服务管理有限公司实行“公建民营”；湖塘街道社会福利中心完成工程建设，与多家公司进行“公建民营”洽谈。属“提升一批”的马鞍镇、钱清镇、杨汛桥镇、夏履镇社会福利中心完成提升改造。属“新建一批”的稽东镇社会福利中心完成投标，进场施工；王坛镇、兰亭镇、平水镇、漓渚镇社会福利中心落实前期各项工作，办理相关手续。

【扶持民办养老机构】 2016年，柯桥区发挥社会力量主体作用，引导民间资本进入养老服务业，在投融资、土地供应、税费优惠、财政补助等方面予以政策扶持。鼓励民间资本对企业厂房、商业设施及其他可利用社会资源进行整合改造，用于养老服务。鼓励兴办规模化、连锁化的养老机构。同时简化手续、规范程序，为社会力量举办养老机构提供便捷服务。湖塘街道圣爱养老院进行主体建设，王坛镇会稽山养老院进场施工。

【新建70家居家养老服务照料中心】 2016年，柯桥区新建城乡社区居家养老服务照料中心70家，基本实现全覆盖。搭建智慧养老“一键通”服务平台，在柯桥、柯岩、华舍3个街道开展试点，年底前向4250名老年人免费配置具有呼叫服务、紧急救助等8项功能的“一键通”电子呼叫设备，并由实体服务商为老年人提供生活照料、医疗保健等上门服务。

【加强养老机构消防安全】 2016年，区民政局会同消防部门开展安全隐患大排查，对发现的安全隐患，依法下发法律文书督促整改；区消防大队对养老机构负责人和工作人员进行消防安全业务培训；因消防验收未达标的安昌镇社会福利中心于8月关停，入院老人安置到华舍金色年华养老服务中心；加强养老机构内部管理，确保老人入住安全。

【关爱百岁寿星】 2016年，柯桥区审核发放百岁老人长寿补助资金；每位百岁老人结对一名全科医生并建立健康档案，每月一次对百岁老人进行健康随访，百岁老人看病优先诊疗，敬老月为每位百岁老人提供免费上门体检；春节、重阳节期间对百岁老人走访慰问。新增20人，核减11人，100周岁及以上长寿老人累计37人，其中男性9人、女性28人。

【开展“敬老月”系列活动】 2016年10月，柯桥区开展以“敬老爱老，全民行动”为主题的“敬老月”活动，走访慰问约5万人次，发放慰问金634.3万元。开展“积极应对人口老龄化”论文征集，为老志愿服务、文化惠老和书画摄影比赛等活动。（劳钢梁）

残疾人事业

【概况】 2016年，柯桥区为659名残疾人提供基本生活保障，为1472名残疾人免费安装适用器具和康复训练，对1510名轻症精神病患者免费施药，对49名重症精神病及躁狂症患者实行医疗救助，全区2200名二级以上重度残疾人享受惠民医疗优惠政策，为1348名残疾人提供托（安）养和庇护服务。稳定425名残疾人在福利企业集中就业，促进2537名残疾人分散按比例就业，实施残疾人灵活就业人员养老保险补助政策，22名残疾人在种养殖扶贫基地就业，为98名精神智力残疾人提供庇护就业，为71名残疾人提供公益性就业，新增残疾人就业160人，为922名残疾学生和残疾家庭子女提供幼儿、高中和大学助学。为全区所有持证残疾人实行免费意外伤害保险参保，对他们发生意外身故、意外伤残、意外住院等15种重大疾病进行救助。为157户重度残疾人家庭开展无障碍设施配备和改造。对全区17000余名残疾人集中入户调查，摸清每名残疾人工作、生活、保障等情况。

柯桥区四套班子主要领导及区委区政府分管领导走访慰问残疾机构和困难残疾人家庭，慰问全区18周岁以下共353名残疾儿童。慰问全区各残疾机构和758户困难残疾人家庭，赠送慰问金和物品113万元。

【举办残疾人文艺汇演和书画展】 2016年5月13日，柯桥区举办全区第二届残疾人文艺汇演和第三届残疾人书画、摄影、手工艺作品展，以“残疾人文化艺术周”为载体，在全区范围内征集摄影、书法、绘画、雕刻、手编、手工、剪纸等各类工艺品80余件。

【为残疾人免费建立“爱心家园”呼叫系统】

2016年5月12日，柯桥区委书记徐国龙到区残疾人康复指导中心慰问残疾儿童（陆琦瑛 摄）

2016年5月13日，柯桥区举行第二届残疾人文艺汇演
（陆琦瑛　摄）

2016年12月22日，柯桥区残疾人“爱心家园”呼叫系统启动仪式在柯桥街道举行
（陆琦瑛　摄）

2016年，柯桥区出资500余万元为全区17000多名持证残疾人免费建立全区残疾人“爱心家园”呼叫系统，提供语音、网络和短信、手语视频、智障定位等服务，方便他们开展康复需求、托（安）养申请、就业服务、政策咨询、维权投诉、走失定位、手语翻译等。

【落实国务院“两项补贴”政策】 2016年，柯桥区按照国务院《关于全面建立困难残疾人生活补贴和重度残疾人护理补贴制度的意见》，对全区困难残疾人发放生活补贴，对全区重度残疾人发放护理补贴，把1348名生活不能自理的重度残疾人纳入集中托养或居家安养。（陆琦瑛）

红十字会工作

【概况】 2016年，柯桥区红十字会重点开展基层组织建设、红十字现场救护培训和造血干细胞宣传动员，募集社会爱心捐赠，共筹集爱心款物376.59万元，支出救助款物373.94万元，惠及贫病群众18762人次；全年完成救护员培训2620人，普及性培训25220人次；完成造血干细胞采样登记133人；实现器官捐献3例，遗体捐献1例，成功实施造血干细胞捐献1例，区红十字会获2016年度全市红十字会重点工作综合考评优秀单位，考评总分全市第一。

【成功创建省级红十字工作示范县（市、区）】 2016年11月，柯桥区经过自主申报、审核推荐、 实地考评和综合评估4个环节，在15个申报地区中以总分第四的成绩成功创建第二批省级红十字工作示范县（市、区）。

【实现人体器官捐献3例】 2016年，柯桥区实施3例人体器官捐献。1月21日，四川的周某因重病过世，其家属决定捐出他的两个肾脏、1个肝脏和两个眼角膜，周某为全区第4例人体器官捐献者。3月30日，江西的陈某因车祸重伤，救治无望，其家人决定捐出他的心脏、双肾和肝脏，陈某为全区第5例人体器官捐献者，是全区首例心脏捐献者。9月8日，武汉的占某因车祸致特重型颅脑损伤，无法医治，其家人决定捐出他的心脏、双肾、肝脏以及两个眼角膜，占某为全区第6例人体器官捐献者。柯桥区年度人体器官捐献数量首次突破3例。

【实现遗体捐献1例】 2016年12月25日，家住安昌镇安华村的闻心碧去世，其家人遵照老人遗愿捐献出遗体和1个眼角膜，闻心碧成为柯桥区第二例遗体捐献志愿者。

【捐献造血干细胞1例】 2016年5月30日，王坛镇舒村的陈祖娟在浙江省中医院捐献造血干细胞150毫升，使1名4岁患病男孩重获新生，成为柯桥区第二例、全市第14例成功捐献造血干细胞的志愿者，陈祖娟登上“浙江好人榜”，获区级优秀共产党员称号。

2016年12月27日，在闻心碧老人捐献遗体后，区红十字会慰问其家属并送上捐献荣誉证书 （丁璐 摄）

2016年5月6日，柯桥区在笛扬路步行街开展“红十字在身边”大型公益活动，副区长、区红十字会会长祝静芝在“护航G20 人人学急救”签名墙上签名 （范立刚 摄）

【开展“红十字博爱周”系列活动】 2016年，在“5•8”红十字博爱周期间，柯桥区红十字会举办“红十字在身边”大型广场公益活动和图片展，并通过医疗义诊、现场急救演示、宣传资料发放、志愿者服务等形式，宣传红十字精神、展示红十字事业、介绍红十字工作，共累计义诊200多人次，发放宣传材料1300多份、救护包600余个，500多位市民参与“护航G20•人人学急救”签名活动。

【开展特种行业救护培训】 2016年，柯桥区红十字会联合水务集团、公安、教育（体育）系统开展救护员取证培训，全年完成救护员培训2620人，普及性培训25220人次。

【建立标准化救护基地（站）】 2016年，柯桥区开展救护培训基地（站）建设工作。区本级在区职教中心新建省级标准化培训基地1个，按照应急救护培训“四统一”（统一教学大纲、技术标准、考核标准、证书管理）标准开展各类教学培训活动；在区青少年活动中心、部分建有文化礼堂的村（社区）建立救护培训站。

【组建各镇（街道）红十字志愿服务队】 2016年，柯桥区按照红十字十大领域志愿服务体系建设目标，各镇（街道）红十字会

2016年7月，柯桥区举办红十字心理援助志愿者培训班
（蔡梦莎　摄）

均建立志愿服务队，统一服装、统一旗帜、统一建档。区红十字会建立红十字心理援助志愿服务队和红十字AED应急救援队两支志愿者队伍，分别招募志愿者21人和62人，完成志愿者的专业培训和设备购置。心理援助志愿服务队每周在青少年活动中心及柯桥街道颐养园内开展服务；AED应急救援队为9月稽东香榧旅游节暨会稽山香榧古道马拉松活动提供救援服务保障。

【慰问困难家庭】　2016年，柯桥区发动各镇（街道）红十字会多级联动，开展“情暖柯桥•红十字博爱送万家”为主题的慰问活动，慰问主要对象为城乡易受损贫困家庭、贫困学生、麻风病患者、白血病患儿贫困家庭，全区筹集款物294.84万元，慰问困难家庭2998户，受益人数6592人。

【运作两项爱心基金】　2016年，柯桥区有两项爱心基金。由市中心医院实施的“华康爱心基金”，用于救助罹患先天性心脏病、风湿性心脏病和需要长期血透等经济困难病人，全年救助病人12120人次，基金支出297850元；由区中医院实施的骨科大手术专项救助，用于股骨头坏死、人工关节置换、脊柱重建等重大手术而家庭经济困难病人，全年救助病人50人次，基金支出493066.94元。

【继续开展学校红十字工作】　2016年，柯桥区50所中小学校均按“六有”要求建立学校红十字会和红十字工作站，并按“一校一师”的要求配备救护培训设备和救护师资，以学校教师为主要对象培训三级救护师资58人，以校医、体育老师和班主任等重点人群为对象培训初级救护员862人。5月和9月，分别组织2万余名中小学生参加红十字知识竞赛和“世界急救日”的逃生演练活动，在青少年中传播国际人道法和红十字现场救护知识，培养人道理念。区红十字会还获得2016年全国红十字防灾避险知识竞赛活动最佳组织一等奖，区实验小学、轻纺城小学等5所学校获最佳组织二等奖，马鞍镇中心小学、齐贤镇中心小学等12所学校获最佳组织三等奖。

•小资料•　“六有”

有热心红十字事业的理事会和带头人，有稳定的会员和志愿者队伍，有红十字特色的青少年活动，有稳定的服务平台，有规范的规章制度，有基本的经费保障。　（丁　璐）

关心下一代工作

【概况】　2016年，柯桥区关心下一代工作委员会发挥“五老”（老干部、老战士、老专家、老教师、老模范）优势，抓住红军长征胜利80周年契机，把握服务青少年的正确方向，加强自身和“五老”队伍建设，取得新的成绩。柯桥街道关工委被评为全省关工委工作先进单位，姚子源和王雅美被评为全省关工委工作先进个人。其中姚子源在12月16日浙江省关心下一代工作表彰大会上作为先进“五老”的代表，进行交流发言。

【徐宏俊到柯桥区调研关工委工作】　2016年3月25日，浙江省十一届人大常委会副主任、关工委主任徐宏俊到柯桥区调研、考察柯岩街道三力士集团，调研企业关工委及“假日爱心学校”开展情况，对柯桥区关工委工作表示肯定。

【选派优秀校级督导担任关工委工作联络员】　2016年3月10日，柯桥区关工委与区教体局联合发文，要求各中小学校选派优秀校级督导担任关工委工作联络员。经组织发动、自愿报名、各镇（街道）教育党总支选拔推荐上报，区关工委、区教体局于5月5日联合发文，任命陶志华等28位优秀校级督导为关工委工作联络员。

【“五老”首次进党校培训】 2016年6月2—3日，柯桥区首次“五老”培训班在区委党校举行。柯桥区关工委领导，各镇（街道）关工委常务副主任及“五老”代表，区关工委讲师团代表及区、镇（街道）关工委工作联络员等80余位“五老”骨干参加为期两天的培训。

【港胞周水祥再赠爱心款】 2016年6月6日，绍兴籍港胞周水祥嘱托在绍亲戚为柯桥区关工委赠爱心款10万元。这是周水祥自2013年起的第三次捐赠，累计捐赠爱心款人民币30万元，用于资助孤儿学生上大学，至年底为14位孤儿学生圆大学梦。

【评选表彰第九届少年英才】 2016年，柯桥区按好中挑优、优中挑幼标准评出20名少年英才。9月27日，在鲁迅中学召开第九届少年英才表彰大会。区关工委主任李会鹏等领导为受表彰的少年英才授奖。

【编印《不忘初心——献给柯桥“五老”的歌》】 2016年12月10日，《不忘初心——献给柯桥“五老”的歌》完成编辑、印刷，分发到柯桥区各级关工委及相关单位和部门。全书收录110篇“五老”代表帮助青少年成长成才的体会文章，分为“爱的担当、思想引领、关爱情深、春泥护花、捐资助学”五大章节，计20余万字。

【向24名困难学生发放助学金】 2016年8月17日，柯桥区关工委在稽山宾馆举行2016年大学生结对欢送会，18名“双特生”（家庭遇到突发性困难、成绩特别优秀的准大学生）和6名“双结对”孤儿大学生逐一与相关人员签约，并获得关工委本级、金时代控股有限公司、浙江中兴会计师事务所及香港同胞韩永信、周水祥出资的帮困助学金，其中“双特生”每人每年5000元，孤儿大学生每人每年2000元，结对助学，直到大学毕业。

【开展纪念中国工农红军长征胜利80周年主题教育活动】 2016年10月12日，柯桥区关工委联合绍兴市新四军研究会、柯桥区教体局在柯桥区职教中心以唱红歌、演话剧、讲中国工农红军故事等形式，开展纪念中国工农红军长征胜利80周年主题教育活动。区关工委讲师团成员宋子灿作《铭记长征历史　弘扬长征精神》主题演讲，向主会场的400余名师生及分会场上千名师生讲述两万五千里长征的故事。区职教中心师生现场表演文艺节目。（戴青青）

2016年8月17日，柯桥区举行2016年大学生结对助学欢送会（石国良　摄）

2016年10月12日，柯桥区在区职教中心开展纪念中国工农红军长征胜利80周年主题教育活动（石国良　摄）

执行编辑　祝元泰

科技•信息化

科技计划

【概况】 2016年，柯桥区实施区级科技计划项目103项，列入省级新产品试制计划206项，试制研发成功省级新产品116个，并通过专家鉴定验收。完成实施省重大专项3项。区科技攻关项目16项，其中纺织印染、材料能源方向各5项，装备和电子方向6项。医疗卫生立项实施87项区级经费自筹项目。

【3项省重大科技专项通过验收】 2016年，柯桥区3个省重大科技专项重点工业项目完成实施并通过省级验收。分别是由“越剑机械”承担的“智能化纤装备及经编织造装备关键技术研发和产业化”、“瑞群纺机”承担的“智能纺织印染技术与装备研发”、“纺机集团”承担的“智能高速纺织机械装备研究与开发”。

【16项区级科技攻关项目完成实施】 2016年，柯桥区由“迅实电子科技”承担的“光敏式三维影像成型系统”等14个项目完成实施，其中12项通过验收。由“稽山印染”、“精功机电”承担的2014年度两项区级科技项目通过验收。

科技创新

【概况】 2016年，柯桥区新认定国家重点扶持的高新技术企业26家；新增国家高新技术企业22家，累计96家；新增省科技型中小企业223家，8家国家需要重点扶持的高新技术企业通过重新认定。高新技术产业投资（制造业）42.22亿元，比上年增长53.36%；技术市场交易额3.1亿元，比上年增长6倍；规模以上工业新产品产值1167.61亿元，比上年增长2.48%；研究与试验发展经费支出37.95亿元，比上年增长4.7%；高新技术产业产值275.27亿元，比上年下降0.9%；高新技术产业增加值54.4亿元，比上年增长11.43%。

表24 2016年柯桥区新认定国家重点扶持高新技术企业名单

序号	企业名称
1	绍兴震东化工有限公司
2	浙江正统钢业有限公司
3	浙江金井贴膜科技有限公司
4	绍兴华晶科技有限公司
5	绍兴迎丰纺织有限公司
6	绍兴春明天然纤维素膜有限公司
7	浙江长华科技有限公司
8	浙江建科减震科技有限公司
9	绍兴易彩数控喷墨技术有限公司
10	绍兴龙华工具有限公司

续表24

序号	企业名称
11	绍兴市智辉信息科技有限公司
12	绍兴中轴自动化设备有限公司
13	浙江精宝机械有限公司
14	绍兴山耐高压紧固件有限公司
15	绍兴中建兴业网络技术有限公司
16	绍兴中创建筑智能化科技有限公司
17	绍兴柯利华汽车配件有限公司
18	宝业大和工业化住宅制造有限公司
19	绍兴永利环保科技有限公司
20	绍兴柯桥皇冠机械有限公司
21	绍兴市雅克汽配有限公司
22	绍兴耐柯尔汽车配件有限公司
23	绍兴国庆机械有限公司
24	浙江瓦克科技有限公司
25	绍兴柯桥双技机械有限公司
26	浙江捷众科技股份有限公司

表25 2016年柯桥区重新认定国家重点扶持高新技术企业名单

序号	企业名称
1	浙江华纳药业有限公司
2	延锋伟世通怡东汽车仪表有限公司
3	浙江高强度紧固件有限公司
4	浙江佑天元包装机械制造有限公司
5	绍兴县鑫隆计算机技术有限公司
6	宝业集团浙江建设产业研究院有限公司
7	墙煌新材料股份有限公司
8	浙江建业幕墙装饰有限公司

表26 2016年柯桥区新增省级专利示范企业名单

序号	企业名称
1	浙江山川科技股份有限公司
2	浙江亚太药业股份有限公司
3	浙江梅盛实业股份有限公司

表27　2016年柯桥区新增市级专利示范企业名单

序号	企业名称
1	绍兴柯桥排水有限公司
2	浙江万丰化工有限公司
3	浙江晶茂科技股份有限公司
4	浙江子华停车设备科技股份有限公司
5	绍兴金阳纺织有限公司
6	绍兴伟乐服饰有限公司
7	绍兴柯桥鼎合薄膜有限公司
8	浙江镜湖建设集团有限公司

表28　2016年柯桥区新增省科技型中小企业名单

序号	企业名称
1	精功（绍兴）复合材料技术研发有限公司
2	绍兴鸿骏机械有限公司
3	绍兴柯桥长隆化纤有限公司
4	绍兴柯桥金丰葡萄专业合作社
5	绍兴市柯桥区平水衣品服装厂
6	绍兴意鹏纺织品有限公司
7	绍兴紫薇化纤有限公司
8	浙江华桑新能源科技有限公司
9	绍兴英吉利印染有限公司
10	绍兴东森印染有限公司
11	浙江华越印染有限公司
12	绍兴鑫杰环保科技有限公司
13	浙江绍兴永利印染有限公司
14	浙江长华科技有限公司
15	绍兴兴隆染织有限公司
16	浙江诺亿毛纺印染有限公司
17	绍兴海通印染有限公司
18	绍兴柯桥春意居室用品有限公司
19	绍兴市柯桥区蓝天软件有限公司
20	浙江朗莎尔维迪制衣有限公司
21	绍兴梅林工艺包装有限公司
22	绍兴陶里田藕专业合作社

续表28

序号	企业名称
23	绍兴市柯桥区科创高新技术开发中心
24	绍兴绍力机电科技有限公司
25	绍兴易比纺织科技有限公司
26	浙江恒祥检测技术服务有限公司
27	绍兴标点纺织科技有限公司
28	浙江纯蓝坊服饰科技有限公司
29	绍兴国正安全技术检测有限公司
30	浙江威仕达机电科技有限公司
31	国家纺织机械质量监督检验（绍兴）中心
32	浙江优创光能科技有限公司
33	绍兴朱丽叶医疗器械有限公司
34	浙江袁盛牛仔服饰织造有限公司
35	绍兴市辰衣金属制品有限公司
36	绍兴越皇贡酿酒有限公司
37	绍兴市柯桥区质量技术服务中心
38	浙江科旺纺织有限公司
39	绍兴市柯桥皓质华琚纺织品设计有限公司
40	浙江中建兴业网络科技有限公司
41	绍兴协众进出口有限公司
42	浙江金舟轻纺股份有限公司
43	绍兴柯桥三杰纺织品有限公司
44	绍兴航绍电连接器有限公司
45	绍兴兴富印纸印花有限公司
46	绍兴市柯桥洋盛纺织有限公司
47	绍兴雄生纺织有限公司
48	绍兴柯桥靓妻晾衣架厂
49	绍兴攀越烫金整理有限公司
50	绍兴市丽莺电器有限公司
51	绍兴中心纺织有限公司
52	绍兴百嘉汽车电子仪表有限公司
53	绍兴水墨印象数码印花有限公司
54	绍兴崇尚纺织有限公司
55	绍兴恒晟服饰有限公司

续表28

序号	企业名称
56	绍兴佳晟服饰有限公司
57	绍兴益健机械有限公司
58	中多控股有限公司
59	绍兴柯桥恩晨针织有限公司
60	绍兴柯桥继成针纺有限公司
61	浙江万之冠服饰有限公司
62	绍兴万宇纺织有限公司
63	绍兴柯桥梓豪纺织有限公司
64	绍兴柯桥蜀风纺织印染有限公司
65	绍兴柯桥宇笑纺织有限公司
66	绍兴骏宇纺织有限公司
67	绍兴兴科元管业有限公司
68	绍兴惠邦化纤有限公司
69	绍兴柯桥钱峰化纤有限公司
70	绍兴华清化纤纺织有限公司
71	绍兴柯桥中茂化纤有限公司
72	绍兴柯桥长海电子科技有限公司
73	绍兴福兴纺织服饰有限公司
74	绍兴柯桥凤江纺织品整理有限公司
75	绍兴柯桥东升铜业有限公司
76	浙江传奇家纺有限公司
77	绍兴美佳丽布艺有限公司
78	绍兴慧绣针纺织品有限公司
79	绍兴佳惠经编有限公司
80	绍兴锦彩布艺有限公司
81	绍兴龙飞针织有限公司
82	浙江永和建材有限公司
83	绍兴柯桥奇诺家纺用品有限公司
84	浙江永隆实业股份有限公司
85	绍兴长丰纱业有限公司
86	绍兴柯桥佳方针纺有限公司
87	浙江绍兴宏铭制衣有限公司
88	绍兴伟成服饰有限公司

续表28

序号	企业名称
89	绍兴佳泽针纺有限公司
90	绍兴小轩窗布业有限公司
91	绍兴军宇针纺有限公司
92	绍兴柯桥金灿纺织有限公司
93	浙江优太家纺服饰有限公司
94	浙江三宝印刷有限公司
95	绍兴俊甲针纺有限公司
96	浙江出口商品包装铁皮有限公司
97	绍兴市柯桥区擎宇化纤有限公司
98	浙江神话绣品有限公司
99	浙江雅馨卫浴有限公司
100	绍兴柯桥雅迪针纺有限公司
101	绍兴寿春针纺织有限公司
102	绍兴市东运机械有限公司
103	绍兴柯桥洪茂纺织有限公司
104	绍兴马水纺织品有限公司
105	绍兴柯桥宏大蔬菜瓜果专业合作社
106	绍兴叙兰苑农业生物科技有限公司
107	绍兴市雅克汽配有限公司
108	绍兴伟乐服饰有限公司
109	绍兴耀浩针纺织品有限公司
110	绍兴柯桥宏达陶瓷有限公司
111	浙江郁达科技有限公司
112	绍兴柯桥华邦纺织有限公司
113	绍兴柯桥日新纺织有限公司
114	绍兴县金佰利纺织有限公司
115	绍兴柯桥莲中纺织有限公司
116	绍兴柯桥瑞策纺织有限公司
117	绍兴山娃子农产品开发有限公司
118	浙江金典印染有限公司
119	绍兴星发印染有限公司
120	绍兴锦森印染有限公司
121	浙江波磊涂料有限公司

续表28

序号	企业名称
122	绍兴舒美针织有限公司
123	浙江德欧化工制造有限公司
124	绍兴伽瑞印染有限公司
125	浙江智的智能装备技术有限公司
126	绍兴市柯桥区秦望茶业专业合作社
127	绍兴普州纺织品有限公司
128	绍兴禾润机械制造有限公司
129	绍兴正印家纺有限公司
130	绍兴欧朗德门窗有限公司
131	浙江越洋纺织科技有限公司
132	绍兴群芳进出口有限公司
133	绍兴越兴模具有限公司
134	绍兴柯桥好来屋纺织品有限公司
135	绍兴喜能纺织科技有限公司
136	浙江尤利尔纺织有限公司
137	绍兴晓星化纤有限公司
138	绍兴铭园纺织有限公司
139	绍兴盛涛纺织品有限公司
140	绍兴双华布艺有限公司
141	绍兴精宏机械有限公司
142	浙江新月朗服饰有限公司
143	绍兴柯桥大元化纤有限公司
144	绍兴富米丽家纺有限公司
145	绍兴海盛镀铝有限公司
146	绍兴恒阳制线有限公司
147	绍兴柯桥佳翔针织有限公司
148	绍兴柯桥建业纸管厂
149	绍兴柯桥铭波纺织品整理有限公司
150	浙江璞华信息技术有限公司
151	绍兴第二印染有限公司
152	绍兴天亨服饰有限公司
153	绍兴五洋纺织机械有限公司
154	绍兴柯桥协力纺织整理有限公司

续表28

序号	企业名称
155	绍兴越凌食品有限公司
156	绍兴柯桥盛楠针纺织品有限公司
157	绍兴柯桥家弯纺织有限公司
158	绍兴赐惠针纺有限公司
159	绍兴国正绣品有限公司
160	绍兴柯桥越兴金属制品有限公司
161	绍兴市柯桥区群燕包装材料有限公司
162	绍兴柯桥漓渚越洲针织厂
163	绍兴新亚泰纺织印花有限公司
164	绍兴彼得服装有限公司
165	绍兴豪春纺织科技有限公司
166	绍兴华为化工有限公司
167	绍兴柯桥滨海塑料制品厂
168	绍兴柯桥鼎合薄膜有限公司
169	绍兴柯桥胡氏转移印花有限公司
170	绍兴两溪茶厂
171	绍兴龙华工具有限公司
172	绍兴仁昌酱园有限公司
173	绍兴胜元环境建设有限公司
174	绍兴市柯桥区玉龙茶业有限公司
175	绍兴闻翔针织服饰有限公司
176	绍兴县立志纸制品有限公司
177	绍兴祥龙精密机械有限公司
178	绍兴兴明染整有限公司
179	绍兴一扬化工助剂有限公司
180	浙江爱俪壁纸有限公司
181	浙江八达铜业有限公司
182	浙江吡嘟服饰有限公司
183	浙江博德隆五金机电有限公司
184	浙江鼎峰科技股份有限公司
185	浙江明牌卡利罗饰品有限公司
186	浙江欧博特家纺有限公司
187	浙江三禾纳米科技有限公司

续表28

序号	企业名称
188	浙江绍兴家贝刺绣有限公司
189	浙江雅琪诺装饰材料有限公司
190	绍兴邦德助剂有限公司
191	绍兴彩立方纺织有限公司
192	绍兴程盛纺织有限公司
193	绍兴春明天然纤维素膜有限公司
194	绍兴顶力包装材料制造有限公司
195	绍兴丰源节能科技有限公司
196	绍兴富强泰华印染有限公司
197	绍兴合剑机械制造有限公司
198	绍兴花为媒医用配套有限公司
199	绍兴华强机械科技发展有限公司
200	绍兴江圣针纺印染有限公司
201	绍兴君泰纺织科技有限公司
202	绍兴俊吉能源科技有限公司
203	绍兴开源机电科技有限公司
204	绍兴柯桥飞达印花厂
205	绍兴柯桥海刚针织有限公司
206	绍兴柯桥新都印染有限公司
207	绍兴旗王工艺服饰有限公司
208	绍兴仁通塑胶有限公司
209	绍兴市博亚服饰有限公司
210	绍兴市纺信检验技术服务有限公司
211	绍兴市柯桥区齐贤米厂
212	绍兴市联科机械有限公司
213	绍兴县博胜环保设备有限公司
214	绍兴县顺金纺织窗材有限公司
215	绍兴县王星记扇厂
216	绍兴新航纺织有限公司
217	绍兴正兴轮胎模具有限公司
218	浙江昌祥茶叶有限公司
219	浙江飞峰体育用品有限公司
220	浙江捷众科技股份有限公司

续表28

序号	企业名称
221	浙江名庄能源设备有限公司
222	浙江天泰园林建设有限公司
223	浙江新乐纺织化纤有限公司

【新增区级企业研发中心104家】 2016年，柯桥区新认定区级企业研发中心104家。2家企业研究院顺利通过省级重点企业研究院的竣工验收，3家企业研究开发中心被认定为省级高新技术企业研究开发中心，20家企业研究开发中心被认定为市级企业研究开发中心。2家农业科技企业研究开发中心被认定为省级农业科技企业研究开发中心，1家企业技术中心被认定为省级企业技术中心，5家企业技术中心被认定为市级企业技术中心。6家省、市级重点企业研究院在最后1年的建设期承担省级、区级的各类项目共6项，获得实用新型专利18个，发明专利3个。

表29 2016年柯桥区研究院整体建设验收通过的省级重点企业研究院名单

序号	研究院名称	依托单位
1	越剑纺织机械装备研究院	浙江越剑机械制造有限公司
2	瑞群智能印染技术与装备研究院	绍兴瑞群纺织机械科技有限公司

表30 2016年柯桥区新增省级高新技术企业研究开发中心名单

序号	研究开发中心名称	依托单位
1	旭源数码屏幕保护膜省级高新技术企业研究开发中心	绍兴旭源新材料科技有限公司
2	雷贝斯散热器省级高新技术企业研究开发中心	浙江雷贝斯散热器有限公司
3	华清光伏背材聚酯薄膜省级高新技术企业研究开发中心	浙江华清新材料有限公司

表31 2016年柯桥区新增市级企业研究开发中心名单

序号	研究开发中心名称	依托单位
1	迎丰纺织印染技术市级企业研究开发中心	绍兴迎丰纺织有限公司
2	诺亿毛纺技术市级企业研究开发中心	浙江诺亿毛纺印染有限公司
3	海通纺织面料市级企业研究开发中心	绍兴海通印染有限公司
4	永通印花市级企业研究开发中心	绍兴永通印花有限公司
5	科泰斯纺织品检验市级企业研究开发中心	绍兴科泰斯纺织品检验有限公司
6	瑞泰物联网设备市级企业研究开发中心	绍兴瑞泰电子科技有限公司
7	津膜水处理设备市级企业研究开发中心	浙江津膜环境科技有限公司
8	吡嘟功能性服饰市级企业研究开发中心	浙江吡嘟服饰有限公司

续表31

序号	研究开发中心名称	依托单位
9	开源电源管理设备市级企业研究开发中心	绍兴开源机电科技有限公司
10	金阳航空纺织品市级企业研究开发中心	绍兴金阳纺织有限公司
11	博亚服饰服装市级企业研究开发中心	绍兴市博亚服饰有限公司
12	万年红混纺纱工艺市级企业研究开发中心	绍兴柯桥万年红纱业有限公司
13	永隆纺织及器材市级企业研究开发中心	浙江永隆实业股份有限公司
14	奇诺家纺市级企业研究开发中心	绍兴柯桥奇诺家纺用品有限公司
15	永和绿色建材市级企业研究开发中心	浙江永和建材有限公司
16	鼎峰预拌干粉砂浆市级企业研发中心	浙江鼎峰科技股份有限公司
17	明煌新型建材市级企业研究开发中心	绍兴明煌建材科技有限公司
18	西大门窗饰面料市级企业研究开发中心	浙江西大门新材料股份有限公司
19	雅克汽配市级企业研究开发中心	绍兴市雅克汽配有限公司
20	捷众汽车关键零部件市级企业研究开发中心	浙江捷众科技股份有限公司

表32 2016年新增省级农业企业科技研究开发中心名单

序号	研究开发中心名称	依托单位
1	康瑞畜牧兽医器械科技研究开发中心	浙江康瑞器械科技股份有限公司
2	昌祥茶叶科技研究开发中心	浙江昌祥茶叶有限公司

表33 2016年柯桥区新增省级企业技术中心名单

序号	技术中心名称	依托单位
1	浙江天工建设集团有限公司企业技术中心	浙江天工建设集团有限公司

表34 2016年柯桥区新增市级企业技术中心名单

序号	技术中心名称	依托单位
1	浙江捷众科技股份有限公司企业技术中心	浙江捷众科技股份有限公司
2	浙江长华科技有限公司企业技术中心	浙江长华科技有限公司
3	浙江金蝉布艺股份有限公司企业技术中心	浙江金蝉布艺股份有限公司
4	绍兴前进齿轮箱有限公司企业技术中心	绍兴前进齿轮箱有限公司
5	浙江点金照明有限公司企业技术中心	浙江点金照明有限公司

（单炳全）

科技合作

【概况】 2016年，柯桥区重点扶持企业与中科院、香港理工大学及在柯桥区建立技术转移中心高校院所的科技合作、成果转化项目。实施产学研合作与成果转化项目43项，带动科技投入1.5亿元。推进科技大市场建设，全年注册会员1518个，发布技术难题1000条，技术成果3000项，促成技术交易额3.1亿元，发布花样花稿4100个。

【组织20场次科技交流活动】 2016年，柯桥区组织20场次科技交流活动，邀请210多位专家到柯桥区考察指导，走访企业80多家，参加活动的企业相关人员700多人次。

【推动高校院所与企业的技术转移、成果转化】 2016年，柯桥区支持企业与高校院所联合共建科研分支机构、科技园、研究院（所）、重点实验室、中试基地、检测中心、科技企业孵化器、科技创新服务中心（生产力促进中心）、博士后流动站（工作站）等各类研发机构或科技中介服务机构，推动高校院所与柯桥区企业之间开展技术转移、成果转化和合作研究，支持企业从高校院所引进科技成果实现转化和产业化的项目。

【成立绍兴印染工业技术研究院】 2016年6月8日，柯桥区挂牌成立绍兴印染工业技术研究院，由柯桥区浙江现代纺织工业研究院、中纺院江南分院、绍兴文理学院共同组建。研究院整合先进印染创新技术资源，为绍兴印染企业提供生态染整新技术及装备研发、企业管理咨询、产品质量控制、创新成果转化推广、技术人才培训等印染全产业链配套服务。

【组建浙工大柯桥创新研究院】 2016年，柯桥区人民政府和浙江工业大学之江学院共同组建浙江工业大学柯桥创新研究院。该院建设科技研发、成果转化、企业孵化、人才培养、创新服务等五大中心，为柯桥区企业提供科技成果、技术服务和人才培训等服务。 （祁万荣）

科技成果

【概况】 2016年，柯桥区有97个项目获科技成果登记，4个项目获省级科技奖，13个项目获市级科技奖。

表35 2016年柯桥区获省级科学技术奖名单

序号	项目名称	申报单位	完成人员	奖励等级
1	导向吸湿医疗卫生水刺非织造材料关键技术及产业化	浙江和中非织造股份有限公司 东华大学	韩旭、靳向煜、吴海波、王洪、黄晨、徐寿明、张水华、洪桂焕、刘嘉炜	二等奖
2	高强度涤纶超纤针刺面料	浙江梅盛实业股份有限公司	钱国春、宋兵、张宝弟、韩祥祥、刘佳强、林国武、尚希	二等奖
3	体育场馆开合屋盖结构建造成套技术研究与应用	浙江精工钢结构集团有限公司	刘中华、俞荣华、俞福利陈国栋、李建洪、王留成、高良	三等奖
4	无极灯电子镇流器关键技术及生产装备开发	绍兴文理学院清华大学浙江宇光照明有限公司	张新华、黄松岭、许剑钢	三等奖

表36 2016年柯桥区获市级科学技术奖名单

序号	项目名称	申报单位	完成人员	奖励等级
1	高强度涤纶超纤针刺面料	浙江梅盛实业股份有限公司	钱国春、钱安林、钱建国、宋兵、景亚鸿、李敏田、贵彪	一等奖
2	三维超声联合TUI和VCI技术在肛瘘诊断及分类中的应用	绍兴第二医院	徐飞、宋新江、章萍、郑如华、金家华、金永有、陶玉翔、陈建烽	二等奖

续表36

序号	项目名称	申报单位	完成人员	奖励等级
3	RNA干扰沉默喉癌Hep-2细胞Glut-1基因表达及化疗增敏性研究	绍兴第二医院 浙江大学医学院附属第一医院	毛中萍、周水洪、赵礼君、毛永军、郑国峰、何平生、范骏、姚洪田	二等奖
5	黄酒自动化压滤系统及应用	会稽山绍兴酒股份有限公司	金建顺、傅祖康、俞关松、唐雅凤、金雪泉、陶新功、孙国昌	三等奖
6	术前化疗对胃癌患者淋巴结分期评估及预后的影响	绍兴市中心医院	吴志明、邱海江、陈江、方孙阳、陈福森、王焕根	三等奖
4	农业投入品智慧监管与预警关键技术及应用	浙江工业大学之江学院、浙江工业职业技术学院、浙江工越信息科技有限公司、浙江省杭州一二八医院、杭州扬兆臻网络科技有限公司	郝平、余育青、林子怀、陈伟杰、陈晋音、张聚、刘扬	三等奖
7	微创新型髂骨内固定支架治疗骶髂关节复合体损伤的应用研究	绍兴第二医院	谢垒、陈晟、俞国成、陶勇、陈小娣、马一鸣、赵建峰	三等奖
8	CT引导下腹部深部肿块及淋巴结穿刺活检成功率及安全性研究	绍兴市中心医院	翁小波、李军、徐国奇、鲁君敏、娄纪祥、王柏松、单国华	三等奖
9	参麦注射液对肺癌患者血清	VEGF、绍兴市中心医院	李海金、尚官敏、李英、陈亚男、董良、葛丽娜	三等奖

知识产权

【概况】 2016年，柯桥区通过省知识产权示范区到期复核验收。继续实施授权专利奖励政策、专利示范企业奖励和知识产权贯标企业的扶持政策。新增绍兴市专利示范企业8家、浙江省专利示范企业3家；完成专利申请量10921件，其中发明专利申请量989件、实用新型专利申请量3043件；完成专利授权量4542件，其中发明专利授权量170件、实用新型专利授权量1832件。（应洁敏）

创意产业

【概况】 2016年，柯桥区F5创意园（含创意大厦）、科技园（含科创大厦）、中国轻纺城创意园三大园区建设总面积50万平方米，总投资约15亿元，集聚企业391家（其中工业设计企业145家），从业人员3136人，其中纺织工业设计人才1304人，包括国家“千人计划”4人、省“千人计划”6人、市“330人才计划”4人、“中国十佳设计师”等高端行业人才3人。全年基地企业营业收入10.35亿元，比上年增长20%，其中设计研发等服务性营业额1.85亿元，带动相关企业实现销售182.68亿元。

【设立1500万元时尚创意产业扶持资金】 2016年，柯桥区制定《柯桥区时尚产业发展规划》《柯桥区加快推进时尚产业发展实施方案》《时尚创意产业五年行动计划方案（初稿）》，出台《绍兴市柯桥区人民政府办公室关于加快培育发展时尚创意产业的政策意见》，明确设立1500万元时尚创意产业培育扶持资金，用于时尚创意产业版权保护、园区建设、龙头培育、活动举办4个方面。

【两园落户新项目48个】 2016年，柯桥区与欧洲设计学院、香港理工大学等专业院所进行洽谈，推动产学联动。与国内外知名企业和设计人才对接，为高端项目落地和优质人才引进搭建桥梁。组织小分队赴北京、深圳、上海等地招商推介。至年底，F5创意园完成第19次项目会审会议，中国轻纺城创意园完成第10、11次项目会审会议，共落户新项目48个。

【举办时尚创意活动31场次】 2016年10月中旬，柯桥区联合中国纺织信息中心、国家纺织开发中心、深圳服装协会、新丝路时尚机构、香港理工大学等单位举办“2016柯桥时尚周”，期间举行第二届中国国际拼布创意设计大赛、“红绿蓝”杯全国高校纺织品设计大赛两场国家级赛事，全球发布中国•柯桥时尚指数，举行第24届新丝路中国模特大赛•江浙沪赛区决赛、2017/18秋冬中国纺织面料（图案）流行趋势发布秀、本地自有品牌秀、深圳时装品牌与设计师走进柯桥专场秀、香港理工大学2016-ITC时尚趋势发布秀等10场时尚创意活动。至年底，轻纺城创意产业服务中心共举办31场次各类时尚创意活动。

（张珊珊）

2016年5月12日，柯桥区科技园举行开园仪式

（区科技局 供稿）

信息化工作

【概况】 2016年，柯桥区推进“两化”（信息化、工业化）深度融合国家综合示范区建设，全省10个第一批两化深度融合国家综合性示范区考评中获第一名。23个示范项目计划总投资19952.90万元，累计完成11954.84万元，完成计划总投资的59.92%。新增第二批示范项目8个。推进光纤入户，建成覆盖全区、先进高速的公用信息宽带网络体系。固定宽带用户数38.1万户，其中光宽带用户31.55万户；互联网出口带宽和固定宽带端口平均速率分别达到1140×1000兆和20.57兆。移动电话基站1904个，其中4G基站1289个，3G、4G信号覆盖率98%以上。开展柯桥区公共区域无线局域网建设和免费开放工作，全年共建成41个热点、398个线访问节点。

【新增“两化”融合企业4家】 2016年，柯桥区会稽山“两化”融合管理体系贯标通过工信部贯标认证，成为柯桥区第二家通过“两化”融合管理体系贯标企业；浙江明牌珠宝股份有限公司被认定为省制造业网络营销示范企业；绍兴兴明染整有限公司、浙江乐高印染有限公司被认定为省“两化”融合试点企业。

【重点电子信息制造业创造产值51.9亿元】 2016年，柯桥区重点电子信息制造企业实现工业总产值51.9亿元，利润总额2.15亿元，从业人数3300多人；软件和信息服务产业实现营业收入5.83亿元，其中软件业务收入9910万元，从业人员750多人。柯桥区信息经济核心产业（不含电信业务收入）合计主营业务收入61.08亿元，比上年增长35.24%。

（任 雁）

电信通信

【概况】 2016年，中国电信柯桥分公司完成基础设施投资10.5亿元，重点投向移动4G网和光纤接入网、云业务平台和治安监控等建设项目。完成柯桥区残疾人“爱心家园”呼叫系统项目；配合G20峰会完成柯桥区国家安全局网络系统改造；协助信访局完成绍兴市统一政务咨询投诉举报平台柯桥区二级平台项目。

【向1.7万名残疾人分发“爱心家园”呼叫系统】 2016年，柯桥区残疾人“爱心家园”呼叫系统是柯桥区残联与中国电信柯桥分公司合作开发的集电信通讯、文化娱乐、信息服务等多项功能于一体的系统，是柯桥区2016年度十大民生实事工程。柯桥分公司向全区1.7万名持证残疾人分发终端设备。 （孙良慧）

移动通信

【概况】 2016年，中国移动柯桥区分公司完成毅腾足球赛、春季纺博会、秋季纺博会的通信保障工作。配合街道、社区做好涉及雨污水管道改造、外立面线缆整改、美丽乡村建设的线路整改工作。配合做好涉及G20峰会安全保障的企业线路整改，保障G20期间网络运行平稳。与柯桥区公安局签订智能化终端合作书，保障柯桥区公安局G20峰会期间的执法执勤。

【承建柯桥区政府视联网项目】 2016年，中国移动柯桥区分公司承建柯桥区政府视联网项目通过验收。该项目覆盖整个柯桥区的政府局办和乡镇（街道）总计76个行政单位，承接省市县（区）及大型重要会议。

【敷设光缆1700千米】 2016年，中国移动柯桥区分公司完成柯桥区域的新增主副配层建设，C3网光缆优化，共完成光缆敷设约1700千米。完成滨海工业区新建道路跟进管道35千米，工业区道路管道全覆盖，配合城投公司改建道路，完成镜水路（群贤路至柯南大道）等道路管道扩容，完成路南机房第二路由改造管道工程，共完成新建管道65千米。 （鲁英英）

联通通信

【概况】 2016年，中国联通柯桥分公司对全球移动通信系统双频网124个1800M基站进行关停操作，为做薄2G、3G网络加快4G精品网建设，腾出频率资源聚焦4G的发展奠定基础。完成321个点的合作光改，新增光纤直接到户端口3.14万个，涉及覆盖用户9.42万户。 （苏　岐）

电子政务

【概况】 2016年,柯桥区贯彻国家“互联网+政务”精神，推进办公无纸化、网站集约化，保障全区电子政务平台稳定运行。推进浙江省政务服务网“一站式”审批工作，政务服务网镇村延伸实施工作。电子政务新机房建成并投用，完成全区视联网建设。推进全区政务服务网柯桥区分厅建设。以平水镇为试点，梳理调整镇（街道、开发区）级权力事项5大类共计341项，人口计生、人力社保、民政、残联等44项公共服务事项下放到村。完成权力运行系统乡镇延伸项目建设工作，全区350多个村（社区）接入电子政务外网延伸，实现政务服务网的省、市、区、镇（街道、开发区）、村居（社区）五级联动。至12月底，区本级受理各类办件562557件，办结559332件，区镇（街道、开发区），村（社区）共计收件21086件，办结20767件。

【建设76个点位的电子政务视联网】 2016年，柯桥区完成76个点位的电子政务视联网部署和建设工作，保障每一次视联网会议的顺利召开，保障G20杭州峰会期间的安保维稳日会商。

【基本实现无纸化办公】 2016年，柯桥区公文交换系统部署211家，单位OA部署110家，各单位发文17726个，收文总数505016个，联合发文总数700个。全区基本实现非涉密文件从拟稿、签批、电子盖章、分发、接收流转的全程无纸化办公。

【电子政务新机房投用】 2016年，柯桥区电子政务新机房项目投入运营，区纪委、综合执法局、统计局、经信局、审计局等15个部门设备迁入机房集中管理，累计存放设备140台套，有23个单位共70余个业务系统使用虚拟云空间，提高设备的集约化管理程度。

【63家单位网站迁入政府门户网站群】 2016年，柯桥区环保局、商务局、市场监管局等63家单位网站迁入政府门户网站群。迁入政府网站群的单位网站安全得到统一保障，网站安全性能得到提升。

【评审电子政务项目92个】 2016年，柯桥区按“统筹规划、集约共享，按需建设、注重实效，强化标准、确保安全”的原则，组织有关专家和单位对2017年全区电子政务项目建设进行预审，从项目建设的必要性、方案的可行性、资金预算合理性及全区资源整合利用等角度考虑对全区电子政务项目建设进行把关。共对19个单位92个项目进行预审，资金节约率23%。 （袁瑜琴）

广播电视传输

【概况】 2016年，中广有线柯桥分公司作为承建光缆联网工程和日常线路维护的运营商，完成政务服务网镇（街道、开发区）、村（社区）延伸工程的光缆联网工作，实现政务服务省、市、区、镇、村五级联动。新建光缆专线360余条，把各村电脑联网接入专网。通过适宜上网运行的相关事项实现网上申报、网上办理。完成柯桥区公安局社会面视频监控资源联网平台一期工程，共联网接入19900个社会面视频点，涉及联网视频资源包括村级、宾馆、网吧、医院、政府单位、轻纺市场等监控视频。联网的视频资源通过该平台进行统一的管理与分发。

【完成“美丽乡村”管线整治】 2016年，中广有线柯桥分公司牵头实施钱清、平水、王坛、兰亭4个镇10线15村68个工程的弱电管线整治。共建成公共管道68千米、公共杆路80千米，整理光缆线路480千米，清理旧杆2400支。对分属各运营商的“蛛网式”线路进行统一治理。

【中广有线柯桥分公司列入省试点】 2016年，中广有线柯桥分公司对照省级广电行业服务标准，找差距、补短板、树规范，提升服务水平，用户报修满意度97%以上。有线广播电视运营服务备案内容通过主管部门审核并向社会公布，成为全省唯一的县级服务备案试点单位。 （傅国英）

2016年，中广有线柯桥分公司在为政务服务网镇、村延伸工程敷设光缆 （区广电总台 供稿）

执行编辑 祝元泰

教 育

综 述

2016年，柯桥区有各类学校201所，其中全日制普通高校两所——浙江工业大学之江学院和浙江树人大学杨汛桥校区；电大1所；普通高中8所，在校学生14680人；职业高中4所，在校学生10086人；初中19所，在校学生22650人；小学62所，在校学生46990人；特殊教育学校1所，在校学生82人；幼儿园102所，在园幼儿23493人。成人文化技校16所，少体校1所。专任教师8296人。

投入9000万元维修校舍，投入2800万元完成5所高中校园环境提档升级，撤并楼家坞小学、王城完小、贾村小学等教学网点，白洋小学等7所学校竣工投用，组建安昌镇中心小学教育集团，18个政府投资项目开工，区重点工程轻纺城职校和区社区学院在建。投入2000万元，完成1200个教室信息化课堂改造，实现电子白板班级全覆盖、录播教室镇（街道）全覆盖。投入1000万元，建成12个创新实验室。柯桥中学成为全省第一批示范数字校园。推出百节“空中课堂”，2万余人次学生共享网络名师“优课”资源。出台教师教育技术应用能力达标办法，举办智慧课堂、移动终端等活动30余场次，培训教师4000人次。

省二级以上幼儿园47所，市标准化幼儿园90所，全区实现浙江省等级幼儿园全覆盖。公办和普惠性民办幼儿园比例90%，对全区20所民办幼儿园进行安全督查整改。与浙江师范大学共建全日制学前教育硕士专业学位研究生实践基地，承办2016省卓越幼儿园教师驻园模式培养研讨会。

义务教育突出优质轻负，城乡均衡，创新内涵特色，初中推进课程改革，中小学校“走班选课”实现全覆盖。推进教育集团化办学，建立完善10个教育集团和30个区级、镇（街道）级教育联盟，义教段实现教育联盟、教育集团全覆盖。普通高中继续推进新课程改革深化工作，鲁迅中学、钱清中学分别通过省一级、二级特色示范校评估验收，6所普通高中创建为省特色示范高中。高考成绩继续高位运行，北大清华录取19人，一批上线总人数1178人，两项核心指标第三年在全市保持领先地位。

柯桥区成为全国社区教育实验区、省市教育科学和谐考核优胜单位、东部战区空军招飞先进单位、全省现代学徒制试点区、全省“六五”普法先进集体。

【“分层走班”教学改革被列为省教学改革试点项目】 2016年，柯桥区的“分层走班”教学改革被列为浙江省教学改革试点项目。12月8—9日，浙江省基础性课程分层走班教学改革研讨会在柯桥区举行，全省160多位领导与专家在鲁迅外国语学校和秋瑾中学现场观摩分层走班课堂教学。

·小资料· 分层走班

基础性课程的分层教学是在不打破行政班级的前提下，对数学、科学、英语三门基础性学科进行分层走班教学，各校按学校实际情况和学生及家长的意愿，在数学、科学、英语三门学科选择两门，学生根据自己的学习情况，特别是学生对这两门学科基础知识的掌握情况和兴趣差异，结合他们的生涯规划，通过学生自主选择、小组互评、任课教师建议、家长确定签字进入AB（或ABC）层进行学习。对于拓展性课程,各校积极开发学生有需求的课程，截至10月底，柯桥区初中共开设拓展性课程404门，其中知识拓展类143门，体艺特长类169门，综合实践类92门，较好地满足学生兴趣提升与特长发展的需要。

（钟建宇）

学前教育

【概况】 2016年，柯桥区有幼儿园102所，其中公办幼儿园80所，民办幼儿园22所。在园幼儿23493人，学前三年入园率100%。幼儿园专任教师1617人，其中公办幼儿教师314人，教师学历合格率100%，大专以上学历98.08%，教师资格证持有率100%。兰亭镇新欣幼儿园等5所民办幼儿园被评为2016年度柯桥区普惠性民办幼儿园，并获得相应的专任教师补助和生均公用经费补助。全区公办和普惠性民办幼儿园比例90.2%。组建第三方评估组对全区所有民办幼儿园进行实地综合评估。对20所民办幼儿园提出安全整改意见并督促整改到位。新创建浙江省二级幼儿园2所、浙江省三级幼儿园2所、市标准化幼儿园1所。柯桥区中心幼儿园、六一幼儿园成为浙江师范大学全日制学前教育硕士学位研究生实践基地。

【出台小区配套幼儿园建设管理实施办法】 2016年10月，柯桥区出台《柯桥区住宅小区配套幼儿园建设管理实施办法》，明确各部门的职责，就小区配套幼儿园的布局和规划、设计与建设、移交与管理作出规定，要求配套幼儿园与新建住宅小区同步规划、同步建设、同步验收和同步交付使用。

【承办两场全省学前教育研讨会】 2016年5月22—23日，柯桥区承办教育部卓越幼儿园教师驻园模式培养项目研讨会，柯桥区“院园合作”培养卓越幼儿园教师的机制创新得到充分肯定。12月5—7日，浙江名师行知论坛（学前教育专场）在柯桥区举行，全省近500名幼教专家参加此次活动。柯桥区中心幼儿园园长、特级教师陈宴进行集体教学展示和主题报告，得到与会人员高度评价。

（马慧黎）

义务教育

【概况】 2016年，柯桥区义务教育普及程度继续保持100%，6周岁至15周岁少年入学率、巩固率、完成率均达100%；初中升高中段达99.8%。全区有初中19所，其中区属3所、镇（街道）初中15所、民族中学1所，在校班级588个，在校学生22650人；小学62所，在校班级1323个，在校小学生46990人。特殊教育学校1所，班级8个，在校学生82人。义教段学校有全国绿色学校两所；省级示范初中17所、小学16所，省文明学校7所，省绿色学校17所，省体艺特色学校28所；市级示范初中4所、小学30所，市文明学校40所、绿色学校31所、特色学校19所。绍兴西藏民族中学有初一、初二、初三3个年级15个班级，600名学生。

2016年12月5日，浙江名师行知论坛（学前教育专场）在柯桥举行

（区教体局　供稿）

【举行第八届“鉴湖之春”初中课堂教学多样化观摩研讨会】 2016年4月22日，柯桥区第八届“鉴湖之春”初中课堂教学多样化观摩研讨会在区实验中学举行。该届“鉴湖之春”活动主题为“基于学情视角的课堂改革”，分科学、英语两个学科同时进行课堂展示。活动中，区实验中学的“生本课堂”模式、鲁迅外国语学校的“适性教育”课堂模式以及柯岩中学“生态课堂”模式分别展示4节典型的观摩课。活动吸引区内外800多名教师

听课学习。（盛建兔）

【省少工委六届五次全委会在柯桥区召开】 2016年4月11—12日，浙江省少工委六届五次全委（扩大）会暨少先队阵地育人工作现场会在柯桥召开，省教育厅副厅长、省少工委主任韩平，团省委副书记、省少工委主任王慧琳出席会议，省少工委六届全体委员和省少工委六届委员会委员增选人、各市级少先队总辅导员等100余人参加会议。鲁迅外国语学校校长李华琴在校长创新论坛上做代表发言。会议表彰中，柯桥区被评为2015年度先进县（区）级少工委。

【柯桥区与新疆青少年结对交流活动获央视“焦点访谈”报道】 2016年，柯桥区少先队员响应团中央号召，开展百万新疆各族少年儿童与内地少年儿童“书信手拉手”活动，4月13日晚，中央电视台《焦点访谈》专题报道柯桥区马鞍镇中心小学少先队员与新疆阿克苏地区阿瓦提县乌鲁却勒镇阿依库勒村少先队员开展“书信手拉手”的事迹。至6月，全区有18所学校与新疆阿克苏地区阿瓦提县等地的18所学校结成友好学校，有143个少先队中队、4954名队员成功结对互通书信，柯桥区发送信件1566封，收到回信401封。少先队员们还给新疆的小朋友寄去霉干菜、茴香豆等特色小吃和展现柯桥特色的风土人情照片，并邀请他们到柯桥区做客。《浙江日报》《浙江教育报》《绍兴日报》等省市级主流媒体对该活动作跟进报道。（蒋建英）

2016年10月24—28日，省中小学艺术节在柯桥举行
（区教体局 供稿）

【艺术特长水平（B级）测试成绩全市第一】 2016年，柯桥区参加浙江省学生艺术特长水平（B级）测试407名学生，合格158人，合格率达38.82%，合格人数、合格率均居全市第一。

【承办省中小学生艺术节】 2016年10月24—28日，浙江省中小学生艺术节现场展演和颁奖晚会在柯桥蓝天大剧院举行。柯桥区17个节目获省一等奖，其中小学组7个、初中组7个、高中组3个。（钱纪江）

普通高中教育

【概况】 2016年，柯桥区高中普及率99.4%；高考上线率98.7%。全区有普通高中8所，其中省一级特色示范高中2所、省二级特色示范高中4所；省一级民办高中1所；省级文明单位两个，省文明学校1所；全国绿色学校1所、省绿色学校2所。全区普通高中毕业学生4799人，招收新生4629人，352个教学班，在校学生14680人，在编专任教师1429人。

普通高中创新实验室建设实施二期工程，首批5个实验室建成并投入运作，柯桥中学的数字化美术和钱清中学的技术等两个创新实验室获省教育厅补助。24门自编选修课程被评为市精品选修课程，3门自编选修课程为省网络推荐课程。出台《适应高考招生改革变化合理调整课程设置和选课走班教学的指导意见》，指导各校科学合理设置三年课程，柯桥中学的物理学科、鲁迅中学的化学学科成功申报市首批重点特色学科。绍兴鲁迅中学通过省一级普通高中特色示范学校评估。

【建设美丽校园】 2016年，柯桥区稳步推进高中美丽校园建设。柯桥中学投入1500万元，改造管道网线、路面沥青铺设等；鲁迅中学新建校园特色小品；鲁迅高级中学建设科技艺术中心，改造专用功能教室并对校园路面升级，新建鲁迅广场和树人文化广场，突出鲁迅元素；越崎中学改造餐厅与学生宿舍后空地，消除卫生死角，一改脏乱面貌；钱清中学新建清风亭，立马太守像；豫才中学在花圃中竖立“树人”、“百草园”两块文化石，并在“百草园”周围增设名人群像。

【高考成绩实现“三连超”】 2016年，柯桥区高考北大清华录取19人，纯文纯理一批上线总人数1178人，比上年超近百人，两项核心指标连续三年超过既定目标，保持全市第一。27名学生高考成绩超过700分，总人数全市第一。8所普高有7所一批纯文纯理上线人数超过目标数，柯桥中学、鲁迅中学、越崎中学、钱清中学4所高中均刷新该校历年高考超目标数的记录。柯桥中学一批纯文纯理上线单校565人。

【成立“青少年创客联盟”】 2016年2月27日，柯桥区青少年创客联盟在浙江工业大学之江学院成立，柯桥中学、鲁迅中学、鉴湖中学、钱清中学和区职教中心成为首批青少年创客联盟学校。创客联盟重点开展青年学生创新意识的培养，对创新发明愿望强烈的学生展开一对一的辅导培育，学生参加国家、省、市、创新发明活动并获奖25人次以上。鲁迅中学1名学生出版科普专著，2名学生科幻作品获全国一等奖，1名学生获全球科幻星云奖铜奖；柯桥中学3名学生科技作品获国家专利；鲁迅高级中学学生机器人创客作品获全国二等奖；钱清中学7名学生创新作品获国家发明专利，学校获2016年市科普教育基地荣誉称号。

【柯桥中学在省乒乓球比赛中夺得四项冠军】 2016年，柯桥中学在省青少年（儿童）乒乓球冠军赛（团体）暨浙江省第七届中小学生乒乓球联赛高中组总决赛中，获得女子团体冠军、男子团体冠军、女子双打冠军、男子双打冠军、女子单打亚军和男子单打亚军的佳绩，包揽该次比赛三分之二的金牌和银牌，比赛总成绩全省第一。柯桥中学代表队被评为体育道德风尚奖。参加该次比赛的10名运动员都获得国家一级运动员技术等级和全国高水平高考文化单考单招（高考文化免考）资格。

【丁思哲拍摄微视频《梦想守候》】 2016年，鲁迅中学学生丁思哲拍摄微视频《梦想守候》，讲述绍兴人参与“五水共治”的故事，作品参加教育部组织的“‘中国梦——行动有我’2015年全国中小学微视频征集展播”活动，经过省教育厅选评，从全省四五百个作品中脱颖而出，并被推荐进入全国的评选活动。

【柯桥中学成为全国百所空军优质生源基地学校之一】 2016年8月，柯桥中学作为空军招飞优质生源基地应邀参加东北老航校70周年校庆—全国输送飞行学员优质生源学校表彰大会暨航空开放活动。柯桥中学作为全国28所代表学校之一上台领取奖牌，空军司令员马晓天授奖。

【李莉获“中国好课堂”一等奖】 2016年，绍兴鲁迅中学教师李莉在第八届全国新语文教学尖峰论坛“中国好课堂”教学大赛中，展示《高中作文思维导读》课例，以《拿来主义》思维导图为例，阐述高中生在论述文中如何“亮”出自我的一些看法。她的课例展示，融合绍兴鲁迅的特色，获得全国一等奖。

【杨一凡出版长篇魔幻小说】 2016年5月，鲁迅中学高一学生杨一凡的长篇少年幻想小说《魔力星球》首发式在绍兴鲁迅中学举行。《魔力星球》是一部关于爱与勇气的故事，受到文学爱好者的追捧，中国作家协会会员、一级作家、苏州市作家协会副主席、江苏省作家协会理事王一梅为该书作序。

（李国权）

职业教育

【概况】 2016年，柯桥区有4所职业学校，其中国家级重点职业学校、省一级重点职校各1所，省二级重点职校2所。在校学生10086人。专任教师608人，其中专业教师358人、“双师型”教师287人，占专业教师的80.17%。全区职校校园占地面积387773.01平方米，建筑面积233870.53平方米。设轻纺食品类、土木水利类、加工制造类等九大门类31个专业，有省级基地8个（含综合性实训基地1个），有服装、染整、电子等省级示范专业10个，省级产学研联合体2个，市级职教集团3个。另有18个市级示范专业和11个市高标准示范专业。高职高考全区参加高职考考生共677人，大专以上上线641 人，上线率94.68%，本科上线62人，超上年17个百分点。加上“3+2”、五年一贯制（大专）、技能尖子保送等升学人数，全区职高学生升入高等院校1091人。15个专业参加高职高考，其中9个专业上线率为100%，浙江电子工程学校桂欣欣以633分的成绩获得机械类专业全省第一名。在学生技能竞赛中，获得国家级一等奖2个、二等奖9个、三等奖3个；获得省一等奖11个（其中6个是全省第一名）、二等奖12个、三等奖14个；获得市技能大赛一等奖21个、二等奖17个、三等奖28个。柯桥区职教中心校长赵百源主持的《破墙行动——中职产业人才培养的实践与研究》获2016年浙江省教学成果一等奖，为全市唯一之奖项。

【出台《关于进一步促进职业教育校企合作的实施办法》】 2016年，柯桥区出台《关于进一步促进职业教育校企合作的实施办法》，明确自2016年始，区财政每年安排300万元专项资金，用于柯桥区中等职业学校校企合作，包括“校企合作”专业建设、基地建设、队伍建设。

【承办省现代学徒制试点单位现场交流会】 2016年10月18日，浙江省现代学徒制试点单位现场交流会在柯桥区职业教育中心举行。省教育厅副厅长朱鑫杰、省教科院院长朱永祥等领导及全省各试点单位、学校相关负责人，现代学徒制试点企业负责人等200余人参加。柯桥区教体局从多方位落实保障、多元化创新举措、困惑与思考三方面汇报柯桥区职业教育现代学徒制试点工作进展情况。

【开展“社会服务周”活动】 2016年3月11日，柯桥区职高200余名师生在柯桥鉴湖路开展“技能服务社会实践树立新风”为主题的社会服务活动。4所职高学校共开设42个免费服务项目，现场服务市民近千人次，向市民赠送培训资料、花卉面点等1000余份。

【1500名职校毕业生在就业推介会上与企业达成意向】 2016年4月12日，柯桥区第十一届职业学校毕业生就业推介、技能展示暨现代学徒制校企合作签约活动在区职教中心举行。4所职高分别与绍兴东方山水风情园、物美集团、绍兴华绿园林建设有限公司等15家企业签订现代学徒制校企合作协议，近1500名毕业生与企业达成就业、实习或见习意向。（杜国平）

高等教育

【概况】 2016年，柯桥区有高等院校3所。浙江工业大学之江学院成为浙江省首批通过独立学院规范设置省级验收的4所独立学院之一，在武书连2016中国独立学院综合实力排名中位列第五。之江学院参加教育行政管理部门举办的学科竞赛（一类赛事）25项，获得省级以上奖项102项，总成绩位列浙江省同类院校第三名。新增校级及以上纵向项目58项，其中国家级5项，新签横向合同77份，全年科研总到款1375.932万元，比上年增长18%。之江学院成功取得来华留学生招生资格。

2016年10月31日，浙江工业大学之江学院通过独立学院规范设置验收（汪新力 摄）

2016年9月28日，树人大学杨汛桥校区正式启用
（郑伟进　摄）

成立战略管理研究所等25个研究所。12月，之江学院牵头成立柯桥区现代工业设计学会、建筑规划景园学会、机械工程学会、计算机软件与自动化学会。之江学院陆续成立绍兴市旅游经济与发展研究中心、特种装备协同创新中心、智慧医疗联合研究中心、浙江工业大学工程设计集团之江分院，与《柯桥日报》、柯桥区广电总台签署教学科研实践基地合作协议，拓宽产学研平台。

区电大被评为省电大教材管理先进单位、全省招生先进集体、市教学先进单位。院长赵百源被评为省电大系统“招生先进个人”，教师范李明获全省电大青年教师教学技能比赛一等奖。

【树人大学杨汛桥校区正式启用】 2016年9月，浙江树人大学杨汛桥校区一期竣工交付、投入使用。10月5日，浙江树人大学杨汛桥校区开学，2016级3924名新生报到入学。杨汛桥校区设立浙江树人大学基础学院，主要开展通识类课程的教育教学，学生完成大学一年级的学习后，转入学校杭州拱宸桥校区继续学习。

【电大教育以就业市场为导向】 2016年，柯桥区电大提出“厚德重能”的办学方针，把“德能兼备、就业创业”作为学校的培养目标。以就业市场为导向，引入社会就业急需的课程，调整专业课程结构，突出专业特色；以实践性教学为主线，加强学生的动手操作能力，强化专业技能基本功训练，严把技能考核关。全年招生672人，全市第一。

【之江学院投入431万元建设实验室】 2016年，浙江工业大学之江学院完成梦湖1#、2#楼新生宿舍改造工程、旱湖12号AB楼建设工程公开招标前的报批（备）手续、梦湖园接管、基础设施改造和原师生活动中心的搬迁拆除工作；初步完成梦湖园建设规划草案；竣工校园重点改造项目58个。完成杭州、绍兴两校园设施的搬迁及办公用房的调整工作。全年投入实验室建设经费431万元，建成6个项目。新增教科设备511台件，金额385.88万元，教科仪器设备总值达7291万元。

【之江学院组建1000余人的学生志愿者队伍】 2016年，浙江工业大学之江学院组织28支队伍、

2016年7月，浙江工业大学之江学院商学院学生志愿者开展“市场监管 护航G20”暑期专题活动　（之江学院 供稿）

2016年10月25日，浙江工业大学之江学院招收5名外籍人士到华留学（江新力 摄）

1000余名青年学生开展暑期社会实践活动。实践获浙江省“百优”团队，获浙江工业大学十佳团队1个，绍兴市优秀团队5个。之江学院实现校地志愿服务活动的协同并进，建成志愿者服务基地50余个，组织志愿服务活动120余次。

【之江学院首次招收到华留学生】 2016年10月，浙江工业大学之江学院取得到华留学生招生资格，招收5名外籍学生。12名专任教师赴国（境）外访学3个月以上，成功申报浙江省高等学校国内访问学者国访学1人。125名学生赴国（境）外交流学习。（杜国平 陶佳苹 娄华军）

特殊教育

【概况】 2016年，柯桥区有特殊教育学校1所，在校学生82人，专任教师22人。办学向学前、职教延伸；全面实施生活核心课程个别化教育。对全区221名三残少儿实施“卫星班”试点与随班就读融合教育，创新送教服务。州山小学实行普特一体化，成为浙江省特殊教育卫星班试点学校。

【特殊教育接受国家级督导评估】 2016年5月11日，全国妇联副主席宋秀岩率国务院妇儿工委督导组到柯桥区育才学校督导，对柯桥区特殊教育“普惠、特惠、优惠”措施和育才学校成为全省一流的特殊教育学校给予充分肯定。

【区育才学校成为省课程改革试点学校】 2016年，柯桥区育才学校成为省个别化教育实验学校和省课程改革试点学校。开发培智学校生活课程，市级规划课题立项。课程实践研究成果在省内外8个地区学校推介，学校课程建设与办学成果在省培班、国培班专题推介。（钱纪江）

成人教育

【概况】 2016年，柯桥区有1个区级成教中心，7个区域性成教中心，9所镇（街道）成校，1个区级社区教育学院，12个社区教育分院，其中省级社区教育示范学校3所、省级标准化成校16所、市级现代化成校3所。成校开展一系列农民和企业职工培训，包括农特专业户培训、印染工培训、特种工培训等，共培训119441人次，其中家政培训2930人次、新型农民培训21564人次、企业职工培训47601人次、其他培训47346人次；职业技能培训62155人次、社区培训57686人次。全年预备劳动力培训679人，脱盲807人，803名农村成人获高中学历、技能双证。全年通过成校培训取得职业资格9446人，其中初级证书5087人、中级证书2344人、高级证书2015人。16所成教中心、成校全年培训创收7716098元。10月28日，浙江老年开放大学柯桥学院正式挂牌，开始全区老年教育注册工作。柯桥区获得2016年绍兴市成人教育特别贡献奖。10月21日，柯桥区代表绍兴市在省职成教协会年会上作典型发言，受到到会领导及代表的肯定。

【出台社区教育“十三五”规划】 2016年10月24日，柯桥区出台《柯桥区社区教育“十三五”规划》，明确争创全国社区教育示范区、率先建成浙江省学习型城市的目标。

·小资料· 柯桥区社区教育“十三五”规划

柯桥区社区教育“十三五”规划（以下简称《规划》）以积极争创全国社区教育示范区，率先建成浙江省学习型城市为目标，到2020年，建立网络更为健全、办学更为开放、资源更为丰富、体制更加完善、保障更加有力、发展更为均衡、参与更为广泛、城乡一体、全省一流的社区教育体系，逐步建立和加强社区教育治理体系和治理能力现代化，基本构建起服务社区全体成员的区域终身教育体系，基本建成“人人向学、处处可学、时时能学”的学习型社会框架为总体目标。以终身学习理念成为社会共识、社区教育保障体系进一步完善、社区教育服务范围进一步扩大、公共教育资源平台进一步开放、学习成果评价和认证支持体系逐步建立、全区居民整体素质得到明显提升为具体目标。《规划》要求进一步健全体制机制、落实经费保障、促成资源共享、落实考核激励。不断扩大宣传，顺应需求，激励社区群众广泛参与；不断健全队伍，新建学院，提升社区教育服务能力；不断丰富资源，培育品牌，促进社区教育内涵发展；不断拓展阵地，坚持培训，确保社区教育常态化开展；以点促面，全面推进，努力促进学习型组织建设；争创示范，以评促建，推动社区教育提档升级；突破传统，大胆实验，探索社区教育不断创新。

【社区教育获评两项省级荣誉】 2016年，柯桥区《“转型升级”的助推器，“二次创业”的加油站——中国轻纺城经营户素质提升工程》被评为浙江省“终身学习品牌项目”，柯桥街道老年学员陈长根被评为省“百姓学习之星”，均系全市唯一奖项。

【柯桥区被确定为第六批全国社区教育实验区】 2016年，柯桥区积极倡导全民终身学习、致力学习型社会建设，不断提高居民思想道德素质、科学文化素质、健康素质和职业技能，建立健全社区教育制度，统筹城乡社区教育发展。4月15日，教育部职业与成人教育司公布“第六批全国社区教育实验区、第四批全国社区教育示范区”名单，柯桥区被确定为第六批全国社区教育实验区。

【举行全民终身学习活动周】 2016年10月28日，绍兴市暨柯桥区全民终身学习活动周启动仪式在柯桥区图书馆会议厅举行。活动持续1周，共开展学习、培训、文体等活动307场次，9万余人参加。

【举办“成教服务社会”活动周】 2016年5月19日，柯桥区“成教服务社会”活动周开幕式在平水成教中心举行，全区16所成教中心、成校安排家政服务、扫盲、电子商务、面点制作、农特专业户经营等各项教育培训活动100余班，共400余期，培训人员2万人次。

【803名农村成人获“双证”】 2016年，柯桥区在农村成人“双证制”、预备劳动力培训方面，规范学员报名、授课安排、师资聘请、考试实施、检查监督等工作。至年底，1026人参加免费培训，803名学员获得高中学历、技能双证，679名学员参加免费预备劳动力培训。

（高　巍　杜国平）

招生考试

【概况】 2016年，柯桥区14331名学生进入高一级学校，其中被高中段学校录取8071人、被普通高校录取5707人、被高职单考单招录取553人。全区普通高校报名6250人，按纯文纯理算，上一批分数线1178人、上二批分数3644人、上三批分数线5753人，按上3批计算，普通高校上线率92.04%。单招单考共667人报考，录取553人，录取率82.9%。成人高考报名158人，报考人数比上年减少57人，上线131人，上线率82.9%，录取126人，录取率79.7%。参加中考报名4730人，录取高中段新生8071人，其中普通高中录取4810人、职校录取3261人。自考学历考试报考人数137人，毕业4人。参加全国计算机等级考试413人、全国英语等级考试2275人，14人获得心理健康教育证书。

【5707人被普通高校录取】 2016年，柯桥区有6250名考生报考普通高校，其中文史类1507人、艺兼文447人、体兼文42人、理工类3907人、艺兼理284人、体兼理63人。参加高中学考选考，4月份高中学考报名15164人次，选考报考2565人次；10月份学考报名22984人次，选考报考12974人次。普通高校共录取新生5707人，占全区报考考生的91.3%，按纯文理计算，一类录取962人、二类录取2239人、三类录取1828人，体艺类录取678人。19名学生被北京大学、清华大学（北大10人，清华9人）录取，63人被浙江大学录取。1名考生被录取为空军飞行学员，3名考生被录取

为民航飞行员。　　　　　　　　（任新江）

师资管理

【概况】 2016年，柯桥区教育体育系统有教职员工9557人，其中专任教师8296人。专任教师中任教于普通高中1429人、职业学校608人、初级中学1970人、小学2750人、幼儿园1523人、特殊教育16人。按学历分，普通高中专任教师中研究生158人，占11.05%；本科1264人，占88.45%。职业学校专任教师中研究生27人，占4.44%；本科565人，占92.93%。初级中学专任教师中研究生28人，占1.42%；本科1876人，占95.23%；专科66人，占3.35%。小学专任教师中研究生13人，占0.47%；本科2114人，占76.87%；专科594人，占21.6%；高中29人，占1.05%。幼儿园专任教师（含园长）中研究生7人，占0.46%；本科824人，占54.07%；专科648人，占42.52%，高中45人，占2.95%。全区普通高中、职业学校（含成人学校）、初级中学、小学、幼儿园专任教师的学历合格率均近100%。全区有高级职称教师1342人，中级职称教师3454人，初级职称教师1582人。

全区有4名教师获浙江省第二十六届春蚕奖称号，1名教师获浙江省中小学师德楷模称号，3名教师获浙江省农村教师突出贡献奖称号，1名教师被评为绍兴市最美教师，3名教师获绍兴市最美教师提名奖，15名教师被评为绍兴市第九届学科带头人。

【交流教师378人】 2016年，柯桥区教体局执行《关于进一步优化柯桥城区教育集团工作的若干意见》和《关于进一步完善城区学校新教师支教工作的意见》文件要求，实行优质师资在教育集团（联盟、共同体）内的有序流动，全区交流教师378人，占符合交流条件的教师总数的8.02%。

【调整干部管理政策】 2016年，柯桥区调整两项干部管理政策。相应延长学校干部的任职与退职年限，任职延长3年，退职延长1年，对现任学校党政正职男性，延长2年，对于公认度高、管理成绩特别优秀的党政正副职，经考察考核均可延长退职；明确干部的辞职、降职、免职等政策规定，降职、免职明确量化考核操作依据。选拔任用局管领导干部33人，其中学校党政正职8人、副职19人、机关科室长4人，有2名校长(主任)兼任总支书记(书记)。对31名学校干部进行交流调整，6名学校干部退任督导，3名机关中层干部退任免职。新提任非党干部4人，占提任干部总数的13.7%；35周岁以下年轻干部6人（其中机关中层1人），占比20%；女干部12人，占比40%。（操梅霞）

教育研究

【概况】 2016年,柯桥区鲁迅高级中学“选课走班”经验在全省新高考新课改会议上交流。初中基础性课程“走班选课”工作接受省教研室调研3次，申报省级课题研究；组织力量编写分层作业3个学科共6册，实施科学“课程链”项目。发展中心选送的“为区域性分层走班提供教研力”入选2016年浙江省教研亮点。在义务教育段组织课程规划和精品“拓展性课程”评比。在上半年选送的市义务教育精品课程评比中有9门被评为市精品课程，占全市近三分之一。在全市课程规划评比中，获奖33项，居全市第一。小学全面推进低年级评价改革工作，承办市小学语文评价研讨会和省小学科学年会及小学信息技术省优质课评比活动，农村小班教育工作经验在省级会议上介绍。

柯桥区注册教师8302人，当年完成教师培训共796821学时，当年教师自主选课完成共422483学时，教师自主选课后的参训率达到99.45%；共计完成1300人的90学时的外出和本地的理论与实践培训。柯桥区连续两年被评为省师训工作A级单位。对组建的100个名师工作室、174个青年教师成长工作室进行考核评比。举办省书法培训班，共有90人报名参加。开设四期“教育大讲堂”，邀请教育部、国防大学、中央电视台等单位的名家演讲。

表37 2016年绍兴市柯桥区学生在省级以上学科竞赛中获奖情况

竞赛名称	获奖情况
全国高中数学联赛	全国一等奖1人、二等奖16人、省一等奖8人
全国高中物理竞赛	全国决赛银牌1人、铜牌1人，全国一等奖3人、二等奖26人、三等奖11人，省一等奖19人、二等奖26人、三等奖35人
全国高中化学竞赛（省级赛区）	省二等奖3人、三等奖1人
全国中学生生物学联赛	全国三等奖15人
全国青少年信息学奥林匹克竞赛（浙江省赛区）	普及组省一等奖2人、二等奖6人 、三等奖7人，提高组省二等奖3人 、三等奖2人
全国中职技能竞赛	全国一等奖2人、二等奖9人、三等奖3人，省一等奖11人、二等奖12人、三等奖14人
全国地理科技大赛	全国一等奖12人、二等奖33人
浙江省高中数学竞赛	省一等奖16人、二等奖36人、三等奖18人
浙江省高中化学竞赛A组	省一等奖7人、二等奖4人、三等奖7人
浙江省高中化学竞赛B组	省一等奖1人、二等奖9人、三等奖3人
浙江省高中生物竞赛A组	省一等奖2人、二等奖18人、三等奖14人
浙江省高中生物竞赛B组	省一等奖3人、二等奖18人、三等奖49人
浙江省中小学艺术节	省一等奖25人、二等奖9人、三等奖4人，优秀指导奖25人

【举办智慧课堂教学观摩等活动30余场】 2016年，柯桥区举办智慧课堂教学实践观摩活动、移动终端数字化学习、智慧教师高阶研修等活动30余场，受训超过4000人次。承办第一届两岸三地智慧好课堂活动，获2个一等奖和2个二等奖。参加全国互动课堂现场说课比赛，共获现场说课一等奖1人，二等奖3人。共有10个创新实验室和学科教室获得省资助。柯桥中学被评为省第一批示范数字校园。2016年暑期推出的“空中课堂”，共上线各类课程100多节，收看学生超过4000人，教师空间活跃度跃居全省第二。

【师干训等教研课题省级立项21项】 2016年，柯桥区立项的省师干训课题13项，省教科规划课题3项，省教研课题5项，市级规划课题30项，区级规划课题237项，市级“教改项目”57项，区级“教改项目”377项。在2015年省师干训课题结题评比中，柯桥区1项课题获一等奖，2项课题获二等奖，3项课题获三等奖。在2015年的省教研课题结题评比中，柯桥区有1项课题获二等奖。在2015学年绍兴市规划课题评比中，柯桥区4项课题获一等奖，4项课题获二等奖，7项课题获三等奖。在2015学年绍兴市“教改项目”评比中，柯桥区6项课题获一等奖，7项课题获二等奖，8项课题获三等奖。

【发表论文2004篇】 2016年，柯桥区教师在省级以上教育教学报刊上发表论文2004篇。出版42部教育教学书籍。在省级以上公开发表、获奖、展出音乐、美术、文学作品212件，其中音乐舞蹈作品13件，书画、摄影作品71件，文学作品128件。全区学生在省级以上公开发表、获奖、展出音乐、美术、文学作品1216件。

【5名学生获全国作文大赛特等奖】 2016年，柯桥中学1名学生获第十一届全国中小学生创新作文大赛高中组特等奖（全国仅10人）。鲁迅中学2名学生获第十四届“叶圣陶”杯全国中学生现场作文大赛特等奖，另两名学生获第十八届“语文报杯”全国中学生作文大赛现场决赛特等奖。

（吴　鸿）

执行编辑　祝元泰

文化·传媒

专业文化

2016年7月13日，中国文联召开新编越剧《屈原》晋京演出座谈会暨绍兴小百花“三次创业”研讨会　　（陈锦高　摄）

2016年，绍兴小百花越剧团创排新编越剧《鉴水吟》（陈锦高　摄）

【概况】　2016年，柯桥区有专业表演团体1个，即绍兴小百花越剧艺术传习中心。传习中心有演出剧场1个，从业人员70人，其中正高职称12人、副高职称17人、中级职称25人，全年演出300多场，观众50多万人次。新编越剧《屈原》首次进国家大剧院献演，并获浙江省文化精品扶持工程第十一批扶持项目；新编越剧《鉴水吟》在百花剧场进行欢乐柯桥·“小百花”迎新暨审查演出。4月19日，新编越剧《鉴水吟》在绍兴市文化馆剧场演出，配合公祭大禹陵活动。在京举行全国地方戏优秀中青年演员汇报演出，吴凤花作为浙江省唯一入选者献演《梁祝》。吴凤花获第十五届中国文化艺术政府奖文华表演奖；《吃补药》获第十一届河南宝丰马街书会优秀曲艺展演一等奖；艺校学生韩梦莎、钱世颖获2016浙江省中等职业学校职业能力大赛（学生技术技能类）艺术专业戏曲表演赛地方戏曲组第二名与第三名，成功晋级全国大赛；韩梦莎参加全国职业技术院校技能大赛决赛中职组戏曲表演赛获地方戏组二等奖。

【绍兴小百花举办建团30周年系列活动】　2016年，绍兴小百花越剧团建团30周年。开展进京汇报演出、传承与发展艺术研讨会等七大活动。邀请中央电视台于5月12—14日在百花剧场对《三看御妹》《洗马桥》《穆桂英挂帅》进行专场录像。建立绍兴小百花建团30周年团史陈列室。11月12日，举行绍兴小百花越剧团建团30周年纪念大会暨梅花奖艺术团“送欢乐、下基层”柯桥行。12月3日，新编越剧《狸猫换太子》在浙江绍剧艺术中心参加全市优秀剧目展演。

【新编越剧《屈原》获省级项目奖】 2016年4月6日，新编越剧《屈原》开启全国巡演，在北京、南京、杭州、南昌、宁波、金华、温岭、绍兴等地巡演40场，其中公益演出9场（学生场），7月11—12日首次在国家大剧院演出。7月13日，中国文联召开新编越剧《屈原》晋京演出座谈会暨绍兴小百花“三次创业”研讨会。7月15日《人民日报》刊发《再铸不屈民族魂——观越剧新编历史剧〈屈原〉》；9月12日，《光明日报》载文《越剧〈屈原〉：一首深蕴哲理的史诗》。中央电视台戏曲频道《戏曲采风》栏目以《越剧〈屈原〉亮相国家大剧院》一个短片，对新编越剧《屈原》晋京演出进行报道。10月27日在杭州剧院完成国家艺术基金结项演出。11月，新编越剧《屈原》获浙江省文化精品扶持工程第十一批扶持项目。

【绍兴莲花落《吃补药》获马街书会一等奖】 2016年，国遗•绍兴小百花实验曲艺团（筹）王凯尔、倪银峰表演的《吃补药》在第十一届河南宝丰马街书会上获优秀曲艺展演一等奖。马街书会集中展现京韵大鼓、山东琴书、三弦书等40余种曲艺和上千部传统及现代曲目，是一种汉族民间曲艺盛会。（祝妍春）

2016年10月，吴凤花获第十五届文华表演奖

（陈锦高 摄）

社会文化

【概况】 2016年，柯桥区继续开展“乐在柯桥”文艺贺新春系列活动；每周举行“鉴湖之春”广场文化活动；举办柯桥区“幸福水乡才艺秀”大型活动；组织“文化走亲”活动；举办第六届少儿迎春文艺汇演；组织承办“青春之歌”柯桥区第五届青年歌手大赛、柯桥区“好戏连台——民营剧团群英会”；举办柯桥区“群众文化带头人”系列培训10期；绍兴莲花落演出代表团参加“中华曲艺海外行”活动；柯桥区“中国曲艺之乡”建设通过中国曲协督查；施金裕、潘海良、韩会稽分别获首届绍兴艺术基金曲艺表演一、二、三等奖；沈建萍创作的故事《来自天堂的短信》获浙江省第十届新故事作品征文大赛兰花铜奖；在浙江省第五届故事会中，沈建萍创作的故事《丢失的手机》获一等奖；潘海良表演的故事《大海捞真》获表演一等奖；韩会稽创作、表演的故事《一块补丁》获创作三等奖、表演一等奖。

柯桥区图书馆馆舍建筑面积10000平方米，阅览座席1102个，有藏书33万余册（件），全年累计新编入库纸质图书56806册，征订报刊1449种，自主采购地方文献206册、纺织专题文献857册，免费征集及捐赠方式获得越地文献187册，编印《纺织信息导刊》6期；对首批5个农家书屋实现统一采编、统一检索、统一配送的大流通运作体系。（陈银倩 陈关根）

【1万余人报名参赛“幸福水乡才艺秀”】 2016年，柯桥区“幸

2016年10月12日，柯桥区“幸福水乡才艺秀”比赛现场
（祝　铭　摄）

2016年7月，柯桥区举办“群众文化带头人”戏曲表演培训班
（祝　铭　摄）

福水乡才艺秀”，比赛项目新设美术、书法、摄影和原创村歌大赛；参赛选手增加工商联海选赛区。开展“群文之星”评选活动，吸引1万余名才艺“达人”报名，共进行120余场海选和各级比赛，优秀节目还参与到区“文化走亲”活动中，让选手们在周末剧场、文化礼堂展示才艺。

【“鉴湖之春”在广场演出20场】　2016年4—10月，柯桥区委宣传部、区文广局主办，区文化发展中心承办的第十二届“鉴湖之春”广场文化活动在明珠文化广场举行20场演出。观众3万人次。（沈建萍）

【培训1500余名文艺骨干】
2016年，区文化发展中心组织文化馆业务干部成立农村文化建设专家服务团，开展“群众文化带头人”系列培训10场次。培训课程包括排舞、群文理论、摄影、书法、美术、合唱、声乐、戏曲、曲艺等；共培训1500余名基层文艺骨干。（季承人　沈建萍）

【举行首届“幸福柯桥”村歌大赛】　2016年，区委宣传部、区文广局主办，区文化发展中心承办的首届“幸福柯桥”村歌大赛有128首村歌参赛。评出3个金奖、6个银奖、11个铜奖及2个单项奖。（沈建萍）

【图书馆获赠珍贵宗谱】
2016年5月31日，70余岁的绍兴市政协原副主席李永生，将两部《会稽横路李氏宗谱》无偿捐赠给中心图书馆地方文献馆。该宗谱一部为清光绪廿三年版，一函四册，线装，稍虫蚀；另一部为民国十七年版，一函四册，线装，保存完好。宗谱详细记述会稽横路李氏繁衍生息的族群历史，是地域李氏宗族文化研究的珍贵谱牒史料。

【图书馆接待读者53.8万人次】
2016年，柯桥区图书馆接待读者53.8万人次，其中夜开放读者7.2万人次；外借图书35.2万册次，其中电子图书和期刊外借6.1万册次；外借音像光盘1032张；新增借阅卡4756张；送书下乡共计1.2万册次；网络图书馆载体（官网、手机图书馆、微信公众号）浏览5.7万人次；“明珠讲坛”全年推出讲座11场，周末国学视频讲堂70场；“星期天影厅”播放共享工程优秀影视35场；“明珠展廊”全年推出公益展览12场；组织开展各类读者活动26场、公益培训42场。

2016年5月31日，李永生向柯桥区图书馆捐献《会稽横路李氏宗谱》（孟洁瑾　摄）

【建成5个农家书屋】 2016年，柯桥区建成大渡、余渚、岭下、夏履桥、黄壤坞5个“农家书屋”，每个点免费配备图书4000余册及书柜、阅览桌椅、服务台、管理电脑等设施，统一安装“一卡通”业务系统，实现全市统一检索、配送和通借通还。（陈关根）

文物保护

【概况】 2016年，柯桥区实施国保单位柯岩造像及摩崖题刻抢险加固工程等多项柯桥区文物保护重点工程，编制印山越国王陵总体保护规划及舜王庙、绍兴越国贵族墓群、王守仁墓等国保单位保护规划，维修善庆学校、诸家台门、董氏家庙等文保单位，新增部分文保单位监控系统。

柯桥区博物馆（越国文化博物馆）常年免费对外开放，全年接待参观者48000余人次。举办馆内临时展览和省内外交流展览各8期，赴镇（街道）文化馆、学校巡回图片展览7期；面向学校举办“零距离赏宝进校园”特色活动；完成全区首次全国可移动文物普查和成果出版工作；举办“中国柯桥·越瓷文化学术研讨会”；完成博物馆展厅局部升级改造工程。（朱佩文　周燕儿）

【新增27处文保单位监控系统】 2016年，柯桥区文物部门新增27处文保单位监控系统，累计有40处文保单位建立监控平台，占全区文保单位总数的50%。对柯桥区162处文保单位（文保点）进行安全检查，将消防安全警示牌安装上墙，更换部分灭火器。重新编印《文物宣传手册》向社会发放。

【柯岩造像及摩崖题刻抢险加固一期工程竣工】 2016年9月，柯岩造像及摩崖题刻抢险加固保护一期工程通过竣工验收。该工程是浙江省最大的一处石质文物保护工程，由国家文物专项保护资金全额补助，总投资2076万元。一期工程（“云骨”文物本体表面清洗、加固与防风化保护，文昌阁遗址摩崖题刻的保护与危岩体加固）投资1000余万元，自

2016年9月23—24日，柯桥区举办“中国柯桥·越瓷文化学术研讨会”（过伟明　摄）

2015年11月开工。

【柯岩造像及摩崖题刻档案获评省级优秀档案】 2016年，柯岩造像及摩崖题刻“四有”（有保护范围、保护标志、记录档案、保管机构）档案获评浙江省文物保护单位优秀记录档案，全省共25处。（朱佩雯）

【举办越瓷文化学术研讨会】 2016年9月23—24日，柯桥区举办“中国柯桥•越瓷文化学术研讨会”。中国古陶瓷学会会长、故宫博物院研究员王莉英等40余位专家学者，围绕“越瓷的起源与地域范畴”“越瓷的品类与文化内涵”“越瓷的历史地位与影响”“越瓷文化遗产的保护与利用”等四大主题，进行探讨与研究。与会代表参观考察临时展览“如冰似玉——柯桥区博物馆馆藏越瓷精品展”、平水镇的上灶官山唐宋青瓷窑址。（何　旷）

【追缴文物30件】 2016年3月，柯桥区博物馆配合区公安机关打击盗卖文物犯罪活动，先后两次接收追缴文物原始瓷、青瓷类文物共30件，时代上起西周，下迄唐宋。器形有鼎、盆、罐、盘口壶、鸡首壶、执壶、虎子、堆塑罐、狗圈等，有日用器、陪葬用的明器（冥器）。经省文物鉴定委员会鉴定，5件属国家二级珍贵文物，13件属三级珍贵文物。其中带“陈君有也”款识的西晋青瓷狗圈、西晋青瓷贴佛像盘口壶、带鸟系的东晋青瓷鸡首壶等，在浙江省内尚属首次发现。（陆菊仙）

【开展5期“赏宝进校园”活动】 2016年，柯桥区博物馆继续推进“零距离赏宝进校园”系列活动，赴湖塘小学、柯桥小学、轻纺城小学（新、老校区）、杨汛桥镇中心小学开展5期“车越乔捐赠书画藏品欣赏”活动，邀请书画专家为师生们讲解馆藏书画精品。（张　慧）

【完成可移动文物普查】 2016年8月，柯桥区博物馆完成柯桥区国有收藏单位5245件文物数据校核、网上平台报送及普查报告、验收报告编写等各项工作任务。《绍兴馆藏货币选编》由西泠印社正式出版，全书收录国内外历代铜币、银币、铁币、纸币和冥币280余件，考释详尽，图文并茂。（韩立江）

非物质文化遗产保护

【概况】 2016年，柯桥区非遗馆全年接待观众1.5万人次。区非遗网站全年访问量26万人次。书画越社编印《越社》杂志7期，举办书画展览、交流活动19场次，成为全区书画艺术的传播中心。对7家符合要求的民营剧团开展资料收集、整理和登记等普查工作。全面掌握全区地方戏曲演出团体、人才状况、演出剧目、生存现状等。制定《柯桥区非物质文化遗产保护发展“十三五”规划》，5年重点打造越剧、莲花落两大传统表演项目高地，建设黄酒文化生态区（湖塘）、绿茶文化生态区（平水）、水乡文化生态区（安昌）、运河文化生态区（柯桥）和信俗文化生态区（王坛）等五大文化生态区，培育10个非遗特色村。

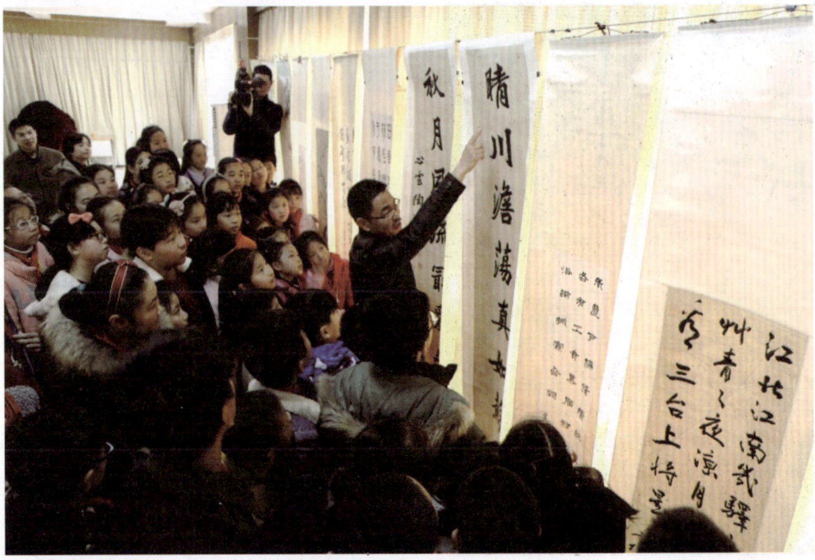

2016年，柯桥区博物馆开展“零距离赏宝进校园”活动（周燕儿　摄）

【省“十三五”县域非遗保护工作现场推进会在柯桥召开】 2016年8月18日，浙江省“十三五”县域非遗保护工作现场推进会在柯桥召开，省文化厅党组副书记、副厅长陈瑶在会上肯定柯桥区的做法，130余位与会代表和新闻媒体记者实地参观省非遗生产性基地塔牌绍兴酒有限公司黄酒文化中心、绍兴曲艺传承演出场所莲花书场，观看“越韵流芳”绍兴地方戏曲保护传承汇报演出。

【省级非遗项目增至12个】 2016年，柯桥区申报的绍兴清音班和绍兴修缸补髭技艺入国第五批省级非遗项目名录，柯桥区省级非遗项目增至12个。赵秀林铜雕工作室被列为省级生产性保护基地。

2016年，绍兴清音班列入第五批省级非遗项目名录
（沈　莹　摄）

2016年，柯桥区莲花书场在上演绍兴宣卷
（沈　莹　摄）

【认定非遗代表性传承人9人】 2016年，柯桥区非物质文化遗产保护中心开展第四批区级非遗代表性传承人申报工作，共有19人提出申报要求。经初评、专家评审和公示，共认定新一批代表性传承人9人。柯桥区共有7人被认定为第五批市级非遗代表性传承人。

【开展活态传承展示非遗活动30场次】 2016年6月，柯桥区非物质文化遗产保护中心组织开展“非遗进礼堂”——地方戏曲传承演出、“品味端午”——非常龙粽主题体验、区文化遗产保护工作回眸展、非遗保护传承培训会等活动，承办2016年绍兴市师爷讲故事比赛。国遗项目绍兴莲花落参加中华曲艺海外行活动，出访法国、西班牙和葡萄牙等国家并参加巴黎中国曲艺节。在省非遗传统工艺品及衍生品优秀创意设计展中，柯桥区选送的绍兴圆木工艺制品获得提名奖。绍兴宣卷被省非遗保护中心选派参加第四届江浙沪宣卷交流邀请赛，《花名宝卷》《香莲宝卷》分获银奖、铜奖。一批非遗项目参加第八届浙江中国非遗博览会、第五届浙江运动休闲旅游节、浙江省“美丽非遗走进淳安文渊狮城”、绍兴市非遗集市、2016绍兴虞舜文化旅游节、安昌腊月风情节等活动。全年开展活态传承展示非遗活动30场次。

【东村村非遗馆建成开放】 2016年，柯桥区王坛镇东村村非遗馆建成开放。该馆面积400平方米，以“东村风情”为陈列主题，通过东村之美、东村之魅、东村之梅3个篇章展示当地独特的传统文化。

【莲花书场演出120余场】 2016年，柯桥区莲花书场每周安排3场公益性演出，分别为实验曲艺团专场、莲花落艺术团专场和

戏曲爱好者专场。至12月底，书场共演出120余场，场场观众满座。（祝妍春）

文化产业

【概况】 2016年，柯桥区有各类文化经营单位719家，其中网吧115家、歌舞娱乐场所（电子游戏）67家、营业性演出场所2家、营业性演出团体45家、出版物（书刊、电子出版物、音像制品）销售224家、包装装潢印刷单位105家、其他印刷品印刷单位45家、打字复印店100家、广播电视节目制作经营单位10家、电影放映单位6家。“蓝天”“万达”“厚品”“大钱门”“中影星梦”等5家数字影院全年共放映6万余场次，观影人数175万余人，实现票房收入6400余万元。新锐传媒网络大电影《青春24秒》在柯桥区取景拍摄；环泰文化出品的《小猪班纳之星幻骑士》登陆央视少儿频道动画剧场；观鉴影业投资的《隐藏者》等电影相继开拍，在柯桥区取景拍摄的《危城》全国首映。通过公开招投标向社会购买农村电影放映服务3728场。增加人口多的开发区、集镇的放映点。

区文化市场行政执法大队共出动执法检查456次，出动执法人员1403人次，检查经营单位2734家次，取缔“黑网吧”6家、无证音像（出版物）摊店4家、非法演出大篷1起，查处擅自安装地面卫星接收设施1处，收缴非法音像制品421张（盒）、非法（盗版）出版物86本，查扣电脑、交换机等上网设备40台，立案查处违法违规案件41件。

【民营剧团演出800余场】 2016年，民营剧团演出800余场，其中公益性演出100余场，政府购买服务送戏下乡87场，活跃民间艺术舞台，本土草根明星演出贴近生活，满足城乡戏迷和文艺爱好者需求。

【处罚违规网吧59家】 2016年，柯桥区文化市场行政执法大队上半年共检查网吧556家次。立案查处违法违规网吧32家，停业整顿7家。4月至9月，结合日常检查和集中整治，分阶段开展对全区网吧、歌舞娱乐场所、电子游戏场所、营业性演出经营场所、出版物经营单位的排查整治。重点检查各场所证照是否齐全、有否违规接纳未成年人、有否安全问题、消防通道是否通畅。共处罚网吧27家、停业整顿7家、关停14家，取缔“黑网吧”3家，通过约谈劝停网吧35家。（祝妍春）

2016年，柯桥区“好戏连台——民营剧团群英会”在演出（沈琛幸　摄）

档案事业

【概况】 2016年，柯桥区档案局基本陈列厅正式对外开放，累计接待各类参观群众3000余人。孙越崎纪念馆全年接待全国各地民革人士32次1000余人，被设为柯桥区委党校社会主义学院现场教学点。开展“福康医院史料图片展”、文化礼堂“五水共治图片巡展”、“庆祝建党75周年书法篆刻展览”等各类展览。完成《民国绍兴商会档案汇编》编研校稿，编印《记忆柯桥2015》一书。

【档案数字化扫描123万余页】 2016年，柯桥区档案局完成馆藏档案数字化扫描123万余页，累计完成馆藏档案数字化扫描近1500万页，数字化率85%以上；完成159个全宗单位196869卷件（67066卷、129803件）的原文数字化系统挂接，挂接率71.21%。全区16个镇

(街道、开发区)全部建立数字档案室，达标率100%；完成档案登记单位87个，登记率100%；完成数字化成果备份单位87个，备份率100%；在线实时备份电子业务系统3个。

【建设“千村档案”等农村业务档案】 2016年，柯桥区档案局对馆藏部分珍贵破损档案开展修裱抢救，裱糊修复20000余页民国破损档案。征集到中共建党75周年书法篆刻精品作品50余件。开展以“农村土地确权颁证档案”“千村档案”“文化礼堂建档”为重点的农村业务档案建设，完成36个村文化礼堂数据报送；完成稽东冢斜村“千村档案”建设。实现2015年度婚姻档案、户粮关系档案、出生医学证明等三大类涉民档案全部原文数据在全市共享平台上共享。

【调阅档案37886卷次】 2016年，柯桥区档案局在查档大厅开辟国土档案查阅窗口，窗口服务扩大到工商、国土和档案3个部门；保存组织部、市场监管局、国土资源局、人民法院等部门单位的业务档案。档案查阅窗口接待各类档案查阅利用人员48503人次，来电、来函及网上留言查阅2075人次，共调阅档案37886卷次。馆藏档案基本实现数字化，档案查阅主要通过原文图片电子查阅，缩短群众查档时间。（钟燕萍）

地方志

【概况】 2016年，柯桥区全面启动二轮村志编修，启动首部街道志编修。组织开展《地方志工作条例》颁布10周年系列纪念活动，开通上线绍兴地区史志系统首个微信公众号。审校史志书籍13部，出版志鉴7部。挖掘越地文化资源，推出《越地春秋·治水》专刊。

【全面启动二轮村志编修】 2016年8月11日，柯桥区全面启动二轮村志编修，举行全区村志编修培训会。平水、漓渚、福全、王坛、安昌、夏履、稽东、柯岩、兰亭、湖塘等10个镇（街道）17个村的33位村志编修人员参加培训。培训围绕纲目编制、内容撰写、资料搜集等方面展开。柯桥区首轮村志编修始于2012年，到2016年出版村志近10部，另有5部村志完成初稿，进入审查程序。二轮村志编修在各村自愿报名的基础上，通过走访调研，选取不同文化、经济背景的行政村参加。

【《柯桥街道志》启动编修】 2016年3月25日，柯桥区召开《柯桥街道志》编修动员大会，部署修志工作。街道各社区（居委会）负责人、规模以上企业负责人、下设事业单位负责人近200人参会。《柯桥街道志》记述地域范围涵盖历史上原柯桥镇所辖各地，时限为从柯桥建制到2015年年底为止。

【审校史志书籍13部】 2016年，柯桥区创设“绍兴民俗研究”“绍兴山水研究”“王阳明研究”“大禹研究”“绍兴民国人物研究”等五大中心，审校史志书籍13部。推进“绍兴丛书”“越地春秋丛书”“绍兴历史文化普及丛书”“绍兴历史名人志丛书”“柯桥区村志丛书”“绍兴图经”等六类丛书编纂，出版《李慈铭年谱》《王阳明绍兴事迹考》，《绍兴图经》《历代诗人咏云门》《历代诗人咏吼山 宋六陵》进入出版程序，重点审改《兰亭书法志》《绍兴山岭古道记略》《徐渭志》《陆游志》《句践志》

2016年3月25日，柯桥区召开《柯桥街道志》编修动员大会
（区史志办 供稿）

《张岱志》《王羲之志》《绍兴契约》等，开发地域历史文化资源。

【出版志鉴7部】 2016年，柯桥区推进《绍兴县志》续修、首轮村志编修，巩固年鉴编纂专业化模式。至年底，完成《绍兴县志》续志总纂，形成约250万字的初稿（不含志首志尾、专记和照片），出版《柯桥区年鉴（2015）》《钱清镇志》《六峰村志》《国际村志》《东桃村志》《大山西村志》《中墅村志》，审改《沈村村志》《棠一村志》《西湖桥村志》。

【开展《条例》颁布10周年系列纪念活动】 2016年，柯桥区组织开展《地方志工作条例》颁布10周年“1234”系列纪念活动，即在《柯桥日报》开设1个纪念专刊，举办2场大型史志专题讲座，开展3次基层史志走访，发布4条史志微信。

【“柯桥纪事”微信上线】 2016年，柯桥区开通上线绍兴地区史志系统首个微信公众号“柯桥纪事”。介绍稽山鉴水、越地名士和柯桥史志动态，记录柯桥历史、传播柯桥文化。至年底累计发布微信24则。

【举办两期“越地春秋”讲堂】 2016年，柯桥区举办两期“越地春秋”讲堂。邀请“中国名镇志文化工程”学术顾问等史志专家授课，介绍史志前沿动态，传授编史修志心得，解读越地历史文明，受惠群众300余人。（史　志）

2016年5月25日，“中国名镇志文化工程”学术顾问、苏州市史志办公室副主任陈其弟在柯桥区讲授《地方史志的编纂和研究》（区史志办　供稿）

报纸

【概况】 2016年，柯桥日报社坚持“贴近决定影响力”办报理念，围绕区委、区政府中心工作，推进媒体融合。策划推出30余个（次）系列主题报道、主题栏目，内容涉及“五水共治”“三改一拆”、交通治堵、工业小区整治、护航G20等。为配合“两学一做”学习教育，报道一批优秀共产党员典型。深度解读大气污染防治、水处理和人才新政；引导“礼让斑马线 文明过马路”文明城市创建活动。《杀白家禽脚环》《学生文明用餐》等民生新闻报道得到市长俞志宏和柯桥区委书记徐国龙的批注。通过创建“柯桥日报村”，报纸发行量突破5万份。柯桥日报社编委会成员带领报道小组，深入各镇（街道）和工业区、开发区、度假区，采访各地发展新思路、改革新面貌，集中1个多月时间，推出“春满稽山鉴水•为十三五发展开好局起好步”系列专题报道共44个专版，营造发展氛围。从区委宣传部接手运营“柯桥发布”微信公众号，粉丝数增加到10余万个。

【“柯桥发布”微信公号粉丝17.8万个】 2016年，柯桥日报社PC端“中国柯桥网”增加特色栏目和频道，增加新闻及信息发布量，注册用户接近40万，平均日访客量接近1万人，一些热点、重点文章的点击率超10万；“绍兴同城网”粉丝11万个。“柯桥发布”微信公号有粉丝17.8万个，在全省政务微信排名前5名，头条文章阅读量1.2万。

【举办柯桥日报全能小记者训练营】 2016年4月，柯桥区委宣传部、区教体局与柯桥日报社联合举办“柯桥日报全能小记者训练营”。2000余名中小学生参训，开设金牌小记者班、特色写作、趣味科学、国画、书法、英语、奥数、珠心算等10多种课程。（任渊硕）

广播电视

【概况】 2016年，柯桥区广电总台在《柯桥区新闻》中开设《深入开展“两学一做” 推进全面从严治党》《大力推进“三改一拆” 全力创建“无违建区”》《优化环境八大行动》等20多个主题栏目，千余篇报道。《亚红热线》配合区纪委举办广播行风对话，共接听热线电话2500余个，《民生360°》接听群众来电800余个，均保持100%反馈率。举办“学准则条例、明纪律规矩”电视知识竞赛、“助力G20，寻找柯桥区最美绿色公益小天使”“中国少年新闻学院柯桥分院成立大会”等大型活动。承办双向直播全省扩大有效投资重大项目集中开工仪式。开展“开心年夜车”“超级小球童选拔”“排舞大赛”“中国好戏曲大赛”“母亲节活动”“开考啦进校园”等文艺活动。

2016年5月22日，中国少年新闻学院柯桥分院成立仪式在柯桥举行 （区广电总台 供稿）

7月22日，柯桥广电总台承办在钱清镇杭州至绍兴城际铁路工程牛头山隧道施工现场举行的全省扩大有效投资重大项目集中开工仪式。开工仪式从现场布置、议程设置、绍兴市分会场的双向直播等工作均由柯桥广电总台承办。

2016年7月22日，柯桥广电总台承办双向直播全省扩大有效投资重大项目集中开工仪式 （区广电总台 供稿）

【采写报道在《浙江新闻联播》播出】 2016年，柯桥广播电视总台联合浙江卫视，采写一组题为《赢在转折点，柯桥纺织业供给侧改革调查》的系列报道，报道分《主动关停41家印染厂为哪般？》《200亿米印染布减量提质的艰难路》《去库存提速创新带动销售收入135亿元》等3篇，均在《浙江新闻联播》中播出，其中1篇为头条，央视《新闻联播》转载报道。

【传统媒体与新媒体融合】 2016年，柯桥区升级完善总台网站、微信公众平台，将新闻节目中的视频进行碎片化处理和上传，观众可以通过网络观看整档《柯桥区新闻》，也可点播单条新闻。实现广播电视重要频率、重点栏目、重大新闻移动收看收听功能，将微信公众平台与微官网相结合，兼备广播电视直播，音频、视频点播的功能。

【成立中国少年新闻学院柯桥分院】 2016年1月，中国少年新闻学院柯桥分院由区委宣传部、区教体局、团区委、柯桥广电总台和中国少年新闻学院联合发文成立，旨在为柯桥区小记者搭建一个“深入活动、体验生活、学习写作、培养能力、锤炼品质、提升综合素质”的有效载体。经过2个月试运行，5月柯桥分院正式成立。全国关工委副秘书长李启民，中国少年儿童新闻出版总社新闻总监、中国少年新闻学院院长司惟等出席成立大会。

【开设电视栏目《毅腾足球时间》】 2016年，柯桥广电总台在轻纺城时尚频道开办每周一期的《毅腾足球时间》栏目，内容包括足球公益广告、毅腾足球队主客场比赛情况、球员介绍、球员球迷互动、少儿足球训练营等。（傅国英）

网络媒体

【概况】 2016年，柯桥区网络媒体达数千家，门户网站，包括政府性网站中国柯桥政务公众信息网，新闻综合门户网站中国柯桥网，商务网站、网上轻纺城、绍兴同城网，专题类网站落伍者站长论坛、绍兴莲花落网等。许多企业网站提供产业信息、行业动态、产品展示平台，还兼具网上交易的功能，为企业产品拓展销售渠道。机关、企事业单位、社会团体、学校拥有微博、微信公众帐号及专业APP等平台共69个，粉丝量达195万个，以“柯桥发布”“柯桥生活家”“柯桥警方”“享游柯桥”“柯桥工会”等新媒体公众号的影响力持续增长，网民关注度持续提升。

【中国柯桥网】 2016年,中国柯桥网加强网络安全管理，在G20期间，加大值班力度，人机合力，确保不发生网络安全事件；正面宣传“五水共治”“三改一拆”等重大主题及开设《新春走基层》《一周见作风》等专栏；柯桥网“鉴湖论坛”会员数超过40万，每天发布各类信息2000帖左右，日点击量保持10万左右；浙江新闻APP柯桥频道每天编发20条左右具有柯桥特色的新闻，日均点击量上万；“柯桥网络民生直通车”，全年网民通过民生直通车发帖1000余条。

【网上轻纺城】 2016年，网上轻纺城继续细化纺织信息类目，扩大面料生产贸易、后加工供应链节点中的对接覆盖面。在柯桥运河南北建立北联市场、南区市场两个电商服务中心，至11月底，覆盖商户5120家。推出“有布”APP，针对不同用户群体，推出面料需求图搜匹配、纺织产品随拍随传、买卖双方在线通讯等多项功能。至年底，日均访问量230万次,网站注册会员数达206万人,企业会员数62万家,商铺数84105家。网上轻纺城实现交易额220.76亿元，比上年增长26.34%。

【柯桥发布】 2016年，“柯桥发布”组织开展“五水共治我参与”、中小学生演讲比赛微信投票、“平安柯桥”抢红包、“圆梦微心愿”等活动。至年底，用户数突破20万，日均阅读量1.5万次，全省政务微信最高排名第五。

【绍兴同城网】 2016年，绍兴同城网举办“汽车博览会”“宝贝车模大赛”、全城招募“全能小记者”等活动，组织“爱在七夕”相亲活动。至年底，粉丝量11万个，每天发布量7条左右,头条微信阅读量平均10000次以上。（金 懿）

执行编辑 祝元泰

卫生

综述

2016年，柯桥区有医疗机构400家，其中三级乙等综合医院两家，二级甲等中医医院1家，二级乙等综合医院1家，公立综合医院分院1家（康复医院），皮肤病专科医院1家，皮肤病防治所1家，民营综合医院1家，民营口腔医院3家，妇幼保健计划生育服务中心1个，社区卫生服务中心4个，卫生院11家，社区卫生服务站114个，村卫生室211个，门诊部6个，企事业单位、社团医务室29个，诊所13家。另有疾病预防控制机构1个、卫生监督机构1个、卫生进修学校1所、流动人口计划生育管理服务中心1个、卫生信息中心1个。实有床位4105张；卫生技术人员5981人，其中医生2628人。

继续开展国家基层卫生综合改革重点联系点、浙江省县乡村卫生一体化综合管理试点区、绍兴市分级诊疗试点工作。全年报告甲乙丙类传染病6423例，甲乙丙类报告发病率为663.31/10万，总体处于平稳。及时有效处置疫情128起，未发生突发公共卫生事件。孕产妇死亡率为零。共受理并作出行政处罚决定案件120件，办理各类卫生计生行政许可1043件。

柯桥区杨汛桥镇创建为国家级卫生镇。柯桥区代表浙江省接受国务院县级公立医院综合改革效果评价，综合评分位于全国第6名。柯桥区实施的“国家第三轮艾滋病综合防治示范区”2015年各项工作全部达标，于2016年6月受到国家卫计委通报表扬。柯桥街道社区卫生服务中心获全国百强社区卫生服务中心和浙江省百强社区综合服务中心称号。绍兴市中心医院因在公立医院综合改革中成绩突出，被市委、市政府授予市五一劳动奖状。第二医院“3H”（智慧的大脑head、仁慈的爱心heart和灵巧的双手hand奉献社会）志愿服务项目在由团市委、市文明办、市残联、市志工委办公室、民生银行绍兴分行联合举办的绍兴市第二届志愿服务项目大赛中获银奖。

【承接市级行政审批下放事项18项】 2016年，柯桥区承接市级下放事项18个主项，其中《餐饮具集中消毒卫生监督合格证》核发、放射诊疗建

2016年7月9日，绍兴市委书记彭佳学、市长俞志宏率百人考评团，到柯桥区妇保院新建工程项目对柯桥区作“晒亮点、比业绩”的考评 （彭映晖 摄）

设项目卫生审查、病媒生物防治服务单位备案、医疗机构使用麻醉药品、第一类精神药品许可、外籍医师在华短期执业许可、医疗卫生机构设置执业许可、医疗广告（西医）核准、母婴保健专项技术服务许可等11个事项实行区级流转办结。

【推行医务人员言行“负面清单”】 2016年，柯桥区卫生和计划生育局从医务人员、患者、群众三个群体收集负面言语和负面行为，最终确定24条负面言语及夸大病情、泄露患者隐私等16种负面行为。要求每位医务人员对照“负面清单”，随时自我提醒；由各单位根据实际情况，相互监督，定期对照测评。

【医院工程建设】 至2016年底，柯桥区妇幼保健院新建工程和区中医院扩建（老年康复医院建设）工程均完成总工程量75%，妇保院建设工程列入区委、区政府“晒亮点、比业绩”十大亮点工程之一。第二医院肿瘤诊疗中心大楼工程于2016年12月18日开工打桩。华舍街道社区卫生服务中心扩建改造工程开展图纸设计，福全镇卫生院体检中心完成项目公开招标。 （朱敏芝）

基层卫生

【概况】 2016年，柯桥区继续开展国家基层卫生综合改革重点联系点、浙江省县乡村卫生一体化综合管理试点区、绍兴市分级诊疗试点工作，建设村卫生服务站30家，第二医院平水分院、福全镇卫生院、兰亭镇卫生院创建为国家级群众满意的乡镇卫生院。基本公共卫生服务项目经费45元/人。参保城乡居民健康体检343890人，体检率87.16%，其中60岁以上老年人体检106945人，体检率86.83%。60岁、65岁以上老年人健康管理率分别达86.83%和 74.16%。定向培养本科层次农村社区医生8人，定向培养大专层次临床医学专业村级卫生服务站从业人员50人。

【小病进社区比例63.07%】 2016年，绍兴市中心医院与滨海医院组建医疗集团，滨海医院成为浙江省人民医院手外科协作医院。第二医院、中心医院和中医医院共向联合体内扶持单位派出医务人员4166人次，服务诊疗41679人次。全年区级医院下转病人1884人次，基层向上级医院上转病人9492人次，小病进社区比例63.07%，区域内就诊比例91.85%。

【全科医生签约服务152634人】 2016年，柯桥区参保居民可自主选择所在镇（街道）医疗卫生机构及其分支机构的全科医生，与其签订一定期限的服务协议，每位居民同期只能选择1名全科医生，每名全科医生签约服务人数原则上为1000人左右，其中老年人、慢性病人、残疾人、孕产妇等为重点人群。签约服务内容包括基本医疗、基本公共卫生服务和个性化健康管理服务。全科医生规范签约服务152634人，占总人口的23.4%，重点人群签约服务率为65.6%。

【上海名医南部山区帮扶基地落户第二医院平水分院】 2016年4月16日，由第二军医大学附属长海医院、复旦大学附属肿瘤医院、上海交通大学医学院附属新华医院、上海交通大学医学院附属瑞金医院、上海华山医院等12名专家团队组成的上海名医南部山区帮扶基地在绍兴第二医院平水

2016年4月16日，上海专家柯桥区南部山区帮扶基地在绍兴第二医院平水分院挂牌成立 （区卫计局 供稿）

分院挂牌成立。12名上海专家团队涵盖心内科、神经科、眼耳鼻喉科、内分泌科、消化科、骨科、儿科、妇产科、肛肠科、普外科、肿瘤科、皮肤科等科室。基地建立后，医院每月邀请4～5名专家到院坐诊，进行手术示范和疑难病会诊等帮扶指导工作。

【10个专（病）科获得特色专（病）科称号】 2016年，柯桥区8家单位10个专（病）科被列入绍兴市卫计委公布的30个特色专（病）科名单。分别是西医类特色专（病）科有杨汛桥镇卫生院高血压糖尿病门诊，第二医院平水分院儿科、内科病区，中心医院钱清分院儿科，福全镇卫生院妇科，齐贤医院妇科、儿科；中医类特色专科有安昌镇卫生院中医康复医学科，华舍街道社区卫生服务中心中医骨伤科，柯桥街道社区卫生服务中心中医科。

【省基层卫生竞技获奖4人】 2016年10月，在浙江省卫生计生委和省总工会联合主办的2016年度浙江省基层卫生岗位练兵和技能竞赛中，柯桥区中心医院钱清分院张燕、安昌镇卫生院朱黄芳分获个人赛全科医生农村组一等奖和社区护理二等奖，分别被授予2016年浙江省基层卫生技能标兵、2016年浙江省基层卫生技术能手称号；第二医院平水分院全科医生团队获得社区卫生服务团队赛二等奖，其中张红霞、孙丽含分获团队赛全科医生一等奖和社区护理二等奖，并被授予2016年浙江省基层卫生技术能手称号。（朱敏芝）

疾病预防控制

【概况】 2016年，柯桥区共报告甲乙丙类传染病6423例，甲乙丙类报告发病率为663.31/10万。及时有效处置疫情128起，未发生突发公共卫生事件。全区共有16家预防接种星级门诊，实现星级门诊全覆盖。全区人均期望寿命82.10岁，其中男性80.29岁、女性84.04岁。前5位死因依次为恶性肿瘤（30.07%）、脑血管病（19.28%）、心脏病（13.39%）、呼吸系统疾病（11.58%）、损伤和中毒外部原因（11.33%）。疾病预防控制经计量认证的检测能力409项，新增乙型脑炎病毒、流行性出血热病毒、麻疹病毒和风疹病毒的核酸检测项目。实施国家第三轮艾滋病综合防治示范区建设2015年各项工作全部达标，于6月受到国家卫计委通报表扬，为全省三个区（县、市）之一、全市唯一。

【处置传染病疫情128起】 2016年，柯桥区处置传染病疫情128起，未发生突发公共卫生事件。其中人感染H7N9禽流感疫情1起、输入性登革热疫情1起、手足口病聚集性疫情112起、水痘聚集性疫情9起、流行性腮腺炎聚集性疫情1起、流行性感冒聚集性疫情1起、猩红热聚集性疫情1起、肺结核聚集性疫情2起。

【传染病防控】 2016年，柯桥区累计报告甲乙类传染病1899例（甲类0例），甲乙类传染病报告发病率为196.11/10万，比上年下降11.47%；报告甲乙丙类传染病6423例，甲乙丙类报告发病率为663.31/10万，比上年上升36.70%，主要为手足口病病例增多。开展H7N9、登革热、寨卡、艾滋病、结核病等新发和重点传染病防制，2016年新确证艾滋病病毒感染者和艾滋病病人63例，发现12例学校结核病患者和552例活动性肺结核患者。

【艾心社获批国家级项目】 2016年，柯桥区艾滋病防治社会组织柯桥区艾心社申请的《感染者

2016年12月1日，柯桥区卫计部门联合之江学院开展预防艾滋病系列宣传活动
（区卫计局 供稿）

和病人随访管理及关怀救助项目（2016—2017年）》通过专家评审，获得批准，该项目成为全市唯一获得批准的区级艾滋病防治社会组织申请的国家级项目。

【免疫规划管理儿童77977人】 2016年，柯桥区免疫规划0—6岁管理儿童数77977人，其中新建卡儿童16815人。为流动及本地儿童接种一类疫苗25.27万剂次、二类疫苗14.76万剂次，一类疫苗接种率均达95%以上。有8家星级预防接种门诊实现数字化管理，疫苗冷链监测平台覆盖全区所有预防接种门诊；预防接种“家长学校”常态化。5月1日起，实施新脊髓灰质炎（脊灰）疫苗免疫策略，停用三价脊灰减毒活疫苗（tOPV），用二价脊灰减毒活疫苗（bOPV）替代tOPV，并将脊灰灭活疫苗（IPV）纳入国家免疫规划。

【慢性病监测覆盖全区人口】 2016年，柯桥区3家区级医院和16家镇街医疗机构均开展慢性病监测工作，监测覆盖全区人口。新发现高血压患者5643人、糖尿病患者1885人，7528名新患者全部新建档管理；累计登记管理高血压患者65293人，管理率49.76%；规范管理41864人，规范管理率为64.12%；管理糖尿病患者16933人，管理率51.18%；规范管理11761人，规范管理率为69.46%。

【救助重性精神病患者159人】 2016年，柯桥区开展重性精神疾病患者分级管理，有在管病人3110人，其中新增120人。为社区重性精神病患者提供免费药品34种240余万元，提供住院救助198人次近150万元。6月起实施重性精神病人特殊病种门诊救助，共救助159人，费用9.5万元。

【完成5425名适龄儿童窝沟封闭工作】 2015学年，柯桥区完成64所学校5425名二年级学生窝沟封闭工作，学生覆盖率97.98%，窝沟封闭率94.60%，完成口腔复查学生5317人，复查率98.01%，封闭完好率83.42%。

【开展血吸虫病查螺】 2016年，柯桥区在兰亭等10个镇（街道）的46个村开展血吸虫病查螺工作，未发现新的螺点。

【监测宾馆客房漱口杯、茶杯细菌总数合格率不及50%】 2016年，柯桥区完成食品采样检测1000份，开展食品安全风险评估和特定病原体的食源性疾病病例监测，其中64份食品中发现含铝添加剂超标，在特定食品中检出单核细胞增生李斯特菌9株。抽查柯桥城区6家三星级以下宾馆或酒店客房，对客房内部环境的物理（温度、湿度、噪声、PM10、PM2.5）、化学（苯、甲苯、二甲苯、甲醛、一氧化碳、二氧化碳）和生物（细菌总数）三大类指标及顾客用品用具（漱口杯、茶杯、毛巾、床单）的细菌总数等指标进行检测，客房内部环境检测结果物理、化学指标合格率为100%，细菌总数合格率为91.67%；顾客用品用具中，毛巾和床单细菌总数合格率超过80%，漱口杯、茶杯细菌总数合格率不及50%。（朱敏芝）

爱国卫生

【概况】 2016年，柯桥区巩固国家卫生城市，加大环境整治和除四害力度。杨汛镇创建成国家级卫生镇，柯桥街道通过省级卫生街道复查。平水镇西湖桥村，湖塘街道铜井村、型塘村等10个村重新确认为省级卫生村。柯桥开发委（齐贤镇）高泽、光明，柯桥街道笛扬社区等11个居委会重新确认为省级卫生先进单位。至年底，柯桥区有国家级卫生镇1个、省级卫生镇9个、省级卫生街道两个，市级卫生镇全覆盖，省级卫生村（单位）156个、市级卫生村（单位）282个、区级卫生村（单位）387个。

【开展除“四害”工作】 2016年，柯桥区开展以灭蚊为重点的除“四害”工作。在全区27条公交线路，300辆公交车开展公交视频除“四害”宣传。在群贤路、金柯桥大道公交候车亭、全区银行系统、卫计系统电子显示屏开展除“四害”宣传。举办“清洁家园，灭蚊防病”春季爱国卫生专题现场活动。走进企业开展“清洁家园 防蚊灭蚊”主题宣传服务活动。建城区6个镇（街道）邀请第三方常年开展除“四害”密度监测。钱清镇、杨汛桥镇、齐贤镇、安昌镇、马鞍镇、平水镇、柯岩街道、湖塘街道、柯桥街道、华舍街道的公共外环境区域实施外包服务试点工作。将防蚊灭蚊工作纳入全区城乡环境卫生月度抽查考核内容，实行“三个层面的督查”通报机制，布雷图指数全区均值20以下。

【举办大型健康促进宣传活动17场】 2016年，柯桥区举办大型健康促进宣传活动17场，开展健康教育知识讲座、活动和义诊共计1045场，累计受益9万余人次；开设电视、电台、微信全方位媒体宣传栏目，开展“健康好声音”科普演讲比赛；承担浙江省健康素养监测项目，指导创建健康促进学校，累计有健康促进学校金牌3所、银牌13所、铜牌19所；新增健康促进医院1所。（朱敏芝）

卫生监督

【概况】 2016年，柯桥区开展传染病防治、医疗废物处置、医院污水处理、医疗机构消毒隔离监测、口腔诊疗机构整顿、医院实验室生物安全管理督导、母婴保健技术服务监督检查、依法执业检查、精神卫生检查和放射卫生监督检查共计10项医疗卫生类专项检查，加强信息化建设提高卫生监督现场执法能力和效率，推广社区生活饮用水卫生检测示范项目，提升公共场所卫生监督量化水平。受理并作出行政处罚决定案件120件，取缔无证行医79家，查获“两非”（非医学需要的胎儿性别鉴定、非法人工终止妊娠）案件6件，办理各类卫生计生行政许可1043件。

【在卫生监督执法中使用移动记录仪】 2016年，柯桥区卫生监督所作为浙江省第一批、绍兴市唯一的行政执法全过程记录仪试点单位推广移动执法记录仪，为每位执法人员配备执法记录仪。对全区范围内23家医疗机构（医疗废物暂存处）和绍兴华鑫环保科技有限公司（医疗废物集中处置单位）实行异地远程监控。引进YDCD-2009型公共场所集中空调风管内部定量采样机器人，用于矩形风管内底平面上积尘量、微生物采样及清洁度检测。

【在4个社区卫生监测生活饮用水】 2016年，柯桥区在柯岩街道高尔夫社区、福全镇金三角居委会、王坛镇王坛村和夏履镇夏履桥村开展社区生活饮用水卫生监测示范项目，每个社区设置5个监测点，7—10月共采集生活饮用水水样80份，合格80份，合格率为100%，未发现水质存在异常情况。

【公共场所卫生监督量化分级率100％】 2016年，柯桥区有公共场所1131家，全部完成卫生监督量化分级评定，量化分级率为100%。绍兴东方山水金沙酒店、开元曼居酒店柯桥银泰店、浙江开元酒店管理股份有限公司、绍兴金昌开元大酒店、柯桥映像足迹足道馆被评为2016年度公共场所卫生监督量化分级A级单位。各类公共场所空气、公共用品用具消毒效果检测合格率94.8%。

【查处“两非”案件6件】 2016年，柯桥区卫计局受理并作出行政处罚决定案件120件，移送公安机关13件，罚没款总额45.3万元，其中查获“两非”案件6件，包括首例因“两非”被处罚后再次查获而移送公安机关追究刑事责任的案例，查获非法医疗美容案2件。周小娟利用超声技术为他人进行非医学需要的胎儿性别鉴定案及姚凤焕非法行医案被评为2016年绍兴市卫生计生大要案。（朱敏芝）

妇幼保健

【概况】 2016年，柯桥区产妇总数5473人，活产数5512人，建卡5470人，建卡率99.95%；早孕建卡5287人，早孕建卡率95.92%；产后访视5425人，产后访视率98.42 %；孕产妇系统管理5260人，孕产妇系统管理率95.43%；住院分娩活产数5512人，住院分娩率100.00%；围产儿死亡28例，围产儿死亡率5.07‰，孕产妇死亡率为零。7岁以下儿童30578人，保健管理人数29493人，保健覆盖率96.45％。3岁以下儿童15606人，系统管理人数15060人，系统管理率96.50％。5岁以下儿童死亡率5.62‰，婴儿死亡率4.35‰，新生儿死亡率3.27‰。新生儿访视率99.00%，新生儿疾病筛查率99.82%；母乳喂养率91.92%，纯母乳喂养率73.20 %。重点抓好高危儿及营养性疾病儿童的管理，高危儿筛查出425人，管理率100%；营养性疾病 1911人，管理率100%。

【全国“两纲”中期评估督导组督导妇幼健康工作】 2016年5月11日，全国“两纲”中期评估督导组由国务院妇儿工委副主任宋秀岩带队对柯桥区“两纲”实施情况进行中期评估督导。评估组听取柯桥区妇幼保健实施总体情况和重要指标汇报，走访绍兴市中心医院、柯桥区妇幼保健计划生育服务中心、绍兴市中心医院钱清分院，重点考察妇幼健康临床服务能力、诊治水平、妇女保健和儿童保健相关做法及政策落实到位情况。对柯桥区妇幼健康工作给予肯定。

【保持孕产妇零死亡率】 2016年，柯桥区共筛选出高危孕产妇2338人，高危管理率和住院分娩率均100%，对296例重度高危实行随访追踪。绍兴市中心医院成功抢救1例产后大出血和1例妊娠合并活动性系统性红斑狼疮产妇。剖宫产3333例，剖宫产率38.37%，比上年减少2个百分点，孕产妇死亡率保持为零。

2016年3月8日，绍兴市柯桥区口腔医院揭牌仪式在柯岩街道卫生服务中心举行 （何 明 摄）

【落实妇幼重大公共卫生服务项目】 2016年，柯桥区为2672名农村孕产妇提供住院分娩专项补助，农村孕产妇住院分娩率100%。开展免费增补叶酸预防神经管缺陷项目，累计发放叶酸6249人份。完成宫颈癌筛查5676人、乳腺癌筛查2898人。孕产妇艾滋病、梅毒、乙肝检测率99.99%，筛查出艾滋病感染孕产妇7例、梅毒感染孕产妇26例、乙肝表面抗原阳性孕产妇492例，对其中7例艾滋病、24例梅毒、490例乙肝表面抗原阳性的孕产妇及其所生儿童进行母婴阻断，总阻断率99.24%。

【完成104所托幼机构卫生保健年度评审】 2016年，柯桥区104所幼儿园进行卫生保健工作年度评审，对101所符合要求的幼儿园发放托幼机构卫生保健合格证书，对3所不符合要求的幼儿园责令限期3个月内整改，逾期则不予发放托幼机构卫生保健合格证书。

【《出生医学证明》签发率95.48%】 2016年，柯桥区《出生医学证明》当年签发率95.48%，废证率0.28%。补办《出生医学证明》264人，对63份有疑义的《出生医学证明》进行鉴定或信息核实并出具证明书。 （朱敏芝）

医政管理

【概况】 2016年，柯桥区卫计局加强对医疗质量和医疗安全的管理。委托第三方调解医疗纠纷20起，调解成功率100%。完成献血7018人次，献血量239.3万毫升，无偿献血占临床用血比例100%。加强抗菌药物临床应用管理，三级医院6月1日起全面停止门诊静脉输注抗菌药物。医疗机构总诊疗9747317人次（不包括健康检查580366人次），其中门急诊9545880人次；出院132046人次。举办住院医师急救技能比武、临床检验技能比武、放射影像技能比武。柯岩街道社区卫生服务中心挂牌柯桥区口腔医院。绍兴第二医院急救分站平水急救点投入使用。

【全科签约和分级诊疗平台投入使用】 2016年，柯桥区全科签约和分级诊疗信息平台投入使用，当年全区通过该平台签约63008人，其中慢性病签约40027人、老年人签约37492人，通过该平台转诊761人次。该平台主要包括全科签约、双向转诊、预约诊疗、公众互动平台和综合管理平台等功能模块。在全科签约模块中，签约医生填写完毕患者信息，选择相应的签约服务包即与该患者形成签约关系，为其进行签约服务；在双向转诊模块中，签约医生可以根据患者的病情为病人办理转诊，在平台完成转诊流程并且确认转入医院能接收该患者之后，患者即可去对应医院就诊；在预约诊疗模块中，可以预约绍兴市和柯桥区医院，通过远程预约，患者可以提前挂号，按照预约时间就诊，减少排队等待时间，方便患者合理安排个人时间来医院就诊；在公众互动平台模块中，主要以健康绍兴APP的形式向社会公众提供相关服务；在综合管理平台模块中，医院管理员通过账号密码形式登陆平台了解医院签约医生签约情况，进行考核管理。

【第二医院平水分院列入医养结合试点单位】 2016年，柯桥区确定绍兴第二医院平水分院为医养结合试点单位。试点主要内容是全面开展全科医生签约服务，将签约服务融入到居家健康养老中；与周边养老机构建立医养结合的合作机制；开设老年护理病房或病区。

【柯桥区接受2015年公立医院综合改革复核评价】 2016年4月22日，柯桥区代表浙江省接受国务院2015年县级公立医院综合改革效果评价，综合评分全国第6名。

【中心医院与邵逸夫医院建立合作关系】 2016年9月21日，浙江大学附属邵逸夫医院和绍兴市中心医院签约，绍兴市中心医院成为浙江大学附属邵逸夫医院协作医院，挂牌浙江大学附属邵逸夫医院绍兴微创中心，设立蔡秀军特技专家工作站，凭借邵逸夫医院在管理、医疗、教学、科研等方面的资源优势，将优秀的人才、先进的理念、前沿的技术辐射到绍兴市中心医院。

【推行多学科专病联合门诊】 2016年，绍兴第二医院实行老年病多学科联合门诊，绍兴市中心医院实行肺结节、消化胃肠、婴幼儿营养咨询、儿童保健等多个专病联合门诊。联合门诊由涵盖多个学科的专家团队坐诊，综合了解病人的整体情况，结合病人的最新检查报告，联合对疾病做出全面的综合评估，提供综合治疗方案。

【第二医院挂牌上海交大乳腺疾病诊治中心绍兴分中心】 2016年8月7日，上海交大乳腺疾病诊治中心绍兴分中心在绍兴第二医院挂牌成立。分中心成立后，第二医院邀请上海交大乳腺疾病诊治中心及瑞金医院的专家教授到院进行每月两次专家门诊、病房查房、学术讲座、多学科（MDT）病例讨论及手术指导，选派人员去上海乳腺病中心和上海瑞金医院学习进修。

【第二医院设立林华教授骨质疏松骨病防治工作室】 2016年，绍兴第二医院联合国内骨质疏松防治领域顶级专家——南京大学附属鼓楼医院骨科副主任林华设立林华教授骨质疏松骨病防治工作室。工作室成立后，林华每月两天定期到医院坐诊及查房，并举行学术交流、学术讲座等。

（朱敏芝）

医教科研

【概况】 2016年，柯桥区卫生系统引进高层次医学专业人才13人，招录卫技人员298人，柔性引进人才1235人次，推荐产生市1515人才工程14人。全区获得省市级科技进步奖14项，通过评审科研课题44项，承办继续医学教育项目95项，发表各级论文290篇，其中SCI7篇、中华级28篇。第二医院心血管内科新创建省县级龙头学科，肿瘤学科列入第二批绍兴市省市共建医学重点建设计划。开展学术交流，承办首届越医鉴湖心脏病论坛、2016年绍兴市血液学年会、2016年绍兴市医学会风湿病学年会、国家级基层医院现代风湿免疫性疾病诊治进展研讨班、2016年绍兴市医学会肿瘤外科分会年会暨浙江省甲状腺肿瘤规范化诊治巡讲、2016年绍兴市医学会胸心外科年会暨绍兴市中西结合学会胸外专业年会等。

2016年9月21日，浙江大学附属邵逸夫医院和绍兴市中心医院协作签约仪式在柯桥举行　　　　（单明铭　摄）

2016年5月21—22日，绍兴市医学会风湿病学年会、国家级基层医院现代风湿免疫性疾病诊治进展研讨班及浙江省风湿病学青年医师演讲比赛在柯桥区举行（单明铭）

【14个项目获市级以上科技奖】 2016年，柯桥区卫计系统14个项目获市级以上科技奖。绍兴第二医院《RNA干扰沉默喉癌Hep-2细胞Glut-1基因表达及化疗增敏性研究》《玉屏风颗粒治疗小儿呼吸道感染后厌食的临床研究》获省医药卫生科技奖三等奖，柯桥区中医医院《竹夹板治疗桡骨远端骨折临床研究》获省中医药科学技术三等奖；绍兴市中心医院《超声“四切面”法筛查胎儿严重先天性心脏病的研究》获市科学技术一等奖，第二医院《三维超声联合TUI和VCI技术在肛瘘诊断及分类中的应用》《RNA干扰沉默喉癌Hep-2细胞Glut-1基因表达及化疗增敏性研究》获市科学技术二等奖，第二医院《微创新型骼骨内固定支架治疗骶髂关节复合体损伤的应用研究》《运动平板试验评价丹红注射液治疗稳定性心绞痛的安全性及有效性临床研究》《沙美特罗/氟替卡松联合塞托溴胺吸入治疗对COPD合并肺心患者心功能及甲状腺功能影响的研究》《集束化护理方案在冠心病介入患者二级预防中的应用》《公立医院药品供应链管理模式研究》和绍兴市中心医院《术前化疗对胃癌患者淋巴结分期评估及预后的影响》《CT引导下腹部深部肿块及淋巴结穿刺活检成功率及安全性研究》《腹腔镜直肠癌根治术后不同体位辅助放疗患者急性放射性肠炎发生率的对比研究》获市科技奖三等奖。

【7篇医学论文被SCI收录】 2016年，柯桥区有7篇医学论文被SCI（美国《科学引文索引》）收录。分别是绍兴第二医院郑国平撰写的《Mesenchymal Stromal Cells Affect Disease Outcomes via Macrophage Polarization》（《间充质干细胞通过巨噬细胞极化对疾病转归的影响》）、唐欧杉撰写的《The Correlation Between 9p21 Chromosome rs4977574 Polymorphism Genotypes and the Development of Coronary Artery Heart Disease》（9P21染色体上rs4977574多态性与冠心病相关性研究》）和章洺撰写的《Identification of microRNAs as diagnostic biomarkers in screening of head and neck cancer:a meta-analysis》（《遗传与分子研究，MicroRNA诊断头颈部恶肿瘤标志物的Meta分析及相关研究》）。中心医院路磊撰写《Vertebral artery injury during anterior cervical vertebral surgery caused by transverse foramen malformation-appendix:case report and literature review》（《横突孔畸形所致颈前路手术椎动脉损伤一例报道及文献回顾》）、陈林撰写的《Using the Delphi method to develop nursing-sensitive quality indicators for the NICU》（《利用Delphi法建立NICU护理敏感性质量指标》）、马骏撰写的《Dexmedetomidine alleviates the spinal cord ischemia-reperfusion injury through blocking mast cell degranulation》（《右美托咪啶通过抑制肥大细胞脱颗粒作用抑制脊髓缺血再灌注的研究》）和单平囡撰写的《Effect of tripterygium wilfordii polyglycoside on experimental prostatitis caused by ureaplasma urealyticum in rats》（《雷公藤

多甙对实验性前列腺炎大鼠解脲支原体引起的效应》）。

【第二医院一科研项目获2015年国家自然科学基金立项资助】 2016年，绍兴第二医院徐建国、郑国平、葛孟华、裘关关等申报的《间充质干细胞驯化的巨噬细胞通过IL-10减轻肺损伤的机制研究》项目获2015年国家自然科学基金立项资助60万元。该课题主要围绕“MSC驯化的巨噬细胞是否通过IL-10抑制中性粒细胞募集进而防治急性肺损伤”和“MSC驯化的巨噬细胞是否通过IL-10/STAT3通路发挥抗炎效应”两个科学问题进行研究。该研究揭示驯化巨噬细胞减轻急性肺损伤的分子机制，在急性肺损伤过程中通过对炎性因子的调节，从而缓解肺损伤，为临床治疗肺损伤提供理论指导。（朱敏芝）

中医中药

【概况】 2016年，柯桥区继续加强中医专科医院、综合性医院及基层医疗机构中医科建设。安昌镇卫生院中医康复医学科、华舍街道社区卫生服务中心中医骨伤科和柯桥街道社区卫生服务中心中医科被市卫计委评为首批绍兴市基层医疗卫生机构特色科室。绍兴市中心医院、柯桥街道社区卫生服务中心分别建成中医馆，将中医药相关科室集中设置，形成相对独立的中医药综合服务区域。举办《严仲庆名老中医学术经验传承学习班》《中西医结合治疗在中晚期肺癌中的运用》等省级中医继教班。柯桥区中医医院沈昱颖、绍兴第二医院沈伟刚作为全国第五批老中医药专家学术经验继承人，通过国家中医局审议。严仲庆的名老中医专家传承工作室通过省中医管理局的验收。（朱敏芝）

执行编辑　祝元泰

体 育

综 述

2016年，柯桥区举办2016年全国田径大奖赛和浙江省第五届运动休闲旅游节、浙江省幼儿足球表演赛等体育节会活动。编制完成《柯桥区体育产业发展十三五规划》，制订实施《绍兴市柯桥区全民健身实施计划（2016—2020年）》，城乡体育设施全覆盖，新增5个体育协会；制订《关于进一步加强柯桥区业训管理的若干意见》。新增业训网点13个，共获12枚全国级金牌、9枚省级金牌、156枚市级金牌，二人次达一级运动员、6人次达二级运动员；助推省级特色小镇“酷玩小镇”培育，协办15场浙江毅腾主场比赛。体彩销售额达1.89亿元，比上年增长46.81%。柯桥区成为全省运动休闲基地，获全省体育事业贡献奖。

竞技体育

【概况】 2016年，柯桥区竞技体育在全国、省级各类比赛中获50枚金牌，其中获全国比赛金牌14枚、省比赛金牌36枚。

表38　2016年柯桥区籍运动员获省级及以上竞赛金牌情况

姓 名	时间	地 点	比 赛 名 称	成 绩
谢震业	4月	绍兴	2016年全国田径大奖赛第一站	男子成人组200米冠军
顾佳豪	6月	上海	全国皮划艇青锦赛暨U23青年锦标赛	男子500米双人划艇冠军
章徐炜				女子1000米双人划艇冠军
孙新昌	2月	上海	全国皮划艇（静水）春季冠军赛	男子组200米双人皮艇冠军
	9月	福州	2016年全国皮划艇锦标赛	男子组500米四人艇冠军
				男子组500米双人艇冠军
				男子组200米双人皮艇冠军
徐亚妮	6月	大连	“将军石杯”全国帆船帆板冠军赛	场地赛帆船女子470级冠军
	9月	青岛	2016年世界帆船赛青岛站	女子470级冠军
谢天峰、徐峰	4月	千岛湖	黄龙莱茵全国赛艇冠军赛	八人单桨有舵手2000米冠军
李锦灏	7月	宝鸡	2016年全国U17射击锦标赛	乙组男子气步枪60发个人冠军
李锦灏、江 浩、蔡骐泽				乙组男子气步枪60发团体冠军
陈依枚、宋诗怡、寿敏慧				乙组女子气步枪40发团体冠军

续表 38

姓名	时间	地点	比赛名称	成绩
陈依枚等 4 人	7 月	郑州	2016 年全国青少年射击锦标赛	女子 10 米气步枪团体冠军
陈依枚	3 月	长兴	2016 年浙江省青少年射击冠军赛	女子气步枪 40 发个人冠军
裘丹泓				女子气手枪 40 发个人冠军　女子运动手枪 60 发个人冠军
傅罡峰	12 月		2016 年浙江省青少年射击锦标赛	男子气步枪 60 发个人冠军
陈依枚				女子气步枪 40 发个人冠军
周思雨				女子 3X20 个人冠军
邱佳川				男子 3X40 个人冠军
陈依枚、周思雨、章家瑜				女子气步枪 40 发团体冠军
吴润帆	7 月	桐乡	2016 年省青少年武术套路锦标赛	男子甲组南棍冠军
	11 月		2016 年省青少年武术套路（冠军赛）	男子甲组第三套南拳冠军　男子甲组南棍冠军
吴润帆	5 月	杭州	2016 年浙江省第十三届中学生运动会武术比赛	高中男子组南棍、南拳冠军
骆俊杰				初中女子组枪术冠军
鲁迅高级中学	5 月	温岭温中实验学院	2016 年浙江省青少年阳光体育运动会“利欧杯”中学生田径运动会	高中组团体第一名
谭卓越				高中女子组 100 米冠军
王丽铭				高中女子组 800 米、1500 米冠军
厉燕楠				高中女子组铁饼冠军
凌佳瑜				高中女子组 400 米栏冠军
陶鹏飞	3 月	嘉兴	2016 年浙江省青少年田径锦标赛	男子组 400 米冠军
俞泽栋	10 月	金华	2016 年浙江省中学生田径锦标赛	男子组 200 米冠军
俞卓成				男子组 800 米、1500 米冠军
宋世琪				男子组跳高冠军
凌佳瑜				女子组 100 米栏、400 米栏冠军
周琦洁				女子组 200 米冠军
陶鹏飞				男子组 4X400 米冠军
王迪宇	7 月	嘉兴	浙江省第十三届少年儿童田径冠军赛	男子组 800 米、1500 米冠军
张志宏	7 月	绍兴	2016 年浙江省青少年摔跤锦标赛	女子自由 45 公斤冠军
徐琦耀				男子自由甲组 60 公斤冠军
徐琦耀	12 月	富阳	2016 年浙江省青少年摔跤冠军赛	男子自由甲组 60 公斤冠军
沈佳	10 月	千岛湖	2016 年浙江省青少年皮划赛艇锦标赛	女子甲组 200 米 K1 冠军
潘鹏程				男子乙组双人单桨 2000 米、6000 米冠军

【组织 12 场学校体育竞赛】 2016 年 3 月上旬，柯桥区举办三项棋类比赛，全区 15 所学校 116 名运动员参加，柯岩小学获中国象棋团体冠军，柯桥小学获围棋团体冠军，鉴湖小学获国际象棋团体冠军。3 月下旬，举办校园足球小学组比赛，柯桥小学和钱清镇小分别获男女甲、乙组的一等奖。4 月 28—30 日，2016 年柯桥区中小学田径运动会在齐贤镇中举行，鲁迅高级中学、马鞍镇中、钱清镇小分别获高中组、初中组、小学组总分团体冠军，职教中心、财经学校、齐贤镇中、湖塘中学、王坛镇小、夏履镇小获体育道德风尚奖。3 月 11—19 日，2016 年柯桥区中小学阳光体育运动会校

园足球小学组比赛在钱清镇小举行，柯桥小学夺得小学男子甲组和小学男子乙组两个第一名，钱清镇小和轻纺城小学分别夺得小学女子甲组和小学女子乙组第一名。10月8—12日，2016年柯桥区中学生阳光体育运动会校园足球比赛初中组比赛在钱清镇中学举行，王坛镇中、西藏民族中学、钱清镇中、鲁迅外国语学校获男子组第一名，鲁迅外国语学校、钱清镇中、夏履镇中、齐贤镇中获得女子组第一名。10月24—28日，2016年柯桥区中学生阳光体育运动会校园足球比赛高中组比赛在职教中心举行，鉴湖中学和职教中心获男子组第一名，钱清中学获女子组第一名。10月26—29日，柯桥区初中生男子、女子篮球比赛决赛在鉴湖中学举行，西藏民族中学和柯岩中学获得初中组男子团体一等奖，柯岩中学和安昌镇中获得初中组女子团体第一名。11月10—12日高中组男子篮球决赛、11月17-19日高中女子组篮球决赛均在鉴湖中学举行，财经学校、鉴湖中学、鲁迅高级中学获男子高中组一等奖，越崎中学、职教中心、财经学校获女子高中组一等奖。10月14日，2016年柯桥区中小学生阳光体育运动会健美操、啦啦操比赛在钱清中学举行，共15个项目，产生17个一等奖。11月2—27日，2016年柯桥区中小学生乒乓球比赛在华舍中学举行，实验中学、柯岩中学、秋瑾中学获得初中男子团体前三名，秋瑾中学、柯岩中学、实验中学获得初中女子团体前三名；轻纺城小学、鉴湖小学、柯岩小学获得小学男子组前三名，秋瑾小学、钱清镇小、马鞍镇小获得小学女子组团体前三名。

（蒋国富　黄赛波）

群众体育

【概况】 2016年，柯桥区实施新农村小康体育工程，改善基层体育设施。开展国民体质监测，共监测3900人。培训三级社会体育指导员246名。马鞍镇、兰亭镇通过省体育强镇复评，10个行政村被命名为省新农村小康体育村，创建省级老年人体育活动中心1个，省级中心村体育休闲公园1个，省级村体育健身俱乐部4个。

【举办两场省级桥牌赛】 2016年10月14—16日，浙江省第十四届“柯桥杯”桥牌赛在柯桥新世界大酒店举行，杭州、嘉兴、舟山、温州、台州、绍兴等16支代表队近百名运动员参加比赛，嘉兴良友队获得团体赛冠军；10月6日，第十一届“中厦杯”名人桥牌邀请赛在平水维多利亚庄园举行，上海、杭州、湖州、绍兴市和柯桥区的选手参加比赛，比赛以双人赛的形式，分两轮进行，采用第一轮积分和第二轮积分相加产生优胜，分别录取南北组、东西组前8名。

【参加省第二届女子体育节比赛】 2016年5月—11月，柯桥区组队参加省第二届女子体育节多项比赛，获“体育道德风尚奖”“最佳组织奖”、团体总分第二名，分项比赛中获团体一等奖1项、二等奖15项、三等奖15项，个人项目获一、二、三等奖20余人次。

【举办老年体育比赛5场】 2016年5月28日，柯桥区第七届老年人运动会开幕，进行太极拳（剑）、象棋、气排球、桥牌、乒乓球、激光射击、飞镖、台球、投篮、地滚球、门球、钓鱼、可乐球、老领导趣味活动13个大项、46个小项的比赛，23个代表团参加比赛，参加比赛的领队、教练员、运动员、裁判员1000余人次，决出各项名次187个，获得优秀组织奖单位5个，获得体育道德风尚奖单位18个。组织198名男、女运动员和教练员参加象棋、围棋、太极拳（械）等13个项目的绍兴市第十届老年运动会。获得1个团体第一名、2个团体第二名、1个团体第三名、2个单项第一名，1个单项第三名，并获得优秀组织奖和体育道德风尚奖。4月19—22日，参加2016年浙江省美丽乡村奥运会老年人太极拳（剑）比赛，获1个团体第一名，1个单项第一名和第三名。10月21—25日，柯桥区老年乒乓球运动员代表绍兴市老年队在省比赛中，获老年乒乓球团体冠军；12月4日，区老年乒乓球代表队，参加市“绿城杯”乒乓球比赛，获团体第二名。

【创建省小康体育村10个】 2016年，柯桥区10个行政村被省体育局命名为浙江省小康体育村，分别是华舍街道亭东村和聚贤村，钱清镇劳动村，柯开委（齐贤镇）朝阳村和光明村，马鞍镇寺桥村，福全镇龙尾山村，兰亭镇黄贤村和桃源村，王坛镇蒋相村。

【4个村、1个街道被命名为省级体育俱乐部】 2016年，柯桥区4个村被省体育局命名为浙江省村级体育俱乐部，分别是钱清镇九岩村、马鞍镇大鱼山村、漓渚镇漓渚村、兰亭镇黄贤村。华

舍街道成功创建省级老年体育活动中心俱乐部。

（蒋国富　黄赛波）

体育产业

【概况】 2016年，柯桥区编制《柯桥区体育产业发展十三五规划》，培育省级体育特色小镇“酷玩小镇”，发展体育彩票业、竞赛表演业、体育服务业和体育制造业，销售中国体育彩票1.89亿元，较去年增长46.81%。4家游泳池获得行政许可。协助省足协完成2016中甲联赛浙江毅腾15个主场工作，完成商务、竞赛、技术统计、球童和旗手等方面工作。

【举办浙江省第五届运动休闲旅游节】 2016年9月，柯桥区举办省第五届运动休闲旅游节，节会以“领略稽山鉴水·体验酷玩柯桥”为主题，在瓜渚湖和鉴湖江举行公开水域游泳邀请赛、国际帆板邀请赛及滑水花样技巧、水上“空中飞人”、空中飞艇、休闲皮划艇、花式摩托艇、家庭乌篷船、帆船竞技、水上自行车表演。浙江卫视公共频道对开幕式作现场直播，浙江省体坛报作专题报道。

【推进酷玩小镇建设】 2016年6月1日，柯桥区柯岩街道酷玩小镇核心项目东方山水风情园一期开园，乐园接待65万人，营业额9583万元，最高单日接待游客量2.2万人次。乔波冰雪世界雪场接待11.68万人，营业额2623万元。总投资15.37亿元、占地780亩的F2浙江国际赛车场完成90%的赛道工程和配套设施外壳及核心。投资4亿元，集通用航空驾驶培训、旅游观光、交通运输等功能于一体的若航直升机场完成主体航站楼建设。

（蒋国富　黄赛波）

执行编辑　祝元泰

天南地北柯桥人

【柯桥人成为深圳“设备工匠”】 2016年，柯桥区钱清镇人缪来虎组建的深圳市华腾半导体设备有限公司，取得6项发明专利、5项实用新型专利等，其公司拥有完全自主知识产权的小型SMD LED全自动测试分选机和测试编带机，行业内上市LED企业都用其设备，设备的性能远超国外进口设备。缪来虎，男，1962年11月出生，硕士学历。曾在LED行业龙头上市企业佛山国星光电任职，期间被广东省政府评为广东省劳动模范光荣称号、技术专才，具有30年的LED设备制造行业经验。2008年5月组建深圳市华腾半导体设备有限公司，公司是一家研发半导体器件测试分选机、测试包装机等产品并提供成套自动化控制的国家高新技术企业。缪来虎凭着热情和执着，在自己感兴趣的领域里脚踏实地，30年只做一件事，争做中国领先LED生产设备制造企业，成为别人眼中的“设备工匠”。

【柯桥人负责的居家养老大庆模式在黑龙江推广】

2016年，柯桥区稽东镇冢斜古村人余成德，作为媒体跨界发展的项目负责人，在黑龙江大庆市社区开展居家养老服务试点工作，利用社区平台，整合健康医疗等资源，为社区老人开展日间照料、健康体检、中医理疗、心理疏导、送医送药、家政服务等多项便民服务。试点项目被称为居家养老的大庆模式，作为新兴产业在黑龙江省推广。余成德，男，1963年出生，研究生学历，主任编辑，大庆“天南地北绍兴人”联谊会常务副会长兼秘书长，中国报协电子技术委员会副主任，北京能源协会副秘书长，大庆市家庭服务业协会会长，大庆新闻传媒集团百湖新媒体公司总经理，大庆百湖养老服务呼叫中心主任（法人），大庆康颐社区长者照护中心主任（法人）。创办成立的大庆网被评为全国百强新闻网；大庆发布微信平台在全国地市级以上政务微信发布排行榜上连续两年居前10位；百湖养老服务呼叫中心被评为民政部示范项目。2006年被中国新闻技术工作者联合会评为十佳新闻技术工作者，2014年被中国报协评为中国十佳新闻技术工作者。

（张　燕）

执行编辑　宋如玲

新柯桥人

【姜敏获临时救助金】 2016年2月，新柯桥人姜敏到柯桥街道柯福社区，将一面写有“勤政爱民 温暖百姓”的锦旗送到社区工作人员手里，感谢社区工作人员的关爱，帮他们申请临时救助金。

四川人姜敏和妻子刘敏之前一直在柯桥做生意，并在柯福小区安家，有一个14岁的女儿，生活虽然辛苦但很温馨。2015年上半年，姜敏被查出患有肠癌，6月，马上住院进行手术。治疗费用经农村合作医疗保险报销后自费付7万余元。

姜敏生病后，他老婆也没法做生意，全家没收入。那时候他心情特别差，因为老家还有一个生病的母亲要赡养，14岁的女儿马上要中考。社区工作人员了解到姜敏夫妻俩的情况后，买许多生活用品到家里看望他们，并帮他们申请到临时救助金，缓解他们家的经济负担。姜敏身体慢慢恢复，妻子也可正常做点生意。姜敏觉得当家里遇到困难，有社区、政府的关心，在柯桥安对家。

【陈某成为全区首个心脏捐献者】 2016年3月17日晚，陈某因车祸致头部重伤，在绍兴市中心医院多次接受紧急手术。3月21日，陈某病情恶化。医生宣布，即便继续治疗，陈某活下来的希望也小。陈某父亲决定捐赠儿子人体器官，希望能让儿子换一种方式“活”着。陈某是家中长子，还有个妹妹。在做出人体器官捐赠的决定后，陈某奶奶极力反对，在陈某父子的坚持下，终于同意。陈某20岁，2016年初到柯桥打工，在滨海一家纺织厂找到工作。1个月后遇到车祸。3月30日，省城专家到绍兴市中心医院的病房内摘取陈某的心脏、双肾和肝脏，以最快的时间送到需要的病患身上。

【韩国商人金敬足报读区老年大学】 2016年，韩国人金敬足，每周五他都会放下手头所有工作，到柯桥街道老年大学鉴湖景园分校，听老师讲课。金敬足一心想学中国画，早年没有机会，到柯桥后，听说小区里开设老年大学的书画班，第一时间报名。一堂课学下来，他不但知道文房四宝等各种书画工具，并且还分得清各类画种，大有长进。鉴湖景园是柯桥区首个设立老年大学分校的社区。

【外商参加对外汉语培训班】 2016年，中国轻纺城经营户第十八期培训班新设对外汉语班，报名人数超过招生数，培训班人数增加到60多人。学员大多来自印度和阿拉伯国家，也有来自欧美等国家。印度学员纳西认为，自己一家人长期生活在柯桥，想多学点汉语，方便交流，利于工作和学习，也想多了解中国文化，更好地融入到当地生活中。有关负责老师说，此次对外汉语班选派英语专业非常好的老师教学，方便与学员沟通。根据学员的学习情况，还会继续开设汉语提高班。

【刘财能想建一家钱币博物馆】 39岁的刘财能来自丽水。20多岁就开始创业，先后包过林场、卖过楼宇，10年前他从老家丽水到柯桥创业开牛排馆。一个偶然的机会，他开始对纸币收藏产生兴趣，陆续会花些小钱将遇到的有点收藏价值的纸币买回来。3年前，他开始向专业收藏纸币方向发展，古今中外列入收藏级的纸币他都收。至2016年，他走遍大半个中国，花费几百万家财，收藏纸币几千个种类，总数6000多张，其中中国的4000多张，外国的2000多张，涉及国家50多个，以民国纸币为主。他想建一家纸币博物馆，通过案例警示后人，还原旧金融史。同时每年将世界各地发行的最新纸币展示给国人。还想出几本专业的理论书，让大家对纸币文化和历史有更全面深入的了解。

【聂真身兼“武林高手”“舞林高手”】 48岁的聂真籍贯湖南，是位土家族阿姐，在钱清派出所任视频监控员。在同事眼里，这位性格爽朗的阿姐业务出色，生活中更是文艺积极分子，人缘非常好。派出所出警时，女当事人不肯配合撒泼打滚，聂真主动上前劝说；抓到女性嫌疑人，聂真主动承担讯问、搜身工作。还和同事一起奔赴厦门，抓捕犯电信诈骗罪的女性嫌疑人，多次受到领导表扬。聂真先后获浙江省杭州国际武术比赛太极拳金牌；第六届浙江省农民运动会太极拳、太极剑全能银牌，南拳铜牌，单刀铜牌；第六届浙江省国际传统武术比赛南拳金牌、陈式太极拳金牌等荣誉。

在钱清镇英城湖小区的邻居们眼中，聂阿姐是位“舞林高手”，带出一大批文艺活动积极分子。2008 年，聂真编排导演的舞蹈“快乐婆婆”，通过群众节目海选，从几百个节目中脱颖而出，获 2008 年度绍兴市本土春晚节目二等奖；2009 年，聂真率队参加 CCTV 夕阳红重阳节文艺汇演，获三等奖；由聂真编导的歌舞，多次应邀参加浙江大学文艺汇演。（摘选自《柯桥日报》）

执行编辑　宋如玲

外地媒体话柯桥

篇目辑要

表 39　2016 年省级以上媒体报道柯桥区“三个柯桥”情况

时尚柯桥		
媒体	标题	日期
人民日报·海外版	浙江柯桥：加快轻纺城“三次创业，打造国际时尚智慧“纺都”	4月8日
人民日报·海外版	打造纺织业发展引擎，2016 柯桥春季纺博会 5 月启幕	5月6日
人民日报·海外版	浙江柯桥：以改革“加速度”积聚发展“新动能”	6月24日
人民日报·海外版	吹响科技创新冲锋号——浙江柯桥向全球英才广发“英雄帖”	9月23日
新华每日电讯	绍兴柯桥：三次创业“布”满全球	10月11日
光明日报	绍兴柯桥当好科技创新排头兵	10月22日
经济日报	柯桥发布首个时尚指数	10月17日
经济参考报	“好玩”的柯桥喊你来	8月10日
经济参考报	“亮剑”行动收获“靓丽”产业	8月10日
经济参考报	“时尚柯桥”华丽转型	8月10日
经济参考报	柯桥：“托在布上”的魅力新城	8月10日
中国人事报	浙江绍兴柯桥区引才“下重本”	9月19日
解放日报	又是一年招工时——产业转型升级下长三角招工的变与不变	2月29日
文汇报	“80 后”小伙发明不沾水雨伞绍兴柯桥纺织业以科技创新谋求转型升级	3月24日
文汇报	2016 中国国际纺织品面辅料博览会（春季）在柯桥举行	5月7日
文汇报	创“立体式”引才体系推真情化留才服务	9月8日
浙江日报	发挥资源优势、拉长产业链条 柯桥旅游大项目加紧建设	1月17日
浙江日报	柯桥整治 6 万农村出租房	3月14日
浙江日报	柯桥科学合理精简审批流程提速，从 100 天到 50 天	3月23日

续表 39

时尚柯桥		
媒体	标题	日期
浙江日报	审批提速 要素保障柯桥力助项目驶上“快车道”	4 月 17 日
浙江日报	东方山水五一开园	5 月 2 日
浙江日报	干部带头拆 争创零违建柯桥区农村拆违工作快速推进	5 月 16 日
浙江日报	绍兴东方山水乐园重构现代旅游格局的“新标杆”	6 月 1 日
浙江日报	“会稽山”拟收购“乌毡帽”“唐宋”——浙派黄酒搅动行业“江湖”	6 月 22 日
浙江日报	猛药治沉疴——从印染业去产能看柯桥经济转型升级（上篇）	8 月 3 日
浙江日报	开启“后印染时代”——从印染业去产能看柯桥经济转型升级（下篇）	8 月 4 日
浙江日报	精工高杰拿下“上岗证” 浙企挺近公务航空市场	8 月 12 日
浙江日报	柯桥：国际纺都立潮头	9 月 1 日
浙江日报	2016 秋季纺博会在浙江柯桥开幕	10 月 14 日
浙江日报	一根碳纤维 强度赛钢筋	10 月 27 日
浙江日报	全国首个纺织品时尚指数发布——柯桥要以产业之基引领纺织时尚之风	10 月 28 日
中央电视台 2 套	浙江柯桥纺织：靠创意找出路	1 月 15 日
中央电视台 1 套	瞄准供给侧 经济改革多策齐发	2 月 2 日
浙江卫视	柯桥投资 30.94 亿元的浙能绍兴滨海热电厂二期扩建工程开工	1 月 4 日
浙江卫视	柯桥淘汰落后产能	10 月 12 日
浙江卫视	绍兴柯桥发布全国首个纺织品时尚指数	10 月 16 日
浙江卫视	黑色黄金！绍兴柯桥一根碳纤维“炼”出世界级强度	10 月 25 日
浙江卫视	赢在转折点：柯桥纺织业供给侧改革调查（一）、（二）、（三）	1 月 11 日、13 日、17 日
浙江之声	柯桥企业节后开工开门红	2 月 16 日
浙江之声	凭着硬朗的干部作风全方位打造“三个柯桥”	9 月 14 日
人民网	“东方山水乐园”6 月启航 打造中国旅游业航母	6 月 1 日
人民网	绍兴市柯桥区“引才”出实招 千万元奖励等你来	9 月 9 日、10 日
人民网	绍兴金柯桥：向海外英才广发创新创业大赛“英雄帖”	9 月 21 日
人民网	“2016 柯桥时尚周”在沪举行新闻发布会	10 月 15 日

续表 39

时尚柯桥		
媒体	标题	日期
新华网	有一种坚持，叫生产出没有汗味的衣服——“吉麻良丝”用品质“惊艳”世界	9月20日
新华网	中国国际时装周 Fabrics China · 柯桥风尚汇发布	10月31日
新华网	绍兴金柯桥首届海外高层次人才创新创业大赛视频路演晋级赛举行	12月10日
光明网	2016 中国国际时装创意设计大赛：设计需“品智”兼具	11月18日
浙江在线	绍兴柯桥优化投资发展环境 打造外商“第二故乡”	12月11日
印象柯桥		
媒体	标题	日期
人民日报	绍兴五千河长管水乡	10月31日
人民日报·海外版	左手时尚 右手环保——柯桥打造“一块布上的”国际范儿	10月24日
新华每日电讯	又见“鉴湖碧水白鹭飞”	10月26日
中国环境报	绍兴柯桥区出台印染废气联盟标准 填补国家和地方标准空白 每年可减排油烟 6600 吨	10月15日
浙江日报	活着的梦里水乡	2月26日
浙江日报	柯桥党员干部借力 52 个微信群治水	2月26日
浙江日报	水草悠悠 绿色风景（图片新闻）	2月28日
浙江日报	绍兴杨汛桥镇绿色突围——一座阳台看变迁	2月29日
浙江日报	印染污水集中处理（图片新闻）	3月25日
浙江日报	他们的名字叫“网红”——我为家乡美景代言	5月5日
浙江日报	着力补齐生态环境短板柯桥整治提升印染产业	5月19日
浙江日报	柯桥力推鉴湖水环境综合整治——门前鉴湖水重泛旧时波	5月30日
浙江日报	固化处理分类处置柯桥实现淤泥资源再利用	6月6日
浙江日报	为年轻人记录鹿鸣纸制作工艺绍兴老人演绎古老造纸术	6月16日
浙江日报	柯桥区党员以解决问题多少来检验——“干”字当头，美丽家园我先行	8月13日
浙江日报	柯桥一家印染企业的重生：从“很憋气”到“很提气”	9月4日
浙江日报	山好水好特产新——柯桥加速旅游商品“补短板”	9月22日
浙江日报	水乡柯桥上演精彩水上赛事	9月26日
浙江日报	冲刺“达标夺鼎”——柯桥打好“五水共治”持久战	10月28日
浙江日报	柯桥：补短板、严执法，重塑“轻纺之都”水环境	12月3日
中新社	浙江柯桥“壮士断腕”破旧 “迎风口”坚定产业转型	8月4日

续表 39

印象柯桥		
媒体	标题	日期
半月谈	攻坚克难 智慧治污——绍兴市柯桥区城乡生活污水治理：“四全”模式	11 月 8 日
半月谈	“三定四化”治“五水”“柯桥模式”保运维	11 月 22 日
今日浙江	只见楼起，不闻尘扬——柯桥区大力推进建筑产业现代化	10 月 10 日
中央电视台新闻频道	绿色环保的 G20 工作服	8 月 30 日
浙江卫视	安昌古镇腊月风情节今年风情万种	1 月 1 日
浙江卫视	柯桥传承鲁迅笔下风俗	2 月 9 日
浙江卫视	新春走基层，小镇故事多：绍兴——黄酒小镇醉四方	2 月 16 日
浙江卫视	奔跑吧，兄弟第四季开播柯岩风景区取得较好宣传效果	4 月 15 日
浙江卫视	越剧鉴水吟演绎治水精神	4 月 21 日
浙江卫视	柯桥区实施淤泥固化处理破解河道淤泥处置难题	12 月 12 日
浙江之声	柯桥补齐生态短板着力打造“绿色高端、世界领先”印染产业集群	5 月 9 日
人民网	好山好水好风光绍兴柯桥美景期待与您相约	4 月 17 日
幸福柯桥		
媒体	标题	日期
人民日报	浙江绍兴市柯桥区“80 条军规”为基层党建立标	5 月 24 日
人民日报	绍兴小百花越剧团携屈原晋京献演	7 月 13 日
人民日报	再铸不屈民族魂——观越剧新编历史剧屈原	7 月 15 日
人民日报·海外版	浙江柯桥：绽放动感魅力 运动休闲产业蓬勃发展	3 月 4 日
光明日报	第二届“杰出工程师奖”全国评选在柯桥启动	6 月 8 日
法制日报	绍兴柯桥：信息大采集提升管理效能	1 月 10 日
法制日报	护航 G20 峰会柯桥一批安保装备亮相	5 月 30 日
人民公安报	绍兴民警为 79 岁阿婆抢出积蓄	3 月 27 日
人民公安报	绍兴柯桥全力护航民营经济健康发展	8 月 10 日
浙江日报	乡风乡情，尽在“文化走亲”	2 月 1 日
浙江日报	柯桥：做优配套加速城市发展	4 月 13 日
浙江日报	新疆阿克苏与绍兴小学生结对交流——书信手拉手，友谊心贴心	4 月 16 日
浙江日报	柯桥华墟社区新老居民亲如一家	5 月 24 日
浙江日报	柯桥：义工情暖留守儿童	7 月 6 日

续表 39

幸福柯桥		
媒体	标题	日期
浙江日报	国家艺术基金助力屈原绍兴小百花绽放国家大剧院	7月14日
浙江日报	一镇一策 挂图作战 逐个销号——柯桥区有效推进“八大行动”全力护航G20	7月27日
浙江日报	柯桥推进智能交通系统建设科技“钥匙”破解拥堵难题	8月2日
浙江日报	柯桥区行政审批局挂牌成立——25个部门审批合一	8月10日
浙江日报	柯桥盲人老板助残疾人创业：接听助残热线，设立助残基金	8月31日
浙江日报	“柯桥好人”触发“森林效应” 商贸之城筑起文明新高度	9月9日
浙江日报	柯桥农民坐享新红利——光伏入农户，收益能养老	10月18日
浙江日报	柯桥启用道路停车智能管理系统 不设专人管理 停车信息透明	11月29日
浙江日报	美丽交通走廊——环浙骑行之柯桥篇 美丽的风景在“路”上 便民惠民打造“两圈一环”	12月5日
浙江日报	唱响真善美的赞歌	12月8日
浙江日报	发动全民参与 共建平安柯桥	12月8日
钱江晚报	开心！拖欠的工资终于拿到了	2月3日
钱江晚报	柯桥轻纺城的善老板有笔21年前的货款喊你来领	3月10日
中央电视台1套（焦点访谈）	“手拉手、心贴心”：绍兴柯桥小学生与新疆小伙伴书信手拉手	4月13日
中央电视台5套	2016全国田径大奖赛首次在绍兴柯桥举行	4月15日
中央电视台7套	老家味道：浙江安昌无酱不欢	1月26日
中央电视台1套（新闻联播）	刘建明家庭被评为第一届全国文明家庭	12月12日
浙江卫视	柯桥舞龙舞狮年味浓欢欢喜喜闹新春	2月7日
浙江卫视	浙江足坛“二娃”本周亮相毅腾整装待发	3月10日
浙江卫视	老人急需“熊猫血” 微信求助市民爱心接力	3月23日
浙江卫视	警民联合救火帮老人火中“抢钱”	3月29日
浙江卫视	浙江绍兴破获GPS邮包运毒案	4月11日
浙江卫视	柯桥区做好防汛工作	6月13日
浙江卫视	绍兴柯桥印度大师领操 五百人同练瑜伽	6月25日
浙江卫视	住宾馆遗忘一万八千元 服务员捡到如数归还	8月24日
浙江卫视	暖心老爸为儿子手造“变形金刚”	9月18日

续表 39

幸福柯桥		
媒体	标题	日期
浙江卫视	全国文明家庭表彰大会在北京召开，棠棣村村支书刘建明参加谈体会	12 月 13 日
中国之声	网上传递正能量的片儿警陈云	7 月 19 日
浙江之声	柯桥区城市交通拥堵指数发布	1 月 8 日
浙江之声	落户柯桥的毅腾昨举行首次球迷见面会	3 月 18 日
浙江之声	柯桥区市民踊跃献血	6 月 14 日
浙江之声	柯桥棠棣村村支书刘建明带领村民将“花木”棠棣打造成为“富裕生态的别墅村”	12 月 9 日
人民网	毅腾足球俱乐部落户绍兴市柯桥区	1 月 26 日
人民网	国务院点赞绍兴柯桥区行政审批制度改革	2 月 26 日
人民网	绍兴小百花越剧团建团三十周年 组织公益性戏曲周回馈戏迷	11 月 14 日
人民网	绍兴柯桥区党员干部用“付出指数”提升群众“幸福指数”	11 月 15 日
新华网	浙江毅腾：球队迁至柯桥是双赢　以绿城为榜样	3 月 9 日

（马钦华）

执行编辑　宋如玲

区人著述

综 述

2016 年，《区人著述》收录对象为柯桥区籍人士和在柯桥区工作、离休、退休的外籍人士所编著、创作、表演的作品。篇目选辑限收在省级以上报刊发表和在省以上展览中展出的作品，仅收录政治经济、文学艺术两类，教育、卫生等系统的大量业务性学术论文，在有关编目汇总提及，不予一一收录。书目提要收录经正式出版社公开发行的书籍 13 部。获奖作品限收在省级以上获奖的作品，仅收录文学艺术类作品（含新闻、广电作品），收录 29 件。（史 志）

篇目选辑

表 40　2016 年柯桥区在省以上报刊发表作品情况

作品	类别	作者	发表情况
走进新时代	小说	谢方儿	《中国作家》2016 年第 8 期
三叶书店	小说	谢方儿	《鸭绿江》2016 年第 6 期
麦乳精	小说	谢方儿	《福建文学》2016 年第 2 期
失魂者	小说	陈文超	《安徽文学》2016 年第 2 期
最最的眼神	小说	邵江红	《啄木鸟》2016 年第 4 期
赎罪	小说	邵江红	《东方剑》2016 年第 11 期
隐疾	小说	朱建平	《延河》2016 年第 6 期
追寻莫耀贵	小说	朱建平	《中国文学》2016 年第 8 期
人之初	小说	朱建平	《四川文学》2016 年第 10 期
雎鸠	小说	朱建平	《东方剑》2016 年第 2 期
出口在东	小说	朱建平	《东方剑》2016 年第 5 期
嘻唰唰	小说	朱建平	《东方剑》2016 年第 7 期
军号	小说	朱建平	《东方剑》2016 年第 12 期
竹园	散文	周仁忠	《散文选刊》下半月·原创版 2016 年第 11 期

表 41 2016 年柯桥区在省以上展出艺术作品情况

作品	类别	作者	展出情况
吉祥	国画	张志梁	2016 年 7 月，入展中国画学会主办的 2016 年明德·和融全国中国画展
晨曦	国画	张志梁	2016 年 6 月，入展中国美协主办的 2016 年全国中国画作品展
水天一色	油画	陈海淼	2016 年 7 月，入展浙江省美协主办的“庆祝建党九十五周年”2016 浙江省小幅油画作品展
路哥	油画	成志勇	2016 年 6 月，入展浙江省美协主办的纪念中国共产党成立 95 周年暨长征胜利 80 周年浙江省美术写生创作作品展
岁月系列	油画	成志勇	2016 年 11 月，入展浙江省美协主办的 2016“深度”省油画提名展
基诺织女	油画	成志勇	2016 年 1 月，入展中国美术馆主办的中华民族大团结全国美术作品展
日常	油画	陈君	2016 年 6 月，中共浙江省委　、浙江省文化厅主办的“纪念中国共产党成立 95 周年暨长征胜利 80 周年——浙江省美术写生创作作品展览”
信仰	油画	陈君	2016 年 3 月，入展浙江省美术家协会主办的浙江省首届水彩画写生作品展
绿江南	油画	赵玲玲	2016 年 7 月，入展浙江省美术家协会主办的庆祝建党九十五周年 2016 浙江省小幅油画作品展
视线	油画	沈丽	2016 年 7 月，入展浙江省美术家协会主办的庆祝建党九十五周年 2016 浙江省小幅油画作品展
弄潮系列二	油画	沈丽	2016 年 9 月，入展中国美术家协会主办的 2016 吴冠中艺术馆全国油画作品展
风景	油画	肖杰	2016 年 7 月，入展浙江省美协主办的“庆祝建党九十五周年”2016 浙江省小幅油画作品展
早市	油画	丁东江	2016 年 7 月，入展浙江省美协主办的“庆祝建党九十五周年”2016 浙江省小幅油画作品展
三老头	油画	丁东江	2016 年 6 月，入展浙江省美协主办的纪念中国共产党成立 95 周年暨长征胜利 80 周年浙江省美术写生创作作品展
书法作品	书法	金东海	2016 年 11 月，入展中国书协主办的全国中国书坛第八届新人新作展
书法作品	书法	柯用叨	2016 年 11 月，入展中国书协主办的全国中国书坛第八届新人新作展
书法作品	书法	洪朝阳	2016 年 9 月，入展浙江省书法家协会和平湖市人民政府主办的“沙孟海奖”第九届全浙书法大展
书法作品	书法	周鹏程	2016 年 9 月，入展浙江省书法家协会和平湖市人民政府主办的“沙孟海奖”第九届全浙书法大展
书法作品	书法	唐君龙	2016 年 9 月，入展浙江省书法家协会和平湖市人民政府主办的“沙孟海奖”第九届全浙书法大展，入展浙江省书法家协会、武义县人民政府主办的第四届“温泉杯”浙江省书法大展
书法作品	书法	董建民	2016 年 11 月，入展浙江省书协主办的“中国梦·乡村行”第二届浙江书法村作品联展

续表 41

作品	类别	作者	展出情况
书法作品	书法	陈伟	2016 年 9 月，入展浙江省书法家协会、武义县人民政府主办的第四届“温泉杯”浙江省书法大展

（孙雪芳）

书目提要

【《柯桥区年鉴（2015）》】 地方综合年鉴。中共绍兴市柯桥区委、柯桥区人民政府主办，柯桥区地方志编纂委员会编，主编何鸣雷。方志出版社出版，2016 年 11 月第 1 版第 1 次印刷。该册年鉴为柯桥区第 16 部年鉴，被列为中国年鉴资源全文数据库核心年鉴。按事物属性和主次，分总情、经济、政治、文卫、建制镇（街道）、国民经济统计资料选刊和索引 7 块，分类目、分目、条目 3 个层次编辑。设 46 个类目，有 302 个分目、1223 个条目、11 个小资料、215 幅彩色图照、74 张表。客观地记录 2015 年柯桥区政治、经济、文化诸方面的大事、要事和新事。全彩印，大 16 开本，370 页，71.3 万字，印数 1500 册，定价 280 元。

【《钱清镇志》】 镇志。属全国首批“中国名镇志丛书”序列。柯桥区钱清镇志编纂委员会编，主编何鸣雷，执行主编高祖钿。方志出版社出版，2016 年 2 月第 1 版第 1 次印刷。该志在 2013 年版《钱清镇志》基础上，新增近 10 年未及修撰的内容，对钱清镇的经济发展进行拾遗补缺。全书分乡里镇情、经济强镇、宜居城镇、名士之乡和艺文等 5 个类目，附概述和大事纪略，辑录图照 273 幅。16 开本，360 页，44 万字，定价 148 元。

【《绍兴县环境保护志》】 部门志。属“绍兴县志丛书”部门专业志序列。绍兴县环境保护志编纂委员会编。方志出版社出版，2016 年 12 月第 1 版第 1 次印刷。该志上限溯源，下限到 2003 年，除概述、大事记和附录外，共设十三章。记录绍兴县各个阶段的环境质量状况，反映绍兴县开展环境保护、污染治理和生态文明建设的历程，写出绍兴县保护鉴湖水环境特色。16 开本，416 页，56.7 万字，印数 1000 册，定价 158 元。

【《大山西村志》】 村志。属“柯桥区村志丛书”序列。柯桥区安昌镇大山西村民委员会编，主编包昌荣。浙江人民出版社出版，2016 年 1 月第 1 版第 1 次印刷。该志上限溯源，下限到 2013 年，由概述、大事年表和十二章正文组成，详细记载数千年间大山西地理变迁、生产建设、行政沿革、风俗民情、民居建筑、公共设施、乡贤名士等内容，抢救整理记录一部分将淡出或消失的古迹、古风。16 开本，426 页，46 万字，定价 80 元。

【《六峰村志》】 村志。属“柯桥区村志丛书”序列。柯桥区安昌镇大山西村民委员会编，主编何兆坤。浙江人民出版社出版，2016 年 3 月第 1 版第 1 次印刷。该志上限溯源，下限到 2012 年，由大事记和十二章正文组成，记载六峰村的花卉业、林业、农业、手工业、工业和教育、医疗、卫生、交通、通信、文化、体育事业等历史发展轨迹。16 开本，272 页，28 万字，定价 68 元。

【《中墅村志》】 村志。属“柯桥区村志丛书”序列。柯桥区夏履镇中墅村志编纂委员会编，主编丁金仁、朱光明。方志出版社出版，2016 年 12 月第 1 版第 1 次印刷。该志上限溯源，下限到 2013 年，由概述、大事记和正文十一章组成。记载中墅村从大禹治水、越王栖兵开始的历史文化，以及改革开放后，创立以建材石料、纺织为主，多业并进的经济文化。16 开本，214 页，24.5 万字，印数 1200 册，定价 120 元。

【《东桃村志》】 村志。属“柯桥区村志丛书”序列。柯桥区平水镇东桃村志委员会编，主编傅幼林。方志出版社出版，2016 年 12 月第 1 版第 1 次印刷。该志上限溯源，下限到 2015 年，由概述、大事记、附录以及正文九章组成。全志明古详今，突出村庄建设主体，系统地介绍东桃村历史沿革、村庄风貌，传统文化。16 开本，196 页，23.1 万字，印数 1100 册，定价 60 元。

【《国际村志》】 村志。属“柯桥区村志丛书”序列。柯桥区安昌镇国际村民委员会编，主编包昌荣。方志出版社出版，2016 年 12 月第 1 版第 1 次印刷。该志上限溯源，下限到 2014 年，由概述、大事年表以及正文十二章组成。系统记载村内旧时名胜古迹、人文轶事，新时期生产建设历程和村容村貌变迁。16 开本，443 页，54.3 万字，印数 1200 册，定价168元。

【《李慈铭年谱》】 年谱。属“越地春秋丛书”序列。傅振照编著。中华书局出版，2016年3月第1版第1次印刷。全书分“从童生到秀才”“从生员到举人”“从进士到御史”以及著述目录4部分。以《越缦堂日记》为蓝本，结合李慈铭各阶段的文稿，记录李慈铭66年人生的基本情况。16开本，526页，46万字，定价48元。

【《王阳明绍兴事迹考·亲属编》】 文史资料。柯桥区政协文史资料委员会、柯桥区史志办、天泉山房编。浙江古籍出版社出版，2016年11月第1版第1次印刷。该书是《王阳明绍兴事迹考》的第一编，共17章，分直系亲属9章、旁系亲属3章、姻亲亲属5章。辑考王阳明与亲属的所有诗文，对王阳明的亲属进行较为系统的资料搜集和分析梳理，大致理清王阳明与亲属之间的关系和交往事迹。16开本，349页，30万字，定价48元。

【《浮生旅痕》】 词集。黄锡云著。现代出版社出版，2016年12月第1版第1次印刷。该词集为作者“浮生”系列第二部，共收入长调70多种350余首、中调和小令30多种150余首，涉100多个词牌，合计500余首。用韵据平水韵，韵的分部据《词林正韵》十九部，词谱据《钦定词谱》或《龙榆生唐宋词格律》。大多为真情实感之曲。32开本，842页，定价89元。

【《隔离斋集》】 散文集。谢芳儿著。现代出版社出版，2016年5月第1版第1次印刷。该散文集共收录43篇散文，记述作者过去和现在的生活、思想、情感，有抒情和叙事，叹息和感慨，憧憬和梦想。32开本，228页，定价39.8元。

【《魔力星球》】 长篇小说。杨一凡著。江苏凤凰教育出版社出版，2016年5月第1版第1次印刷。全书分“神奇的魔力”“预言家之灵”“时间裂缝”三部，记述一群少男少女与魔力邂逅的故事。16开本，340页，定价38元。

【《山溪流向远方》】 中短篇小说集。周仁忠著。现代出版社出版，2016年11月第1版第1次印刷。该集收录作者近年来创作的中短篇小说15篇，作品注重对人性的挖掘，叙述冷静，情节生动。32开本，277页，定价48元。（史　志）

获奖作品

【《出口在东》（微小说）】 作者朱建平，2016年12月获首届中国·潇湘法治微小说全国征文大奖赛优秀奖。

【《竹林七贤》（国画）】 作者张志梁，2016年10月获文化部主办的第十一届中国艺术奖最高奖。

【《冬日》（国画）】 作者张志梁，2016年9月荣获中国美协主办的威海卫全国中国画展最高奖入会资格奖。

【《镜湖湿地》（油画）】 作者赵玲玲，2016年5月获浙江省美术家协会主办的“在水一方·浙江湿地绘画写生大展”优秀奖。

【《狸猫换太子》（越剧）】 表演者吴凤花，2016年9月获文化部主办的第十五届文化表演奖。

【《回十八》（越剧）】 表演者韩梦莎，2016年3月获浙江省教育厅、浙江省人力资源和社会保障厅主办的浙江省中等职业学校职业能力大赛艺术专业戏曲表演（地方戏组）二等奖。

【《巡营》（越剧）】 表演者钱世颖，2016年3月获浙江省教育厅、浙江省人力资源和社会保障厅主办的浙江省中等职业学校职业能力大赛艺术专业戏曲表演（地方戏组）二等奖。

【《花名宝卷》（宣卷）】 表演者陈丹、包敏丽、杨波、李灿宇， 2016年10月获江苏省非物质文化遗产保护中心、苏州市文广新局、昆山市委宣传部、昆山市文广新局主办的第四届江浙沪宣（宝）卷交流邀请赛银奖。

【《吃补药》（绍兴莲花落）】 表演者王凯尔、倪银峰，2016年2月获中国曲艺家协会，河南省文联，平顶山市委、市政府主办的第十一届马街书会优秀曲艺节目展演一等奖。

【《翠姐姐回娘家》（绍兴莲花落）】 表演者杨舒童，2016年10月获浙江省曲艺家协会、绍兴市文学艺术界联合会、绍兴广播电视总台主办的浙江省首届莲花落电视大赛优秀新苗奖（金奖）。

【《到底谁怕谁》（绍兴莲花落）】 表演者章利萍、陈巍良，2016年1月获浙江省文化厅主办的2015年浙江省第八届曲艺新作大赛表演兰花金奖。

【《一个馒头》（绍兴莲花落）】 表演者陈巍良，2016年9月获浙江省曲艺家协会、绍兴市文学艺术界联合会主办的浙江省绍兴莲花落电视大赛金奖。

【《一念之差》（绍兴莲花落）】 表演者潘海良，2016年9月获中国曲艺家协会主办的第九届中国曲艺牡丹奖全国曲艺大赛（余杭赛区）新人奖提名。

【《大海捞真》（故事）】 作者杨佳佳，表演者潘海良，2016年4月获浙江省曲艺家协会主办的浙江省第五届故事会金奖。

【《五颗安眠药》（绍兴莲花落）】 表演者潘海良，2016年9月获浙江省曲艺家协会、绍兴市文学艺术界联合会主办的2016浙江省绍兴莲花落电视大赛金奖。

【《一甏水》（绍兴莲花落）】 表演者潘海良，2016年1月获浙江省文化厅主办的2015年浙江省第八届曲艺新作大赛表演兰花金奖。

【《两瓶假酒》（故事）】 作者潘海良、杨佳佳，2016年4月获浙江省曲艺家协会主办的浙江省第五届故事会征文三等奖。

【《如果可以》（微电影）】 创作者杨佳佳，2016年1月获浙江省文化馆主办的浙江省第二届群文微电影比赛优秀编剧奖。

【《一甏水》（绍兴莲花落）】 创作者、表演者杨佳佳，2016年1月获浙江省文化厅主办的2015年浙江省第八届曲艺新作大赛创作兰花金奖，4月获浙江省文化厅主办的浙江省第八届曲艺新作大赛群星奖。

【《丢失的手机》（故事）】 作者沈建萍，2016年4月获浙江省曲艺家协会主办的浙江省第五届故事会征文中荣获一等奖。

【《来自天堂的短信》（故事）】 作者沈建萍，2016年8月获浙江省文化馆主办的浙江省第十届新故事作品征文大赛兰花铜奖。

【《一块补丁》（故事）】 作者韩会稽，2016年4月获浙江省曲艺家协会主办的浙江省第五届故事会征文金奖，由浙江省曲艺家协会主办的浙江省第五届故事会征文三等奖。

【《萝卜裤》（绍兴莲花落）】 表演者韩会稽，2016年6月获由法国巴黎中国文化中心主办的巴黎中国曲艺节“卢浮”铜奖。

【《古越情思》（作词）】 作者罗小令，2016年11月在浙江省文化厅主办的《两美浙江》主题歌词全国征集活动中获奖并编入“两美浙江”优秀歌词册。

【《清水吟》（歌曲）】 创作者罗小令，2016年11月获浙江省文化厅主办的“五水共治”创作歌曲全国征集评选优秀作品奖。

【《摇一只乌篷走江南》（歌曲）】 演唱者余其斌，2016年1月获浙江省文化厅主办的浙江省新农村题材音乐新作展演活动暨浙江省第十四届音乐新作演唱演奏大赛表演兰花银奖。

【《农家乐》（歌曲）】 演唱者余其斌，2016年1月获由浙江省文化厅主办的浙江省新农村题材音乐新作展演活动暨浙江省第十四届音乐新作演唱演奏大赛创作兰花银奖。

【《美丽家园》（歌曲）】 演唱者沈怡，2016年7月获“中国声乐国际大赛”（新加坡）成人A组民族唱法独唱金奖。

【《狐狸叫》（舞蹈）】 编排者王恒，2016年12月获浙江省文化厅主办的浙江省电力系统排舞大赛二等奖。

（孙雪芳）

执行编辑　宋如玲

鉴湖新风

创 客

【"蒲公英"创造电商"传奇"】 2016年8月1日，是蒲公英电子商务公司（前身为绍兴市迪聪科技有限公司）扎根柯桥创业3周年的纪念日，200多名年轻人相聚在柯桥，以一场自编自导的联欢会给自己的公司"庆生"。

作为服务电子商务公司，蒲公英电子商务公司从一个只有6人的"迷你"公司，发展到200多人服务类企业，仅用3年时间。蒲公英电子商务公司的高速发展，在柯桥乃至绍兴电商界中创造"传奇"。"80后"陈鑫是蒲公英电子商务公司最初的创办人和发起人，也是六人组合中的"大哥大"。毕业于广州海洋大学的他，思维活跃且酷爱计算机。成功进入阿里巴巴团队后，从客户经理、区域代表，再到浙江省总代表，陈鑫在"阿里"如鱼得水。

2013年，陈鑫辞职，只身一人到柯桥创业。2013年8月1日，在柯桥蓝天市心广场，陈鑫和5位同伴租下100多平方米的办公楼，开始创业。初到柯桥，要办个工商营业执照都不知从何下手，在朋友帮助下，将其公司——绍兴迪聪科技有限公司转让给他们，才过第一关。最难的是敲开经营户大门，说服轻纺城布商从传统的经营理念向电子商务转变。有一次，东市场做窗帘窗纱的李女士找上门，质问交钱后做电子商务1个多月没订单。面对如此询问，市场部总监夏天尽管心中有委屈，但她还是笑脸相迎，泡茶，让座，解释电子商务从"0到1"过程需要一个相对长的时间，不可能立竿见影，但要坚持……2014年底，这位顾客开始尝到电子商务"甜头"，此后这位顾客成为黄金老客户。2016年1月，蒲公英旗下拥有6家子公司，并获《浙江省电子商务实践基地》。

【李于民让无人机有更多"用武之地"】 2016年夏天，柯桥区不少种粮大户租用8旋翼无人机喷洒农药。无人机循着设定的航线，从农田上方飞过，喷洒出的雾状液滴，均匀地洒落到作物上。仅用15分钟，一架无人机就可完成15亩农田的洒药任务，效率约是人工的30倍，而费用仅为人工的三分之一。

这种8旋翼无人机的研发生产企业，是柯桥科技园的绍兴卓群航空科技有限公司，被行业专家列在国内无人机技术研发能力第一梯队。2016年，公司研发生产出以G5飞控系统为核心的8旋翼无人机、电动油动无人直升机、固定翼无人机等多种机型，并应用于农业、森林防火、治安巡防、环保检测及海洋监测等国内外诸多领域。

卓群航空科技有限公司CEO李于民是一名航空爱好者，从小喜欢各种飞行器，大学毕业后常常参与各类模拟飞行运动，并结交一群志同道合的朋友，共同从事无人机飞控系统技术的研究。2015年，大家商量着把技术转变为产能，共同投资开发国内无人机市场。在对多个城市考察筛选之后，最终把这个无人机的研发生产项目落户到柯桥。

【周汉军成为光伏发电的专业推广者】 2016年，周汉军和他的团队共同研发光伏充电桩，希望能利用柯桥城市道路上的阳光棚进行光伏发电，并安装上充电桩，让电动汽车、电动车等能就地充电。

周汉军来自嵊州，10年前接触光伏行业。2012年，他在自己家屋顶安装光伏发电装置，成为绍兴安装屋顶光伏发电装置第一人。几年后，他家的供电全靠光伏发电，基本没有电费开支。2015年8月，他成立蓝能光伏科技有限公司，专职从事屋顶光伏发电的推广应用。根据测算，正常光照下，每20平方米的屋顶接收面，以每天光照3.5小时计，一年约可发电3500千瓦。这些电可以自用，用不完的电还可以卖给国家电网。根据国家相关政策，每一度电可获得0.42元国家补贴和0.1元省财政补贴。2015年，周汉军的蓝能光伏科技有限公司为斗门璜山北村和孙端村头村安装光伏发电系统。安装光伏发电装置后，每天的发电量在相关的手机APP上会显示。周汉军希望能通过自己的努力，让更多的人用上清洁能源。

【用“3D”打印出“梦想”的翅膀】 2016年8月，茅威巍与应智放弃原来的工作，创办绍兴柯桥斯坦科技公司。主营“3D”打印、机器人与智能硬件开发。

茅威巍和应智是同学，两人从小就对四驱赛车之类的组装作业感兴趣，长大后更是一起爱上“3D”打印和机器人研发。凭借着对创客文化的一腔热血，两人建立“UNO智造营”，以方便更多的科技爱好者前往交流经验。“UNO智造营”虽然可以继续发展自己的爱好，却不能实现盈利。茅威巍听说绍兴的学校即将开展创客教育，而创客教育方面的人才和资源短缺，便与学校合作，帮助绍兴6所学校建起新实验室。还编写适合绍兴学子的创客教材与软件。为更好地发挥“3D打印”技术的作用，斯坦科技公司还加入全国创客空间的“展翼计划”。通过“3D打印”，他们制作出可以进行抓取动作的“义肢”，并且计划每个月向一位有需要的孩子提供免费私人订制，帮助那些肢残孩子重塑自信心。 （摘选自《柯桥日报》）

百姓故事

【7位老人演绎鹿鸣纸制作】 2016年6月7日，在82岁宋汉校的指挥下，平水镇宋家店村其他6位老人们在宋家店刨竹坪竹山上演绎起找竹、挑竹、斫竹、放竹、拉竹、削竹、断竹、刨竹、劈竹、敲竹等10道制作鹿鸣纸的原料采办场景。

鹿鸣纸又称“煤头纸”，是旧时百姓点烟用的火种，相当于现在的火柴或打火机。鹿鸣纸的制作季节十分讲究，必须在芒种前后。从原料采办到制作完成，前后需历时3个月。原料采办后还将经过段、浆、煮、佑、榨、礤、操、烧、烘等9道工序。它的原料是嫩竹中的二黄篾，一到春笋长成嫩竹，当地农民就要大量劈篾、将剩下的二黄，经过截断、浸水、和灰浆、蒸煮、清水洗涤、温火闷蒸、礤浆、做纸、烘纸，制成鹿鸣纸。此前，鹿鸣纸制作在平水横路、黄壤坞、红墙下、王化一带十分盛行，有上千年的历史，曾盛销于东南亚一带。这些年，鹿鸣纸的制作工艺基本“绝迹”。宋汉校和几个曾是斫竹、削竹、刨竹、操纸的师傅商量，决定把这非物质文化遗产制作工艺传承下去，筹措资金，自费拍摄照片，用图文并茂的方式将其制作成册，流存于世。

【孤儿暑期当“小老师”】 2016年8月，在安昌社区假日爱心学校的教室里，一位“小老师”背着扩音器，一手拿着歌谱，一手在空中打着节拍，在教小朋友演唱绍兴莲花落《一颗米》。这位“小老师”是关工委结对受助的孤儿、绍兴艺术学校学生小阮。小阮从小父母双亡，与爷爷相依为命。他认为利用暑假时间，到关工委开办的安昌社区假日爱心学校支教，可回报关心他、爱护他的爷爷、奶奶们。像小阮这种“关工委学子”参与到柯桥区各级关工委假日爱心学校支教的人还有许多，在柯桥街道、福全镇、漓渚镇等关工委的“假日爱心学校”内都有他们身影。他们不仅解决“假日爱心学校”志愿者不足的难题，还用自己的行动感恩社会。

【徐晓艳出资5万元包装推广村歌】 2016年9月，家住福全的徐晓艳一直忙着做一件事—如何让平水镇小舜江村的村歌《日出舜江湖》为更多人传唱，她不但投入大量的时间和精力，甚至自掏腰包近5万元包装和推广歌曲。徐晓艳42岁，从事化工生意，平时喜欢唱歌，曾多次参加各种群众文艺活动。2016年，她在微信上听到《日出舜江湖》这首村歌，想起小舜江源头山清水秀、民风淳朴的好印象，就喜欢上它。让她有点遗憾的是，村歌的制作略显粗糙。她专门联系上海交响乐团进行伴奏，还亲自演唱村歌，并自掏腰包制作MV，在网络上推广这首歌。

【两位老人成为遗体捐赠志愿者】 2016年11月24日，柯桥区湖塘街道宾舍村朱金土和朱茶花兄妹俩，完成遗体捐赠表格填写等相关手续后，正式成为遗体捐赠志愿者。之前，柯桥区遗体捐赠志愿者，大多来自困贫家庭，更多是经济压力面前的无奈之举。朱金土，90岁，因身体不佳及家庭贫困，终身未娶，年事一高，生活不能自理，一直由妹妹照顾，安享晚年生活。朱茶花，69岁，原和子女生活在越城区。2015年，她和子女们商议后搬回宾舍村居住，还让子女们出资修缮哥哥的老房子，一心照顾哥哥的饮食起居。朱茶花还资助新昌县家境困难学生上完大学，是邻居眼中的热心人。朱茶花只读过半年夜校，一直爱读书看报，对很多事情都有自己的想法。她认为，哥哥被纳入低保，她能拥有幸福晚年，退休工资连加好几年，都是享国家的福，捐献遗体给国家，能为社会做贡献。听说朱茶花有遗体捐赠的想法，哥哥非常赞同并也愿意加入。对于老人们的决定，朱茶花的子女们都非常支持。朱茶花的女儿包萍萍，几年前就登记成为造血干细胞捐献者，认为母亲和舅舅的决定是大爱，是对社会有益的事。

（摘选自《柯桥日报》）

城乡新篇

【用莲花落说唱防蚊灭蚊知识】 2016年7月，福全镇各村的广播节目中经常会响起一段关于防蚊灭蚊的莲花落。新迪埠村村民洪标是莲花落爱好者，在柯桥区的“幸福水乡才艺秀”中曾获得好名次，是当地出名的文艺骨干。1个多月前，福全镇政府希望他能创作防蚊灭蚊工作相关的莲花落。副镇长毛佳丽给他提供初稿。洪标邀请市文化馆非遗中心莲花落传承班的同学钱泽霖，合力修改。经过一个多月的忙碌，集蚊子传播疾病、防蚊灭蚊要点等知识的莲花落剧本面世。在福全镇“水乡才艺秀”总决赛中，洪标上台表演该剧本，深受村民欢迎。柯桥区疾控中心闻讯后，对莲花落的内容进行科学性指点。最终定稿，长达9分钟，由洪标主唱，另外几个朋友一起演奏、伴唱。这首莲花落还去专业录音棚录音，在全镇广播中播放。

【用手机APP买卖布】 2016年3月，“e布网”手机APP全面上线，布商们只需在手机上打开APP，就可以足不出户快速找到中意面料，既省时又省力，让买布卖布一步到位。

研发这个高效APP的是位于福全镇聚势电商园区内的浙江璞华信息技术有限公司。2015年5月，包芳芳和合作伙伴成立浙江璞华信息技术有限公司，正式开始研发“e布网”。要想打造以面辅料及设计版样交易为主的纺织全产业链电商平台，不仅要解决P2P领域大宗面料交易遇到的问题，还要解决面料图像搜索问题和手感问题，这也是众多纺织产业链电商平台无法顺利发展的最大“痛点”，还有关于在线电子合同的签订以及对“e布网”的数据管理。要想在不断新起的众多纺织全产业链电商平台中脱颖而出，解决上述技术问题是提升竞争力的最好方法。包芳芳近20年的纺织从业经验加上“方正璞华”的技术支持，“e布网”全面上线，并获得不小的反响。

【“农业游”成为农闲时节新潮流】 2016年8月24日，在稽东镇月华山香榧基地，大批游客在观光佛手瓜景观长廊。佛手瓜原产地在墨西哥，不但可以做菜，而且还可当水果生吃，产量较高。佛手瓜连片种植后，其藤蔓攀爬上瓜架，形成一条景观长廊让游客流连忘返。佛手瓜9月可采摘上市，香榧采摘在10月。这是榧农王军民利用农闲种植的佛手瓜。漓渚镇棠一村的东方百合组培研发有限公司，利用夏季百合花种植空档期，种植10多亩蓝莓林，吸引着游客“采摘游”。在农林产业中，常存在农闲时节，如何利用空余时间以及土地空间进行创收，“农业游”成农林基地最多的选择。虽然“兼职”的收入和主业相比不高，但因投入成本低，利用时间和空间，“农业游”成为农林产业发展中的一种新潮流。

【社区老人享受智慧养老】 2016年8月29日，柯桥街道柯福社区老人张丽珍拿出智慧养老“卡片机”，通过后台服务，很快和家政阿姨孙莲珍通上话，在确认上门打扫卫生的时间后，老人终于放心。张丽珍80岁，老伴赵永美88岁，两口子虽然身体健朗，生活也能自理，可毕竟年事已高，做家务活力不从心。这曾经是老人的烦心事。2016年7月，柯桥街道作为全区智慧养老试点，为该街道柯福社区50户老年家庭免费安装智慧养老的相关设备，张丽珍成为首批老年用户。安装智慧养老系统后，即使子女不在身边，老人想念子女时，可以通过“卡片机”拨打亲情电话，享受每个月300分钟的通话。平时，需要请家政阿姨、缴费甚至医院急救等事项时，也只要按一下键，说明自己的需求，后台专人会相应给出服务。在养老服务方面，政府对于低保家庭、低保边缘家庭中的失能、失智老人，普通家庭的高龄、失能、独居等老人，分类分别给予补贴。个人承担100元，政府补贴100元，每个月就能享受8.7个小时的上门服务。

【风光互补路灯惠及平水村民】 2016年8月30日傍晚6点多，平水镇维多利亚庄园内，一盏盏形似风车的路灯亮起来。一阵风吹来，路灯上的风车跟着转动起来，路灯的灯光随着夜色渐浓，越发明亮。这些路灯没有铺设电缆，全靠太阳能和风能发电。到晚上7点，平水镇工业园区浙江紫金光伏科技有限公司工程部办公室，几名技术人员坐在电脑前，查看平水镇风光互补路灯的运行情况，这是该公司研发的路灯控制程序智能化系统，而维多利亚庄园的风光互补路灯就是该系统的一部分。

普通路灯亮与不亮，只有到现场排查才能发现问题，而路灯控制程序智能化系统，查看路灯只要在办公室点点鼠标，就能了解情况。事实上，这个"路灯控制程序智能化系统"的远程控制程度，超乎想象。2016年4月，"紫金光伏"技术团队到俄罗斯圣彼得堡出差，打开电脑，平水的路灯信号依然存在。从2013年开始，公司组建技术团队研发风光互补路灯。至2016年，路灯控制程序智能化系统研发成功，根据日出日落时间的不同，路灯能自动调节明暗度，如果遇上连日阴雨天气，路灯还会在后半夜人少的时候调低亮度，以保证连续12个阴雨天内仍能够照明。这样的一个时长，打破国内同类风光互补路灯的时长记录，公司并不急着把这款路灯推向市场，而是先惠及平水山村的村民。

（摘选自《柯桥日报》）

执行编辑　宋如玲

经济开发区

柯桥经济技术开发区

【概况】 2016年，柯桥经济技术开发区实现地区生产总值110.61亿元，财政总收入13.8亿元，规模以上工业总产值486亿元，工业投资56.26亿元、服务业投资22.46亿元，自营出口9.45亿美元，实到外资5888.8万美元。限额以上批发及零售业商品销售完成182亿元，达到规模以上工业销售的40%。实现。限额以上社会消费品零售总额67.5万元，限额以上服务业增加值完成12亿元，达到规模以上工业增加值的18%。完成全年“下升上”工业企业25家、服务贸易类企业42家，“个转企”25家，新设企业540户，位列全区第三。

“建科减震”“易彩数控”“智辉信息”“龙华工具”等4家企业通过国家高新技术企业认定，21家企业完成省科技型中小企业申报工作。企业获得授权专利700件，申请发明专利80件。完成规模以上工业新产品产值192亿元，占规模以上企业总产值的37%。高新技术产业增加值13亿元，高端装备制造业增加值14亿元，战略性新兴产业增加值24亿元，高新技术产业投资5.4亿元，战略性新兴产业投资占比超过25%，开发区（齐贤镇）被评为省级名牌示范乡镇，获绍兴市G20杭州峰会先进集体称号。浙江精工钢结构集团有限公司被授予国家装备式建筑产业基地称号。

【实到外资比上年增长15.4%】 2016年，柯桥经济技术开发区引进5亿元以上的项目4个，其中20亿元以上项目1个。对接国内外知名企业，与金刚、墙煌、商用CGCE顶装新材料集成系统、吉利“freetech”等4个项目达成投资意向。实到外资5888.8万美元，比上年增长15.4%，浙商回归完成9.01亿元，完成率117%。

2016年，精工绿筑项目车间一角　　（徐祥虎　摄）

【新增5家上市企业】 2016年，柯桥经济技术开发区“环思科技”完成新三板挂牌，格洛博机械完成股改“齐方机械”“永乐纺机”“华雪纺织”“云萍针织”等4家企业完成浙江股权交易中心创新板挂牌，“梅轮电梯”收到IPO证监会受理通知书，另有4家企业在股改。

【完成政府性投资项目指标数的109%】 2016年，柯桥经济技术开发区22个政府性投资项目进展顺利，齐陶路、集贤路、新壶瓶山路、齐陶北路等全面通车，完成钱滨线3标路基填通，柯北安置小区主体结顶，陶里安置小区地下室施工。全年完成政府性投资项目投资4亿元，完成指标数的 109% 。

【拆除违法建筑 892 处】 2016 年，柯桥经济技术开发区累计拆除违法建筑 892 处，84.98 万平方米，完成区下达任务数的 321.90%，总量位列柯桥区第三位。其中拆除高铁沿线企业违建 5.96 万平方米，印染企业违建 18.53 万平方米，“两路两侧”违建 9.53 万平方米，工业小区违建 35.6 万平方米。

2016 年，柯桥经济技术开发区俯瞰图 （徐祥虎 摄）

【46 个断面达到四类水质】 2016 年，柯桥经济技术开发区实施“绍兴河长通”APP 巡查，摸清河道短板问题 436 个，立面改造 13 万平方米，河道清淤 33 万立方米，种植狐尾藻 6000 平方米。完成 12 个村（居委会、社区）农村生活污水纳管。严控工业污水，查处工业、商贸三产问题企业 229 家，企业纳管 46 家，建造隔油池 33 家。完成 7 个村（居委会）污水总管铺设，总长 51 千米，46 个断面达到四类水质。9 月 26 日，全省雨水口整治现场会在该开发区召开。

【分类处置污染企业】 2016 年，柯桥经济技术开发区完成 181 家重点大气污染源企业与 143 家小微排污企业调查工作，建立污染企业档案。关停非法小微排污企业 23 家，督促 13 家企业完成环保设施更新升级。在印染行业整治“亮剑”行动中完成 10 家印染企业定型机废气处理装置改造升级、污水池加盖、定型机煤改气等工作，妥善做好 3 家关停印染企业后续处置工作，并配合做好 8 家印染企业三期项目搬迁集聚工作，6 个项目进入打桩阶段。

（朱祖德）

滨海工业区

【概况】 2016 年，滨海工业区规模以上工业总产值 939.4 亿元，比上年增长 14%；规模以上工业销售收入 898.9 亿元，比上年增长 12.7%；财政总收入 27.3 亿元，比上年增长 19.4%，其中国税收入 17.4 亿元，比上年增长 18.6%；全社会固定资产投资 177.9 亿元，比上年增长 16.6%，其中工业投资 153.2 亿元，比上年增长 12.6%；实到外资 11600 万美元，自营出口 71361 万美元。新增国家高新技术企业 7 家；新增区级以上研发机构 20 家，其中市级研发中心 4 家、省级研发中心 1 家；省科技型中小企业 27 家；省专利示范企业 2 家。申请各项专利 1798 件，其中申请发明专利 60 件，授权 24 件；申报省著名商标 2 件；省著名商标 4 件；新增省两化融合示范企业 2 家；“华通色纺”等企业牵头或参与制定相关行业标准。新增电商企业 12 家，注册登记跨境电商企业 2 家。

【实施蓝印小镇建设项目】 2016 年，滨海工业区印染集聚区一、二期落户 40 个项目全面投产，三期 17 个项目有 12 个动工建设。蓝印小镇路网构筑完成，与滨海新城全线贯通，小镇客厅主体结顶并完成二层楼面支撑工程，绿肺公园、沿河游步道基本建成，道路沿线绿化景观提档升级全面完工。职工公寓、农贸市场、幼儿园投入使用。产业配套的水、电、气（汽）和污水处理、污泥处置项目陆续投用。

【对印染企业采取“亮剑”行动】 2016 年，滨海工业区开展印染行业整治提升“亮剑”行动。其中 13 家企业停产整治，88 家企业边生产边整治。期间各印染企业投入整治资金 10.5 亿元，其中环保投入约 7 亿元，消防、拆违、设备更新、现场改造等投入 3.5 亿元；拆除违法建筑 65 万平方米；淘汰设备 1000 多台套；培训员工 3.5 万人次。制定《印染企业整治提升长效管理机制实施意见》，按照意见展开定期突击检查。自7月30日起共突击3次，检查企业27家， 5家落后企业通报并责令边生产边整治。

【分批整治工业小区】 2016年，滨海工业区完成第一批21家工业小区整治，涉及承租户210家，规范各类出租企业177家，关停、搬离33家，对15家环境污染大、消防安全隐患突出且无力整改的承租户永久性停产整治。摸排第二批26家和第三批8家存在出租行为的工业企业，对照工业小区的整治标准进行整改；期间对拉毛、烫金、复合等9种存在重大消防安全隐患、环保问题突出的企业进行停产整治。摸排拉毛、植绒等邻避企业77家，其中对未取得环评的卫浴等小微排污企业10家督促工业小区业主进行关停或搬迁。

【8家企业实质启动股改上市工作】 2016年8月，滨海工业区子华停车成功挂牌新三板，乐高印染成为柯桥区第一家上市的印染企业，优创新材料IPO过会，迎丰印染等企业完成股改，新增浙江股权交易中心创新板挂牌企业3家。

【实施环境整治常态化管理】 2016年，滨海工业区完成清淤104万立方米，V类、劣V类水质断面减少29%。印染企业全面完成“煤改气”和定型机废气方塔式收集处置及污水池封闭除臭，秸秆焚烧和道路工地扬尘有效控制。拆除违法建筑98.9万平方米。共建美丽乡村，实施10万元以上村级工程30个。推行生活垃圾分类收集，保持环境卫生常态化管理，月度考核连续8个月位居全区第一。

【完成政府性投资11.7亿元】 2016年，滨海工业区投入资金11.7亿元实施政府性投资项目52个。全面贯通与滨海新城的3座大桥，实施柯海公路、兴滨路、新围路等9条区内主要道路改造升级。加快推进钱滨线建设，启动汤公路和绍大线延伸工程。

【完成拆迁面积21.8万平方米】 2016年，滨海工业区实施排涝通道（马鞍集镇段）工程拆迁。住宅房屋签约腾空并拆除389户，剩余1户，拆除面积72157平方米。非住宅签约腾空并拆除12家，剩余1家，拆除面积20589平方米。开展新二整村拆迁项目。陶湖、加安、安镇3个自然村全部完成拆迁，完成签约、腾空并拆除住宅共计466户，拆除面积121786平方米。完成钱滨线拆迁遗留面积3206平方米。 （傅国灿）

执行编辑　宋如玲

建制镇与街道

柯桥街道

【概况】 柯桥街道因桥得名，素有“金柯桥”之美誉，是浙江省首批历史文化名镇和浙江旅游乡镇。地处柯桥城区核心，东临越城区东浦区镇，南及西南接柯岩街道，西北及北与钱清镇、华舍街道和柯桥开发区（齐贤镇）相邻。距绍兴市区10千米、杭州50千米，杭甬铁路、104国道横贯东西，面积16.5平方千米，为典型的江南平原水乡，瓜渚湖居于境东，中国轻纺城坐落其中。2016年，辖29个社区（居委会），其中25个社区、4个居委会，户籍人口61396人，流动人口近14万人。国道高架扫尾工程完成，红丰、中梅、大溇安置房按计划集中交付1200多套。

表42 2016年柯桥街道主要经济指标完成情况

指标名称	单位	2016年	比2015年增长（%）
生产总值	亿元	78.89	6.9%
人均生产总值	万元	13.38	-1.6%
工业销售收入	亿元	36.93	3.56%
固定资产投资	亿元	18.06	339.68%
自营出口	亿美元	25.95	-5.35
财政总收入	亿元	31.45	2.4%

完成“个转企”51家。引进基金等股权投资类项目5个、国家“千人计划”1人。新增国家重点扶持高新技术企业2家，省、市科技型企业8家。关停各类违规企业18家。新注册电商企业和服务机构34家。37幢楼宇新增商贸企业超6000家，入驻率90%，成功培育玉兰国际、财富大厦等6幢单体税收超千万元商务楼宇。

全面深化“河长制”管理，实施“河长”周巡查，责任人、驻社区（居委会）指导员和社区（居委会）主职干部周双巡查制度，健全巡查、通报、研判和考核等一系列机制。柯桥街道获省、市“五水共治”先进单位称号。累计拆除各类违章建筑15.8万平方米，完成目标任务370%。经委小区、金笛新村等8个老住宅小区整治改造工程基本完成。柯桥历史文化街区改造（一期）项目1512户被征收户完成签约1490户，签约率98.5%，104

用于民生的财政支出达1.27亿元，发放各类补助、救助善款639万元。新备案社区社会组织90个，培育示范型社会组织10家，新注册登记枢纽型社区社会组织——柯桥区亲民社会工作服务中心。打造大渡“邻里中心”示范型样板社区，撤红升、梅巷居委会，并为红梅社区。新设立浪琴社区。

办理各类社会保险登记业务15000余笔，新办理就业失业登记证850余本；办理申领2015年度“4050”社保补贴登记、审核3100余人；做好11500多名企业退休人员管理服务工作，住院慰问761人次，死亡慰问70人次，并办理异地退休人员资格认证210人次；完成24956人城乡居民医保征缴工作；组织开展两期高级技能人才培训班，培养98名高级工，培养技师及以上人员7人。走访调查失业人员1371人，其中1046人已稳定就业或灵活就业，325 人接受各类就业援助。

新建上谢桥、梅巷两个文化礼堂并成立公益基金，完成村歌创作 7 首，其中双渎社区村歌获全区三等奖。尼拉杰入选“浙江好人”、毕昌煜入选“浙江骄傲”。港越社区获全国社区教育先进社区称号，柯桥街道获浙江省关心下一代工作先进集体，并成功创建全国社区教育示范街道。

【荷马体育项目落户柯桥街道】 2016 年 5 月，荷马体育项目落户柯桥区，投资 5 亿元。9 月 19 日，荷马有限公司成立暨绍兴柯桥总部落成开业仪式在柯桥街道举行。至年底，荷马有限公司列入 2016 年度柯桥区现代服务业企业十强。“荷马”是西班牙第一运动品牌，有 50 多年历史，定位于高端体育用品市场。该公司是一家集体育用品研究设计、制造销售及体育赛事（活动）组织承办、体育场馆经营、体育传播等综合性体育产业公司。

2016 年，柯桥街道新建上谢桥社区文化礼堂 （柯桥街道 供稿）

【柯桥街道水质全部达到Ⅳ类以上】 2016 年，柯桥街道辖区内有 21 条河道及“一湖一池”，总长 38088 米，总面积 3.54 平方千米。有各级河长、责任人 79 人、乡贤河长 135 人、河道警长 16 人、民间河道义务监督员 105 人、基层信息员 130 人。757 个河道排水口标上河道标识牌，共发现并整改问题 215 个；瓜渚湖直江等 5 条河道清淤 16.1 万立方米，完成目标任务 134%。至 12 月底，水质全部达到Ⅳ类以上，提前消灭Ⅴ类和劣Ⅴ类水质。马山闸西江、浙东古运河、瓜渚湖直江获市级最美河道称号。《人民日报》记者到柯桥街道采访“五水共治”，并在要闻版发表。

【全区智能化垃圾分类试点在柯桥街道启动】 2016 年 12 月 11 日，柯桥街道笛扬社区蓝天华都苑小区举行全区智能化垃圾分类试点启动仪式。在 116 个住宅小区全面实施生活垃圾四分类基础上，柯桥街道投入 100 多万元，在蓝天华都苑、玲珑小筑、米兰公寓东区、万和丽都等 5 个小区试点二维码智能化垃圾分类。

【柯桥街道启动老小区改造工程】 2016 年，柯桥街道正式启动老住宅小区“三年改造计划”。当年投资约 6000 万元，对经委小区、金笛新村等 8 个老住宅小区，计 74 幢、2026 户、建筑面积 18 万平方米，全面实施整治改造工程，主要改造污水管网、弱电管线、立面、防盗窗、路面、绿化等。至年底，整体改造基本完成。

【颐养园开展公益活动 1800 多场】 2016 年，柯桥街道以颐养园作为街道养老指导中心，通过开放排练厅、曲艺厅、悦读区等多个功能室，推广“九九加油站”“美食俱乐部”“颐养艺术团”等服务项目，开展首届社区大型巡展嘉年华等公益活动 1800 多场，服务人次过万，日均到园人数 100 人次以上。接待参观 58 批次、689 人次，居民满意度 95.57%。

【实现智慧养老“一键通”全覆盖】 2016 年 7 月，柯桥街道柯福社区作为全区试点，50 余户老年家庭免费安装智慧养老相关设备。按照“居家为基础、社区为依托、机构为支撑”模式，街道在全区率先启用信息化新型服务平台智慧养老“一键通”。至年底，共有 561 人安装一键通移动终端（卡片机），实现 29 个社区（居委会）全覆盖。

【新备案社区社会组织 90 个】 2016 年，柯桥街道备案社区社会组织 90 个，累计达 249 个。重点培育港越相伴夕阳老年协会、大渡法律帮帮堂等 10 个社会组织，发挥柯桥亲民社会工作服务中心支持型社会组织作用，全面开展对各社区社会组织的培育、孵化、指导工作。

【市级信访积案实现“清零”】 2016年，柯桥街道调处各类纠纷1423件、排查不稳定因素345起，市、区长热线1133个。成功化解重点信访21件，其中6个市级信访积案全部化解，率先实现市级信访积案“清零”。街道再获市平安街道和“枫桥式”街道荣誉。G20期间，按照“抓重点行业治理、抓重点人员监控和抓重点场所整改”要求，共排查涉及敏感物资经营单位132家、寄递业企业23个、重点行业59家、洗浴中心231家，房屋中介104家，非法煤气、液化气灌装点17个，对132名涉稳重点人员，实施一人一档、一类一策，摸排走访登记出租房23087间，下发整改通知书569份，完成隐患整改558处，街道获全市G20峰会维稳安保工作先进集体。

【评鉴出民间人才1000人】 2016年柯桥街道开展年度民间人才评鉴工作，共评鉴出民间人才1000人，其中三星级336人、二星级334人、一星级330人。 （李国臣）

柯岩街道

【概况】 柯岩街道因石得名，地处柯南新区，东接越城区东浦镇，南连福全镇，西邻湖塘街道，北界柯桥街道和钱清镇，杭甬高架铁路、104国道依境而过。境内以平原水乡为主，北部系古鉴湖流域，南部为山地，有柯岩风景区等多处旅游景区。街道成立于2001年8月，面积46.48平方千米。2016年，辖22个行政村、7个居委会、6个社区，户籍人口58690 人，外来人口95600人。

三力士公司凤凰创新产业园项目落地，进场施工；与沃尔沃合作的freetech自动驾驶项目成功引进。完成下升上规模以上工业企业7家、服务业企业10家。鼓励企业走资本路线，中嬴公司完成股改，雷贝斯公司在浙江股权交易中心创新板挂牌。国家高新技术企业累计达 11家，申报各类专利900余件，获准授权120件。风险企业全面解困，恒美集团基本完成企业帮扶，共处置各种债务100365万元，剩余7000万元相应资产进行抵押。

表43 2016年柯岩街道主要经济指标完成情况

指标名称	单位	2016年	比2015年增长（%）
生产总值	亿元	52.74	5.7
人均生产总值	万元	8.99	4.3
工业主营业务收入	亿元	115.86	4.1
固定资产投资	亿元	30.53	27.1
自营出口	亿美元	5.57	-12.4
财政总收入	亿元	15.16	14

酷玩小镇在浙江省第二届最受欢迎运动休闲地评选活动中，成功入选十佳榜单。小镇核心项目东方山水风情园一期于6月1日正式营业，最高单日接待游客量2.2万人次。东方山水二期计划投资120亿元，动工建设三大主题文化乐园。轻纺城南区市场建成投用，柯南客运中心建设完成，区妇女儿童保健医院建设进展顺利。

宇成精品果蔬园区投入4500万元建造6000平方米的园林式餐厅，10月开始营业；路南粮油合作社投入100多万元对机耕路、渠道、机埠、下田坡等农田设施进行建设完善。强化粮食安全体系建设，落实各级政府的重农惠农和种粮直补政策，粮食播种面积保持24000亩、粮食总产达到12800吨。粮食生产功能区建设达1028亩，完成区下达的任务。

开展永进、红旗等城中村改造、信心村昌兴溇酷玩小镇二期等共计15个拆迁项目，合计230万平方米，完成56万平方米。完成三力士凤凰创新园、毅腾足球训练基地、路南工业地块、春望路、育才路、镜水路等项目的土地征收工作，总计征收土地1200余亩。协调完成杭绍台高速、轻纺城职教中心、公交总站等一批项目的土地交付工作。完成拆违建筑面积65.6万平方米，拆后利用面积44.5万平方米，拆后利用率86.2%。配合违章整治，对红旗二手车市场等群众意见集中的违法经营场所进行取缔，对星月湾等居民小区1200多户车库开展整治。街道每月通报各类安全隐患，关停园区31个、各类出租企业536家，拆除违章隔离用彩钢板约2万平方米， 84个工业小区通过区级验收或复验。

对秋湖、海山等10个村(居)河道河岸进行整治，实际挡墙砌筑松木桩打设长度23千米。澄湾江、后澄湾江、赤江、项里江、秋湖东江、蓬山江、余渚横江和余渚东横江8条河道清淤14万立方米。对丰项村的大池头山塘、大洋水库进行加固整治，并对大池头和智大寺山塘的上坝道路进行修建。完成生活污水治理，路南、信心、余渚、新风等村3000余户接入市政排污管网。

投入600万元提档改造蔡堰居、州山两村立面、道路、景观、绿化等工程。在7个示范村试点基础上，所有村居全面铺开垃圾分类工作。

开展路南等11个村的土地流转工作，妥善解决相关村的农民养老保险，共流转土地5800余亩。新建村级居家养老服务中心5个，完成柯桥夕阳红中心新建选址。投入600万元新建柯岩中心小学风雨操场。为93名困难群众申请临时救济金27.46万元，为281名群众提供医疗救助，发放救济金109.73万元。春节期间发放慰问款400余万元，慰问各类困难家庭1700多户。

35个村（居、社区）全部建立巡防队伍，共有固定巡防人员455人，平安志愿者1032人。抓出租房屋整治，责任书上墙率100%，灭火器配备率100%，电线穿管2000余间，明火隔离1000余间。投入50多万元配足村级消防队消防设备，34支村级消防队全年拉练40场，街道成功举办第四届消防技能比赛。输送新兵26人。

投入200万元，培育创建新未庄、新风、河塔、州山、信心、海山、高尔夫等一批党建示范村；指导索密克、顺利喷花等企业开展“一路两带”党建示范点创建，并顺利通过区委组织部验收。全年发展党员30人；妥善处置失联党员3人，劝退、停止党籍、取消预备资格各1人；立案查处党员违纪案件8起，处分违纪党员8人，开除党籍3人；认定警示型党员12人。2016年，街道被评为首批浙江省美丽乡村示范乡镇。

【基本完成两村改造腾空】 2016年，柯岩街道红旗村“城中村”改造拆迁项目总建筑面积17万平方米，涉及住宅523户（分家析产达562户，其中包含教工楼80户），非住宅7户，2月29日召开全村腾空动员大会，3月3日正式开始腾空签约，首日腾空478户，腾空率达91%。永进村“城中村”改造拆迁项目（含安置地块和农贸市场地块项目）总建筑面积约为34万平方米，涉及住宅701户（分家析产达717户，其中包含仪表厂、光明厂宿舍67户），非住宅5户，5月9日召开全村腾空动员大会，5月13日正式开始腾空签约，首日腾空682户，腾空率达97%。两村拆迁于10月份顺利完成扫尾攻坚任务，余遗留户4户。

【酷玩小镇入选省级十佳榜单】 2016年，柯岩街道成立酷玩小镇建设指挥部，按照“半年出形象、当年见实效”的工作思路，全面推进酷玩小镇建设。核心项目东方山水乐园配有水上游乐等21个游乐项目，6月1日开园，吸引大量个人和团体旅游者，成功实现小镇“当年见实效”的工作目标。街道开展酷玩小镇LOGO征集等一系列宣传推介活动，5月底联合浙江广电举办LOGO开箱仪式，新浪、腾讯等主流媒体相继转载新闻通稿。投资20亿，

2016年2月29日，柯岩街道召开红旗村拆迁动员会（何 明 摄）

按照国际二级赛事标准建设的浙江国际赛车场主体场馆接近完工，浙赛俱乐部（Z-CLUB）会籍发布在上海启动。9月，酷玩小镇参加浙江省运动休闲旅游博览会，在“中国轻纺城杯”浙江省第二

2016年5月31日，柯岩街道举行酷玩小镇LOGO征集大赛开箱仪式 （何明 摄）

届最受欢迎运动休闲地评选活动中，成功入选十佳榜单。

【凤凰创新产业园项目落地】 2016年，柯岩街道凤凰创新产业园项目由三力士股份有限公司引进，包含年产500台智能化无人潜航器和浙江省凤凰军民融合技术创新研究院两个核心子项目，及航空航天密封件等若干后续个子项目，总投资50亿元。项目选址位于柯岩街道镜水南路以西、G104南复线以北，占地面积约410亩，先期用地约300亩。其中“潜航器”项目投资20亿元，用地约200亩，完成资金募集，首台（套）产品在北京通过专家鉴定。“研究院”项目投资5亿元，用地约50亩，与国防科技大学签订战略合作协议，引进量子研发顶级团队30余人。凤凰创新产业园由三力士为主，会同相关单位投资建设，核心项目于10月进场施工，建设期约2年。 （郦东）

华舍街道

【概况】 华舍街道地处柯桥城区北部，东依柯开委，南靠柯桥街道，西连钱清镇，北接安昌镇。境内有东小江、蛇渡江、大小坂湖等江河，329国道、杭甬运河、柯袍快速干线、杭金衢连接线、杭甬高速铁路客运专线穿境而过，距杭州市区45千米，萧山国际机场15千米。区域面积23.05平方千米，下辖8个行政村、6个居委会、7个社区，户籍人口45617人，外来人口近10万人。

表44 2016年华舍街道主要经济指标完成情况

指标名称	单位	2016年	比2015年增长（%）
生产总值	亿元	86.14	5.7
人均生产总值	万元	21.54	6
工业主营业务收入	亿元	20.2	-4.9
固定资产投资	亿元	13.9	12
自营出口	亿美元	17.39	-0.94
财政总收入	亿元	20.92	14.8
常住居民人均可支配收入	万元	3.36	8.5

生物质多联产高端智能化装备制造项目，总投资近13亿元，示范基地、烘干车间、秸秆库的主体以及4幢宿舍楼完成，裂解车间、示范基地设备到位试产。柯桥区电商产业园项目桩基工程全部完成，主体工程完成20%。计划总投资10亿元的宝业创新型企业孵化示范园项目一期厂房结顶。新申请国家高新技术企业1家，递交省级科技型中小企业申请16家，新申请市级专利示范企业1家。浙江润昇新能源项目二期木醋液深加工项目、精工科技年产100万台机柜智能化生产线项目、电商产业园项目、智慧CBD闽商大厦、川商大厦、中银国际项目、宝业建筑产业现代化孵

化示范园项目、年产1000吨百思寒精品绒供应链基地暨总部观光体验工厂项目投产。关停3家印染企业、整治提升2家印染企业，制订“五气合治”实施方案，对小微排污企业进行规范，关停9家新入户企业。

柯西公共活动中心竣工并通过验收；华舍派出所业务用房工程完成土建工程量的17%；社区卫生服务中心完成临时性输液大厅建设，进行改扩建工程红线图审批和节能评估招投标；华舍福利院公建民营方全面接管，参加市养老博览会。

2016年7月26日，团省委副书记王慧、团市委书记韩彬翔慰问华舍街道华墟小候鸟夏令营志愿者 （邱宏珍 摄）

全年拆除违法建筑916处，面积36.61万平方米，完成年初区政府下达拆违任务的262.25%；在全区率先完成第一批西蜀阜、大西庄两个村的生活污水工程区级验收，第二批小赭村、蜀阜村、解放居、华舍村、兴华社区等5个村（居委会、社区）的生活污水截污纳管工程移交排水公司，第三批沙地王村因拆迁提前停工，亭东居、亭西居工程扫尾中。对区域内99个公厕（旱厕）实行三格无害化水冲式改造，防止厕所污水渗漏入河。完成沙地王村活水工程，西蜀阜、大西庄活水工程完成招投标，施工中。

【华墟拆迁刷新柯桥拆迁速度】 2016年，华舍街道拆迁地处柯桥城区核心地段的华墟、亭东两个区块，共涉及住宅685户，人口2028人，非住宅13户，总拆迁建筑面积26万平方米，占地488亩，可盘活土地500余亩。项目自2016年8月6日正式启动，至年底，华墟685户拆迁户，约腾空676户，签约腾空率98.7%，其中，94%的房屋拆除完毕，刷新柯桥拆迁速度。

【宝业建筑产业现代化企业孵化示范园项目启动】 2016年，华舍街道宝业建筑产业现代化企业孵化示范园项目启动。该项目位于柯西宝业工业园区，项目总占地117亩，建筑面积18.53万平方米，共建造13幢厂房、1幢宿舍楼和1幢物管用房，计划总投资10亿元。项目共分二期建设，其中一期投入近3亿元，建设5幢厂房、1幢宿舍楼和1幢物管用房，建筑面积10万平方米，于2016年5月份开工建设，至年底主体结顶。

【华舍街道团委成为全国示范创建单位】 2016年6月，柯桥区华舍街道团委被共青团中央城市青年工作部确认为首批全国城市街道区域化团建示范创建单位。华舍街道团委运用“青春华舍”微信公众平台，开辟多个专栏，推进区域化团建，促进区域发展。近3年中，组织5000名志愿者参加“微治水”活动，共受理群众环境诉求、三改一拆等意见反映213条。

（杨依珊）

湖塘街道

【概况】 湖塘原名吴塘，相传句践使吴人筑塘而得名，后马臻筑鉴湖塘堤十里而改名为湖塘。湖塘位于柯桥区西南部，东接柯岩街道，南连福全镇、漓渚镇和诸暨市店口镇，西邻夏履镇，北临钱清镇。距柯桥中国轻纺城4千米、越城区15千米、杭州40千米、萧山国际机场15千米。104国道南复线、鉴湖水道、柯湖公路、杭甬铁路、104国道、萧绍运河六大水陆交通线东西向纵贯境内。面积66.28平方千米，南部低山丘陵，北部水网平原。辖15个行政村、2个居委会，户籍人口35175人。

完成“个转企”“小升规”12家；全年新引

进企业2家，完成“二次开发”项目4个。开展工业小区、“低小散”企业、花岗岩企业等一系列整治行动，完成消防整治303家，关停不规范企业15家，拆除彩钢棚4万多平方米，消除“三合一”隐患128处。全面完成区下达的12万立方米清淤任务；105名街村河长坚持用脚步丈量河情，实现河长通APP巡查全掌握；全街道43条河道，共506个排污排水口标识基本完成；6个村的农村生活污水治理工程完成主管铺设。全力推进“一户多宅”整治，共调查非法“一户多宅”188处，

表45　2016年湖塘街道主要经济指标完成情况

指标名称	单位	2016年	比2015年增长（%）
生产总值	亿元	24.89	0.35
人均生产总值	万元	7.08	-0.44
工业销售收入	亿元	83.63	-7.2
固定资产投资	亿元	11.26	20.2
自营出口	亿美元	6.22	8.5
财政总收入	亿元	4.37	1.3
常住居民人均可支配收入	万元	2.72	9.0

拆除125处，拆除面积5844平方米，没收63处。区“四边三化”、“两路两侧”问题整改清单完成率98%。全年拆除各类违法建筑27.9万平方米，超额完成区下达任务。

畈里边拆迁首次签约率70%，先后完成三角胶带厂、南复线整治等相关拆迁工作。完成东方山水二期、区中心粮库等征地扫尾工作，南复线环境综合改造土地流转完成2/3，旱改水完成3个村面花迁移工作。

湖塘中心幼儿园搬迁，古城小学、古城幼儿园完成撤并。投资3000万元的新湖塘敬老院投入使用，投资3200万元的民办圣爱福利中心完工。村村通路灯亮化工程全部投用。大香林游步道建设工程、型塘至湖中道路拓宽工程完工。

全面抓好G20峰会维稳安保工作，组建“红袖章”护村队、平安志愿者队伍。做好流动人口和特殊人群服务管理工作，街道连续两年成功创建为市级“枫桥式”乡镇。化解6件区级以上信访积案，街道被评为市信访工作先进集体。开展安全生产、食品药品等专项整治活动，全年未发生一起重特大事故。各类刑事、民事案件案发率比上年明显下降。

投入500余万元用于各类帮扶救助和慰问，投入600余万元用于城乡居民合作医疗保险。完成政务网延伸到村工作。开展送戏下乡、志愿服务等活动共50余次，岭下村歌和香林村歌分别荣获区村歌大赛一等奖和三等奖。“山水湖塘”微信公众平台创新升级，在区级以上媒体平台发稿100余篇，大力提升湖塘的知名度和影响力。

【黄酒小镇入选省级行业标杆小镇名单】 2016年，湖塘街道绍兴黄酒小镇完成第二轮黄酒小镇概念

2016年8月20日，湖塘街道开展消防演练　（湖塘街道　供稿）

性规划，小镇客厅于4月下旬建成并投入使用，全年接待各类考察5万人次。会稽山年产10万千升包装物流自动化项目9月份开工建设，博物馆、研究院进入内部装修阶段。成功入选浙江省经信委评定的经信领域省级行业标杆小镇名单。

【湖塘街道入选全省美丽乡村示范镇名单】 2016年，湖塘街道投入2000余万元开展环境卫生集中整治月、环境卫生月度考核等活动，环境卫生常态化、精细化、长效化管理水平不断提高，农村面貌持续改善。完成8个村的生活垃圾分类，全区美丽乡村现场会在岭下村召开。启动湖中村、夏泽村美丽乡村示范村创建工作。围绕黄酒特色小镇建设，推进鉴湖江、南复线整治，形成“一江一路”景观带。11月5日，街道成功入选全省100个美丽乡村示范镇名单。 （傅　正）

2016年11月8日，湖塘街道黄酒小镇成功举行第22届绍兴黄酒节黄酒新品发布会 （湖塘街道　供稿）

钱清镇

【概况】 钱清镇得名于东汉，设镇于北宋，地处杭州湾南岸、宁绍平原西部，东接柯桥轻纺城，西邻杭州萧山区。杭甬铁路、104国道和杭甬运河横贯镇中，杭甬高铁、杭金衢高速出口线穿越镇境，距离萧山国际机场10千米。2016年，镇域面积53.6平方千米，下辖21个行政村和5个居委会，户籍人口62270人，外来人口 66011人。钱清镇是全国文明镇、中国轻纺原料市场名镇、浙江省首批27个小城市培育试点镇之一。2016年，钱清镇名列全国综合实力千强镇第35位，入围绍兴市唯一的第三批国家新型城镇化综合试点地区，省级小城市考核第四次获得优秀，培育试点各项工作处于全省前列，综合考评位列全省第九。

钱清镇新农果蔬市场项目达成协议；华通医药募资5.5亿元，新建年产3000吨配方颗粒项目、年产1万吨饮品项目和科研研发中心，投产后可新增销售23亿元，至年底，制药项目基本竣工，华药物流二期项目开建。程盛纺织上市项目提交上市申请。复兴商贸综合体、北京前途电动汽车、永利碳纤维、绿萌健康科技、加华科技园、秦望红木、智能眼镜等项目洽谈中。

落实河长制、路长制。推进面上整治，完成1482处问题整改，拆除违章16.97万平方米。重点推进南运河沿河拆违，拆除违章近4万平方米，建成5米宽的沿河通道。完成半边池整治工程、清水园三期等工程扫尾。邀请区行政执法局对全镇主要道路进行问题摸排，建立问题清单，明确由班子成员担任路长，集中进行问题攻坚。

围绕违章整治、环境提升等工作，每月组织村居干部现场互学，每月通报排名，每月上台领奖；钱清镇引入环境卫生第三方检查机制，强化问题整改。至年底，完成14个村的农村生活污水治理工程，10处村级农贸市场、169个水冲式厕所和各村（居委会）50%的垃圾箱的启动改造。全镇累计拆除违章建筑91.9万平方米，总量位居全区同平台第二。

通过“两推一选”，产生镇第十三届党代表109人，于11月26日召开中共钱清镇第十三届代表大会第一次会议。12月20日，在9个大选区和37个小选区选举出26名区人大代表、93名镇人大代表，并于12月26日举行钱清镇十七届人大

表 46　　2016 年钱清镇主要经济指标完成情况

指标	单位	2016 年	比 2015 年增长（%）
生产总值名称	亿元	128.59	0.5
人均生产总值	万元	20.6	0.5
工业主营业务收入	亿元	554.52	-12.4
固定资产投资	亿元	26.68	-24.3
自营出口	亿美元	6.36	-28.4
财政收入	亿元	11.16	-11.1

2016 年 12 月 26 日，钱清镇第十七届人民代表大会第一次会议开幕　　（沈丹丽　摄）

一次会议。

救助大病对象 217 人，发放救助资金 112.06 万元；救助困难学生 34 人，发放助学金 20 万元。举办 2016 年春季人力资源招聘会，进场企业 82 家，推出就业岗位 4000 余个，初步达成意向 1800 余人。调处劳资案件 227 起，其中群体性上访欠薪案件 2 起，调处工伤事故 61 个。完成各村历史遗留失土参保工作，参保人次 1800 人次，其中前梅村 1450 人次。组织幸福水乡才艺秀海选、文化走亲、文化下乡演出等共 35 场，报送 8 首村歌参加区宣传部组织的“赛村歌”比赛。完成白马山村、钱清村文化礼堂创建，完成文化礼堂村红十字组织建设、红十字基地建设。完成 3 处甲类民间信仰场所登记发证，做好 13 处场乙类民间信仰场所网上申报和资料报送工作。

【停产整治 20 家印染企业】

2016 年，钱清镇对 20 家印染企业做出停产整治决策。涉及 28 家印染企业的 17 处污水处理设施全部拆除，共清理污水 6.77 万吨、污泥 1.4 万吨；拆除违章建筑 12.6 万平方米、废弃烟囱 11 支、切断热力管道 14.1 千米。

【完成市重大项目开工仪式筹备】

2016 年，钱清镇完成绍兴市重大项目开工仪式筹备工作。落实房屋拆迁近 2 万平方米、租地 45 亩、迁坟 229 穴；完成周边景观改造、连接道路建设、场地平整等工程；推进钱陶公路和杨绍线的整治，完成 384 处问题整改，拆除彩钢棚等违章建筑 2.45 万平方米；完成 45000 平方米的广场建设，确保全市重大项目开工仪式在钱清镇东江陈村牛头山顺利举行。

【完成杨绍线美丽乡村示范线建设】 2016 年，钱清镇围绕“小城新星——梦享钱清”主题，完成杨绍线美丽乡村示范线建设。杨绍线美丽乡村示范线总投入 1 亿元，累计拆除违章建筑 1.8 万平方米，绿化 5.2 万平方米，整理管线 2.1 万米，建成 10 个节点小品和三西、梅东两个样板村以及乡村微记忆。

【配合杭绍城际轨道交通拆迁】 2016 年，钱清镇配合杭绍城际轨道交通建设开展拆迁工作。杭绍城际轨道交通途经钱清镇，共涉及 6 个村和 1 个集镇居委会，需拆除住宅 460 户 8.2 万平方米、厂房10处3.1万平方米，需征用土地400亩。梅东村试验段35户个人住宅8000余平方米于11月6日完成全部拆除。其余425户由4个工作组负责，每组分别由班子人员挂帅，抽调机关干部上门开展工作。至年底，全线完成签约 363 户，完成腾空280户。

【开展出租房整治】 2016年，钱清镇开展出租房整治。钱清镇有流动人口7.4 万人，居住在30402间出租房、17339 间企业宿舍内，涉及房东9470 户。在九岩、梅东两村开展出租房整治试点，粉刷墙面、明线进管、开辟晾晒场所，改善出租房居住条件，消除安全隐患。在此基础上，钱清镇在17个行政村、3个居委会全面铺开。

【钱清镇侨联成立】 2016年7月2日，钱清镇归国华侨联合会成立。钱清镇侨联会员由全镇归侨、侨眷、留学生亲属、留学归国人员等34名代表组成。

（李一丹）

杨汛桥镇

【概况】 杨汛桥镇位于柯桥区西部，东与钱清镇相连，南靠夏履镇，西北以西小江为界与萧山区所前、新塘、衙前等镇街毗邻。距柯桥主城区20千米，离杭州30千米，杭金衢高速公路、104国道南复线穿境而过，是绍兴接轨杭州的“桥头堡”。镇域面积37.85平方千米，处于丘陵向平原过渡区。2016年辖12个村、10个居委会（社区），户籍人口3.5万人，外来人口5.5万人。杨汛桥镇是全国小城镇综合改革试点镇、全国发展改革试点小城镇、全国文明镇、国家卫生镇国家可持续发展实验区、中国窗帘窗纱名镇、全省首批省级中心镇、绍兴市小城市培育试点镇。

2016年，杨汛桥镇持续围绕“智汇小镇”产业布局，加快转型新动能的内培外引，打造服务业集聚发展高地。突出核心区建设，推进浙江树人大学、学府新城、世纪联华物流配送中心等3个重大项目的建设进度，重点配合好浙江树人大学一期投用，9月底约4000名师生进驻杨汛桥校区。加速绿色大数据产业园、中国传统文化原创园2个重大意向项目落户。推进医疗养生、现代物流、大数据信息、金融服务等生产性服务业的融网联合发展。举办中国柯桥窗帘窗纱展，鼓励龙头窗帘窗纱企业向高端化、智能化、时尚化、网络化发展。筹建窗帘窗纱电商城，多渠道推进电商换市工作。

构建集路网、水网、电网、气网、污水管网一体的现代综合基础网络，配合实施杭绍城际轨道交通建设线位通道征地拆迁工作。对浙江树人大学周边交通进行提档升级，推进江夏公路、四灵庙路扩建工程的征地拆迁。以美丽乡村精品路线建设为抓手，打造“江南桃源”“品薇杨汛”等特色品牌。在城市管理体制上，杨汛桥镇以“四大平台”试点工作为突破，突出主体功能布局，加强两大集镇的综合治理能力，以店招店牌规范整治为抓手，推进杨江大道、虹桥路等镇内主要道路的立面改造。规范农村建房审批，开展环境卫生“八大行动”、生活垃圾资源化等工作。

持续深化“五水共治”“五气合治”两项治理，以河长APP、全民护水日等机制推进“河长制”长效化管理。展望等8个村（居

2016年，钱清镇整治后的出租房电瓶车停放处　（沈丹丽　摄）

表 47　2016 年杨汛桥镇主要经济指标完成情况

指标名称	单位	2016 年	比 2015 年增长（%）
生产总值	亿元	71.72	1.85
人均生产总值	万元	20.35	1.50
工业主营业务收入	亿元	254.87	-2.64
固定资产投资	亿元	11.33	-22.22
自营出口	亿美元	1.91	-21.95
财政总收入	亿元	4.99	-28.10
常住居民人均可支配收入	万元	3.30	8.5

2016 年，杨汛桥镇江桃村一角　（叶赛斌　摄）

2016 年 10 月 29 日，杨汛桥镇举行中国传统文化原创园奠基仪式　（叶赛斌　摄）

委会）的生活污水纳管工程在建。开展工业小区和“低小散”行业、小餐饮、黄沙场和石料场整治工作。关注浙江玻璃、南方水泥关停搬迁后续工作进度，巩固燃煤锅炉改造成效。推进平原绿化、中小河流综合治理、绿化扩面提质等工程。以牛头山游步道、休闲生活广场建设为抓手，打造“10 分钟生态圈”。打造“学在杨汛”品牌，全面提升两大教育集团均衡化、优质化、现代化水平。推进解决失土农民养老保险问题，加快推进各类养老保险、社会救助、慈善帮扶等社会保障体系的统筹整合。成功创建国家卫生镇。实施核心价值宣讲、文化礼堂建设、网络空间晴朗、诚信建设、村规民约普宣等“五大行动”。官方微信公共平台“小镇杨汛桥”发布率进一步提升。以 G20 峰会安保为契机，深化“平安创建”线上线下阵地建设，打造“枫桥式”乡镇，巩固出租房整治成效。

【通过国家卫生镇创建省级考核】

2016 年，杨汛桥镇正式启动“国家卫生镇”创建工作。8 月 9—10 日，浙江省爱卫会组织考核评估组专家对杨汛桥镇国家卫生镇创建工作进行全面检查考评，宣布该镇通过国家卫生镇省级考核。

【中国传统文化原创园奠基】 2016年10月29日，中国传统文化原创园正式奠基。该产业园项 目位于杨汛桥镇南坂区块，项目投资方为浙江善本三学文化发展有限公司，总投资约6亿元，预计用地约150亩，其中一期50亩，建设期约2年，建成后预计年销售额10亿元以上，年纳税1亿元以上。

【开展人才引进工作】 2016年，杨汛桥镇坚持按需引才，当年度自主申报入选省“千人计划”、市“330海外英才计划”各1人，引进外地国家“千人计划”、省“千人计划”各1人。　　（边军樑）

马鞍镇

【概况】 马鞍镇境内有山，形似马鞍而得名。面积100平方千米。2016年，全镇辖12个行政村，8个居委会，1个农村社区。户籍人口39000多人，外来人口近10万人。

全年完成清淤项目19个，清淤河道长度24.6千米，清淤104万立方米。完成全国中小河流治理重点县及水系连通试点柯桥区马鞍、安昌项目区（马鞍分区）建设任务，整治河道19千米，砌勘25千米。完成国庆村、新围村新建机耕路2675米，新建固定机埠13座。完成山外村家庭工业集聚点边坡治理工程。共治理边坡8740平方米，坡脚绿化1270平方米，投入资金200万元。完成千化庵堆土治理工程。共治理边坡1940平方米、种植绿化2950平方米，投入资金32万元。完成地质灾害应急排险零星工程两个，有效消除安全隐患。

规范新签村级资产、资源合同49份，督促回收上年租赁款73份，计73.63万元，清理以据抵现14笔，计190.42万元。开展村级一事一议财政奖补项目。帮助亭山桥村申报一事一议财政奖补项目（党建文化礼堂改建），成功列入区财政局奖补项目计划。

表48　　2016年马鞍镇主要经济指标完成情况

指标名称	单位	2016年	比2015年增长（%）
生产总值	亿元	939.4	14
人均生产总值	万元	240.9	14.1
工业主营业务收入	亿元	898.9	12.7
固定资产投资	亿元	177.9	16.6
自营出口	亿美元	7.1	-14.2
财政总收入	亿元	27.3	19.4

完成39家取水企业的取水许可证年检，收缴水利规费803.3万元；完成5家取水企业的11套取水计量信息化装置改造，保障各用水企业的正常用水需求。完成2016年防汛防台总体预案修编、相关人员调整、抢险物资准备、水闸岁修保养、及时调控河网水位等工作，成功应对“尼伯特”等台风。

辖区内77家职工人数在200人以上的规模企业都成立人民调解委员会。全镇有人民调解员219人，村级调解人员全部持证上岗。组织人员下村、企开展矛盾纠纷排查活动33次，排查出矛盾纠纷隐患和线索31条，全部妥善解决。达成书面调解协议74件，协议金额2306万余元，其中涉及死亡案件35件。

配备流动人口专职协管员97人，做好居住证发放和出租私房登记、检查等工作。完成新围村和镜海社区40户全国流动人口动态监测入户调查。有在册社区服刑人员52人，其中缓刑46人，假释5人，暂予监外执行1人，对社区服刑人员，严格按照要求开展工作，落实司法所日常管理及各项监管制度。开展法律“六进”活动，为8户困难家庭提供法律援助。对7名重点涉毒人员开展社区戒毒，并定期进行尿检，确保不复吸；发放反邪教宣传资料，每村建立反邪宣传窗。

与绍兴市中心医院签订协议，成立绍兴市中心医院滨海分院。开展红十字救护培训和宣传，完成救护员培训80人，普及性培训800余人，造血干细胞采样入库6例。开展无偿献血活动，共

2016年10月，马鞍镇宝善村村道　（陶永兴　摄）

献血164人，献血量55440毫升。开展活禽杀白上市交易动态监督检查和以灭蚊为重点的爱国卫生运动，聘请专业消杀公司开展灭蚊消杀，做好人感染H7N9禽流感、登革热、寨卡病毒病等疫情防控工作。查处非法行医5家，没收药品若干箱。组织农村厨师统一办理健康证，指导镜海社区、兴海社区开展农村家宴中心建设工作，建成5家；开展“阳光食堂”创建工作，建成阳光厨房3家。开展“三区融合”市场主体名称变更工作，完成名称变更 1204户，完成率100%。

实行困难户动态管理，新建30个村级社会组织、2个居家养老服务照料中心、1个村级避灾安置点。对全镇1321位残疾人信息变动状况入户调查、核对及电脑录入。做好640人大中型水库移民扶持资金的发放工作，完成2016年政策性住房保险7870户。并轨失土农民养老保险206人，医保中途参保218人，异地养老保险资格认证297人次。涉及钱滨线、排涝河、汤公路征地及事实失地农民参保920人。

层层签订森防工作责任状，完成应急预案修编，落实扑火器具，调整村级护林队8支35人，村级应急扑火队8支82人。全年仅有一起火情，及时控制，无人员伤亡和财产损失。

【污泥浊水治理完成达标要求】 2016年，马鞍镇定期巡查面上河道，及时联系落实河道整治工作。开展河道清章执法，会同水政、渔政、城管等部门对沿河违章、非法渔具进行整治，拆除非法渔箔36道、清理河道地笼700余个、拆除沿河违建2万余平方米；完成船舶整治、清养外荡1000余亩；深化“三河”治理，完成河道清淤104万立方米；落实做好7000亩公共河道的保洁管理等工作。提前完成达标要求。

【多措施控制农业污染源】 2016年，马鞍镇采用农药化肥减量与增施有机肥等技术措施提升绿色农业，全年减少防治农药45000亩次，农药减量4.13吨。发放严禁秸秆焚烧宣传资料3000余份，发动干部群众积极参与秸秆禁烧行动，在农事收获期间起到有效控制。关停河边畜禽（鸭、鸽）养殖场2家，有效控制养殖污水入河。

【新建区级粮食生产功能区3个】 2016年，马鞍镇新建区级粮食生产功能区3个，分别是海涂77丘原农垦场场部粮食生产功能区、海涂77丘11队粮食生产功能区、曹娥江塘外滩地粮食生产功能区，建成面积5254.59亩，超额完成区政府下达的5000亩建设任务，完成率105.1%。

【开展惠农服务工作】 2016年，马鞍镇落实农业政策性保险工作，组织种养大户参加政策性农业保险8064亩次；发布农作物病虫害的预测预报9期；为农户办理农机购置补贴21起；开展农机具年检工作，在6月中旬对全镇110余台的农用拖拉机和收割机进行一次安全检测；培训农民154人，完成全年区级培训任务的102.7%。

【开展农产品质量安全监管】 2016年，马鞍镇签订农业企业、合作社2016年度食品安全长效管理目标责任书，配合上级农业部门抽检各类蔬菜7个批次，水产品43个批次，合格率100%。实施生猪产地检疫50574头，合格率100%。免疫家禽禽流感32471羽次，羊口蹄疫、羊痘5906头次，羊反刍兽疫1672头次，犬类狂犬病858头次。无害

化处理病死猪14343头。从源头上保障农产品质量安全。 （傅国灿）

福全镇

【概况】 福全镇因境内有“福全山”而得名，位于柯桥区西南部，东与越城区鉴湖镇相邻，南接兰亭镇、漓渚镇，西、北分别与柯岩街道、柯桥街道相连。距绍兴市区4千米，距柯桥城区11千米，104国道南复线穿境而过，地理位置和自然条件十分优越，素有“金三角”美称。面积39.83平方千米，以平原水乡为主。鉴湖女侠秋瑾、著名教育家许寿裳的故乡。2016年，辖22个行政村和2个居委会，户籍人口41752人，登记流动人口37574人。

粮食播种面积30891亩，全年总产达13948吨，其中小麦511吨，早稻3595吨，晚稻9513吨，其他粮食作物329吨，良种覆盖率100%，机械化水平100%，防治一支黄花4500多平方米。全年专业户防疫221440羽，散户防疫4518羽，产地检疫生猪17892头、鸭79092羽、苗鸭50000羽、鸡100羽。全镇村级总收入7057.41万元，农村居民人均纯收入29416元。

申报各类专利900余件，其中皇冠机械被评为国家高新技术企业，昌丽家居被评为省名牌，佳泽针纺等24家企业被评为省级科技型企业。福全镇与北京大学创新研究院合作成立绍兴分中心，专业为镇域企业提供科技推介服务；与绍兴文理学院、绍兴职业技术学院分别签约开展校地合作，打造人才培养基地，助推创业、创新。绍兴聚势电子商务产业园自2016年3月开园后，共引进各类电商企业31家，入驻率95%。有6个项目达成落户意向，累计投资25亿元，其中外资8000万美元。做好随园的破产处置工作，随园一期场内工程基本完成，场外及部分配套工程在建，随园二期土地及地上桩基工程3次公开拍卖。先后帮助富强皮塑、中兴纺织、江伟提花等企业与相关银行进行沟通协调，切断担保链，筑好防火墙。

对全镇12个工业小区及工业园区内135家小微企业进行全面整治，共拆除彩钢板2130平方米，拆除违章搭建8653平方米，清理“三合一”隐患115处，规范危化品存放64处。开展违法建筑大整治、“三比”竞赛考核、非法“一户多宅”清理整治、“两路两侧”整治等行动，全年拆除违章建筑641476平方米，非法“一户多宅”257户。投资450万元

表49 2016年福全镇主要经济指标完成情况

指标名称	单位	2016年	比2015年增长（%）
生产总值	亿元	61.56	-14.5
人均生产总值	万元	14.74	-14.7
工业主营业务收入	亿元	184.98	-32.28
固定资产投资	亿元	10.23	-47.7
自营出口	亿美元	2.13	-8.2
财政总收入	亿元	4.42	-33.8

2016年，福全镇俯瞰图 （福全镇　供稿）

建设1个集休闲、娱乐、健身、文化为一体的市民综合景观公园——秋瑾公园，投资5500万元建设1家四星级农贸市场。完成福全镇支一路维修、福全镇劳峡线亮化、杨绍线福全集镇段立面改造等一批路桥工程。完成13户住宅、14户非住宅杭绍台镜水路南延房屋拆迁工作，总拆迁面积18108平方米。

投资637万余元对镇域内10条河道实施清淤工程，计划清淤22万立方米，完成清淤量23.27万立方米，完成率106%。完成全镇规模养鸭场整治和河蚌清迁工作，全镇46家规模养鸭场，7家生态化提升，39家清养关停；经10－12月的集中整治，完成全镇1106亩水域面积，300多万只河蚌的清理。投资1100万元对全镇15个村31条河流进行治理，新建护岸、修整老塴。

开展“访民情、护安定、洁环境、清三河”为主题的大走访活动，走访户数1622户。出台《机关干部作风效能督查处理办法》和《村干部遵守日常工作制度督查处理办法》，全年通报处理机关干部7人，警示约谈村干部12人，诫勉谈话村主职干部1人。创建村级党建示范点5个，两新党建示范点2个，红立方党群服务中心1个。加大信访积案化解和初信初访化解力度，全年接待群众来访82批302人次，办理回复群众来信39件，受理调处市长热线电话645件，化解疑难信访积案3件。

开展“弘扬秋瑾精神”系列活动，开展“讲文明、树新风”系列活动；建设并推广“秋瑾故里活力福全”微信公众号，关注人数达镇域常住人口的60%，全年发布信息400余条。低保金发放156.4万元，临时救助资金9万余元，困难子女助学金10万余元。办理历史失土农民1154人，镇财政投入2723万元。

【开展3次农村综合整治】 2016年，福全镇成立农村综合整治工作组。10月26日－11月10日，以龙尾山村为整治第一站，全村党员干部、居民群众120余人清除卫生死角600余处，清运垃圾、堆积物、杂草、拆后建筑垃圾2万余吨。11月29日－12月13日，锦坞村、峡山村相继开展农村综合整治工作。共拆除非法“一户多宅”85处，其他违章建筑24处，拆除建筑面积4000多平方米，解决3户住房困难户；先后投入劳动力100多人次，清理河岸5700多米，销毁船屋2艘、沉船6艘，清理两岸堆积物30多吨，拆除过期蔬菜棚15个；党员干部居民群众100多人清除卫生死角100多处，清运垃圾、堆积物、杂草等1万多吨。

【投入260万余元整治城乡生活垃圾】 2016年，福全镇出台《关于2016年生活垃圾资源化整治工作实施方案》，成立福全镇城乡生活垃圾资源化整治工作领导小组，投资260万余元，购置“四分法”240升塑料垃圾桶80组，320只；“二分法”240升塑料垃圾桶2980只；40升（20升*2）进户垃圾桶14000只，明确各村垃圾收集点位置，将原垃圾中转站改造为标准式垃圾房作为各村收集点，全面取缔开放式、露天式简易垃圾中转站。探索完善垃圾清运模式，建立“户分、村收、镇集”的垃圾分类清运模式。

【评选首届劳动模范】 2016年4月27日，福全镇首届镇级劳动模范表彰大会在镇政府三楼会议中心举行。作为全区镇级评选劳模试点镇，福全镇1月初启动劳模评选活动，发动当地村居、规

2016年11月7日，福全镇举办首届“秋瑾杯”少儿宣讲大赛

（福全镇　供稿）

模以上企业、基层站所等海选报名，通过镇级劳模评审委员会、微信投票等方式层层选拔，10人被授予福全镇劳动模范称号。

【举办首届“秋瑾杯”少儿宣讲大赛】 2016年11月7日，福全镇在镇政府三楼会议中心举办首届“秋瑾杯”少儿宣讲大赛，14名参赛选手经过海选、初赛、复赛，进入总决赛，最终评出一等奖2人、二等奖4人、三等奖8人。（缪永佳）

齐贤镇

【概况】 齐贤镇相传继东晋王羲之兰亭盛会之遗风，名贤结社会友，齐集羊山，“齐贤”由此而名。地处绍兴市西北郊，紧邻柯桥城区，东临马鞍镇、越城区斗门镇，南接柯桥街道，西连安昌镇、华舍街道，北与萧山区党山镇为界，杭甬高速、杭甬客运专线、钱江三通道、杭甬运河穿境而过，绍兴北站、柯桥客运中心依镇而建，交通便利，区位条件优越。镇内隋唐羊山石佛、渊明故里等古迹众多，文化底蕴深厚。是全国重点镇、中国旅游名镇、省级名牌示范乡镇。辖20个村（居委会、社区），户籍人口5.3万人，常住人口11.6万人。

实施工业项目163个，完成工业投资56.26亿元。限额以上批发及零售业商品销售完成182亿元，达到规模以上工业销售的40%。引进5亿元以上项目4个，其中20亿元以上项目1个。10余个科创项目落户园区。精工绿筑、梅轮电梯等双百亿项目通过年终市对区“晒亮点、比业绩”考核。在印染企业整治“亮剑“行动中关停3家，整改提升10家。完成工业小区整治46个。完成“个转企”25家、“小升规”67家，4家企业通过国家高新技术认定，21家申报省科技型中小企业。申报“国家千人计划”2人，新落户市“330”英才2人。企业新三板挂牌1家，完成股改1家，创新板挂牌4家，IPO排队1家，进行股改4家。完成高效审批试点项目4个、不再审批试点项目5个。全年粮食种植面积33021亩，产量12964.6吨。

表50　2016年齐贤镇主要经济指标完成情况

指标名称	单位	2016年	比2015年增长（%）
生产总值	亿元	110.61	6.7
人均生产总值	万元	20.47	6.8
工业主营业务收入	亿元	480.16	-3.48
固定资产投资	亿元	78.72	22.24
自营出口	亿美元	9.45	0.53
财政总收入	亿元	13.8	-6.44
常住居民人均可支配收入	万元	2.72	9.5

2016年，齐贤镇美丽乡村一角　（徐祥虎　摄）

全年完成政府性投资4亿元，22个政府性投资项目进展顺利，齐陶北路、集贤路、步锦路、新壶瓶山路等全面通车，柯北安置小区主体结顶，陶里安置小区开始地下室施工。完成河道清淤33.35万立方米，12个村（居委会）实现生活污水纳管，摸排整改河道短板问题400多个。5个村居立项申报美丽乡村创建项目。完成柯海公路、齐陶北路等沿线立面改造与绿化工程。推进“两路两侧”，高铁沿线、工业小区等的拆违整治，拆除各类违建84.98万平方米，位列全区前列。实施排涝河一期官湖沿段、杭绍台高速齐贤段等重点项目与柯海线、齐陶路等配套项目拆迁，完成拆迁27万平方米。

投资1亿元的镇中心小学迁建工程完成主体建筑。全年实施医疗救助284人次，金额86.45万元；临时救济及慈善临时救助655户，金额77.64万元。保障11家星级居家养老照料中心正常运转，开展参保居民健康体检16268人。举办“羊山之春”“金玉园杯主题摄影”“幸福水乡才艺秀”等文化活动24场次。“智慧天网”工程建设，共安装视频监控599处，招募平安志愿者2079人。实现出租房登记率、治安（消防）责任书签订率、房屋出租人和承租人消防安全培训率3个100%。获得市G20峰会工作先进集体称号。

【入选全国重点镇名单】 2016年，齐贤镇入选国家住建部、发改委等7部委联合发布的最新一批全国3675个重点镇名单，柯桥区仅两个乡镇入选。

【金柯桥基金小镇初具规模】 2016年，齐贤镇筹建“金柯桥基金小镇”。至年底，入驻各类基金公司76家，注册规模86.6亿元，资金管理规模300多亿元。投资项目46个，投资金额64.5亿元。初步形成一个集金融、文化旅游、创意产业于一体的产业生态集群和基金集聚、金融孵化平台。

（朱祖德）

安昌镇

【概况】 安昌镇位于柯桥区北部，与杭州萧山区瓜沥新城毗邻，距萧山国际机场约10千米，紧邻环杭州湾高速南线，是杭甬高速柯桥出口所在地。是浙江省民俗文化风情小镇、浙江省第一批“千年古镇”地名文化遗产。全镇面积18平方千米。2016年，辖12个行政村（居委会）、1个集镇社区，常住人口3.7万人，外来人口4.42万人。

新增省级科技型中小企业13家，新增市级企业研发中心1家，新增区级企业研发中心11家。3家印染企业集聚滨海，8家印染企业关停整治，7家印染企业边生产边整治。对全镇27个工业小区进行整治，淘汰隐患落后企业16家，整改影响环保、安全的企业104家。

投资约600万元清理16条河道淤泥22万立方米。投资521万元完成中小河流整治。整治规模养鸭场33家，其中拆除23家、离岸养殖10家。清理河蚌18余公顷。种植水生植物2.8公顷。完成盛陵村生活污水工程提标，新增纳管农户800余户，新建海盐、安华村生活污水收集工程。全镇104个水质监测点，Ⅴ类、劣Ⅴ类数量减少近50%。

拆除各类违章建筑613处，近35万平方米；投资250万元的和山路改建工程建设完工，投资3700万元的下大线（齐贤安昌段）改造工程动工建设，投资366万元的溇底王桥及接线维修工程（暨安昌路改造工程）和投资4000万元的上方山大道建设工程动工建

2016年，齐贤镇入选全国重点镇名单　（徐祥虎　摄）

表 51　2016 年安昌镇主要经济指标完成情况

指标名称	单位	2016 年	比 2015 年增长（%）
生产总值	亿元	48.21	-4.0
人均生产总值	万元	7.17	-7.2
工业主营业务收入	亿元	275	-6.9
固定资产投资	亿元	19.56	10.8
自营出口	亿美元	5.05	-18.4
财政总收入	亿元	6.68	9.1
常住居民人均可支配收入	万元	28125	9.1

2016 年 9 月，白洋小学迁建后首次招生　（安昌镇　供稿）

2016 年 9 月 24 日，浙江晶茂科技股份有限公司举行“新三板”上市仪式暨背板新技术交流会　（安昌镇　供稿）

设。投资 350 万元，出动人力 4500 余人次，开展“古镇品质提升月”活动。盛陵村、白洋村、前畈村 3 个村的农民文化体育活动中心动工。

创建大山西村、盛陵村、西扆村、国际村 4 个基层党建示范村。历时 1 月护航杭州 G20 峰会。建成大山西法制公园和国际村平安创建暨反邪教公园。

【白洋小学建成使用】 2016 年 8 月，安昌镇白洋小学建成，总投资 4000 万元。9 月，白洋小学面向附近白洋、前畈、大山西 3 个村招收 1 年级学生，附近外来务工者子女学校、部分中心小学高年级学生并入白洋小学。

【安昌入选省“千年古镇”地名文化遗产】 2016 年 12 月 30 日，浙江省民政厅公布浙江省首批千年古镇（古村落）地名文化遗产名单。安昌镇榜上有名，是柯桥区唯一的省级“千年古镇”地名文化遗产。

【成立泰诺环境修复有限公司】 2016 年 12 月，浙江绍兴昕欣纺织有限公司拓展经营领域，注册成立泰诺环境修复有限公司，引进长江特聘教授、华北电力大学博士王祥科，主攻土壤修复工作，成为人才驱动式企业。

【安昌镇首家企业上市】 2016 年 9 月 24 日，浙江晶茂科技股份有限公司在“新三板”上市，成为安昌镇首家上市企业。该公司举行浙江晶茂科技股份有限公司“新三板”上市仪式暨背板新技术交流会。

【大山西村承办《大年三十》首映式】 2016年7月26日，安昌镇大山西村承办莲花落电影《大年三十》首映式。《大年三十》由东海电影集团浙江影视制作有限公司出品，浙江省新闻出版广电局监制，绍兴市委宣传部协助拍摄，是第一部绍兴莲花落电影。（张文斌）

夏履镇

【概况】 夏履镇古曰“芦头滩”，因夏禹治水“冠挂不顾，履遗不蹑”发生在此而得名。位于柯桥区西北部，距绍兴市区32千米，区政府所在地柯桥12千米；紧靠杭金衢高速公路杨汛桥出入口，距杭州市中心35千米、萧山国际机场28千米。东连柯桥区钱清镇和湖塘街道，南毗诸暨市店口镇，西邻萧山区进化镇与所前镇，北接柯桥区杨汛桥镇。镇域总面积51.03平方千米，有“九山一田”之称。为生态环境全球500佳 、全国环境优美镇、全国文明镇、中国非织造布名镇。2016年，辖11个行政村、1个居民委员会。全镇5607户，户籍人口18706人，外来人口6962人。

2016年，夏履镇实现财政总收入1.217亿元，其中公共财政预算收入0.751 亿元、国税收入0.6995亿元。规模以上工业产值119.45亿元，销售总额114.34亿元，增加产值17.11亿元。自营出口1.48亿美元；服务业增加值2.6亿元。

成功创建成省、市两级美丽乡村公路示范镇。实施“一河一策”方案，完成“三河”（东河、西河、里山溪）整治，强化 “河长制”管理长效管理机制。投资1700余万元，完成工业污水和企业生活污水纳管排放治理、集镇和7个村的生活污水治理。全镇拆除各类违法建筑537处，计建筑面积206500平方米。其中 “一户多宅”整治在全区试点先行，共拆除158处，计建筑面积28470平方米，全区现场会在夏履镇召开。越王峥村二期和夏东村农民公寓基本建成。

完成钱茅公路绿杨路东至夏泽段，混泥土路面改造成柏油路面工程；完成双叶通村公路（长峻岭段）拓宽及亮化工程。完成镇敬老院改造、提档升级工作。社区卫生服务完善网络，职工“五险一金”及低保户和各类救济、救助、优抚等保障政策全面落实。建立各村和谐互助基金90余万元；新型居民合作医疗参保率97%；补办失土农民养老保险2490余人，以稻谷款征用土地的历史遗留问题得到缓解。

健全综治、信访、安全生产和公共安全等长效机制，坚持信访苗头摸排监控，重点信访领导包案责任制，推进 “法治夏履”建设，连续8年保持市平安乡镇称号。

【中共夏履镇第十三届党代会第一次会议召开】 2016年10月29日，中国共产党夏履镇第十三届代表大会第一次会议召开。会议选举产生以王峻峰为书记的新一届党委领导班子，并选举产生出区党代会代表。

【夏履镇第十七届人代会第一次会议召开】 2016年12月27－28日，夏履镇第十七届人民代表大会第一次会议召开。会议选举产生镇人大代表56人，区一届人大代表7人；同时选举产生以孟国兴为镇人大主席、章宇为镇长的新一届领导班子。

【建成 “一路一溪一村”景观景点】 2016年，夏履镇围绕“古越寻踪，夏履神韵”主题，总投入3000余万元，建成“一路一溪一村”景观景点。完成东江段游步道、三莲车站至莲增村游步道、莲增村委至“兜率天宫”出口景观带等五大类22个工程项目，

【补办失土农民养老保险】 2016年12月，夏履镇为中墅、越王峥、夏东、夏履桥、新民、联华、莲中、莲增等村2490余村民，补办 失土农民养

表52　2016年夏履镇主要经济指标完成情况

指标名称	单位	2016年	比2015年增长（%）
工业主营业务收入	亿元	112.34	1.4
固定资产投资	亿元	7.53	13.7
自营出口	亿美元	1.50	4
财政总收入	亿元	1.22	-34.89

2016 年，柯桥区登越山比赛在夏履镇举行　　（吴燕铭　摄）

2016 年，双叶村文化礼堂外景　　（吴燕铭　摄）

老保险，缓解以稻谷款征用土地的历史遗留问题。

（周生法）

漓渚镇

【概况】 漓渚镇位于鉴湖水系源头，为绍兴市西南部半山区镇。东临福全镇，南连兰亭镇，西接诸暨市店口镇，北与湖塘街道、福全镇仅一山之隔。距绍兴市中心约 12 千米，是柯桥区历史名镇。是著名的中国花木之乡和中国针织名镇。全镇镇域面积 36.6 平方千米，辖 12 个行政村、1 个居委会，户籍人口 22128 人，外来人口 10378 人。2016 年，获省级美丽乡镇示范镇称号。

开展工业小区整治，提升 38 家，关停 4 家。新增国家重点扶持的高新技术企业 2 家，完成专利授权 100 件。舒洁雅公司在浙江省股权交易中心创新板成功挂牌。新建改建农家乐 2 家，1 家民宿综合项目达成投资意向。数控南侧地块 8 家企业厂房建设项目进展顺利。集中居住区二期主体工程建设全面启动。

根据一河一策对 28 条河道开展精准治理，继续深化对黑臭河（小兴江）的全面治理。投入 60 万元，对新开河、老街河上游、四亩坝水库等 5 个河道水库实施清淤 3.78 万立方米。总投资 1000 多万元的全国中小河流治理项目进展顺利，完成总工程量的 90%。投资 700 多万元，实施朱家坞、棠二农村生活污水治理工程，新增受益农户 500 余户；集镇生活污水改造二期工程投入 680 万元，接入户数 800 余户。

推进“三改一拆”“两路两侧”“四边三化”及非法“一户多宅”清理工作，全年拆除违法建筑 22.1 万平方米。启动漓渚镇敬老院提档升级工程和漓渚公交站新建工程。实施分后线傍皮岭段及兴园路立面改造工程。实施六峰村游步道建设项目。完成树漓线中义段、分后线横路至福漓公路、姚村至朱家坞道路、幸福路等 4 个小交通改造工程。开展“洁净乡村”竞赛，集镇区域及各村环境卫生明显改善。棠棣村成功创建国家级美丽宜居示范村，棠一村、六峰村创建为省级美丽宜居示范村。

表 53　2016 年漓渚镇主要经济指标完成情况

指标名称	单位	2016 年	比 2015 年增长（%）
生产总值	亿元	24.13	-0.4
人均生产总值	万元	10.90	-1.7
工业主营业务收入	亿元	100	-12
固定资产投资	亿元	6.92	13.4
自营出口	亿美元	1.48	-22.9
财政总收入	亿元	2.00	-12.6

2016 年，漓渚镇“大脚丫”护河队在护河行动　（漓渚镇　供稿）

2016 年 11 月 6 日，柯桥金秋旅游节第二届“花满棠棣”乡村公路自行车赛在漓渚镇举行　（漓渚镇　供稿）

接待到棠棣村参观考察的省内外团队 175 批次近 2 万人次。漓渚镇棠棣村刘建明家庭获首批全国文明家庭表彰。

对 113 户低保户补助金额 90 万元，临时救济 4600 元。新建村级居家养老服务中心 1 个，成功创建农村文化礼堂 2 个。开展“一月一唱、一月一赛、一村一戏”文化惠民活动 30 余场次。全年申领办理二孩生育登记服务卡 125 人。和老师调解团等民间组织全年参与调解 20 次。开展“两网融合”工作，组建平安志愿者队伍 16 支计 800 余人，参与“八大行动”活动 18 次。深化“民情通”工作，结合周一夜学，镇村干部分 13 个组 60 个网格对 6259 户农户进行走访，摸排各类不稳定因素，确保全镇社会总体平稳。

【开展印染企业“亮剑行动”】 2016 年 2 月，漓渚镇开展印染企业“亮剑行动”，关停新宇漂染、大湾染织、越兰印染、昌荣染织和宏锋印染 5 家企业，并妥善处置职工问题。督促其余 7 家列入边生产边整治名单的印染企业进行全面整改。至 5 月底，拆除违章 5.7 万多平方米，锅炉、消防通道、环保设施和现场管理改造全部完成，煤改气管道全面接通，通过区级验收。

【举办柯桥区第十三届兰文化节】 2016 年 2 月 27 — 29 日，漓渚镇在九板桥花市广场，举办绍兴市第三十二届兰花展销会暨柯桥区第十三届兰文化节。参展兰商28家、展出精品兰花1500余盆。期间，举办“百年漓渚”系列纪念活动6场，结合美丽乡村游、环线骑驾游等，人流量达5万余人次，总销售额1000余万元。

【通过两新组织党建示范点培育验收】 2016年5月，漓渚镇重点培育新宇漂染有限公司党总支和红立方党群服务中心两个示范点，先后制定培育计划书、党建责任清单和培育进度监测表，对照十有标准、补齐短板，完成示范点创建各项工作，并进行3+3标配及亮点工作的提炼和展示，年底通过两新组织党建示范点培育区级验收。（诸良峰）

兰亭镇

【概况】 兰亭镇位于绍兴西南郊，因春秋越王句践植兰于此，汉代建有驿亭而得名。31省道（绍大线）和杭绍台高速贯穿全境，绍诸高速在兰亭设有出口。境内有兰亭风景区、兰亭国家森林公园、印山越国王陵、王阳明墓、徐渭墓等名胜古迹，是全国环境优美乡镇、中国针织名镇、中国竹笋之乡、全国千强镇。2016年，镇域面积83平方千米，辖20个行政村，1个居委会，户籍人口3.2万，流动人口1.1万人。

加快经济转型升级，“余承玻璃”“宇玎针织”等企业的7个新建工业项目完成总投资3.05亿元，“西大门新材料”“华清新材料”“奇圣化纤”等企业的11个技改项目完成总投资2.8亿元。“西大门新材料”完成股改，若涵电子商务在省股权交易中心挂牌；“雅克汽配”被认定国家重点扶持高新技术企业，“华清新材料”为建省级企业研发中心，有13家企业被认定为省级科技型中小企业；引进中通车辆检测项目，建立恒世缘电商产业园。实施3596亩高标准农田、12605亩耕地质量提升、黄贤村省级粮食功能区等建设项目，完成土地开发项目5个、“旱改水”项目2个、土地综合整治项目1个。

推进书法小镇建设，被省发改委列入第二批特色小镇培育对象，完成书法小镇概念性规划和产业发展战略咨询报告编制，制作专题宣传片，开展书法小镇标识征集评选活动，完成小镇临时“客厅”（特装馆）布置，并在中国（柯桥）运动休闲旅游产业博览会首次亮相。兰亭镇文化创意街区列入省文化创意街区名单，森林公园兰亭文化休闲度假村项目完成方案设计。

启动杭绍台高速、32省道、镜水路南延等重点工程征地拆迁工作，实施绍大线风景区段景观改造工程，漓分公路、谢庆公路综合整治工程。绍大线被评浙江十大最美绿化国省道。完成全镇9700余户农房“一户多宅”核查，整治“两路两侧”“四边三化”300余处，拆除企业违建25万平方米，全年累计拆违32万平方米，通过省级“基本无违建”创建考核验收。

开展工业小区整治，摸排17个工业小区107家小微企业，关停存在严重消防安全和环境污染等问题的小微企业22家，改造厂区污水垃圾收集处理设施。完成个转企15家，下升上7家。西大门纺织、永灵机械两家企业实施土地“二次开发”，盘活闲置土地40.43亩，实现投资8958万元。

深化“五水共治”工作，完成“鹰翔”“同祥”2家印染企业

2016年9月22—24日，兰亭书法小镇特装馆在中国（柯桥）运动休闲旅游产业博览会首次亮相 （兰亭镇 供稿）

表 54　2016 年兰亭镇主要经济指标完成情况

指标名称	单位	2016 年	比 2015 年增长（%）
生产总值	亿元	30.39	-8.1
人均生产总值	万元	9.39	-8.9
工业主营业务收入	亿元	174.4	-8.7
固定资产投资	亿元	12.85	-17.8
自营出口	亿美元	1.72	-16.7
财政总收入	亿元	3.10	-15.21
常住居民人均可支配收入	万元	2.94	8.6

整治提升和 9 家搬迁印染企业旧厂区污水污泥处置。完成任家畈、古筑、张家葑等 8 个村农村生活污水收集处理工程，至此，农村生活污水三年行动计划基本完成。完成华家溇、秀才溇、胡家溇等 10 条河道清淤 7 万立方米。清迁关停养鸭场 8 家。启动兰亭江综合整治一期工程。在全市率先开展规范入河排污（水）口标识专项行动，列入全省现场会参观点。

桃阮社区幼儿园迁建工程和镇中心小学扩建工程进场施工，镇社会福利中心（镇敬老院）重建项目完成前期工作，兰亭公交站场建成投运，镇卫生院新设中医馆。阮港蔺家山“空心村”改造项目完成交房，紫洪山历史文化村落保护项目继续推进，花街、兰亭两个美丽乡村示范村启动建设。实施会稽山森林游步道修复工程，完成董坞段、兰渚山段、灵台山段等 5 条总长 8100 米的修建任务。新建大庆村文化礼堂，桃源、阮港两个村级居家养老服务中心，娄宫、大庆两个村农村家宴服务中心。组织开展“幸福水乡才艺秀”“文化五进”、书法交流等活动 40 余场。

成立镇平安志愿者服务中队，落实镇村两级网格化管理制度，开展民情通大走访，护航 G20 杭州峰会。委托第三方开展企业安全隐患排查，完成安全生产标准化建设 22 家。推进“智慧天网”工程建设，新增村级治安监控 180 个。完成政务服务网镇级服务站、村级代办点建设和 20 个村社会组织备案管理，下放服务事项 11 项。开展“七五”普法宣传活动，化解信访积案及重大疑难信访事项 7 件。

【兰亭镇第十六届党代会第一次会议召开】 2016 年 10 月 28 日，中共兰亭镇第十六届代表大会第一次会议召开，69 名各村、企业的党员代表出席会议，列席代表 106 人。大会听取并审查镇党委和镇纪委工作报告，选举产生新一届镇党委委员 9 人，纪委委员 5 人。

【兰亭镇第十七届人代会第一次会议召开】 2016 年 12 月 27 日，兰亭镇第十七届人民代表大会第一次会议召开，出席会议人大代表 65 人，列席代表 113 人，特邀代表 30 人。大会听取并审议镇人民政府和镇人大主席团工作报告，审议批准 2016 年财政预算执行情况和 2017 年财政预算草案的报告，审议通过关于镇十六届人大七次会议代表建议办理情况的报告（书面）和 2017 年镇政府民生实事工程项目，选举产生新一届镇人大主席团主席团成员和镇人民政府镇长、副镇长。

【开展入河排污（水）口标识工作市级试点】 2016 年 7 月，兰亭镇在全市率先试点规范入河排污（水）口标识专项行动。摸排 52 条河道 486 个排污（水）口，制定“一口一策”，建立“一口一档”。8 月 3 日，全市入河排污（水）口标识工作现场推进会在兰亭镇召开。9 月 27 日，省治水办及全省 11 个市的治水办相关负责人在木栅河现场参观入河排污（水）口标识工作情况。

【兰亭江综合整治一期工程启动】 2016 年 10 月，兰亭镇兰亭江综合整治一期工程启动建设。项目总投资 790 余万元、治理长度 4.34 千米。工程包括堤脚加固、岸坡整修、堤顶路面硬化、河道疏浚、两座金属活动堰坝的修建以及阮江支流处新建一座节制闸，涉及娄宫、阮港、花街、兰亭等 4 个行政村，到年底完成工程量 50%。

【配合做好重大交通工程征迁工作】 2016 年，兰亭镇启动杭绍台高速、32 省道、镜水路南延等省、市、区重点工程的征迁工作，腾空任家畈、里木栅住宅74户，完成迁坟1387穴，远景铝业、运达制衣、骏达针织、同润服饰等4家企业完成确权评估；完成任家畈、娄宫、里木栅、张家葑4个村征租地497.2亩。完成阳明园项目拆迁25000平方米，征租地118.7亩。

【兰亭公交站场建成投运】 2016年11月18日，兰亭公交站场正式投入运营。该站占地面积10.95亩，投资970万元，位于绍大线与漓分公路交叉口附近，开通855路、857路两条公交线路。

2016年11月18日，兰亭公交站场举行启用仪式（兰亭镇　供稿）

【兰亭镇“红立方”党群服务中心建立】 2016年，兰亭镇建立“红立方”党群服务中心。该中心包含党建展示厅、图书阅览室、党员活动室、谈心谈话室、影音展播室、远教广场等设施，提供党员教育管理、组织关系转接、党群组织建设、党员志愿活动等项目的一站式服务。

【姚国梁获中国好人榜好人称号】 2016年1月，柯桥区侨联委员，兰亭镇侨联紫洪山分会主席姚国梁，被中央文明办授予“敬业奉献”类中国好人榜好人称号。（详见《人物·新闻人物》）

（张国燕）

平水镇

【概况】 平水镇历史文化悠久，是古越国先民生息发祥之地。境内有“唐诗之路”若耶溪、“会稽山天池”平水江水库、兰若寺；江南“茶马古道”日铸岭古道、陶宴岭古道、峨嵋古道、秦李斯会稽刻石原址刻石山、秦始皇登临之秦望山；佛教胜地云门寺、平阳寺、晋代千年古寺日铸寺、宋代大舜庙、清代王化庙；欧冶子铸剑、西施采莲遗址。农特产品以宋时贡茶、中国名茶日铸茶和中国名牌产品同康竹笋为最。2016年，镇域面积173.22平方千米，人口6.5万人，下辖28个行政村，1个居委会。

力博集团成功创建市级三名企业，新增山耐高压等3家国家级高新技术企业和恒胜消防等10家省级科技型企业。力博电气等3家企业股改推进，恒胜消防在省股权交易中心创新板挂牌。

开展“八大行动”，累计拆违27.5万平方米，被评为全市无违建创建先进乡镇。投资1.2亿元的平水大道提档升级改造基本完工，平水公交客运站正式投运。对绍甘线、平王线等主要道路及集镇内环东路、人民路等区域实施亮化工程。集镇小区生活垃圾分类覆盖率100%。杭绍台高速、解放南路延伸工程全面启动。全面开展非法一户多宅整治。完成平王线美丽乡村31个项目建设，4个美丽乡村示范（样板）村有序收尾。全面实施美丽乡村公路提升改造工程，被评为全市美丽乡村公路示范镇。实施美丽乡村示范带创建，对重点路段实施绿化、亮化、美化工程，新增祝家等3个村文化礼堂和黄壤坞等3个村农村家宴中心。农村生活污水收集工程实现全覆盖。

召开镇十四届党代会和十七届人代会，完成镇党政班子换届和区镇“两代表一委员”换届。推进《关于新形势下党内政治生活的若干准则》《中国共产党党内监督条例》学习和农村作风巡查工作。西湖桥等6个村成功创建党建示范村。7个党组织申报五星级党组织，23个村达标“整乡推进、村村过硬”。

及时办理初信初访，化解或清理市级信访积案12件，赴京访人数比上年下降30%以上。组建平安志愿者和对涉稳重点人员进行管控，在G 20杭州峰会期间实现上（非）访“零”记录。

邀请全镇125位85岁以上的健康老人享用百叟宴，参加平水镇首届养生文化旅游节。对低保户、困难户、残疾人等弱势群众发放各类补助800余万元。27个村居建成居家养老中心，实现覆盖率93%。抓好失土农民保障工作，确保失土农民养老保险应保尽保。绍兴二院平水分院创建二级乙等

2016 年 3 月 12 日，平水镇 125 位 85 岁以上健康老人，在镇首届养生文化旅游节上享用百叟宴　（平水镇　供稿）

综合性医院，平水分院急救分站和上海名医南部山区帮扶基地正式投运，村（社区）医疗卫生服务站实现全覆盖。省政务服务网镇村延伸试点工作成为全区标杆。西湖苑小区交付工作基本完成。

【建成平水政务网自助服务站】 2016 年 5 月，平水政务服务网自助服务站建成，为柯桥区首个政务服务网自助服务站。站内配置可供办事群众免费使用的电脑、高拍仪、打印机、身份证读卡器等，并配备政务服务网信息智能引导查询屏。

【开展首届平水镇劳模评选活动】 2016 年，平水镇作为柯桥区劳模评选的试点镇之一，在全民投票选出来的人气劳模基础上，根据“重心下移、向一线倾斜”评选导向，最终选出 11 位基层一线劳动者作为平水镇首届劳模，包括乡村医生、环卫工人、公司“工匠”、基层记者。

【成立少数民族联谊会】 2016 年 12 月，平水镇成立少数民族联谊会。联谊会由全镇 34 名少数民族会员组成，和锡英为会长。以“共同团结奋斗，共同繁荣发展”为主题，通过成立组织、搭建平台、建立网络、服务人群、开展活动为载体，围绕关爱、关心少数民族的弱势群体开展活动，更好地维护少数民族同胞的权益。

（沈钟英）

王坛镇

【概况】 王坛镇为柯桥区南部山区镇，因有硕大盈围的黄檀古树而得名。坐落于连绵会稽山深处，地处小舜江源头保护区域， 东临上虞汤浦镇，西接稽东镇，南毗嵊州谷来镇，北靠平水镇，汇入小舜江的南北二溪环绕集镇，素有“清水摇篮，养生福地”之美誉。2016 年，全镇地域面积 137 平方千米，下辖 24 个村和 1 个居委会，总计人口 33739 人，其中户籍人口 32989 人，外来人口 750 人。

以“两廊两带、四街六景”为架构，打造王坛“醉梅小镇”。各项主要经济指标稳步增长，自营出口和规模以上工业销售收入完成率位列全区前列。企业上市工作进展顺利，康瑞器械在“新

2016 年 4 月 29 日，平水镇召开首届劳动模范表彰大会

（平水镇　供稿）

表 55　2016 年王坛镇主要经济指标完成情况

指标名称	单位	2016 年	比 2015 年增长（%）
生产总值	亿元	11.35	4.4
人均生产总值	万元	3.37	2.7
工业主营业务收入	亿元	16.24	-7.1
固定资产投资	亿元	0.58	29.5
自营出口	亿美元	0.87	2.9
财政总收入	亿元	1.30	-7.6
常住居民人均可支配收入	万元	2.22	8.8

三板”挂牌成功。两溪茶厂获区农业龙头企业十强，捷众科技、华联集团、绿萌科技获区工业企业 100 强。

在区城乡环境整治月度抽查考核中年度平均位列全区第四位，获区生态建设优胜镇。全面完成违章建筑整治目标任务和问题清单的整改，获区无违建镇称号。

推进“一区三点三线”建设，即推进集镇景区化改造，创建东村、新华、王城等 3 个美丽乡村样板（示范）村，打造绍甘线、平王线、寨南线等三条精品线路，共计工程项目 49 个，投资预算 9300 万元。成立专项工作组和督查组，初步形成美丽乡村建设串点成线、连线成片、片区推进、整体提升的建设格局。注重突出梅元素，把王坛特色的历史典故、村规家训等融入到美丽乡村建设中，完成全区美丽乡村建设现场会各项任务，获柯桥区美丽乡村建设优胜镇。东村样板村获省美丽乡村特色精品村，并参与“2016 年诗画浙江·美丽乡村——浙江十大最美乡村”评选活动。民宿小镇项目实施，第一期中丹家小学、松丝茶厂、新联老宅 3 个开发点在建中。新华、丹家成功创建乡村旅游示范村。成功举办梅花旅游节和虞舜文化旅游节两大传统节会。

党建工作获全区第一名。完成新华、万乔村文化礼堂建设，其中新华村文化礼堂被评为柯桥区最美文化礼堂。开展市级文明集镇创建活动，加强身边典型选树，开展首届王坛镇孝德之星、王坛镇梅花先锋党员等评选活动。舒村捐献造血干细胞陈祖娟成功入选“浙江好人”，并入围“中国好人”候选人。成立 3 个村级文化礼堂公益基金，全年举办“文化走亲”等各类文娱活动 30 余场次。抓好杭州 G20 峰会维稳安保工作，整个峰会期间未发生一起涉稳事件。

【举办“醉梅王坛·2016 年绍兴市乡村马拉松”】

2016 年 3 月 6 日，由王坛镇人民政府承办的“醉梅王坛·2016 年绍兴市乡村马拉松”在王坛镇舜王庙景区开跑。北京、上海、杭州、宁波、绍兴

2016 年 3 月 6 日，“醉梅王坛·2016 年绍兴市乡村马拉松”在王坛镇舜王庙景区开跑　（王坛镇　供稿）

等地 492 人参加。比赛设半程马拉松（21 千米）和迷你马拉松（10 千米）两个项目。半程马拉松起点为王坛镇舜王庙景区，终点为新联村（陶隐岭景区入口），线路途经绞子岭检查站沿平王线向北延伸 4.7 千米原路折返，经肇湖村进入 S212 省道，转入青坛村、越联村。迷你马拉松从舜王庙景区出发后至太平岭折返。

【举办“行有终，爱无疆”醉梅王坛彩色公益跑】 2016 年 5 月 14 日，“行有终，爱无疆——醉梅王坛彩色公益跑”在王坛镇开赛，近 300 人参加。活动设有红、黄、蓝、绿、紫 5 个站点，每到 1 个站点，就有青年志愿者将五颜六色的彩粉泼洒向跑友。此次彩跑的主题为“行有终，爱无疆”，是一次公益比赛，旨在唤醒公众对王坛山区孩子的关注和关心，为山区的贫困儿童、母亲、单亲家庭筹集善款。每个跑完全程的选手，绍兴市慈善总会“天天向善”爱心公益基金和王坛镇慈善分会将代表选手捐出完成里程数 50 倍的公益金。当天共有 264 名选手跑完全程，两家慈善组织共捐款 5.28 万元。

2016 年，王坛镇在虞舜文化旅游节开幕式中表彰首届孝德之星
（王坛镇　供稿）

【评选首届王坛镇孝德之星】 2016 年，王坛镇组织开展第一届王坛镇“孝德之星”评选活动，经群众自荐、组织推荐、择优遴选、部门审核、微信公开投票、纸质投票、评审委审定等程序，确定王才山、王济华、张丽君、张佳滢、房霏斐、陶烨、董丽敏、喻丽萍等 8 人为王坛镇孝德之星，在 2016 虞舜文化旅游节开幕式中进行表彰。

【评选首届王坛镇梅花先锋党员】 2016 年，王坛镇组织开展首届王坛镇梅花先锋党员评选表彰活动。在前期各基层党组织积极推荐的基础上，遴选出方贤法、王生法、王济淼等 26 名具有代表性的党员典型，展现王坛共产党员精神风貌。

（金　莹）

稽东镇

【概况】 稽东镇地处柯桥区南部，小舜江源头，南、西分别与嵊州、诸暨两市接壤，东、北毗邻王坛、平水两镇，距绍兴市区 32 千米，省道绍甘线穿境而过。2016 年，全镇区域面积 111.4 平方千米，人口 3.17 万人，辖 25 个行政村，1 个居委会。

全镇有耕地 1.55 万亩，山林 14 万亩，水田 8299 亩，香榧 3.88 万亩，毛竹 2.7 万亩，茶园 1.94 万亩。挖掘生态优势，坚持“健康+”理念，发展健康休闲产业，新建龙东“庭院”民宿、养心谷“山巅民宿”、月华坪景区民宿；修复月华山探险道、龙头顶攀登道等 7 条 42 千米游步道；举办“穿越相思林”骑行赛、“爬山吧兄弟”国际古道马拉松活动。结合 2016 香榧文化旅游节，成功举办柯桥区首届香榧炒制比赛，“稽东”香榧商标成功收回，“会稽山古香榧群”商标成功注册，玉龙茶叶“越红”商标创建为省级著名商标，昌祥茶业“顺舟”商标申报省级著名商标，昌祥茶业自营出口超 5000 万美元。扶持裕田红豆衫基地发展，流转红豆衫 6000 多亩。扶持发展茶叶、汽配、服装、建筑园林四大特色优势板块，引进经济新增长点，新引进外贸企业 3 家，在谈项目 5 个。

启动稽江等 14 个村的生活垃圾资源化试点工作，完成 15 个村的农村生活污水治理工程和 4 个村的饮用水供水扩面，基本完成中小河流稽东项目区建设，完成水利工程标准化管理试点创建。打造精致美丽集镇，开展立面改造、违章拆除、防盗窗改装、店面招牌改造、安全隐患消除、结构渗漏弥补、地面铺装、绿化提档、强弱电管线入地等项目，涉及商户、住户500多户，形成“青砖饰面、红砖勾线、骑楼风情”的民国建设风格，其中集镇被市电力局定为省级小城镇电路改造试点样板镇。被评为柯桥区生态建设优胜镇。

通过市教育资源优质均衡示范镇验收。城乡居民基本医疗保险参保率95%以上，为312户518人发放低保金394.83万元。完成滨溪路一号桥主体建设，推进“一馆一广场”工程，启动镇公交站迁建项目征地，镇社会福利中心进场施工；完成杭绍台征地拆迁，拆除违法建筑超16万平方米，完成杭绍台高速公路稽东段840余亩的土地征用及10439平方米的房屋拆迁。获绍兴市2016年度基本无违建乡镇（街道）称号。

完成“天网”工程建设和G20峰会安保工作，解决2件疑难信访积案，加大安全生产排查整治，森林防火、地质灾害治理和食品药品安全监管力度，被市委市政府授予平安乡镇称号。

深入开展“整乡推进、村村过硬”和“两学一做”学习教育活动，其中高阳村被市委评为市级先进基层党组织。完成“农立方”红色综合体建设。修订出版《稽东镇志》，组织开展稽东镇首届最美家庭、十佳真美稽东人、好婆媳好邻里等评选活动。在柯桥区村歌大赛中，冢斜村村歌《千年山岚寻禹声》获得三等奖，尉村村歌《尉村情》获得优秀奖。

【稽东镇第十七届人代会第一次会议召开】 2016年12月26－27日，稽东镇第十七届人民代表大会第一次会议召开，会议听取镇人民政府的工作报告，听取镇政府关于2016年财政预算执行情况和2017年财政预算（草案）的报告，听取镇人大主席团的工作报告。大会投票选举产生第十七届人大主席陆建祥，副主席钱伟、张水明，新一届镇政府镇长许立峰、副镇长吴蓥、郑伟娟、陈金鲤。

2016年12月26—27日，稽东镇第十七届人民代表大会第一次会议召开
（稽东镇　供稿）

2016年12月29日，稽东镇少数民族联谊会召开成立大会
（稽东镇　供稿）

【2条美丽乡村精品线路形象初现】 2016年，稽东镇实施“一核二线三点”南部山区环线稽东段建设，涉及11个村近18千米，完成冢斜、俞谢骆美丽乡村样板村建设，稽江示范村创建和沿线党建文化建设、集镇农立方建设。新建俞谢骆村内“便民路”，开展集镇改造七期工程，涉及住户、商户500多户。俞谢骆至集镇“四季云隐”、集镇至冢斜至稽江“乡思稽东”精品线路形象初现。

【稽东镇少数民族联谊会成立】 2016年12月29日，稽东镇少数民族联谊会召开成立大会，审议并通过《稽东镇少数民族联谊会章程》与《选举办法》。少数民族联谊会以“共同团结奋斗，共同繁荣发展”为主题，旨在更好地关心和支持稽东镇少数民族群众的全面发展，广泛联系少数民族群众，维护少数民族同胞的合法权益。第一届理事会会长冉衍芬，秘书长王怀仙，有会员40人。

（陆　奇）

执行编辑　宋如玲

人 物

新闻人物

【吴凤花】 女，1970年7月出生，越城区东浦镇人，中共党员，国家一级演员，本科学历，柯桥区文化广电新闻出版局副局长（兼），小百花越剧艺术传习中心党支部书记、副主任。中国戏剧家协会会员、浙江省戏剧家协会副主席、绍兴市戏剧家协会主席，享受国务院特殊津贴。

吴凤花工小生，师承范瑞娟。从艺30年来，先后主演30余出大戏，塑造了《劈山救母》中的刘彦昌、沉香，《梁祝》中的梁山伯，《孔雀东南飞》中的焦仲卿等众多性格迥异的舞台形象，逐渐形成独特的表演艺术风格。在越剧舞台上开创文戏武演、武戏文演的特有风格，得到观众和行家的认可，被誉为越剧界难得的文武女小生。曾两次获中国戏剧梅花奖，获得上海国际白玉兰戏剧表演“主角奖”、全国中青年德艺双馨文艺工作者、全国先进工作者、全国“艺德标兵”等荣誉。2016年10月，饰演新编越剧《新狸猫换太子》中“陈琳”角色，获文化部颁发的第十五届中国文化艺术政府奖——文华表演奖。（祝妍春）

【姚国梁】 男，1944年3月出生，汉族，柯桥区兰亭镇紫洪山村人，中共党员，柯桥区侨联委员，兰亭镇侨联紫洪山分会主席。

姚国梁工作50多年来，坚持为回乡侨胞提供贴心服务，帮助困难侨眷解决实际问题，逢年过节书写贺卡寄给海外侨胞，尽心尽力当好归侨侨眷和海外侨胞的“公仆”，联络侨情、凝聚侨心，引侨智、引侨力。在他的 “牵线”下，侨胞捐助近千万元，完成兴建兰亭镇中学、扩建兰亭镇中心小学、紫洪山村文化活动中心及大礼堂等上百个公益项目。姚国梁先后获市侨界最美贴心人、省归侨侨眷工作先进个人、省侨界最美侨务人、省万名好党员等荣誉称号，入选“发现最美浙江人·浙江好人榜”。2016年1月，被中共中央文明办授予“敬业奉献”类中国好人榜好人称号。

（张国燕）

逝世人物

【韦达仁】 男，1930年5月出生，湖北枣阳人，原绍兴县农业银行离休干部。2016年3月15日在绍兴逝世，享年87岁。

韦达仁，1949年4月参加革命，1988年3月加入中国共产党。参加革命后，至中国人民解放军伞兵总队任战士。1949年10月，选送至华东军政大学学习。1950年10月结业，参加抗美援朝，至中国人民志愿军20军任侦察员。1952年10月，调20军172团三连任文化教员。1954年12月转业，分配至绍兴县人民银行工作。后调任绍兴农业银行稽东营业所主任，绍兴县农业银行信贷股副股长、储蓄股股长。于1990年11月离休，享受县(处)级政治、生活待遇。在抗美援朝战斗中立三等功1次。1980年被评为浙江省金融系统先进工作者。

【刁欣荣】 女，1928年5月出生，山东栖霞人，原绍兴县纪委书记、离休干部。2016年5月31日在绍兴逝世，享年89岁。

刁欣荣，1928年5月出生于山东栖霞农民家庭。1945年4月加入中国共产党，1945年7月参加革命。参加革命后，在山东省栖霞二区武委会工作，后至栖霞县公安局任干事。1948年6月，进入北海地委干校学习。9月，至山东北海黄县公安局任干事。同年12月，至华东局学习。1949年4月，随军南下到无锡市，任无锡市公安局城北分局书记。后调任浙江海宁县公安局秘书股长。1952年9月，任浙江嘉兴绢纺厂团委书记。1954年10月，至浙江省委党校文化班学习。1956年7

月，由浙江省公安厅人事科分配，10月，至杭州缝纫厂（劳改工厂）任副厂长。1958年4月，调任绍兴联合工厂（劳改工厂）副厂长、副政委。1972年5月，调绍兴县政工组工作。同年11月，任绍兴县委常委、政工组副组长、组长。1977年7月，任绍兴县委常委、组织部部长。1979年12月，任绍兴县委常委、革委会副主任、副市（县）长。1981年12月，任绍兴市（县）委常委、纪委书记。于1984年11月离休，享受县（处）级政治、生活待遇。历经渡江战役、解放南京等重大战斗。

【柯乔】 男，1921年11月出生，浙江仙居人，原绍兴县教育系统离休干部。2016年6月26日在绍兴逝世，享年96岁。

柯乔，毕业于国立英士大学法学院法律系，曾在杭州中山中学、金华县立师范短期任教。1949年4月参加革命。中学高级教师。1949年4月，至浙东行署民政处任办事员。同年5月，至绍兴市军管会公安处任组长、绍兴专署公安处任股长、浙江省农林厅林业局任科员。1952年7月，调至绍兴教育系统工作，先后在绍兴市初级中学、绍兴初级师范、安昌中学任教。1961年5月，调绍兴县平水中学任生物教师。把课堂教育与科研有机地结合起来，先后撰写论文10余篇在有关刊物上发表，曾被评为县教研工作先进个人。于1983年3月离休，享受县（处）级政治、生活待遇。离休后，先后被聘为县教育局特邀生物教研员和县老年大学教务主任各6年。与其他离休老教师一起创办“四新文化补习班”13年，参加补习的学生达1600余名，有900多名进入高一级学校深造。离休后，先后9次被评为省、市、县“老有所为”等各类先进个人。

【邢果平】 女，1929年2月出生，浙江嵊县人。原海军二炮学院离休干部。2016年7月8日在绍兴逝世，享年88岁。

邢果平，1945年2月参加革命，1946年6月加入中国共产党。1945年2月，经中共地下党员介绍，参加新四军浙东游击纵队金萧支队。同年8月，随部队北撤，编入新四军1纵1旅卫生部医疗队。1949年4月，任中国人民解放军20军卫生部医疗队医助。1950年参加中国人民志愿军，因患血吸虫病，留守在山东曲阜任医助。1953年1月，选送到上海第一医学院妇产科医院进修。翌年7月，任第三野战医院军医（副连级）、浙江省军区医院（96医院）妇产科军医。1955年，获军医上尉军衔。1958年，至浙江军区卫生处军医训练班学习二年医大课程。1960年，至解放军参谋部第五门诊部妇产科任军医（大尉，正连级）。1962年，至浙江江山海军703部队妇产科任军医。1975年，调辽宁省锦西海军38642部队妇产科任军医。1981年11月，经中共绍兴市委组织部、绍兴市民政局同意，按照军队干部规定，改办离休，安置到绍兴县，享受县（处）级政治、生活待遇。历经抗日游击战、鲁西南战役、济南战役、开封战役、孟良固战役、淮海战役、渡江战役、解放上海等重大战斗。

【杨小夫】 男，1928年6月出生于，浙江诸暨人，原绍兴县供销系统离休干部。2016年7月30日在绍兴逝世，享年89岁。

杨小夫，1928年6月出生于浙江诸暨市。1948年10月参加革命队伍，1949年6月加入中国共产党。入伍后，至四野39军117师351团1连1排任战士、副班长、班长。1950年9月，参加抗美援朝，先后任中国人民志愿军班长、军械员、排长、副指导员（代）。1953年4月，至师部政治集训队学习。同年6月，被选送到北京第一坦克军官学校学习。1954年12月起，先后调任中国人民解放军67军199师坦克自行火炮团排长、营通讯参谋、团作战参谋、坦克三连连长、坦克营管理员等职。1965年2月，调任坦克团农场场长。1966年3月转业，分配到柯桥供销社工作，历任柯桥供销社生产资料部负责人、**柯桥围海分指挥部**负责人、柯桥供销社副食品商店负责人、生产资料部经理、“七·二一”商校生产班学习班长、柯桥多种经营公司经理等职。于1989年2月离休，享受县（处）级政治、生活待遇。历经平津战役、渡江战役、抗美援朝等重大战斗。立小功2次、嘉奖1次。曾获“五好干部”等荣誉称号，其事迹分别在《解放军报》《八一杂志》上刊登。

（董国华）

省部级先进个人

【省部级先进个人名录】

姚国梁　2016年1月，被中共中央宣传部、中共中央文明办授予“敬业奉献”类中国好人榜好人称号。

王伟良　2016年5月，被浙江省委组织部授予浙江省G20杭州峰会工作先进个人称号。

马芳妹　2016年9月，被中共浙江省委、浙江省人民政府授予浙江省G20杭州峰会工作先进个人称号。

诸剑明　2016年9月，被中共浙江省委、浙江省人民政府授予浙江省G20杭州峰会工作先进个人称号。

潘益民　2016年9月，被中共浙江省委、浙江省人民政府授予浙江省G20杭州峰会工作先进个人称号。

濮建明　2016年9月，被中共浙江省委、浙江省人民政府授予浙江省G20杭州峰会工作先进个人称号。

裘登华　2016年9月，被中共浙江省委、浙江省人民政府授予浙江省G20杭州峰会工作先进个人称号。

郭建华　2016年9月，被中共浙江省委、浙江省人民政府授予浙江省G20杭州峰会工作先进个人称号。

张水夫　2016年9月，被中共浙江省委、浙江省人民政府授予浙江省G20杭州峰会工作先进个人称号。

郑李定　2016年9月，被中共浙江省委、浙江省人民政府授予浙江省G20杭州峰会工作先进个人称号。

郦明刚　2016年9月，被中共浙江省委、浙江省人民政府授予浙江省G20杭州峰会工作先进个人称号。

鲍一峰　2016年9月，被中共浙江省委、浙江省人民政府授予浙江省G20杭州峰会工作先进个人称号。

陈伟忠　2016年9月，被中共浙江省委、浙江省人民政府授予浙江省G20杭州峰会工作先进个人称号。

陈国良　2016年9月，被中共浙江省委、浙江省人民政府授予浙江省G20杭州峰会工作先进个人。

李斌灿　2016年9月，被中共浙江省委、浙江省人民政府授予浙江省G20杭州峰会工作先进个人。

沈宏明　2016年9月，被中共浙江省委、浙江省人民政府授予浙江省G20杭州峰会工作先进个人。

董根生　2016年9月，被中共浙江省委、浙江省人民政府授予浙江省G20杭州峰会工作先进个人。

孙华根　2016年9月，被浙江省高级人民法院授予浙江省G20杭州峰会工作先进个人称号。

徐伟民　2016年10月，被公安部记一等功。

吴凤花　2016年10月，被文化部授予第十五届文华表演奖。

（董姝丹　马行龙）

执行编辑　宋如玲

2016 年柯桥区国民经济统计资料选刊

2016 年统计表

表 56 2016 年柯桥区概况

指　　标	计量单位	2016 年	2015 年
一、行政区划面积	平方千米	1066.02	1066.02
二、行政组织			
镇人民政府	个	12	12
街道办事处	个	4	4
居民委员会	个	104	104
其中：社区	个	43	41
村民委员会	个	250	250
三、人口			
1. 年末总户数	户	222832	221113
2. 年末总人口（户籍）	人	661247	653631
男性	人	324952	321759
女性	人	336295	331872
乡村人口	人	370334	
城镇人口	人	290913	
3. 暂住人口	人	611586	615803
4. 出生	人	6102	4973
出生率	‰	9.2	7.6
5. 死亡	人	3862	4310
死亡率	‰	5.8	6.6
6. 自然增长人口	人	8214	663
自然增长率	‰	3.4	1.0

表 57　2016 年柯桥区国民经济主要指标

指　　标	计量单位	2016 年	2015 年	为 2015 年（%）
生产总值（现价）	万元	12597493	12198201	103.4
第一产业	万元	357444	339097	101.9
第二产业	万元	6596925	6634728	101.0
第三产业	万元	5643124	5224376	106.7
工业总产值	万元	39151669	39659817	98.7
规模以上工业主营业务收入	万元	33009434	33888537	97.4
规模以上工业应缴税金	万元	982282	1001831	98.0
规模以上工业利润总额	万元	1852910	1924110	96.3
农业总产值	万元	525770	499227	105.3
全社会劳动者人数	万人	69.53	67.12	103.6
农村实有劳动力	万人	44.39	46.03	96.4
城镇以上单位年末职工人数（不含私营）	人	346334	348383	99.4
城镇以上单位年末工资总额（不含私营）	万元	1953834	1848649	105.7
全年粮食总产量	吨	165348	171093	96.6
油菜籽产量	吨	4845	4937	98.1
生猪饲养量	万头	40.23	44.99	89.4
淡水产品产量	吨	19648	19071	103.0
全年货运量	万吨	3539	3362	105.3
全年客运量	万人	6921	6771	102.2
固定资产投资总额	万元	7466694	6661825	112.1
其中：工业投资	万元	3401291	3265396	104.2
社会消费品零售总额	万元	2609122	2333740	111.8
出口总额	万美元	951680	1041621	91.4
实际利用外资	万美元	18299	23133	79.1
财政总收入	万元	1652098	1607492	102.8
其中：公共财政预算收入	万元	1060220	980543	108.1
公共财政预算支出	万元	989490	985574	100.4
金融系统年末贷款余额（本外币）	万元	12233316	12420552	98.5
金融系统年末存款余额（本外币）	万元	17436358	16249404	107.3
其中：住户存款（本外币）	万元	8168931	7645357	106.7
中学生在校学生数	人	37309	39260	95.0
小学生在校学生数	人	46990	50361	93.3
各类专业技术人员	人	127069	116045	109.5

表 58 2016 年柯桥区国民经济主要结构比例

指　　标	计量单位	2016 年	2015 年
一、生产总值中三次产业比例			
第一产业	%	2.84	2.78
第二产业	%	52.37	54.39
第三产业	%	44.80	42.83
二、城乡居民收入比例			
城乡居民收入比	%	1.728 ∶ 1	1.739 ∶ 1
三、工业总产值中纺织工业比例			
纺织工业（大）	%	64.3	64.5
四、农业总产值中各业比例			
农　业	%	64.8	64.0
林　业	%	8.8	8.6
牧　业	%	15.5	16.5
渔　业	%	10.2	10.2
农林牧渔服务业	%	0.7	0.7
五、农作物播种面积比例			
粮食作物	%	56.4	57.0
经济作物	%	39.5	38.7
其它作物	%	4.1	4.3
六、农业结构调整情况			
粮经产值比	%	10.6 ∶ 89.4	11.3 ∶ 88.7
粮经面积比	%	49.2 ∶ 50.8	50.2 ∶ 49.8
种养产值比	%	71.6 ∶ 28.4	70.6 ∶ 29.4
七、固定资产投资中三次产业比例			
第一产业	%	0.19	0.09
第二产业	%	46.45	49.24
第三产业	%	53.35	50.67

表 59 2016 年柯桥区平均每天主要社会经济活动

指　　标	计量单位	2016 年	2015 年	为 2015 年（%）
一、全区每天创造的财富				
生产总值（现价）	万元	34514	33420	103.3
农业总产值	万元	1440	1368	105.3
工业总产值	万元	107265	108657	98.7

续表 59

指　　标	计量单位	2016 年	2015 年	为 2015 年（%）
财政收入	万元	4526	4404	102.8
粮食	吨	453	469	96.6
肉类	吨	76.01	77.13	98.5
淡水产品	吨	52	50	103.9
布及丝织品	万米			
二、全区每天投入和工业经济效益				
完成固定资产投资	万元	20457	18252	112.1
新增固定资产	万元	16709	10520	158.8
工业主营业务收入	万元	90437	92845	97.4
工业应缴税金	万元	2691	2745	98.0
工业利润总额	万元	5076	5272	96.3
三、全区每天人口变动和婚姻				
出生人数	人	17	14	122.7
死亡人数	人	11	12	89.6
结婚对数	对	10	15	69.4

表 60　2016 年柯桥区国民经济主要平均指标

指　　标	计量单位	2016 年	2015 年	为 2015 年（%）
每平方千米人口密度	人	620	613	101.2
人均生产总值	元	191615	187173	102.5
人均粮食产量	公斤	250.1	261.8	95.5
人均油菜籽产量	公斤	7.3	7.6	97.0
人均社会消费品零售额	元	39458	35704	110.5
人均创财政收入	元	24985	24593	101.6
人均住户存款（本外币）	元	123538	116967	105.6
农民人均居住面积	平方米	61.65	57.10	108.0
城镇在岗职工年平均工资（含私营）	元	54980	50727	108.4
农村常住居民人均可支配收入	元	31490	29177	107.9
城镇常住居民人均可支配收入	元	54410	50741	107.2
规模以上工业职工年均工资	元	69652	60334	115.4
规模以上工业人均创利税	元	124945	119098	104.9
规模以上工业人均净资产	元	411453	371360	110.8
每万人拥有中学在校学生数	人	564	601	93.9

续表 60

指　　标	计量单位	2016 年	2015 年	为 2015 年（%）
每万人拥有小学在校学生数	人	711	770	92.2
每万人拥有各类专业技术人员数	人	1927	1775	108.2
每万人拥有卫生技术人员数	人	90	78	115.2
每万人拥有实有床位数	张	62	57	108.0
每万人拥有影剧院座位数	座	37.8	38.2	98.8

表 61　　2016 年柯桥区农林牧渔业总产值

指　　标	计量单位	2016 年	2015 年	为 2015 年（%）
合计	万元	525770	499227	105.3
农业产值	万元	340494	319402	106.6
林业产值	万元	46385	43175	107.4
牧业产值	万元	81664	82285	99.2
渔业产值	万元	53664	51006	105.2
农林牧渔服务业产值	万元	3563	3359	106.1

表 62　　2016 年柯桥区主要农产品产量

指　　标	计量单位	2016 年	2015 年	为 2015 年（%）
粮食	吨	165348	171093	96.6
其中：早稻	吨	27315	29672	92.1
晚稻及单季稻	吨	101675	106116	95.8
油菜籽	吨	4845	4937	98.1
蔬菜	吨	388051	376898	103.0
茶叶	吨	7183	7172	100.2
水果	吨	53956	52350	103.1
肉类	吨	24852	27742	89.6
淡水产品	吨	19648	19071	103.0

表 63　　2016 年柯桥区建筑业主要经济指标

指　　标	计量单位	2016 年	2015 年	为 2015 年（%）
资质企业个数	个	137	134	102.2
其中：特级资质个数	个	4	4	100.0
一级资质个数	个	45	45	100.0
建筑业签订的合同额	亿元	3070.06	2783.39	110.3

续表63

指　　标	计量单位	2016年	2015年	为2015年（%）
其中：本年新签合同额	亿元	2149.02	1976.77	108.7
建筑业总产值	亿元	2167.31	2027.41	106.9
其中：在外省完成的产值	亿元	1539.33	1417.30	108.6
在外省完成产值比重	%	71.0	69.7	-
竣工产值	亿元	1532.55	1601.10	95.7
房屋建筑施工面积	万平方米	15295	15530	98.5
其中：房屋竣工面积	万平方米	6925	7705	89.9
自有机械设备年末净值	亿元	28.00	29.50	94.9
计算劳动生产率的平均人数	万人	55.58	56.88	97.7
全员劳动生产率	元/人	389943	357644	109.0
主营业务收入	万元	15482421	15453399	100.2
主营业务成本	万元	14451072	14290220	101.1
主营业务税金及附加	万元	427396	556207	76.8
营业利润	万元	335577	345748	97.1
营业利润占主营业务收入比重	%	2.17	2.24	-
利润总额	万元	338523	353147	95.9
年末固定资产原价	万元	782273	806010	97.1
流动资产小计	万元	4065724	4014105	101.3
资产合计	万元	4843634	4806310	100.8
负债合计	万元	2559208	2578104	99.3
所有者权益	万元	2284426	2228206	102.5
应付职工薪酬	万元	2773272	2773273	100.0
建筑企业增加值	万元	3598848	3735390	96.3

表64　2016年柯桥区固定资产投资完成情况

指　　标	计量单位	2016年	2015年	为2015年（%）
一、固定资产投资完成额	万元	7466694	6661825	112.1
其中：工业投资	万元	3401291	3265396	104.2
房地产开发投资	万元	1568337	1466524	106.9
二、按三次产业构成分	万元			
第一产业	万元	14200	6200	229.0
第二产业	万元	3401291	3265396	104.2
第三产业	万元	4051203	3390229	119.5

续表64

指　　标	计量单位	2016年	2015年	为2015年（%）
三、项目个数				
1. 项目个数	个	1208	1159	104.2
其中：本年新开工	个	1089	1012	107.6
2. 投产项目个数	个	984	1038	94.8
四、本年新增固定资产合计（不包括房产地产开发投资）	万元	4950058	3313363	149.4
其中：工业	万元	2333107	2525909	92.4

表65　2016年柯桥区国内外贸易

指　　标	计量单位	2016年	2015年	为2015年（%）
一、国内贸易				
社会消费品零售总额	万元	2609122	2333740	111.8
其中：批发业	万元	329601	257210	128.1
零售业	万元	2054451	1880074	109.3
住宿餐饮业	万元	225070	196456	114.6
商品交易市场数量	个	88	90	97.8
商品交易市场成交总额	万元	15525713	13818529	112.4
其中：中国轻纺城市场成交额	万元	9700089	8658329	112.0
钱清轻纺原料市场成交额	万元	5341300	5160200	103.5
二、对外贸易				
进出口总额	万美元	992287	1123708	88.3
进口总额	万美元	40607	81907	49.6
出口总额	万美元	951680	1041802	91.3
主要产品出口情况				
纺织面料	万美元	852890	913719	93.3
服装	万美元	27745	32138	86.3
非纺产品	万美元	65323	89317	73.1

表66　2016年柯桥区利用外资情况

指　　标	计量单位	2016年	2015年	为2015年（%）
当年批准企业数	家	184	100	184.0
当年总投资	万美元	47091	21172	222.4
当年注册资本	万美元	31034	17644	175.9

续表 66

指　　标	计量单位	2016 年	2015 年	为 2015 年（%）
当年合同利用外资	万美元	23715	21579	109.9
当年实际到位外资	万美元	18299	23133	79.1

表 67　2016 年柯桥区旅游人数和总收入

指　　标	计量单位	2016 年	2015 年	为 2015 年（%）
国内外旅游人数	万人次	1818.24	1511.19	120.3
其中：入境旅游人数	万人次	26.13	21.53	121.4
其中：外国人	万人次	17.88	14.79	120.9
港澳同胞	万人次	5.51	4.45	123.8
台湾同胞	万人次	2.74	2.29	119.7
国内旅游人数	万人次	1792.11	1489.66	120.3
其中：过夜旅游者	万人次	763.31	662.83	115.2
旅游总收入	亿元	187.21	153.15	122.2
其中：国际旅游收入	万美元	10355.1	8154.5	127.0
国内旅游收入	亿元	180.33	147.89	121.9

表 68　2016 年柯桥区交通运输业

指　　标	计量单位	2015 年	2014 年	为 2015 年（%）
公路通车里程	千米	1424.11	1423.82	100.0
内河航道净里程	千米	320.12	320.12	100.0
民用汽车拥有量	辆	234864	203703	115.3
其中：私人汽车拥有量	辆	196581	168219	116.9
运输汽车	辆	14722	16403	89.8
载客汽车	辆	1343	1223	109.8
载货汽车	辆	13379	15180	88.1
客运量	万人	6921	6771	102.2
货运量	万吨	3539	3362	105.3

表 69　2016 年柯桥区财政收支

指　　标	计量单位	2016 年	2015 年	为 2015 年（%）
一、财政总收入	万元	1652098	1607492	102.8
其中：一般公共预算收入	万元	1060220	980543	108.1
其中：增值税	万元	204232	133576	152.9

续表 69

指　标	计量单位	2016 年	2015 年	为 2015 年（%）
营业税（营改增）	万元	164151	203243	80.8
企业所得税	万元	121713	111699	109.0
城建税	万元	38201	39241	97.3
个人所得税	万元	35537	36313	97.9
其他税收	万元	246974	245472	100.6
耕占税、契税	万元	87755	61485	142.7
二、一般公共预算支出	万元	989490	985574	100.4
其中：一般公共服务	万元	88490	81786	108.2
教育	万元	193391	184893	104.6
科学技术	万元	54303	52027	104.4
文化体育与传媒	万元	23153	22160	104.5
社会保障和就业	万元	100996	87962	114.8
医疗卫生	万元	81393	81381	100.0
节能环保	万元	25545	24500	104.3
城乡社区事务	万元	94721	107351	88.2
交通运输	万元	18676	41740	44.7

表 70　2016 年柯桥区金融系统存贷款年末余额（本外币）

指　标	计量单位	2016 年	2015 年	为 2015 年（%）
一、各项存款	万元	17436358	16249404	107.3
1. 住户存款	万元	8168931	7645357	106.8
2、非金融企业存款	万元	5487155	4980316	110.2
3、广义政府存款	万元	3107762	2996654	103.7
4、非银行业金融机构存款	万元	621434	580532	107.0
5、境外存款	万元	51076	46545	109.7
二、各项贷款	万元	12233316	12420552	98.5
1. 住户贷款	万元	3614926	3276318	110.3
2. 非金融企业及机关团体贷款	万元	8618389	9144201	94.2
3. 非银行业金融机构贷款	万元	—	—	—
4. 境外贷款	万元	1.77	34	5.2

表 71 2016 年柯桥区全体居民人均收支情况及生活指标

指　　标	计量单位	2016 年	2015 年	为 2015 年（%）
一、可支配收入	元	47763	44358	107.7
1. 工资性收入	元	26248	24481	107.2
2. 经营净收入	元	13953	13127	106.3
3. 财产净收入	元	3932	3555	110.6
4. 转移净收入	元	3630	3194	113.7
二、生活消费支出	元	25789	25144	102.6
1. 食品烟酒	元	7263	7096	102.4
2. 衣着	元	1948	1868	104.3
3. 居住	元	6192	6084	101.8
4. 生活用品及服务	元	1191	1175	101.4
5. 交通通信	元	3879	3793	102.3
6. 教育文化娱乐	元	2772	2627	105.5
7. 医疗保健	元	1659	1637	101.4
8. 其他用品和服务	元	885	864	102.4
三、恩格尔系数	%	28.2	28.2	—

表 72 2016 年柯桥区城镇常住居民人均收支情况及生活指标

指　　标	计量单位	2016 年	2015 年	为 2015 年（%）
一、可支配收入	元	54410	50741	107.2
1. 工资性收入	元	29460	27634	106.6
2. 经营净收入	元	15251	14382	106.0
3. 财产净收入	元	5274	4805	109.8
4. 转移净收入	元	4425	3920	112.9
二、生活消费支出	元	28794	28188	102.1
1. 食品烟酒	元	7924	7765	102.0
2. 衣着	元	2275	2193	103.7
3. 居住	元	7045	6950	101.4
4. 生活用品及服务	元	1268	1264	100.3
5. 交通通信	元	4285	4207	101.9
6. 教育文化娱乐	元	3175	3020	105.1
7. 医疗保健	元	1740	1719	101.2
8. 其他用品和服务	元	1082	1070	101.1
三、恩格尔系数（%）	%	27.5	27.5	—

表 73 2016 年柯桥区农村常住居民人均收支情况及生活指标

指　　标	计量单位	2016 年	2015 年	为 2015 年（%）
一、可支配收入	元	31490	29177	107.9
1. 工资性收入	元	18384	16983	108.2
2. 经营净收入	元	10776	10143	106.2
3. 财产净收入	元	646	583	110.8
4. 转移净收入	元	1684	1468	114.7
二、生活消费支出	元	18433	17905	102.9
1. 食品烟酒	元	5645	5504	102.6
2. 衣着	元	1148	1095	104.8
3. 居住	元	4102	4025	101.9
4. 生活用品及服务	元	1003	962	104.3
5. 交通通信	元	2885	2810	102.7
6. 教育文化娱乐	元	1785	1692	105.5
7. 医疗保健	元	1462	1442	101.4
8. 其他用品和服务	元	403	375	107.5
三、恩格尔系数（%）	%	30.6	30.7	—

（刘　弘）

执行编辑　宋如玲

索引

说明

1. 索引分正文索引、表索引和正文照片索引三部分。采用主题分析法，按标引词第一字汉语拼音（同音词按声调）顺序排列；同声同调按笔画顺序排列；第一字相同，按第二字音序排列。以下据此类推。

2. 因类目、分目页码已在《目录》中标出，故本索引仅限条目。条目标引词一般采用该条目的主题词、中心词或简称。单位和事件一般用简称，不冠以“绍兴”“绍兴县”“柯桥区”等字样。

3. 标引字后的阿拉伯数字表示内容所在页码，页码后的拉丁字母（a、b）分别表示该页的左右栏。标引词后的多个页码，表示此内容在其他书页的位置。

4.《大事记》《天南地北柯桥人》《新柯桥人》《鉴湖新风》不作索引。

正文索引

0-9

A

B

C

D

E

F

G

H

J

K

L

M

N

R

S

T

Y

Z

表索引

照片索引

0～9

A

B

C

D

E

F

G

H

J

K

L

M

N

P

Q

R

S

T

W

X

Y

Z